为了发展而教——初中数学单元整体教学设计（第一册）

总 主 编　吴增生

主　　编　王飞兵　　周建英

编　　者　李如军　王飞兵　李玲娅　陈灵宝　裘建忠　林洪能

　　　　　吴海燕　叶贤江　潘云超　杨　波　滕媛媛　周建英

浙江大学出版社

·杭州·

图书在版编目(CIP)数据

为了发展而教:初中数学单元整体教学设计. 第一册 / 吴增生总主编;王飞兵,周建英主编. -- 杭州:浙江大学出版社,2024. 10(2025. 8重印). -- ISBN 978-7-308-25439-7

Ⅰ. G633.602

中国国家版本馆 CIP 数据核字第 20242J8G77 号

为了发展而教——初中数学单元整体教学设计(第一册)

吴增生　总主编　　王飞兵　周建英　主　编

策划编辑	郭慧莹	
责任编辑	胡宏娇　郭慧莹	
责任校对	丁佳雯	
封面设计	王李霞	
出版发行	浙江大学出版社	
	(杭州市天目山路 148 号　邮政编码 310007)	
	(网址:http://www.zjupress.com)	
排　　版	杭州晨特广告有限公司	
印　　刷	杭州高腾印务有限公司	
开　　本	889mm×1194mm　1/16	
印　　张	29.5	
字　　数	852 千	
版 印 次	2024 年 10 月第 1 版　2025 年 8 月第 3 次印刷	
书　　号	ISBN 978-7-308-25439-7	
定　　价	89.80 元	

丛书编委

吴增生　　王飞兵　　周建英　　丁福珍
徐晓红　　吴灵秋　　吴　萌

前　言

"为了发展而教——初中数学单元整体教学设计"丛书是我们工作室"教育神经科学视野下初中数学单元整体教学研究"的研究成果.我们的教学宗旨是:用脑科学研究成果理解学生数学学习的心理规律,在怎样研究一类数学对象的大观念引领下,引导学生融合直观与逻辑,进行数学知识的结构化建构和跨学科综合应用活动,学会用相似的方法做不同的事情,从"学会"到"会学",在知识发生发展和应用的过程中实现数学核心素养的全面协调发展.本套丛书坚持在理解数学、理解学生、理解教学、理解技术的基础上对初中数学课程内容进行全面、系统的分析和教学创新设计,帮助一线教师正确理解单元整体教学的教学宗旨、设计范式、教学实施要求,学会整体把握教学内容,进行核心素养导向下的单元设计和课时教学设计,实现高质量的数学教育,为数学教育研究工作者提供系统、典型和详尽的教学设计案例.

一、丛书的主要特点

(一)基于课程标准分析课程内容的数学本质及核心育人价值

《义务教育数学课程标准(2022年版)》(以下简称《课标》)指出:"数学是研究数量关系和空间形式的科学.数学源于对现实世界的抽象,通过对数量和数量关系、图形和图形关系的抽象,得到数学的研究对象及其关系;基于抽象结构,通过对研究对象的符号运算、形式推理、模型构建等,形成数学的结论和方法,帮助人们认识、理解和表达现实世界的本质、关系和规律."数学是研究数量关系和空间形式的科学,具有高度的抽象性、严密的逻辑性和广泛的应用性,数学的这些本质特征决定了数学研究问题的基本思想是抽象的思想、推理的思想和模型的思想.本套丛书中的教学设计,无论是单元整体设计还是课时设计,都是在分析数学的本质和基本思想、基本认知过程的基础上进行的,我们尽可能避免在教学设计中,特别是教学情境设计和问题设计中出现非数学的,或者是引起学生非数学联想的内容,避免削弱学生对数学本质和核心问题的思考.在本丛书的单元设计中,用"知识结构图""内容和内容解析"栏目来进行内容的数学本质、地位作用、逻辑关联、思想方法、核心育人价值的分析,并在这些分析的基础上确定教学重点.

(二)融合内容设计指向核心素养的单元目标体系

本套丛书的单元设计,依据《课标》提出的确立素养导向的课程目标的理念,通过"课程—领域—主题—章节—单元"的核心素养目标和内容目标、内容的学业要求分析及学业质量要求分析,融合单元内容,从"用数学的眼光观察""用数学的思维思考""用数学的语言表达交流""学会学习"四个维度设计单元目标,确立单元内容中的具体体现(空间观念、几何直观、抽象能力、推理能力、运算能力、模型观念、数据观念、应用意识、创新意识),并通过"目标解析"栏目细化需要学生"做什么""做到什么程度",进一步基于行为进行细化分析,使目标可教、可测、可评,指向核心素养的具体行为表现;进一步把单元目标分解到不同节的内容中,用"目标谱系"栏目进行表述;在此基础上,在"课时设计"中设计基于知识发生发展和应用过程的具体课时目标.

(三)通过认知分析把握学情

在单元"教学问题诊断分析"栏目中提出本单元内容学习需要什么认知基础,学生已经具备哪些认知基础,分析两者的差异,确定教学难点,依据心理学、脑科学等研究成果确定突破难点的教学策略.

（四）基于数学学习规律确定教学策略和整体框架

用"教学建议"栏目提出本单元的整体教学建议，设计单元教学主线；通过整体的、系统的情境创设，引导学生通过数学直观想象和数学抽象得到研究对象或研究对象的关系，学习概念，提出研究主题，明确研究的总目标，规划研究框架；在研究框架的导向下，基于研究的总目标分化出指向总目标的分目标，对研究主题下的不同研究问题进行分别研究，通过逻辑推理和数学运算，研究对象的属性，并用数学的命题、法则、规律等进行表达，建立命题之间的联系，建立数学知识结构；通过数学知识的综合应用，发展模型观念、数据观念和问题解决能力；通过对研究过程的反思和总结，抽象数学的思想方法，概括怎样研究一类数学对象的一般观念，积累数学基本活动经验，并用这种一般观念组织知识体系，迁移应用到新对象的研究中，学会用相似的方法做不同的事情，实现从"学会"到"会学"的发展，发展学生的大脑智慧.

（五）设计指向单元核心素养发展目标的课时教学

基于研究对象的一致性、研究思想方法的一致性、研究过程的连贯性、课时目标的协同性，设计前后连贯、逻辑一致的课时教学，通过单元设计进行整体分析，通过课时教学落实单元目标，设计适当的情境和问题引导学生进行自然合理的数学观察、数学思考和数学表达，把发展核心素养的育人目标落实到结构化知识建构和综合应用的活动中.为了简约，课时教学设计分以下栏目：标题（教学内容）、目标、重点、难点、教学过程设计、目标检测.

（六）追踪新的学习理论和数学教学改革前沿

按照《课标》要求，在心理学、认知科学和脑科学的最新研究成果指导下，进行科学合理的教学设计.

二、丛书的结构体例

本套丛书分一、二、三册出版，分别对应七年级、八年级、九年级的课程内容.
丛书体例如下：

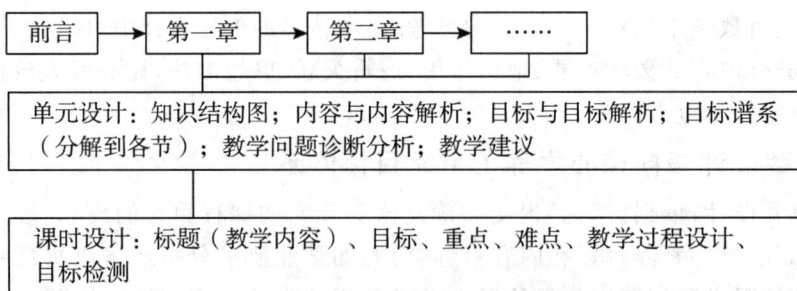

整体把握课程内容，通过单元分析，理解单元内容的数学本质及其对未来的支撑意义，分析知识发生发展和应用活动中蕴含的数学思想方法和核心育人价值，分析核心素养导向下的单元目标，设计单元教学主线，在单元教学主线引领下设计课时目标及课时教学，创设适当的情境，提出适当的问题，引发核心素养相关的活动，这是发展数学核心素养的"单元设计、课时落实"的基本教学策略.希望更多的同仁参与这种发展核心素养的教学策略和实践研究，也希望本套丛书对广大一线教师的教学设计有所帮助.由于水平限制，书中难免存在谬误，敬请读者批评指正.

丛书编委会
执笔：吴增生
2024 年 8 月

目录

Contents

第一章　有理数

◎ 单元设计 ◎

一、知识结构图

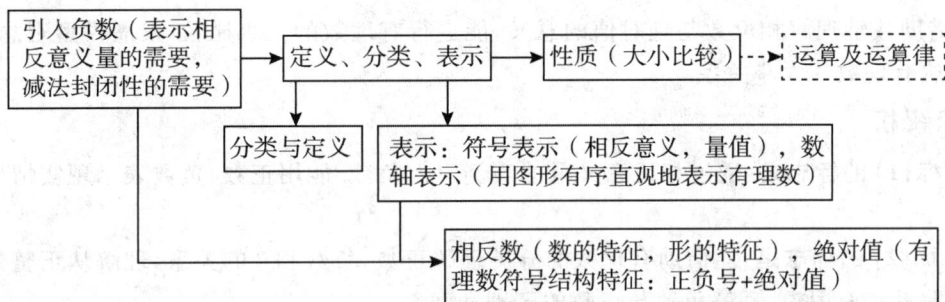

```
引入负数（表示相          定义、分类、表示  →  性质（大小比较） ┈→  运算及运算律
反意义量的需要，  →
减法封闭性的需要）

                  分类与定义        表示：符号表示（相反意义，量值），数
                                    轴表示（用图形有序直观地表示有理数）

                                  相反数（数的特征，形的特征），绝对值（有
                                  理数符号结构特征：正负号+绝对值）
```

二、内容与内容解析

1. 内容

有理数，数轴，相反数，绝对值，有理数的大小比较.

2. 内容解析

从整数到有理数，是第一次完整的数系扩充.有理数集合中，定义了加法和乘法两种运算，这两种运算存在负元和非 0 元素的逆元，具有良序关系，分别满足加法交换律、结合律和乘法交换律、结合律，两种运算用分配律相关联.负数既来源于生活又源自数学内部发展，引入负数既是理解和表达现实中既有大小又有方向的量的需要，也是解决非负数减法运算封闭性的需要.引入负数，扩大数集后，需要重新认识小学学习的数，达到与新数集合中数的逻辑一致性，这种逻辑一致性既包括宏观上的数系的研究框架，也包括数的有序性（有向性）的一致性且更明确（用正负数表示相反意义的量时的操作步骤：规定量的基准并用 0 表示，规定量的方向并用正号、负号表示，用非负数表示量值，这与数轴的三要素具有一致性，也与大小关系及运算相联系）.基于已有数的研究经验提出研究主题，即有理数的表示、性质、运算与运算律；规划研究思路，即引入、分类、定义、表示 — 性质（大小比较）— 运算与运算律 — 应用；形成研究方法，即基于小学已有的非负数及其运算的知识，通过类比和归纳，把相关知识推广到有理数范围.

相反数是基于已有的非负数引入负数的核心机制，如为了使得 $0-3$ 有意义，需要存在数 a 使 $3+a=0$ 成立，则这个数 a 就叫作 3 的相反数；绝对值则是数系扩充前后数的量值的一致性的体现.在实际情境中引入数轴概念，借助数轴可以让学生直观地理解相反数与绝对值的意义，让学生知道绝对值是按照表示数的位置到原点的距离与单位长度的比形成的；借助数轴可以让学生理解和表示有理数并进行大小比较；利用数轴还可以让学生直观地理解有理数的加减运算的意义.

在数轴上,一个点相对于原点的位置是由方向和距离确定的;相应地,一个有理数是由符号与绝对值确定的.这里的方向与符号对应,距离与绝对值对应,进一步体现了数形结合思想.

基于以上分析,确定本单元的教学重点:建立有理数概念的过程中渗透数系扩充思想,数轴、相反数、绝对值的概念,两个有理数比较大小的法则.

三、目标与目标解析

1. 目标

（1）经历用正数、负数表示现实情境中相反意义量的活动,体会负数的意义,发展抽象能力.

（2）经历有理数比较和分类活动,初步理解有理数的意义,发展推理能力.

（3）经历数轴的抽象过程,会用数轴表示有理数,理解数轴的三要素,发展抽象能力,学习用数轴直观有序地表示有理数.

（4）能借助数轴理解相反数与绝对值的意义,能进行有理数的大小比较,发展模型观念,学习用数学的语言表达有理数的大小关系.

2. 目标解析

达成目标(1)的标志是:通过相反意义量的实例引入负数.能用正数、负数表示现实情境中具有相反意义的量.

达成目标(2)的标志是:能借助有理数的分类理解正数、负数和0的关系,理解从正整数到正数再到有理数的数系扩充逻辑,理解负数与正数的区别和联系.

达成目标(3)的标志是:能借助数学内在逻辑和现实情境抽象数轴的三要素,能用数轴上的点表示有理数,用有理数刻画数轴上点的位置,初步体会数形结合思想.

达成目标(4)的标志是:知道相反数和绝对值是有理数本身的属性,能借助数轴直观地理解相反数和绝对值的意义,会分析非0有理数的符号表示特征 —— 正负号(数的极性)＋绝对值(数的量值),能进行有理数的大小比较.

四、目标谱系

内容	核心素养			
	数学眼光	数学思维	数学语言	学会学习
1.1 正数和负数	1. 通过现实情境中对相反意义量的观察、想象和抽象引入负数. 2. 进一步发展数感、符号意识和抽象能力	1. 理解 0 的新意义(正数与负数的分界点). 2. 能把有理数分成正数、负数和 0 三类. 3. 发展推理能力	1. 能利用正数和负数表示具有相反意义的量. 2. 能举出实例解释具体的正数、负数和 0	能类比自然数到分数的学习经验规划有理数的研究框架
1.2 有理数及其大小比较	1. 能辨别正数、负数和0,初步理解有理数的意义,发展抽象能力. 2. 能结合数系扩充过程抽象数轴的概念. 3. 理解数轴的三要素.	1. 能把有理数进行分类,进一步体会数系扩充. 2. 能求出一个数的相反数和绝对值.	1. 理解表示有理数的符号的意义,知道非0有理数由正负号和绝对值两部分组成. 2. 会用数轴表示有理数.	1. 能总结从正整数到有理数的扩充过程:在正整数的基础上引入0和负整数得到整数,通过引入分数(分割整数点之间的线段)扩充到有理数.

内容	核心素养			
	数学眼光	数学思维	数学语言	学会学习
1.2有理数及其大小比较	4.能从特殊的相反意义的量的符号表示中理解相反数的本质.能从正负数的相同点(量值)角度理解绝对值的本质. 5.能借助数轴理解相反数、绝对值的意义和有理数的大小规定	3.能依据数轴上有理数的大小规定,通过推理得到与负数有关的大小比较法则. 4.能熟练地比较有理数的大小	3.能说出相反数和绝对值在数轴上的意义. 4.能有依据地书写有理数大小比较的推理过程,并用不等号表示大小关系	2.体会相反数是量值相同、极性相反的两个量之间的关系. 3.体会绝对值在新旧数集中数的符号表示的相同点——量值. 4.体会借助数轴把正数的大小比较推广到有理数大小比较的研究方法

五、教学问题诊断分析

学生在小学时已经学习了自然数和正分数(含小数),引入负数扩充数的范围后,将研究有理数的表示、大小比较和运算等.与历史上的数学家一样,在引入负数表示相反意义的量后,怎样理解负数与正数的区别(用正负号表示意义相反)与联系(用绝对值表示量值),理解相反数与绝对值是建立正数与负数联系的桥梁(如$-(+3)=-3$,$+(-3)=-3$,$-(-3)=3$,所有的非0有理数的符号表示都由"正负号"和"绝对值"两部分组成),需要用新的观念看数,学生会遇到较大困难.另外,学生在数轴概念抽象的过程中会遇到较大困难.

因此,本单元的难点是:实现从单因素(量值)观点认识数到双因素(方向＋量值)观点认识数的发展.

突破上述难点的关键策略是:从数系扩充的视角理解有理数相关概念的本质,借助数轴表示,通过相反数和绝对值理解有理数的"方向"与"量值"的融合关系,从具体到一般,进行归纳研究,通过实例,理解有理数的意义.

六、教学建议

1.教学总体思路

基于现实情境,引入负数,规划研究思路 — 有理数的分类与定义 — 有理数的数轴表示 — 有理数中正数与负数的联系(相反数与绝对值) — 有理数的性质(大小比较) — 单元复习.

2.注意利用学生的已有经验

相反意义的量的表示是引入负数的现实背景,应充分发挥学生生活经验的作用,让学生通过自己举例、思考,体会引入负数的必要性,理解负数的意义.

3.注意渗透数系扩充的思想

在引入负数后,要类比小学学习数的经验,规划整体研究思路:引入负数、扩大数集 — 有理数的定义、表示、分类 — 有理数的大小比较 — 有理数的运算.

4.要重视数轴的作用

数轴是学生接触的第一个数形结合的数学工具,引入数轴后,可以用数轴上的点直观地表示有理数,从而也为学生提供了理解相反数、绝对值的直观工具,同时也为学习有理数的大小比较奠定基础.

5.课时安排

1.1正数和负数2课时,1.2有理数及其大小比较5课时(1.2.1有理数的概念1课时,1.2.2数轴1课时,1.2.3相反数1课时,1.2.4绝对值1课时,1.2.5有理数的大小比较1课时),1.3有理数复习1课时,共8课时.

◎ 课时设计 ◎

1.1 正数和负数

1.1.1 正数和负数(第1课时)

目标	1.经历从实际情境中抽象出负数的过程,理解负数的意义,发展抽象能力. 2.经历用正数、负数表示日常生活中具有相反意义的量的活动,理解0的新意义,发展推理能力. 3.初步体会数系扩充思想
重点	用正数、负数表示具有相反意义的量
难点	1.从实际情境中抽象出负数的概念. 2.用正数和负数描述指定方向变化的量

教学过程设计

一、情境引入,提出问题

引言:数是在人类长期的生产生活实践中产生和发展的,如图1.1-1.

由记数、排序,产生数 1,2,3,…

由表示"没有""空位",产生数 0

由分物、测量,产生分数 $\frac{1}{2}$,$\frac{1}{3}$,…

图 1.1-1

师生活动:教师引导学生简要回顾数的发展历史.

【设计意图】 整体回顾数的发展历史,为提出问题、引入负数提供数学史背景.

问题1 小学学习过哪几类数?主要学习了每类数的什么内容?是按照怎样的次序学习的?

追问1:1,2,3,… 这些自然数有什么关系?

追问2:自然数怎样比较大小?

追问3:能以 $\frac{3}{4}$ 为例说说小学学习中分数的意义吗?在小学我们学习了分数的哪些知识?是怎样学习的?

师生活动:回顾曾经学过的数及其学习次序,如图1.1-2.

【设计意图】 类比小学学过的数的研究思路与研究内容,为后续提出有理数的研究主题、研究思路提供可类比的经验.

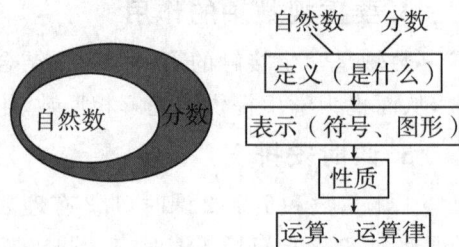

图 1.1-2

　　问题 2　我们以前学过的数的知识在实际生产和生活中够用吗?怎样用数表示下列实际问题中的量?

　　(1)某一时刻,室温为 18 ℃,冰柜冷冻室里的温度是零下 18 ℃.

　　(2)珠穆朗玛峰海拔约 8848.86 m,太平洋马里亚纳海沟离海平面深度约为 11034 m.

　　(3)小明家本月收入 11000 元,买汽车支出 154000 元.

　　(4)小明从某位置出发先向东走 6 m,再向西走 4 m.

　　(5)2022 年 4 月,受大环境影响,某酒店营业额比上一年同期下降了 30%,而某企业的营业额比上一年同期增长了 130%.

　　追问 1:(1)中的两个 18 ℃ 表示的量的意义相同吗?用数表示这两个量时如何区分零上和零下?

　　追问 2:每个实际问题中的两个量具有什么特征?

　　追问 3:表示问题中的两个量的数各有什么特征?

　　追问 4:上述各题中能找到需要用 0 表示的量吗?0 表示什么意义?

　　师生活动:引导学生理解零上与零下、海平面上下、收入与支出、向东与向西、增长与下降等相反意义的词,体会这些数量具有方向性;在用数表示这些量时,需要用适当的方法区分数量的方向,从而引入负数,用正负号表示量的方向,用学过的非负数表示量值.同时理解引入负数之后 0 还表示区分正数和负数的分界点.

　　【设计意图】　通过这些活动,把具体的情境中的数量的方向抽象为正负号,把量值抽象成绝对值,获得正数和负数的意义.

二、探究思考,形成新知

　　问题 3　列举表示问题 2 的数的特点,说说怎样的数是正数,怎样的数是负数.

　　师生活动:教师引导学生得出,像 18,8848.86,11000,6,130% 这样大于 0 的数叫作正数,像 -18,-11034,-154000,-4,-30% 这样在正数前加上"$-$"(负)号的数叫作负数.有时,为了明确表达意义,在正数的前面也加上"$+$"(正)号.例如,$+3$,$+2$,$+0.5$,$+\dfrac{1}{3}$ 就是 3,2,0.5,$\dfrac{1}{3}$.一个数前面的"$+$""$-$"号叫作它的符号.

　　0 既不是正数也不是负数,是区分正数与负数的分界点.

　　【设计意图】　明确正数、负数的意义及其符号表示.

　　问题 4　没有负数,$4-6$ 能成立吗?怎样才能让这种减法成立?

　　师生活动:学生回答,没有负数不能成立.通过举实例(如先有 4 元钱,如果无法赊账,则无法购买单价为 6 元的笔记本;如果可以赊账,就可以买走这本笔记本,此时欠商家 2 元钱.这样引入数 -2 就可以解决这个问题),让这种减法成立.

　　【设计意图】　引导学生体会引入负数也是数学内在发展的需要.

三、辨别应用,巩固新知

　　1.下列表示互为相反意义的量的有_____.(只填序号)

　　①向东走 3 m 与向西走 2 m;②零上 5 ℃ 与零下 5 ℃;③收入与存款;④收入与支出.

2. 下面各数中，哪些是正数，哪些是负数？

$$5,-\frac{7}{5},0,0.56,-3,-25.8,\frac{12}{5},-0.0001,+2,-600,-(-3).$$

【设计意图】 第 1 题理解正数、负数的方向性，第 2 题理解正数、负数的符号表示，区分正数、负数和 0.

四、迁移综合，发展能力

例 用正数、负数表示下列相反意义量，并分别指出在每一小题中 0 表示什么量，0 与正数、负数有什么关系.

(1) 小张在楼梯上步行，向上走了 6 级台阶，小明与小张从同一地点出发，向下走了 9 级台阶；

(2) 一段时间的干旱后，某水库水位和基准水位比下降了 2 m，一场暴雨后，该水库水位和基准水位比上升了 0.8 m；

(3) 夏天，室内温度为 30 ℃，而冰箱冷冻室的温度为零下 16 ℃.

师生活动： 教师引导学生先定基准，再定正方向，最后用正数、负数表示量.

【设计意图】 用正数、负数表示现实情境中相反意义量，理解 0 的基准意义，体会在现实情境中，用 0 表示基准量值，用正、负号区分量的方向，用学过的不带正负的数表示量值.

五、回顾小结，概括提升

1. 为了表示相反意义量，需要引入什么数？
2. 引入负数后，说说你对小学学习过的数的新认识.
3. 引入负数后，根据以往经验，接下来需要研究什么？应按照怎样的思路研究？

目标检测

1. 举出一些相反意义量的实例，并用正数、负数表示.

2. 如果用 3 表示收入 3 元，则支出 6 元表示为 _____ .

3. 王阿姨在网上挑了一双 100 元的旅游鞋，在网络支付时发现账户内只有 80 元，不够支付，幸好她开通了小额透支（借款）功能，于是顺利地下单了. 此时，王阿姨的账户里显示的余额是 _____ ，这个通过透支买鞋的过程可用数学算式表示为 _____ .

4. 如果向南走 30 m 表示为 +30，则向北走 50 m 表示为 _____ ，0 表示 _____ .

5. 判断下列各数是正数、负数，还是 0.

$$-12,23,0,50\%,-\frac{2}{3}.$$

参考答案：1. 略 **2.** -6 **3.** $-20,80-100=-20$ **4.** -50，在原地不动 **5.** $-12,-\frac{2}{3}$ 是负数；$23,50\%$ 是正数；0 是 0.

【设计意图】 第 1～3 题检测目标 3，第 4 题检测目标 1，第 5 题检测目标 2.

1.1.2　正数和负数(第2课时)

目标	经历用正数、负数表示日常生活中相反意义量的活动,进一步理解0的基准意义和负数的意义,进一步发展数感和符号意识,发展抽象能力
重点	用正数、负数的意义表示和解决实际问题,总结其操作步骤
难点	用正数、负数的意义表示和解决实际问题

教学过程设计

一、情境引入,提出问题

问题1　读下列各数,并指出其中哪些是正数,哪些是负数.

$$-1, 2.5, +\frac{7}{4}, 0, -3.14, 120, -1.732, -\frac{2}{7}.$$

师生活动:教师引导学生分析,并明确大于0的数叫作正数,像$-1, -3.14, -1.732, -\frac{2}{7}$这样在正数前加上"-"(负)号的数叫作负数. 0是区分正数与负数的分界点.

【设计意图】　回顾正数、负数的概念及0的基准意义.

那么,在具体现实问题中,0的基准意义又是怎样的呢?用正数、负数表示相反意义量的思考步骤是怎样的呢?

二、探究思考,形成新知

问题2　如图1.1-3的地形图中,正数、负数和0的含义是什么?怎样用正数、负数表示海拔高度?

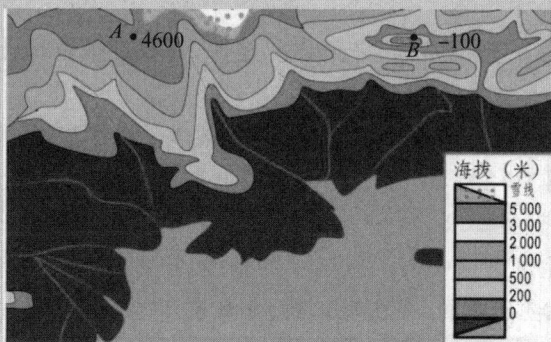

图 1.1-3

师生活动:教师引导学生分析:(1)信息读取:研究图例可以发现,在地形图上表示某地的高度时,首先需要规定以海平面为基准,规定海平面的海拔为0米;其次要规定正方向,通常用一种色系表示高于海平面的某地的海拔,用色相区别大的另一种色系表示低于海平面的某地的海拔;最后要体现量值,即与基准的差异程度(高度值).(2)图中的正数和负数表示海拔,其中正数表示海平面以上的高度,负数表示海平面以下的高度,A处高于海平面4600米,B处低于海平面100米.(3)特定规则:地形图上的海拔一般不标单位,图例中标出单位是米.

【设计意图】 学习用正数、负数表示海拔并理解用 0 表示海平面海拔的基准意义.体会用正数、负数表示相反意义量的操作程序:(1)定基准;(2)定正方向;(3)定量值相对于单位的比值.

> **问题 3** 如图 1.1-4 的收支账本中是怎样用正数、负数表示相反意义量的呢?
>
> | 日期
DATE | 注释
NOTES | 支出（-）或收入（+）
WITHDRAWAL OR DEPOSIT | 结余
BALANCE | 网点号
S.N | 操作
OPER |
> |---|---|---|---|---|---|
> | 11 20021204 | | ￥ 2300.00 | | | |
> | 12 20030313 | | ￥ -1800.00 | | | |
> | 13 | | | | | |
> | 14 | | | | | |
> | 15 | | | | | |
> | 16 | | | | | |
> | 17 | | | | | |
> | 18 | | | | | |
> | 19 | | | | | |
> | 20 | | | | | |
>
> 图 1.1-4

师生活动: 教师引导学生分析:首先规定以既无收入又无支出为基准,用 0 表示;其次规定正方向,通常规定收入为正、支出为负;最后明确量值,即收入或支出的程度,以元为单位.图中用 2300 表示收入 2300 元,-1800 表示支出 1800 元.

【设计意图】 学习用正数、负数表示收入和支出,理解支付中 0 的基准意义.再次概括正数、负数表示相反意义量的程序:(1)定基准;(2)定正方向;(3)定量值相对于单位的比值.

> **问题 4** 图 1.1-5 是一个产品零件的生产图纸,这个零件的直径是 $30^{+0.03}_{-0.02}$ mm,∅ 表示直径,单位是毫米,这里的 $30^{+0.03}_{-0.02}$ 给出了允许误差的大小,这样的标注表示零件的直径的标准尺寸是 30 mm,实际产品的直径最大可以是 $(30+0.03)$mm,最小可以是 $(30-0.02)$mm,在这个范围内的产品都是合格的.如果生产的一个零件的直径是 29.97 mm,它合格吗?
>
> ∅ $30^{+0.03}_{-0.02}$
>
> 图 1.1-5

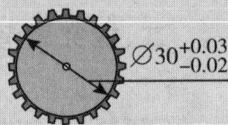

追问 1: 这个问题中,数量的基准是什么?正方向是什么?数量单位是什么?数量的量值与数量单位的比值是什么?

追问 2: 这个问题中,0 表示什么?正数表示什么?负数表示什么?

追问 3: 某圆形工件标准直径为 50 mm,允许的最大直径为 54 mm,允许的最小直径为 48 mm,请用上述符号表示这一工件的直径要求.

师生活动: 教师引导学生理解这一表示方法中的基准、正方向和量值单位.

【设计意图】 理解应用数量的基准,并在用正数、负数表示工件加工要求的基础上,学会用简约符号表示.

三、辨别应用,巩固新知

> **例 1** 某蓄水池的标准水位记为 0 m,如果用正数表示水面高于标准水位的高度,用负数表示水面低于标准水位的高度.
>
> (1)水面低于标准水位 0.1 m 和高于标准水位 0.23 m 各应怎样表示?
>
> (2)0.5 m 和 -0.4 m 各表示什么?

追问:怎样用正数、负数表示相反意义量?

师生活动:教师引导学生总结步骤:(1)定基准,用0表示;(2)定正方向,用正、负号表示相反的方向;(3)确定量值并用数字表示.

> **例2**　(1)某种药的说明书上标明保存温度是(20^{+3}_{-2})℃,由此推断该药品的保存温度是多少?
>
> (2)一个工件,标准长度为50 mm,允许误差为0.1 mm,请用简约符号表示这一工件的加工长度要求.
>
> (3)一个月内,小明体重增加2 kg,小华体重减少1 kg,小强体重无变化,写出他们这个月的体重增长值.
>
> (4)A,B,C,D四种品牌的手机今年的销售量与去年相比,变化率如下:
> A品牌减少2%,B品牌增长4%,C品牌增长1%,D品牌减少3%.
> 写出今年这些手机品牌销售量与去年比较的增长率.

师生活动:学生独立解决这些问题并总结用正数、负数表示相反意义量的操作步骤:
(1)定基准,用0表示;(2)定正方向,用正、负号表示相反的方向;(3)确定量值并用数字表示.

四、回顾小结,概括提升

1. 用正数、负数表示相反意义量时,需要哪些操作步骤?

2. 结合身边的例子,请举出一对(可以用正数、负数表示的)具有相反意义的量,并用正数、负数表示出来.

3. 引入负数后,数的范围扩大了,请说说你对数的新的认识.

目标检测

1. 在中国地形图上,可以找到非常多的海拔数据,如:珠穆朗玛峰的海拔为8848.86 m;吐鲁番盆地的海拔为-154.31 m.这里的正数和负数的含义是什么?

2. 某公司2022年11月的营业额与前一年同期比较,增长了20%,2022年12月的营业额则比前一年同期减少了40%,请用正数和负数表示这两个量,并分别指出对应这两个数的0的意义.

3. 袋装大米的标准是装米25 kg,袋的质量为0.3 kg.现有5袋大米,实际连袋的质量与标准连袋质量的差距(单位:kg)分别为-0.1,0,0.2,-0.2,-0.1,请写出这5袋中分别装有多少千克大米,并指出差距为0时表示实际称出的质量是多少千克.

参考答案:1. 正数表示高于海平面的高度,负数表示低于海平面的高度.

2.20%,-40%.20%对应的0的意义是前一年11月的营业额,-40%对应的0的意义是前一年12月的营业额.

3.24.9,25,25.2,24.8,24.9;0表示实际称出的质量是25.3 kg.

【设计意图】 检测目标中的用正数、负数表示相反意义量的能力,以及在现实情境中对0的基准意义的理解.

1.2 有理数及其大小比较

1.2.1 有理数的概念

目标	1.在用数表示相反意义量的基础上,重新认识正整数、0、负整数,重建整数的意义,发展抽象能力和推理能力. 2.基于相反意义量的正负表示重建分数的意义,理解正分数和负分数的意义,发展抽象能力和推理能力. 3.理解有理数的类别意义和"比例数"意义,发展抽象能力. 4.体会数系扩充的基本思路
重点	有理数的意义,有理数的分类
难点	认识有理数的比例数意义、数系扩充中有理数集是怎样逐步扩大的

教学过程设计

一、情境引入,提出问题

问题1 引入负数后,数的范围扩大了.对于扩大了范围的数,首先要做什么?

师生活动:教师引导学生提出研究内容 —— 类似分数,先明确扩大后的数叫什么,有什么特征.

【设计意图】 提出本节课的研究内容:分类认识新数集,认识新数与原有数的关系.

二、探究思考,形成新知

问题2 小学学习过哪几类数?每类数请各举一些例子.

师生活动:学生自主写出一些正整数、分数及0.如0;1,2,3,4,5,6,…;$\frac{1}{2}$,$\frac{7}{8}$,$\frac{3}{2}$,….

【设计意图】 为产生负整数、负分数的类别提供基础.

问题3 用负数表示与上面列举的数的意义相反的一些量.

师生活动:学生写出上述这些正数的相反意义量:0;-1,-2,-3,-4,-5,-6,…;$-\frac{1}{2}$,$-\frac{7}{8}$,$-\frac{3}{2}$,….形成如下的排序方式:

$$…,-6,-5,-4,-3,-2,-1,0,1,2,3,4,5,6,…$$
$$…,-\frac{3}{2},-\frac{7}{8},-\frac{1}{2},\frac{1}{2},\frac{7}{8},\frac{3}{2},…$$

问题4 第一行数左右两边有什么异同?

师生活动:教师引导学生辨别,第一行中0右边的数是小学学习的正整数,左边的数是在右边的正整数前面加"-"号变成的与右边的数意义相反的数.它们的共同特征是:数的单位都是1,可以"一个一个数",可以向左数,也可以向右数.在此基础上,给出"正整数""负整数""整数"的概念.

【设计意图】 抽象出整数的相关概念.

问题 5　第二行数的左右两边有什么异同?

师生活动:教师引导学生辨析,第二行的右边的数是小学学习的分数,叫正分数,左边的数是在右边的正分数前面加"—"号后得到的意义相反的数.它们的共同特征是:数的单位是"几分之一".在此基础上给出"正分数""负分数""分数"的概念.

【设计意图】　抽象出分数的相关概念.

问题 6　上下两行数之间有什么区别?

师生活动:教师引导学生辨析,第一行数中,数的单位是 1;第二行数中,数的单位是"几分之一".第一行数与第二行数的差异在于数的单位不同.在此基础上,教师给出有理数的名称及意义:整数和分数统称为有理数.

【设计意图】　辨别整数与分数之间的特征差异,初步明确有理数的意义.

问题 7　小学学习中,我们可以把整数看成分母为 1 的分数,那现在能否仍然这样认为呢?

师生活动:教师引导学生把负整数也看作分母为 1 的分数,并进一步把有理数统一看作两个整数的商,得到有理数的本质特征,初步形成有理数的实质定义:能写成分数(两个整数的比)形式的数叫作有理数.

用如图 1.2-1 所示的文氏图表示数的扩充过程.

【设计意图】　类比小学中统一整数和分数的观点,在理解新的整数、分数的基础上同样统一整数和分数,形成有理数的实质定义,构建从正整数到有理数的数系扩充统一的逻辑体系,并用文氏图进行直观表示,融合直观与逻辑理解数系扩充的过程.

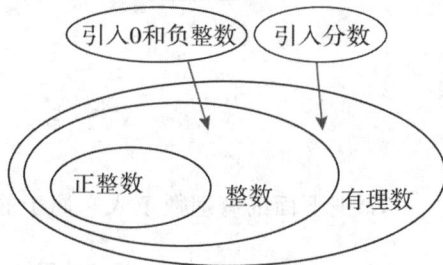

图 1.2-1

三、辨别应用,巩固新知

例　将下面的数按照如下的类型进行归类.

$$5, -1, -40\%, 2, 3.1, -\frac{15}{6}, 0, -50.2, -23, 2024, 5.32, 3\frac{2}{5}, -3.$$

正整数:_____.

负整数:_____.

整数:_____.

正分数:_____.

负分数:_____.

分数:_____.

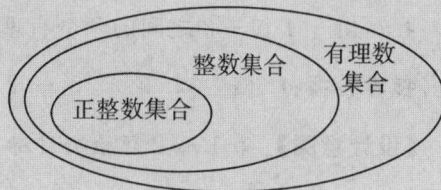

图 1.2-2

如果把所有的正整数组成的集体叫正整数集合,整数集合、有理数集合也用同样的方法定义,请从以上数中选择合适的数填入图 1.2-2 的圆圈内.

【设计意图】　在得出有理数的定义后,利用有理数的分类进一步明确有理数的组成结构,了解数的分类的标准,对有理数进行合理分类.

四、课堂小结，深化提高

1. 引入负数后，数的范围扩大到了有理数，能说说什么叫有理数吗？

2. 能说一说数是怎样从正整数发展到整数，再发展到有理数的吗？

3. 有理数可以按照正负分类，是否也可以按照整数和分数分类？怎么分？

教师引导学生回顾本节课所学，整理得出如图 1.2-3 所示的知识结构图，并指出今后需要进一步研究的问题，如有理数的表示、大小及运算等.

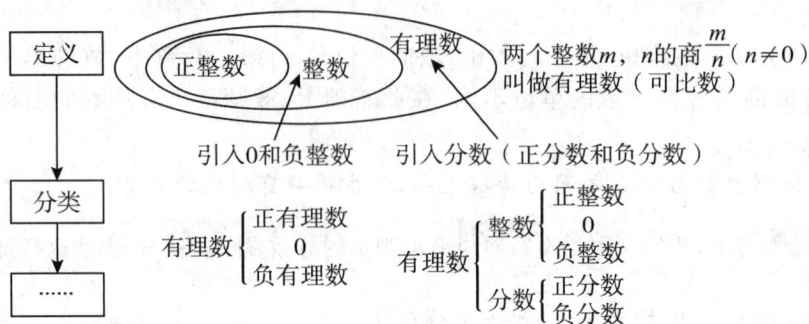

图 1.2-3

目标检测

1. 把下面的有理数填入它属于的集合圈内：

$$15, -\frac{1}{9}, -5, \frac{2}{15}, -\frac{13}{8}, 0.1, -5.32, -80, 123, 2.333.$$

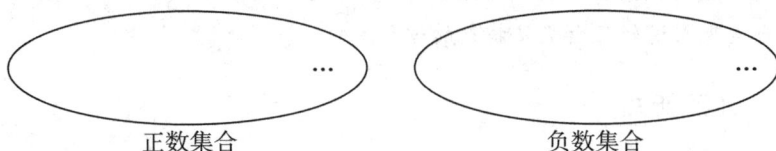

正数集合　　　　　　　　　　负数集合

2. 指出下列数中的正数、负数、整数、分数：

$$-15, +6, -2, -0.9, 1, \frac{3}{5}, 0, 3\frac{1}{4}, 0.63, -4.95.$$

3. 写出 -3 和 2 之间的所有整数.

4. 写出 -4 和 -3 之间的两个有理数，这样的有理数有多少个？

参考答案：1. 略　　**2.** 略　　**3.** $-2, -1, 0, 1$　　**4.** 如 $-\frac{11}{3}, -\frac{10}{3}$，这样的有理数有无数个.

【设计意图】 第 $1 \sim 2$ 题检测目标 1 和目标 2，第 3 题检测目标 1，第 4 题检测目标 2.

1.2.2　数轴

目标	1.经历抽象数轴概念的过程，能正确地画出数轴，理解数轴的三要素，发展抽象能力. 2.能画出数轴，用有理数表示数轴上点的位置，用数轴上的点表示有理数，建立几何直观. 3.在抽象数轴的概念过程中体会数系扩充过程
重点	能在数轴上画出表示有理数的点，能写出数轴上的点表示的有理数
难点	数轴的三要素的抽象过程

教学过程设计

一、情境引入,提出问题

问题1　在引入负数,把数的范围扩大到有理数,给出有理数的定义后,接下来要做什么?

师生活动:引导学生在回顾小学学习经验的基础上提出研究主题:用符号和图形表示有理数.

【设计意图】基于数系扩充研究思路提出问题.

问题2　我们可以用符号表示 $-3,5,0,-0.2,\dfrac{1}{3}$ 等有理数,那么怎样用图形表示有理数呢?

追问:你能举出生活中在直线上表示数的实例吗?观察刻度尺,能读出哪些数?能在刻度尺上找到 $0.5,\dfrac{3}{4}$ 这两个数吗?

师生活动:通过设问,引导学生观察与回顾,体会生活中在直线上直观有序地表示出非负有理数的现象.

【设计意图】回忆在直线上表示数的生活经验,为后面的数轴学习奠定基础.

二、探究思考,形成新知

让学生先画出一条直线,教师引导:有理数有无数个,一个一个地表示是做不完的,怎么办?我们先找数的发展源头.

问题3　数是怎样发展的?

师生活动:引导学生回顾获得自然数的过程,发现自然数是由 0 和 1 出发,通过"加 1"运算得到的;正分数可以看作是把整数平均分得到的,负数则是由对应的正数前面加"—"号改变方向得到的,因此,只要在直线上表示出 0 和 1 的位置,就可以得到表示所有有理数的方法,如图 1.2-4 所示.

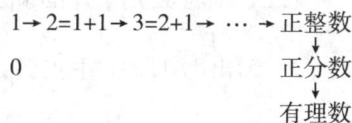

$1 \to 2 = 1+1 \to 3 = 2+1 \to \cdots \to$ 正整数
$0 \qquad\qquad\qquad\qquad\qquad\quad \downarrow$
$\qquad\qquad\qquad\qquad\qquad\quad$ 正分数
$\qquad\qquad\qquad\qquad\qquad\quad \downarrow$
$\qquad\qquad\qquad\qquad\qquad\quad$ 有理数

图 1.2-4

【设计意图】追本溯源,从数系扩充的脉络出发寻找在直线上表示有理数的关键,化无限个不可能完成的任务为有限个可能完成的任务.

问题4　怎样才能在直线上表示出 0 和 1 的位置?

师生活动:教师创设如下情境帮助学生思考:小明家住在东西走向的笔直的大街上,若向东走 1 km,应怎样表示?

第一,要知道小明家在哪里,先在直线上规定基准点,即小明家的位置,也就是 0 的位置,这个基准点叫作原点;第二,要标记出哪个方向是东,规定 1 相对于基准点的方向(左边或右边),这就是在直线上规定正方向;第三,要规定用多长的线段表示 1 km,即在直线上规定 1 km 离基准点多远,这就是规定单位长度.(让学生在直线上画出 0 和 1 的位置,如图 1.2-5 所示.)

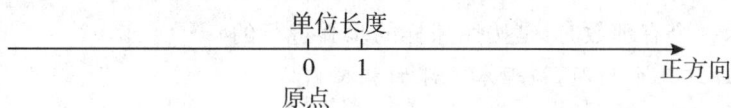

单位长度

0　1　　　　　正方向

原点

图 1.2-5

也就是说,要在直线上画出 0 和 1 的位置,需要给直线规定原点、正方向和单位长度.

问题5 现在能在你画出的直线上画出 $5,-3,\frac{2}{3}$ 这三个数的位置了吗?

追问:一般地,怎样画出表示正整数的点?怎样画出表示负整数的点?怎样画出表示正分数和负分数的点?

师生活动:教师引导学生用表示 0,1 两点之间的线段长度(单位长度)依次从 1 开始往右截取,分别可以画出表示 2,3,4,5 等正整数的点;从 0 出发依次向左截取,则可以画出表示 $-1,-2,-3$ 等负整数的点;把表示 0 和一个正整数的点之间的线段平均分,就可以画出表示正分数的点;在原点 0 左侧等分线段,可以得到表示负分数的点.

【设计意图】 给出在直线上表示有理数问题的解决方案.

问题6 总结一下我们前面在直线上表示有理数的做法,我们对直线作了哪些规定?为什么要给出这些规定?

师生活动:教师引导学生总结,为了把有理数用直线上的点来表示,我们给直线规定了原点、正方向和单位长度.**像这样,规定了原点、正方向和单位长度的直线叫作数轴.正数所在的半轴叫正半轴,负数所在的半轴叫负半轴.**

给出这样的规定后,总结画有理数对应的点的方法:从原点向右,每隔一个单位长度取一个点,依次为 $1,2,3,4,\cdots$;从原点向左,每隔一个单位长度取一个点,依次为 $-1,-2,-3,\cdots$.分数则是在相应的表示相邻的两个整数的点之间的线段上找等分点.

【设计意图】 抽象出数轴的概念,得到在数轴上表示有理数的一般方法.

追问:在用正数、负数表示相反意义量时,我们总结过操作步骤:(1) 定基准,(2) 定正方向,(3) 确定量值并用数字表示.在数轴上体现为规定哪些要素?

三、辨别应用,巩固新知

1. 读出图 1.2-6 中点 A,B,C,D,E 所表示的数:

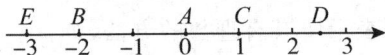

图 1.2-6

2. 画出数轴并表示下列有理数:$1.5,-2,2,-2.5,\frac{9}{2},-\frac{3}{4},0$.

3. 在水平从左到右为正方向的数轴上,如果表示数 a 的点在原点的左侧,那么 a 是一个_____数;如果表示数 a 的点在原点的右侧,那么数 a 是一个_____数.

4. 图 1.2-7 的温度计是数轴吗?如果是,指出其三要素.

图 1.2-7

四、回顾小结,概括提升

1. 什么叫作数轴?数轴有什么用?

2. 画数轴时为什么一定要确定三要素?这与前面用正数、负数表示相反意义量的操作步骤有什么联系?

3. 在数轴上表示一个有理数时,是按照怎样的步骤进行的?

【设计意图】 通过这几个问题,梳理本节课的相关内容.

目标检测

1. 下面所画的数轴中,正确的一项是(　　　).

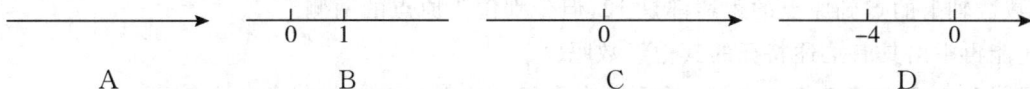

| A | B | C | D |

2. 数轴上表示 -6.5 的点位于原点的_____,与原点的距离是_____个单位长度.

3. 从水平向右为正的数轴上表示 -1 的点出发,向左移动 2 个单位长度到达点 B,则点 B 表示的数是_____,再向右移动 5 个单位长度到达点 C,则点 C 表示的数是_____.

4. 在数轴上画出表示有理数 $-5,20,-\dfrac{20}{3}$ 的点.

参考答案: 1.D　2.负方向,6.5　3.$-3,2$　4.略.

【设计意图】 第 1 题检测目标 1,第 2～4 题检测目标 2.

1.2.3　相反数

目标	1.经历从负数引入到数轴直观抽象相反数概念的活动,理解相反数的意义,发展抽象能力. 2.能求出一个数的相反数并能用符号表示,能利用相反数的意义进行数的算式的化简,发展数感和推理能力
重点	相反数的概念
难点	理解相反数是由正数得到负数的基本方法,体会相反数的对称性

教学过程设计

一、情境引入,提出问题

问题 1　我们知道,像 $-20,-0.5,-12$ 这样在正数前加上"$-$"(负)号的数叫作负数,那么,这些负数分别是在哪些正数前加上"$-$"号得到的?这些正数与负数分别有什么关系?在数轴上表示出各组数后有什么特征?

师生活动:学生写出 $-20,-0.5,-12$ 去掉"$-$"号所对应的数,分别为 $20,0.5,12$.

追问:从数的结构看,上述各组对应的数 $20,-20;0.5,-0.5;12,-12$ 的关系有什么共同特点?

【设计意图】 从引入负数的机制和负数的定义出发提出问题,让学生体会相反数的产生过程,扩大数集的核心,体会相反数的对称性.

问题 2　在数轴上表示上述各组数,想一想它们在数轴上的位置有什么特点.

师生活动:教师引导学生在数轴上分别表示各组数,如图 1.2-8 所示.

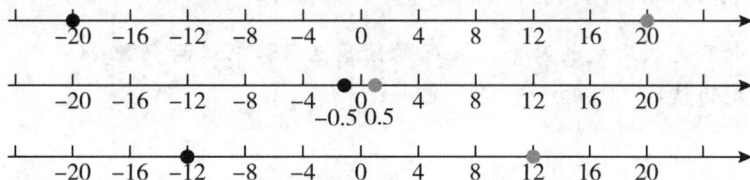

图 1.2-8

引导学生观察后发现:

第一组数数轴上的点到原点的距离都是20,但分别位于原点的两侧;

第二组数数轴上的点到原点的距离都是0.5,但分别位于原点的两侧;

第三组数数轴上的点到原点的距离都是12,但分别位于原点的两侧.

追问:还能再举出具有上述特征的其他组数吗?

【设计意图】 从形的角度加以思考,便于学生更好地理解这些数的特点.

二、探究思考,形成新知

问题3 这三组数有什么共同特点?

师生活动:教师引导学生**归纳:**这三组数,从数的结构上看,只有符号不同;从数轴上看,分别位于原点的两侧,且到原点的距离相等,把数轴沿着原点对折后表示一组数的点能重合.并进一步抽象出相反数的概念:**只有符号不同的两个数,互为相反数;特别地,0 的相反数是 0.**

追问1:为什么 0 的相反数要另外规定?

追问2:数轴上表示相反数的两个点,一点经过怎样的运动可以与另一点重合?

【设计意图】 通过归纳三组数的共同特征,抽象出相反数的概念.

三、辨别应用,巩固新知

例1 在数轴上分别表示出 $-2.5, 3, 0, -4$,并分别表示出它们的相反数的位置,然后写出它们的相反数.

师生活动:学生独立在数轴上表示出这些数及其相反数,并写出这些数的相反数.

追问:如图 1.2-9 所示,对于数轴上任意一个数 a,都能画出它的相反数的位置吗?

对于数轴上任意一个数 a,它的相反数都可以用 $-a$ 表示.

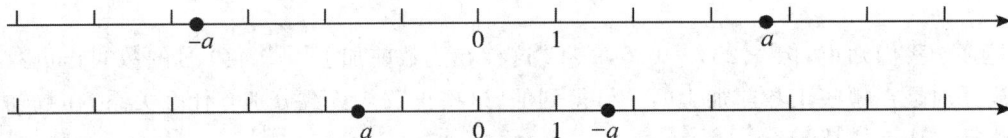

图 1.2-9

师生活动:教师引导学生从特殊到一般,从数和形两方面理解相反数的意义并用字母表示.

【设计意图】 学习从数和形两方面表示一个有理数的相反数,并进一步用字母表示一个数与它的相反数的关系.

四、迁移综合,发展能力

例2 (1)写出下列各数的相反数:$5, -7, -3\frac{1}{2}, 11.2, 0$;

(2)数轴上表示互为相反数的两个点之间的距离为18,求这两个数;

(3)求下列各式的值:$-(+3), +(-3), -(-3)$.

例3 若 a 的相反数为2.4,写出 a 的值.

五、回顾小结，概括提升

1. 从数的角度看，互为相反数的两个数有何特征？

2. 从形的角度看，互为相反数的两个数有何特征？

3. 怎样求一个数的相反数？怎样表示一个数的相反数？

4. a 的相反数是什么？$-a$ 的相反数是什么？$-a$ 一定是负数吗？

目标检测

1. 在下列各组数中，互为相反数的一项是(　　).

A. 3 和 -3 　　　B. -3 和 $\frac{1}{3}$ 　　　C. -3 和 $-\frac{1}{3}$ 　　　D. $\frac{1}{3}$ 和 3

2. -5 的相反数是_____，$-\frac{1}{2}$ 的相反数是_____，$-a$ 的相反数是_____.

3. -2.3 在数轴上对应的点与它的相反数对应的点之间的距离为_____.

4. 求下列各式的值：$-(+7)$，$+(-5)$，$-(-11)$.

参考答案：1. A　**2.** 5，$\frac{1}{2}$，a　**3.** 4.6　**4.** -7，-5，11

【设计意图】　第 1 题、第 2 题、第 4 题检测目标 2，第 3 题检测目标 1.

1.2.4　绝对值

目标	1.经历用正数、负数表示相反意义量的活动，抽象出现实中量的量值，并用绝对值概念表达，用符号表示，发展抽象能力. 2.能说出绝对值的几何意义，知道 $\mid a \mid$ 表示数轴上的点与原点的距离，建立几何直观. 3.能根据绝对值的概念和几何意义得到求一个数的绝对值的方法，并能求具体有理数的绝对值，发展推理能力和运算能力
重点	求一个数的绝对值
难点	理解绝对值的概念和算法

教学过程设计

一、情境引入，提出问题

我们知道，每一个有理数(如 -6，$+5$)既用正号、负号表示了数量的方向，也表示了它的量值，如 -6 中的 6，-5 中的 5,这种数的范围扩大中的继承，我们能用什么数学符号表示呢？

> **问题1**　两辆汽车从同一处点 O 出发，分别向东、西方向行驶 $10\ \text{km}$,同时到达 A，B 两点处，如图 1.2-10 所示. A，B 两处的位置相同吗？这两辆汽车的行驶路程相等吗？
>
>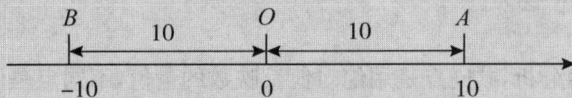
>
> **图 1.2-10**

师生活动：教师引导学生分析.

（1）可以借助数轴画出两辆汽车行驶的示意图；

（2）描述汽车的位置，不仅要考虑距离，还要考虑方向，因此，它们的位置不同；

（3）行驶路程是相等的.

追问 1：笔直的道路上的路程可以抽象为距离，怎样借助数来刻画这段距离？

从数的角度看，它是不考虑符号的一个"特殊的数"；从形的角度看，它是表示有理数的点到原点的距离.

追问 2：现在再看有理数"+5"和"−4"，它们是由哪两部分组成的？

任何一个非 0 有理数都是由表示方向的符号和表示量值的绝对值两部分组成的.

【设计意图】 融合现实情境和数学情境（有理数的符号结构）引入绝对值.

二、探究思考，形成新知

问题 2 在一个有理数中，剔除正号、负号后留下的数表示这个有理数的绝对量值，我们把这个"剔除正号、负号后留下的数"叫作原有理数的绝对值.能借助数轴得到更直观的定义吗？

师生活动：教师引导学生抽象出数轴上的绝对值概念：

一般地，数轴上表示数 a 的点到原点的距离叫作数 a 的**绝对值**（absolute value），记作 $|a|$.

【设计意图】 抽象绝对值的概念，并用数轴表达绝对值的意义.

问题 3 借助数轴求 $+4,-3,-2,0$ 的绝对值，并说出数轴上表示这些数的点到原点的距离分别是多少？

师生活动：学生根据绝对值的数轴定义分别求出这些数的绝对值：

$+4$ 对应的点到原点的距离是 4 个单位长度，则 $+4$ 的绝对值就是 $+4$，即 $|+4|=4$；

-3 对应的点到原点的距离是 3 个单位长度，则 -3 的绝对值就是 $+3$，即 $|-3|=3$；

-2 对应的点到原点的距离是 2 个单位长度，则 -2 的绝对值就是 $+2$，即 $|-2|=2$；

0 对应的点就是原点，可以认为它到原点的距离是 0 个单位长度，所以 $|0|=0$.

【设计意图】 根据绝对值的几何意义求具体有理数的绝对值，为后面概括绝对值的算法奠定基础.

问题 4 上述各有理数与其绝对值有什么关系，能推广到一般吗？

师生活动：教师引导学生观察上面各有理数与它的绝对值之间的关系，再通过举例和归纳得到下面求有理数绝对值的法则：

一个正数的绝对值是它本身；一个负数的绝对值是它的相反数；0 的绝对值是 0. 即：

（1）如果 $a>0$，那么 $|a|=a$；（2）如果 $a=0$，那么 $|a|=0$；（3）如果 $a<0$，那么 $|a|=-a$.

【设计意图】 从具体到一般，分类归纳有理数绝对值的算法，并用语言和符号表达.

问题 5 小学学习的数都是非负数，引入负数后，数的范围扩大到有理数，新学习的数与小学学习的非负数的共同点是什么？

师生活动：教师引导学生分析，共同点是用绝对值反映数的量值，不同点是用正号、负号区分量的方向.

追问：互为相反数的两个数，它们的不同点和相同点分别是什么？

【设计意图】 引导学生理解数系扩充的创新点（用正号、负号刻画数的极性）和逻辑一致性（用绝对值刻画数的量值）.

三、辨别应用,巩固新知

例 (1)写出 $1,-0.5,-\dfrac{7}{4}$ 的绝对值;

(2)有理数 a,b,c,d 在数轴上的对应点的位置如图 1.2-11 所示,这四个数中,哪个数的绝对值最大?哪个数的绝对值最小?

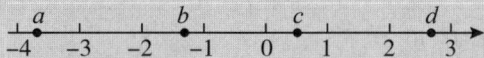

图 1.2-11

(3)化简: $-|-3|,|-(-5)|$.

解:(1) $|1|=1,|-0.5|=0.5,\left|-\dfrac{7}{4}\right|=\dfrac{7}{4}$.

(2)因为一个数的绝对值越大,表示它的点在数轴上离原点越远,反之,一个数的绝对值越小,表示它的点在数轴上就离原点越近,所以 a 的绝对值最大, c 的绝对值最小.

(3) $-|-3|=-3,|-(-5)|=5$.

四、回顾小结,概括提升

1.什么是有理数的绝对值?怎么求?

2.在数轴上,有理数的绝对值的意义是什么?

3.互为相反数的两个数有什么相同点和不同点?

4.说说有理数 $+7$ 与 -6 中“$+$”“$-$”“7”“6”的意义,解释在有理数的符号表示中是如何表示相反意义量的.

目标检测

1.判断下列说法是否正确:

(1)互为相反数的两个数绝对值相等;

(2)任何一个数的绝对值都是非负数;

(3)一个数的绝对值越大,在数轴上表示这个数的点离原点越远;

(4)如果 $|a|\ne 0$,则在数轴上表示这个数的点有两个,且位于原点左右两侧.

2.求下列各数的绝对值:$8.3,-90,0,-0.8,\dfrac{1}{5}$. 你能说出哪个数的绝对值最大吗?

3.已知 $|a|=5$,求 a 的值.

4.化简下列各式:$+|-3.5|,-\left|+\dfrac{5}{6}\right|,-|-11|,|+(-15)|,|-(-7)|,|-(+9)|$.

参考答案:1.都正确　2.$8.3,90,0,0.8,\dfrac{1}{5}$,绝对值最大的数是 -90　3.5 或 -5　4.$3.5,-\dfrac{5}{6},-11$, $15,7,9$

【设计意图】第1题检测目标1,第2~3题检测目标2,第3~4题检测目标3.

1.2.5　有理数的大小比较

目标	1.能基于非负数的大小比较的经验,通过把非负数的大小比较反映在数轴上,基于类比推广抽象出数轴上的大小规定,发展抽象能力. 2.能通过具体有理数的大小比较,归纳出有理数大小比较的法则,并从数轴上的大小规定出发,通过演绎推理进行说明,发展推理能力. 3.能熟练应用法则进行有理数的大小比较,发展推理能力和运算能力
重点	有理数大小比较法则的抽象和应用
难点	两个负分数的大小比较

教学过程设计

一、情境引入,提出问题

问题 1　在学习了有理数的定义、表示、相反数、绝对值后,接下来要研究什么?

师生活动:教师引导学生类比小学学习数的经验,提出接下来研究数的大小比较和运算.

【设计意图】　在单元整体教学视野下,类比小学中数的学习经验,基于有理数的研究思路,进一步提出接下来要研究的问题.

问题 2　我们已经能比较哪些有理数的大小了?需要重点研究哪些数之间的大小关系?

师生活动:教师引导学生将有理数分为正有理数、0、负有理数.学生已经能比较正数与正数、正数与 0 的大小关系,需要重点研究正数与负数、负数与负数、负数与 0 的大小关系.

【设计意图】　提出明确的研究问题.

二、探究思考,形成新知

问题 3　小学中非负数是如何比较大小的?

追问 1:把非负数表示在数轴上,看看有什么启发?

师生活动:教师引导学生回顾小学比较非负数大小的方法,把非负数表示在数轴上,数轴上右边的数大于左边的数.

追问 2:能否将在半条数轴上成立的规则推广到整条数轴上?应该怎么规定?

师生活动:教师引导学生在整条数轴上规定左小右大,从而将正半轴上成立的规则推广到整条数轴上.在此环节中,教师可以举例帮助学生理解"数轴上,左边的数小于右边的数",如 $-5<-4<-3<-2<-1<0<1<2<3$.

【设计意图】　借助数轴,从形的角度帮助学生直观地理解在数轴上的有理数中,右边的数大于左边的数.

问题 4 这样的规定合理吗?请用气温解释(如图 1.2-12 所示).

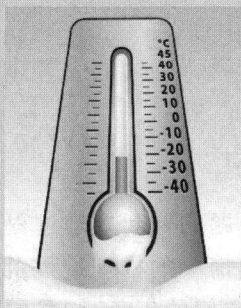

图 1.2-12

追问 1:气温分别是如下值(单位:℃),请根据生活经验比较它们的大小:－20,－10,0,20,30.

师生活动:学生凭借生活经验得到结论－20＜－10＜0＜20＜30.教师引导学生将这些数表示在数轴上,发现符合数轴上大小比较的规定:数轴上,左边的数总小于右边的数.

【设计意图】 使学生体会规定的合理性,体会数轴的作用是在直线上直观有序地表示出有理数.

追问 2:比较下列各组数的大小:－2 与 0;－4 与 2;－4 与－2.

师生活动:教师引导学生画数轴,借助数轴分别比较上面各组数的大小.在此环节中,教师需要关注学生能否准确画出数轴,并把以上这些数在数轴上表示出来.

【设计意图】 使学生能够利用数轴进行数的大小比较.

问题 5 比较 $-\dfrac{11}{17}$ 与 $-\dfrac{3}{7}$ 的大小.

追问 1:不借助数轴,能比较任意两个有理数的大小吗?

追问 2:观察问题 4 追问 2 中的比较结果,负数与 0 怎样比较大小?负数与正数怎样比较大小?两个负数怎样比较大小?能说说理由吗?

追问 3:两个负数比较大小,这两个负数对应的点在原点的左侧还是右侧?你能得到比较这两个有理数大小的方法吗?

师生活动:教师引导学生发现 $-\dfrac{11}{17}$ 与 $-\dfrac{3}{7}$ 在数轴上的位置很接近,很难在数轴上画出对应的点,从而启发学生寻找另外的方法比较这两个有理数的大小.从问题 4 追问 2 中发现,这些例子中包含了本节课研究的核心问题,即负数与 0、负数与正数、负数与负数的大小比较.然后引导学生归纳得到结论:负数小于 0,正数大于负数;两个负数比较大小时,只要确定哪个数在左边,就可以确定哪个数较小,或可以通过计算确定哪个数的绝对值大即可.

【设计意图】 借助具体题目使学生体会到在两个有理数大小接近的情况下,使用数轴比较大小的不便性,引起学生认知冲突,从而想到归纳法则,即基于数的符号和绝对值进行大小比较,而这种比较法则是从数轴上有理数的大小规定出发,通过推理得到的,思考过程体现了直观与逻辑的融合.

问题 6 再找几个具体的负数,比较它们的大小.你能得到不借助数轴比较两个负数的通用方法吗?

师生活动:教师引导学生先演绎推理,再举例说明,得到法则:**两个负数比大小,绝对值大的反而小**.

【设计意图】 基于推理和举例说明,得到两个负数比较大小的法则,并得到有理数不借助数轴比较大小的系统方法.

三、辨别应用，巩固新知

例 比较下列各组数的大小：

(1) $-(-1)$ 和 $-(+2)$；　　(2) $-\dfrac{8}{21}$ 与 $-\dfrac{3}{7}$；　　(3) $-(-0.3)$ 与 $\left|-\dfrac{1}{3}\right|$.

师生活动：先由教师规范书写一个小题的判断推理过程. 再由学生自主完成其余小题，师生共同检查. 此处教师应关注学生是否能够写出简单的推理过程，而不仅仅是给出答案. 最后教师引导学生归纳方法：异号的两数比较大小，要考虑它们的正负；同号的两数比较大小，要考虑它们的绝对值. 在两个负分数比较大小时，先用有理数大小法则，再回顾小学学习的正分数大小法则，帮助学生分步突破两个难点.

练习 比较下列各组数的大小：

(1) -3 和 -5；　　(2) -2.5 和 $-|-2.25|$；　　(3) $-\dfrac{3}{5}$ 和 $-\dfrac{3}{4}$.

师生活动：学生自主完成上述练习并说明依据.

【设计意图】 有理数大小比较的简单应用.

四、回顾小结，概括提升

1. 数的范围扩大到有理数后，任意两个数都可以比较大小吗？
2. 怎样比较两个有理数的大小？
3. 怎样得到有理数的大小比较法则？

师生活动：教师引导学生从上述问题出发回顾这节课的内容及学习过程. 从两个非负数大小比较出发，在数轴正半轴上表示数，发现规律，并把这种规律推广到整条数轴，最后归纳得到有理数大小比较法则.

【设计意图】 通过问题串的形式带领学生回顾本节课所学的知识及学习方法.

目标检测

1. 比较下列各组数的大小：

(1) 3 和 -5；　　(2) -3 和 -5；　　(3) -2.5 和 $-|-2.25|$；　　(4) $-\dfrac{3}{5}$ 和 $-\dfrac{3}{4}$.

2. 比较 -3，1，-2 的大小，下列判断正确的是（　　）.

A. $-3<-2<1$　　　B. $-2<-3<1$　　　C. $1<-2<-3$　　　D. $1<-3<-2$

3. 下列式子中成立的是（　　）.

A. $-|-5|>4$　　　B. $-3<|-3|$　　　C. $-|-4|=4$　　　D. $|-5.5|<5$

4. 将下列各数按从小到大的顺序排列，并用"<"号连接：

$$-0.25,\ +2.3,\ -0.15,\ 0,\ -\dfrac{2}{3},\ -\dfrac{3}{2},\ -\dfrac{1}{2},\ 0.05.$$

参考答案：1. (1) $3>-5$；(2) $-3>-5$；(3) $-2.5<-|-2.25|$；(4) $-\dfrac{3}{5}>-\dfrac{3}{4}$　　**2.** A　　**3.** B

4. $-\dfrac{3}{2}<-\dfrac{2}{3}<-\dfrac{1}{2}<-0.25<-0.15<0<0.05<+2.3$

【设计意图】 第 1～4 题检测目标 3.

1.3　有理数复习

目标	1.回顾用正数、负数表示相反意义量的活动,体会数的范围扩大的过程. 2.能借助符号、数字及数轴统一表示有理数,理解数轴的三要素,能用数轴上的点表示有理数,用有理数描述数轴上点的位置. 3.能借助数轴说明相反数和绝对值的意义. 4.能比较有理数的大小. 5.体会数系扩充的研究思路、研究内容和研究方法
重点	类比自然数,整理有理数的知识体系,理解数轴、相反数、绝对值的概念,比较有理数的大小,能借助数轴比较数的大小
难点	理解数系扩充的思想

教学过程设计

一、知识回顾

问题 1　本章研究了哪些问题?

师生活动:教师引导学生先从宏观上回顾本章研究的主要内容:引入负数,把数的范围扩大到有理数;通过分类,重新认识了各类有理数的特征及相互关系;借助数轴,认识了有理数、相反数与绝对值;借助数轴,把小学学习中非负数的大小关系推广到有理数范围.即引入、表示、分类、性质(大小比较).

【设计意图】　宏观回顾本章研究的主线和主要知识内容.

问题 2　为什么要引入负数?引入负数的过程与小学中引入正分数的过程有什么相同点?

师生活动:教师引导学生比较、发现,小学学习中引入正分数和本章引入负数,都是为了表示现实生活中的数量并使某一种运算能够通行(小学分数 —— 除法,初中负数 —— 减法).

追问:在小学阶段,用分数表示一个量时,需要做什么?在有理数中,用正数、负数表示相反意义量时的操作步骤有哪些?

师生活动:引导学生比较、发现,用分数表示一个量时需要确定这个量的总和与份数.用正数、负数表示相反意义量时的操作步骤是:规定量的基准并用 0 表示,规定量的方向并用正号、负号表示,明确量值与单位的比值并用不带符号的数值表示.

【设计意图】　从数系扩充的必要性理解引入负数、扩大数集的必要性,从基准、方向和量值三个方面理解用正数、负数表示数量关系的做法.

问题 3　引入负数,扩大数的范围后,我们通过分类重新认识了各类有理数,那么有理数可以怎样分类?

师生活动：教师引导学生用两种方法对有理数进行分类，如图 1.3-1 所示.

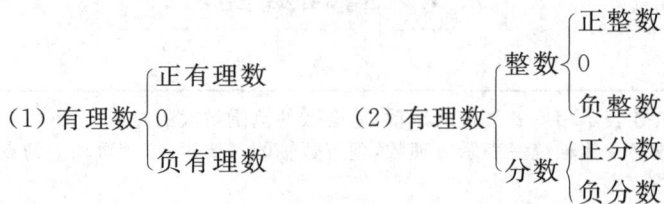

$$（1）有理数\begin{cases}正有理数\\0\\负有理数\end{cases}\qquad（2）有理数\begin{cases}整数\begin{cases}正整数\\0\\负整数\end{cases}\\分数\begin{cases}正分数\\负分数\end{cases}\end{cases}$$

图 1.3-1

追问 1：怎样从正整数出发得到负整数?怎样进一步把自然数扩充到整数?

在正整数前面加负号得到负整数，如由 5 得到 −5.正整数、0 和负整数统称为整数.

追问 2：怎样从正整数出发得到正分数?怎样进一步得到负分数和分数?

当两个正整数的商不是正整数时，引入分数表示这种商，得到正分数；在正分数前加负号得到负分数，如由 $\frac{11}{13}$ 得到 $-\frac{11}{13}$；最后，正分数和负分数统称为分数.

整数和分数统称为有理数.

追问 3：类似小学学习中把正整数理解为分母为 1 的正分数，负整数也可以这样表示吗?可以用整数的运算统一表示有理数吗?

可以用两个整数的商把有理数统一表示为“$\frac{b}{a}$（a,b 是整数，$a\neq0$）”的形式，得到有理数的实质定义：两个整数的比（分母不为 0）叫作有理数.

【设计意图】 通过分类与比较分析各类有理数的区别与联系，理解有理数的整数比定义.

问题 4 有理数有哪些表示方法?各有什么特点?

师生活动：学生回顾有理数的符号表示和图形表示（数轴），从符号结构和数轴两方面理解有理数的表示.如：0 是有理数的基准，用正、负号表示有理数的方向，用绝对值表示有理数的量值与数量单位的比（如 −4，+8）；为了在直线上表示有理数，必须规定原点（基准）、方向和单位长度，用 0 表示基准，用正、负号表示方向，用绝对值与单位长度的比值表示有理数的量值.在数轴上，从自然数到整数的扩充表现为以原点为中心，把正半轴通过中心对称扩展到整条数轴；从整数到有理数的扩充，则是在整数的基础上加密数轴上的点，如图 1.3-2 所示.

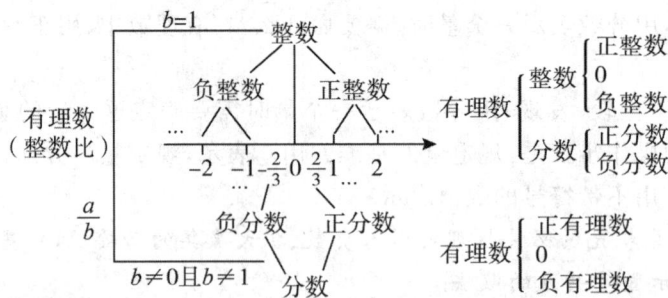

图 1.3-2

【设计意图】 借助数轴直观，用数系扩充的观点整理数的发展的逻辑脉络.

问题 5 我们知道，在一个正数前面添加负号，就得到一个负数，如 6 → −6，这是引入负数的核心做法，那么这样的一组数是什么关系?具有这种关系的数表示在数轴上，其对应点之间有什么关系?

师生活动：让学生回顾相反数的概念及其在数轴上对应点的特征——分别位于原点两侧，且到原点的距离相等,即符号相反,绝对值相同.

【设计意图】 从数系扩充的角度理解相反数的作用、特点及在数轴上的直观特征.

问题6 在正数前加负号引入负数的过程中,什么要素保持不变?这一要素可以用哪个数学概念描述?它在数轴上表现出的点的位置特征又如何?

师生活动: 教师引导学生理解在这一过程中,保持不变的要素是量值,如从6到−6中的6,可以用绝对值描述,一个有理数的绝对值在数上体现出的是不考虑正负后留下的非负数(量值),在数轴上表现为有理数的点到原点的距离.在此基础上回忆绝对值的算法.

【设计意图】 引导学生从数系扩充的角度,借助数轴直观理解数轴的概念,回忆绝对值的算法.

问题7 我们知道,非负数可以比较大小,怎样把非负数大小比较的方法推广到全体有理数?具体怎样比较有理数的大小?

师生活动: 教师引导学生抽象有理数大小比较法则的过程,得到大小比较的两种方法:数轴法和推理法.

【设计意图】 回顾有理数性质(大小比较)及其获得过程.

二、知识整理

问题8 能在图1.3-2的基础上整理本章的知识结构图吗?试一试!

师生活动: 教师指导学生整理本章知识结构,优化后如图1.3-3所示.

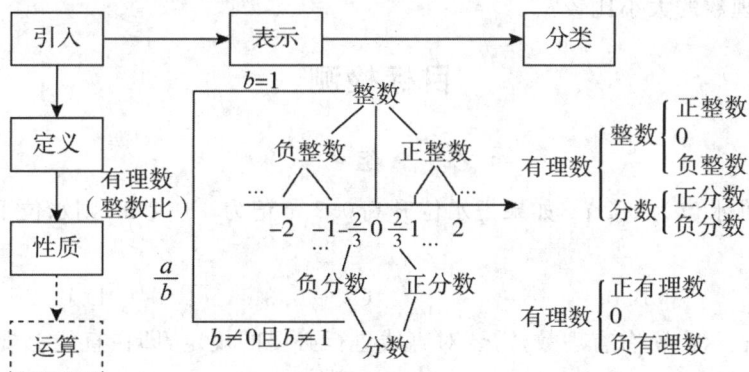

图 1.3-3

三、基础检测

1. 用正数、负数表示下列相反意义量,并说明操作步骤:
   (1) 小华家5月份收入20000元,支出12000元,他家存款发生了什么变化?
   (2) 海鸥可以从海面以上20 m的高度扎入海面下2 m捉鱼.
   (3) 小明从家里出发,沿着笔直的马路,先向北走80 m,再向南走60 m.

2. 把下列各数分别在数轴上表示出来,并用"<"号连接:
$$-\frac{1}{4}, \frac{5}{8}, -3, -1, 3, 0, 1.5.$$

3. 请分析数"+8"和"−4"的字符构成要素,并借助数轴解释这些字符构成要素.

四、综合运用

例1 如图1.3-4,检测5个排球,其中质量超过标准的克数记为正数,不足的克数记为负数.

(1) +5,-3.5,+0.7,-2.5,-0.6各表示什么?

(2) 比较这5个数的大小,把5个排球的质量从小到大排序.

(3) 从轻重的角度看,哪个球最接近标准?请说明理由.

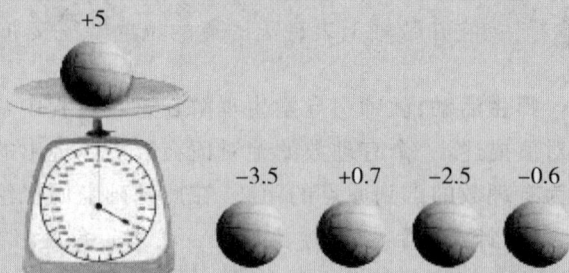

图1.3-4

例2 请在下列数的前面添加适当的符号,把它们变成负数,改变前后的这两个数有什么关系?这两个数在数轴上会体现出哪些特征?在这种从正数到负数的变化过程中,不变的是什么?

$6,11,60\%$.

五、总结反思,深化提高

1. 说说有理数的研究思路、研究内容和研究方法.

2. 什么叫有理数?有理数该怎样表示?

3. 怎样进行有理数的大小比较?

目标检测

A 组

1. 游泳池的基准水位为1.2 m,如果把水位升高0.2 m记为+0.2 m,则水位下降0.3 m可以记为(　　)m.

　　A.1.5　　　　　　　B.0.9　　　　　　　C.-0.3　　　　　　　D.0.3

2. 要在直线上表示出所有有理数,需要对直线进行必要的规定,即在直线上规定(　　).

　　A.0的位置　　　　　　　　　　　　B.1的位置

　　C.0和1的位置　　　　　　　　　　D.0,1和-1的位置

3. 在如图所示的数轴上表示有理数$-2,3,-1.5$和$\frac{7}{3}$,并比较它们的大小.

(第3题)

4. 若A是6的相反数在数轴上的对应点,O是原点,则$|-6|$的几何意义是＿＿＿＿＿＿＿.

B 组

5. 两个数互为相反数,它们在数轴上相应点的位置的特点是(　　).

　　A.在原点的一侧

　　B.在原点的两侧,且到原点的距离相等

C. 它们之间的距离等于其中一个数的绝对值

D. 它们之间的距离等于其中一个数

6. 数轴上,点 A,B,C 对应有理数 a,b,c,若点 C 在点 A,B 之间,点 A 在点 B 的左侧,则 a,b,c 的大小关系是_____.

C 组

7. 为什么比较两个有理数的大小时,要分两个正数、正数和 0、0 和负数、正数和负数、负数和负数这几种情况讨论?

参考答案:1. C　2. C　3. 略　4. 点 A 到原点的距离　5. B　6. $a<c<b$　7. 因为有理数可以分为正数、0 和负数,要比较任意两个有理数的大小关系,相当于在正数、0、负数这三类数中任意取两个,共有"两个正数、正数和 0、0 与负数、正数和负数、负数和负数"这五种可能的情况.

【设计意图】 第 1 题检测目标 1,第 2 题检测目标 2,第 3 题检测目标 2、目标 4,第 4~5 题检测目标 3,第 6~7 题检测目标 4.

第二章　有理数的运算

◎ 单元设计 ◎

一、知识结构图

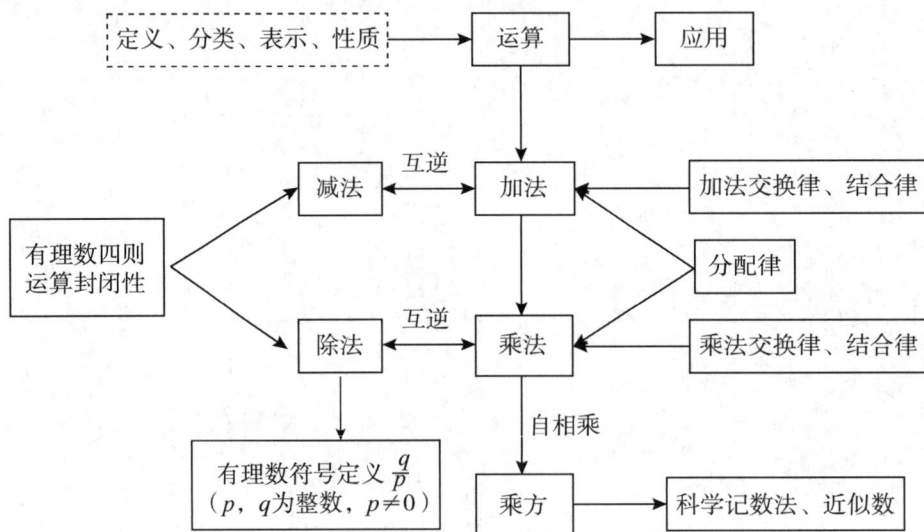

二、内容与内容解析

1. 内容

有理数的加、减、乘、除及乘方运算.

2. 内容解析

有理数集连同其定义的加法、乘法运算构成一个数域. 作为数域,有理数域有两个组成要素,一是组成数域的数集,二是数集上定义的加法、乘法这两种基本运算(减法、除法分别是加法、乘法的逆运算),并且加法、乘法都满足交换律、结合律,乘法对加法满足分配律. 从数系扩充的角度看,有理数系是非负数系的扩充,有理数集上的加法、乘法这两种基本运算与非负数系上的加法、减法运算具有逻辑一致性.

有理数系是小学阶段非负数系及其四则运算的扩充、发展,它是初中阶段学习实数、代数式、方程等"数与代数"领域其他内容的基础.

将非负数系及其四则运算扩充到有理数系,蕴含着数系扩充的思想方法,这是有理数中蕴含的核心思想.

有理数域是最小的数域,是中学阶段的第一个数域. 无论是在数学领域,还是在学生的认知结构中,它都极为重要. 有理数及其运算的学习有助于发展学生的抽象能力、运算能力、推理能力和几何直观.

　　基于以上分析,确定本单元的教学重点:理解有理数的运算法则的合理性及运算律的保持、并学会灵活运用.

三、目标与目标解析

1. 目标

　　(1)经历把非负数的运算法则、运算顺序和运算律推广到有理数范围的活动,理解有理数的加法、减法、乘法、除法、乘方运算法则和加法、乘法的运算律,理解加法与减法、乘法与除法互逆的关系,发展抽象能力和归纳推理能力.

　　(2)掌握有理数的加法、减法、乘法、除法、乘方及简单的混合运算(以三步以内为主);在运用运算法则运算和应用运算律简化运算的活动中,进一步发展运算能力和代数演绎推理能力.

　　(3)能用有理数的运算表示实际问题中的数量关系,在问题的解决过程中,理解有理数的运算最终目标是化简,学会用有理数的混合运算表示或解决简单的问题,进一步发展数感,建立初步的模型观念.

　　(4)在有理数的运算和运算律的探究与运用过程中,感悟数形结合、分类讨论、转化化归、数系扩充等数学思想,培养反思意识,总结学习方法,建立学习的信心,体会代数研究的一般观念.

2. 目标解析

　　达成目标(1)的标志:经历基于现实情境、借助数轴理解有理数的加法法则的活动,理解有理数的加法法则;经历基于数系扩充的内在逻辑一致性,抽象有理数的乘法法则的活动,理解有理数的乘法法则,理解两个有理数进行加法或乘法运算时,结果可从"符号"与"绝对值"两个维度来理解;理解运算律对有理数加法与乘法仍然适用,能利用运算律进行简化运算;理解乘方的意义,能进行乘方运算,会借助乘方的意义用科学记数法表示数.经历类比非负数的减法和除法运算抽象有理数的减法和除法法则的活动,理解减法法则与除法法则,理解数系扩充后,减法依然是加法的逆运算,除法是乘法的逆运算,从而将减法运算转化为加法运算,将除法运算转化为乘法运算,理解数系扩充过程中运算与运算律的一致性.

　　达成目标(2)的标志:能准确辨识多级混合运算,理解运算顺序,熟练应用运算法则、运算律(包括去括号、添括号等方法)进行混合运算,能通过有理数的混合运算进行简单的推理.在具体运算过程中,能明确运算对象和运算意义,理解算理,选择适当的算法,能有依据地进行运算和推理,得到正确的运算结果,并能检验运算结果的正确性.

　　达成目标(3)的标志:在现实情境中,能用有理数的运算表示数量关系,通过运算和推理解决简单的实际问题.

　　达成目标(4)的标志:能体会有理数运算中的核心思想方法,如数系扩充的思想、抽象推广的思想、化归与转化的思想、数形结合的思想、分类讨论的思想,体会代数研究的一般观念,形成代数研究的基本框架,学会学习,建立学好数学的信心.

四、目标谱系

内容	核心素养			
	数学眼光	数学思维	数学语言	学会学习
2.1 有理数的加法与减法	1.通过从现实情境中观察、想象、类比和归纳,抽象有理数的加法法则. 2.通过对运算过程的观察,明确有理数加法的运算结果要从符号及绝对值的变化规律来分析. 3.通过观察有理数相加的结果,抽象加法交换律与结合律. 4.通过对加法及其互逆运算的观察与分析,将减法与加法相关联,理解加减运算的一致性,抽象出有理数的减法法则. 5.在探究有理数的加减运算的过程中,发展抽象能力	1.体会分类讨论思想,探究两个有理数加法法则,发展归纳推理能力. 2.会灵活运用有理数的加减法则和运算律进行准确的运算与简单的推理,进一步发展运算能力,发展演绎推理能力	1.会借助数轴分析与归纳有理数加法法则. 2.会用有理数的加减运算表示现实中的数量和数量关系,解决简单的实际问题	1.学会借助数轴来研究运算的方法,体会分类是研究数学问题的重要方法. 2.在有理数加减法则的探究与应用中,总结与小学非负数运算的一致性,学会学习,建立学好数学的信心
2.2 有理数的乘法与除法	1.通过观察、想象进行合情推理,推广非负数的乘法运算,抽象有理数的乘法法则和运算律. 2.通过具体例子分析有理数除法运算的结果,与有理数的乘法进行比较,类比小学中分数除法与乘法的关系,抽象有理数的除法法则. 3.经历乘、除混合运算活动,总结将除法运算转化为乘法运算的转化思想. 4.在探究乘除运算的过程中,发展抽象能力	1.能应用有理数的乘法法则和运算律进行运算. 2.会用除法法则简化乘除混合运算. 3.在进行混合运算的过程中,明确运算对象和运算意义,理解算理,选择适当的算法,有依据地进行准确运算,进一步发展运算能力	1.会用图形语言理解有理数的乘法法则. 2.能用有理数的乘除法表示并求解简单的实际问题	1.会类比有理数加法法则的探究经验进行有理数乘法法则的探究与归纳,增强获取新知的信心. 2.通过将除法转化为乘法,进一步感悟算法统一对于简化运算的重要作用

内容	核心素养			
	数学眼光	数学思维	数学语言	学会学习
2.3 有理数的乘方	1. 经历有理数中相同因数乘法的简约表示的活动,类比正整数乘方意义抽象有理数的乘方运算法则. 2. 通过现实情境,了解乘方的意义,发展抽象能力. 3. 经历应用乘方运算的意义简约表示大数的活动,抽象科学记数法的意义,发展抽象能力和符号表达能力	1. 能类比正整数乘法与加法的关系探究乘法与乘方的关系. 2. 能理解乘方、乘、除、加、减在混合运算中的优先级,并利用运算法则进行运算. 3. 会用计算器进行简单的混合运算	1. 能结合正方形的面积理解乘法,结合正方体的体积理解乘方. 2. 理解幂是乘方的运算结果,理解其书写规范及底数、指数的含义. 3. 会借助有理数的混合运算表示数量关系,解决简单的实际问题	1. 理解运算律不变是数系扩充的基本要求. 2. 在理解并运用有理数运算律的过程中,增强探究的信心,提升探究的能力. 3. 体会数系扩充的运算推广研究方法

五、教学问题诊断分析

1. 已有基础

小学阶段,学生已经掌握了非负数的四则运算,但对加法与减法的原理的理解还是基于生活事实,对乘法与除法的算理的理解也并不深刻.

2. 学习需要

本单元内容承接第一章有理数,数系扩充后,在负数的参与下,运算的形式更加复杂,需要学生分类考虑不同的情况,而且运算的结果需要从符号及绝对值两个维度体现.学生对减法转化为加法、除法转化为乘法还不太习惯,对运算的统一性还不了解;同时,对七年级学生而言,运算律及运算法则(包括去括号法则)符号化概括与表示还相对抽象,需要结合具体实例进行分析和归纳.

3. 难点及应对策略

学生虽然有小学四则运算的基础,但数系扩充后的有理数四则运算不仅更加复杂,而且还将承担渗透代数推理意识的作用,所以本单元的教学难点是:会用省略加号的代数和形式表示加减运算;理解乘法及除法法则;会灵活进行有理数的混合运算.

教学中,教师要从学生熟知的具体实例出发来解释法则的抽象过程;从互逆运算入手强化加法与减法、乘法与除法的联系,引导学生基于相反数与倒数的概念得出有理数的减法与除法法则,体会运算的统一性;在有理数的混合运算中强化先判断运算类型,再确定运算级别,最后依据运算法则进行运算的意识,提升学生的数学运算能力.

六、教学建议

从数学的公理化体系角度来看,有理数的加法、乘法法则是直接规定的.考虑到初中学生的认知基础和认知能力,应采用归纳概括的方法得到,并在此过程中注意渗透数系扩充时运算的一致性.在有理数运算内容的教学过程中,应侧重让学生体会引入新法则的必要性和合理性.以数轴上点的运动情境为线索,基于归纳提出最基本的有理数的加法法则;对于乘法法则,加法、乘法运算律,以及由加法、乘法法则派生的减法、除法法则,应以数学情境为主要线索,辅以现实情境,通过归纳概括和适度的逻辑推理方式得到.

课时安排:2.1有理数的加法与减法4课时[有理数的加法2课时(其中加法法则1课时,加法运算律1课时),有理数的减法2课时[其中减法法则1课时,加减混合运算1课时)],2.2有理数的乘法与除法4课时[有理数的乘法2课时(其中乘法法则1课时,乘法运算律1课时),有理数的除法2课时(其中除法法则1课时,加、减、乘、除混合运算1课时)],2.3有理数的乘方3课时[乘方2课时(其中乘方运算法则1课时,加、减、乘、除、乘方混合运算1课时),科学记数法与近似数1课时],2.4有理数的运算复习2课时.共13课时.

◎ 课时设计 ◎

2.1 有理数的加法与减法

2.1.1 有理数的加法(第1课时)——加法法则

目标	1.经历抽象有理数加法法则的过程,理解加法法则,发展几何直观和抽象能力. 2.能应用有理数加法法则进行运算,进一步发展数学运算能力
重点	抽象有理数加法法则
难点	系统规划探究加法法则的思路,基于具体算式归纳出加法法则

教学过程设计

一、情境引入,提出问题

引入负数,把数的范围扩大到有理数后,类似于小学学习数的经验,我们经历了如下的学习过程:给出了有理数的定义,研究了有理数的分类、表示和大小比较.小学学习中,任意两个(非负)数都可以进行四则运算,且加法和乘法满足运算律.

> **问题1** 对于有理数,需要进一步研究哪些问题?

师生活动:教师引导学生提出有理数运算的研究主题:有理数的加法、减法、乘法、除法等运算,以及相应的运算律.

追问:对于两个有理数相加,我们已经学过什么?还需要研究什么?

学生回顾:已经学过正数与0的加法,还需要研究负数与正数、正数与负数、负数与负数、负数与0,0与负数的加法运算;研究加法交换律 $a+b=b+a$,加法结合律 $(a+b)+c=a+(b+c)$ 是否仍然成立.

【设计意图】从宏观上规划本节课的学习路径,引导学生类比小学已有的学习经验,提出研究问题,理清研究思路:引入 — 定义、分类、表示 — 性质(大小关系)— 运算、运算律.

二、探究思考,形成新知

为了研究有理数的加法,我们各取一个各类数相加的具体例子进行研究.

如:$4+3=$? $(-4)+3=$? $4+(-3)=$? $(-4)+(-3)=$?

我们在比较有理数大小时,通过将数轴正半轴上的规定推广到整条数轴,从而得到比较任意两个有理数的大小的方法.它对我们要研究的问题有什么启发?

问题2 小学中我们学习过 $4+3=7$,能把这个算式用数轴上点的运动进行解释吗?

师生活动:教师引导学生借助数轴直观思考,我们规定向左为负,向右为正.那么这个算式可以解释为物体先向右移动4个单位长度,再向右运动3个单位长度,两次运动的结果是向右移动了7个单位长度,如图2.1-1所示.

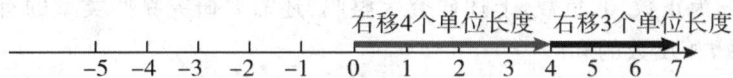

右移4个单位长度　右移3个单位长度

$$-5\ -4\ -3\ -2\ -1\ 0\ 1\ 2\ 3\ 4\ 5\ 6\ 7$$

图 2.1-1

【设计意图】 借助数轴理解两个正数的和,为进一步研究与负数有关的加法运算做好铺垫.

问题3 类似地,你能确定 $(-4)+3,4+(-3),(-4)+(-3)$ 的运算结果是多少吗?怎样用数轴上点的移动进行解释?

师生活动:教师引导学生类比两正数相加,借助数轴作如下思考.

(1) 如果物体先向左移动4个单位长度,再向右移动3个单位长度,那么两次移动的最后结果是物体向左移动了1个单位长度,所以 $(-4)+3=-1$,如图2.1-2(1)所示.

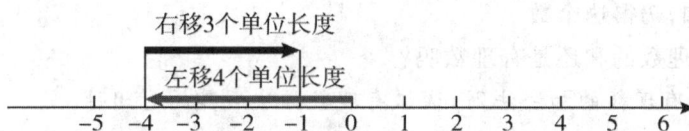

右移3个单位长度

左移4个单位长度

$$-5\ -4\ -3\ -2\ -1\ 0\ 1\ 2\ 3\ 4\ 5\ 6$$

图 2.1-2(1)

(2) 如果物体先向右移动4个单位长度,再向左移动3个单位长度,那么两次移动的最后结果是物体向右移动了1个单位长度,所以 $4+(-3)=1$,如图2.1-2(2)所示.

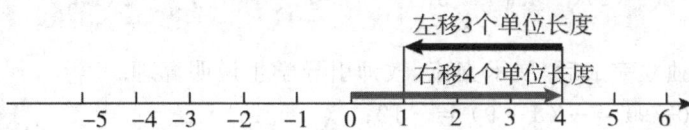

左移3个单位长度

右移4个单位长度

$$-5\ -4\ -3\ -2\ -1\ 0\ 1\ 2\ 3\ 4\ 5\ 6$$

图 2.1-2(2)

(3) 如果物体先向左移动4个单位长度,再向左移动3个单位长度,那么两次移动的最后结果是物体向左移动了7个单位长度,所以 $(-4)+(-3)=-7$,如图2.1-2(3)所示.

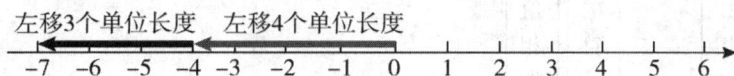

左移3个单位长度　左移4个单位长度

$$-7\ -6\ -5\ -4\ -3\ -2\ -1\ 0\ 1\ 2\ 3\ 4\ 5\ 6$$

图 2.1-2(3)

【设计意图】 基于不同类别的有理数相加各举一例,从已有经验 $4+3=7$ 出发,通过数轴上点的移动进行类比,得到这几个加法算式的和,为后面归纳推广、抽象出有理数加法法则奠定基础.

问题4 观察上面所列的几个算式中加数的符号、绝对值,以及和的符号、绝对值,能得到任意两个有理数相加的方法吗?

师生活动:教师引导学生从加数的符号、绝对值与和的符号、绝对值之间的对应关系进行总结,并用语言表达,初步概括出以下有理数的加法法则:

加数的符号	加数的绝对值	和的符号	和的绝对值
正数＋正数	—	正	两个加数的绝对值相加
负数＋正数	绝对值不等	与绝对值较大的加数相同	较大的绝对值减去较小的绝对值
正数＋负数	绝对值不等	与绝对值较大的加数相同	较大的绝对值减去较小的绝对值
负数＋负数	—	负	两个加数的绝对值相加

追问1：有理数分为正数、0、负数，上述研究完整吗？还需要研究哪些类型的有理数的加法运算？

0加负数、相反数的和.

追问2：互为相反数的两个数相加，和是什么？负数与0、0与负数的和分别是什么？

追问3：能用文字语言归纳有理数的加法法则吗？

问题5 能用尽可能简约的语言表达我们的研究成果吗？

师生活动：教师引导把"正数加正数""负数加负数"合并为同号两数相加，把"正数加负数""负数加正数"合并为异号两数相加，进行二次概括后得到如下的加法法则：

1. 同号两数相加，取相同的符号，和的绝对值等于加数绝对值的和.

2. 绝对值不相等的异号两数相加，取绝对值较大的加数的符号，和的绝对值等于加数中较大的绝对值与较小绝对值的差. 互为相反数的两个数相加得0.

3. 一个数同0相加，仍得这个数.

追问：任意两个有理数的和还是有理数吗？

【设计意图】 抽象有理数的加法法则，认识有理数加法运算的封闭性.

三、举例示范，巩固新知

例 计算下列各式，并说明算理：

(1)$(-3)+(-9)$；　(2)$(-4.7)+3.9$；　(3)$0+(-7)$；　(4)$(-9)+(+9)$.

师生活动：待学生独立完成后，展示交流，教师引导学生说明算理.

解 (1)$(-3)+(-9)=-(3+9)=-12$；

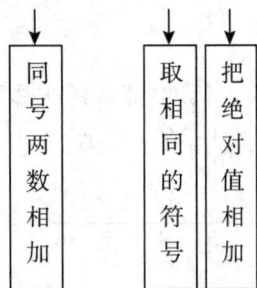

(2)$(-4.7)+3.9=-(4.7-3.9)=-0.8$；

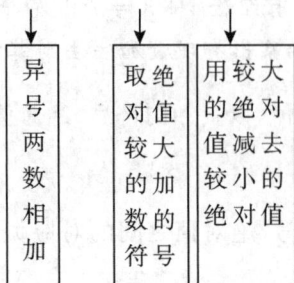

(3)$0+(-7)=-7$；

```
        ↓              ↓
   ┌─────────┐   ┌─────────┐
   │ 0       │   │ 仍       │
   │ 与       │   │ 得       │
   │ 一       │   │ 这       │
   │ 个       │   │ 个       │
   │ 数       │   │ 数       │
   │ 相       │   │         │
   │ 加       │   │         │
   └─────────┘   └─────────┘
```

(4)$(-9)+(+9)=0$．

```
        ↓              ↓
   ┌─────────┐   ┌─────────┐
   │ 互       │   │ 和       │
   │ 为       │   │ 为       │
   │ 相       │   │ 0       │
   │ 反       │   │         │
   │ 数       │   │         │
   │ 的       │   │         │
   │ 两       │   │         │
   │ 个       │   │         │
   │ 数       │   │         │
   │ 相       │   │         │
   │ 加       │   │         │
   └─────────┘   └─────────┘
```

【设计意图】 两个有理数相加结果仍是一个有理数,因此需要先定符号,再算绝对值.在此过程中,教师要让学生感悟学习的三层境界:(1)知其然,会算对;(2)知其所以然,知道为什么可以这样算;(3)何由以知其所以然,知道是怎么想的(合并化简).

四、辨别应用,巩固新知

1. 计算:

(1)$15+(-22)$； (2)$(-13)+(-8)$； (3)$\left(-\dfrac{1}{2}\right)+\dfrac{2}{3}$； (4)$(-1.5)+1.5$．

2. 用算式表示下面的实际情境,通过运算得到结果,并解释运算结果的意义.

(1) 温度由$-1℃$上升$3℃$；

(2) 收入10元,又支出5元．

五、回顾小结,概括提升

1. 有理数加法运算怎样算?步骤是什么?要注意哪些问题?
2. 我们是怎样得到有理数的加法法则的?任意两个有理数的和还是有理数吗?
3. 进行有理数加法运算时,如果加数有三个或三个以上,又该如何计算?
4. 学习了有理数的加法运算,接下来学习什么呢?

【设计意图】 通过本节课的学习,让学生感悟在数系扩充的大观念下,学习的三层境界,并为第2课时有理数的加法运算律的学习做铺垫.梳理有理数加法运算的研究思路、研究内容和研究方法,这种研究问题的策略可以在以后"数与式"的学习中一以贯之,发展学生的核心素养,让学生学会思考、学会学习.

目标检测

1. 比-3大5的数用算式表示为(   )．

A. $-3-5$ B. $-3+5$

C. $-3+(-5)$ D. $5-(-3)$

2. 计算 $(-5)+(-2)$ 的结果是（ ）.

A. 7　　　　　　　B. -7　　　　　　C. 3　　　　　　D. -3

3. 计算：$-13+5=$ _____；$0+(-6)=$ _____；$5+(-5)=$ _____.

4. 有理数 a,b 在数轴上的对应点的位置如图所示.

(1) $a+b$ _____ 0.（请在横线上填写"$<$""$=$"或"$>$"）

(2) 表示 b 的对应点沿数轴向右移动 5 个单位长度，与表示 a 的对应点重合，$|a|=2$，求 $|a+b|$ 的值.

（第 4 题）

参考答案：1. B　2. B　3. -8；-6；0　4. (1) $<$；(2) 1

【设计意图】第 1 题、第 4 题检测目标 1，第 2～3 题检测目标 2.

2.1.2　有理数的加法（第 2 课时）——加法运算律

目标	1. 在非负数加法运算律的基础上抽象有理数加法的运算律，发展抽象能力. 2. 能够灵活运用有理数的加法运算律简化运算，进一步发展运算能力. 3. 能用加法的运算律解决简单的实际问题. 4. 在运算律的探究与归纳过程中体会数系扩充后运算律保持不变的要求
重点	有理数的加法交换律和结合律
难点	灵活运用有理数的加法运算律简化运算

教学过程设计

一、情境引入，提出问题

类似于小学中的数的运算，引进一种新的数，就要研究相应的运算；定义一种运算，就要研究相应的运算律. 上一节课我们学习了有理数的加法. 那么我们小学学过的加法运算律，在有理数的加法中还成立吗？

问题 1　在小学，我们已经学习了加法的哪几种运算律？它们是如何描述的？

追问：数的范围扩充到有理数后，有理数的加法还满足这些运算律吗？该如何说明呢？

师生活动：教师引导学生回顾小学所学的加法交换律与结合律，并引导学生用字母表示.

【设计意图】温习旧知，激发学生的学习兴趣，明确学习目的.

二、探究思考，形成新知

问题 2　计算 $30+(-20)$ 与 $(-20)+30$，你有什么发现？

追问 1：换几个加数再试一试，你能得到什么猜想？

追问 2：你能列举生活实例或借助数轴上点的运动来说明猜想的正确性吗？

师生活动：教师给出算式，学生计算后思考，并列举出不同加数的情况进行验证，同时利用已有探究经验进行说明.

【设计意图】引导学生体会从一般到特殊,再从特殊到一般的探究过程;借助数轴直观实现结论一般化,培养抽象能力.

> **问题 3** 你能用类似的方法说明加法结合律成立吗?

师生活动:教师引导学生类比加法交换律的概括过程,先以具体的算式来观察并猜测结论,再借助数轴来说明.

追问:能用含字母的式子表示这两个加法运算律吗?

【设计意图】通过知识的迁移和类比,引导学生用原有的认知结构去同化新知识,通过"举例计算——观察猜测——实例说明——归纳与一般化",得到加法结合律在有理数的加法中也仍然适用的结论,体会类比学习的重要性.

三、辨别应用,巩固新知

利用加法交换律与结合律能简便运算.

> **例 1** 简便计算,并说明每一步的计算依据:
> (1) $16 + (-25) + 24 + (-35)$;
> (2) $(-2) + 3 + 1 + (-3) + 2 + (-4)$;
> (3) $1 + \left(-\dfrac{1}{2}\right) + \dfrac{1}{3} + \left(-\dfrac{1}{6}\right)$;
> (4) $3\dfrac{1}{4} + \left(-2\dfrac{3}{5}\right) + 5\dfrac{3}{4} + \left(-8\dfrac{2}{5}\right)$.

师生活动:教师引导学生观察加数的特点,思考怎样计算更简便,同时板书第(1)(2)题,引导学生理解每一步运算的依据;学生模仿教师的解法,完成第(3)(4)题,总结运用加法运算律简便运算的策略,如同号组合、相反数组合、同分母组合等.

【设计意图】通过教师的引导,学生不仅会算,而且会用加法运算律进行简便运算,还理解简便运算的道理,理解运算律的作用,训练运算技巧.

四、迁移综合,发展能力

> **例 2** 10 袋小麦的称重记录如图 2.1-3 所示(单位:kg),求 10 袋小麦一共多少千克?如果每袋小麦以 50 kg 为标准,10 袋小麦总计超过多少千克或不足多少千克?
>
> 50.5　50.5　50.8　49.5　50.6
>
> 50.7　49.2　49.4　50.9　50.4
>
> 图 2.1-3

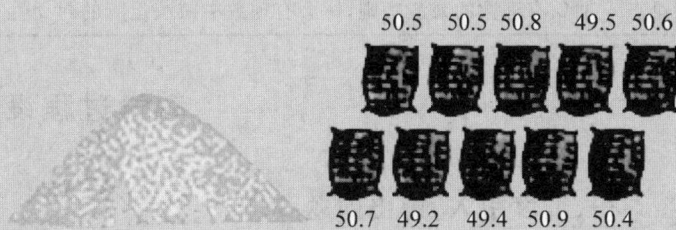

师生活动:教师引导学生用两种解法来解题,并进行比较;引导学生在计算过程中灵活运用加法运算律.

【设计意图】引导学生在不同方法的对比中感受简便运算在解决实际问题中的作用,培养学生用数学方法思考并解决实际问题的能力.

练习 食品店一周中各天的盈亏情况如下(盈余为正,亏损为负,单位:元):

$132, -12.5, -10.5, 127, -87, 136.5, 98.$

求一周总的盈亏情况.

师生活动:学生独立完成,教师组织点评.

【设计意图】 让学生进一步感受取基准在简便计算中的作用.

五、回顾小结,概括提升

1. 本节课我们研究了什么?

2. 我们是怎样研究的?

3. 运用加法运算律简便运算的策略有哪些?

目标检测

1. 简便计算,并说明每一步计算的依据:

(1)$(-8)+10+2+(-1)$;

(2)$5+(-6)+3+9+(-4)+(-7)$;

(3)$(-0.8)+1.2+(-0.7)+(-2.1)+0.8+3.5$;

(4)$\frac{1}{2}+\left(-\frac{2}{3}\right)+\frac{4}{5}+\left(-\frac{1}{2}\right)+\left(-\frac{1}{3}\right)$.

2. 有 8 筐白菜,以每筐 25 kg 为标准,超过的千克数记作正数,不足的千克数记作负数,称后的记录如下:1.5,-3,2,-0.5,1,-2,-2,-2.5. 这 8 筐白菜一共多少千克?

参考答案:1.(1)3;(2)0;(3)1.9;(4)$-\frac{1}{5}$ **2.** 194.5 kg

【设计意图】 第 1～2 题检测目标 2.

2.1.3　有理数的减法(第 1 课时)——减法法则

目标	1.经历把非负数减法运算推广到有理数范围的活动,抽象有理数减法法则,理解把减法运算转化为加法运算的思想,体会加减运算的一致性,发展抽象能力. 2.能利用减法法则进行有理数减法运算,进一步发展运算能力. 3.能用有理数的减法运算表达数量关系,解决简单的实际问题,体会有理数中减法运算的封闭性
重点	理解有理数减法转化为有理数加法的合理性,根据有理数的减法法则进行有理数的减法运算
难点	抽象有理数的减法法则,体会有理数中减法运算的封闭性

教学过程设计

一、情境引入,提出问题

问题 1　类似于小学中数的运算的学习,在学习了有理数的加法后,接下来需要学习哪种运算?这种运算有现实需要吗?

师生活动:引导学生回顾小学中数的运算的学习过程,类比得出接下来要学习有理数的减法.学生列举生活中涉及有理数减法的实际问题,例如温度变化.

【设计意图】 类比小学数的运算的学习,教师引出有理数运算的学习,体现数系扩充后的逻辑连贯性,以有理数运算发展的内在逻辑及现实需要为背景,引入并明确研究对象 —— 有理数减法运算,提出本节课研究的核心问题.

> **问题 2**　我们需要研究减法运算的哪些新问题?

　　师生活动:教师引导,小学已经研究了在非负数范围内,用大的数减去小的数的问题.在有理数范围内,还需讨论哪些新的问题?学生由加法法则探究经验,通过类比分类,得到新的问题:在非负数范围内用小的数减去大的数,与负数有关的减法运算,即正数减负数、负数减正数、负数减负数、负数减0、0减负数.

　　【设计意图】　类比有理数加法探究过程,进一步明确本节课研究的新问题.

二、探究思考,形成新知

> **问题 3**　怎样研究有理数的减法?

　　追问 1:我们是怎么探究有理数加法法则的?

　　师生活动:回顾加法法则的探究过程,是从已知到未知,从特殊到一般,教师引导学生类比加法法则的探究方案规划减法法则的探究方案:从已有的经验出发,思考 $5-3$,用同样的方法计算以下算式,即 $3-5,5-(-3),-3-(-5),0-(-3),0-3$,再推广到一般,归纳概括减法法则.

　　【设计意图】　类比有理数加法法则的探究方案规划有理数减法法则的探究方案,明确本节课的研究方法:从特殊到一般、归纳推理、抽象概括.这体现了有理数运算教学中数学思想的一致性和数学方法的普适性.

　　追问 2:怎样计算 $5-3$?

　　师生活动:学生根据减法的意义,知道减法是加法的逆运算.因为 $2+3=5$,所以 $5-3=2$.教师引导学生类比加法法则探究过程,用数轴上点的平移来表示. $5-3=2$,表示数轴上的点先向右移动 5 个单位长度,再向左移动 3 个单位长度,相当于向右平移 2 个单位长度.教师引导学生观察并分析这样的点的运动与表示 $5+(-3)=2$ 的点的运动方式相同,如图 2.1-4 所示.

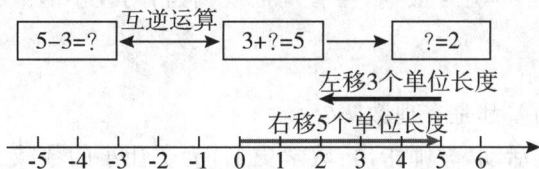

图 2.1-4

　　追问 3:你发现了什么?

　　师生活动:教师引导学生比较运动的两种算式表示方法,发现 $5-3=5+(-3)$.

　　追问 4:类比上述过程探究 $3-5$ 有类似的结论吗?

　　师生活动:学生用同样的方法得到 $3-5=3+(-5)$,如图 2.1-5 所示.

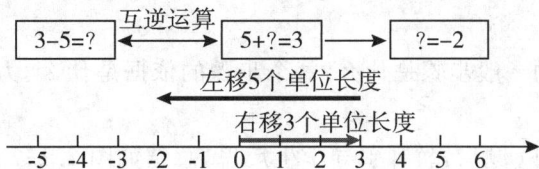

图 2.1-5

　　追问 5:探究其余几个算式,有类似的结论吗?

师生活动：学生类比探究，教师关注学生能否独立进行迁移学习，及时给予指导，依次得到 $5-(-3)=5+3,-3-(-5)=-3+5,0-(-3)=0+3,0-3=0+(-3)$，如图 2.1-6 所示.

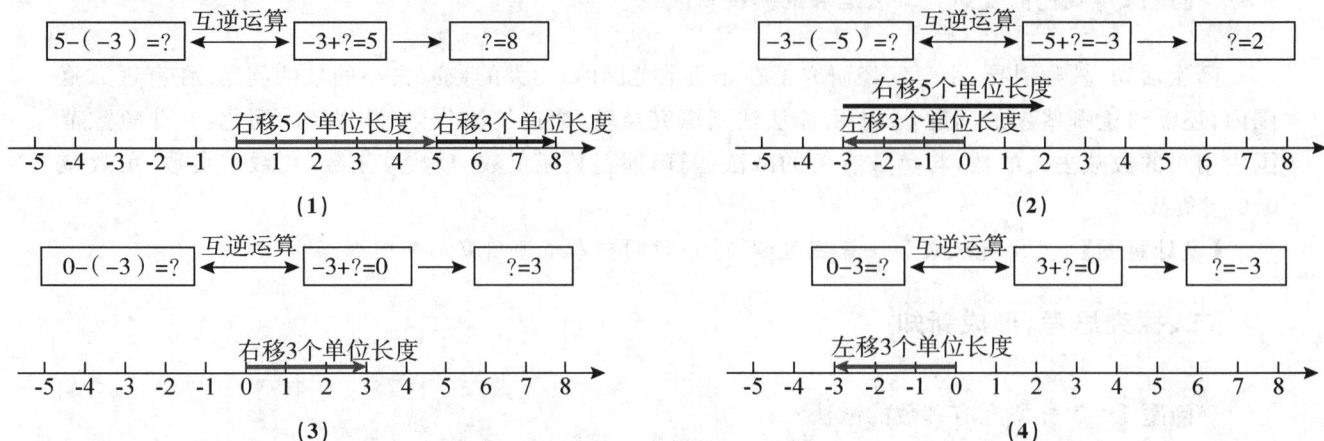

图 2.1-6

追问 6：观察上述得到的结论，你发现了什么共同规律？

师生活动：师生从文字语言、符号语言两方面归纳有理数减法法则.

追问 7：减法法则体现了哪些数学思想？

师生活动：学生从模仿教师示范到独立自主完成探究过程，经历观察、归纳、概括的过程，直观认识到有理数减法运算可转化为加法运算，体会化未知为已知的转化思想.

【设计意图】 类比加法法则探究过程规划减法法则探究方案，经历从一般到特殊，从特殊到一般的探究过程，体会归纳推理、抽象概括是探究法则的一般研究方法. 回顾小学所学，加法与减法是互逆运算的关系，让学生发现数系扩充后，类比是进行有理数运算法则探究学习的基本方法. 通过数轴上点的平移，直观得到算式，通过直观观察算式特征、归纳推理、逻辑思考、抽象概括运算法则，发展抽象能力和归纳推理能力. 通过用数学语言描述发现的规律，进一步发展数学表达交流能力.

> **问题 4** 在小学，只有当 a 大于或等于 b 时（其中 a,b 是 0 或正数），我们才会计算 $a-b$. 现在，当 a 小于 b 时，你会计算 $a-b$ 吗？一般地，在有理数范围内，用较小的数减去较大的数，所得的差的符号是什么？

追问：任意两个有理数的差都是有理数吗？

师生活动：学生总结探究活动，教师指出：数学史上，为了让小的数减去大的数可行，才引入负数.

【设计意图】 反思总结，体会引入负数、扩充数系的数学内在需要，认识有理数减法运算具有封闭性.

三、辨别应用，巩固新知

> **例** 计算：(1)$(-3)-(-5)$； (2)$0-7$； (3)$7.2-(-4.8)$； (4)$\left(-3\dfrac{1}{2}\right)-5\dfrac{1}{4}$.

追问：有理数减法运算的一般步骤是什么？每个步骤的依据是什么？为什么要这么计算？做有理数减法运算时要注意什么？

师生活动：学生完成第(1)题后，教师引导学生反思，总结如图 2.1-7 所示的算法与算理.

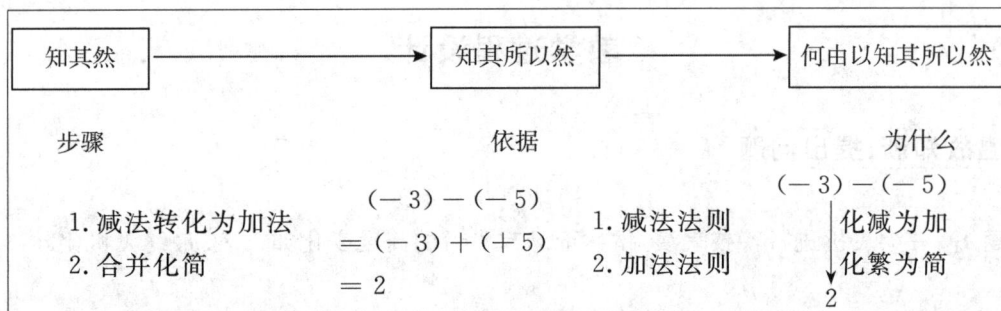

| 知其然 | → | 知其所以然 | → | 何由以知其所以然 |

| 步骤 | 依据 | 为什么 |

| 1.减法转化为加法
2.合并化简 | $(-3)-(-5)$
$=(-3)+(+5)$
$=2$ | 1.减法法则
2.加法法则 | $(-3)-(-5)$
化减为加
化繁为简
2 |

图 2.1-7

【设计意图】明确算理,在运用法则进行运算的过程中发展数学推理能力和运算能力.

四、回顾小结,概括提升

1. 有理数的减法怎样计算?任意两个有理数的差一定是有理数吗?

2. 有理数减法运算的一般步骤是什么?每个步骤的依据是什么?为什么要这样计算?

3. 有理数减法运算是按照怎样的思路研究的?用什么方法研究的?

目标检测

1. 比-6小5的数用算式表示为(　　).

A. $-6-5$ 　　　　　　　　　　　　　B. $-6+5$

C. $-6+(-5)$ 　　　　　　　　　　　D. $5-(-6)$

2. 计算:$-13-5=$ _____ ;$0-(-6)=$ _____ ;$5-(-5)=$ _____ .

3. 吐鲁番盆地最低点的海拔高度是-154.31米,死海的湖面海拔高度是-431米.哪里的海拔高度更低?低多少?

参考答案:1. A　**2.** -18;6;10　**3.** 死海的海拔高度更低,低276.69米.

【设计意图】第1题、第3题检测目标3,第2题检测目标2.

2.1.4　有理数的减法(第2课时)——加减混合运算

目标	1.经历用省略加号与括号的和式简化表示加减运算的活动,发展抽象能力. 2.通过将加减法运算统一为加法,熟练进行加减混合运算,感受化归与转化思想,进一步发展运算能力. 3.运用有理数的加减混合运算表示数量关系,解决简单的实际问题
重点	依据运算法则和运算律进行有理数的加减混合运算
难点	会用省略加号与括号的和式简化表示加减运算

教学过程设计

一、温故知新,提出问题

问题1 一架飞机进行特技表演,雷达记录起飞后的高度变化如下表.最终飞机比起飞点高多少千米?

次数	高度变化	数值表示
第一次	上升4千米	＋4千米
第二次	下降3千米	－3千米
第三次	上升2千米	＋2千米
第四次	下降1千米	－1千米

追问:如何用算式来解决这个实际问题?你能列出其他不同的算式吗?

师生活动:教师引导学生用两种计算方法表达并解决实际问题:

方法1:$4-3+2-1$.

方法2:$(+4)+(-3)+(+2)+(-1)$.

【设计意图】 用数学方法解决实际问题,为研究加减混合运算提供素材.

二、创设情境,形成新知

问题2 比较两个算式,它们各含有哪些运算?结果相同吗?你有什么发现?

追问:类比有理数减法法则,思考如何进行有理数加减混合运算?

师生活动:教师引导学生明确减法运算可以转化为加法运算,经历减法转化为加法的过程.

【设计意图】 引导学生利用相反数和有理数减法法则将有理数加减混合运算统一为加法运算,感受运算的简洁性.

问题3 对于问题1中两个不同形式的算式,你觉得哪个式子更简洁?

追问1:读一读这个式子,你有几种读法?说说你的想法.

追问2:你能用简便方法解决问题1吗?

师生活动:教师明确给出数的性质符号和运算符号的概念.指出式子$(+4)+(-3)+(+2)+(-1)$是$+4,-3,+2,-1$的和,为了书写简单,可以省略式中的括号和加号,把它写为$4-3+2-1$,按性质符号读作"正4、负3、正2、负1的和",按运算符号读作"4减3加2减1".归纳得到任意的有理数的混合运算化简的一般步骤:把算式中的减法统一成加法,再省略加号和括号,进一步用运算律简化运算.

【设计意图】 通过学生的自主探索,得到一个式子的两种表达方式,加深学生对运算符号、性质符号的理解,感受数学的简洁美,培养学生的数学抽象和概括能力.

三、辨别应用,巩固新知

例1 计算:(1)$(-20)+(+3)-(-5)-(+7)$;

(2)$(-46)-(-17)+(-14)+(-17)$.

师生活动:教师引导学生用多种方法解决问题,学生归纳在加减混合运算中,先统一成加法运算,再运用运算律进行简便运算的操作流程:先凑零,再凑整,最后凑同号,组合各加数.

【设计意图】 引导学生运用省略加号与括号的办法进行运算,加强学生有理数加减混合运算能力.

练习 计算:

(1)$-4.2+5.7-8.4+10$;　　　(2)$-\dfrac{1}{4}+\dfrac{5}{6}+\dfrac{2}{3}-\dfrac{1}{2}$;

(3)$12-(-18)+(-7)-15$;　　　(4)$4.7-(-8.9)-7.5+(-6)$;

(5)$\left(-4\dfrac{7}{8}\right)-\left(-5\dfrac{1}{2}\right)+\left(-4\dfrac{1}{4}\right)-\left(+3\dfrac{1}{8}\right)$;

(6)$\left(-\dfrac{2}{3}\right)+\left|0-5\dfrac{1}{6}\right|+\left|-4\dfrac{5}{6}\right|+\left(-9\dfrac{1}{3}\right)$.

【设计意图】 巩固有理数混合运算,提高运用运算律简化运算的能力.

四、迁移综合,发展能力

例2 在数轴上,点A,B分别表示数a,b.利用有理数减法分别计算下列情况下点A,B之间的距离:$a=0$,$b=6$;$a=2$,$b=6$;$a=2$,$b=-6$;$a=-2$,$b=-6$.你能发现点A,B之间的距离与a与b之间的关系吗?

师生活动:教师引导学生通过分类研究和归纳得到$AB=|b-a|$.

【设计意图】 借助有理数减法法则探索新的规律.

练习 某河警戒水位为0点,今年雨季该河一周的水位变化如下表:

星期	一	二	三	四	五	六	日
水位变化/米	+0.20	+0.81	-0.35	+0.03	+0.28	-0.36	-0.01

(1)本周哪一天河流的水位最高?哪一天河流的水位最低?它们位于警戒水位之上还是之下?与警戒水位距离分别是多少?

(2)与上周相比,本周水位上升还是下降?

(3)完成下面累计水位变化记录.

星期	一	二	三	四	五	六	日
水位变化/米							

五、回顾小结,概括提升

1. 如何进行有理数的加减混合运算?

2. 有理数加减混合运算时应该注意些什么?

目标检测

1. 计算：

(1)$(+3)+(-8)-(-6)+(-7)$；

(2)$(-6.5)-(-7.3)-(-3.7)+(+12.5)-(-0.5)$.

2. 某市交警大队一辆警车每天在一段东西方向的公路上巡逻执法.一天上午,警车从 A 地出发,到达 B 地结束,规定向东行驶的里程为正,向西行驶的里程为负,这天上午警车行驶的里程数记录如下(单位:km):$-25,+10,+15,-10,+16,-18,+10,-21$.

(1)问:B 地在 A 地的东面还是西面?A,B 两地相距多少千米?

(2)若该警车每千米耗油 0.2 升,警车出发时,油箱中有油 10 升,请问中途警车是否需要加油?若需要加油,至少要加多少升油?请说明理由.

参考答案： 1.(1)-6;(2)17.5

2.解：(1)$-25+10+15-10+16-18+10-21=-23$.

所以 B 地在 A 地的西面,A,B 两地相距 23 千米.

(2)该警车共行驶的里程数：

$|-25|+|+10|+|+15|+|-10|+|+16|+|-18|+|+10|+|-21|=125$(千米).

共需耗油：$0.2\times125=25$(升).

出发时油箱中有油 10 升,警车中途需要加油,

需要加的油最少为 $25-10=15$(升).

【设计意图】 第 1 题检测目标 2,第 2 题检测目标 3.

2.2 有理数的乘法与除法

2.2.1 有理数的乘法(第 1 课时)—— 乘法法则

目标	1.类比有理数加法法则的探究经验,通过观察、抽象进行合情推理,探究归纳得到有理数的乘法法则,理解倒数的概念,发展抽象能力. 2.能用有理数乘法法则进行计算、表示并解决简单的实际问题,进一步发展运算能力. 3.体验有理数乘法运算的合理性,感受数的运算学习的一般方法,增强学生获取新知的信心
重点	有理数乘法法则的理解和运用
难点	对结果从符号与绝对值两个维度进行理解

教学过程设计

一、创设情境,提出问题

问题 1 类比小学非负数运算的学习路径,接下来我们应该学习有理数的什么运算?

追问: 我们是如何研究有理数的加法运算的?

师生活动: 教师引导学生类比小学运算提出有理数乘除运算研究问题,归纳有理数加法运算的学习路径.

【设计意图】　温故知新,为有理数的乘法运算学习做好准备.

二、抽象概括,归纳法则

问题 2　两个有理数的乘法运算可以分为哪几类?请举出一些实例进行说明.

师生活动:教师引导学生从有理数分类的角度考虑,逐步归纳区分出六种情况:正数×正数,正数×负数,负数×正数,负数×负数,正数×0,负数×0.

【设计意图】　通过类比有理数加法运算的探究方法,引出两个有理数相乘的几种情况,渗透分类讨论的思想,明确本节课的学习内容.

问题 3　我们已经知道两个正数相乘的情况,若把其中一个数变成负数,你能探究它们的积吗?试举例说明.

追问 1:怎样把 3×3 中的第 2 个因数逐步变成负数?

追问 2:观察下面的乘法算式,你发现了什么规律?

$3 \times 3 = 9$,

$3 \times 2 = 6$,

$3 \times 1 = 3$,

$3 \times 0 = 0$.

追问 3:根据这个规律,你认为下一个式子应该怎么表示?积应该是多少?

继续填写下面算式的运算结果:

$3 \times (-1) = $ _____,

$3 \times (-2) = $ _____,

$3 \times (-3) = $ _____.

师生活动:师生合作概括积的规律,教师引导学生从符号和绝对值的角度去归纳"正数×负数"的结果,再用乘法的意义进行解释.

【设计意图】　通过构造这组有规律的算式,先得到一类情况的结果,降低归纳概括的难度,同时也为后面的学习奠定基础.

问题 4　类比上面的归纳方法,你能探究"负数×正数"的运算法则吗?

师生活动:教师引导学生模仿列出下面的算式,并自主探究,发现规律.

$3 \times 3 = 9$,$(-1) \times 3 = $ _____,

$2 \times 3 = 6$,$(-2) \times 3 = $ _____,

$1 \times 3 = 3$,$(-3) \times 3 = $ _____,

$0 \times 3 = 0$.

追问:观察"正数×负数"与"负数×正数",结果的符号与绝对值如何确定?

【设计意图】　让学生模仿已有的讨论过程,自主得出"负数×正数"的结论,并进一步归纳出异号两数相乘的法则,既让学生感受法则的合理性,又培养学生的归纳、概括能力.

问题 5　类比上面的归纳方法,你能探究"负数×负数"的运算法则吗?

师生活动：教师引导学生模仿列出下面的算式，并自主探究，发现规律．

$(-3)\times3=$ _____，$(-3)\times(-1)=$ _____，

$(-3)\times2=$ _____，$(-3)\times(-2)=$ _____，

$(-3)\times1=$ _____，$(-3)\times(-3)=$ _____，

$(-3)\times0=$ _____．

【设计意图】 让学生根据前面积累的经验，独立完成归纳、概括，突破难点．

问题6 总结上面的所有情况，观察两个因数的符号、绝对值，以及积的符号、绝对值，你能试着给出有理数的乘法法则吗？

师生活动：学生独立思考后进行课堂交流，师生概括有理数乘法法则：

两数相乘，同号得正，异号得负，且积的绝对值等于乘数的绝对值的积．

任何数与0相乘，都得0．

追问1：任意两个有理数的积一定是有理数吗？

追问2：你认为根据有理数乘法法则进行运算时，应该按照怎样的步骤进行运算？你能举例说明吗？

先阅读，再填空：

$(-5)\times(-3)$，…………………………………………… 同号两数相乘；

$(-5)\times(-3)=+(\quad)$，…………………………… 得正；

$5\times3=15$，…………………………………………… 把绝对值相乘；

所以$(-5)\times(-3)=15$．

又如，$(-7)\times4$，………………………… _____；

$(-7)\times4=-(\quad)$，…………………… _____；

$7\times4=28$，…………………………………… _____；

所以$(-7)\times4=$ _____．

师生活动：学生独立思考、回答．

追问3：能在数轴上表示$(-1)\times(-1)=1$的意义吗？

师生活动：教师引导学生思考，一个数乘以-1变成它的相反数，可以看作把数轴上对应的点绕原点O旋转$180°$，这样，就可以在数轴上用旋转表示$(-1)\times(-1)=1$的几何意义，如图2.2-1所示．

【设计意图】 让学生尝试归纳有理数乘法法则，明确按法则计算的关键步骤：一定符号，二定绝对值．认识有理数乘法运算的封闭性，进一步感受数系扩充思想．

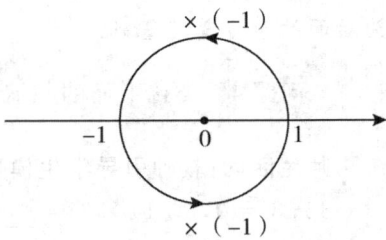

图2.2-1

三、例题讲解，运用新知

例1 计算：

$(1)8\times(-1)$；　$(2)\left(-\dfrac{1}{2}\right)\times(-2)$；　$(3)\left(-\dfrac{2}{3}\right)\times\left(-\dfrac{5}{7}\right)$．

师生活动：学生独立完成题目后，全班讨论交流，教师规范步骤．

追问1：小学学习中是如何定义倒数的？你能用具体的例子说明吗？

追问2：能把小学学习中的倒数推广到有理数范围吗？$\left(-\dfrac{1}{2}\right)\times(-2)=1$，那$-\dfrac{1}{2}$和$-2$互为倒

数吗?

追问 3: 你能归纳一下如何求一个有理数的倒数吗?能用有理数的乘法解释一个数与其相反数的关系吗?

【设计意图】 巩固乘法法则,引出倒数概念,同时说明求一个数的相反数与其乘 -1 之间的关系(即 $-8 = 8 \times (-1)$).

> **例 2** 用正数、负数表示气温的变化量,上升为正,下降为负.登山队攀登一座山峰,每登高 $1\ km$ 气温的变化量为 $-6\ ℃$,攀登 $3\ km$ 后,气温有什么变化?

【设计意图】 利用有理数乘法解决实际问题,体现数学的应用价值.

> **例 3** 计算:
>
> (1) $-3 \times \dfrac{5}{6} \times \left(-\dfrac{9}{5}\right) \times \left(-\dfrac{1}{4}\right)$;
>
> (2) $(-5) \times 6 \times \left(-\dfrac{4}{5}\right) \times \dfrac{1}{4}$.

追问: 多个有理数怎样相乘?

【设计意图】 把两个有理数的乘法运算推广到多个有理数的乘法运算.

四、回顾小结,概括提升

1. 你能说出有理数的乘法法则吗?其运算的基本步骤是什么?
2. 说说有理数乘法和小学非负数乘法的区别和联系.任何两个有理数的积还是有理数吗?
3. 我们是怎样探究有理数乘法法则的?你对数系扩充有怎样的认识?
4. 按照你的学习经验,接下来我们要研究什么?怎样研究?

目标检测

1. 计算:

(1) $6 \times (-9)$;　　　　　　　　　　　(2) $(-4) \times 6$;

(3) $(-6) \times (-1)$;　　　　　　　　　　(4) $(-6) \times 0$;

(5) $\dfrac{2}{3} \times \left(-\dfrac{9}{4}\right)$;　　　　　　　　　(6) $\left(-\dfrac{1}{3}\right) \times \dfrac{1}{4}$.

2. 商店降价销售某种商品,每件降 5 元,售出 60 件,与按原价销售同样数量的商品相比,销售额有什么变化?

3. 写出下列各数的倒数:

$1, -1, \dfrac{1}{3}, -\dfrac{1}{3}, 5, -5, \dfrac{2}{3}, -\dfrac{2}{3}$.

4. (1) 若 $ab > 0$,则 a,b 的符号有哪些可能?

(2) 若 $ab = 0$,则 a,b 两个数有什么特征?

(3) 若 $ab < 0$,则 a,b 的符号有哪些可能?

5. 计算:

(1) $(-2) \times 3 \times (-5) \times \dfrac{1}{10}$;

(2) $\left(-\dfrac{1}{4}\right) \times \left(-\dfrac{1}{2}\right) \times \left(-\dfrac{1}{3}\right) \times 6$.

参考答案: 1.(1)-54;(2)-24;(3)6;(4)0;(5)$-\dfrac{3}{2}$;(6)$-\dfrac{1}{12}$

2.$(-5)\times 60=-300$,即销售额减少 300 元.

3.$1,-1,3,-3,\dfrac{1}{5},-\dfrac{1}{5},\dfrac{3}{2},-\dfrac{3}{2}$

4.(1)$a>0,b>0$ 或 $a<0,b<0$;

(2)$a=0,b\neq 0$ 或 $a\neq 0,b=0$ 或 $a=0,b=0$;

(3)$a>0,b<0$ 或 $a<0,b>0$.

5.(1)3;(2)$-\dfrac{1}{4}$

【设计意图】 第 1~5 题检测目标 2.

2.2.2 有理数的乘法(第 2 课时)——乘法运算律

目标	1.通过归纳,把小学中的乘法结合律、交换律,乘法对加法的分配律推广到有理数范围,并能用文字语言和符号语言(字母)表述,发展抽象能力. 2.能灵活运用乘法运算律及分配律进行简化运算,发展推理能力和运算能力. 3.经历有理数乘法运算律及乘法对加法的分配律的探究过程,感受类比思想在数学探究中的重要作用,理解保持运算律成立是数系扩充的基本要求
重点	合理运用有理数乘法运算律简化有理数的四则运算
难点	灵活运用运算律简化运算

教学过程设计

一、情境引入,提出问题

问题 1 我们知道加法交换律和结合律在有理数范围内仍然成立.那么在有理数范围内,乘法有关的运算律仍然成立吗?

追问:我们是如何说明有理数加法交换律、结合律仍然成立的?

师生活动:教师提出问题,引导学生回顾旧知.

【设计意图】 温故知新,明确探究内容,回顾探究方法,为探究新知做铺垫.

二、探索思考,形成新知

问题 2 怎样说明有理数乘法交换律成立?

追问 1:通过计算 $5\times(-6)$ 与 $(-6)\times 5$ 的积,你有什么发现?

追问 2:换几个因数再试一试,你能得到什么结论?

师生活动:教师给出算式,学生计算后思考,并列举出不同因数的情况进行说明,再归纳总结,从而得到乘法交换律:$ab=ba$.进一步根据乘法法则说明理由.教师规范书写格式.

【设计意图】 引导学生体会从一般到特殊,再从特殊到一般的探究归纳过程,培养学生用数学的眼光观察、解决问题的能力.

问题3　你能用类似的方法说明乘法结合律成立吗?

追问:计算下列式子,能总结出有理数乘法的积的符号有什么规律吗?

(1)$2×3×(-0.5)×(-7)$;

(2)$2×(-3)×(-0.5)×(-7)$;

(3)$(-2)×(-3)×(-0.5)×(-7)$.

师生活动:教师引导学生类比乘法交换律的概括过程,观察具体的算式并概括归纳得出结论,而后进一步引导学生运用结合律分析若干个有理数的积的符号法则.

【设计意图】　通过知识的迁移和类比,引导学生用原有的认知结构去同化新知识,通过"举例 — 计算 — 归纳",得到乘法结合律在有理数的运算中也仍然适用的结论,体会类比学习的重要性.

问题4　在小学,我们学过加法和乘法运算由分配律相互联系着,那么有理数的乘法和加法是否也由分配律相互联系呢?

师生活动:教师引导学生用具体有理数进行计算验证.

【设计意图】　理解数系扩充后,乘法与加法仍然用分配律相联系.

三、辨别应用,巩固新知

例1　用两种方法计算:$\left(\dfrac{1}{4}+\dfrac{1}{6}-\dfrac{1}{2}\right)×(-12)$.

师生活动:教师引导学生用两种不同的方法进行运算,比较两种算法的运算顺序和简便程度.

【设计意图】　通过具体实例让学生深刻感受到运算律在有理数运算中的重要作用,了解运算律是解决许多数学问题的基础.

练习　运用运算律进行简便运算:

(1)$(-85)×(-25)×(-4)$;　　　　　(2)$\left(\dfrac{9}{10}-\dfrac{1}{15}\right)×30$;

(3)$\left(-\dfrac{7}{8}\right)×15×\left(-1\dfrac{1}{7}\right)$;　　　　(4)$\left(-\dfrac{6}{5}\right)×\left(-\dfrac{2}{3}\right)+\left(-\dfrac{6}{5}\right)×\left(+\dfrac{17}{3}\right)$.

师生活动:学生独立完成题目,教师组织学生点评.

【设计意图】　通过教师的引导,学生不仅会用乘法运算律进行简便运算,还能理解简便运算的道理,理解运算律的作用,训练运算技能.第(4)题是让学生逆用分配律进行简便运算,发展学生的逆向思维.

四、迁移综合,发展能力

例2　学习了有理数的运算后,教师给学生出一道题.计算:$19\dfrac{17}{18}×(-9)$.下面是两位同学的解法:

小芳:原式$=-\dfrac{359}{18}×9=-\dfrac{3231}{18}=-179\dfrac{1}{2}$;

小明:原式$=\left(19+\dfrac{17}{18}\right)×(-9)=-19×9-\dfrac{17}{18}×9=-179\dfrac{1}{2}$.

(1)两位同学的解法中,谁的解法较好?

(2)请你写出另一种更好的解法.

师生活动:学生独立完成题目,教师组织学生点评.

【设计意图】 让学生通过对比感受分配律带来的运算的简便性,另外,即使同样运用分配律,构造方法不同,简便效果也可能有所不同,所以在运用时一定要注意观察并思考,尽可能选择最合适的方法进行简便运算.

五、回顾小结,概括提升

1. 本节课我们研究了什么?是怎样研究的?

2. 运算律的作用是什么?

3. 对于数系扩充下的运算律你有哪些认识?

目标检测

1. 式子 $\left(\dfrac{1}{2}-\dfrac{3}{10}+\dfrac{2}{5}\right)\times 4\times 25 = \left(\dfrac{1}{2}-\dfrac{3}{10}+\dfrac{2}{5}\right)\times 100 = 50-30+40$ 中运用的运算律有( ).

  A.乘法交换律和乘法结合律   B.乘法交换律和分配律

  C.加法结合律和分配律   D.乘法结合律和分配律

2. 在算式每一步后面填上这一步应用的运算律:

  $[(8\times 4)\times 125 - 5]\times 25$

  $= [(4\times 8)\times 125 - 5]\times 25$(　　　　　)

  $= [4\times(8\times 125) - 5]\times 25$(　　　　　)

  $= 4000\times 25 - 5\times 25$(　　　　　)

  $= 99875.$

3. 运用运算律进行简便运算:

  $(1)(-2.5)\times 12\times(-4)\times\dfrac{5}{6}$; $(2)-12\times\left(\dfrac{7}{12}-\dfrac{5}{6}-1\right).$

4. 利用分配律可以得到 $-2\times 6 + 3\times 6 = (-2+3)\times 6.$ 如果用 a 表示任意一个数,那么利用分配律可以得到 $-2a+3a$ 等于什么?

参考答案 **1.** D **2.** 乘法交换律;乘法结合律;分配律

3. (1) 原式 $= [(-2.5)\times(-4)]\times\left(12\times\dfrac{5}{6}\right) = 10\times 10 = 100$;

 (2) 原式 $= -12\times\dfrac{7}{12} + 12\times\dfrac{5}{6} + 12\times 1 = -7 + 10 + 12 = 15.$

4. $-2a+3a = (-2+3)a = a.$

【设计意图】 第 1～4 题检测目标 2.

2.2.3　有理数的除法(第 1 课时)——除法法则

目标	1.经历把非负数的除法运算推广到有理数范围,抽象有理数除法法则的活动,理解乘法与除法的互逆关系,发展抽象能力. 2.能灵活选用两种除法法则,灵活进行有理数的除法运算,进一步发展运算能力. 3.能用有理数的乘除法表示数量关系,解决简单的实际问题,进一步发展数感
重点	会用除法法则进行简单运算
难点	会运用恰当的有理数除法法则进行混合运算

教学过程设计

一、创设情境,提出问题

> **问题 1** 前面我们学习了有理数的哪些运算?还需要研究哪一种运算?

追问 1:类比小学非负数运算的学习路径,接下来我们应该学习有理数的什么运算?

追问 2:我们是如何得到有理数的减法法则的?

师生活动:教师引导学生复习有理数的加减法和乘法法则,提出研究乘法运算的逆运算——除法运算的问题.

教师引导学生回顾本章的知识框架,如图 2.2-2 所示,明确接下来学习的内容,把小学中乘法与除法的逆运算关系扩展到有理数范围.

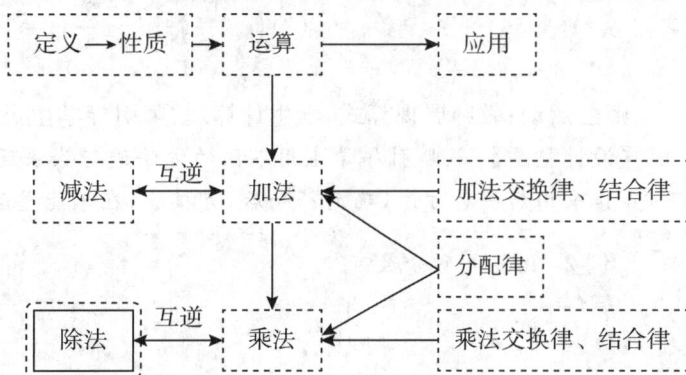

图 2.2-2

【设计意图】 类比从有理数加法到其互逆运算的研究,基于乘法与除法的互逆运算关系,提出研究除法运算的问题,规划研究思路与方法.

二、抽象概括,归纳法则

> **问题 2** 完成下列计算,你有哪些发现?
>
> (1)(___)$\times(-2)=+8$; (2)$(+8)\div(-4)=($ ___ $)$; (3)$(+8)\times\left(-\dfrac{1}{4}\right)=$ _____.

追问 1:多举一些例子观察一下,结合图 2.2-3,你能概括出两个有理数相除的除法法则吗?

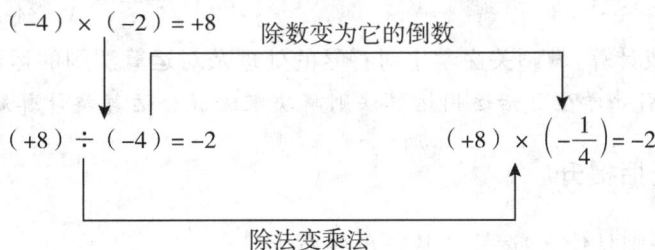

图 2.2-3

追问 2:对于计算$(+8)\div(-4)$,你还有其他方法吗?你能概括这种方法吗?

追问 3:$0\div(-8)$的运算结果是多少?为什么?

师生活动:教师从乘法与除法的关系入手,列举实例,引导学生归纳出有理数除法法则,关注学生对有理数倒数的理解与应用;引导学生从符号及绝对值两个角度来描述商,得到有理数的除法法则.

有理数除法法则(一):除以一个不等于 0 的数,等于乘以这个数的倒数.

有理数除法法则(二):两数相除,同号得正,异号得负,并把绝对值相除. 0 除以任何一个不等于 0 的数,都得 0.

任何两个有理数的商都是有理数(除数不为0).

【设计意图】 学生在运用小学除法法则的过程中,体会化除为乘的转化思想,巩固先确定符号再计算绝对值的思维方式.

三、辨别应用,运用新知

例1 计算:

$(1)(-36) \div 9;$ $(2)\left(-\dfrac{12}{25}\right) \div \left(-\dfrac{3}{5}\right);$ $(3)(-12) \div \left(\dfrac{1}{4} + \dfrac{1}{6} - \dfrac{1}{2}\right).$

师生活动:教师展现算式,学生计算.教师引导学生灵活运用两种方法进行计算.

【设计意图】 教师引导学生用不同的方法进行除法运算,体会除法运算的技巧:在能整除的情况下,直接采用后一种方法,确定符号后,直接除;在不能整除的情况下,则将除法运算转化为乘法运算.

例2 化简下列分数:

$(1)\dfrac{-21}{6};$ $(2)\dfrac{-45}{-12};$ $(3)\dfrac{-48}{6}.$

师生活动:教师引导学生观察、计算、概括,得到三个算式的共同特征,明确分数线与除法的关系.

追问1:它们都是有理数吗?

因为整数可以看作分母为1的分数,这样,所有的有理数都可以表示成两个整数的商$\dfrac{q}{p}$(其中p,q为整数,且$p \neq 0$).

追问2:任意两个有理数的商还是有理数吗?

【设计意图】 教师引导学生在运算的基础上进行思考,从而发现分子、分母和分数本身符号变化的规律(任意改变其中两个数的符号,分数的值不变),理解除法的不同形式及作用,理解有理数的符号化定义,认识有理数除法的封闭性.

练习 计算:

$(1)\dfrac{-30}{-45};$ $(2)(-12) \div (-4) \div \left(-1\dfrac{1}{5}\right);$

$(3)\left(-125\dfrac{5}{7}\right) \div (-5);$ $(4)(-2.5) \div \dfrac{5}{8} \times \left(-\dfrac{1}{4}\right).$

师生活动:学生完成计算,教师关注学生对符号的处理及对运算法则的运用.

【设计意图】 教师引导学生灵活运用运算法则解决乘除混合运算类计算题.

四、回顾小结,概括提升

1. 有理数的除法法则是什么?运算的基本步骤是什么?
2. 有理数除法与小学非负数除法有哪些区别和联系?任何两个有理数的商还是有理数吗?
3. 我们是怎样探究有理数除法法则的?

师生活动:教师呈现问题,引导学生进行课堂小结,学生在回答问题的过程中进行概括提升.

【设计意图】 教师引导学生从知识及知识获取方法、知识产生过程中蕴含的数学思想等层面对本节课进行小结,同时给出接下来的研究方向,便于学生构建运算体系.

目标检测

1. 计算：

(1) $\dfrac{-72}{9}$; 　　(2)$(-12)\div(-4)\div\left(-1\dfrac{1}{5}\right)$; 　　(3)$\left(-\dfrac{2}{3}\right)\times\dfrac{8}{5}\div(-0.25)$.

2. 某地探究气球的气象观测资料表明,海拔每升高 100 米,气温大约降低 0.6℃,若该地地面温度为 18℃,高空某处温度为 -12℃,则此处的海拔是多少米?

参考答案:1. (1)-8;(2)$-\dfrac{5}{2}$;(3)$\dfrac{64}{15}$

2. 因为海拔每增加 100 米,气温大约降低 0.6℃,该地的地面温度为 18℃,高空某处的温度为 -12℃,所以该处的海拔:$[18-(-12)]\div0.6\times100=5000$(米).

此处的海拔是 5000 米.

【设计意图】 第 1 题检测目标 2,第 2 题检测目标 3.

2.2.4　有理数的除法(第 2 课时)——加、减、乘、除混合运算

目标	1.经历把非负数运算顺序推广到有理数运算的过程,理解四则运算的运算顺序,发展抽象能力. 2.能理解算式的结构,按照运算顺序,综合运用运算法则进行有理数的四则混合运算,进一步发展运算能力. 3.能用运算律简化有理数的混合运算
重点	有理数混合运算中选择算法,应用法则和运算律
难点	四则混合运算顺序的确定与算法的优化

教学过程设计

引入:我们已经学习了有理数的加法、减法、乘法、除法四种运算,今天我们将研究这四种运算的混合运算.

【设计意图】 开门见山,直入主题,让学生心中有数 —— 本节课要研究的内容.

一、研究两个有理数的运算

问题 1 计算下列各式,并说明算理:

(1)$-4+20$; 　(2)$2-6$; 　(3)-3×9; 　(4)$21\div(-3)$.

师生活动: 学生独立计算,并说出是怎样计算的.

追问: 计算的依据是什么?计算时,你是怎样想的?(得出如图 2.2-4 所示的计算过程.)

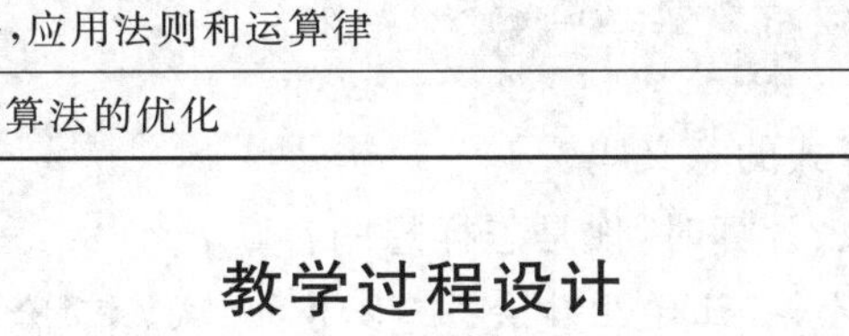

$$-4+20=16 \qquad -3\times9=-27$$

图 2.2-4

【设计意图】 设计两个数的运算,直接运用法则进行计算,把减法转化为加法运算,把除法转化为乘法运算.通过三个提问:让学生知其然 —— 会算;知其所以然 —— 知道计算的依据;何由以知

其所以然 —— 体会转化思想.

二、研究三个有理数的同级运算

> **问题 2** 计算下列各式，并说明运算顺序：
>
> (1) $-4 + \dfrac{1}{2} + \dfrac{3}{2}$；　　　(2) $-3 \div \dfrac{1}{9} \times 9$.

追问：计算的依据是什么？计算时，你是怎样想的？

【设计意图】 此环节设计了"三个有理数的加减同级运算及乘除同级运算"，让学生体验依据运算法则和运算律进行计算，感悟"同级运算，按从左到右的顺序进行计算"，体会运算的本质是依据运算法则和运算律进行运算. 让学生基于算理理解，对于只有加法或只有乘法的运算，没有必要一定从左往右运算，如：$6 \times 4 \times 3 = 6 \times 12 = 72$；$6 + 4 + 3 = 6 + 7 = 13$. 但是对含有减法与除法的运算，则必须从左往右运算，如：$24 \div 6 \div 2 \neq 24 \div 3$，$24 - 6 - 2 \neq 24 - 4$. 将减法运算转化为加法运算，除法运算转化为乘法运算. 意在培养学生体会这种运算顺序的合理性，学会理性选择算法，领悟运算最终的目的是"化繁为简".

三、研究含有加、减、乘、除的混合运算

> **问题 3** 计算下列各式，并说明运算顺序：
>
> (1) $-4 + 4 \times 5$；　　　(2) $8 - 8 \div (-4) \times (-2)$.

追问 1：你能解释这两个算式的意义吗？

追问 2：计算的依据是什么？计算时，你是怎样想的？

【设计意图】 通过具体的计算，让学生体会"在含有加、减、乘、除的运算中，先算乘、除，后算加、减"这一运算顺序的合理性. 设计追问，让学生宏观把握有理数的混合运算就是一个"$A+B$"的数学模型，看清算式的本质就是确定"$A+B$"中的 A，B 各是什么样的具体的运算，再运用这种运算的法则计算出"$A+B$"的具体结果，这就是算理，追根溯源，这就是有理数混合运算的核心环节.

四、研究含有括号的混合运算

> **问题 4** 计算下列各式，并说明运算顺序：
>
> (1) $8 - 8 \div (-4) \times (7 + 5)$；　　　(2) $4 - (-36) \times \left(\dfrac{1}{6} + \dfrac{5}{9} - \dfrac{7}{12} \right)$.

追问 1：从算式的结构"$A+B$"看，你能说出这两个算式中的"A"与"B"吗？

追问 2：你能解释这两个算式的意义吗？

追问 3：第 (2) 题是否有其他的解题方法，计算的依据是什么？

师生活动：解题后，师生共同归纳：

> 在进行有理数的混合运算时，要注意：
> 1. 理解算式中含有哪几种运算，确定运算对象；
> 2. 理解算式意义，确定运算顺序；
> 3. 依据运算法则（通法）和运算律进行运算.

【设计意图】 在有理数混合运算中，括号元素的加入，虽然使算式变得繁杂，但能引导学生追根溯

源到算式的本源结构"A＋B",括号的作用就是规定运算时的优先级,让学生感受到要先计算括号内的结果的重要性和合理性.设置"追问3",意在要求学生灵活运算,学会运用运算律进行运算,让学生体会运算中蕴含着推理,可利用推理简化运算."共同归纳"意在提炼运算的通法,帮助学生学会学习.

五、研究含有简便运算的混合运算

问题5　计算下题,并说明运算顺序:

$$147 \times \frac{1}{8} + 253 \times \frac{1}{8} - 144 \times \frac{1}{8}.$$

追问1:你能解释这个算式的意义吗?

追问2:观察式子特点,能否通过变形再用运算律简便运算呢?

追问3:能说明这样运算的依据吗?能说说你在运算中是怎样想的吗?

【设计意图】"追问1"让学生内化算式结构的本质(运算对象、运算类型),进而体会运用运算律的合理性与必然性.在运算律的探究、归纳、运用过程中,提升符号意识及运算能力,感悟转化与化归的数学思想,培养反思意识,总结学习方法,体会代数研究的一般观念.

六、课堂小结

1. 加、减、乘、除混合运算是按照怎样的顺序计算的?

2. 这种混合运算顺序的依据是什么?

3. 在这种混合运算中,体现的核心思想是什么?

目标检测

1. 计算:(1) $-1 + 2 \times 3 \times \frac{1}{6}$;　(2) $3 \times (-5) - (-3) \div \frac{3}{128}$;

(3) $-7 \times (-3) \times (0.5) + (-12) \times (-2.6)$;　(4) $1 - \left(-1\frac{1}{2}\right) \times \frac{2}{3} + (-6) \div \left| 2\frac{2}{5} \right|$.

2. 下面的计算过程正确吗?如果正确,请说明理由;如果不正确,请写出正确的计算过程,并说明每一步计算的依据和想法.

$$4 - (-36) \times \left(\frac{1}{6} + \frac{5}{9} - \frac{7}{12} \right)$$

$$= (4 + 36) \times \left(\frac{1}{6} + \frac{5}{9} - \frac{7}{12} \right)$$

$$= 40 \times \frac{6 + 20 - 21}{36}$$

$$= 40 \times \frac{5}{36} = \frac{50}{9}.$$

参考答案:1. (1)0;(2)113;(3)41.7;(4)-0.5　**2.** 错误,要先用分配律,再相减,计算过程略.

【设计意图】第1题检测目标2,第2题检测目标3.

2.3 有理数的乘方

2.3.1 乘方(第1课时)——乘方运算法则

目标	1.经历从乘法运算中抽象出乘方运算法则的过程,理解乘方运算及底数、指数、幂等概念,发展抽象能力. 2.能进行正整数指数幂的运算,体会把正整数指数幂运算转化为乘法运算的转化思想,发展运算能力. 3.通过正方形面积、正方体体积的计算,建立乘方运算的心理模型,理解乘方运算
重点	理解有理数的乘方、幂、底数、指数的概念及意义
难点	理解有理数的乘方、幂、底数、指数的概念及意义

教学过程设计

一、情境引入,提出问题

问题1 边长为 2 cm 的正方形的周长是多少?怎么得到的?

师生活动: 教师引导学生得到两种解答:$2+2+2+2=8$(cm),或 $2\times4=8$(cm).回顾小学学过的自然数乘法的意义,可以把 $2+2+2+2$ 简约地表示为 2×4.

【设计意图】 创设情境,回顾正整数加法与乘法的关系,为引入乘方运算做铺垫.

问题2 边长为 2 cm 的正方形的面积是多少?可以怎样表示?

追问: 棱长为 2 cm 的正方体的体积是多少?可以怎么表示?

师生活动: 学生独立解决上述问题后,教师引导学生发现,可以把 2×2 简约地表示为 2^2,把 $2\times2\times2$ 简约地表示为 2^3.

【设计意图】 通过正方形面积与正方体体积的计算,初步体会引入乘方运算的必要性,为进一步一般化、抽象乘方运算奠定基础.

二、探究思考,形成新知

问题3 某种细胞每隔一段时间就会由 1 个分裂成 2 个,请问分裂 1 次,2 次,3 次,4 次…后,细胞的个数是多少?

师生活动: 教师引导学生完成下列表格.

分裂次数	1	2	3	4	…
细胞个数	2	2×2	$2\times2\times2$	$2\times2\times2\times2$	…

追问: 如果分裂 10 次,分裂 20 次,可以怎样表示?

【设计意图】 通过创设问题情境,吸引学生的注意力,唤起学生的好奇心,激发学生的学习兴趣和主动学习的欲望,引出课题,并引导学生得到 10 个 2 相乘可以表示为 2^{10},20 个 2 相乘可以表示为 2^{20}.

问题4 当算式具有怎样的特点时,我们可以用上述方法来表示乘法运算?

师生活动：通过观察类比，让学生发现求相同因数乘积的运算可以按照上述方法来表示．

追问：按照上述规律，完成下面的填空：

(1) $(-2) \times (-2) \times (-2) \times (-2) =$ ＿＿＿＿＿＿；

(2) $\left(-\dfrac{2}{5}\right) \times \left(-\dfrac{2}{5}\right) \times \left(-\dfrac{2}{5}\right) \times \left(-\dfrac{2}{5}\right) \times \left(-\dfrac{2}{5}\right) =$ ＿＿＿＿＿＿．

师生活动：学生自主完成题目，教师利用多媒体投影展示学生的书写结果，通过"相同因数乘积"这一概念帮助学生纠正错误，让学生明白在书写负数、分数的乘方时一定要把整个负数（连同负号）、分数用小括号括起来．

【设计意图】　通过观察相同负数的乘积运算，让学生体会到负数、分数的乘方在书写时的特殊之处，同时将相同因数的范围扩充到了负有理数．

问题 5　按照刚才的方法，$\underbrace{a \cdot a \cdots a}_{n\,个}$ 应该怎么表示？

师生活动：学生独立完成，教师指出乘方、底数、指数、幂的概念，并引导学生观察思考下列表格，内化乘方的概念．n 个相同有理数的积叫作有理数的乘方运算，记为 $\underbrace{a \cdot a \cdots a}_{n\,个} = a^n$，其中 a 叫作底数，n 叫作指数，a^n 叫作幂．

运算	加法	减法	乘法	除法	乘方
结果	和	差	积	商	幂

【设计意图】　通过观察学过的所有运算，类比思考，引导学生认识新的运算"乘方"及其对应的结果"幂"，从而轻松地理解乘方的定义和本质．通过这个活动过程，帮助学生将新的知识融入已有的知识结构中，深层次地理解乘方的概念．

问题 6　$(-2)^4$ 与 -2^4 一样吗？为什么？请读出算式．

追问：$\left(-\dfrac{2}{5}\right)^5$ 与 $-\dfrac{2^5}{5}$ 一样吗？为什么？请读出算式．

师生活动：学生分小组计算讨论上述式子的结果，并派代表说出两者不一样的理由．教师引导学生说出上述式子的底数、指数、幂，并关注底数是负数、分数时的书写规范．

【设计意图】　通过计算，感受乘方在书写时有括号与没括号、指数位置不同的情况，进一步体会乘方的含义，理解规范书写的必要性．

三、辨别应用，巩固新知

例　计算：

(1) $(-4)^3$；　　(2) $(-2)^4$；　　(3) $\left(-\dfrac{2}{3}\right)^3$．

师生活动：教师演示计算过程，引导学生理解各式的含义．

【设计意图】　通过例题让学生掌握乘方运算，体会乘法与乘方的关系，体会化归与转化的数学思想．

追问：从例题中，你发现负数的幂的符号有什么规律？

师生活动：教师引导学生观察、分析、概括发现：当指数是奇数时，负数的幂是负数；当指数是偶数时，负数的幂是正数．同时教师指出，正数的任何次幂都是正数，0 的任何正整数次幂都是 0．

【设计意图】 让学生经历判断幂的符号的发现过程,培养学生归纳概括的能力.

练习　计算:

(1)$(-2)^3$;　　(2)$(-3)^4$;　　(3)$\left(-\dfrac{1}{2}\right)^3$;　　(4)$0^7$.

师生活动:教师引导学生运用上述规律解决问题,在进行底数为负数的乘方运算时,可以先判断符号,再将底数的绝对值进行乘方运算.

【设计意图】 辨别应用,巩固新知,发展运算能力.

四、回顾小结,概括提升

1. 本节课学习的内容是什么?要注意些什么?

2. 本节课的内容是怎么研究的?

3. 如何进行有理数的乘方运算?

4. 你在本节课的学习中体会到哪些重要的思想方法?

师生活动:教师呈现问题,引导学生进行课堂小结,学生在回答问题的过程中进行概括提升.

【设计意图】 教师让学生梳理本节课的知识内容,并说出自己的理解,让学生感受类比、转化的数学思想.

目标检测

1.(1) 在$(-7)^8$中,底数、指数各是什么?幂的符号是什么?

(2) 式子$\dfrac{2}{3}\times\dfrac{2}{3}\times\dfrac{2}{3}\times\dfrac{2}{3}$的乘方形式为＿＿＿＿＿＿.

2. 计算:

(1)$(-1)^{10}$;　(2)$(-1)^7$;　(3)8^3;　(4)$(-5)^3$;

(5)0.1^3;　(6)$\left(-\dfrac{1}{2}\right)^4$;　(7)$(-10)^4$;　(8)$(-10)^5$.

3. 下列算式中正确的是(　　　).

A. $\left(-\dfrac{2}{3}\right)^2=\dfrac{4}{3}$

B. $2^3=2\times3=6$

C. $-3^2=-3\times(-3)=9$

D. $-2^3=-8$

4. 计算机利用的是二进制数,它有两个数码0,1,将一个十进制数转化为二进制数,只需要把该数写成若干个2^n数的和,再依次写出1或0即可.如十进制数$19=16+2+1=1\times2^4+0\times2^3+0\times2^2+1\times2^1+1\times2^0$(其中$2^0=1$),转化为二进制数就是10011.

(1) 十进制中的25转化为二进制数是＿＿＿＿＿＿;

(2) 二进制中的1011转化为十进制数是＿＿＿＿＿＿.

参考答案:1.(1)底数是-7,指数是8,幂的符号是正;(2)$\left(\dfrac{2}{3}\right)^4$

2.(1)1;(2)-1;(3)512;(4)-125;(5)0.001;(6)$\dfrac{1}{16}$;(7)10000;(8)-100000

3. D　4.(1)11001;(2)11

【设计意图】 第1题、第3题检测目标1,第2题检测目标2,第4题检测目标3.

2.3.2 乘方(第 2 课时)—— 加、减、乘、除、乘方混合运算

目标	1.通过对混合运算的结构分析,区分运算级别,理解运算原理,抽象出有理数混合运算顺序,发展抽象能力. 2.灵活运用运算法则及运算律,有逻辑地简化计算,进一步发展运算能力. 3.能用有理数的混合运算表示并解决简单的实际问题
重点	掌握有理数混合运算的顺序,能熟练地进行有理数的混合运算
难点	灵活运用运算律并正确且合理地进行有理数的混合运算

教学过程设计

一、创设情境,提出问题

问题 1 算式 $2\times(-3)^3-4\times(-3)+15$ 中包含哪些运算?

追问:你觉得要先进行什么运算?为什么?

师生活动:学生类比有理数加、减、乘、除的运算顺序的分析方法,明确这个算式的最终目标是求出 $2\times(-3)^3$,$-4\times(-3)$,15 的和(用省略加号的代数和形式理解);要求出这三个数的和,必须先知道每个加数,因此要先算出 $2\times(-3)^3$,$-4\times(-3)$;要算出 $2\times(-3)^3$,必须先知道每个因数是什么,因此,先要算出 $(-3)^3$ 的结果.因此,计算本题时,先算乘方 $(-3)^3=-27$,再算乘法 $2\times(-27)=-54$ 和 $-4\times(-3)=12$,最后计算 $-54+12+15=-27$.这一运算过程如图 2.3-1 所示.

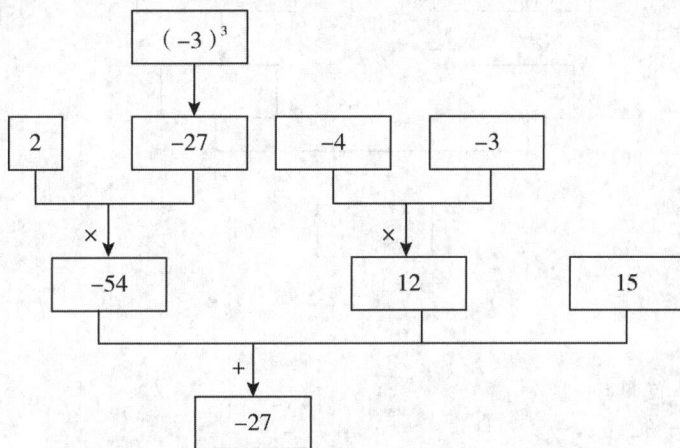

图 2.3-1

【设计意图】 类比有理数加、减、乘、除运算法则和运算顺序,归纳出有理数加、减、乘、除、乘方混合运算顺序,并用运算程序图表示,培养学生的抽象思维能力.

问题 2 算式 $2\times(-3)^3-4\times(-5+2)+15$ 中包含哪些运算?

追问 1:你觉得要先进行什么运算?为什么?

追问 2:你能归纳出有理数混合运算的顺序,并画出如图 2.3-1 所示的程序图吗?

师生活动:引导学生发现这两个算式的不同,交流讨论,明确混合运算顺序.

【设计意图】 让学生观察两个问题中算式的变化,通过对例题的讨论交流,进一步完善对有理数混合运算顺序的认识.

二、独立思考,应用新知

问题3 计算下列各式:

(1)$2^2 \div 3 \times \frac{1}{3} - 1$; (2)$-3^2 - 50 \div 2^2$;

(3)$(-2)^3 + (-3) \times [(-4)^2 + 2] - (-3)^2 \div (-2)$.

师生活动:学生先独立思考,完成计算.教师引导学生明确运算顺序,注意计算过程中的易错点.

【设计意图】 进一步引导学生理解混合运算顺序,准确灵活运算.

三、综合运用,拓展提升

例1 计算:(1)$2 \times (-3)^3 - 4 \times (-3) + 15$;

(2)$(-2)^3 + (-3) \times (-4^2 + 2) - (-3)^2 \div (-2)$.

例2 将图2.3-2的运算程序图补充完整,写出算式并计算出结果:

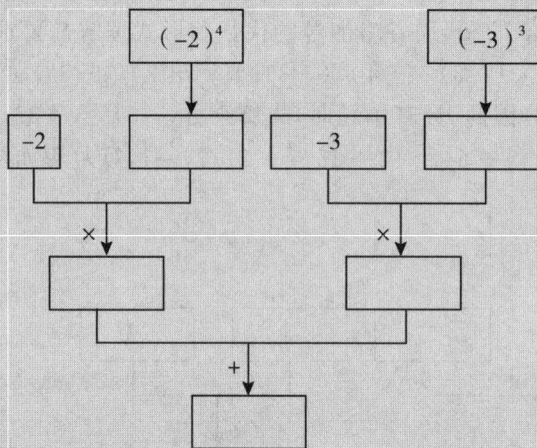

图 2.3-2

例3 观察下面三行数:

$-2, 4, -8, 16, -32, 64, \cdots$; ①

$0, 6, -6, 18, -30, 66, \cdots$; ②

$-1, 2, -4, 8, -16, 32, \cdots$. ③

(1)第 ① 行数按什么规律排列?

(2)第 ②③ 行数与第 ① 行数分别有什么关系?

(3)取每行的第 10 个数,计算这三个数的和.

师生活动:教师提出问题,学生独立思考后,讨论归纳第 ① 行的排列规律.教师引导学生找到第 ②③ 行数与第 ① 行数的关系,学生用式子表示出这种关系.

【设计意图】 教师引导学生用有理数的运算来刻画一列数的规律,培养学生用数学的眼光发现问题,用数学的思维解决问题的能力.

练习 底面半径为 10 cm,高为 30 cm 的圆柱体水桶中装满了水,小明先将桶中的水倒满 2 个底面半径为 3 cm,高为 5 cm 的圆柱体水杯,再把剩下的水倒入长、宽、高分别为 50 cm,20 cm,20 cm 的长方体容器内,长方体容器内水的高度大约是多少厘米?(π 取 3,容器厚度不计.)

追问 1:你能用算式表示这个问题的解决方法吗?

追问 2:这个算式中包含哪些运算?

师生活动:教师引导学生列算式解决实际问题,学生说出运算及运算顺序.

【设计意图】 以简单的实际问题为载体,进一步巩固有理数混合运算的顺序,促使学生灵活准确地进行运算.

四、回顾小结,概括提升

1. 你能说出有理数混合运算的顺序吗?运算的算理是什么?

2. 本节课我们的学习思路是怎样的?

3. 有理数混合运算的易错点在哪里?

师生活动:教师引导学生从知识内容、学习过程和易错点等几个方面进行小结.

目标检测

计算:

(1) $(-1)^{10} \times 2 + (-2)^3 \div 4$;

(2) $(-5)^3 - 3 \times \left(-\dfrac{1}{2}\right)^4$;

(3) $\dfrac{11}{5} \times \left(\dfrac{1}{3} - \dfrac{1}{2}\right) \times \dfrac{3}{11} \div \dfrac{5}{4}$;

(4) $(-10)^2 + [(-4)^2 \div 4 - (3 + 3^2) \times 2]$.

参考答案:(1) 0;(2) $-125\dfrac{3}{16}$;(3) $-\dfrac{2}{25}$;(4) 80

【设计意图】 检测目标 2.

2.3.3　科学记数法与近似数

目标	1.感知大数的特征,体会用科学记数法的必要性,提炼这种表示数的方法,发展抽象能力. 2.掌握科学记数法的书写格式,能用科学记数法表示大数,理解其合理性. 3.通过生活中具体的近似数,感受准确数和近似数的联系和区别,并体会精确度的内涵
重点	理解科学记数法的记数特征
难点	理解科学记数法的记数特征;理解精确度

教学过程设计

一、情境引入,提出问题

据第七次全国人口普查结果,2020 年 11 月 1 日零时我国人口基本情况如下:全国总人口为 1411778724 人,与 2010 年第六次全国人口普查的 1339724852 人相比,增加 72053872 人.其中男性人口为 723339956 人,占 51.24%;女性人口为 688438768 人,占 48.76%.

问题 1　读读这些数据:1411778724,1339724852,72053872,723339956,688438768.你有什么感受?

师生活动:教师呈现材料,学生逐一读这些数据,教师关注学生的读数情况.

【设计意图】 创设情境,让学生体会到在现实生活中存在着一些大数,这些数读起来、写起来都不方便,引发认知冲突,明确探究目的.

二、探究思考,形成新知

> **问题2** 借助幂的意义,你能找到简便的方法来表示这些较大的数吗?

师生活动:教师引导学生寻求数的简约表示法,回顾幂的意义、记数方法,学生结合前面所学知识想到这些大数可以与有理数乘方、"指数幂"结合起来(如图2.3-3所示),但对于具体如何操作还是心存疑惑.

```
┌──────┐        ┌──────┐         ┌──────┐
│ 乘法 │───────▶│ 乘方 │────────▶│  ?   │
└──────┘  自相乘 └──────┘   应用   └──────┘
```

图 2.3-3

【设计意图】 关联旧知,指引学生探究的方向.

> **问题3** 你能把下面几个数改写成指数幂的形式吗?你有哪些发现?
> $10 = 10^{(\quad)}$, $100 = 10^{(\quad)}$, $1000 = 10^{(\quad)}$, $10000 = 10^{(\quad)}$, $100000 = 10^{(\quad)}$,….

追问1:借用以上的探究经验,你能将数72060000写成指数幂的形式吗?你觉得哪种形式更简单?

追问2:科学记数法表示的数中,哪个数是不变的?哪些数是变化的?如果变化的数用字母a和n表示,能用一个通式表示吗?

师生活动:教师引导学生观察$7206 \times 10^4, 720.6 \times 10^5, 72.06 \times 10^6, 7.206 \times 10^7, 0.7206 \times 10^8$这些形式并确定最简单的表示方法.归纳科学记数法的方法:大于10的数可以写成$a \times 10^n$的形式,其中$1 \le |a| < 10$,n是正整数.

【设计意图】 在观察和讨论中归纳用幂的形式表示数的方法,并理解其表示的合理性.

> **问题4** -1200可以用科学记数法表示吗?

追问:$a \times 10^n$,这里a的取值范围是什么?

师生活动:教师呈现问题,学生讨论a的取值范围.

【设计意图】 通过对科学记数法中a的取值范围进行深入思考,进一步明确科学记数法的表示方式,引导学生逐步学会用数学的符号表示世界.

三、感受应用,领悟新知

> **例1** 用科学记数法表示下列各数:
> (1)2024; (2)386000000; (3)-1018.01; (4)二亿五千三百万.

解:(1)2.024×10^3;(2)3.86×10^8;(3)-1.01801×10^3;(4)2.53×10^8.

师生活动:学生独立完成题目,教师巡视,关注学生对a的符号、指数的书写是否规范.

【设计意图】 使学生巩固将数写成科学记数法的形式,检测学生对科学记数法的灵活应用.

> **例2** 下列用科学记数法写出的数,原来分别是什么数?
> (1)1.5×10^3; (2)-4.35×10^5; (3)3.0×10^8; (4)-1×10^9.

解:(1)1500;(2)−435000;(3)300000000;(4)−1000000000.

师生活动:学生独立完成题目,教师巡视,关注学生的答题情况.

【设计意图】 通过对科学记数法的逆向运用,再次巩固科学记数法的记数特征.

> **问题5** 材料中显示第七次全国人口普查男性人口占比是51.24%,51.24%是准确数吗?请你们利用计算器进行说明.

追问1:你能举例说明生活中的准确数和近似数吗?

追问2:什么情况下要用到近似数?

追问3:材料中显示我国男性人口占比是51.24%,用小数表示就是0.5124,这是精确到哪一位?如果取近似值0.51236,这又是精确到哪一位?如果取近似值0.512360,它与近似值0.51236精确度一样吗?

师生活动:教师提出问题,学生思考并回答.教师要关注学生对精确度的理解.

【设计意图】 教师引导学生举例说明生活中的准确数和近似数,从而让学生明确这两个概念.通过辨析近似值0.51236和0.512360的精确度,帮助学生深入理解精确度的意义.

四、练习提升

> **例3** 按括号内的要求,用四舍五入法对下列各数取近似数:
> (1)0.0158(精确到0.001);
> (2)304.35(精确到个位);
> (3)1.804(精确到0.1);
> (4)1.804(精确到0.01).

解:(1)0.016;(2)304;(3)1.8;(4)1.80.

师生活动:学生独立完成题目,教师巡视,关注学生对精确度的理解.

练习 下列由四舍五入得到的近似数,各精确到哪一位?

(1)600万; (2)7.03万; (3)5.8亿; (4)3.30×10^5.

解:(1)万位;(2)百位;(3)千万位;(4)千位.

师生活动:学生独立完成题目,教师巡视,挑选一些学生代表报答案,班里其他学生评价答案是否正确并分析原因.

五、回顾小结,概括提升

1. 科学记数法的一般形式是什么?有哪些作用?哪些数可以用这种通式表示?

2. 近似数和准确数有什么联系和区别?如何理解精确度?

目标检测

1. 用科学记数法表示下列各数:

(1)80000; (2)−56000000; (3)74000.3.

2. 下列用科学记数法表示的数,原来各是什么数?

(1)4×10^3; (2)$−8.5 \times 10^6$; (3)7.04×10^5; (4)3.96×10^4.

3. 在以下各数中,最大的数为(　　).

A.7.2×10^5　　　　B.2.5×10^6　　　　C.9.9×10^5　　　　D.1×10^7

4. 判断下列各数,哪些是近似数,哪些是准确数.

(1)某歌星在体育馆举办音乐会,大约有一万二千人参加；(　　)

(2)检查一双没洗过的手,发现带有各种细菌 800000 个；(　　)

(3)张明家里养了 5 只鸡；(　　)

(4)1990 年人口普查,我国人口总数为 11.6 亿.　(　　)

5. 下列结论中正确的是(　　).

A. 近似数 4.230 和 4.23 的精确度是一样的

B. 近似数 89.0 是精确到个位

C. 近似数 0.00510 与 0.0510 的精确度不一样

D. 近似数 6 万与近似数 60000 的精确度相同

6. 用四舍五入法按要求取近似值:

(1)75436(精确到百位)；　　　　　　　　(2)61.235(精确到个位)；

(3)0.785(精确到百分位)；　　　　　　　　(4)0.0571(精确到0.1).

参考答案:1. (1)8.0×10^4；(2)-5.6×10^7；(3)7.40003×10^4

2. (1)4000；(2)-8500000；(3)704000；(4)39600

3. D　4. (1)近似数；(2)近似数；(3)准确数；(4)近似数

5. C　6. (1)75400；(2)61；(3)0.79；(4)0.1

【设计意图】　第 1～3 题检测目标 2,第 4～6 题检测目标 3.

2.4　有理数的运算复习

2.4.1　有理数运算复习课

目标	1.通过回顾知识,构建知识网络,理解有理数运算的研究内容、研究思路与研究方法.理解数学的整体性与逻辑一致性,发展数学结构体系的抽象能力. 2.巩固有理数的运算法则,理解有理数混合运算规定的合理性,灵活运用运算律进行简便运算,进一步发展数学运算能力
重点	通过有理数的混合运算发展数学运算能力
难点	根据运算对象、运算目标选择适当的运算方法并准确运算

教学过程设计

一、回顾引入,提出问题

我们通过第一章的学习将数的范围扩充到了有理数,而本章我们进一步探究了有理数的运算及运算律.

问题1　从运算角度看,为什么要引入负数?

师生活动:教师引导学生回顾,从数学运算角度看,为了使诸如 $0-7$ 这样用小的数减去大的数的式子有意义,因此引入负数.比如把与 7 的和为 0 的数记为"-7",就可以根据小学中减法与加法的逆运算关系得到 $0-7=-7$.

【设计意图】　引导学生体会引入负数、扩充数系的数学内在逻辑.

问题2 举例说明(如−4与−3),引入负数,数的范围扩大到有理数后,我们研究了哪些运算?这些运算与小学阶段学习的非负数的运算有哪些相同点和不同点?我们是怎样得到有理数的运算法则的?

追问1: 我们研究了有理数的哪些运算?具体运算法则分别是什么?

追问2: 有理数的这些运算与小学中学习的非负数的运算有哪些不同点与相同点?

追问3: 我们是怎样以小学学习的非负数运算为基础,通过推广得到有理数的运算法则的?

追问4: 任何两个有理数的和、差、积、商还是有理数吗?

追问5: 能用字母及运算统一表示有理数吗?

师生活动: 教师引导学生回顾有理数的加、减、乘、除及乘方的运算法则,其中减法与加法、除法与乘法的互逆运算关系不变,加法与乘法运算的运算律仍然成立;加法与乘法运算和非负数的运算的差异在于,既需要确定正负号,又需要确定绝对值,确定了符号后转化为绝对值(非负数)的运算,加法与乘法法则是在小学非负数加法、乘法运算基础上通过归纳得到的;通过相反数把减法运算转化为加法运算,通过倒数把除法运算转化为乘法运算;与小学一样,乘方运算是特殊的乘法运算,有理数对加、减、乘、除运算具有封闭性.

【设计意图】 回顾有理数的运算法则及其来源,分析有理数的运算法则与小学学习的非负数的运算法则的异同,体会运算律在数系扩充中的意义.

问题3 计算 $(-2)^3 \times (-3) - 12 \div [(-3) + (-1)]$ 时应按照怎样的运算顺序进行?为什么要按照这样的顺序?

师生活动: 教师引导学生完成问题3的混合运算,并结合计算过程,引导学生回顾有理数混合运算的运算顺序,说出每一步的运算依据和运算思想.

【设计意图】 以混合运算的例题为载体,回顾运算顺序,理解运算依据,体会运算思想(化归与转化思想).

问题4 用两种方法计算 $(-2) \times (-3) \times \dfrac{1}{2} - 12 \times \left(-\dfrac{2}{3} + \dfrac{1}{4}\right)$.

师生活动: 教师引导学生用不同的方法完成问题4的混合运算,并结合解题过程引导学生回顾有理数加法、乘法的运算律.

追问: 比较不同的方法,你觉得怎样算更简便,为什么?

【设计意图】 通过实例,帮助学生充分体会使用运算律的优越性,辨别交换律、结合律、分配律等运算律的适用条件,合理应用运算律进行简便运算,突破难点.

二、知识整合,构建网络

问题5 你能从不同运算的关系、运算与运算律的关系角度整理本章的知识点,画出知识结构图吗?

师生活动: 小组交流讨论,选取有代表性的知识结构图进行全班展示,其他同学对照自己的总结查漏补缺.同时,教师展示本章的知识结构图(如图2.4-1所示),指出本章的重点:理解运算法则和运算律,熟练进行有理数的混合运算,灵活运用运算律简化运算.

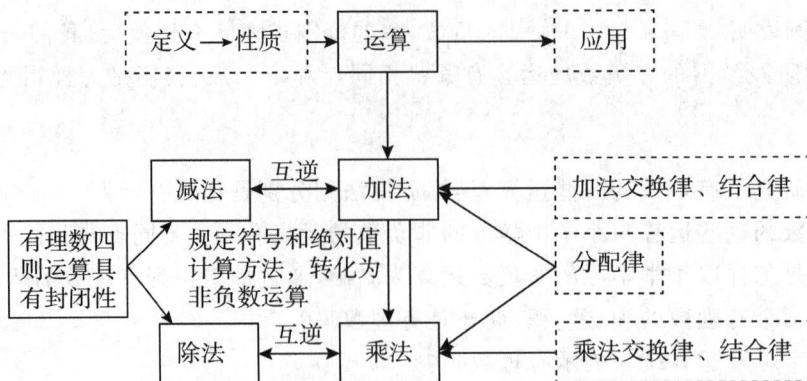

图 2.4-1

【设计意图】 引导学生构建有理数知识结构图,在相互联系中深化对知识的理解.

三、迁移综合,发展能力

例1 计算:$\left[-\dfrac{2}{3}+\left(-\dfrac{5}{9}\right)\right]\times(-3)^2$.

变式:(1) $\left[-\dfrac{2}{3}+\left(-\dfrac{5}{9}\right)\right]\div\dfrac{1}{9}$;　　(2) $\dfrac{1}{9}\div\left[-\dfrac{2}{3}+\left(-\dfrac{5}{9}\right)\right]$;

(3) $-\dfrac{1}{24}\div\left(\dfrac{1}{8}-\dfrac{1}{3}+\dfrac{1}{4}\right)$.

【设计意图】 辅助学生进一步体会使用分配律在有理数混合运算中的优越性,辨别分配律的适用条件,正确应用分配律进行简便运算,突破难点.

例2 已知 x 与 y 互为相反数,m 与 n 互为倒数,$|a|=2$,求 $a^3-(x+y+mn)a-(x+y)^{2023}+(-mn)^{2024}$ 的值.

【设计意图】 教师引导学生通过运算将有理数的混合运算与有理数的有关概念 —— 相反数、倒数和绝对值联系在一起,培养学生综合运用知识的能力,并渗透分类讨论思想和整体思想.

四、回顾小结,概括提升

1. 有理数有哪些运算及运算律?怎样运算?有理数的和、差、积、商还是有理数吗?怎样用符号表示有理数?

2. 有理数混合运算怎样进行?一般的运算顺序是怎样的?可从哪些角度考虑简化算法?

3. 说说数是怎样扩充到有理数范围的.这一扩充过程我们重点研究了哪些问题?研究的思路是怎样的?主要采用了哪些数学思想方法?

【设计意图】 通过课堂小结,利用简洁准确的语言帮助学生理清本节课所学知识和方法,形成框架,体会数系扩充思想.

目标检测

1. 填空:(1) $\dfrac{1}{3}-\dfrac{5}{6}-\left(-\dfrac{2}{3}\right)+\left(-\dfrac{1}{6}\right)=$ _____ ;(2)$(-8)\div\dfrac{9}{2}\div\left(-\dfrac{8}{3}\right)=$ _____ .

2. 现规定一种运算:$a*b=a^b-ab$,例如 $3*2=3^2-3\times2=9-6=3$,则 $(-2)*3=$ _____ .

3. 计算：(1) $\left(\dfrac{1}{3}-\dfrac{1}{4}+\dfrac{1}{8}\right)\times(-24)$；　　(2) $2^3\div\dfrac{4}{9}\times\left(\dfrac{2}{3}\right)^2+8\times4\times\left(\dfrac{1}{2}\right)^2$.

参考答案：1.(1)0;(2)$\dfrac{2}{3}$　**2.** -2　**3.**(1)-5;(2)16

【设计意图】　第 $1\sim3$ 题检测目标2.

2.4.2　有理数运算习题课

目标	1.掌握有理数的加、减、乘、除、乘方及简单的混合运算,进一步发展运算能力.
	2.理解有理数的运算律,能运用运算律简化计算,发展推理能力.
	3.能运用有理数的运算解决问题,进一步发展数感,发展模型观念
重点	理解有理数的运算法则的合理性并学会灵活运用
难点	准确地掌握有理数的运算顺序和运算中的符号问题

教学过程设计

一、知识回顾

　　问题　计算：

(1) $3-(-12)+(-3)$；

(2) $(-1)\div\left(-2\dfrac{2}{3}\right)\times\dfrac{1}{3}$；

(3) $23\times(-5)-(-3)\div\dfrac{3}{128}$；

(4) $-2^2\times5-(-2)^3\div4$；

(5) $4-(-36)\times\left(\dfrac{1}{6}+\dfrac{5}{9}-\dfrac{7}{12}\right)$.

师生活动：教师根据学生解答过程中所遇到的知识点,逐步完成知识结构图(如图2.4-2所示).

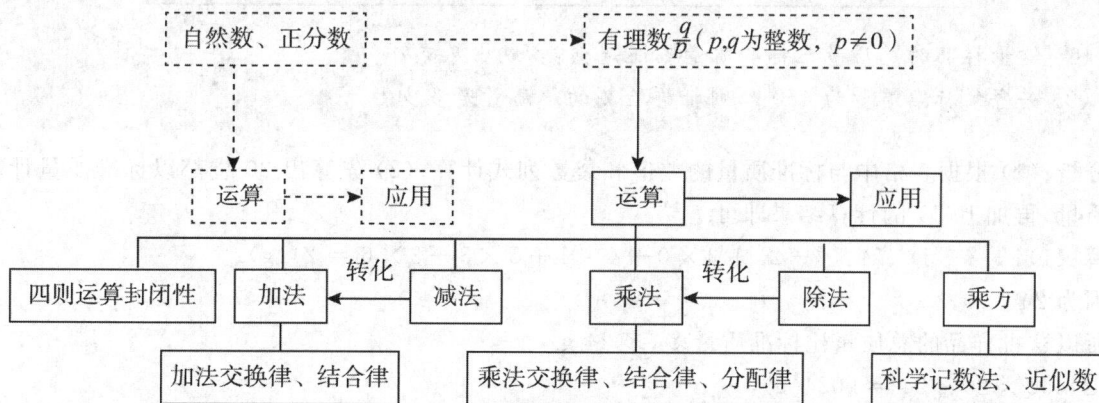

图 2.4-2

【设计意图】　通过解决问题,促使学生有逻辑地回顾所学知识,形成知识体系,从整体上把握整章知识.

二、知识应用

例1 用简便方法计算：

(1) $19\dfrac{17}{18} \times (-9)$；　　(2) $-147 \times (-0.125) + 253 \times \dfrac{1}{8} + 72 \times \left(-\dfrac{1}{4}\right)$.

分析：先将原式适当变形，然后运用分配律，达到简便计算的目的．

解：(1) 原式 $= \left(20 - \dfrac{1}{18}\right) \times (-9)$　　　(2) 原式 $= 147 \times \dfrac{1}{8} + 253 \times \dfrac{1}{8} - 144 \times \dfrac{1}{8}$

$\qquad\qquad = -180 + \dfrac{1}{2}$　　　　　　　　　　$= \dfrac{1}{8} \times (147 + 253 - 144)$

$\qquad\qquad = -179\dfrac{1}{2}$.　　　　　　　　　　　$= 32$.

解题反思：遇到直接计算比较烦琐的时候，应先观察式子特点，考虑能否变形，再用运算律简便计算．

例2 定义一种新运算：$a \otimes b = \begin{cases} a^2 - b\,(a > b), \\ -2b\,(a < b). \end{cases}$ 计算 $3 \otimes 4 - 3 \otimes 2$ 的值．

分析：根据新定义，选择对应的计算方式，综合计算即可．

解：因为 $a \otimes b = \begin{cases} a^2 - b\,(a > b), \\ -2b\,(a < b), \end{cases}$ $3 < 4, 3 > 2$，

所以 $3 \otimes 4 - 3 \otimes 2 = -2 \times 4 - (3^2 - 2) = -8 - 9 + 2 = -15$.

解题反思：本题考查了有理数的运算．准确理解新定义，选择对应的计算方式是解题的关键．

例3 某食品厂从生产的袋装食品中抽出20袋，检测每袋的质量是否符合标准，超过（或不足）的部分用正数（或负数）表示，记录如下表：

与标准质量的差值/g	−5	−2	0	1	3	6
袋数	1	4	3	4	5	3

(1) 这批样品的总质量比标准质量多还是少？多或少几克？

(2) 若每袋标准质量为 450 g，则抽样检测的总质量是多少？

分析：(1) 根据表格中与标准质量的差值和袋数列式计算；(2) 先算出 20 袋都以标准质量计算时的总质量，再加上(1)的计算结果即可．

解：(1) $1 \times (-5) + 4 \times (-2) + 3 \times 0 + 4 \times 1 + 5 \times 3 + 3 \times 6 = 24$(g).

因为 $24 > 0$，

所以这批样品的总质量比标准质量多，多 24 g．

(2) $450 \times 20 + 24 = 9024$(g)，

所以抽样检测的总质量是 9024 g．

解题反思：本题考查了有理数的混合运算的实际应用，解题的关键是读懂表格中的信息，理解"正"和"负"的相对性，明确什么是一对具有相反意义的量．在一对具有相反意义的量中，先规定其中一个为正，则另一个就用负表示，再由题意列出算式计算．

例4 拓展探索：有若干个数,第一个数记为 a_1,第二个数记为 a_2,第三个数记为 a_3,…,第 n 个数记为 a_n.若 $a_1 = -2$,从第二个数起,每个数都等于1与它前面的数之差的倒数,如 $a_2 = \dfrac{1}{1-a_1} = \dfrac{1}{1-(-2)} = \dfrac{1}{3}$.

(1) 求 a_3,a_4 的值;

(2) 求 a_{2024} 的值.

分析:(1) 直接计算出 a_3,a_4 的值;(2) 通过特殊值发现规律,由此确定每三个数为一个循环组,依次循环即可求得结果.

解:(1) 因为 $a_2 = \dfrac{1}{3}$,

所以 $a_3 = \dfrac{1}{1-\frac{1}{3}} = \dfrac{3}{2}$.

因此 $a_4 = \dfrac{1}{1-\frac{3}{2}} = -2$.

(2) 可以看出,每三个数为一个循环组,依次循环.

因为 $2024 \div 3 = 674 \cdots\cdots 2$,

所以 $a_{2024} = a_2 = \dfrac{1}{3}$.

解题反思:本道题是规律题,主要考查了有理数的加、减、乘、除混合运算,解题关键是通过特殊情况找出这列数的周期,将较大的数转化为较小的数来求解.

例5* 请判断任何两个有理数的和、差、积、商是否还是有理数,并说明理由.(提示:用 $\dfrac{b}{a}$,$\dfrac{d}{c}$ 表示两个有理数,a,b,c,d 是整数,$a \neq 0$,$c \neq 0$,利用运算法则计算.)

三、总结提升

1. 本节课我们复习了有理数的运算,计算时应注意什么问题?

2. 基于有理数的运算,有哪些常见题型?分别怎么分析解决?

目标检测

1. 计算:

(1) $18 + 32 \div (-2)^3 - (-4)^2 \times 5$;

(2) $\left(1\dfrac{3}{4} - \dfrac{7}{8} - \dfrac{7}{12}\right) \div \left(-\dfrac{7}{8}\right)$.

2. 某校建立了一个身份识别系统,可利用如图1的二维码进行身份识别.图2是某个学生的识别图案,黑色小正方形表示1,白色小正方形表示0.将第一行数字从左到右依次记为 a,b,c,d,那么就可以转换为该生所在的班级序号,其序号为 $a \times 2^3 + b \times 2^2 + c \times 2^1 + d \times 2^0 (2^0 = 1)$.如图2第一行数字从左到右依次为 0,1,0,1,序号为 $0 \times 2^3 + 1 \times 2^2 + 0 \times 2^1 + 1 \times 2^0 = 5$,表示该生为5班学生.表示6班学生的识别图案是(　　　).

图1　　　　图2

（第2题）

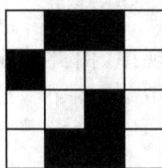

A　　　　　　B　　　　　　C　　　　　　D

3. 观察算式：

$\dfrac{1}{1\times 2}=1-\dfrac{1}{2}=\dfrac{1}{2}$；

$\dfrac{1}{1\times 2}+\dfrac{1}{2\times 3}=1-\dfrac{1}{2}+\dfrac{1}{2}-\dfrac{1}{3}=\dfrac{2}{3}$；

$\dfrac{1}{1\times 2}+\dfrac{1}{2\times 3}+\dfrac{1}{3\times 4}=1-\dfrac{1}{2}+\dfrac{1}{2}-\dfrac{1}{3}+\dfrac{1}{3}-\dfrac{1}{4}=\dfrac{3}{4}$；

……

（1）按规律填空：

① $\dfrac{1}{1\times 2}+\dfrac{1}{2\times 3}+\dfrac{1}{3\times 4}+\dfrac{1}{4\times 5}=$ _____；

② $\dfrac{1}{1\times 2}+\dfrac{1}{2\times 3}+\dfrac{1}{3\times 4}+\dfrac{1}{4\times 5}+\cdots+\dfrac{1}{99\times 100}=$ _____.

（2）计算：

① $\dfrac{1}{1\times 3}+\dfrac{1}{3\times 5}+\dfrac{1}{5\times 7}+\cdots+\dfrac{1}{99\times 101}$；

② $1-\dfrac{1}{2}-\dfrac{1}{6}-\dfrac{1}{12}-\cdots-\dfrac{1}{9900}$.

参考答案：1.（1）-66；（2）$-\dfrac{1}{3}$　**2.** B　**3.**（1）① $\dfrac{4}{5}$；② $\dfrac{99}{100}$　（2）① $\dfrac{50}{101}$；② $\dfrac{1}{100}$

【设计意图】 第1题第（1）小题检测目标1，第（2）小题检测目标2，第2题检测目标3，第3题检测目标2.

◎ 综合与实践 ◎

进位制的认识与实践

一、项目内容分析

　　人类对数的认识起始于数数和排序,发展于用符号表示数和运算.人类从用自己的肢体器官(如手指)表示数,逐步过渡到石头计数、结绳计数、用符号表示数,甚至开始用一个符号表示一个数.随着认识的数的不断增加,人们发现用一个符号表示一个数需要创造海量的符号,而且无穷尽,于是便产生了位值制,把相同符号在不同位置时赋予不同的位值,比如,在十进制中,同样的2,在个位表示2个一,在十位表示2个十,在百位表示2个百,等等.位值制的引入,为用有限个符号表示无限个自然数提供了解决方案,这是古代劳动人民的伟大创造.理论上,任意一个大于1的自然数 n 都可以设计 n 进制,很多进位制在当代科技及生活中仍然延续应用,比如广泛应用于计算机的二进制,用于度量角度和时间的六十进制,每年的十二进制,每周的七进制,每天的二十四进制,等等.

　　进位制的本质是用多项式形式表示一个数.用 n 进制表示数,就是把任何自然数 x 表示成 n 的多项式的形式 $x = a_k n^k + a_{k-1} n^{k-1} + a_{k-2} n^{k-2} + \cdots + a_1 n + a_0$,用 n 进制表示为 $\overline{(a_k a_{k-1} \cdots a_0)}_n$,确定了进位制后,任何自然数都可以用有限个符号表示.计算机中通过门电路实现运算和逻辑判断,而用二进制数字能很好地表达这种门电路中基本部件"电路开关"闭合与断开的状态,因此二进制在计算机科学及信息技术中应用广泛,可以用来表示各种信息,如数字、逻辑、文本、状态、操作程序等,理解不同的进位制(特别是二进制)及其换算,是掌握信息技术、互联网、大数据和人工智能的基础,其蕴含的数值转化思想,对发展学生的信息处理能力、抽象能力、推理能力具有重要的作用.

二、项目目标分析

1.目标

　　(1)通过搜索资料,认识不同进位制的活动,体会数值表达的多样性,了解表示数的数学文化.

　　(2)经历不同进位制表示形式下的数值等值转换活动,理解不同进位制(特别是十进制和二进制)的转换方法,发展推理能力和运算能力.

　　(3)通过类比十进制的数值运算探索二进制数值运算法则及运算律,发展抽象能力和推理能力(特别是类比能力).

2.目标解析

　　达成目标(1)的标志是:能通过阅读文献和网络搜索进位制有关内容,了解数学史上主要的进位制以及当代科技和现实生活中还在沿用的进位制,体会进位制与生活的联系,体会进位制的多样性,了解进位制的数学文化.

　　达成目标(2)的标志是:在教师的引导下学生能提出进位制的转换问题,理解转换方法,会进行十进制和二进制的等值转换.

　　达成目标(3)的标志是:能类比十进制的数值运算探索二进制数值运算法则及运算律.

三、教学问题诊断分析

学生对十进制及其运算比较熟悉,但对其他进制了解的不多,缺乏不同进位制数字的等值转换的意识和经验,缺乏不同进位制数字运算的经验,难以把十进制中的运算迁移到不同进位制的运算的探究中.教学中,需要让学生充分理解十进制表示中的基数、数字符号和位值的意义及在表示数量中的作用,类比十进制理解二进制等其他进位制,以二进制为重点进行研究,在此基础上拓展研究到其他进位制.

四、教学策略

不同进位制不是课标要求的教学内容,但不同进位制,特别是二进制,在计算机科学和逻辑运算中应用普遍,通过主题学习活动,让学生了解进位制的历史,了解不同进位制的作用,对开阔学生的数学视野,欣赏数学文化,形成跨学科思考的意识,发展创新意识和应用意识具有重要作用.因此,本主题学习活动可以设计如下的活动主线,引导学生自主学习进位制,发现和提出问题、分析和解决问题:

创设情境,引导学生查阅资料,发现和了解进位制特别是二进制的作用,提出进位制需要研究的问题(数值转换和计算)—— 开展十进制和二进制的等值转换活动,理解转换方法 —— 探究二进制的加法和乘法运算 —— 探究其他的进位制与十进制的等值转换和加法运算.

采用小组合作形式,明确任务要求,鼓励学生选择自己喜欢的问题进行研究,撰写研究报告.其中查阅资料和小组研究在课外进行,课内分两节课进行:汇报搜索的资料和提出问题,交流研究成果.即"背景介绍和课内布置、组建活动小组(不超过 5 分钟)—— 课外查阅资料 —— 课内交流、提出问题(1 课时)—— 课外研究 —— 课内研究成果交流(1 课时)".活动跨越一周.

课时安排:课内 2 课时,课外 3 小时左右.

教学过程设计

环节一:创设情境,定向活动

教师介绍背景:你还记得最早学习数数和加法的情形吗?对,通过数手指的方法.手指是人体的器官,使用方便,所以我们最熟悉的是"逢十进一"的十进制记数方法,我们的手是最古老的"计算器".如今,计算机已经普及,你知道计算机是怎样记数与计算的吗?你想了解除了计算机采用的"逢二进一"的记数和计算方法,还有其他的记数和计算方法吗?本周,我们将开展不同进位制的了解与探究活动,要求以小组为单位,自主研究,查阅资料,研究问题,写出研究报告.

活动要求:各小组查阅资料,了解数学发展史上出现的、现在还在使用的进位制(三种及以上),了解进位制的发明、发展和选择的历史,提出不同进位制下需要研究的问题.

学生可能提出的研究问题:(1)怎样用不同进位制表示同一个数值 —— 怎样进行十进制和其他进位制的数字转换?(2)在二进制及其他进位制中怎样定义运算,比如加法运算和乘法运算?(3)二进制及其他进位制有哪些特点和作用?……

学生活动:学生自主查阅资料,求助专家,整理汇报提纲和内容(文本或 PPT),课外小组合作进行.

环节二:汇报交流,提出问题

1. 汇报交流,提出问题

> **问题 1**　各组通过查找资料,求助专家,对进位制有了哪些了解?发现需要研究进位制的哪些问题?

师生活动:各小组汇报,相互交流,形成各种问题,教师汇总学生的观点,重点介绍位值制在数的发展中的作用,汇总各小组提出的问题,引导学生通过整理,提出两个核心问题:(1)由于同一个量可以用不同的进位制表示,这些进位制下的数字需要互相转换.(2)数是可以进行运算的,各种进位制下的数,是否能进行运算?怎样运算?

为了聚焦研究对象,以二进制为例,分阶段研究这两个问题.

2. 分析问题,规划思路

活动 1:研究十进制数和二进制数之间的转换.

任务 1:把二进制数转换为十进制数.

任务 2:把十进制数转换为二进制数.

> **问题 2**　研究十进制数与二进制数的转换,要研究哪些子问题?怎样研究?

师生活动:教师引导学生提出下面支架性问题:

(1)十进制用哪些数字表示数量?不同位置上的数代表的值分别是多少?

(2)怎样用 10 的幂和数字的积的和表示 4506?总结用十进制表示数的一般形式.

(3)类似地,用 0 和 1 两个数字怎样表示数量?不同位置上的 0,1 代表的值分别是多少?

(4)怎样用 2 的幂和数字 0,1 表示 11?能把这种表示方法推广表示任何数吗?

(5)二进制数 $(101101)_2$ 表示哪个十进制数?十进制数 89 用二进制怎样表示?

(6)能总结十进制数转换成二进制数的一般步骤吗?能总结二进制数转换成十进制数的一般步骤吗?

【设计意图】　以研究十进制数和二进制数之间的转换为基础,给出支架性问题,引导学生思考.

活动 2:研究二进制的加法和乘法运算.

任务 1:查阅资料,了解计算机运算采用二进制的原因,多角度解释其优越性.

任务 2:合理规定二进制中数的加法运算和乘法运算,验算运算律是否成立.

> **问题 3**　我们知道,十进制数可以进行四则运算,你认为应该研究二进制数的哪些运算?

师生活动:学生提出需要研究二进制数的加、减、乘、除四则运算,教师指出先研究加法运算和乘法运算.类比十进制数的加法、乘法运算,合理规定二进制数的加法、乘法运算法则并研究运算律.

【设计意图】　提出研究二进制数运算的问题,规划研究思路.

活动 3:拓展研究.

任务 1:以中国传统文化中的"洛书""河图""阴阳八卦"为原本,解说二进制在中国文化中的应用.

任务 2:研究其他的进位制,如分析七进制数与十进制数的转换,七进制中的加法与乘法运算.

> **问题 4**　除了二进制,当代生活中还在使用哪些进位制?七进制用在哪里?对于七进制,你准备研究哪些问题?怎样研究?

师生活动：学生明确生活中的"星期"实际上用的是七进制，需要研究七进制数与十进制数的转换，引出七进制的运算，并提出研究方法，即类比二进制进行研究.

【设计意图】 体会二进制的历史文化价值，认识进位制的多样性.

教师让不同的小组针对活动1、活动2中的任务，在活动3中选择1个任务进行研究活动，写出研究报告. 研究过程中可以进一步查阅资料，求助专家.

明确完成任务的时间，本活动中设定完成任务的时间为3天.

给出研究报告样本，供各小组撰写研究报告时参考.

附：研究报告参考样式

报告主题：＿＿＿＿＿＿＿＿

＿＿＿＿＿年级＿＿＿＿＿班＿＿＿＿＿组　　　　　　　　　　报告时间：＿＿＿＿＿

1.活动名称	
2.研究小组成员分工	
3.选题的意义	
4.研究方案	
5.研究过程	
6.研究结果	
7.收获与体会	
8.其他	

环节三：合作探究，形成成果

各小组独立开展研究，教师每天关注各小组的研究进度，对需要帮助的小组进行必要的指导.

环节四：成果交流，评价反思

各小组在撰写研究报告的基础上，制作汇报课件，教师组织交流和评价活动，引导学生总结活动经验，反思活动得失.

第三章　代数式

◎ 单元设计 ◎

一、知识结构图

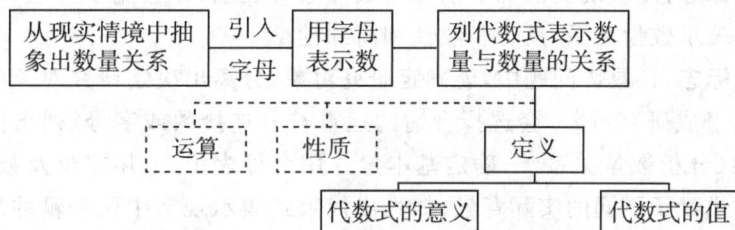

二、内容与内容解析

1. 内容

用字母表示数，代数式，代数式的值，反比例关系.

2. 内容解析

在数的发展中，人们讨论的是一个个具体的数. 在现实情境中，往往会出现变化的量及其相互之间的运算关系. 通过用字母表示数和运算，建立字母或数之间的运算结构，从而普适而简约地表示数量关系和一般规律，这为今后进一步研究变量之间的大小关系（方程、不等式）和对应关系（函数）奠定了坚实的基础.

用含有字母的式子表示数量关系、变化规律时，需要从现实情境中分离出数量，分析数量之间的关系，用字母表示数，通过字母与数的运算，建立代数式；在此基础上，抽象代数式的概念，为今后通过符号运算和推理研究数量关系和普遍规律奠定基础. 在这一过程中，可以促使学生积累从现实中抽象数量关系，借助符号运算建立代数式模型的活动经验，培养学生的抽象能力和推理能力；通过将符号还原到现实世界的具体情境中，求代数式的值，可以帮助学生领会符号表示数量关系和规律的一般性和简约性. 用字母表示数突出了从特殊（具体）到一般（抽象）的思想，而求代数式的值又是从一般（抽象）到特殊（具体）的理解和应用，同时体现了变量之间的依赖关系，蕴含着变化与对应思想，并能让学生充分感悟数式通性. 因此，抽象代数式，理解其运算结构所代表的数量关系，可以让学生贯通特殊与一般，学会从一般意义上研究数量关系及其普遍规律，对发展学生的数学抽象能力和推理运算能力具有重要的作用.

基于以上分析，确定本单元的教学重点：通过用字母表示数，从现实情境中抽象出代数式，理解代数式的意义，并用代数式表示数量关系，求代数式的值.

三、目标与目标解析

1. 目标

（1）经历从现实情境抽象数量关系，并用字母及数的运算关系表示的活动，进一步体会用字母表示数的意义，发展数量与数量关系的抽象能力.

（2）能抽象具体情境中的核心变量，分析数量关系，并用代数式表示，会用代数式表示反比例关系，建立初步的模型观念.

（3）会把具体数代入代数式进行计算，求代数式的值，体会数式通性，进一步发展符号意识.

（4）能类比数的研究经验提出代数式的研究问题，体会数与式的一致性，学会学习.

2. 目标解析

达成目标（1）的标志：能从现实情境中抽象出数与数量关系，体会用字母表示数，用字母与字母、字母与数之间的运算表示数量关系，具有一般性和简约性.

达成目标（2）的标志：在具体问题中，能确定研究对象，分离出决定研究对象的基本量，分析由基本量通过怎样的运算组成研究对象，会选择合适的运算符号连接数或字母，列出代数式；能总结列代数式的基本操作步骤（分析数量关系 — 确定基本量并用字母表示 — 用字母及数的运算表示数量关系）；能给相同的代数式赋予不同的实际背景；能列出代数式表示现实中两个量的反比例关系，能通过表示反比例的代数式中的字母取值变化所导致的代数式值的变化规律来表达反比例关系的特征.

达成目标（3）的标志：能给相同字母赋予不同的数值，代入代数式计算，求出代数式的值；理解代数式的值与字母的值之间的依赖关系；能通过具体问题中的数量关系，归纳出一般规律，用代数式表示，再通过代入具体的数值，求出相应的代数式的值，充分感悟数式通性，并体会从特殊到一般，再回到特殊的数学思想.

达成目标（4）的标志：经历列代数式的过程，体会数式通性，总结代数式的结构特征；经历求代数式值的过程，体会代数式是刻画实际问题中数量关系的一类数学模型，是从算术到代数的飞跃，总结列代数式解决问题的思路和步骤，规划代数式研究的一般思路（定义 — 表示 — 大小关系 — 运算 — 应用）及代数式研究的核心问题，即列代数式和代数式的运算.

四、目标谱系

内容	核心素养			
	数学眼光	数学思维	数学语言	学会学习
3.1 列代数式表示数量关系	1. 在现实情境中，理解代数式的意义，体会代数式表示数量关系的普遍性和简约性，发展符号抽象能力. 2. 知道同一个代数式在不同的实际背景中有不同含义，同一个数量关系可以用不同的代数式表示.	1. 能分析代数式中字母与字母、字母与数的运算结构，知道字母可以与数一样参与运算. 2. 理解代数式中的运算结构，并能在现实情境中解释运算所表达的数量关系，发展推理能力.	1. 体会代数式是用运算结构表示普遍的数量关系的简约数学模型. 能根据问题中的数量关系初步列代数式.	1. 能类比列算式列出代数式，能辨别代数式与算式的区别与联系.

内容	核心素养			
	数学眼光	数学思维	数学语言	学会学习
3.1 列代数式表示数量关系	3.能在具体情境中抽象出数量关系,并用代数式表示,发展数量关系抽象和符号抽象能力. 4.了解反比例关系的代数式表达方式	3.能给同一个代数式赋予不同的实际意义	2.在现实情境中,能用字母表示基本量,通过字母及数的运算表示数量关系,体会代数式是描述数量关系的数学模型,发展模型观念. 3.会用代数式表示和分析反比例关系的特点	2.能基于用数的算式表示具体的数量关系,形成列代数式表示数量关系的方法: ①明确目标量,分析数量关系; ②分离基本量,用字母表示; ③用字母及数的运算表示目标量
3.2 代数式的值	1.理解在代数式中,字母取值确定时,代数式表示一个确定的值.代数式的值随字母取值的确定而唯一确定. 2.体会代数式表示的是一般的数量关系,而当字母确定一个值时,代数式表示确定的值,从运算结果看,代数式仍然表示一个数,理解数式通性,发展抽象能力	1.在代数式中,当字母确定一个值时,能通过数的运算得到代数式确定的值. 2.在一个代数式中,能通过字母取不同的值,计算该代数式得到不同的值,分析代数式的值随字母取值的变化而变化的规律(如反比例关系),发展推理能力	在现实情境中,归纳出数量关系,列出代数式,并进一步通过求代数式的值,解决问题,发展模型观念	能通过字母的取值,把求代数式的值转化为数的运算,体会数式通性,体会代数式与数的算式之间的"一般到特殊"的关系

五、教学问题诊断分析

1. 已有基础

小学阶段,学生通过对数的认识与运算的学习,经历用数表示现实世界中数量关系及其规律的过程,初步感受数学语言的简洁与精确;能用符号表示基本的数量关系,学生对含有字母的式子不会感到生疏.但是,学生的符号抽象能力仍然较弱,分析问题的能力有待提高,几乎不具备较复杂数量关系的抽象能力.

2. 学习需要

本单元是从算术到代数发展的过渡,是今后进一步研究变量之间的大小关系(方程、不等式)和对应关系(函数)的基础.从"数"到"式"的过程,是一个抽象的过程,需要学生能够从实际情境或者跨学科的问题中抽象出核心变量、变量的规律,以及变量之间的关系,并且能够用数学符号予以表达;能够从具体的问题解决中概括出一般结论,理解符号有助于理解数学表达方式,发展抽象能力和代数推理能力,形成数学的结论与方法,感悟数学抽象对于数学产生与发展的作用,发展数学想象力,提高学习数学的兴趣.

3. 难点及应对策略

由于学生对数量关系的抽象能力不足,导致在列代数式、理解代数式的数量关系时存在困难,比如,学生认为 $x-3$ 与 $y-3$ 表示的是不同的数量关系;由于缺乏对应的观点,导致理解代数式与求代数式值的对应关系也存在困难.

因此,本单元的难点是在具体情境中建立代数式表示数量关系,理解代数式中字母取值与代数式的值之间的对应关系.

突破难点的策略是在列代数式的基础上总结操作步骤:① 明确目标量,分析数量关系;② 分离基本量,用字母表示;③ 用字母及数的运算表示目标量.同时,重视对代数式中的字母取不同的值导致代数式值的变化的观察和探究,帮助学生理解代数式的值依赖于字母的取值.

六、教学建议

1. 本单元的教学主线

本单元的教学主线是:用字母表示数、引入并定义代数式 → 列代数式 → 求代数式的值.本单元教学分为两个阶段:第一阶段,引入并定义代数式,抽象代数式的概念,体会代数式表示数量关系的一般性和简约性,体会从特殊到一般的思想,从具体问题中抽象数量关系并用代数式表示,总结列代数式的一般操作步骤;第二阶段,求代数式的值,体会从字母到数字的转化,把求代数式的值转化为具体数的运算,初步理解代数式的值与字母取值的依赖关系.

2. 本单元突出的数学思想方法

抽象的思想、特殊化与一般化的思想、对应的思想.在教学过程中,加强用字母表示数和列代数式的活动,让学生经历代数式模型的抽象过程,总结建立代数式模型的思考步骤,发展学生数学的抽象能力和模型观念;加强求代数式的值的练习,理解代数式的值与字母取值之间的依赖关系.让学生经历列代数式表示两个量的反比例关系的活动,再通过求代数式的值,研究值的变化,探索反比例关系的变化规律,让学生体会特殊化与一般化的思想.

3. 课时安排

3.1 列代数式表示数量关系 3 课时,3.2 代数式的值 2 课时,3.3 数学活动 1 课时,3.4 代数式复习 1 课时,共 7 课时.

◎ 课时设计 ◎

3.1 列代数式表示数量关系

3.1.1 列代数式表示数量关系（第 1 课时）

目标	1.经历在现实情境中抽象数量关系、列代数式的活动,进一步体会用字母表示数的意义,进一步发展符号意识. 2.理解代数式的概念,体会代数式表示数量关系的一般性和简约性,发展抽象能力. 3.能解释简单代数式的运算意义和现实意义,初步建立模型观念. 4.能通过类比有理数的研究,提出代数式的研究问题,规划其研究思路,学会学习
重点	引入代数式并抽象代数式的概念
难点	分析代数式的运算结构,体会代数式表示数量关系的本质:通过字母及数的运算表达现实中的数量关系

教学过程设计

一、情境引入,提出问题

在前两章的学习中,我们将数的范围扩充到了有理数,有理数在生产生活中有着广泛的应用.但是,现实世界是变化的,许多数量关系,仅仅用数及运算,难以进行确切的表达.

> **问题1** 某段高铁 A,B 两站之间运行着时速分别为 240 km 和 300 km 的动车组甲和高速列车乙.某一时刻,动车组甲通过 A 站开往 B 站,30 min 后,高速列车乙也通过 A 站开往 B 站.为了确保列车运行安全,必须实时把握这两列火车之间的路程间隔,你能用数学式子表达出这两列火车的实时路程间隔和通过任一地点的时间间隔吗?

追问1:高速列车乙开出 1 min,2 min,3 min,4 min,10 min 时两列火车的路程间隔分别是多少?能通过数的运算,用列表的方式表达吗?

高速列车驶出 A 站后的时间 /min	1	2	3	4	10	⋯
两列车的路程间隔 /km	119	118	117	116	110	⋯

追问2:如何表示出高速列车乙通过 A 站后经过的每一时刻下,两列车的路程间隔(单位:km)?

师生活动:让学生充分表达想法,如开始时学生还是习惯于用数的有关算式表示 1 min,2 min,3 min 后两列车的路程和时间间隔.发现这样还不够,若 3.1 min 呢?20.125 min 呢?体会到用数的算式无法表达实时状态,此时,回忆小学学习过的用字母表示数,引导学生用字母 t 表示列车乙通过 A 站后的时间,通过"路程 = 速度×时间"这一基本数量关系列出表示列车之间路程间隔的式子,从而简约而一般地解决问题:设高速列车乙通过 A 站后运行 t min,则甲、乙两列车的路程间隔为 $4(t+30)-5t$(或者 $120-t$).

【设计意图】 通过现实情境体会用字母表示数,列代数式表示数量关系的必要性,体会用字母表示数,用字母及数的运算可以简约而一般地表示数量关系.

> **问题2** 在上述问题中,为什么要用字母 t 表示列车乙通过车站 A 后的运行时间?这里的 t 与表中的时间(单位:min)1,2,3,4,10 是怎样的关系?

追问1:求两列车的路程间隔时,t 根据哪些数量关系参与运算?t 与哪些数量进行了哪些运算?

师生活动:教师引导学生进一步分析,通过用字母 t 表示数,通过 t 与数的运算表示甲、乙两列车之间任一时刻的路程间隔,简约而一般地表示了所需要的数量关系.

【设计意图】 通过具体情境,让学生进一步体会用字母表示数的意义.

追问2:我们得到了算式 $4(t+30)-5t$,$120-t$,这样的式子还有吗?

二、探究思考,形成新知

> **问题3** 再看下面的问题:
> (1)往水中投一小块石头,水中激起圆形涟漪,如果涟漪半径每秒增加 0.1 m,那么 t s 后,圆形涟漪的周长和面积各是多少?
> (2)一项工程,若甲工程队单独完成,需要 5 天;若乙工程队单独完成,则需要 x 天;若甲工程队施工 a 天,乙工程队施工 b 天,则完成的工程量是多少?

师生活动：学生列出对应的式子：$0.2\pi t$，$0.01\pi t^2$，$\dfrac{a}{5}+\dfrac{b}{x}$．

【设计意图】 为抽象代数式的概念进一步提供样例．

问题4 前面得到的式子 $4(t+30)-5t$，$120-t$，$0.2\pi t$，$0.01\pi t^2$，$\dfrac{a}{5}+\dfrac{b}{x}$，它们有什么共同特点？

师生活动：教师引导学生归纳式子，进一步给出代数式的定义：像这样，用加、减、乘、除、乘方、开方（以后会学到）运算符号把数或表示数的字母连接起来的式子，我们称为**代数式**．

单独一个数或字母也是代数式，如 x，7 等等．

问题5 现在，我们遇到了一类在现实生活情境中刻画数量关系的常用的式子——代数式，类比数的学习，代数式需要研究哪些问题？你认为应该按照怎样的思路进行研究？

师生活动：教师引导学生类比数的学习，提出代数式需要研究的问题：研究运用代数式表示大小关系和运算，按照"定义及表示 — 性质 — 运算 — 应用"的思路进行研究．

【设计意图】 引导学生提出代数式的研究问题，规划其研究思路．

三、初步列式，巩固新知

例1 (1)苹果原价是 p 元／千克，按九折优惠出售，用代数式表示苹果的售价；

(2)一个长方形的长是 0.9 m，宽是 p m，用代数式表示这个长方形的面积；

(3)某产品前年的产量是 n 件，去年的产量比前年的产量的2倍少10件，用代数式表示去年的产量；

(4)一个长方体水池的长和宽都是 a m，高是 h m，池内水的体积占水池的 $\dfrac{1}{3}$，用代数式表示池内水的体积．

师生活动：学生独立完成题目并展示得到的答案．

(1)苹果的售价是 $0.9p$ 元／千克；

(2)这个长方形的面积是 $0.9p$ m²；

(3)去年的产量是 $(2n-10)$ 件；

(4)由长方体的体积＝长×宽×高，得这个长方体水池的体积是 $a \cdot a \cdot h$ m³，即 $a^2 h$ m³．故池内水的体积为 $\dfrac{1}{3}a^2 h$ m³．

追问1：列代数式时，怎样尽可能简单又不产生歧义？

追问2：用字母表示数后，同一个式子可以表示不同的含义．例如，第(1)(2)题中，$0.9p$ 既可以表示苹果的售价，又可以表示长方形的面积．它还可以表示更多的含义，你能再赋予 $0.9p$ 一个含义吗？

【设计意图】 让学生初步学会用代数式表示现实情境中的数量关系，并能对同一个代数式赋予不同的实际意义．

例2 指出下列代数式是由字母通过怎样的运算得到的：

(1)$2a+3$；　(2)$2(x+3)$；　(3)$\dfrac{c}{ab}$；　(4)x^2+2x+8．

师生活动：教师引导学生从代数式的运算意义去思考，体会其中蕴含的运算结构，得到如下结论：

(1)a 的2倍与3的和；

(2)x 与3的和的2倍；

(3) c 与 a,b 乘积的商;

(4) 一个数 x 的平方与这个数的 2 倍及 8 的和.

追问:你能分别赋予这些式子一个实际意义吗?

【设计意图】 引导学生分析代数式中字母与字母、字母与数的运算结构,体会代数式是表达数量关系的重要工具.

四、回顾小结,概括提升

1. 什么是代数式?列代数式时要注意哪些书写格式要求?

2. 为什么要用字母表示数、用代数式表示数量关系?

3. 对于代数式,需要研究哪些问题?怎样研究?

目标检测

1. 用代数式填空:

(1) 一种笔记本的售价为 2.2 元/本,购买 50 本,需花费_____元;购买 n 本,需花费_____元;

(2) 某车间每小时加工零件 100 个,工作 3 h,加工零件_____个;工作 t h,加工零件_____个;

(3) 某公园的门票价格:成人票 20 元,学生票 10 元.某旅游团有成人 5 名,学生 40 名,应付门票_____元;有成人 x 名,学生 y 名,应付门票_____元;

(4) 梯形的上底长是 2 cm,下底长是 3 cm,高为 4 cm,则梯形的面积是_____cm²;梯形的上底长是 a cm,下底长是 b cm,高为 h cm,则梯形的面积是_____cm².

2. 用代数式表示:

(1) 温度由 t ℃ 下降 2 ℃ 后是多少?

(2) 每件 a 元的上衣,降价 20% 后的售价是多少元?

(3) 已知 n 箱苹果重 p 千克,求每箱苹果重多少千克?

(4) 棱长为 a 米的正方体的表面积是多少平方米?

(5) 飞机的速度是汽车的 10 倍,自行车的速度是汽车的 $\frac{1}{3}$.如果汽车的速度是 v km/h,那么飞机、自行车的速度分别是多少?

3. 指出下列代数式的运算意义:

(1) $2a-3c$;　(2) $3(m-n)$;　(3) $ab+1$;　(4) $\frac{3a}{5b}$.

4. 在实际问题中代数式 $0.6p$ 可以表示不同的含义,请举例说明.

参考答案:1.(1)110,2.2n;(2)300,100t;(3)500,(20x+10y);(4)10, $\frac{(a+b)h}{2}$

2. (1)(t−2) ℃;(2)(1−0.2)a;(3) $\frac{p}{n}$;(4)6a²;(5)10v, $\frac{1}{3}v$

3. (1)a 的 2 倍与 c 的 3 倍的差;(2)m 与 n 的差的 3 倍;(3)a 与 b 的积与 1 的和;(4)a 的 3 倍除以 b 的 5 倍的商

4. 答案不唯一,例如 0.6p 可以表示购买 p 件单价为 0.6 元的商品的总价.

【设计意图】 第 1 题检测目标 1,第 2 题检测目标 2,第 3～4 题检测目标 3.

3.1.2 列代数式表示数量关系（第 2 课时）

目标	1. 在具体情境中能抽象出基本量并用字母表示，抽象出数量关系并用字母与数的运算表示，列出代数式，发展抽象能力，初步建立模型观念. 2. 能总结列代数式的基本步骤，发展抽象能力. 3. 能进行实际问题中数量关系与代数式之间的转换，建立模型观念
重点	分析数量关系，建立代数式模型
难点	分离基本量，用字母及数的运算式表达数量关系

教学过程设计

一、解决列代数式问题

通过上一节课的学习，我们知道，用字母表示数，可以建立代数式，简约而一般地表示现实情境中的数量关系，本节课我们继续研究这个问题. 在解决一些实际问题时，往往需要先把问题中与数量有关的词语，用含有数、字母和运算符号的式子表示出来，也就是要**列代数式**.

问题 1 如何列代数式表示两数和与这两数差的积？

师生活动：教师引导学生分析，最终要表示出的目标量是积，形成积的运算是乘法，决定积的要素是因数，一个因数是两数的和，另一个因数是这两数的差，因此，决定因数的基本量是两个数，由此，决定目标量的基本量是两个数，可以分别用字母 a，b 表示；进而，思考 a，b 通过相加和相减得到两个因数分别是 $(a+b)$ 和 $(a-b)$，再通过乘法运算表示目标量：$(a+b)(a-b)$. 这一列代数式的思考过程可以用图 3.1-1 表示.

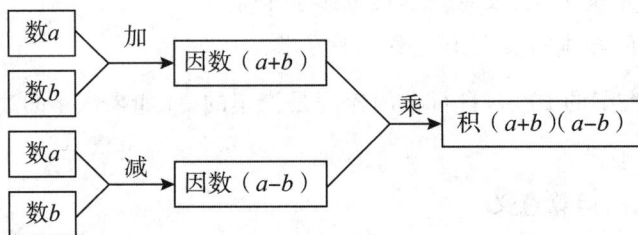

图 3.1-1

二、总结列代数式的思考步骤

问题 2 能总结一下上述列代数式的思考步骤吗？

师生活动：教师引导学生总结问题 1 中列代数式的思考过程，归纳出如下的思考步骤：① 明确目标量，分析数量关系；② 分离基本量，用字母表示；③ 用字母及数的运算表示目标量.

【设计意图】 概括根据数量关系列代数式的思考步骤.

三、迁移应用，列代数式

例1　用代数式表示：

(1) 购买 2 个单价为 a 元的面包和 3 瓶单价为 b 元的饮料所需的总钱数；

(2) 爸爸把 a 元钱存入银行，存期 3 年，年利率为 2.75%，求到期时可获得的利息；

(3) 如图 3.1-2（图中长度单位：cm），求三角尺的面积．

(4) 某商品进价为 x 元，先按进价的 1.1 倍标价，后又降价 80 元出售，现在的售价是多少元？

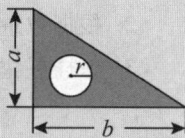

图 3.1-2

师生活动：教师引导学生先明确各小题中的目标量分别为总钱数、利息、三角尺的面积和售价，再结合题意分析数量关系．如：(1) 总钱数 ＝ 2 个面包的总价＋3 瓶饮料的总价；(2) 利息 ＝ 本金×年利率×存期；(3) 三角尺的面积 ＝ 三角形的面积－圆的面积；(4) 售价 ＝ 进价×倍数－降价量．之后用字母及数的运算表示数量关系，从而列出代数式．得到：

(1) 购买 2 个单价为 a 元的面包和 3 瓶单价为 b 元的饮料所需的总钱数为 $(2a＋3b)$ 元；

(2) 根据题意，得 $a×2.75\%×3＝8.25\%a$，因此到期时获得的利息为 $8.25\%a$ 元；

(3) 根据图中的数据，得三角形的面积是 $\frac{1}{2}ab$ cm²，圆的面积是 πr^2 cm²．因此三角尺的面积是 $\left(\frac{1}{2}ab－\pi r^2\right)$ cm²；

(4) 现在的售价为 $(1.1x－80)$ 元．

【设计意图】根据列代数式的思考步骤，进行列代数式表示数量关系的训练，发展学生的数学抽象能力和模型观念．

例2　智能采摘机器人引领着未来智慧农业的趋势．某品牌苹果采摘机器人平均每秒完成 5 m² 范围内苹果的识别，并自动对成熟的苹果进行采摘．其单手采摘一个苹果的平均时间为 8 s，人工采摘 1 个苹果平均需要 a s．用代数式表示：

(1) 该采摘机器人识别 n m² 范围内的苹果所需要的时间；

(2) 若该机器人有 m 只机械手，采摘 x 个苹果，机器人所用时间比人工采摘少多少？

师生活动：教师引导学生从以下三个方面去分析：(1) 本题中有两个目标量：采摘机器人识别 n m² 范围内的苹果所需要的时间（单位：s）和采摘 x 个苹果人工采摘所用的时间与机器人采摘所用时间的差．(2) 由于工作时间 ＝ $\frac{工作量}{工作效率}$，工作效率为 5 m²/s，决定目标量时间的基本量是工作总量——需要识别苹果的范围，为 n m²；要比较在相同工作量下机器人和人工采摘所用时间的差异，决定该目标量的基本量是需要采摘的苹果数量，为 x 个．(3) 用字母及数的运算式表示目标变量：$\frac{n}{5}$，$ax－\frac{8x}{m}$．

【设计意图】在具体的情境中，让学生经历分析数量关系、列出代数式的过程，发展抽象能力和模型观念．

例3　甲、乙两地之间公路全长 240 km，一辆汽车从甲地到乙地，再回到甲地．该车去程和回程速度不同，回程时平均每小时比去程多行驶 3 km．请列代数式表示该车回程比去程少用多少时间．

师生活动：教师引导学生设字母、列代数式．设该车去程平均速度为 v km/h，则回程比去程少用的时间为：$\frac{240}{v}－\frac{240}{v＋3}$．

【设计意图】 让学生经历抽象变量和数量关系、列代数式的活动,发展抽象能力和模型观念.

四、反思总结,提炼方法

1. 代数式中的字母有什么特点?

2. 根据数量关系列代数式时,应按照怎样的步骤进行?

3. 怎样寻找实际问题中的数量关系?

目标检测

1. (1) 用代数式表示 m 的 15 倍;

(2) 用代数式表示 n 的 $\frac{2}{5}$;

(3) 设甲数为 x,乙数比甲数的 2 倍多 5,用代数式表示乙数;

(4) 设甲数为 x,甲、乙两数的和为 -16,用代数式表示乙数;

(5) 设甲数为 a,乙数为 b,用代数式表示甲、乙两数的和的 3 倍;

(6) 设甲数为 a,乙数为 b,用代数式表示甲数的立方除以乙数的商.

2. (1) 某种商品每袋售价 4.8 元,在一个月内的销售量是 m 袋,用代数式表示在这个月内销售这种商品的收入;

(2) 圆柱体的底面半径为 r,高为 h,用代数式表示圆柱体的体积;

(3) 有两片棉田,一片面积为 m hm²(公顷,$1 \text{ hm}^2 = 10^4 \text{ m}^2$),平均每公顷产棉花 a kg,另一片面积为 n hm²,平均每公顷产棉花 b kg,用代数式表示两片棉田上棉花的总产量;

(4) 在一个大正方形铁片中挖去一个小正方形铁片,大正方形的边长是 a mm,小正方形的边长是 b mm,用代数式表示剩余部分的面积.

3. 测得一种树苗的高度与树苗生长的年数的有关数据如下表(树苗原高 100 cm):

年数	高度 /cm
1	$100+5$
2	$100+10$
3	$100+15$
4	$100+20$
...	...

前 4 年树苗高度的变化与年数之间有什么关系?假设以后 5 年中各年树苗高度的变化与年数保持上述关系,用代数式表示这 9 年中树苗生长的高度随年数变化的规律.

4. 用代数式表示任意一个三位正整数.

参考答案:1. (1)$15m$;(2) $\frac{2}{5}n$;(3)$2x+5$;(4)$-16-x$;(5)$3(a+b)$;(6) $\frac{a^3}{b}$

2. (1)$4.8m$ 元;(2)$\pi r^2 h$;(3)$(am+bn)$ kg;(4)(a^2-b^2) mm²

3. 树苗增加的高度是年数的 5 倍.这 9 年中生长 n 年后树苗的高度为 $(100+5n)$ cm.

4. 设百位、十位、个位上的数字分别为 a,b,c,则这个三位数为 $100a+10b+c$.

【设计意图】 第 1~2 题检测目标 1 和目标 3;第 3~4 题检测目标 2 和目标 3.

3.1.3　列代数式表示数量关系(第3课时)——反比例关系

目标	1.通过现实情境了解两个量的反比例关系,进一步发展数感. 2.能用代数式表示反比例关系,体会一个量依赖于另一个量的变化规律,发展抽象能力. 3.能通过用字母表示数,归纳数量关系,列代数式表示一般规律,发展模型观念和推理能力
重点	通过已知数据归纳其规律,并用代数式表示
难点	分析决定目标量的基本量,归纳目标量与基本量之间的数量关系

教学过程设计

一、情境引入,提出问题

通过前面的学习,我们能根据问题明确数量关系,列出代数式表示这些数量关系.下面,我们通过用代数式表示数量关系,探索一些量之间的关系和变化规律.

> **问题1**　如图3.1-3,京沪高速铁路是世界上一次建成线路里程最长、技术标准最高的高速铁路,京沪高铁的火车平均行驶速度与驶完全程所需时间如下表:
>
> | 平均行驶速度 /(km·h⁻¹) | … | 200 | 250 | 260 | 300 | 350 | … |
> | --- | --- | --- | --- | --- | --- | --- | --- |
> | 驶完全程所需时间 /h | … | 6.5 | 5.2 | 5 | $\frac{13}{3}$ | $\frac{26}{7}$ | … |
>
> (1)京沪高铁全长多少千米?
> (2)列车运行所需的时间是怎样随着列车行驶速度的大小变化而变化的?
> (3)用 v 表示火车平均行驶速度,用 t 表示驶完全程所需时间,请用代数式表示 t 与 v 的关系.

图 3.1-3

师生活动:教师引导学生分析,题中包含路程、速度及时间三个量,三者具有如下关系:路程 = 速度 × 时间,时间 = $\frac{路程}{速度}$.

得到:(1)选取第一组速度与对应的时间,得 $200 \times 6.5 = 1300$(km).因此京沪高铁全长 1300 km.
(2)时间随着速度的变大而变小,而且时间与速度的乘积是定值,即 1300.例如:$200 \times 6.5 = 250 \times 5.2 = 260 \times 5 = \cdots = 1300$.(3)$t = \frac{1300}{v}$.时间 t 与速度 v 是两种相关联的量,时间 t 随着速度 v 的变大而变小,且每个时刻的时间值与速度的乘积总是 1300.

追问：选取其他组速度与对应的时间可以吗？

【设计意图】 在现实情境中，感受两个量之间存在的依赖关系，当路程不变时，时间与速度之间具有对应关系.

二、探索思考，抽象概念

> **问题 2** 你还能列举出两个具有这种数量关系的实例吗？

师生活动：学生再列举生活中的具有反比例关系的一些例子，如总价不变时，单价与可购买的数量之间的关系；工作总量不变时，工作效率与工作时间的关系；长方形面积不变时，长与宽的关系；等等.

【设计意图】 通过举例得到更多的样例，为抽象反比例关系做好铺垫.

> **问题 3** 上述变化过程中，当一个量变化时，另一个量怎样变化？这两个量之间的数量关系是怎样的？能用统一的代数式表示它们吗？

师生活动：教师引导学生归纳这些变化过程的共同特征：两个量的乘积是一个定值. 若用 x, y 表示这两个量，则它们之间的数量关系可以统一用等式 $xy = k$ 或 $y = \dfrac{k}{x}$（k 为常数，$k \neq 0$）表示，其中 k 叫作比例系数.

进一步，给出反比例关系的定义：一般地，两个量中，如果一个量变化，另一个量也随着变化，且这两个量的乘积为定值，那么这两个量就叫作**成反比例的量**，它们的关系叫作**反比例关系**.

两个成反比例关系的量 x, y 之间的数量关系可以用代数式 $y = \dfrac{k}{x}$ 或 $xy = k$（k 为常数，$k \neq 0$）表示.

【设计意图】 通过深刻剖析两个量之间的变化规律，得到反比例关系的定义，并用代数式表示，发展学生的抽象、概括、归纳能力和符号意识.

三、辨别应用，巩固新知

> **例1** 如图3.1-4，某运输公司计划运输一批货物，每天运货量与运货的天数之间的关系如下表：
>
>
>
> 图3.1-4
>
> | 每天运货量/t | 300 | 150 | 100 | 75 | 60 | 50 |
> |---|---|---|---|---|---|---|
> | 运货的天数／天 | 1 | 2 | 3 | 4 | 5 | 6 |
>
> （1）这批货物共有多少吨？
> （2）随着每天运货量的大小变化，运货的天数如何变化？
> （3）用代数式表示这两个量之间的数量关系.

师生活动：学生独立完成例题，教师引导学生重点分析运货的天数与每天运货量之间的变化关系.

【设计意图】 熟悉两个具有反比例关系的量的分析方法以及符号表示方法.

例 2　四个圆柱体容器内部的底面积分别 10 cm^2，20 cm^2，30 cm^2，60 cm^2，分别在这四个容器中注入 30 cm^3 的水.

(1) 这四个容器中水的高度分别为多少厘米？

(2) 用含字母的代数式表示容器内部的底面积和水的高度之间的数量关系.

师生活动：教师引导学生发现反比例关系，并用代数式表示.

【设计意图】 从已知数据中抽象数量关系，通过归纳推广到一般情况，用代数式简约地表示这种一般规律，发展抽象能力.

四、回顾小结，概括提升

1. 成反比例的两个量之间有什么关系？

2. 在用代数式表示反比例关系时是怎样做的？

3. 怎样从已知数据中发现两个量之间的数量关系，并用代数式表示？

目标检测

1. 判断下面各题中的两种量是否具有反比例关系，并说明理由.

(1) 某车间计划加工 800 个零件，每天加工的个数相同，加工时间与每天加工的零件个数；

(2) 某社团共有 50 名学生，按各组人数相等的要求分组，组数与每组的人数；

(3) 圆柱的体积为 1 m^3，圆柱的底面积与高；

(4) 小明计划用 20 元购买荧光笔和中性笔，荧光笔的费用和中性笔的费用；

(5) 一批水果共 300 kg，按每箱重量相等的标准分装，箱数与每箱的重量.

2. (1) 小明用 30 元购买笔记本，笔记本的单价为 x 元，用含 x 的代数式表示购买笔记本的数量并说明数量与单价是什么关系；

(2) 甲、乙两地相距 100 km，汽车行驶的平均速度为 v km/h，用含 v 的代数式表示汽车行驶的时间并说明时间与速度是什么关系；

(3) 某公园计划修建一个面积为 200 m^2 的矩形花园，花园的长为 a m，用含 a 的代数式表示宽并说明宽与长是什么关系.

3. 如图，糖葫芦一般是用竹签串上山楂，再蘸以冰糖制作而成的. 现将一些山楂分别串在若干根竹签上.

(1) 如果每根竹签串 5 个山楂，串了 m 根；每根竹签串 8 个山楂，串了 n 根，那么山楂分别有多少个？

(2) 现有 a 根竹签，b 个山楂. 若每根竹签串 c 个山楂，还剩余多少个山楂？

(3) 现共有 100 个山楂，则需要多少根竹签？竹签的数量与每根竹签上串的山楂的数量有什么关系？

(第 3 题)

参考答案：**1.** (1) 是，满足反比例关系定义；(2) 是，满足反比例关系定义；(3) 是，满足反比例关系定义；(4) 否，不满足反比例关系定义；(5) 是，满足反比例关系定义.

2. (1) $\dfrac{30}{x}$，反比例关系；(2) $\dfrac{100}{v}$，反比例关系；(3) $\dfrac{200}{a}$，反比例关系.

3. (1) $5m$，$8n$；(2) $b-ac$；(3) 所需竹签的数量与每根竹签上串的山楂的数量有关，设竹签的数量为 x，每根竹签上串的山楂的数量为 y，竹签根数与每根竹签所串山楂个数成反比例关系，且 $xy=100$.

【设计意图】 第 1 题检测目标 1，第 2 题检测目标 2，第 3 题检测目标 3.

3.2 代数式的值

3.2.1 代数式的值(第 1 课时)

目标	1.通过求代数式的值的活动,理解代数式的值的意义,体会数式通性,发展抽象能力. 2.通过给字母赋值,把代数式转化为有理数的算式,求代数式的值,发展抽象能力和运算能力. 3.通过字母取值变化,求出对应的代数式的值,体会代数式的值与字母取值的依赖关系,发展模型观念和推理能力
重点	求代数式的值
难点	把求代数式的值转化为有理数的运算

教学过程设计

一、回顾分析,提出问题

在有理数学习中引入负数,扩大数的范围后,我们分析了新的有理数与原来的非负数的关系,类似地,通过用字母表示数,我们引入用字母及数的运算构成的代数式,接下来需要分析代数式与有理数的算式之间有什么区别和联系.

追问:前面我们学习了怎样通过用字母表示数,把数量关系推广到一般,并列出了相应的代数式,接下来要研究什么?

> **问题 1** $-3+4$ 是一个有理数的算式, $a+b$ 是一个代数式,这两者有什么区别?

师生活动:教师引导学生比较分析,代数式 $a+b$ 是把 -3 和 4 一般化,并分别用字母 a,b 表示的结果,代数式中的 a,b 分别表示包括 -3 和 4 的任何有理数,如 5 和 7, -8 和 -11, ….代数式表达的是一般性的运算结构,从而表示一般的数量关系;有理数的算式则是几个具体的有理数的运算,如图 3.2-1.

字母取特定的值,特殊化 ↓↑ 用字母表示数,一般化

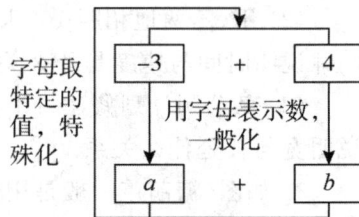

图 3.2-1

【设计意图】 提出并明确研究问题 —— 把代数式中的字母特殊化,得到有理数的算式并计算其结果.

二、探索思考,形成新知

> **问题 2** 甲、乙两列动车分别以 240 km/h 和 300 km/h 的速度通过 A 站开往 B 站,甲车早 30 分钟通过 A 站.
> (1)乙车行驶 t 分钟时,两列动车相距多少千米?
> (2)当 $t=10$ 分钟、15 分钟、30 分钟时,两列动车路程差分别为多少千米?

师生活动:教师引导学生分析,得到:(1)乙车行驶 t 分钟时,两车之间的路程差是 $4(t+30)-5t$.

(2)当 $t=10$ 时, $4(t+30)-5t=4\times(10+30)-5\times10=110$(km);

当 $t=15$ 时, $4(t+30)-5t=4\times(15+30)-5\times15=105$(km);

当 $t=30$ 时, $4(t+30)-5t=4\times(30+30)-5\times30=90$(km).

追问：这两列动车之间的路程差都是基于哪一个代数式算出来的?是怎样算的?

师生活动：教师引导学生完成解答后总结,这些路程差都是基于同一个代数式 $4(t+30)-5t$ 算出来的,计算方法是:用数值 $10,15,30$ 分别代替字母 t,把代数式转化为有理数的算式,再通过有理数的运算得到的.

进一步,介绍代数式的值的定义:一般地,用数值代替代数式里的字母,按照代数式中的运算关系计算得出的结果,叫作**代数式的值**(value of algebraic expression).

【设计意图】 通过具体例子理解代数式的值的定义,并体会代数式的值与字母取值的依赖关系.

三、求值练习,巩固知识

> **例1** 当 $a=15,b=12$ 和 $a=1,b=\dfrac{1}{2}$ 时,分别求代数式 $2a+3b$ 的值.

师生活动：学生独立完成题目,得到:当 $a=15,b=12$ 时,$2a+3b=2\times15+3\times12=66$;当 $a=1,b=\dfrac{1}{2}$ 时,$2a+3b=2\times1+3\times\dfrac{1}{2}=\dfrac{7}{2}$.教师规范书写格式.

> **例2** 根据下列 x,y 的值的情况,分别求代数式 $(2x-y)^2+7$ 的值:
> (1) $x=\dfrac{1}{2},y=-3$;　(2) $2x-y=-5$.

师生活动：学生独立完成题目,得到:(1) 当 $x=\dfrac{1}{2},y=-3$ 时,$(2x-y)^2+7=\left[2\times\dfrac{1}{2}-(-3)\right]^2+7=(1+3)^2+7=23$;(2) 当 $2x-y=-5$ 时,$(2x-y)^2+7=(-5)^2+7=25+7=32$.

追问1：根据上述解题过程,你能归纳求代数式的值的一般步骤吗?

追问2：在用具体的数代替字母,求代数式的值时,需要注意哪些事项?

师生活动：先让学生尝试完成第(1)题,然后师生共同完成解题过程,归纳求代数式值的一般步骤:一取(字母取值),二代,三计算.对于追问2的讨论,留给学生时间让他们各抒己见,最后引导学生回顾有理数运算时的运算顺序以及用数代替字母进行书写时的注意事项:

(1)由于代数式的值是由代数式中的字母所取的值确定的,所以代入数值前应先指明字母的取值,把"当 …… 时"写出来;

(2)如果代数式中有乘法运算,当其中的字母用数字代替时,要恢复"×"号;

(3)代数式中的字母用负数来代替时,代入时要添上括号;

(4)代数式有乘方运算,当底数中的字母用负数或分数来代替时,要注意添上括号.

【设计意图】 归纳求代数式的值的一般步骤,感悟从一般到特殊的思想;概括用数代替字母时的数学表达的注意事项.

四、回顾小结,概括提升

1. 怎样求代数式的值?

2. 代数式的值与代数式中的字母有什么关系?

3. 用不同的数值代替代数式里的字母,得到不同的代数式的值,体现了什么数学思想?

目标检测

1. 填空：

(1) 若 a,b 分别表示长方形的长和宽，则长方形的周长 $l =$ _____，面积 $S =$ _____；当 $a = 2$ cm，$b = 3$ cm 时，$l =$ ____ cm，$S =$ _____ cm²；

(2) 若 a,b 分别表示梯形的上底和下底，h 表示梯形的高，则梯形的面积 $S =$ _____；当 $a = 2$ cm，$b = 4$ cm，$h = 5$ cm 时，$S =$ _____ cm².

2. A,B 两地相距 s km，甲、乙两人分别以 a km/h，b km/h $(a > b)$ 的速度从 A 地到 B 地.

(1) 用代数式表示甲比乙少用的时间；

(2) 当 $s = 100$，$a = 15$，$b = 12$ 时，求这一代数式的值，并说明这个值表示的实际意义.

3. 当 $a = -\dfrac{1}{2}$，$b = 3$ 时，求下列代数式的值：

(1) $(a+b)^2 - (a-b)^2$；   (2) $a^2 + 2ab + b^2$.

4. 按如图所示的程序计算，若开始输入的 n 值为 3，则最后输出的结果是 _____.

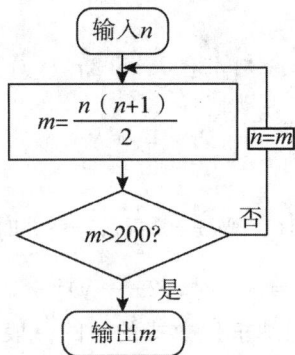

（第 4 题）

5. "※" 是规定的一种运算法则：$a ※ b = a^2 - b^2$，求 $5 ※ [(-1) ※ 2]$ 的值.

参考答案： 1. (1) $2(a+b)$，ab，10，6；(2) $\dfrac{(a+b)h}{2}$，15   2. (1) $\dfrac{s}{b} - \dfrac{s}{a}$；(2) $\dfrac{5}{3}$，这个数值表示甲比乙早到 $\dfrac{5}{3}$ h.   3. (1) -6；(2) $\dfrac{25}{4}$ 4. 231   5. 16

【设计意图】 第 1～2 题检测目标 1，第 3 题检测目标 2，第 4 题检测目标 3.

3.2.2   代数式的值（第 2 课时）

目标	1. 通过具体情境理解代数式的值与其中字母的依赖关系，发展数学抽象能力. 2. 理解同一种数量关系由于所设的字母不同，其代数式也不同，但当字母取值相同时，代数式的值相同；不同的代数式可以表示相同的数量关系，建立模型观念，发展抽象能力. 3. 能根据实际问题需要，查阅或探索所需要的公式表达数量关系，并进一步求代数式的值，探索规律，发展抽象能力、推理能力和运算能力
重点	融合使用特殊化与一般化的方法研究数量关系
难点	理解代数式的值与其字母取值之间的依赖关系

教学过程设计

一、解决问题，思考概括

我们已经会用代数式简约地表示一般的数量关系，也会求代数式的值，在实际问题中，往往用公式表示数量关系，如路程 s、速度 v、时间 t 之间的关系 $s = vt$，等等.有时需要我们自己发现和归纳公式表示数量关系，用公式求值.

> **问题**　小王观察了家中 $1 \sim 5$ 月份的月用水量(单位:吨)和月水费(单位:元)，如下表:
>
> | 月份 | 1 | 2 | 3 | 4 | 5 |
> | --- | --- | --- | --- | --- | --- |
> | 用水量／吨 | 28 | 30 | 31 | 27 | 32 |
> | 水费／元 | 70 | 75 | 77.5 | 67.5 | 80 |
>
> (1) 请用代数式表示小王家每月应缴纳水费.
>
> (2) 如果 6,7,8 三个月的月用水量在 5 月份的基础上分别增加 4 吨、6 吨、8 吨，他家这三个月的水费分别为多少元?
>
> (3) 能解释一下你列出的代数式中的常数代表什么意义吗?小王家每月水费的多少是由什么量决定的?

师生活动:教师引导学生观察表格，发现每个月的水费是用水量吨数的 2.5 倍.

(1) 设月用水量为 x 吨，得每月水费为 $2.5x$ 元.

(2) 把 6,7,8 三个月的月用水量分别代入 x，得:

$2.5x = 2.5 \times (32 + 4) = 90$(元);

$2.5x = 2.5 \times (32 + 6) = 95$(元);

$2.5x = 2.5 \times (32 + 8) = 100$(元).

(3) 在此基础上，解释代数式中的常数 2.5 代表水价(元／吨)，分析每月水费(代数式 $2.5x$ 的值)是由月用水量(字母 x 的值) 决定的.

追问 1:有人列出表示小王家每月应缴纳水费的代数式是 $2.5a$，你觉得他列得对吗?在这个代数式中，a 代表什么?

追问 2:通过这一问题的解决，你觉得列代数式和求代数式的值在解决实际问题中有什么作用?

师生活动:教师引导学生归纳，列代数式就是获得求目标量的值的一般公式，求代数式的值可以根据一般公式求目标量的具体值.

【设计意图】通过具体实例让学生理解列代数式和求代数式的值在表达数量关系、研究问题中的作用，体会代数式的值与其字母取值之间的依赖关系.

二、迁移应用，解决问题

> **例1**　如图 3.2-2，一个跑道由两个半圆和一个长方形组成，长方形的长为 a m，宽为 b m.
>
> (1) 用代数式表示该跑道的周长;
>
> (2) 当 $a = 67.3$ m，$b = 52.6$ m 时，求跑道的周长(π取 3.14，结果精确到个位).

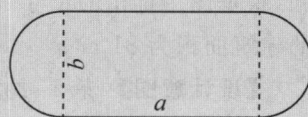

图 3.2-2

师生活动： 教师引导学生分析得到：跑道的周长是两条"直道"和两条"弯道"的长度和．

解：（1）两条"直道"的长为 $2a$ m，两条"弯道"的长为 πb m，所以该跑道的周长为 $(2a+\pi b)$ m．

（2）当 $a=100,b=40$ 时，$2a+\pi b\approx 2\times 100+40\times 3.14=325.6$，因此这条跑道的周长为 325.6 m．

例 2 如图 3.2-3，用代数式表示圆环的面积．当 $R=15$ cm，$r=10$ cm 时，求圆环的面积（π 取 3.14）．

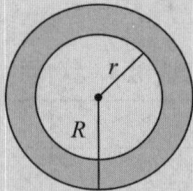

图 3.2-3

师生活动： 教师引导学生分析得到：外圆的面积减去内圆的面积就是圆环的面积，所以圆环的面积是 $\pi R^2-\pi r^2$．

当 $R=15$ cm，$r=10$ cm 时，$\pi R^2-\pi r^2\approx 3.14\times 15^2-3.14\times 10^2=392.5$，所以这个圆环的面积是 392.5 cm^2．

【设计意图】 利用图形的周长、面积公式得到基本数量关系，再用字母及数的运算表示，列出代数式并求值，融合使用特殊化与一般化解决实际问题．

三、课堂小结，概括提升

1. 代数式的值与其字母取值之间有什么关系？

2. 对于同一种数量关系，可以用不同的代数式表示吗？这些不同的代数式有什么联系？

3. 列代数式表示目标量和求代数式的值在解决问题中分别起到什么作用？

目标检测

1. 一个长方体纸箱，它的底是正方形．

（1）下面代数式中，哪些代数式正确表达了该长方体的体积？在正确表示的代数式中，字母各代表哪个量？

① a^2b；② xy^2；③ x^2-y；④ $2a^2+4ab$．

（2）若底边长为 40 cm，高为 60 cm，求该长方体的体积．

2. 如图是一所住宅的建筑平面图（图中长度单位：m），用代数式表示这所住宅的建筑面积．如果 $x=7$，求这所住宅的建筑面积．

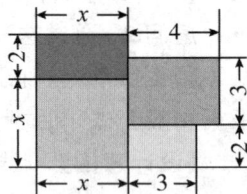

（第 2 题）

参考答案：1.（1）①②；① 中 a 代表正方形的边长，b 代表长方体的高，② 中 y 代表正方形的边长，x 代表长方体的高．（2）96000 cm^3．　**2.** 住宅的建筑面积等于四个长方形面积的和．根据图中标出的尺寸，可得这所住宅的建筑面积（单位：m^2）是 $x^2+2x+18$．当 $x=7$ 时，这所住宅的建筑面积为 81 m^2．

【设计意图】 第 1 题检测目标 1 和目标 2，第 2 题检测目标 3．

3.3　数学活动

目标	1.能用归纳的方法得到一般性的数量关系,并用代数式表示;通过字母的具体取值,求代数式的值,从而解决实际问题,发展数学抽象能力与推理能力. 2.能总结建立代数式模型解决实际问题的基本思路,发展数学模型观念,学会学习
重点	建立代数式模型解决实际问题
难点	确定目标量和基本量,分析目标量与基本量之间的数量关系

教学过程设计

一、提出问题

问题1　请你用火柴棒搭出如图 3.3-1 所示的三个图形,如果继续搭下去,搭出 10 个正方形,你能提出什么问题?

师生活动:教师先组织学生搭图,再引导学生提出问题:一共需要多少根火柴棒?所需的火柴棒根数与搭出的小正方形个数有什么数量关系?

图 3.3-1

【设计意图】　在动手操作中发现问题和提出问题.

二、分析问题

问题2　要求出搭这样的 10 个正方形需要多少根火柴棒?有哪些方法?

师生活动:分组讨论,学生可能提出继续搭,搭出 10 个正方形后,数出火柴棒的总数.这时教师要引导学生考虑时间成本和预见性,考虑用刚学习过的列代数式和求代数式的值的方法,先列出代数式表示一般规律,再代入求值,得到搭 10 个正方形所需要的火柴棒根数,将实际问题转化为数学问题:列代数式表示要搭的正方形个数与所需要的火柴棒根数之间的数量关系;并计算当正方形个数为 10时代数式的值.

问题3　怎样才能列出代数式表示要搭的正方形个数与所需要的火柴棒根数之间的数量关系呢?

师生活动:教师引导学生回顾列代数式的步骤:① 明确目标量 —— 火柴棒根数,分析数量关系 —— 火柴棒根数与正方形个数之间的数量关系;② 分离基本量 —— 正方形个数,用字母 n 表示;③ 用字母及数的运算表示数量关系.

从数的角度进一步分析,观察并填表:

正方形个数	1	2	3	4	...	n
火柴棒根数	4	7			...	

从形的角度分析,观察如图 3.3-2 的图形:

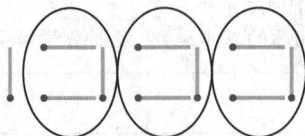

图 3.3-2

引导学生发现:搭 1 个正方形用 4 根火柴棒,每增加 1 个正方形增加 3 根火柴棒,搭 n 个正方形需要 $4+3(n-1)$ 根火柴棒.

【设计意图】 从数和形两方面分析解决问题的方法,用具有一般性的代数式表示变化规律.

三、解决问题

问题 4 现在能解决问题了吗?

师生活动:学生写出解题过程如下:根据表格数据归纳规律可知,搭 n 个正方形所需的火柴棒的根数为 $4+3(n-1)$;从形的角度归纳可知,搭 n 个正方形所需的火柴棒根数为 $1+3n$.当 $n=10$ 时,$4+3(n-1)=4+3\times(10-1)=31$(根),$1+3n=1+3\times10=31$(根).殊途同归,得到结论.

【设计意图】 让学生经历用代数式表示一般规律,再通过列代数式和求代数式的值,解决实际问题.

四、提炼方法

问题 5 在上述活动中,你是怎样发现和提出问题、分析和解决问题的?

师生活动:教师引导学生总结,在搭图形的过程中发现材料数量问题,对于需要搭建数量更多的正方形,需要考虑火柴棒的根数,从数学角度提出问题;根据实际问题的搭图方法,分析数量关系,以代数式模型为工具,表达一般规律,最后通过具体求代数式的值,获得实际问题的解,其解决问题的思路如图 3.3-3 所示.

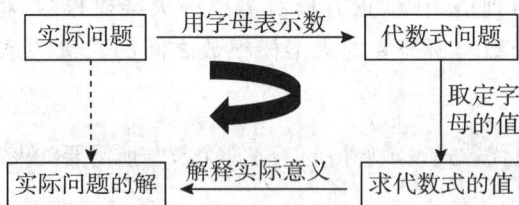

图 3.3-3

【设计意图】 总结经验,提炼方法和思路.

五、拓展研究 —— 密码问题

密码学是研制和破译密码的一门学科,它与数学密切相关.例如,对于密文"L dp d vwxghqw",如果给一把破译密码的钥匙"$x-3$",联想英语字母的顺序,把字母表中的第 x 个字母换成第 $(x-3)$ 个字母,就可以得"*I am a student*",这样便破译了密文.请你用代数式给出密钥,写出一段密文,进行密码的研制和破译游戏.

目标检测

1. 某礼堂第 1 排有 18 个座位,往后每排比前一排多 2 个座位.求第 30 排、第 35 排各有多少个座位?

2. 用大小相等的小正方形按一定规律拼成如图所示的图形,则第 10 个图形中小正方形的个数是 ( ).

A. 90　　　　　B. 99　　　　　C. 120　　　　　D. 122

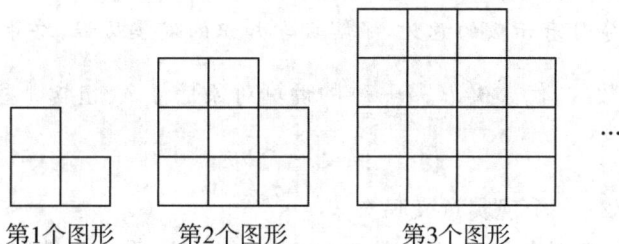

第1个图形　　第2个图形　　第3个图形

(第 2 题)

3. 按一定规律排列的一列数依次为 $\dfrac{2}{3}$,1,$\dfrac{8}{7}$,$\dfrac{11}{9}$,$\dfrac{14}{11}$,$\dfrac{17}{13}$,…按此规律,这列数中的第 100 个数是_____.

参考答案: 1. 第 1 排座位数:18;

第 2 排座位数:$18+2=20$;

第 3 排座位数:$20+2=18+2+2=18+2\times2=22$;

…;

第 n 排座位数:$18+2(n-1)$;

当 $n=30$ 时,$18+2(n-1)=18+2\times29=76$;

当 $n=35$ 时,$18+2(n-1)=18+2\times34=86$.

因此,第 30 排、第 35 排分别有 76 个、86 个座位.

2. C　　3. $\dfrac{299}{201}$

【设计意图】 第 1～3 题检测目标 1 和目标 2.

3.4　代数式复习

目标	1. 理解用字母表示数、代数式、代数式的值的意义,体会学习代数式的必要性与优越性,发展数学抽象能力,建立模型观念. 2. 通过梳理本章的知识体系,明确代数式的研究内容和研究思路,发展逻辑推理能力. 3. 经历从现实情境中抽象出代数式,再代入具体的数值求出代数式的值的活动,发展运算能力和推理能力,发展用符号表达的能力
重点	构建知识体系,培养用代数式模型表达与研究现实问题中数量关系的能力
难点	建立代数式模型表达与研究实际问题的数量关系

教学过程设计

一、回顾与思考

问题1 我们是如何从数发展到代数式的?数与代数式之间有什么关系?

师生活动:教师引导学生自学课本中的"阅读与思考"中的"数字1与字母 x 的对话",进一步理解数与字母的联系,了解从有理数到代数式的发展过程.

【设计意图】 理解用字母表示数的意义,了解数学知识的发展历程,培养学生学习数学的兴趣.

问题2 什么是代数式?代数式 $a(3a+2)$ 的运算对象是什么?包含哪些运算?运算顺序是怎样的?

追问:能赋予 $a(3a+2)$ 一个现实意义吗?

师生活动:学生理解运算对象是字母 a、数 3 和 2;包含加法、乘法运算,运算顺序是先 a 乘以 3,再加 2,最后又乘以这个数 a.用不同的背景解释这个代数式的实际意义,如一边长是另一边长的 3 倍多 2 的长方形的面积,速度是时间的 3 倍多 2 的运动路程,等等.

【设计意图】 通过具体例子理解代数式运算结构和所表达的数量关系,理解代数式表达的目标量与基本量之间的数量关系,理解代数式的意义.

问题3 如果两个量的乘积为定值,则这两个量具有什么关系?如果两个量的比值(商)为定值,则这两个量又具有什么关系?

师生活动:从运算角度引导学生回顾反比例关系和正比例关系.

【设计意图】 理解正比例关系和反比例关系的意义.

问题4 代数式 $a(3a+2)$ 的值由什么决定?它们之间有什么关系?

追问1:什么是代数式的值?

追问2:代数式的值由什么决定?它们之间有什么关系?

追问3:请你给出 a 的具体取值,求出相应的代数式的值.

师生活动:引导学生回顾代数式的值的定义,以及求代数式的值时的一般步骤和注意事项.

【设计意图】 理解代数式的值与字母具有依赖关系,领会特殊与一般之间相互转化的辩证关系.

二、知识整理

问题5 (1)数的算式(如 $(-5)\times3$)与数有什么关系?代数式与字母之间有什么关系?类比有理数,怎么研究代数式?

(2)试比较代数式的研究思路、研究内容、研究方法与有理数的研究思路、研究内容、研究方法有什么相同点与不同点?今后我们将继续研究代数式的哪些问题?

师生活动:教师引导学生构建代数式的知识框架,如图 3.4-1.

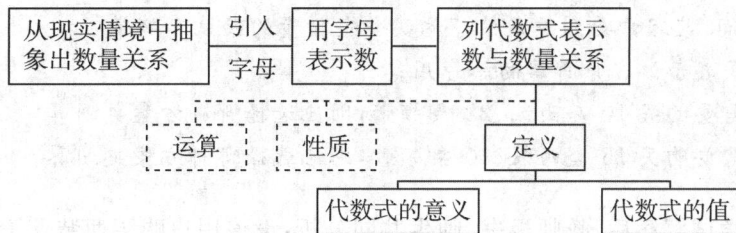

图 3.4-1

【设计意图】 比较代数式与有理数研究的异同点,有理数的研究思路:引入负数 — 产生新数 — 定义 — 表示、分类 — 性质 — 运算 — 应用.代数式的研究思路:引入字母表示数,并进行字母及数的运算 — 产生新式子 — 定义 — 表示(列代数式)— 求代数式的值 — 性质 — 运算 — 应用.激发学生探究新知的欲望.

三、基础检测

1. 用代数式表示:

(1) a 与 b 的和的 2 倍;

(2) a 与 b 的 2 倍的和;

(3) a 与 b 的立方差;

(4) a 与 b 的差的立方.

2. 用代数式表示:

(1) 某地冬季某一天的温差是 15 ℃,这天最低气温是 t ℃,最高气温是多少?

(2) 买 n 件单价 c 元的商品要花多少钱?支付 100 元,应找回多少元?

(3) 某种商品原价每件 b 元,第一次降价打八折,第二次降价每件又减 10 元,第一次降价后的售价是多少?第二次降价后的售价是多少?

(4) 长方形绿地的长、宽分别是 a m,b m,如果长增加 x m 后,新的绿地面积是多少平方米?

四、综合运用

> **例 1** 数学课上,王老师组织同学分组做传数游戏,每四人一组,甲任报一个数给乙,乙把这个数加 1 传给丙,丙再把所得的数平方后传给丁,丁把所听到的数减 1 后报出答案.
>
> (1) 你能把游戏过程用代数式描述出来吗?
>
> (2) 若甲报的数为 19,则丁的答案是多少?

师生活动:教师组织学生进行分组游戏,并得出答案:(1) 设甲报出的数为 a,则乙报的数为 $a+1$,丙报的数为 $(a+1)^2$,丁报出的数为 $(a+1)^2-1$;(2) 当 $a=19$ 时,$(a+1)^2-1=(19+1)^2-1=400-1=399$,所以丁的答案是 399.

追问:你能给代数式 $(a+1)^2-1$ 赋予其他实际意义吗?

【设计意图】 教师引导学生感悟数学与生活之间的紧密联系,再次理解引入字母、用代数式表示数量关系的意义.

> **例 2** 某服装厂生产一种西装和领带,西装每套定价 200 元,领带每条定价 40 元,在促销活动期间,该厂向客户提供了两种优惠方案(客户只能选择其中一种优惠方案):① 买一套西装送一条领带;② 西装按原价的九折收费,领带按原价的八折收费.(假设购买的领带数不少于西装数)

在促销活动期间,某客户要到该服装厂购买一定数量的西装和领带.

(1) 请用代数式表示该客户所需的总费用;

(2) 若该客户需要购买 10 套西装、22 条领带,则他选择哪种方案更划算?

(3) 若该客户需要购买 15 套西装、40 条领带,则他选择哪种方案更划算?

师生活动: 学生尝试解答后,教师板书.师生共同分析:设该用户购买西装 x 套,领带 y 条.

(1) 按方案 ① 购买,需付款 $200x + (y-x) \times 40 = 160x + 40y$(元);按方案 ② 购买,需付款 $200x \cdot 90\% + 40y \cdot 80\% = 180x + 32y$(元).

(2) 当 $x = 10$,$y = 22$ 时,按方案 ① 购买,需付款 $160 \times 10 + 40 \times 22 = 2480$(元);按方案 ② 购买,需付款 $180 \times 10 + 32 \times 22 = 2504$(元).因为 $2480 < 2504$,所以选方案 ① 更划算.

(3) 当 $x = 15$,$y = 40$ 时,按方案 ① 购买,需付款 $160 \times 15 + 40 \times 40 = 4000$(元);按方案 ② 购买,需付款 $180 \times 15 + 32 \times 40 = 3980$(元).因为 $4000 > 3980$,所以选方案 ② 更划算.

【设计意图】 用代数式表示现实问题中的数量关系,从而解决问题,发展模型观念.

五、回顾小结

1. 学习代数式的意义是什么?

2. 如何列代数式和求代数式的值?其中蕴含了哪些数学思想方法?

3. 我们还将继续研究代数式的哪些内容?

目标检测

1. 观察下列数的排列规律:2,5,10,17,26,…,则第 20 个数是 _____.

2. 下图中的图案是由黑白两种颜色的六边形地面砖组成的,那么第 10 个图案中有白色六边形地面砖 _____ 块.

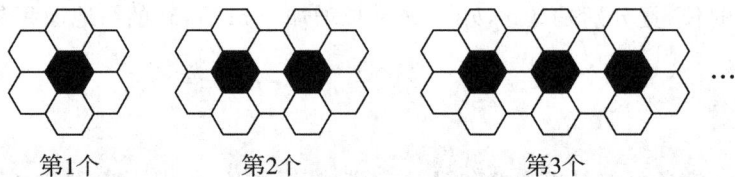

第1个　　　第2个　　　　第3个

（第2题）

3. 为节约用水,某市规定一个三口之家每月标准用水量为 15 t,超过部分加价收费,假设不超过部分水费为 1.5 元/t,超过部分水费为 3 元/t.

(1) 请用代数式分别表示一个三口之家按标准用水和超出标准用水时各应缴纳的水费;

(2) 如果一个三口之家某月用水 $20 \, \text{m}^3$,那么该月应缴纳多少水费?

参考答案: 1. 401　2. 42　3.(1)设一个三口之家每月用水量为 $x \, \text{m}^3$.当按标准用水时,应缴纳水费为 $1.5x$ 元;当超出标准用水时,应缴纳的水费为 $(3x - 22.5)$ 元.(2)37.5 元.

【设计意图】 第 1～2 题检测目标1,第 3 题检测目标3.

第四章 整式的加减

◎ 单元设计 ◎

一、知识结构图

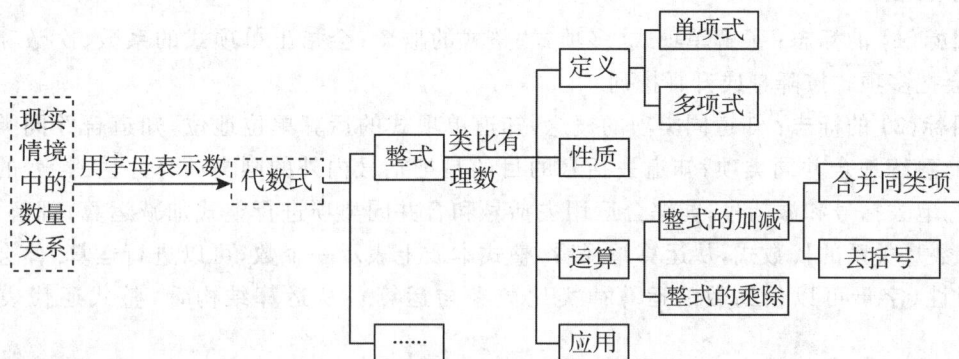

二、内容和内容解析

1. 内容

单项式、多项式的相关概念,合并同类项和去括号法则,整式的加减运算.

2. 内容解析

整式是"数与式"主题中的基本内容,是最简单的一类代数式,单项式是最简单的一类整式.本单元内容是在学习有理数运算和代数式的基础上重点学习整式的加减运算.整式的加减运算是以后学习分式、方程、不等式、函数等内容的基础.

代数式的研究往往采用从简单到复杂的顺序,从最简单的一类代数式(整式)开始研究.整式的研究思路如下:一是再次认识用字母表示数——用字母及数的乘法运算和加减运算表示变化的、一般的数量(目标量),得到单项式和多项式;二是类比有理数的研究思路、研究内容和研究方法研究整式,即定义 — 表示 — 性质(后续学习的大小比较)— 运算 — 应用.

整式与整数类似,对加法运算、减法运算和乘法运算封闭,但对除法运算不封闭.

整式的加减运算是在用字母表示数的基础上,系统应用运算律研究符号运算:合并同类项化简整式,通过去括号把括号内外的同类项分离重组和合并.整式的加减是通过去括号和合并同类项转化为有理数的运算.

整式的加减的核心育人价值是:通过用字母表示数抽象整式及其运算,发展抽象能力;通过整式的加减运算发展学生的符号运算能力;通过用整式表示数量关系,用推理和运算的方法研究一般规律,发展学生的代数推理能力和运算能力.

基于以上分析,确定本单元的教学重点:整式的加减运算,用整式加减运算研究数学规律,解决实际问题.

三、目标与目标解析

1.目标

（1）经历抽象整式相关概念的活动，了解单项式、多项式、整式的概念，发展数学抽象能力.

（2）理解单项式的运算单位的地位，掌握合并同类项和去括号的法则，理解其算理（基于分配律）；能熟练进行整式加减运算；体会数式通性，认识整式加减运算的封闭性，发展符号运算能力和推理能力.

（3）能用整式的加减运算解决问题、研究数量的普遍联系与一般规律，发展数学抽象能力、模型观念和推理能力.

2.目标解析

达成目标（1）的标志：了解单项式、多项式、整式的概念；会指出单项式的系数、次数和多项式的项与次数；会把多项式按降幂或升幂排列.

达成目标（2）的标志：知道同类项的概念，知道单项式的运算单位地位，知道合并同类项的依据是分配律；能熟练地合并同类项；知道去括号的目的是把括号内外的同类项合并，去括号的依据是分配律；能熟练地去括号和添括号；能综合运用去括号和合并同类项进行整式加减运算；理解从形式看，整式是表示数量关系的代数式，从运算结果看，整式本质上表示一个数，可以进行运算，体会运算过程中的数式通性（字母可以借助数的运算律类比数参与运算），从运算结构看，整式还代表一个运算程序.

达成目标（3）的标志：能用整式表示数量关系，通过整式的加减运算解决实际问题、研究一般规律，发展学生的抽象能力和代数推理能力.

四、目标谱系

内容	核心素养			
	数学眼光	数学思维	数学语言	学会学习
4.1 整式	通过现实情境中的数量关系，了解单项式、多项式、整式的相关概念，进一步发展符号意识	从运算的角度分析单项式与多项式的运算结构，让学生体会用字母表示数后，字母和数一样可以参与运算，发展符号运算能力	会用单项式与多项式表示实际问题中的数量关系	会类比数的学习规划整式的研究思路
4.2 整式的加法与减法	1.理解同类项的概念，会识别同类项. 2.理解合并同类项和去括号的意义及作用	1.会通过具体实例归纳运算法则. 2.掌握合并同类项和去括号法则，理解算理，能熟练进行整式的加减运算，发展代数推理能力和符号运算能力	会用整式的加减运算解决实际问题.能应用整式的加减运算研究数学的一般规律	会类比数的运算学习整式的运算，体会数式通性

五、教学问题诊断分析

1. 已有基础

学生已经学习了数的有关概念和运算,在小学学过用字母表示数,初步体会了用字母表示数的意义,学习了代数式的概念及列代数式.

2. 学习需要

由"数"到"式"的过程是一个抽象的过程.需要基于运算结构理解单项式和多项式的特征,需要把字母看作数,利用数的运算律进行运算,合并同类项和去括号的依据都是分配律,但应用的方向互逆.由于学生初次接触符号运算,难以理解抽象的整式运算的算理,运算过程中因为既需要考虑系数又要考虑字母,容易顾此失彼.

3. 难点及应对策略

本单元的教学难点:用运算律理解整式的加减运算,体会数式通性;通过设字母、列整式,基于加减运算研究一般规律.

突破难点的基本策略:用数式通性理解整式及其运算,用运算律理解整式加减的运算.通过学生熟悉的实际问题,有针对性地进行引导,充分展示分析数量关系并列式的过程,积累活动经验,培养学生解决实际问题的能力.

六、教学建议

1. 加强式与数的类比,体现数式通性

学生利用自己熟悉的数的运算学习经验,用类比方法学习整式运算.理解数的运算性质和运算律在式的运算中仍然成立.通过具体整式的加减运算理解单项式的运算单位地位,理解数与式运算的一致性.

2. 重视学生列式表示数量关系能力的培养

教学时,要充分发挥实际问题的作用,结合实际问题学习单项式、多项式等概念以及整式的加减运算法则等,引导学生分析实际问题中的数量关系,培养学生列代数式表示数量关系的能力,逐步养成建立数学模型解决实际问题、用运算和推理的方法研究一般规律的模型观念.

3. 抓住重点,加强练习,打好基础

合并同类项和去括号是进行整式加减的基础,它们是本单元的重点.整式的加减主要是通过合并同类项把整式化简,教学中可以适当加强练习,使学生熟练掌握整式加减的运算法则,为今后的学习打下基础.

4. 加强整式的加减与算法的联系

理解整式加减运算的算法本质是算法程序的化简.

5. 课时安排

4.1整式2课时,4.2整式的加法与减法3课时,4.3数学活动1课时,4.4整式的加减复习1课时,共7课时.

◎ 课时设计 ◎

4.1 整式

4.1.1 整式(第1课时)—— 单项式

目标	1.经历用代数式表示现实问题中数量关系、分离字母最简单的运算结构的活动,抽象单项式的有关概念,发展抽象能力. 2.能类比有理数的运算提出代数式运算研究的问题,规划其研究思路. 3.知道单项式是最简单的代数式,是研究代数式运算的起点
重点	理解单项式及其系数与次数的概念
难点	理解单项式的系数与次数是反映单项式运算结构的关键要素

教学过程设计

一、情境引入,提出问题

引言:上一章,我们基于现实情境,通过用字母表示数,引入了一类新的研究对象 —— 代数式,通过定义明确了代数式的含义与运算结构 —— 字母及数的运算,其运算结果是依赖于字母取值的一个可变的数.

问题1 列代数式,并指出其是由什么基本量通过哪些运算得到的.

已知长方形的长为 $3a$.

(1)若宽为 $2a$,则长方形的周长为_____,面积为_____,长比宽多_____;

(2)若宽为 b,则长方形的周长为_____,面积为_____,长比宽多_____;

(3)若宽为 $(2a+b)$,则长方形的周长为_____,面积为_____,长比宽多_____.

师生活动:学生独立完成题目,完成后师生共同交流.

(1) $2(3a+2a)$,$3a \cdot 2a$,$3a-2a$; (2) $2(3a+b)$,$3a \cdot b$,$3a-b$;

(3) $2[3a+(2a+b)]$,$3a(2a+b)$,$3a-(2a+b)$.

追问1:若对于代数式中的每个字母任给一个数值,则这些代数式所代表的运算结果都是数吗?

追问2:这些代数式是由什么基本量通过怎样的运算得到的?

【**设计意图**】 让学生理解,代数式是由字母作为基本量,通过字母及数的运算得到的;对于字母的任何取值,代数式所代表的运算结果都是数,因此这些代表数的代数式应该可以像数一样进行运算;分离出构成代数式的基本要素 —— 数及表示数的字母,代数式组成的结构就是字母及数的运算.

问题2 对于代数式,我们应该研究什么?应该按照怎样的思路进行研究?

追问:引入负数后,数的范围扩充到有理数,我们是按照怎样的思路和方法研究有理数的?

师生活动:教师引导学生回顾,学习了有理数的基础知识及有理数的运算等知识,按照"有理数的

定义 — 有理数的性质 — 有理数的运算"的思路,从特殊到一般,用归纳的方法研究有理数.在此基础上提出代数式的研究内容和研究思路,明确:研究内容为代数式的性质与运算,研究思路为"定义 — 性质 — 运算".在此基础上,聚焦运算主题进行研究.

【设计意图】 整体规划代数式的研究思路.

二、探究思考,形成新知

问题 3 有理数有哪些运算?我们是按照怎样的顺序研究的?类似地,怎样研究代数式的运算?

师生活动: 教师引导学生规划代数式的运算的研究思路:先加减再乘除;先简单后复杂.

追问 1: 代数式是由表示数的字母及数的运算得到的,那么能找到既有字母又有数的最简单的代数式吗?

追问 2: 构成自然数的计数单位是 1,所以自然数可以看成若干个 1,写成诸如 1,2,3,4 等简单符号,代数式中也有类似的简单式子吗?

【设计意图】 根据从简单到复杂的代数式研究思路,分离出最简单的第一类代数式 —— 单项式.单项式对字母的运算只有一种 —— 乘法,表示字母的倍数,所以是最简单的.

问题 4 下列代数式是由字母和数通过怎样的运算得到的?
$$3a,0.8p,3ab,6a^2,a^2h,-n.$$

师生活动: 认识单项式的运算结构特征,初步抽象单项式的概念:数或字母的积叫作**单项式**(monomial).单独一个数或一个字母也是单项式.

【设计意图】 抽象单项式的概念.

追问: $3a,0.8p,3ab,6a^2,a^2h,-n$,这些单项式在运算结构和字母个数之间有什么异同?怎样区分它们?

师生活动: 分析这些单项式的结构特点,给出单项式的系数和次数的概念:单项式中的数字因数叫作这个单项式的**系数**(coefficient),单项式中所有字母的指数的和叫作单项式的**次数**.特别地,单独一个非零常数的次数规定为 0.

【设计意图】 抽象单项式的系数和次数的概念.

问题 5 (1)你能举出一个单项式的例子,并说出它的系数和次数吗?
(2)请你写出一个单项式,使它的系数是 -2,次数是 4.

师生活动: 学生回答,教师根据学生的回答进行评价.

【设计意图】 通过让学生举例和解决开放性问题,帮助学生理解单项式、单项式的系数和次数的概念.

三、辨别应用,巩固新知

例 1 找出下列代数式中的单项式,并指出单项式的系数和次数:
(1)a^3;　(2)$-\dfrac{1}{3m}$;　(3)πr^2;　(4)$5xy^3z$;　(5)$2m+1$.

师生活动: 学生尝试回答.此环节教师应关注学生是否知道 $-\dfrac{1}{3m}$ 不是单项式,π 是常数不是字母.

【设计意图】 巩固单项式及其系数与次数的概念.

例2 用单项式填空,并指出它的系数和次数:

(1) 若三角形的一条边长为 a ,这边上的高为 h ,则这个三角形的面积为_____.

(2) 一个长方体的长、宽、高分别为 x cm, y cm, z cm,则这个长方体的体积为_____.

(3) 有理数 n 的相反数是_____.

(4) 2022年北京冬奥会发行的冰上运动纪念邮票,一套共5枚,价格为6元,其中一种版式为一张10枚(2套),买 m 张这种版式的邮票,共花费_____元.

【设计意图】列单项式,辨别其系数与次数.

练习1 下列各式中,哪些是单项式?

$$x,0,\frac{3}{a},0.72a,a+1,\frac{2xy}{3},\pi,x^2+2xy+y^2.$$

练习2 填表:

单项式	$2a^2$	$-1.2h$	xy^2	$-t^2$	$-\dfrac{2vt}{3}$	2^3xy^2	$2\pi ab^2$
系数							
次数							

师生活动:学生尝试独立完成题目,教师指导.

【设计意图】进一步巩固学生对单项式、单项式的系数和次数的概念的理解.

四、回顾小结,概括提升

1. 本节课主要学了哪些内容?

2. 能说说单项式运算的结构特点吗?

3. 研究代数式的运算为什么从单项式开始?

目标检测

1. 判断下列代数式是否为单项式?

(1) -2 ; (2) a ; (3) $\frac{4}{3}\pi r^3$; (4) $x-y$; (5) $\frac{m^2}{2}$.

2. 填表:

单项式	$3a^2$	$-\dfrac{1}{2}k$	a^2b	$-4\pi t^2$	$-\dfrac{4xy}{3}$
系数					
次数					

参考答案:1. (1)(2)(3)(5)是单项式,(4)不是单项式.

2.

单项式	$3a^2$	$-\dfrac{1}{2}k$	a^2b	$-4\pi t^2$	$-\dfrac{4xy}{3}$
系数	3	$-\dfrac{1}{2}$	1	-4π	$-\dfrac{4}{3}$
次数	2	1	3	2	2

【设计意图】第1~2题检测目标1.

4.1.2　整式(第 2 课时)——多项式

目标	1.经历分析单项式的和式,形成多项式、整式的概念,发展抽象能力. 2.基于参与加法运算的单项式的特征,理解多项式的项与次数的概念,发展抽象能力. 3.能进一步提出整式加减的研究问题,规划研究思路
重点	多项式和整式的相关概念
难点	辨别多项式的次数与单项式的次数的区别和联系

教学过程设计

我们知道,字母和数是构成代数式的基本要素,字母或数的积构成了最简单的代数式——单项式,单项式通过运算又能组成哪些代数式呢?

一、情境引入,提出问题

问题 1 用代数式表示数量关系:

(1)共享单车作为环保、低碳的交通工具,为人们的出行提供了方便.某公司向某地投放共享单车,前两年每年投放 a 辆,为环保和安全起见,第三年不再继续投放,且每个月回收 b 辆,则到第三年年底该地共享单车的数量为＿＿＿＿辆;

(2)密封圆柱体储油罐的底面半径为 r(单位:m),高为 h(单位:m),则它的表面积为＿＿＿＿ m^2;

(3)如图 4.1-1,把边长为 40 m 的正方形花圃每条边长都增加 x m,扩大花圃,则扩大后花圃的面积为＿＿＿＿ m^2.

(4)现存于陕西历史博物馆的南北朝官员独孤信的印章的表面由 18 个相同的正方形和 8 个等边三角形组成.如果正方形和等边三角形边长都为 a,三角形高为 h,则这个印章的表面积为＿＿＿＿.

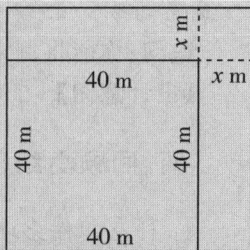
图 4.1-1

师生活动:学生独立列出代数式:(1)$2a-12b$;(2)$2\pi r^2+2\pi rh$;(3)$x^2+80x+1600$;(4)$18a^2+4ah$.

【设计意图】 列代数式表示数量关系,为研究多项式提供样例.

二、探究思考,形成新知

问题 2 这些代数式中有单项式吗?它们是由哪些单项式通过怎样的运算得到的?

师生活动:教师引导学生分析,发现:(1)$2a-12b$ 是由单项式 $2a$ 和 $-12b$ 相加得到的;(2)$2\pi r^2+2\pi rh$ 是由单项式 $2\pi r^2$ 和 $2\pi rh$ 相加得到的;(3)$x^2+80x+1600$ 是由单项式 x^2,$80x$ 及 1600 相加得到的;(4)$18a^2+4ah$ 是 $18a^2$ 和 $4ah$ 这两个单项式的和.

在此基础上,给出多项式的定义:像这样,几个单项式的和叫作**多项式**(polynomial).其中,每个单项式叫作多项式的**项**(term),不含字母的项叫作**常数项**(constant term).一个多项式含有几项,就叫几项式.多项式里,次数最高项的次数,叫作这个**多项式的次数**(degree of a polynomial).单项式与多项式统称**整式**(integral expression).

由字母、数、数与字母的积组成最简单的单项式,再由单项式相加得到多项式,这是一个逐步发展的过程.

【设计意图】 通过对具体实例进行分析,给出多项式、多项式的项与次数、整式等概念.

三、辨别应用,巩固新知

例1 指出下列多项式的项、项数、最高次项、次数、常数项:
(1)$a^2 - 2ab + b^2$; (2)$2x^3 - x^2y^2 + 3y^3 + 1$.

师生活动:学生独立完成,教师组织评价,提醒学生注意多项式中的每一项都包含它前面的正负号.

【设计意图】 巩固多项式的相关概念.

例2 将多项式 $x^2 - 3x - 5x^3 + 2$ 的项按照 x 的次数从大到小排列.

师生活动:在完成例2的基础上,给出升幂排列和降幂排列的含义:通常我们把一个多项式的各项按照某个字母的指数从大到小排列,叫作降幂排列;按照从小到大排列,叫作升幂排列,如 $-4x^2 + 5 + 5x$ 通常写成 $-4x^2 + 5x + 5$ 或 $5 + 5x - 4x^2$.

追问:你能将例2中的多项式的项按照 x 的次数从小到大排列吗?

【设计意图】 了解多项式的升幂排列和降幂排列.

四、回顾小结,概括提升

1. 什么叫作多项式?什么叫作整式?
2. 什么叫作多项式的项与次数?多项式的次数与单项式的次数的意义有什么不同?
3. 字母及数通过怎样的运算得到单项式?单项式通过怎样的运算得到多项式?你认为接下来我们将要研究什么?

目标检测

1. 下列代数式中,哪些是单项式?哪些是多项式?将它们分别填入相应的横线处.

$$2a + 1, 4\pi r^2, 2x^2 - 5y + 1, 3, \frac{3}{8}m^3 - 5n.$$

单项式:_____.

多项式:_____.

2. 下列叙述中,错误的是(   ).

A. $-a$ 的系数是 -1,次数是 1 　　　　B. 单项式 ab^2c^3 的系数是 1,次数是 5

C. $\frac{2x-1}{3}$ 是一次二项式 　　　　D. $3x^2 + xy - 8$ 是二次三项式

3. 多项式 $3xy^2 - x^3y^3 - 6x^2y - 4x^4 + 1$ 是_____次_____项式,其中常数项为_____,四次项系数为_____,按字母 y 的升幂排列为_____.

参考答案:1. 单项式:$4\pi r^2$,3. 多项式:$2a + 1, 2x^2 - 5y + 1, \frac{3}{8}m^3 - 5n$ 2. B 3. 六,五,1,-4,
$1 - 4x^4 - 6x^2y + 3xy^2 - x^3y^3$

【设计意图】 第1题检测目标1,第2～3题检测目标2.

4.2　整式的加法与减法

4.2.1　整式的加法与减法(第 1 课时)—— 合并同类项

目标	1.经历多项式化简活动,抽象同类项的概念,理解同类项的运算单位的特征,发展抽象能力. 2.经历多项式化简活动,理解合并同类项的算理,掌握合并同类项的方法,发展推理能力和运算能力. 3.通过类比数的运算探究合并同类项的法则,从中体会数式通性
重点	同类项的概念及合并同类项的法则,感受数式通性和类比思想
难点	正确判断同类项,准确合并同类项

教学过程设计

引言:我们知道,代数式是由表示数的字母及数的运算组成的,运算结果仍然表示数,数是可以运算的,因此,代数式仍然可以运算;而且,我们知道,字母或数的积构成单项式,单项式的和构成多项式.因此研究代数式的运算,我们从最简单的单项式开始.

一、情境引入,提出问题

> **问题 1**　长方形的长为 $3a$,宽为 $2a$,长与宽的和为 _____,长与宽的差为 _____.

师生活动:学生尝试解答.

追问:这个结果是怎样得到的?说明其中的道理.

师生活动:引导学生回答,教师归纳:学习含有字母的式子的运算是出于实际需要,整式的运算建立在数的运算基础之上.

【设计意图】 理解化简 $3a+2a$,$3a-2a$ 的依据是有理数运算的分配律,初步体会数式通性,促使学生的学习形成正迁移.

二、探究思考,形成新知

> **问题 2**　整式的运算建立在数的运算基础之上,有理数的运算是怎样算的呢?整式的运算与有理数的运算有什么联系?
> (1)运用运算律计算:
> $3\times 88+2\times 88=$ _____;$3\times 28+2\times 28=$ _____.

师生活动:学生根据分配律尝试回答.

追问 1:式子 $3a+2a$ 与问题 2(1)中的两个算式有什么联系?你是如何理解化简式子 $3a+2a$ 的方法的?

师生活动:学生尝试解释,教师根据学生回答,引导学生归纳:

(1)当 $a=88$ 时,$3a+2a=3\times 88+2\times 88=(3+2)\times 88$;

当 $a=28$ 时,$3a+2a=3\times 28+2\times 28=(3+2)\times 28$;

……

通过归纳可得,$3a+2a=(3+2)=5a$,理由:根据分配律 $ba+ca=(b+c)a$,当 $b=3,c=2$ 时,有 $3a+2a=(3+2)a=5a$.也可以用运算单位解释:3 个 a 加上 2 个 a 等于 5 个 a,与 3 个 1 加上 2 个 1 等于 5 个 1 道理一样.

追问2：你能解释 $3a - 2a = a$ 的理由吗？

师生活动：教师引导学生从两个方面进行解释.解释1：把 a 用具体的数代入进行归纳.解释2：用分配律解释，即 $3a - 2a = 3a + (-2a) = [3 + (-2)]a$.

【设计意图】 从最简单的只含一个字母的单项式开始，通过归纳和基于分配律演绎两种方法研究加法和减法运算，发展学生的代数推理能力.

> （2）类比式子 $3a + 2a$ 的运算，化简下列式子：
> ① $72a + 120a$；　② $3x^2 + 2x^2$；　③ $3ab^2 - 4ab^2$.

师生活动：学生尝试独立解答，然后学生代表发言.此环节教师应关注：(1) 学生在计算时是否能注意分配律的使用，正确区分运算符号和性质符号；(2) 学生是否能正确理解运用分配律化简式子时"系数相加，字母连同它的指数不变"的道理；(3) 让学生体会，字母部分相当于自然数中的计数单位 1.

【设计意图】 引导学生类比前面关于式子 $3a + 2a$ 的化简过程，讨论更一般的同类项的合并方法，进一步理解分配律的运用，体会数式通性和类比的数学思想.通过几组不同形式的同类项，感受不同类型代数式的组成方式，突出同类项的特点，为归纳同类项的概念和合并同类项法则做好铺垫.

> **问题3**　观察多项式 $3a + 2a, 3a - 2a, 72a + 120a, 3x^2 + 2x^2, 3ab^2 - 4ab^2$.
> （1）上述各多项式的项有什么共同特点？
> （2）化简上述多项式，你能从中得出什么规律？

师生活动：学生先独立思考，然后小组合作讨论，最后小组代表发言.教师巡视，指导学生归纳和表达.明确：所含字母相同，并且相同字母的指数也相同的项叫作**同类项**；几个常数项也是同类项；把多项式中的同类项合并成一项，叫作**合并同类项**；合并同类项后，所得项的系数是合并前各同类项的系数的和，字母连同它的指数不变.

【设计意图】 教师引导学生在观察、比较中发现各多项式的项的共同特征，分析运算特点，归纳出同类项的定义及合并同类项的法则.

> **问题4**　你能举出同类项的例子吗？

师生活动：由一些学生列举出同类项的例子，再由其他学生合并所给出的同类项.

追问：能从构成单项式的结构方面来说说同类项的特征吗？

师生活动：引导学生归纳，明确同类项：除系数不同外，字母部分完全相同，即相乘的不同字母个数和同一字母相乘的次数都相同.

【设计意图】 通过举例和结构辨别，加深学生对同类项的概念和合并同类项法则的理解.

> **问题5**　化简多项式的一般步骤是什么？通过如下问题进行说明：找出多项式 $4x^2 + 2x + 7 + 3x - 8x^2 - 2$ 中的同类项，并进行合并.

师生活动：学生自主尝试，教师适时追问并示范解答过程.

解：$4x^2 + 2x + 7 + 3x - 8x^2 - 2$

$= 4x^2 - 8x^2 + 2x + 3x + 7 - 2$　（加法交换律）

$= (4x^2 - 8x^2) + (2x + 3x) + (7 - 2)$　（加法结合律）

$= (4 - 8)x^2 + (2 + 3)x + (7 - 2)$　（分配律）

$= -4x^2 + 5x + 5$　（有理数加法法则）

教师引导学生归纳化简多项式的一般步骤：① 找出同类项；② 运用交换律、结合律将多项式的同类项结合;③ 合并同类项;④ 按同一字母的降幂(或升幂)进行排列.

【设计意图】 归纳化简多项式的一般步骤.

三、辨别应用,巩固新知

> **例1** 合并下列各式的同类项:
>
> $(1)xy^2 - \dfrac{1}{5}xy^2$; $(2) -3x^2y + 2x^2y + 3xy^2 - 2xy^2$; $(3)4a^2 + 3b^2 + 2ab - 4a^2 - 4b^2$.

师生活动:学生独立完成题目,然后互相纠错、评价,教师巡视指导.

【设计意图】 加深对同类项的概念以及对合并同类项法则的理解和运用,提高运算能力.

四、迁移综合,发展能力

> **例2** 求多项式 $2x^2 - 5x + x^2 + 4x - 3x^2 - 2$ 的值,其中 $x = \dfrac{1}{2}$.

师生活动:教师引导学生尝试用不同的方法解题,学生比较各方法的优劣.

追问:把字母的值直接代入原式求值,与先将多项式中的同类项合并然后再求值的方法比较,哪一种方法更简便?

【设计意图】 通过比较,让学生感悟多项式求值时要先化简再求值,这样可以简化计算过程.

> **例3** 图4.2-2是计算如图4.2-1所示的T形草坪周长的程序,你能应用合并同类项的方法减少运算程序中的运算次数,从而简化程序吗?

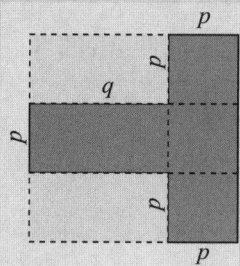
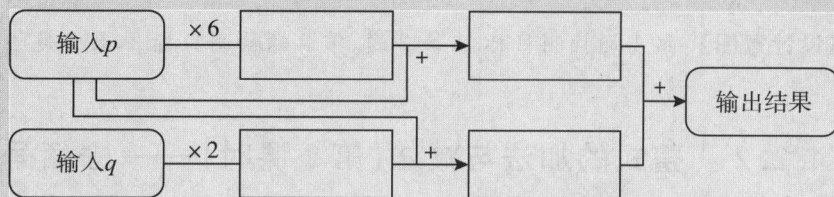

图4.2-1   图4.2-2

师生活动:师生共同思考,教师板书示范.

解:用代数式表示这一运算程序为 $6p + p + 2q + p$.

化简这个多项式,得 $6p + p + 2q + p = 8p + 2q$.

因此,图4.2-2的运算程序可以简化为如图4.2-3所示的运算程序.事实上,这一简化后的算法表现在图形上,即进行线段的平移,转化为求长方形的周长(如图4.2-4所示).

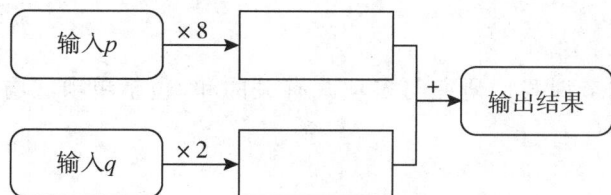
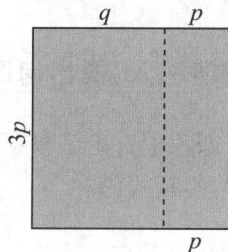

图4.2-3   图4.2-4

【设计意图】 应用整式加减进行运算程序的优化,渗透跨学科思想.

五、回顾小结,概括提升

1. 你能举例说明同类项的概念吗?
2. 你能举例说明合并同类项的方法吗?
3. 本节课在研究问题时主要运用了什么思想方法?

目标检测

1. 下列各组单项式中,是同类项的是(   ).

A. $2x^3$ 与 $3x^2$ B. $12a^4$ 与 $8b^4$

C. a^2b 与 ab^2 D. π 与 -3

2. 下列运算中,结果正确的是(   ).

A. $3a+2b=5ab$ B. $3y^2-2y^2=1$

C. $ab-ba=0$ D. $3x^3+2x^2=5x^5$

3. 在括号内填上相应字母,使得 $2(\quad)^3(\quad)^2$ 与 $5x^2y^3$ 是同类项,说明合并的理由.

4. 化简:

(1) $12x-20x$;   (2) $10y^2-0.5y^2$;

(3) $-5a+0.3a-2.7a$;   (4) $x+7x-5x$;

(5) $-6ab+ab+8ab$;   (6) $\frac{1}{3}y-\frac{2}{3}y+2y$.

参考答案:1. D 2. C 3. y,x,理由是分配律 4. (1) $-8x$;(2) $9.5y^2$;(3) $-7.4a$;(4) $3x$;(5) $3ab$;(6) $\frac{5}{3}y$

【设计意图】 第1题检测目标1,第2题、第4题检测目标2,第3题检测目标3.

4.2.2 整式的加法与减法(第2课时)——去括号

目标	1. 类比数的运算,归纳得到去括号法则,并能用分配律说明算理,发展抽象能力和推理能力. 2. 能应用去括号、合并同类项将整式化简,发展推理能力和运算能力
重点	去括号时符号的变化规律
难点	括号前面为负号时,去括号法则的应用

教学过程设计

一、情境引入,提出问题

上一节课我们讨论了单项式的和,本节课我们研究与多项式有关的和,包括单项式与多项式的和、多项式与多项式的和.

问题 1　某电脑销售公司销售某品牌的平板电脑,每台平板电脑的毛利润为 100 元.该公司 1 月份销售平板电脑 m 台,2 月份销售量比 1 月份少 50 台.

(1)该公司 1,2 月份销售平板电脑共获得毛利润多少元?

(2)该公司 2 月份平板电脑销售毛利润比 1 月份减少了多少元?

师生活动:学生独立思考,列出整式的和差表达式:

(1)$100m + 100(m - 50)$;

(2)$100m - 100(m - 50)$.

【设计意图】 从实际情境中引出对去括号问题的探究.

二、探究思考,形成新知

问题 2　对于上面得出的式子 $100m + 100(m - 50)$,$100m - 100(m - 50)$,类比数的运算,它们应如何化简?

师生活动:让学生尝试回答,利用分配律,可以去括号,再合并同类项,得

$100m + 100(m - 50) = 100m + 100m - 5000 = 200m - 5000$;

$100m - 100(m - 50) = 100m - 100m + 5000 = 5000$.

追问 1:比较上面两式,你能发现去括号时符号变化的规律吗?

追问 2:上述运算过程中,去括号起到了什么作用?

师生活动:鼓励学生通过观察、比较分析去括号前后,括号内各项的符号有了怎样的变化.试着用自己的语言叙述去括号时符号变化的规律,然后教师板书.去括号就是用括号外的数乘以括号内的每一项,再把所得的积相加.去括号的依据是分配律.去括号的作用是:去掉括号后,使得原先分居在括号内外的同类项可以合并,从而化简整式.

特别地,$+(x - 3)$ 与 $-(x - 3)$ 可以分别看作 1 与 -1 分别乘 $(x - 3)$.利用分配律,可以将式子中的括号去掉,得 $+(x - 3) = x - 3$,$-(x - 3) = -x + 3$.

【设计意图】 学生在小学时已经学习了数的去括号法则,在教学中引导学生运用类比的方法,依据分配律得到整式的去括号法则,由数到式,顺理成章,进一步体会数式通性.

三、辨别应用,巩固新知

例 1　化简下列各式:

(1)$8a + 2b + (5a - b)$;

(2)$(5a - 3b) - 3(a^2 - 2b)$;

(3)$(2x - 3y) + (5x + 4y)$;

(4)$(8a - 7b) - (4a - 5b)$.

师生活动:前面两道题由教师板书示范,后面两道题由学生板书完成.

【设计意图】 去括号时,依据分配律,括号外的数要与括号内的每一项相乘.引导学生注意括号中每项系数的变化规律.

练习　化简下列各式:

(1)$12(x - 0.5)$;

(2)$-5\left(1 - \dfrac{1}{5}x\right)$;

(3)$-5a + (3a - 2) - (3a - 7)$;

(4)$\dfrac{1}{3}(9y - 3) + 2(y + 1)$.

师生活动:学生独立完成,互相纠错,教师巡视指导,然后点评.

【设计意图】 通过练习巩固去括号法则.

四、迁移综合,发展能力

例 2 两船从同一港口同时出发,反向而行,甲船顺水,乙船逆水,两船在静水中的速度都是 $50\ km/h$,水流速度是 $a\ km/h$.(1)2 h 后两船相距多远?(2)2 h 后甲船比乙船多航行多少千米?

师生活动: 教师展示例 2,学生思考、小组交流,寻求解答方法.

【设计意图】 去括号时强调:①括号内每一项都要乘括号外的数;②括号前是负因数时,去掉括号后,括号内每一项都要变号.

五、回顾小结,概括提升

1. 你怎样去括号?

2. 去括号时应注意什么?

3. 在整式的加减运算中,去括号起到什么作用?

目标检测

1. 下列去括号是否有错误?如果有错误,说明错误原因,并加以改正.

(1)$a^2 - (2a - b + c) = a^2 - 2a - b + c$;

(2)$-2(x - y) + (xy - 1) = -x + y + xy - 1$.

2. 化简下列各式:

(1)$(5a + 7b) + (-3b - 6a)$;   (2)$-3\left(1 - \dfrac{1}{6}x\right)$;

(3)$(x^2 - y^2) - 4(2x^2 - 3y)$.

3. 先化简,再求值:

$6a - [b - (2a - b) + 3a]$,其中 $a = 2, b = -1$.

参考答案: 1.(1)错误.错误原因:去括号后,括号内有两项没有变号,改正为 $a^2 - 2a + b - c$.

(2)错误.错误原因:去括号时没有用分配律,改正为 $-2x + 2y + xy - 1$.   **2.**(1)$-a + 4b$;

(2)$-3 + \dfrac{1}{2}x$;(3)$-7x^2 - y^2 + 12y$ **3.** $5a - 2b, 12$

【设计意图】 第 1 题检测目标 1,第 2~3 题检测目标 2.

4.2.3 整式的加法与减法(第 3 课时)—— 混合运算

目标	1.理解整式的加减的意义,会通过添括号表示整式的加减. 2.能用去括号法则和合并同类项法则进行整式的加减运算,发展运算能力. 3.会用整式表示数量关系,用整式的加减解决一些简单的实际问题,发展抽象能力和模型观念
重点	综合运用去括号法则和合并同类项法则进行整式的加减运算
难点	运用整式加减解决实际问题

教学过程设计

一、情境引入，提出问题

问题 1　我们知道，用字母表示数，字母可以参与运算，因此整式也是可以运算的，整式如何进行加减运算呢？

计算：(1) $(2x - 3y) + (5x + 4y)$；　　(2) $(8a - 7b) - (4a - 5b)$.

师生活动：学生独立完成题目，然后师生共同分析：第(1)题是计算多项式 $2x - 3y$ 与 $5x + 4y$ 的和；第(2)题是计算多项式 $8a - 7b$ 与 $4a - 5b$ 的差.

【设计意图】　让学生理解两个整式相加减，首先要将这两个整式用括号括起来，然后再相加减，引导学生归纳整式加减的运算步骤，初步体会整式加减的本质是先去括号，再合并同类项.

二、探究思考，形成新知

问题 2　(1) 求多项式 $5x^2y + 2xy^2$ 与多项式 $2xy^2 + 4x^2y$ 的和.

(2) 求多项式 $5x^2y - 2xy^2$ 与多项式 $-4xy^2 + 2x^2y$ 的差.

追问 1：求两个整式的和、差的运算步骤有哪些？

追问 2：任意两个整式的和与差还是整式吗？

师生活动：学生独立解决，互相纠错，教师引导学生归纳整式加减的一般步骤：顺向应用分配律去括号 — 逆向应用分配律合并同类项. 归纳结论：任何两个整式的和、差还是整式.

【设计意图】　进一步理解整式加减的本质是先去括号，再合并同类项，掌握去括号和合并同类项的法则，认识整式对加减运算的封闭性.

三、辨别应用，巩固新知

例 1　计算：(1) $(-x + 2x^2 + 5) + (4x^2 - 3 - 6x)$；

(2) $(3a^2 - ab + 7) - 2(-4a^2 + 2ab + 7)$.

师生活动：学生独立完成题目，互相纠错，教师评价.

【设计意图】　通过练习，巩固整式加减的运算方法，发展符号运算能力.

四、迁移综合，发展能力

例 2　笔记本的单价是 x 元，圆珠笔的单价是 y 元. 小华买 3 本笔记本、2 支圆珠笔，小明买 4 本笔记本、3 支圆珠笔. 买这些笔记本和圆珠笔，小华和小明一共花费多少钱？

师生活动：学生独立解决，教师巡视指导.

【设计意图】　此题有两种解法，可以让学生看到同一个问题情境中，从不同的角度考虑问题可以列出不同的式子，但最终得到同一结果.

例3 做大小两个长方体纸盒,尺寸如下表(单位:cm):

规格	长	宽	高
小纸盒	a	b	c
大纸盒	$1.5a$	$2b$	$2c$

(1) 做这两个纸盒共用纸多少平方厘米?

(2) 做大纸盒比做小纸盒多用纸多少平方厘米?

师生活动:学生独立思考,教师评价.

【设计意图】 本题的问题背景和数量关系比较简单,通过问题的解决,学生熟悉了利用整式的加减运算解决实际问题的过程和应该注意的问题,提高了解决实际问题的能力.通过解决以上三个例题,巩固整式加减的运算法则.

例4 求 $\frac{1}{2}x - 2\left(x - \frac{1}{3}y^2\right) + \left(-\frac{3}{2}x + \frac{1}{3}y^2\right)$ 的值,其中 $x = -2, y = \frac{2}{3}$.

师生活动:学生尝试独立解决,教师巡视并指导.注意先将式子化简,再代入数值进行计算往往比较简便.

【设计意图】 巩固整式加减的运算法则.

五、回顾小结,概括提升

1. 整式的加减按照怎样的顺序进行?

2. 去括号和合并同类项的依据是什么?要注意哪些要点?

3. 整式的加减中体现的核心思想方法是什么?

【设计意图】 通过提问,学生知道在进行整式的加减运算时,首先要明确运算对象 —— 整式;其次要掌握运算顺序和运算法则,理解其本质是用运算律,特别是分配律,理解算理;最后要知道运算中的基本思想 —— 化归与转化思想.

目标检测

1. 计算:(1)$(3x - 3y) + (6x + 4y)$;　(2)$(9a - 7b) - (5a - 5b)$.

2. 求多项式 $\frac{1}{2}(-3xy + 2x^2) - 3\left(x^2 - \frac{1}{2}xy\right)$ 的值,其中 $x = 5$.

3. 某空调经销商今年4月销售空调$(a - 1)$台,5月销售空调比4月的2倍少1台,6月销售空调数量比前两个月总和的4倍还多5台.

(1) 用式子表示该销售商今年第二季度共销售空调多少台.

(2) 若 $a = 220$,求第二季度销售的空调总数.

参考答案:1.(1)$9x + y$;(2)$4a - 2b$　2.原式$= -2x^2$;当 $x = 5$ 时,原式 $= -50$　3.(1)$15a - 15$;(2)3285 台

【设计意图】 第1～2题检测目标2,第3题检测目标3.

4.3　　数学活动

目标	1.能从现实情境或数学情境中发现和提出问题. 2.能分析问题中的数量关系,列出整式,用整式的加减运算解决问题. 3.体会用字母表示数、用代数式表示数量关系,通过这种符号运算和推理得到的结论具有一般性,培养学生的抽象能力、模型观念和推理能力
重点	用整式表示实际问题中的数量关系,掌握从特殊到一般的探究方法
难点	利用整式和整式的加减运算表示具体情境中的数量关系

教学过程设计

一、提出问题

我们已经比较完整地研究了整式的加减运算,下面我们用整式的加减运算研究和解决一些具体问题.

> **问题 1**　小学时我们学过,如果一个两位数的各位数字之和是 3 的倍数,那么这个两位数也是3 的倍数.你能解释其中的道理吗?

追问 1:能一个一个地把符合条件的两位数全部写出来吗?怎样统一地表示出所有符合条件的两位数?

追问 2:要统一地表示出所有符合条件的两位数,需要借助什么方法?

追问 3:需要设出哪几个量并用字母表示?

追问 4:怎样表示问题的条件和结论?

师生活动:教师引导学生思考,想要一个一个地把符合条件的两位数全部写出来,费时费力,这时可以借助字母表示数,用代数式统一地表示所有符合条件的两位数;为此,需要设出两位数的个位数字和十位数字,分别设为 $a,b(a,b$ 为 $0\sim9$ 之间的数字,且 $b\neq0)$.这样,可以用 $10b+a$ 统一地表示任何两位数.在此基础上,问题的条件表示为:$a+b$ 是 3 的倍数,要推出的结论是 $10b+a$ 也是 3 的倍数.

【设计意图】　通过列代数式,把问题进行量化表达.

二、分析问题

> **问题 2**　在 $a+b$ 是 3 的倍数这一条件下,怎样推出 $10b+a$ 也是 3 的倍数呢?

追问 1:怎样表示 3 的倍数?

追问 2:怎样把 $10b+a$ 与 $a+b$ 及 3 的倍数建立联系?

师生活动:教师引导学生用代数式 $3n(n$ 是正整数$)$ 表示 3 的倍数,在此基础上,把 $10b+a$ 也写成3 与一个正整数的积.已知 $a+b=3n,n$ 是正整数,则 $10b+a=9b+(a+b)=9b+3n=3(3b+n)$,也是 3 的倍数.

【设计意图】　通过列代数式,建立结论与条件之间的联系,获得解决问题的方法.

三、解决问题

> **问题 3**　怎样写出推导的过程?

师生活动:学生独立书写解题过程,相互交流,教师及时点评.

解:设两位数的个位数字和十位数字分别为 a,b,则两位数可以表示为 $10b+a$,其中 a,b 为 $0\sim9$ 的数字($b\neq0$).

因为 $a+b$ 是 3 的倍数,所以 $a+b=3n$(n 为正整数).

又因为 $10b+a=9b+(a+b)=9b+3n=3(3b+n)$,且 $3b+n$ 是正整数,

所以 $10b+a$ 是 3 的倍数.

【设计意图】 经历用字母表示数、用代数式表示数量关系,通过整式的加减运算解决问题,培养学生的代数推理能力.

四、拓展研究

问题 4 月历中有很多奥秘,请同学们一起探索!

图 4.3-1 是某月的月历,请仔细观察并思考下列问题:

(1) 带阴影的方框中的 9 个数的和与方框正中心的数有什么关系?

(2) 如果将带阴影的方框移至图 4.3-2 的位置,(1) 中的关系还成立吗?

(3) 不改变带阴影的方框的大小,将方框移动几个位置试一试,你能得出什么结论?

(4) 这个结论对于任何一个月的月历都成立吗?你能证明这个结论吗?

(5) 仿照上述探究的方法,请你在月历中再画出一个其他图形,先从特殊的情况开始研究,猜想结论,然后给出一般证明.

	1	2	3	4	5	6
7	8	9	10	11	12	13
14	15	16	17	18	19	20
21	22	23	24	25	26	27
28	29	30	31			

图 4.3-1

	1	2	3	4	5	6
7	8	9	10	11	12	13
14	15	16	17	18	19	20
21	22	23	24	25	26	27
28	29	30	31			

图 4.3-2

师生活动:学生独立思考后,再通过小组交流,学生代表展示发现的结论,师生共同给出一般证明.

【设计意图】 经历用字母表示数、用代数式表示数量关系,通过符号运算和推理得到结论,实现研究对象的一般化.

五、反思总结

1. 上述两个问题中,研究对象分别是什么?

2. 这两类研究对象有什么共性?

3. 我们是怎样统一地表示一类研究对象的?如何实现研究对象的一般化?

4. 我们是用什么方法得到研究结论的?

师生活动:教师引导学生总结,上述两类研究对象的共同特征是具体的对象个数很多,逐一写出所有的研究对象的方法不可取,因此我们用字母表示数、用代数式表示数量关系,实现研究对象的一般化,通过运算推导出研究结论,给出证明.

【设计意图】 总结用整式及其运算研究和解决问题的一般方法,体会这种基于数学运算和推理得到的结论具有一般性.

目标检测

任意写一个两位数(个位数字大于十位数字),分别交换其个位数字和十位数字的位置,把得到的数减去原两位数,所得的差是多少?再多换几个两位数试试,你发现了什么规律?能说明理由吗?

参考答案:发现的规律:交换位置后得到的数减去原两位数所得的差,是 9 的倍数.

理由:设原两位数的个位数字为 a,十位数字为 b,则原两位数为 $10b+a$,新两位数为 $10a+b$,两数差为 $(10a+b)-(10b+a)=10a+b-10b-a=9a-9b=9(a-b)$.因为 a,b 是整数,且 $a>b$,所以 $a-b$ 是正整数,所以 $(10a+b)-(10b+a)$ 是 9 的倍数.

【设计意图】 检测目标 2 和目标 3.

4.4　整式的加减复习

目标	1.经历整理整式加减的知识结构的活动,发展结构与体系的抽象能力. 2.能综合运用去括号和合并同类项法则进行整式的加减运算. 3.能用整式的加减运算解决一些简单的实际问题
重点	整式的加减运算
难点	用整式及其运算表示具体问题中的数量关系

教学过程设计

一、创设情境,回顾知识

问题 1　本章我们主要学习了哪些内容?

师生活动:教师引导学生回顾,在上一章学习代数式的基础上,本章研究了整式.先学习了单项式、多项式、整式的相关概念,再学习了整式的加减运算(如图 4.4-1).

追问:本章研究的重点是什么?

师生活动:教师引导学生回答:整式的加减运算.

【设计意图】 明确本章学习的主要内容、研究路径.

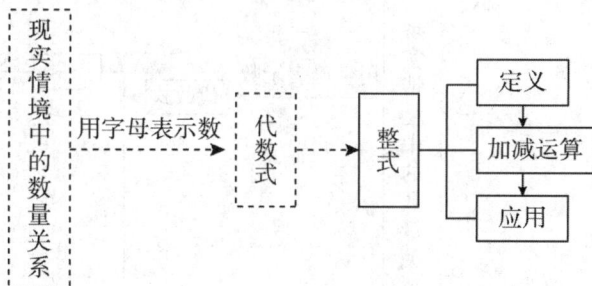

图 4.4-1

问题 2　代数式 $(4a^2-2a)$ 和 $(2a^2-a)$ 是整式吗?

追问 1:分别指出这两个多项式中的项和次数.

追问 2:什么叫作单项式?什么叫作多项式?什么叫作整式?什么叫作单项式的系数与次数?

师生活动:教师引导学生回顾整式的相关概念.

【设计意图】 把整式的知识系统化,在图 4.4-1 中补上单项式、多项式的分类结构.

问题 3 分别计算整式$(4a^2-2a)$与$(2a^2-a)$的和与差.

追问 1：运算对象是什么?需要进行怎样的运算?

追问 2：按照怎样的顺序运算?

追问 3：运算中每一步的依据是什么?

追问 4：运算中的基本思想是什么?

追问 5：任意两个整式的和、差还是整式吗?

师生活动：教师引导学生在明确运算对象、运算顺序的基础上进行运算：

$(4a^2-2a)+(2a^2-a)=4a^2-2a+2a^2-a=4a^2+2a^2-2a-a=(4a^2+2a^2)-(2a+a)=6a^2-3a$；

$(4a^2-2a)-(2a^2-a)=4a^2-2a-2a^2+a=4a^2-2a^2-2a+a=(4a^2-2a^2)+(-2a+a)=2a^2-a.$

进一步，让学生说出去括号法则和合并同类项法则，以及得到这两个法则的依据是分配律，因此，整式加减的本质是：字母像数一样参与运算，对字母、数和整式普遍使用运算律. 最后说出整式加减的基本思想是把整式的加减转化为同类项的系数的加减运算，合并化简. 同时细化图 4.4-1 的知识结构图（补上合并同类项法则和去括号法则）.

【设计意图】 回顾算法，理解算理，认识整式加减的本质，让学生知其然、知其所以然、何由以知其所以然.

二、整理知识，形成结构

问题 4 你能整理本章知识，画出知识结构图吗?

师生活动：教师引导学生在回顾的基础上，类比有理数的研究思路，画出如图 4.4-2 所示的知识结构图.

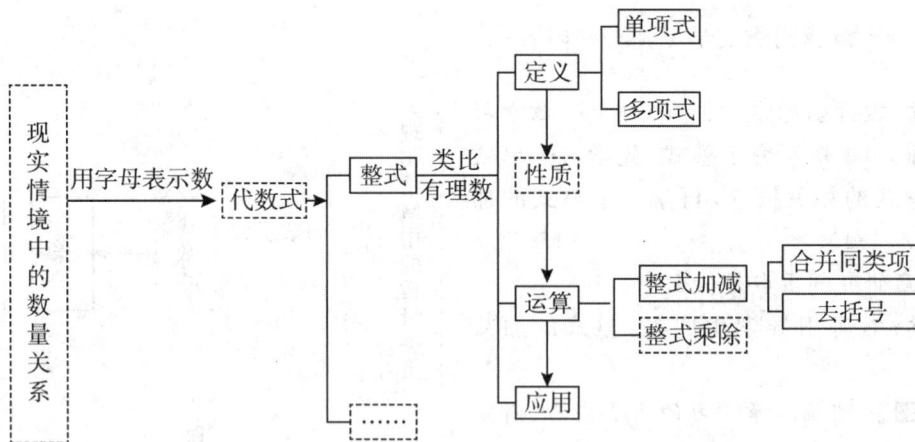

图 4.4-2

三、基础检测，巩固知识

练习 1 下列整式中，哪些是单项式?哪些是多项式?指出各单项式的系数和次数，以及各多项式的项数和次数：

$$-\frac{1}{2}a^2b, \frac{m^4n^2}{7}, x^2+y^2-1, x, 3x^2-y+3xy^2+x^4-1, 32t^3, 2x-y.$$

练习2　计算并说出每一步计算的依据:

(1) $x^2y - 3x^2y$;

(2) $-\dfrac{1}{2}a^2bc + \dfrac{1}{2}bca^2$;

(3) $3(a^2b - ab^2) - 2(a^2b - ab^2)$.

师生活动: 学生独立完成题目,教师观察,评估学生学情.

【设计意图】 检测学生整式加减知识的巩固情况,查漏补缺.

四、综合应用,发展能力

例1　已知 $A = 2x^2 - 3y, B = -3x^2 + 2y, C = -5x^2 + y$.

(1) 验证整式的加法交换律是否成立?

(2) 验证整式的加法结合律是否成立?

师生活动: 教师引导学生验算: $A+B$ 与 $B+A$ 是否相等(也可以验证 $A+C$ 与 $C+A$ 或 $B+C$ 与 $C+B$);$(A+B)+C$ 和 $A+(B+C)$ 是否相等.

【设计意图】 让学生体会到,与有理数一样,加法交换律和结合律在整式中仍然成立.

例2　小华为爸爸准备了一份父亲节礼物,礼物外包装盒为长方体形状,长、宽、高分别为 $a, b, c(a > b > c)$. 为了美观,小华决定在包装盒外用丝带打包装饰,她发现,可以用如图4.4-3所示的三种方式打包,所需丝带的长度分别为 l_1, l_2, l_3(不计打结处丝带长度).

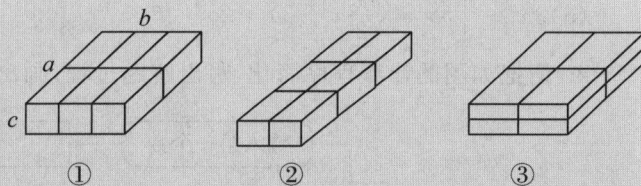

图4.4-3

(1) 分别求这三种方式下所需丝带的总长度 l_1, l_2, l_3;

(2) 比较 l_1, l_2, l_3 的大小.

师生活动: 教师分析思路,示范解法,注意解释大小比较的作差法,说明整式可以进行大小比较,并补充前面知识结构图中的整式性质内容 —— 大小比较.

因为长方形包装盒的长、宽、高分别为 $a, b, c(a > b > c)$(如图4.4-3),所以:

(1) $l_1 = 4a + 2b + 6c, l_2 = 2a + 4b + 6c, l_3 = 4a + 4b + 4c$.

(2) $l_1 - l_2 = (4a + 2b + 6c) - (2a + 4b + 6c) = 2a - 2b = 2(a - b)$,

因为 $a > b$,所以 $a - b > 0, 2(a - b) > 0$. 故 $l_1 > l_2$.

$l_2 - l_3 = (2a + 4b + 6c) - (4a + 4b + 4c) = -2a + 2c = 2(c - a)$,

因为 $c - a < 0$. 所以 $2(c - a) < 0$,所以 $l_2 < l_3$.

$l_1 - l_3 = (4a + 2b + 6c) - (4a + 4b + 4c) = -2b + 2c = 2(c - b)$

因为 $c - b < 0$,所以 $2(c - b) < 0$,所以 $l_1 < l_3$.

所以 $l_2 < l_1 < l_3$.

在此基础上，总结用整式加减解决实际问题的思考框图，如图 4.4-4 所示．

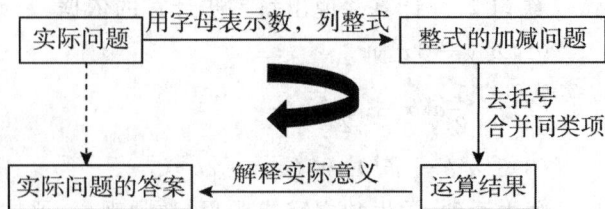

图 4.4-4

五、课堂小结，深化提高

1．说一说整式的研究思路、研究内容、研究方法．

2．整式与代数式之间有什么关系？

3．整式的加减的运算顺序是怎样的？运算依据是什么？怎样运算？

4．应用整式的加减解决实际问题时的基本操作步骤和想法是怎样的？

目标检测

1．指出下列多项式的各项（常数项除外）的系数与次数：
$$5x^4 + 3x^2y - 3x^2y - 2.$$

2．任意两个单项式相加，结果是 _____．

3．计算：(1)$(4a^3b - 10b^3) + (-3a^2b^2 + 10b^3)$；

(2)$(4x^2y - 5xy^2) - (3x^2y - 4xy^2)$；

(3)$3x^2 - [5x - (\frac{1}{2}x - 3) + 2x^2]$.

4．请把如图的计算程序简化，写出解题过程，画出简化后的程序图．

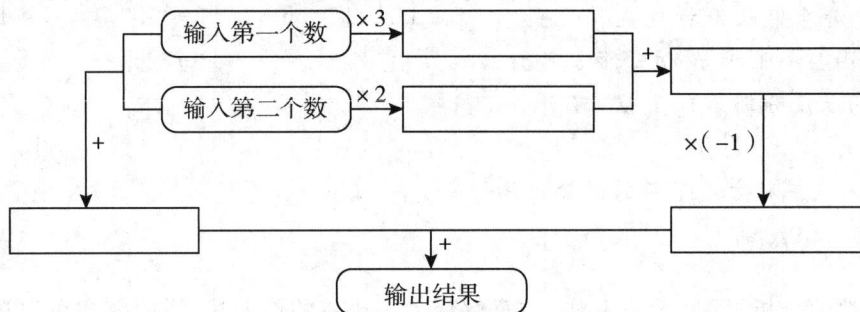

（第 4 题）

参考答案：1. $5x^4$ 的系数为 5，次数为 4；$3x^2y$ 的系数为 3，次数为 3；$-3x^2y$ 的系数为 -3，次数为 3．　**2.** 单项式或多项式（或者整式）

3．(1)$4a^3b - 3a^2b^2$；(2)$x^2y - xy^2$；(3) $x^2 - \frac{9}{2}x - 3$

4．设输入的第一个数为 a，输入的第二个数为 b，则原计算程序可以用整式表示为 $(a+b) - (3a + 2b)$，化简，得 $(a+b) - (3a+2b) = a + b - 3a - 2b = -2a - b$．所以，原计算程序可以简化为下图：

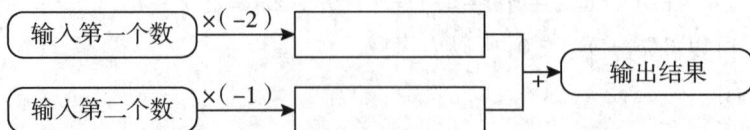

【设计意图】 第 1 题检测目标 1，第 2～3 题检测目标 2，第 4 题检测目标 3．

第五章 一元一次方程

◎ 单元设计 ◎

一、知识结构图

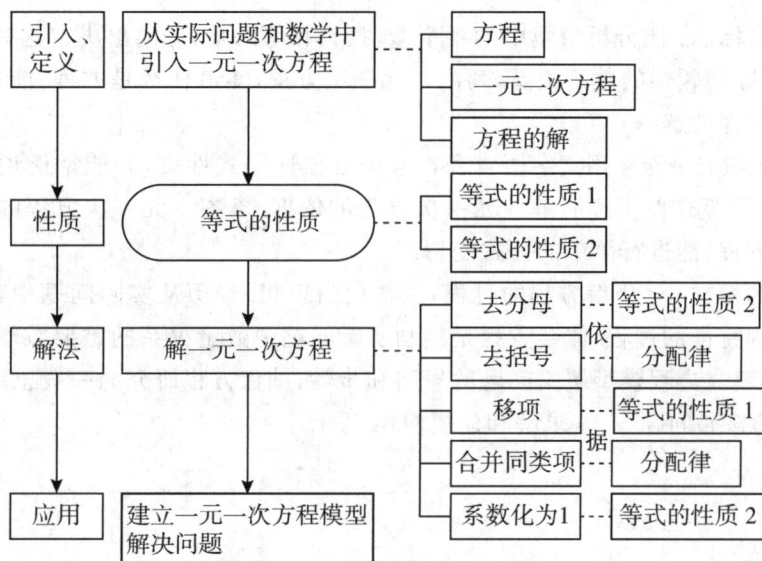

二、内容与内容解析

1. 内容

方程及其解的概念,等式的性质,一元一次方程的解法,利用一元一次方程解决实际问题.

2. 内容解析

方程是含有未知数的表示等量关系的等式.人们对方程的研究有悠久的历史,它随着实践需要而产生,并且具有极其广泛的应用.一元一次方程是最简单的代数方程,它是所有代数方程的基础.

在建立了方程模型后,核心问题是怎样得到符合要求的未知数的值,而等式的性质是解方程的依据.在方程的解法中蕴含着化归与转化思想,即化繁为简,化新为旧,化未知为已知.这一思想贯穿所有解方程的活动中.

本单元内容中蕴含的核心育人价值是:抽象等量关系并用含有未知数的等式表示,用等式的性质进行推理,用运算律进行运算,建立一元一次方程模型表达现实世界的等量关系,发展数量关系的抽象能力、符号运算和推理能力及模型观念.

基于以上分析,确定本单元的教学重点:一元一次方程的解法与应用.学习解一元一次方程蕴含的化归与转化思想以及列方程中蕴含的模型思想.

三、目标与目标解析

1. 目标

（1）经历从现实情境或跨学科情境中抽象数量关系，建立方程模型表达实际问题中的数量关系的活动，理解方程及其解的概念，发展抽象能力，学习用数学的眼光观察现实世界.

（2）掌握等式的性质，能应用它们进行代数推理；掌握一元一次方程的解法，能熟练地解一元一次方程，进一步发展数学运算能力和代数推理能力，学习用数学的思维方式思考现实世界.

（3）经历建立一元一次方程表达数量关系，解决实际问题的活动和解方程的活动；通过反思总结，提炼解一元一次方程过程中蕴含的化归与转化思想；通过概括用方程解决问题过程中的模型思想以及研究方程的一般思路与方法，形成模型观念，学习用数学的语言表达现实世界，学会学习.

2. 目标解析

达成目标（1）的标志：能分析情境中的各个量，找到相等的量，分离出决定这些量的共同基本量，设出未知数，分析实际问题中的数量关系，列出一元一次方程，知道什么是方程，能根据解的意义判断一个数是不是一个方程的解.

达成目标（2）的标志：能够用文字语言和符号语言描述等式性质，并能举例说明. 会应用等式性质进行等式变形. 会用等式性质说明解一元一次方程的依据. 掌握一元一次方程的解法，能熟练地解数字系数一元一次方程，能进行简单的公式变形.

达成目标（3）的标志：经历解方程的过程，总结化归思想. 经历从实际问题中建立一元一次方程模型并认识它的结构特征的过程，体会方程是刻画实际问题中数量关系的重要数学模型，是解决问题的有力工具，能总结建立方程模型解决问题的思路和步骤，抽象方程研究的一般思路（定义 — 解法 — 应用）及方程研究的核心问题 —— 求解和建模应用.

四、目标谱系

内容	核心素养			
	数学眼光	数学思维	数学语言	学会学习
5.1 方程	1. 从实际问题中确定研究对象、抽象等量关系，提出方程研究的问题. 2. 针对实际问题中研究对象抽象出未知数，列出方程. 3. 根据生活中的实际情境意义猜想等式的性质. 4. 基于对所列方程的观察、归类，抽象出一元一次方程的概念	1. 理解方程解的意义，经历估计方程解的过程，发展学生的数学运算能力. 2. 掌握等式的性质，会用等式的性质进行等式的恒等变形，发展代数推理能力	1. 会用方程模型表示实际问题中的数量关系. 2. 能用文字语言和符号语言表示等式的性质	1. 体会算式方法与方程方法的区别，体会方程的优越性. 2. 学习建立模型解决实际问题的方法，形成方程学习的一般观念. 3. 通过生活中的实际情境，探究等式的性质. 能类比等式性质1，探究等式的性质2. 4. 能类比数与式的研究思路，规划方程的研究思路

内容	核心素养			
	数学眼光	数学思维	数学语言	学会学习
5.2 解一元一次方程	1. 能针对具体的问题列出方程. 2. 能基于等式性质,抽象解一元一次方程的步骤和算法. 3. 能从具体解一元一次方程活动中体会化归与转化思想	1. 能基于等式性质和整式加减理解解一元一次方程每一个步骤的算理,发展推理能力. 2. 能熟练地解一元一次方程,发展运算能力和推理能力	1. 能建立方程模型解决实际问题. 2. 能借助符号运算和推理,合乎逻辑、有条理地表达解题过程	1. 学会用化归与转化思想求解方程. 2. 通过探寻方程解的过程,激发数学学习的兴趣、建立解方程的自信心,养成反思与检验的习惯. 3. 欣赏数学的简洁美
5.3 实际问题与一元一次方程	能从现实情境中抽象出未知数,分析等量关系,并用符号表示	能解一元一次方程并进行推理运算	能建立一元一次方程模型表达和解决实际问题	能总结建立方程模型解决问题的基本思路.

五、教学问题诊断分析

1. 已有基础

在小学阶段已学习了用算式方法解应用题,算式中只能含已知数而不能含未知数,而且往往需要逆向思考,列式过程比较复杂. 前面学习的有理数的运算、整式及其加减运算是学习一元一次方程的基础.

2. 学习需要

本单元内容是初中方程的起始阶段的内容,承担着激发学生兴趣、让学生学会建立一元一次方程解决实际问题的学习任务. 列方程的依据是问题中的数量关系(特别是相等关系),它打破了列算式时只能用已知数的限制. 方程中含有相关的已知数与未知数,通过用字母表示数,未知数进入式子参与运算,这是新的突破,需要学生摆脱小学原有的算式思维,抽象未知数参与运算,学会用等式变形的推理方法解决问题.

3. 难点及应对策略

本单元的教学难点是:根据实际问题中的数量关系设未知数,列出一元一次方程并且解决问题;解方程过程中的推理.

教学中,需要加强解方程中的讲算理活动,发展学生的代数推理能力;为了帮助学生突破列方程的难点,采用拉长列方程的学习历程、分散难点、及时总结列方程的操作步骤等方法.

六、教学建议

1. 以方程为工具分析问题、解决问题

建立方程模型是全章的重点之一,同时也是难点. 分析实际问题中的数量关系并用一元一次方程表示其中的相等关系,建立模型解决问题,是始终贯穿全章的主线.

2. 采用单元整体教学策略,形成并提出方程的研究思路、研究内容和研究方法

研究思路:引入、定义 — 性质 — 解法 — 应用.

研究内容:列方程、等式的性质、解方程.

研究方法:从具体到抽象、用化归方法研究、用建立模型的方法研究.

3. 及时总结列方程的操作步骤

① 找相等的两个量;② 分离构成这两个量的基本量,设未知数,列代数式表示量;③ 用等号连接

表示这两个量的代数式.

4. 课时安排

5.1 方程3课时(5.1.1 从算式到方程1课时,5.1.2 等式的性质1课时,5.1.3 方程习题课1课时),5.2 解一元一次方程5课时,5.3 实际问题与一元一次方程4课时,5.4 一元一次方程复习1课时,共13课时.

◎ 课时设计 ◎

5.1 方程

5.1.1 从算式到方程

目标	1. 经历分析实际问题中的数量关系、设未知数、列方程的活动,理解方程及其解的含义,知道一元一次方程的特征,发展数量关系和符号抽象能力. 2. 通过具体实例分析,感悟列算式与列方程思考方式的区别,初步形成模型观念,体会从算式到方程是数学的进步. 3. 会提出方程研究的核心问题,规划研究思路
重点	体会方程的优越性,理解方程及其解的含义
难点	从实际问题中寻找相等关系列一元一次方程

教学过程设计

一、情境引入,提出问题

> **问题1** 猜年龄游戏:用你的年龄乘2再减5,然后把结果告诉我,我便可以猜出你今年几岁了.

师生活动:学生根据自己的年龄报出计算结果,教师顺利猜出年龄.

追问:你知道老师是怎么猜出你的年龄的吗?其中的数学原理是什么?

师生活动:可以这样想:如果计算的结果是21,那么用21+5再除以2便可以知道学生的年龄是13岁.也可以这样想:设年龄为x岁,如果算出的结果是21,便可以得到等式$2x-5=21$,求出x的值即可.

【设计意图】 利用游戏导入,激发学习兴趣,通过算式方法与方程方法的比较,初步体验两种解决方法的不同之处:算式只能通过已知数的运算列式,往往要对数量关系进行逆向转换;方程则建立已知数与未知数的联系,未知数可以参与运算,思考过程是顺向的.

二、探究思考,形成新知

> **问题2** 丢番图的"墓志铭"里这样写道:"坟中安葬着丢番图,多么令人惊讶,它忠实地记录了他所经历的人生旅程.上帝赐予他的童年占六分之一,又过了十二分之一他两颊长出了胡须,再过了七分之一,点燃了新婚的蜡烛.五年之后喜得贵子,可怜迟到的宁馨儿,享年仅及其父一半便入黄泉.悲伤只有用数学研究去弥补,又过了四年,他也走完了人生的旅途."请你算一算丢番图到底活了多少岁?

师生活动：学生先独立思考，在学生遇到困难后教师介绍方法2.

（**方法1**）算式方法分析：列出算式 $(4+5) \div \left(1 - \frac{1}{6} - \frac{1}{12} - \frac{1}{7} - \frac{1}{2}\right)$，可求得丢番图活了84岁.但学生很难列出这个式子.

（**方法2**）也可以这样想：设丢番图去世时为 x 岁，列出等式 $\frac{1}{6}x + \frac{1}{12}x + \frac{1}{7}x + 5 + \frac{1}{2}x + 4 = x$，然后求解就可以得到答案.

【**设计意图**】　设计列出算式较难解决的问题，让学生初步体会学习方程的必要性，体现这两种方法的不同.算式和方程都是解决问题的好方法，但对于比较复杂的问题，利用算式方法很难解决，而利用方程来处理则比较简便.

> **问题3**　一张长方形桌子，长是宽的2倍，面积为 $4~\mathrm{m}^2$，求它的长和宽分别是多少？

师生活动：学生尝试，发现无法用算式表示，需要用方程表示.

【**设计意图**】　设计不能通过列算式解决的问题，让学生进一步体会学习方程的必要性，体会方程的优越性.

> **问题4**　上述问题中列出的新等式 $2x - 5 = 21$，$\frac{1}{6}x + \frac{1}{12}x + \frac{1}{7}x + 5 + \frac{1}{2}x + 4 = x$，$2x^2 = 4$，与代数式有什么共同点？又有什么不同？

师生活动：教师引导学生归纳：(1)含有未知数的等式；(2)表示量的相等关系；(3)等式的左边和右边都是特殊的代数式——整式.

在此基础上，抽象方程的概念：表示等量关系的含有未知数的等式叫作**方程**.

追问1：数可以比较大小，从代数式角度看，方程研究的是两个代数式的什么关系？

追问2：比较一下前两个方程与第三个方程有什么不同？前两个方程有什么共同特征？

像这样，只含有一个未知数（元），等号两边都是整式，未知数的次数都是1的方程叫作**一元一次方程**.

进一步，教师简要介绍方程的数学史.

【**设计意图**】　在归纳表示上述三个实际问题的等式的共性基础上，进一步抽象一元一次方程的概念，理解方程与代数式的关系：方程是表示两个含有字母的代数式相等关系的等式.

下面，与代数式的学习类似，我们需要学习怎样列方程，再看下面这个问题.

> **例1**　如图5.1-1，两个黑色小球的质量相等，天平平衡.
>
> (1)灰色小球的质量为 $1~\mathrm{g}$，砝码为 $5~\mathrm{g}$，如果一个黑色小球的质量是 $x~\mathrm{g}$，那么如何用方程来描述天平平衡时数量之间的相等关系？
>
> (2)两个黑色小球的质量相等，设一个黑色小球的质量是 $x~\mathrm{g}$，一个灰色小球的质量是 $y~\mathrm{g}$，砝码为 $5~\mathrm{g}$，那么如何用方程来描述天平平衡时数量之间的相等关系？
>
>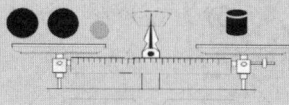
> 图 5.1-1
>
> (3)两个黑色小球的质量相等，设一个黑色小球的质量是 $x~\mathrm{g}$，一个灰色小球的质量是 $y~\mathrm{g}$，砝码为 $z~\mathrm{g}$，那么如何用方程来描述天平平衡时数量之间的相等关系？

解：(1) $2x + 1 = 5$；(2) $2x + y = 5$；(3) $2x + y = z$.

追问：得到的三个方程是一元一次方程吗？列方程的过程是按照怎样的步骤思考的？

师生活动：教师引导学生总结：① 找到具有相等关系的两个量；② 分离这两个量的共同构成要素，设为未知数；③ 列出表示这两个量的代数式，并用等号连接. 其思考过程可以用图 5.1-2 表示.

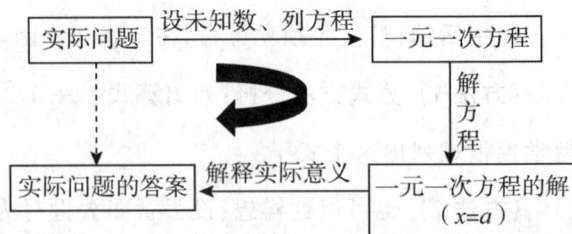

图 5.1-2

三、辨别应用，巩固新知

1. 根据题意设未知数，并列出方程.

（1）环形跑道一周长 400 m，沿跑道跑多少周，可以跑 3000 m？

（2）甲种铅笔每支售价 0.4 元，乙种铅笔每支售价 0.8 元，用 8 元钱买了两种铅笔共 15 支，两种铅笔各买了多少支？

（3）一个圆柱形笔筒的高是 10 cm，表面积是 301.44 cm²（π 取 3.14），求笔筒的底面半径.

2. 判断下列各式，按要求填写序号：

$(1)2x+3y=0；(2)1+2=3；(3)x^2-3x+2=0；(4)3x+2；(5)x+1=2x-5；(6)2m-(3+3m)=7.$

以上各等式中是方程的有＿＿＿＿＿＿＿＿，是一元一次方程的有＿＿＿＿＿＿＿＿.

四、深入思考，再探新知

> **问题 5** 对于上述得到的方程，你认为需要研究什么？怎样研究？

师生活动：教师引导学生思考后提出问题，需要研究满足等量关系的未知数的值是多少. 类似于整式的学习，需要先研究这些等式的性质，利用性质进行方程的运算和化简.

追问 1：猜一猜，方程 $2x-5=21$ 的解是多少？

追问 2：列算式得到丢番图活了 84 岁，84 满足列出的方程 $\frac{1}{6}x+\frac{1}{12}x+\frac{1}{7}x+5+\frac{1}{2}x+4=x$ 表达的数量关系吗？

使方程中等号左右两边相等的未知数的值，叫作这个方程的**解**(solution). 求方程的解的过程叫作**解方程**.

一般地，要检验某个值是不是方程的解，可以把这个值代替未知数代入方程，看方程中等号左右两边的值是否相等.

【设计意图】 提出方程研究的核心问题，研究基本思路，介绍方程的解的概念.

> **例 2** 检验下列各数是不是方程 $x^2+2=3x$ 的解：
>
> $(1)x=2；$ $(2)x=-1.$

解：(1) 将 $x=2$ 代入原方程，左边 $=2^2+2=6$，右边 $=3\times2=6$. 因为左边 $=$ 右边，所以 $x=2$ 是原方程的解.

(2) 将 $x=-1$ 代入原方程，左边 $=(-1)^2+2=3$，右边 $=3\times(-1)=-3$. 因为左边 $\neq$ 右边，所以 $x=-1$ 不是原方程的解.

五、回顾小结，概括提升

1. 怎么认识"从算式到方程"是数学的进步？

2. 如何用方程表示实际问题中的数量关系？

3. 方程要研究什么？怎样研究？

【设计意图】 回顾方程的引入,体会方程是刻画现实问题中数量关系的重要数学模型,提出方程研究的内容:方程的求解,类比整式规划方程的研究思路(引入、定义 — 性质 — 解法 — 应用).

目标检测

1. 下列方程中,是一元一次方程的是(   ).

A. $3x - 2y = 0$　　　　B. $5x + 1 = 2$　　　　C. $x^2 - 4 = 6$　　　　D. $\dfrac{2}{x} = 5$

2. 下列方程中,解为 $x = 4$ 的方程是(   ).

A. $x - 1 = 4$　　　　B. $4x = 1$　　　　　C. $4x - 1 = 3x$　　　　D. $2x(x - 1) = 5x + 4$

3. 根据下列条件列方程,并判断所列方程是不是一元一次方程:

(1) m 的 2 倍与 m 的相反数的和是 5.

(2) 半径为 r 的圆的面积是 2.

(3) 把一些图书分给某班学生阅读,如果每人分 5 本,则剩余 20 本;如果每人分 6 本,则还缺 25 本,求图书的本数.

参考答案: 1. B　 2. D　 3. (1) $2m + (-m) = 5$,是一元一次方程;(2) $\pi r^2 = 2$,不是一元一次方程;

(3) 设有 x 人,则 $5x + 20 = 6x - 25$,是一元一次方程.

【设计意图】 第 1 ~ 3 题检测目标 1.

5.1.2　等式的性质

目标	1.经历探索等式性质的活动,理解等式的性质,发展数量关系的抽象能力和归纳推理能力. 2.会利用等式的性质把简单的方程转化为"$x = a$"的形式,发展代数推理能力. 3.能利用等式性质进行变形,发展代数推理能力
重点	抽象、归纳出等式的基本性质,用等式性质解简单的方程
难点	应用等式的性质把简单的一元一次方程转化为"$x = a$"的形式

教学过程设计

一、情境引入,提出问题

问题 1 如图 5.1-3,两个黑色小球的质量相等,灰色小球质量为 1 g,砝码为 7 g,如果设一个黑色小球的质量是 x g,那么如何用方程来描述天平平衡时数量之间的相等关系?

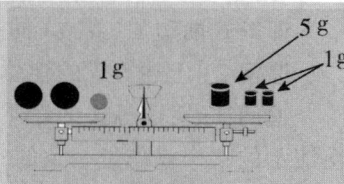

图 5.1-3

师生活动: 学生列出方程 $2x + 1 = 7$.

追问 1: 所列的方程是什么方程?

追问 2: 你能说出一元一次方程的定义吗?

追问 3: 这个一元一次方程的解是多少?你能用天平的平衡演示得到方程的解的过程吗?

师生活动: 教师用天平演示上面的具体情境,学生根据天平的平衡列出方程 $2x + 1 = 7$,猜想方程的解为 $x = 3$,并且用方程解的定义验证其正确性.师生合作,利用天平的平衡演示得到方程解的过程.先天平两边减少 1 g 砝码,得到 $2x=6$;接下去两边各变为原来的一半,得到 $x=3$.

【设计意图】 此问题与上一节课列一元一次方程的一个实例类似,这是对上一节课内容学习的延续.通过此问题的解决,学生全面回顾上一节课所学习的相关内容,另外,学生利用天平平衡演示得到一元一次方程的解,初步感知等式的性质.

二、探究思考,形成新知

环节一:再探等式的基本事实

问题 2 图5.1-4是两个平衡的天平,根据天平的平衡你能抽象出哪些等量关系?你有何发现?

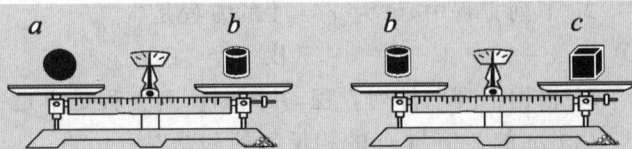

图 5.1-4

师生活动:上面天平的平衡反映了等式的两条基本事实,师生讨论,形成共识,最后得出结论.

等式的基本事实1:如果 $a=b$,那么 $b=a$.

等式的基本事实2:如果 $a=b,b=c$,那么 $a=c$.

追问:上述等式的性质中 a,b,c 可以表示任意的数或式子吗?

【设计意图】 等式的对称性与等式的传递性是等式变形常用的方法,将一个量用与它相等的量进行代替,这是一种等量代换.通过这个问题的讨论,补充完整等式的性质,为后面解方程的每一步变形提供充足的依据.

环节二:探究等式的性质1

问题 3 思考下列问题,并与同学交流.

(1) 小莹今年 a 岁,小亮今年 b 岁,再过 c 年他们分别是多少岁?

(2) 如果小莹和小亮同岁(即 $a=b$),那么再过 c 年他们的年龄还相同吗?c 年前($c \leqslant a$)呢?为什么?

师生活动:学生先独立思考,再交流讨论,得出结论.

(1) 再过 c 年,小莹($a+c$)岁,小亮($b+c$)岁.

(2) 再过 c 年他们的年龄还相同,c 年前他们的年龄也相同.

追问1:请你用等式表示上述结论.

如果 $a=b$,那么 $a+c=b+c$;如果 $a=b$,那么 $a-c=b-c$.

等式的性质1:如果 $a=b$,那么 $a \pm c=b \pm c$.

即等式两边加(或减)同一个数(或式子),结果仍相等.

追问2:上述等式的性质1中,a,b,c 可以表示任意的数或式子吗?

追问3:对于等式的性质1,你还能再利用一些实际情境加以解释吗?等式的性质1与前面天平平衡演示的哪个操作是一致的?

【设计意图】 此环节学生由熟悉的问题情境抽象出等式的性质1,再通过其他实际情境,以及前面引例中的天平平衡演示再次肯定等式的性质1的合理性.此环节是一个数学抽象的过程,是进行更高层次的符号化、形式化和一般化的基础.

环节三:探究等式的性质2

问题 4 思考下列问题,并与同学交流.

(1)一袋巧克力糖的售价是 a 元,一盒果冻的售价是 b 元,买 c 袋巧克力糖和买 c 盒果冻各要花多少钱?

（2）如果一袋巧克力糖与一盒果冻的售价相同（即 $a=b$），那么买 c 袋巧克力糖和买 c 盒果冻要花的钱相同吗？

师生活动： 学生先独立思考，再交流讨论，得出结论.

（1）买 c 袋巧克力糖和买 c 盒果冻各要花 ac 元和 bc 元.

（2）如果一袋巧克力糖与一盒果冻的售价相同（即 $a=b$），那么买 c 袋巧克力糖和买 c 盒果冻要花的钱相同.

追问 1： 请你用等式表示出上述结论.

师生活动： 学生讨论，得出结论. 如果 $a=b$，那么 $ac=bc$.

追问 2： 你认为上式中的 c 有什么要求吗？

追问 3： 如果将上式中的乘以 c 改为除以 c，等式是否成立？此时 c 又有什么要求？

学生讨论，得出结论：

> 等式的性质2：如果 $a=b$，那么 $ac=bc$；如果 $a=b$，那么 $\dfrac{a}{c}=\dfrac{b}{c}$（$c\neq 0$）.

即等式两边乘以同一个数或式，或除以同一个不为0的数或式，结果仍相等.

追问 4： 对于等式的性质2，你还能再利用一些实际情境加以解释吗？能用天平操作解释等式的性质2吗？

【设计意图】 学生经历得到等式的性质1的活动过程之后，学会了学习，类比等式的性质1学习等式的性质2. 通过独立思考和小组交流，学生就可以迅速感悟其中的数学方法（类比），并把这个活动过程逐步内化为经验.

三、辨别应用，巩固新知

练习1 完成下面的填空，并说出你填写的依据.

（1）如果 $a=3$，那么 $a+$ ＿＿＿＿＿＿ $=3+2$；

（2）如果 $a=3$，那么 $a-6=3-$ ＿＿＿＿＿＿；

（3）如果 $x=-6$，那么 $2x=-6\times$ ＿＿＿＿＿＿；

（4）如果 $3x=12$，那么 $x=12\div$ ＿＿＿＿＿＿；

（5）如果 $x=-3$，$y=-x$，那么 $y=$ ＿＿＿＿＿＿；

（6）如果 $-4=y$，那么 $y=$ ＿＿＿＿＿＿.

练习2 判断对错，对的请说出根据等式的哪一条性质，错的请说出理由.

（1）如果 $x=y$，那么 $x+1=y+3$；　　　　　　　　　　　　　　　　（　　）

（2）如果 $x=y$，那么 $x+5-a=y+5-a$；　　　　　　　　　　　　　　（　　）

（3）如果 $x=y$，那么 $2x=3y$；　　　　　　　　　　　　　　　　　　（　　）

（4）如果 $x=y$，那么 $\dfrac{x}{2}=\dfrac{y}{2}$；　　　　　　　　　　　　　　　　　（　　）

（5）如果 $x=y$，那么 $\dfrac{x}{a}=\dfrac{y}{a}$；　　　　　　　　　　　　　　　　　（　　）

（6）如果 $x=y$，那么 $\dfrac{x}{a^2+1}=\dfrac{y}{a^2+1}$.　　　　　　　　　　　　　（　　）

【设计意图】 通过两个练习巩固与落实等式的性质.

四、迁移应用,发展能力

例1 利用等式的性质解下列方程:

$(1)x + 7 = 26;$ $\quad (2)-5x = 20;$ $\quad (3)-\dfrac{1}{3}x - 5 = 4.$

师生活动:解方程就是把一个方程最后变形为等号一边只有未知数,另一边是一个常数,即 $x = a$(常数)的过程,这也体现了数学中的一个重要的思想 —— 化归与转化思想.(教师板书各题的解题过程)

追问1:对于第(3)题你还有其他不同的变形方法吗?

追问2:你解对了吗?怎么检验?

【设计意图】 通过此环节,学生了解学习等式的性质的必要性,并能够利用等式的性质求一元一次方程的解,了解解方程的最终目的.

例2 如果 $2x - 3y = 5y - x$,求 x 与 y 的比值.

师生活动:师生共同利用等式的性质进行推理,得到 $x : y = \dfrac{8}{3}$.

【设计意图】 利用等式的性质进行代数推理和公式变形.

五、回顾小结,概括提升

1. 等式的性质有哪些?怎样用字母表示?

2. 解方程的依据是什么?最终必须将方程化为什么形式?

3. 如何检验一个数是不是方程的解?

4. 在应用等式的性质推导结论时要注意哪些要点?

【设计意图】 通过问题导向,引导学生归纳、整理学习内容,使知识系统化、条理化.总结用等式的性质进行推理时的注意要点:

(1) 相同的数或代数式在等式两边都要参加运算,并且是同一种运算.

(2) 等式两边加、减、乘或除以的一定是同一个数或同一个式子.

(3) 等式两边不能都除以0,即0不能作除数或分母.

目标检测

1. 若 $x = -2$ 是方程 $ax + b = 1(a \neq 0)$ 的解,则 $2a - b$ 的值为( ).

A. -2 $\qquad$ B. -1 $\qquad$ C.0 $\qquad$ D.1

2. 下列等式变形中,错误的是( ).

A.若 $a = b$,则 $a - b = 0$ $\qquad$ B.若 $a = b$,则 $ac = bc$

C.若 $\dfrac{a}{c} = \dfrac{b}{c}$,则 $a = b$ $\qquad$ D.若 $a = b$,则 $\dfrac{a}{b} = 1$

3. 天平一端放着3块巧克力,另一端放着1块巧克力和50 g的砝码,这时天平正好平衡,那么1块巧克力的质量是_____g.

4. 用等式性质求方程 $2x - 3 = 4x - 1$ 的解,并说出每一步的依据.

5. 如果 $a + b = 3, 3a + b = 5$,求 a, b 的值.

参考答案:1.B $\quad$ 2.D $\quad$ 3.25 $\quad$ 4.$x = -1$,依据略. $\quad$ 5.$a = 1, b = 2$

【设计意图】 第1~3题检测目标1,第4题检测目标2,第5题检测目标3.

5.1.3　方程习题课

目标	1. 理解方程及其解的概念. 2. 能用等式的性质进行推理,求方程的解,发展推理能力. 3. 整体上把握相关知识之间的关联
重点	整体上认识与把握相关知识之间的关联
难点	用等式的性质进行推理

教学过程设计

一、回顾与整理

> **问题**　为了使校园更美丽,学校买了一批树苗绿化校园,第一天种了全部树苗的 $\frac{2}{5}$,第二天种了 50 棵,两天合计种了 90 棵,学校共买了多少棵树苗?

师生活动:学生列方程,设学校共买了 x 棵树苗.根据题意可得 $\frac{2}{5}x+50=90$.

追问 1:什么是一元一次方程?"元"是什么意思?"次"又是什么意思?

师生活动:教师引导学生回顾:只含有一个未知数(元),等号两边都是整式,未知数的次数都是 1,这样的方程叫作一元一次方程."元"是未知数,"次"是未知数的次数.

追问 2:根据等式的性质求出方程 $\frac{2}{5}x+50=90$ 的解,并指出解方程每一步的依据.

师生活动:教师引导学生写出解方程 $\frac{2}{5}x+50=90$ 的推理过程如下:

两边同减去 50,得 $\frac{2}{5}x+50-50=90-50$,(等式的性质 1)

化简,得 $\frac{2}{5}x=40$,(合并同类项法则)

两边同乘以 $\frac{5}{2}$,得 $\frac{2}{5}x\cdot\frac{5}{2}=40\times\frac{5}{2}$,(等式的性质 2)

化简,得 $x=100$.(乘法交换律,有理数的乘法法则)

追问 3:我们如何才能判断求出的 $x=100$ 是否正确?

师生活动:在学生代入验算后,教师引导学生归纳出方法:检验一个数值是不是某个方程的解,可以把这个数值代入方程,看方程中等号左右两边是否相等,例如:把 $x=100$ 代入方程 $\frac{2}{5}x+50=90$ 的左边,得 $\frac{2}{5}\times100+50=90$.方程中等号左右两边相等,所以 $x=100$ 是原方程的解.

追问 4:什么叫方程的解?能说出等式的性质的具体内容吗?

师生活动:教师引导学生回顾,使方程中等号左右两边相等的未知数的值,叫作这个方程的解.并说出等式的性质:

等式的性质 1:如果 $a=b$,那么 $a\pm c=b\pm c$.

等式的性质 2：如果 $a=b$，那么 $ac=bc$；如果 $a=b$，那么 $\dfrac{a}{c}=\dfrac{b}{c}(c\neq 0)$.

等式的基本事实：

基本事实 1：如果 $a=b$，那么 $b=a$.

基本事实 2：如果 $a=b,b=c$，那么 $a=c$.

追问 5：请回顾刚才的问题解决过程，我们经历了哪些具体步骤？

师生活动：教师引导学生概括前面学习过的知识结构，如图 5.1-5.

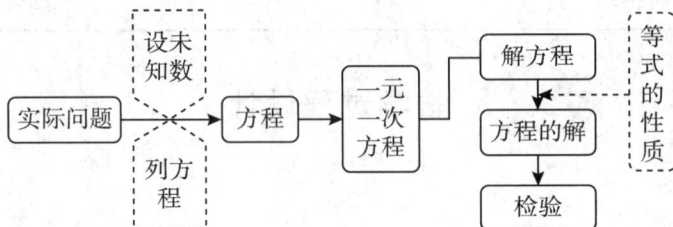

图 5.1-5

【设计意图】通过对一个具体实际问题的设、列、解、验过程，回顾一元一次方程解决实际问题的一般流程以及前面学过的相关知识，对学过的内容有一个系统梳理，并建构相关知识的体系.

二、巩固与提升

环节一：一元一次方程的巩固

1. 根据题意列方程（设某数为 x）：

(1) 某数的 5 倍是 30，列出的方程为 _____；

(2) 某数减去 6，其差是 25，列出的方程为 _____；

(3) 某数的 6 倍比该数的 2 倍大 12，列出的方程为 _____；

(4) 某数的一半加上 4，比该数的 5 倍小 13，列出的方程为 _____.

2. 下列方程中，是一元一次方程的是（　　）.

A. $x^2+x=0$　　　B. $x+y=0$　　　C. $\dfrac{5}{x}+x=0$　　D. $4x-6=0$

【设计意图】用方程表示倍、分、和、差运算与运算结果的关系.

环节二：一元一次方程的提升

3. 下列方程中，解为 $x=3$ 的是（　　）.

A. $3x-2=4+x$　　B. $5x+6=10$　　　C. $5-4x=0$　　　D. $6-5x=2$

4. 设未知数，列出方程.

(1) 甲、乙两车分别从相距 360 km 的两城同时出发，相向而行，刚好 4 h 后相遇，已知甲车的速度比乙车的速度快 10 km/h，求乙车的速度.

(2) 一个梯形的下底比上底多 2 cm，高是 5 cm，面积是 40 cm²，求上底的长度.

【设计意图】通过解决一系列问题，提升解决一元一次方程相关问题的能力，深化认知，发展抽象能力、推理能力、模型观念.

环节三：等式的性质的巩固

5. (1) 若 $3x+5=8$，则 $3x=8-5$，依据是 _____；

(2) 若 $-4x=12$，则 $x=-3$，依据是 _____.

6. 将等式 $3a - 2b = 2a - 2b$ 变形,过程如下:

因为 $3a - 2b = 2a - 2b$,

所以 $3a = 2a$,(第一步)

所以 $3 = 2$.(第二步)

上述过程中,第一步的依据是 _____.

第二步得出错误的结论,其原因是 _____.

7. 由等式 $(a + 2)x = a + 2$ 得到 $x = 1$ 必须满足的条件是 _____;理由是 _____.

8. 下列变形中,错误的是(　　).

A. 若 $2x + 6 = 0$,则 $2x = -6$ 　　　　B. 若 $\dfrac{x + 3}{2} = 1 - x$,则 $x + 3 = 2 - 2x$

C. 若 $ax = b$,则 $x = \dfrac{b}{a}$ 　　　　D. 若 $\dfrac{x}{4} = 4$,则 $x = 16$

【设计意图】 通过解决一系列问题,巩固等式的性质的基础知识,落实基础.

三、迁移综合,发展能力

9. 若 $a = b$,则下列等式中,成立的是 _____.

① $a + 1 = b$;　② $a + 2 = b - 2$;　③ $a + 3 = b + 5$;　④ $\dfrac{a}{3} = \dfrac{b}{3}$.

10. 用等式的性质求 x 的值.

(1) $x + 12 = 19$;　(2) $\dfrac{2}{5}x + 3 = \dfrac{3}{5}$;　(3) $2 - \dfrac{1}{2}x = \dfrac{2}{3}$;　(4) $x + 3 = 6 - 2x$.

11. 已知关于 x 的方程 $3a - x = \dfrac{x}{2} + 3$ 的解是 $x = 2$,求 $(-a)^2 - 2a + 1$ 的值.

【设计意图】 通过解决一系列问题,提升利用等式的性质推理运算的能力.

四、回顾小结,概括提升

1. 怎样判别一个数是不是一个方程的解?

2. 等式有哪些基本性质?

3. 怎样用等式的性质求一元一次方程的解?

4. 用等式的性质推出结论时要注意哪些问题?

目标检测

1. 有以下方程:① $x - 2 = \dfrac{2}{x}$;② $0.3x = 1$;③ $x^2 - 4x = 3$;④ $\dfrac{x}{2} = 5x - 1$;⑤ $x = 6$;⑥ $x + 2y = 0$.其中,一元一次方程的个数是(　　).

A. 2　　　　　　B. 3　　　　　　C. 4　　　　　　D. 5

2. 已知等式 $3a = 2b - 4$,则下列等式中一定不成立的是(　　).

A. $3a - 2b = -4$ 　　　　　　B. $3a - 1 = 2b - 5$

C. $3ac = 2bc - 4$ 　　　　　　D. $3a(c + 1) = (2b - 4)(c + 1)$

3. 给出下列说法:① 等式是方程;② $x = 4$ 是方程 $5x + 20 = 0$ 的解;③ $x = -4$ 和 $x = 6$ 都是方程 $|x - 1| = 5$ 的解.其中,正确的说法是 _____(填序号).

4. 概念学习:若 $a + b = 2$,则称 a 与 b 是关于1的平衡数.

初步探究:5 与 _____ 是关于1的平衡数,_____ 与 -1 是关于1的平衡数.

灵活运用:若 $m=-3x^2+5x-5,n=5x^2-2(x^2+x-4)$,求 x 为何值时,m 与 n 是关于 1 的平衡数?

参考答案: 1. B   2. C   3. ③   4. 初步探究: $-3,3$.灵活运用: $x=-\dfrac{1}{3}$.

【设计意图】 第 1 题、第 3 题检测目标 1,第 2 题检测目标 2,第 4 题检测目标 3.

5.2 解一元一次方程

5.2.1 解一元一次方程(第 1 课时)—— 合并同类项与移项

目标	1.能用合并同类项解" $ax+bx=c$ "类型的一元一次方程,发展代数推理与运算能力. 2.掌握移项方法,会解" $ax+b=cx+d$ "类型的一元一次方程,发展代数推理与运算能力. 3.经历方程基本变形过程,体会解一元一次方程中的化归与转化思想,发展数学思想方法的抽象能力
重点	学会移项,会解" $ax+b=cx+d$ "类型的一元一次方程
难点	理解移项中的符号变化

教学过程设计

一、情境引入,提出问题

我们已经引入了方程这类描述两个量相等关系的新的数学对象,给出了定义,研究了它的性质,并初步研究了用等式的性质和整式的加减运算来解一些简单的一元一次方程.下一阶段,我们继续学习一元一次方程的解法.

二、探究思考,总结方法

环节一:探究合并同类项解一元一次方程

> **问题 1** 某校三年共购买计算机 140 台,去年购买数量是前年的 2 倍,今年购买数量是去年的 2 倍.前年这个学校购买了多少台计算机?

师生活动:① 找相等关系:前年购买量 $+$ 去年购买量 $+$ 今年购买量 $=140$ 台.

② 设未知数:设前年购买计算机 x 台.

③ 列方程: $x+2x+4x=140$.

追问 1: 怎样解这个方程?如何将这个方程转化为 $x=a$ 的形式?

师生活动: $x+2x+4x=140$.

根据分配律,可以把含 x 的项合并,得 $7x=140$.

系数化为 1,得 $x=20$.

总结解题步骤,如图 5.2-1.

追问 2: 上述解方程的过程中每一步的依据分别是什么?

追问 3: 上述问题解决的过程中,列方程所依据的等量关系是什么?

师生活动: 教师引导学生总结等量关系:总量 $=$ 各部分量的和.

【设计意图】 通过解决一个实际问题,让学生感知到方程源于生活,学习合并同类项解方程的方法.

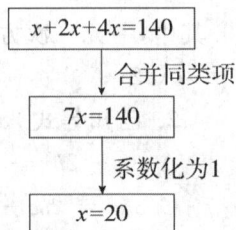

$$x+2x+4x=140$$
合并同类项
$$7x=140$$
系数化为1
$$x=20$$
图 5.2-1

问题 2 解下列方程:

(1)$8x-2x=1-7$; (2)$2x-\dfrac{5}{2}x=6-8$; (3)$7x-2.5x+3x-1.5x=-15\times4-6\times3$.

师生活动: 学生观察、思考,师生共同完成,并说出每一步的依据.

(1)$x=-1$;(2)$x=4$;(3)$x=-13$.

追问: 上述解方程过程中的共同步骤有哪些?这些步骤的依据是什么?

师生活动: 学生相互讨论与补充,将解这些方程的步骤程序化,其一般步骤通常是:合并同类项、系数化为1(如图 5.2-2).

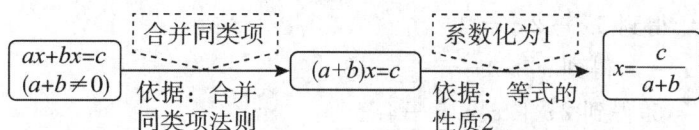

图 5.2-2

【设计意图】 将解这类方程的步骤程序化,为熟练解此类方程提供可能.

环节二:探究移项解一元一次方程

问题 3 图书管理员把一些图书分给某班学生阅读.如果每人 3 本,则剩余 20 本;如果每人 4 本,则还缺 25 本,求这个班共有多少名学生?

师生活动: ① 找相等关系:这批书的总数是一个定值.

② 设未知数:这个班共有学生 x 人.

③ 列方程:$3x+20=4x-25$.

追问 1: 怎样解这个方程?它与刚才遇到的方程有什么不同?

师生活动: 学生讨论后发现,方程的两边都有含 x 的项($3x$ 与 $4x$)和不含字母的常数项(20 与 -25).

追问 2: 如何将这个方程转化为 $ax+bx=c$ 的形式?

师生活动: 学生思考、探索:为使方程的右边没有含 x 的项,等号两边同时减去 $4x$;为使方程的左边没有常数项,等号两边同减去 20,得 $3x-4x=-25-20$.教师引导学生总结列方程所根据的数量关系的特点.

追问 3: 以上方程变形的依据是什么?

师生活动: 依据为等式的性质 1.具体变化过程如图 5.2-3 所示:

$3x+20=4x-25$

$3x-4x=-25-20$

图 5.2-3

归纳: 像上面这样,把等式一边的某项变号后移到另一边,叫作**移项**.

师生共同完成接下来的解答过程,或用框图表示(如图 5.2-4).

追问 4: 以上解方程中移项起到了什么作用?

师生活动: 学生讨论、回答,师生共同整理:通过移项,含未知数的项与常数项分别位于方程中等号的左右两边,便于通过合并同类项使方程转化为 $ax=b$ 的形式,进一步应用等式的性质求得未知数 x 的值.

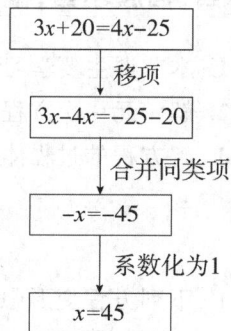

图 5.2-4

追问5：本题列方程所依赖的相等关系有什么特点？

师生活动：教师引导学生总结本题列方程所根据的相等关系的特点是表示同一个量的两个不同的式子相等，并介绍"对消"与"还原"的数学史.

约公元820年，阿拉伯数学家花拉子米在《代数学》中，重点论述了怎样解方程."对消"和"还原"，指的就是"合并同类项"和"移项".

【设计意图】 再次用一个实际问题引入方程，再通过移项、合并同类项、系数化为1的步骤求解方程.

练习 下面的移项对不对？如果不对，应如何改正？

① 从 $x+5=7$，得到 $x=7+5$.

② 从 $5x=2x-4$，得到 $5x-2x=4$.

③ 从 $8+x=-2x-1$，得到 $x+2x=-1-8$.

④ 从 $2x+4-x=5$，得到 $2x+x=5-4$.

问题4 上面这种形如 $ax+b=cx+d$ 类型的方程的解题步骤是怎样的？

师生活动：学生相互讨论与补充，将解题流程程序化，其一般步骤通常是：移项、合并同类项、系数化为1（如图 5.2-5）.

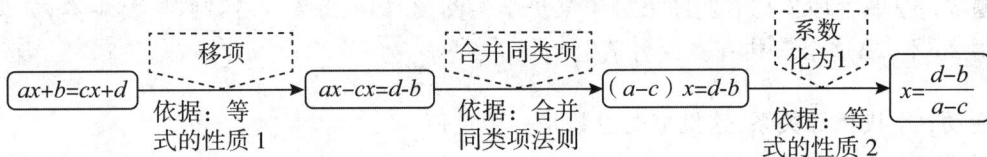

图 5.2-5

【设计意图】 通过移项将解方程步骤程序化，为熟练按移项、合并同类项和系数化为1等步骤解一元一次方程奠定基础.

三、迁移运用，训练技能

例 解方程：(1) $3x+7=32-2x$；(2) $4x-20-x=6x-5+x$.

师生活动：学生用总结的程序解方程，并说出每一步的依据.

练习 用移项的方法解下列方程：

(1) $5+2x=1$；(2) $7x=3x+2$；(3) $8-x=3x+2$.

四、回顾小结，概括提升

1. 本节课主要学习用移项、合并同类项解一元一次方程，你能将其解题过程程序化吗？

2. 解一元一次方程的过程中，移项和合并同类项的依据分别是什么？要注意哪些要点？

3. 解方程的过程体现了怎样的数学思想方法？

目标检测

1. 下列方程变形中，属于移项的是（   ）.

A. 由 $2x=-1$ 得 $x=-\dfrac{1}{2}$ 　　　　　　　B. 由 $\dfrac{x}{2}=2$ 得 $x=4$

C. 由 $5x+6=0$ 得 $5x=-6$　　　　　　D. 由 $4-3x=0$ 得 $-3x+4=0$

2. 下面的框图表示解方程 $3-5x=9-2x$ 的流程：

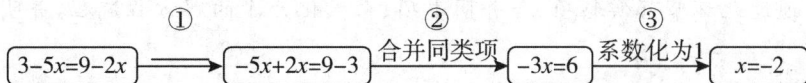

$$3-5x=9-2x \xrightarrow{①} -5x+2x=9-3 \xrightarrow[\text{合并同类项}]{②} -3x=6 \xrightarrow[\text{系数化为1}]{③} x=-2$$

(1) 第 ① 步的名称是_____，依据是_____.

(2) 第 ③ 步系数化为 1 所进行的方程变形是_____，依据是_____.

3. 解方程：$(1) x+\dfrac{1}{2}x+\dfrac{1}{3}x=2$；　$(2) x-1=5-x$；　$(3) \dfrac{1}{2}x-6=\dfrac{3}{4}x$.

参考答案：1. C　**2.** (1) 移项，等式的性质 1；(2) 两边除以 -3，等式的性质 2.

3. $(1) x=\dfrac{12}{11}$；$(2) x=3$；$(3) x=-24$

【设计意图】 第 1 题检测目标 1，第 2 题检测目标 2，第 3 题 (1) 检测目标 1 和目标 3，第 3 题 (2)(3) 检测目标 2 和目标 3.

5.2.2　解一元一次方程（第 2 课时）——合并同类项与移项习题课

目标	1. 能熟练地利用合并同类项、移项解一元一次方程，发展运算能力和推理能力. 2. 体会用一元一次方程解决实际问题的方法，发展模型观念
重点	会用移项、合并同类项和系数化为 1 解一元一次方程，并解决实际问题
难点	在具体情境中找等量关系，列方程

教学过程设计

一、解决问题，回忆方法原理

> **问题** 已知小雨、小思的年龄和是 25，且小雨年龄的 2 倍比小思的年龄大 8 岁，求小雨、小思的年龄各是几岁？

师生活动： 设小雨的年龄为 x 岁，小思的年龄可以用两个不同的代数式 $25-x$ 和 $2x-8$ 来表示. 由于这两个不同的式子表示的是同一个量，因此我们又可以写成 $25-x=2x-8$. 这样就得到了一个一元一次方程.

【设计意图】 以年龄问题导入新课，增加了课堂趣味性，活跃了课堂气氛.

追问 1： 如何解一元一次方程 $25-x=2x-8$？

师生活动： 师生分析方程特点，给出解方程的过程.

解： 移项，得 $-x-2x=-8-25$.

合并同类项，得 $-3x=-33$.

系数化为 1，得 $x=11$.

追问 2： 你解对了吗？怎样检验结果是否正确？

追问 3： 解此类方程时应该注意的事项有哪些？

追问 4： 本题列方程所依据的等量关系有什么特点？

师生活动： 教师引导学生总结：(1) 检验解方程的结果是否正确，需要把求得未知数的值代入方程，检验方程中等号两边的值是否相等；(2) 求方程的解就是对方程进行适当的变形，将其化成 $x=a$

的形式；(3)移项要改变符号，且从方程的一边移到另一边，与加法交换律有本质的区别；(4)将未知数的系数化为1时要注意系数的符号；(5)注意等量关系特点，一个量可以用两个不同的代数式表达.

【设计意图】 通过此环节落实移项、合并同类项、系数化为1的解方程流程，并明确每一步操作的依据，了解算理.

练习 解下列方程，在解方程的每一个步骤后用括号标注依据，并检验结果是否正确.

$(1)3x+5=4x+1$；　$(2)9-3y=5y+5$；　$(3)\dfrac{3}{2}x-1=0.5x-3$.

师生活动：学生独立完成题目，讨论交流. 教师从中发现学生的不足并加以改进.

【设计意图】 巩固移项、合并同类项的步骤，理解其依据.

二、巩固与应用

例1 有一列数，按一定规律排列成 $1,-3,9,-27,81,-243,\cdots$，第 n 个数是 $(-3)^{(n-1)}$，其中某三个相邻数的和是 -1701，求这三个数分别是多少.

师生活动：教师引导学生分析问题，示范表达解决问题过程.

解：设这三个相邻数中的第1个数为 x，则第2个数为 $-3x$，第3个数为 $-3\times(-3x)=9x$.

根据这三个数的和是 -1701，得 $x-3x+9x=-1701$.

合并同类项，得 $7x=-1701$.

系数化为1，得 $x=-243$.

所以 $-3x=729,9x=-2187$.

答：这三个数分别是 $-243,729,-2187$.

【设计意图】 让学生经历建立一元一次方程解决问题的过程，巩固算法，形成技能.

例2 某制药厂制造一批药品，若用旧工艺，则废水排量要比环保限制的最大量还多200 t；若用新工艺，则废水排量比环保限制的最大量少100 t. 已知新旧工艺的废水排量之比为 $2:5$，求两种工艺的废水排量分别是多少.

师生活动：师生分析问题，学生模仿表达解题过程.

解：设新、旧工艺的废水排量分别为 $2x$ t 和 $5x$ t.

根据废水排量与环保限制最大量之间的关系，得 $5x-200=2x+100$.

移项，得 $5x-2x=100+200$.

合并同类项，得 $3x=300$.

系数化为1，得 $x=100$.

所以 $2x=200,5x=500$.

答：新、旧工艺产生的废水排量分别为 200 t 和 500 t.

【设计意图】 让学生经历建立一元一次方程解决问题的过程，并梳理解一元一次方程的步骤：移项 — 合并同类项 — 系数化为1.

练习 甲、乙要共同录入一份文稿，甲需完成的任务是乙需完成的 $\dfrac{23}{25}$.

(1) 甲、乙录入任务的字数之比为 _____；

(2) 当甲录入这份文稿的 $\dfrac{1}{6}$，乙录入这份文稿的 $\dfrac{1}{8}$ 时，甲比乙多录入1500字，求这份文稿的字数；

(3) 在(2)的条件下，当甲录入了他的任务的 $\dfrac{1}{2}$ 时有事离开，此时甲录入的文字比乙录入文字的

$\frac{7}{5}$ 倍少 1000 字,求此时乙录入了多少字?

师生活动:学生独立完成题目,讨论交流.教师从中发现学生的不足并加以改进.

【设计意图】 让学生经历建立一元一次方程解决问题的过程,并梳理解一元一次方程的步骤:移项 — 合并同类项 — 系数化为 1.

三、综合提升

> **例 3** 已知 $x = 3$ 是关于 x 的方程 $4x - 2m = 3x - m$ 的解,求 m 的值.

师生活动:师生分析,教师示范解题过程,学生解决变式问题.

解:将 $x = 3$ 代入方程 $4x - 2m = 3x - m$,得 $12 - 2m = 9 - m$.

移项,得 $-2m + m = 9 - 12$.

合并同类项,得 $-m = -3$.

系数化为 1,得 $m = 3$.

变式 1:已知关于 x 的方程 $4x - 2m = 3x - m$ 与方程 $2x = 3x - 1$ 的解相同,求 m 的值.

变式 2:已知关于 x 的方程 $4x - 2m = 3x - m$ 的解与关于 y 的方程 $\frac{y}{2} + m = \frac{y}{3} - \frac{m}{3} + 1$ 的解的和为 1,求 m 的值.

【设计意图】 结合方程的解的概念和用移项、合并同类项的步骤解一元一次方程来解决问题,需要转换未知数.

四、回顾小结,概括提升

1. 如何判断方程的解是否正确?

2. 解一元一次方程有哪些步骤?依据是什么?

3. 解一元一次方程的过程体现了怎样的数学思想?

目标检测

1. 下列变形中,正确的是(   ).

A. 由 $2 - x = 3$ 得 $x = 3 - 2$

B. 由 $2x = 3x + 4$ 得 $-4 = 3x - 2x$

C. 由 $3x = 2$ 得 $x = \frac{3}{2}$

D. 由 $\frac{1}{3}x = 0$ 得 $x = 3$

2. 解一元一次方程:

(1) $3x - 32 = -2x - 7$;

(2) $-\frac{1}{2}x - 5 = \frac{1}{3}x - 3$.

3. 已知 $x = \frac{1}{2}$ 是关于 x 的方程 $3m + 8x = \frac{1}{2} + x$ 的解,求关于 x 的方程 $m + 2x = 2m - 3x$ 的解.

4. 甲、乙两个水池共贮水 40 吨.如果甲池注进 4 吨,乙池放出 8 吨,那么甲池和乙池贮水量相等.则乙池原来贮水多少吨?

参考答案:1. B   **2.** (1) $x = 5$;(2) $x = -\frac{12}{5}$ **3.** $x = -\frac{1}{5}$ **4.** 乙池原有水 26 吨.

【设计意图】 第 1 ~ 2 题检测目标 1,第 3 ~ 4 题检测目标 2.

5.2.3　解一元一次方程（第3课时）—— 去括号

目标	1.会用去括号解含括号的一元一次方程,发展运算能力和推理能力. 2.经历探索用去括号解方程的过程,进一步熟悉方程的变形,弄清楚每步变形的依据,发展推理能力. 3.经历用一元一次方程解决实际问题的过程,发展模型观念
重点	会解含括号的一元一次方程
难点	去括号中的符号变化规律

教学过程设计

一、情境引入,提出问题

问题1　老师昨天买了3支笔、5本日记本,共花了18元,可是他忘记了各自的单价,只记得每支笔比每本日记本少2元.你知道每支笔的价格吗?

师生活动:教师鼓励学生尽可能想出更多的方法,列出不同的方程.

若设每支笔的价格为 x 元,可列出下列不同的方程:

①$3x+5(x+2)=18$;

②$18-3x=5(x+2)$;

③$(3+5)x+2\times5=18$;

④$3x+5x+2\times5=18$.

若设每本日记本的价格为 x 元,则可列出方程:

⑤$3(x-2)+5x=18$.

板书完成后,让学生解释列方程所依据的等量关系.

【设计意图】　让学生独立分析等量关系,自己设未知数列方程,并解释列方程所依据的等量关系,提出怎样解带括号的一元一次方程的问题.

二、探究思考,形成新知

问题2　在问题1列出来的5个方程中,哪些方程用前面学过的方法可以解?请解出这些方程.哪些方程用前面学过的方法还不能解?为什么?

师生活动:学生交流讨论发现方程 ③④ 可以用前面学过的方法来解,而方程 ①②⑤ 用前面学习的方法还解不了,因为这几个方程中含有括号.

追问1:你认为应该如何解含括号的一元一次方程 ①②⑤?

解含括号的一元一次方程首先要去括号,如 $3x+5(x+2)=18$,

去括号,得 $3x+5x+10=18$.

移项,得 $3x+5x=18-10$.

合并同类项,得 $8x=8$.

系数化为1,得 $x=1$.

追问2:为什么要去括号?去括号时的易错点在哪里?

师生活动:教师引导学生总结:若方程中含有括号,可根据乘法分配律和去括号法则化简.

若括号前面是"+"号,把"+"号和括号去掉,括号内各项都不改变符号;若括号前面是"-"号,把"-"号和括号去掉,括号内各项都改变符号.

去括号时要注意:① 不要漏乘括号内的任何一项;② 若括号前面是"-"号,记住去括号后括号内各项都变号.

追问3:你能求解剩下几个含括号的方程吗?

【设计意图】 探究解含括号的一元一次方程的方法,体会化归与转化思想.

三、辨别应用,巩固新知

例1 解方程 $2x - 3(x+6) = 5x + 2(x-1)$.

师生活动:师生共同完成题目,教师板书.

解:去括号,得 $2x - 3x - 18 = 5x + 2x - 2$, (分配律)

移项,得 $2x - 3x - 5x - 2x = -2 + 18$, (等式的性质1)

合并同类项,得 $-8x = 16$, (合并同类项法则)

系数化为1,得 $x = -2$. (等式的性质2)

归纳:解含括号的一元一次方程的步骤:去括号 — 移项 — 合并同类项 — 系数化为1.

练习 解方程:(1) $2(x+3) = 5x$; (2) $3x - 7(x-1) = 3 - 2(x+3)$;

(3) $6\left(\dfrac{1}{2}x - 4\right) + 2x = 7 - \left(\dfrac{1}{3}x - 1\right)$.

师生活动:学生先独立解答,然后相互对照纠错,最后归纳提炼.

【设计意图】 通过例题与练习巩固含括号的一元一次方程的解法.

四、综合应用,发展能力

例2 一艘船从甲码头到乙码头顺流行驶,用了 2 h;从乙码头返回甲码头逆流行驶,用了 2.5 h.已知水流的速度是 3 km/h,求船在静水中的平均速度.

师生活动:教师引导学生分析题意,列出方程,解决问题.

分析:(1) 顺流行驶速度、逆流行驶速度、水流速度、船在静水中的平均速度之间有哪些数量关系?

顺流行驶速度 = 船在静水中的平均速度 + 水流速度,

逆流行驶速度 = 船在静水中的平均速度 - 水流速度.

(2) 若设船在静水中的平均速度为 x km/h,

则顺流行驶速度为 _____ km/h,逆流行驶速度为 _____ km/h.

顺流的路程为 _____ ,逆流的路程为 _____ ,相等关系为 _____ .

解:一般情况下,船返回是按原路线行驶的,因此可以认为此船往返的路程相等,设船在静水中的平均速度为 x km/h,由此,列方程 $2(x+3) = 2.5(x-3)$.

去括号,得 $2x + 6 = 2.5x - 7.5$.

移项及合并同类项,得 $-0.5x = -13.5$.

系数化为1,得 $x = 27$.

答:船在静水中的平均速度为 27 km/h.

【设计意图】 从现实问题出发,列出需要去括号的一元一次方程,通过解方程获得实际问题的解.

练习1 一艘轮船往返于 A,B 两地之间,由 A 地到 B 地是顺水航行,由 B 地到 A 地是逆水航行. 已知船在静水中的速度是 20 km/h,由 A 地到 B 地用了 6 h,由 B 地到 A 地所用的时间是由 A 地到 B 地所用时间的 1.5 倍,求水流速度.

练习2 某工厂采取节能措施,去年下半年与上半年相比,月平均用电量减少 2000 kW·h,全年用电量为 150000 kW·h. 这个工厂去年上半年平均每月的用电量是多少?

五、回顾小结,概括提升

1. 解一元一次方程为什么要去括号?

2. 解一元一次方程应该怎样去括号?

3. 去括号的依据是什么?需要注意什么?

目标检测

1. 解方程 $2(3x-1)-(x-4)=1$ 时,去括号正确的是(　　).

   A. $6x-1-x-4=1$ B. $6x-1-x+4=1$

   C. $6x-2-x-4=1$ D. $6x-2-x+4=1$

2. 解方程 $5(x-2)=6\left(\dfrac{x}{2}-\dfrac{1}{3}\right)$ 有以下四个步骤,其中第 ① 步的依据是_____.

解:① 去括号,得 $5x-10=3x-2$.

② 移项,得 $5x-3x=10-2$.

③ 合并同类项,得 $2x=8$.

④ 系数化为 1,得 $x=4$.

3. 当 $x=-2$ 时,代数式 $x(2-m)+4$ 的值等于 18,则当 $x=3$ 时,这个代数式的值为_____.

4. 当 y 取何值时,$2(3y+4)$ 的值比 $5(2y-7)$ 的值大 3?

参考答案:**1.** D　　**2.** 分配律　　**3.** -17　　**4.** $y=10$.

【设计意图】 第1题检测目标1,第2~3题检测目标2,第4题检测目标3.

5.2.4　解一元一次方程(第4课时)——去分母

目标	1. 会用去分母解含分母的一元一次方程,理解去分母的依据,发展运算能力与推理能力. 2. 能概括解一元一次方程的算法,发展数学思想方法的抽象能力,能综合运用算法解一元一次方程. 3. 经历用一元一次方程解决实际问题的过程,发展模型观念
重点	列方程解决实际问题,会解含分母的一元一次方程
难点	去分母后易错点:去分母后忘记添括号,去分母时漏乘某些项

教学过程设计

一、创设情境,导入新课

引言 路沙·彼得曾提出过一个烧水问题:用火柴、火炉、水龙头、烧水壶,如何烧出一壶热水?

步骤:① 拿壶到水龙头接水;② 把壶放在火炉上;③ 用火柴点燃火炉;④ 等水沸腾.

如果现在这个壶里面已经装满水了,你会怎么办呢?

物理学家认为只需完成后面三步.数学家则会这么做:①把水倒掉;②转化为前面第一种情况.虽然故事中将数学家描述得很机械,但却借此很好地解释了数学中最为重要的思想 —— 化归与转化思想.我们学习每一个新的知识时,都是将其转化为已有知识来解决的.

追问:这个故事与我们今天学习的内容又有什么关系呢?

【设计意图】 通过一个故事,让学生了解化归与转化思想,联想到解方程过程中的转化的数学方法.

> **问题 1** 解方程 $\frac{1}{7}(x+4)=\frac{1}{4}(x+20)$.

师生活动:学生独立完成题目.

方法一:去括号,得 $\frac{1}{7}x+\frac{4}{7}=\frac{1}{4}x+5$.

移项,得 $\frac{1}{7}x-\frac{1}{4}x=5-\frac{4}{7}$.

合并同类项,得 $-\frac{3}{28}x=\frac{31}{7}$.

系数化为 1,得 $x=-\frac{124}{3}$.

方法二:两边同乘以 28,得 $4(x+4)=7(x+20)$,

去括号,得 $4x+16=7x+140$.

移项,得 $4x-7x=140-16$.

合并同类项,得 $-3x=124$.

系数化为 1,得 $x=-\frac{124}{3}$.

【设计意图】 通过用两种方法解一元一次方程,体会去分母的优势,提出去分母的问题.

二、探究思考,形成新知

> **问题 2** 问题 1 中两种解方程的方法有何不同?你认为哪种方法更简单?

师生活动:大多数学生都会采用去括号后再移项来解这个方程,即用方法一解决问题.方法二利用等式的性质去分母解方程,先把分数系数转化为整数,不易出错,比较简便.通过比较,进一步体会去分母的优势,理解去分母的依据和基本思想.

追问:下列三个方程又应该如何求解?

(1) $\frac{1}{4}(x+14)=\frac{1}{12}(x+20)$;(2) $\frac{1}{4}(x+14)-1=\frac{1}{12}(x+20)$;(3) $\frac{x+14}{4}=1-\frac{x+20}{12}$.

师生活动:以上三个方程,第(1)题与问题 1 中方程形式相似,最为简单.第(2)题和第(3)题是在第(1)题的基础上修改得来的.通过分析学生的易错点,一层层地引出去分母的注意事项.

第一,去分母时,乘分母的最小公倍数不能漏乘不含分母的项,比如,第(2)(3)题中的 -1 和 1 这两项不能漏乘.让学生在去分母之前,先画出哪几部分需要乘,再去分母.

第二,去分母后,分子部分要加括号(分数线的作用:一是除号的作用,二是括号的作用.去分母后,得到一个带括号的整式方程),去分母前可让学生们把所有的分子部分用红笔添加括号,这一步可减少去分母的错误.

【设计意图】 通过比较,让学生知道去括号与去分母解方程的不同之处,让学生自己找到解决问题的办法,关注易错点,加强对典型错误的辨别与算理分析.

> **问题 3** 解方程 $\dfrac{3x+1}{2} - 2 = \dfrac{3x-2}{10} - \dfrac{2x+3}{5}$.

师生活动:师生一起分析、解决,并概括出解含分母的一元一次方程的一般步骤.

归纳:解含分母的一元一次方程的一般步骤:去分母 — 去括号 — 移项 — 合并同类项 — 系数化为 1.

（1）去分母所选的乘数应是所有分母的最小公倍数,不要遗漏;

（2）用分母的最小公倍数去乘方程的两边时,不要漏掉等号两边不含分母的项,如上面方程中的"-2";

（3）去分母以后,分数线也同时去掉,分子的多项式用括号括起来.

具体解方程过程如下:

解:去分母,得 $5(3x+1) - 10 \times 2 = (3x-2) - 2(2x+3)$.

去括号,得 $15x + 5 - 20 = 3x - 2 - 4x - 6$.

移项,得 $15x - 3x + 4x = -2 - 6 - 5 + 20$.

合并同类项,得 $16x = 7$.

系数化为 1,得 $x = \dfrac{7}{16}$.

【设计意图】 通过具体例子概括解含分母的一元一次方程的一般步骤,实现解一元一次方程过程的算法化.

三、辨别应用,巩固新知

练习 把下列方程去分母后,所得的结果对不对?如果不对,错在哪里?应怎样改正?

（1）$\dfrac{3}{7}(3x+7) = 2$,去分母,得 $21(3x+7) = 14$.

（2）$\dfrac{2x-1}{6} - \dfrac{5x+1}{4} = 1$,去分母,得 $2(2x-1) - 3(5x+1) = 1$.

（3）$\dfrac{2x+3}{2} - \dfrac{9x+5}{8} = 0$,去分母,得 $4(2x+3) - (9x+5) = 8$.

（4）$\dfrac{2x+1}{3} - \dfrac{10x+1}{6} = 1$,去分母,得 $2(2x+1) - 10x + 1 = 6$.

> **例 1** 解方程 $\dfrac{2x+1}{4} + \dfrac{10x+1}{6} = 1 - \dfrac{1-2x}{3}$.

师生活动:练习由学生独立完成,例 1 学生板书,师生评价,特别要评价去分母的易错点.

【设计意图】 引导学生用概括出的一般步骤自主解一元一次方程.

四、综合应用,发展能力

> **例 2** 大客车与小轿车同时从高速公路的 A 入口进入,从 B 出口驶离高速,结果小轿车比大客车早 15 min 在 B 出口驶离高速,小轿车的平均速度是 100 km/h,大客车的平均速度为 80 km/h,问:这段高速路程有多长?

师生活动:教师引导学生分析数量关系,列出方程,并用解一元一次方程的一般步骤解决问题.

分析:等量关系为:大客车所用时间 — 小轿车所用的时间 $= \dfrac{1}{4}$ h.

解:设这段高速公路的路程为 x km.根据题意,得 $\dfrac{x}{80} - \dfrac{x}{100} = \dfrac{1}{4}$.

去分母,得 $10x - 8x = 200$.

合并同类项,得 $2x = 200$.

系数化为 1,得 $x = 100$.

答:这段高速公路长为 100 km.

【设计意图】 经历列一元一次方程和用去分母解方程解决实际问题的过程,发展模型观念、推理能力和运算能力.

五、回顾小结,概括提升

1. 解一元一次方程的一般步骤是怎样的?

2. 解一元一次方程的每一步的依据是什么?

3. 解一元一次方程体现怎样的数学思想方法?

师生活动:教师引导学生总结解一元一次方程的一般步骤如下:

一般步骤	依据	注意事项
① 去分母(方程两边同时乘以各个分母的最小公倍数)	等式的性质 2	1. 不要漏乘不含分母的项. 2. 若分子是含未知数的多项式,其作为一个整体应加上括号
② 去括号	去括号法则(或分配律)	1. 不要漏乘括号里的项. 2. 不要搞错符号
③ 移项	等式的性质 1	移项要变号
④ 合并同类项	合并同类项法则(或分配律)	1. 系数相加. 2. 字母部分不变
⑤ 系数化为 1	等式的性质 2	分子与分母不要颠倒

目标检测

1. 解方程 $\dfrac{1.5x}{0.6} - \dfrac{1.5 - x}{2} = 0.5$ 时,以下变形正确的是（ 　　）.

A. $\dfrac{5x}{2} - \dfrac{15 - x}{2} = 5$ 　　　　　　　　B. $\dfrac{5x}{2} - \dfrac{15 - 10x}{2} = 5$

C. $\dfrac{5x}{2} - \dfrac{15 - x}{20} = 0.5$ 　　　　　　　D. $\dfrac{5x}{2} - \dfrac{3 - 2x}{4} = 0.5$

2. 学习了一元一次方程的解法后,老师布置了这样一道题"解方程 $\dfrac{3x + 1}{2} - \dfrac{x - 7}{4} = 1$",甲、乙两位同学的解答过程分别如下:

甲同学		乙同学	
解方程 $\dfrac{3x + 1}{2} - \dfrac{x - 7}{4} = 1$.		解方程 $\dfrac{3x + 1}{2} - \dfrac{x - 7}{4} = 1$.	
解: $\dfrac{3x + 1}{2} \times 4 - \dfrac{x - 7}{4} \times 4 = 1 \times 4$.	第①步	解: $\dfrac{3x + 1}{2} \times 4 - \dfrac{x - 7}{4} \times 4 = 1$.	第①步
$2(3x + 1) - x - 7 = 4$.	第②步	$2(3x + 1) - x + 7 = 1$.	第②步
$6x + 2 - x - 7 = 4$.	第③步	$6x + 2 - x + 7 = 1$.	第③步
$6x - x = 4 - 2 + 7$.	第④步	$6x - x = 1 - 2 - 7$.	第④步
$5x = 9$.	第⑤步	$5x = -8$.	第⑤步
$x = \dfrac{9}{5}$.	第⑥步	$x = -\dfrac{8}{5}$.	第⑥步

（1）检验这两位同学通过解方程得到的结果是否正确？写出检验的过程.

（2）请你选择一位错误同学的解答过程，帮助他分析错因，并加以改正.

① 我选择_____同学的解答过程进行分析（填"甲"或"乙"）；

② 该同学的解答过程从第_____步开始出现错误（填序号），错误的原因是_____；

③ 请写出正确的答案.

参考答案：1. D 2.（1）甲、乙两人得到的结果都错误，检验的过程略.（2）乙；①；去分母时漏乘；$x = -1$.（答案不唯一）

【设计意图】 第 1 题检测目标 1，第 2 题检测目标 2.

5.2.5 解一元一次方程（第 5 课时）—— 综合

目标	1. 掌握解一元一次方程的一般步骤，能检验一元一次方程的解的正确性，能熟练地解一元一次方程，进一步发展代数推理能力和运算能力. 2. 能说出解一元一次方程中每一步骤的依据及解方程的转化思想，发展推理能力和抽象能力. 3. 经历建立方程模型解决简单实际问题的过程，发展模型观念
重点	依据一般步骤，选择合理的方法解一元一次方程
难点	避免解方程中的常见错误，理解解方程中的运算和推理依据

教学过程设计

一、回顾与思考

问题 1 一批树苗按下列方法依次由各班领取：一班取 100 棵和余下的 $\frac{1}{10}$，二班取 200 棵和余下的 $\frac{1}{10}$，三班取 300 棵和余下的 $\frac{1}{10}$，……，最后树苗全部被取完，且各班的树苗数都相等，求树苗总数和班级数.

师生活动：设树苗总数为 x 棵，由一班、二班的树苗数相等可列方程：

$$100 + \frac{x-100}{10} = 200 + \frac{1}{10}\left(x - 300 - \frac{x-100}{10}\right),$$

去分母，得 $1000 + (x - 100) = 2000 + (x - 300 - 0.1x + 10)$.　　（依据：等式的性质 2）

去括号，得 $1000 + x - 100 = 2000 + x - 300 - 0.1x + 10$.　　（依据：分配律）

移项，得 $x - x + 0.1x = 2000 - 300 + 10 - 1000 + 100$.　　（依据：等式的性质 1）

合并同类项，得 $0.1x = 810$.　　（依据：合并同类项法则）

系数化为 1，得 $x = 8100$.　　（依据：等式的性质 2）

$$100 + \frac{x-100}{10} = 900.$$

$$8100 \div 900 = 9.$$

转化

答：树苗总数为 8100 棵，班级数为 9 个.

追问 1：上述解出的一元一次方程的结果正确吗？怎样检验？

追问 2：解一元一次方程时经历了哪些步骤？每一步的依据是什么？

追问3：解一元一次方程的过程蕴含了怎样的数学思想？

师生活动：教师引导学生回顾检验方程的解的方法，解一元一次方程的一般步骤（去分母、去括号、移项、合并同类项、系数化为1），每一步的依据，解方程过程中的转化思想.

【设计意图】 引导学生回顾解方程的步骤、依据、思想，学会检验方程的解.

二、巩固与提升

> **问题2** 解方程时是否一定要用到五个步骤？解方程是否一定要按照自上而下的顺序进行？

师生活动：教师引导学生回顾，解方程时，五个步骤中有些可能用不到，也不一定要按照自上而下的顺序，而是要根据方程的特点灵活安排求解步骤. 同时某些步骤还可以重复进行. 解方程的最终目标是将方程化为"$x = a$"的形式.

练习 解方程：(1) $\frac{1}{4}x + 1 = \frac{1}{2}x - 3$；　(2) $4x - 6x + 7 - 5x = x - 1$.

【设计意图】 巩固与落实解方程的步骤，求解两个比较基础的方程为学生提供心理准备、知识准备，为本节课的顺利教学做好铺垫.

> **例1** 解方程 $\frac{1}{2}(x - 3) = 2 - \frac{1}{2}(x - 3)$.

师生活动：要求学生先独立解此方程，学生一般是先去括号或先去分母求解，然后教师指出，解此方程时，先移项比去分母更为简便.

追问1：如何验证得到的解是否正确？

追问2：解方程每一步的依据是什么？

追问3：你认为解方程的每一步分别要注意什么问题？

① 去分母，要防止漏乘，特别是不含分母的项；分子是多项式的，去分母后一定要添括号.

② 去括号，要注意不能漏乘，否则符号易出错.

③ 移项，容易忘记变号，防止漏项.

④ 合并同类项，要注意系数的计算要准确.

⑤ 系数化为1，分子和分母不能颠倒.

追问4：解方程体现怎样的数学思想方法？

> **例2** 解方程 $\frac{x}{0.7} - \frac{0.17 - 0.2x}{0.03} = 1$.

师生活动：引导学生分析题目的特征，指出原方程的分子与分母都含有小数，可以先用分数的基本性质将它们化成整数. 把小数化成整数的方法与方程两边同时乘以各分母的最小公倍数的方法是不同的，前者依据的是分数的基本性质，每一项的值不变，后者依据的是等式的性质2，每一项的值都变化，但左右相等的关系不变，前者是恒等变形，后者是同解变形.

练习 解方程：(1) $\frac{65}{100}(y - 1) = \frac{37}{100}(y + 1) + 0.1$；

(2) $\frac{x - 3}{2} + \frac{6 - x}{3} = \frac{2}{3}\left(1 + \frac{1 + 2x}{4}\right)$；

(3) $2\left[\frac{4}{3} - \left(\frac{2}{3}x - \frac{1}{2}\right)\right] = \frac{3}{4}x$.

例 3 一名通讯员骑自行车把信送往某地.如果骑行速度为 15 km/h,就比预定时间少用 24 min;如果骑行速度为 12 km/h,就比预定时间多用 15 min,那么预定时间是多少小时?他去该地的路程有多远?

师生活动: 教师引导学生分析,示范解题过程.

解: 设预定时间为 x h.

根据题意,得 $15\left(x - \dfrac{24}{60}\right) = 12\left(x + \dfrac{15}{60}\right)$,

解得 $x = 3$.

所以 $15 \times \left(3 - \dfrac{24}{60}\right) = 39$.

答:预定时间为 3 h,路程为 39 km.

【设计意图】 完整经历建立一元一次方程模型解决实际问题的过程.

三、回顾小结,概括提升

1. 怎样检验一元一次方程的解?
2. 解一元一次方程的一般步骤是怎样的?
3. 解一元一次方程的每一步的依据是什么?
4. 解一元一次方程体现怎样的数学思想方法?

目标检测

1. 解方程,并说出解方程(2)中每一步的依据:

   (1) $\dfrac{19}{100}x = \dfrac{21}{100}(x - 2)$;　　　　　　(2) $\dfrac{x+1}{2} - 2 = \dfrac{x}{4}$;

   (3) $\dfrac{5x-1}{4} = \dfrac{3x+1}{2} - \dfrac{2-x}{3}$;　　　　(4) $\dfrac{3x+2}{2} - 1 = \dfrac{2x-1}{4} - \dfrac{2x+1}{5}$.

2. 当 x 为何值时,代数式 $\dfrac{3-4x}{2}$ 的值与 $\dfrac{x-5}{3}$ 的值互为相反数?

3. 一辆客车和一辆卡车同时从 A 地出发沿同一公路同方向行驶,客车的行驶速度是 70 km/h,卡车的行驶速度是 60 km/h,客车比卡车早 1 h 经过 B 地.求 A,B 两地间的路程是多少?

参考答案:1. (1) $x = 21$;(2) $x = 6$;(3) $x = -\dfrac{1}{7}$;(4) $x = -\dfrac{9}{28}$.

2. $-\dfrac{1}{10}$.

3. 设 A,B 两地相距 x km,则 $\dfrac{x}{60} - \dfrac{x}{70} = 1$,解得 $x = 420$.答:A,B 两地间的路程为 420 km.

【设计意图】 第 1 题检测目标 1、目标 2,第 2 题检测目标 1,第 3 题检测目标 3.

5.3　实际问题与一元一次方程

5.3.1　实际问题与一元一次方程(第1课时)

目标	1.经历配套问题、工程问题的解决过程,抽象出建立一元一次方程模型解决实际问题的步骤和基本思想,发展抽象能力. 2.能建立一元一次方程模型解决实际问题,发展模型观念. 3.体会一元一次方程的应用价值
重点	抽象出建立一元一次方程模型解决实际问题的步骤和基本思想
难点	抽象建立一元一次方程模型解决实际问题的基本思想

教学过程设计

一、解决问题,初步总结

前面学习了一元一次方程的解法,接下来我们学习如何用一元一次方程解决实际问题.

问题 1　某车间有 22 名工人,每人每天可以生产 1200 个螺钉或 2000 个螺母.1 个螺钉需要配 2 个螺母,为使每天生产的螺钉和螺母刚好配套,应安排生产螺钉和螺母的工人各多少人?

师生活动:教师引导学生设出未知数,分析数量关系,列出方程解决问题.

分析:螺钉、螺母的数量列表如下:

项目	螺钉	螺母
工效	1200	2000
数量	x	$22-x$
总量(= 工效×数量)	$1200x$	$2000(22-x)$

要使螺钉和螺母配套,螺母的总量应该等于螺钉的总量的 2 倍.

解:设应安排 x 名工人生产螺钉,$(22-x)$ 名工人生产螺母.

根据螺母的总量是螺钉总量的 2 倍,列出方程 $2000(22-x)=2\times1200x$.

整理,得 $5(22-x)=6x$.

去括号,得 $110-5x=6x$.

移项,得 $11x=110$.

系数化为 1,得 $x=10$.

$22-x=12$.

答:应安排 10 名工人生产螺钉,12 名工人生产螺母.

追问 1:上述利用一元一次方程解决实际问题经历了哪些步骤?

追问 2:如果设 x 名工人生产螺母,怎样列方程?

师生活动:教师引导学生总结列一元一次方程解决实际问题的步骤:

① 审:分析题中涉及的已知量、未知量、量与量之间的关系.

② 设:分析确定要求的未知量.

③ 列：找等量关系，列方程.

④ 解：根据列出来的方程，求出方程的解.

⑤ 检：检验解方程的过程是否正确，方程的解是否符合实际意义.

⑥ 答：确定实际问题的答案.

追问3：上述问题解决过程中你是怎样想的？

师生活动：教师引导学生总结，得到如图 5.3-1 所示的流程图.

图 5.3-1

【设计意图】 经历列一元一次方程解决实际问题的过程，总结解决问题的步骤和基本思想.

二、再解问题，抽象方法

问题2 整理一批图书，由一个人做要 40 小时完成，现在计划由一部分人先做 4 小时，再增加 2 人和他们一起做 8 小时，完成这项工作.假设这些人的工作效率相同，计划先安排多少人工作？

师生活动：自主审题 — 尝试解决 — 小组交流 — 展示评价.

解：设计划先安排 x 人工作.

根据题意，得 $\dfrac{4x}{40} + \dfrac{8(x+2)}{40} = 1$，

即 $x + 2(x+2) = 10$.

解得 $x = 2$.

答：计划先安排 2 人工作.

追问：解决这个实际问题的一般步骤是什么？基本思想是什么？

师生活动：教师引导学生再次概括（如图 5.3-2）：

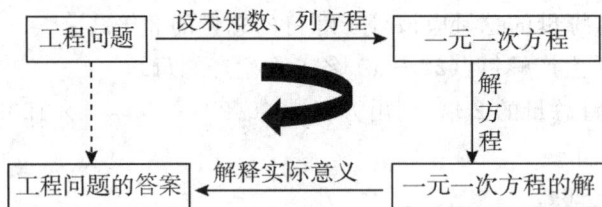

图 5.3-2

【设计意图】 再次经历列一元一次方程解决实际问题的过程，总结解决问题的步骤和基本思想.

问题3 能把上述解决问题的思路推广到一般情况吗？

师生活动: 教师引导学生推广到一般情况,如图 5.3-3.

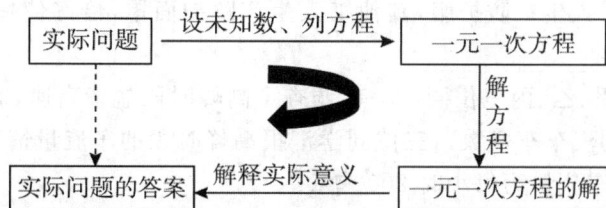

图 5.3-3

【设计意图】 抽象列方程解实际问题的基本思想.

三、迁移应用,积累经验

> **例1** 学校开展文体艺术节,安排我班22名女生做开幕式花环,每人每小时可做12个管子或20条彩带.1个管子需要配2条彩带,为使每小时做出的管子与彩带刚好配套,老师应安排多少人做管子,多少人做彩带呢?

师生活动: 学生独立完成题目,教师引导学生用总结出的步骤和基本思想自主解决问题.
【设计意图】 把总结出的实际问题的解决步骤和思想迁移到类似的情境中.

> **例2** 一项工程,由甲单独做需30天,由乙单独做需50天,现由甲、乙共同完成这项工程且施工期间乙要休息14天,那么完成这项工程需要几天?

师生活动: 学生独立完成题目,教师引导学生应用抽象出的步骤和基本思想自主解决问题.
【设计意图】 把总结出的实际问题的解决步骤和思想迁移到类似的情境中.

四、回顾小结,概括提升

1. 建立一元一次方程解决实际问题有哪些步骤?
2. 在建立一元一次方程解决实际问题的过程中,你是怎样想的?
3. 怎样确定实际问题的解是正确的?
4. 你觉得建立方程模型解决实际问题时,最难的是哪一个步骤?

目标检测

1. 某口罩厂有 26 名工人,每人每天可以生产 800 个口罩面或 1000 个口罩耳绳.一个口罩面需要配两个耳绳,为使每天生产的口罩刚好配套,设安排 x 名工人生产口罩面,则下面所列方程中,正确的是( ).

　　A. $2 \times 1000(26 - x) = 800x$　　　　　　B. $1000(13 - x) = 800x$

　　C. $1000(26 - x) = 2 \times 800x$　　　　　　D. $1000(26 - x) = 800x$

2. 相传有个人因不会说话常引起误会. 一天,他摆宴席请客,他看到还有几个人没来,就自言自语:"怎么该来的还不来呢?"客人听了,心想难道我是不该来的,于是有一半的客人走了.他一看十分着急,又说:"不该走的倒走了!"剩下的人一听,是我们该走啊!又有剩下的三分之二的人离开了.他着急地一拍大腿,连说:"我说的不是他们."于是最后剩下的四个人也都走了.那么刚开始来的客人人数为( ).

　　A. 24　　　　　　　　B. 18　　　　　　　　C. 16　　　　　　　　D. 15

3. 某车间有 30 名工人,每人每天生产防护服 160 件或防护面罩 240 个,一件防护服和一个防护面罩配成一套.若分配 x 名工人生产防护服,其他工人生产防护面罩,恰好使每天生产的防护服和防护面罩配套,则所列方程是＿＿＿＿＿＿＿＿.

4. 国庆节,盐城某校甲、乙、丙三位同学一起调查了高峰时段盐靖高速、盐洛高速和沈海高速的车流量(每小时通过观测点的汽车车辆数),三位同学汇报高峰时段的车流量情况如下:

甲同学说:"盐靖高速车流量为每小时 2000 辆."

乙同学说:"沈海高速的车流量比盐洛高速的车流量每小时多 400 辆."

丙同学说:"盐洛高速车流量的 5 倍与沈海高速车流量的差是盐靖高速车流量的 2 倍."

请你根据他们所提供的信息,求出高峰时段盐洛高速和沈海高速的车流量分别是多少.

参考答案:1. C **2.** A **3.** $160x = 240(30 - x)$ **4.** 高峰时段盐洛高速和沈海高速的车流量分别是 1100 辆、1500 辆.

【设计意图】 第 1～4 题测评目标 2.

5.3.2 实际问题与一元一次方程(第 2 课时)

目标	1.在现实情境中,经历理解问题、分析问题、解决问题、反思总结等活动过程,发展"四能". 2.能分析现实问题中的数量关系,建立一元一次方程模型联系已知与未知,通过解方程求出未知数,从而解决问题,发展模型观念
重点	分析问题中隐含的数量关系,建立一元一次方程模型
难点	在分析解决问题思路时认识到要建立一元一次方程沟通已知与未知,怎样列方程

教学过程设计

一、回顾整理,明确方程建模思想

问题 1 用一元一次方程解决实际问题的一般步骤是什么?基本思想是什么?

师生活动:教师引导学生回顾用一元一次方程解决实际问题的基本步骤和基本思想(如图 5.3-4).

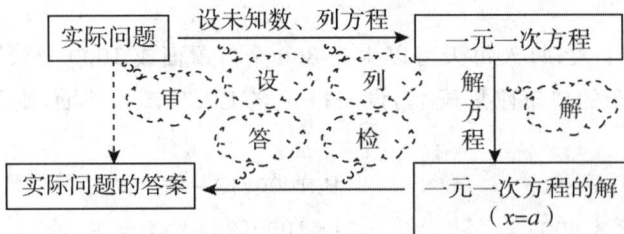

图 5.3-4

追问:在建立一元一次方程模型解决问题的过程中,最难的是哪一步?

【设计意图】 通过回顾一元一次方程解决实际问题的一般步骤与基本思想,为本节课解决实际问题提供流程与方法.

问题 2　生活中我们经常会去买东西,在买东西的过程中会涉及所买商品的售价、进价、利润、利润率等因素,那么什么是进价、售价、利润呢?它们之间又有什么关系呢?

师生活动:商品销售问题常常与商品的"进价""标价""售价""利润"及"利润率"等相关,这些量之间的关系是:利润 = 售价 − 进价;利润率有两种算法,一是 $\dfrac{利润}{进价} \times 100\% = \dfrac{售价 - 进价}{进价} \times 100\%$,二是 $\dfrac{利润}{售价} \times 100\% = \dfrac{售价 - 进价}{售价} \times 100\%$,一般在题目中加以说明;售价 = 标价 $\times \dfrac{折数}{10}$ = 进价 $\times (1 + 利润率)$.

【设计意图】　创造一个生活情境,从学生已有的生活经验出发,导入新课,让学生了解进价、售价、利润以及它们之间的关系,为新知识的教学做铺垫.

二、迁移应用,分析和解决问题

问题 3　一家商店在某一时间以每件 360 元的价格卖出两件衣服,其中一件盈利 25%,另一件亏损 25%,卖这两件衣服总的是盈利还是亏损,或是不盈不亏?先估计一下,再算一算. $\left(利润率 = \dfrac{售价 - 进价}{进价} \times 100\%\right)$

追问 1:怎样理解这个问题?这个问题研究的是怎样的销售活动?研究的目标是确定销售活动的什么量?

追问 2:需要研究的目标量是怎样构成的,能用示意图或列表表示吗?

追问 3:构成目标量的基本量是什么?怎样设未知数?

追问 4:这个问题中的等量关系是什么?

师生活动:教师引导学生分析问题,明确研究的目标量 —— 销售总利润,构成目标量的基本量 —— 两件衣服的各自利润,以及利润的构成 —— 进价 × 利润率,把问题转化为求两件衣服的进价,并进一步通过等量关系"利润率 = $\dfrac{售价 - 进价}{进价} \times 100\% = \dfrac{销售单价 \times 销售数量 - 进价}{进价} \times 100\%$"列出一元一次方程解决问题.让学生体会到,列方程是在列代数式表示的基础上,用等号连接两个代数式,表示两个相等的量,从而得到的.

分析:解题思路如图 5.3-5 所示.

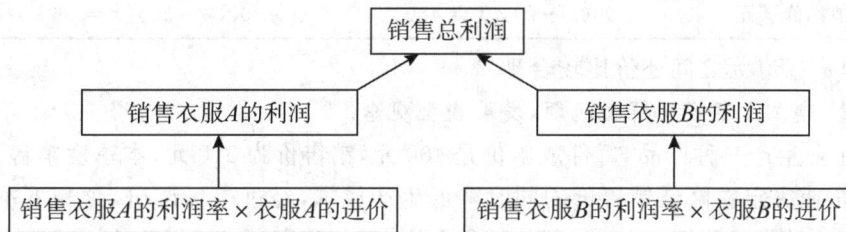

图 5.3-5

于是,问题转化为分别求这两件衣服的进价.

根据"销售单价 × 销售数量 − 进价 = 进价 × 利润率",可以分别列方程求出这两件衣服的进价.

解:设盈利 25% 的那件衣服的进价是 x 元,它的商品销售利润就是 $0.25x$ 元.

根据进价与利润的和等于售价,列出方程 $x + 0.25x = 360$,

解得 $x = 288$.

类似地,可以设另一件衣服的进价为 y 元,它的商品销售利润是 $-0.25y$ 元.根据题意可列出方程 $y - 0.25y = 360$,

由此得 $y = 480$.

两件衣服的总进价是 $x + y = 768(元)$，而两件衣服的总售价是 $360 + 360 = 720(元)$.

因为两件衣服的总进价大于总售价，所以卖这两件衣服总共亏损 48 元.

【设计意图】 把建立方程模型作为联系已知量与未知量、解决问题的工具，用波利亚的"怎样解题表"指导学生分析问题和解决问题.

三、反思总结，积累经验

问题 4 在解决问题 3 的过程中，是通过怎样的分析才明确了需要列方程解决问题的？列方程所需要的等量关系是怎样找到的？

师生活动： 教师引导学生总结，在解决问题的过程中，首先需要理解问题、明确目标；其次通过分析目标量的组成结构，明确需要求的未知量；然后通过分析未知量与已知量的联系，通过直接计算或建立方程模型联系已知量与未知量；最后解决问题，得出结论.

【设计意图】 通过反思总结，让学生体会问题解决过程需要经历"理解问题，明确目标 — 分析数量关系，确定未知量 — 建立方程模型，沟通已知与未知 — 求解方程模型，解决问题 — 反思总结，积累经验"等操作步骤.

四、拓展问题，巩固经验

例 据了解，个体商店销售中售价只要高出进价的 20% 便可盈利，但老板们常以高出进价 $50\% \sim 100\%$ 标价，假若你准备买一双标价为 600 元的运动鞋，应在什么范围内还价？

师生活动： 师生讨论，填写如下分析表，最终得到结论.

项目	高于进价 50%	高于进价 100%
进价 / 元	x	y
标价 / 元	$(1 + 50\%)x$	$(1 + 100\%)y$
方程	$(1 + 50\%)x = 600$	$(1 + 100\%)y = 600$
方程的解	$x = 400$	$y = 300$
销售价 / 元	$400(1 + 20\%) = 480$	$300(1 + 20\%) = 360$

所以在 $360 \sim 480$ 元之间还价比较合理.

【设计意图】 建立方程模型解决问题，发展模型观念.

练习 某企业生产一种产品，每件成本价是 510 元，销售价为 510 元，本季度销售了 m 件，为进一步扩大市场，该企业决定在降低销售价的同时降低生产成本，经过市场调研，预测下季度这种产品每件销售价降低 4%，销售量将提高 10%，要使销售利润[销售利润＝（销售单价－成本单价）×销售量]保持不变，该产品每件的成本应降低多少元？

【设计意图】 通过对现实中销售问题的解决，巩固问题 3 中分析问题和解决问题的经验.

五、回顾小结，概括提升

1. 在解决本节课的实际问题时，你是否从一开始就知道要建立方程模型解决问题？
2. 在建立方程模型解决实际问题时，需要经历怎样的思考步骤？
3. 销售问题中的基本数量关系有哪些？

目标检测

1. 文具店销售某种笔袋,每个售价 18 元,小华去购买这种笔袋,结账时店员说:"如果你再多买一个就可以打九折,反而可以少付 36 元."小华说:"那就多买一个吧,谢谢."根据两人的对话可知,小华结账时实际付了(   ).

      A.540 元   B.522 元   C.486 元   D.324 元

2. 某商店在某一时间以每件 200 元的价格卖出两件衣服,其中一件盈利 25%,另一件亏损 20%$\left(\text{利润率}=\dfrac{\text{售价}-\text{进价}}{\text{进价}}\times100\%\right)$,那么商店在这次交易中(   ).

      A.亏了 10 元钱   B.亏了 20 元钱   C.盈利 20 元钱   D.不盈不亏

3. 现对某种商品降价 20% 促销,为了使销售总金额不变,销售量要比原价销售量增加的百分比为_____.

4. 某商厦以每件 80 元的价格购进某种商品 100 件,提高 50% 后标价.在店庆期间,该商厦用打折销售的方式回馈顾客,活动结束后经统计,有 90 件商品以每件赚 4 元的价格售出.

    (1)店庆期间,商厦销售该商品时,打_____折;

    (2)若商厦在销售完这批商品后想获利 8%$\left(\text{利润率}=\dfrac{\text{售价}-\text{进价}}{\text{进价}}\times100\%\right)$,则剩余的商品应打多少折?

参考答案:1.C   **2.**A   **3.**25%   **4.**(1)七;(2)剩余的商品应打九折.

【设计意图】 第 1~4 题检测目标 2.

5.3.3　实际问题与一元一次方程(第 3 课时)

目标	1.通过对实际问题的分析,掌握用方程解决球赛积分一类问题的方法. 2.能从表格、图形中获取信息、明确目标量,抽象决定目标量的基本量,分析目标量和基本量之间的数量关系,再根据目标量之间的相等关系,建立一元一次方程解决问题,发展抽象能力和模型观念. 3.能以一元一次方程模型为工具,分析问题和解决问题,发展模型观念
重点	观察表格,获取信息,并能从中抽象出关键量及相互联系,并用一元一次方程表达
难点	抽象目标量之间的关系、目标量与基本量之间的关系,建立一元一次方程模型

教学过程设计

一、复习回顾,导入新课

问题 1 用一元一次方程解决实际问题的一般步骤和基本思想是怎样的?

追问 1:用一元一次方程解决实际问题的过程中最关键的是什么?

追问 2:如何分析问题中的数量关系?前面的学习中主要用了哪种方法?

师生活动:师生共同回顾用一元一次方程解决实际问题的一般步骤及关键所在,即分析数量关系列方程.

【设计意图】 通过复习旧知,学生在巩固已有知识的基础上,了解解决实际问题的关键是列方程,不仅要检查解方程的过程是否正确,而且要检验方程的解是否符合问题的实际意义,为本节课的探究做铺垫.

二、探究思考，形成新知

环节一： 借助表格，分析问题

> **问题2** 甲、乙两辆汽车从相距84 km的两地同时出发，相向而行，甲车的速度比乙车的速度快20 km/h，半小时后两车相遇，求两车的速度各是多少？

师生活动： 通过列表分析问题中各个量之间的数量关系并列出方程．

车辆	速度 /(km·h⁻¹)	时间 /h	路程 /km
甲	$x+20$	$\frac{1}{2}$	$\frac{1}{2}(x+20)$
乙	x	$\frac{1}{2}$	$\frac{1}{2}x$
合计	$2x+20$	$\frac{1}{2}$	84

【设计意图】 通过上述问题让学生重温如何列表来解题．此题是一道"行程问题"，存在"速度×时间＝路程"这一"积型"基本关系．此题中有甲、乙两个对象，合计则体现了"和型"基本关系，利用"甲车的速度比乙车的速度快20 km/h"来设未知数，从而将题目中的文字语言转化为表格中的数或含字母的代数式，方便列出方程，使学生对列表的程序及关键步骤更加明晰．

环节二： 合作探究，动手实践

> **问题3** 从下表中你能得到什么信息？
>
> 某次篮球联赛积分榜
>
> | 队名 | 比赛场次 | 胜场 | 负场 | 积分 |
> |------|------|------|------|------|
> | 前进 | 14 | 10 | 4 | 24 |
> | 东方 | 14 | 10 | 4 | 24 |
> | 光明 | 14 | 9 | 5 | 23 |
> | 蓝天 | 14 | 9 | 5 | 23 |
> | 雄鹰 | 14 | 7 | 7 | 21 |
> | 远大 | 14 | 7 | 7 | 21 |
> | 卫星 | 14 | 4 | 10 | 18 |
> | 钢铁 | 14 | 0 | 14 | 14 |

追问1： 通过观察积分榜，你能选择出其中哪一行最能说明负一场积几分吗？进而你能得到胜一场积几分吗？

师生活动： 教师让学生观察积分表进行思考．观察积分榜，从最下面一行数据可以看出：负一场积1分；设胜一场积 x 分，根据表中其他任何一行可以列方程，求出 x 的值，如可以根据第一行列方程 $10x+4=24$，解得 $x=2$．因此负一场积1分，胜一场积2分．

追问2： 你能用代数式表示总积分与胜、负场数之间的数量关系吗？

师生活动： 如果一个队胜 m 场，则负 $(14-m)$ 场，胜场积分 $2m$ 分，负场积分 $(14-m)$ 分，总积分为 $2m+(14-m)=m+14$．

追问3： 某队的胜场总积分能等于它的负场总积分吗？

师生活动：设一个队胜了 x 场，则负了 $(14-x)$ 场. 如果这个队的胜场总积分等于负场总积分，则得方程 $2x-(14-x)=0$，解得 $x=\dfrac{14}{3}$. 由于 x 的值必须是整数，所以 $x=\dfrac{14}{3}$ 不符合实际，因此没有哪个队的胜场总积分能等于负场总积分.

【设计意图】 通过学生交流并整理信息，教师引导学生找到解决问题的方法，即找出表格中的相关量并分析这些量之间的数量关系，从而归纳出"积型"和"和型"基本数量关系，使学生经历从特殊（钢铁队）到一般（所有的球队）的探究过程，为解决问题扫清了障碍，从而突破了难点.

练习 足球比赛的得分规则：胜一场得 3 分，平一场得 1 分，输一场得 0 分. 一支足球队在某个赛季中共需比赛 14 场，现已比赛了 8 场，输了 1 场，得 17 分.

（1）前 8 场比赛中，这支球队共胜了多少场？

（2）这支球队打满 14 场比赛，最高能得多少分？

（3）通过对比赛情况的分析，这支球队打满 14 场比赛，得分不低于 29 分，就可以达到预期的目标，请你分析一下，在后面的 6 场比赛中，这支球队至少要胜几场，才能达到预期目标？

三、迁移综合，发展能力

问题4 下表是某月的月历，月历竖列上相邻的三个日期之和能否等于 75？若能，求出这三个日期数；若不能，说明理由.

星期日	星期一	星期二	星期三	星期四	星期五	星期六
		1	2	3	4	5
6	7	8	9	10	11	12
13	14	15	16	17	18	19
20	21	22	23	24	25	26
27	28	29	30	31		

师生活动：设相邻的三个数中间的数为 x，其他两个数分别为 $x-7$ 与 $x+7$. 根据题意，得 $x-7+x+x+7=75$，解得 $x=25$. 因为 $x+7=25+7=32$，日历上没有 32，解得的结果不符合题意，所以符合条件的日期不存在.

【设计意图】 通过日历表让学生再次体验方程是解决实际问题的数学模型. 用方程解决实际问题时，不仅要注意解方程的过程是否正确，还要检验方程的解是否符合问题的实际意义.

问题5 一份试卷共 25 道题，每道题都有四个选项，其中只有一个是正确的，要求学生把正确答案选出来，每题选对得 4 分，不选或选错扣 1 分. 如果一个学生得 90 分，那么他选对几道题？现有 500 名学生参加考试，有得 83 分的同学吗？为什么？

师生活动：本题要注意其结果是否符合实际，可让学生板演后再讲解. 一个学生得 90 分，那么他选对 23 题；不可能有得 83 分的同学.

四、回顾小结，概括提升

1. 你是如何从问题中获取信息，解决问题的？

2. 你是如何从问题中分析数量关系，建立方程模型的？

目标检测

1. 我国古代的九宫格是由 3×3 的方格构成的,每个方格内均有不同的数,每一行、每一列以及每一条对角线上的三个数之和相等.如图给出了九宫格的一部分,可以推算 x 的值是(　　).

2	7	
		2024
	x	

（第1题）

A. -2020

B. -2019

C. -2018

D. -2016

2. 小淇在某月的日历中圈出相邻的三个数,算出它们的和是 19,则这三个数的位置可能是(　　).

A. 　　　　B. 　　　　C. 　　　　D.

3. 某小组六名同学参加一次知识竞赛,共答 20 道题,每题分值相同,答对得分,答错或不答扣分,前五名同学的得分情况如下表:

序号	答对题数	答错或不答题数	得分
1	18	2	84
2	17	m	76
3	20	0	100
4	19	1	92
5	10	10	n

(1) 表中的 $m=$ ＿＿＿＿＿, $n=$ ＿＿＿＿＿;

(2) 该小组第六名同学说:"这次知识竞赛我得了 0 分."请问他的说法是否正确?如果正确,请求出这位同学答对了多少题;如果不正确,请说明理由.

参考答案: 1. A　2. B　3. (1) $3,20$;(2) 由 $5x-3(20-x)=0$,解得 $x=\dfrac{15}{2}$. 因为 $\dfrac{15}{2}$ 不是整数,所以这位同学的说法不正确.

【设计意图】 第 $1\sim2$ 题检测目标 3,第 3 题检测目标 1、目标 2.

5.3.4　实际问题与一元一次方程(第4课时)

目标	1.通过理解问题、明确目标、确定未知量,发展数学抽象能力. 2.能建立一元一次方程模型表示已知量与未知量的联系,解决问题,进一步发展模型观念. 3.培养学生从多种角度认识问题,用多种策略思考问题的意识
重点	用一元一次方程模型解决现实情境或跨学科情境中的问题
难点	将实际问题转化为数学问题,体会建立方程模型解决问题的必要性

教学过程设计

一、理解问题，确定目标

问题1 购买空调时，需要综合考虑空调的价格和耗电情况.某人打算从 A，B 两款型号的空调中选购一台，这两台空调的部分信息如下表：

空调型号	匹数	售价／元	平均年耗电量／(kW・h)
A	1.5	3000	640
B	1.5	2600	800

如果电价是 0.5 元／kW・h.请分析他购买使用哪款空调综合费用较低？

师生活动：教师引导学生理解题意，理解"综合费用"的定义 —— 使用年限内总费用.

【设计意图】 引导学生理解题意，明确研究的目标量.

二、分析问题，制定计划

问题2 A，B 两种空调综合费用由什么决定？

师生活动：教师引导学生分析决定综合费用的是使用年限、售价和电费.

设使用年限为 x 年，可列表分析如下：

空调型号	售价／元	使用年限／年	电费／元	总费用
A	3000	x	$320x$	$3000+320x$
B	2600	x	$400x$	$2600+400x$

【设计意图】 引导学生分析决定目标量的基本要素，把决定目标量的基本量设为未知数，分析基本量通过怎样的运算得到目标量，并用含有未知数的代数式分类表示目标量.

问题3 怎样比较 A，B 两款型号空调的综合费用？

师生活动：教师引导学生根据表示目标量的不同代数式，分类比较，对于大小关系不确定的情况，先找到相等的平衡点，再分析目标量的大小.

【设计意图】 引导学生分析基本量和目标量的关系，建立方程模型确定平衡点，结合生活经验分析综合费用，制定解题计划.

三、实施计划，解决问题

问题4 怎样表达解决问题的过程？

师生活动：学生独立书写解题过程，教师组织评价，完善学生的答案，注重解题过程的条理性和逻辑性.

解：设使用年限为 x 年，购买 A 型空调综合费用为 $(3000+320x)$ 元，购买 B 型空调综合费用为 $(2600+400x)$ 元.

（1）当 $0<x<5$ 时，因为 $3000+320x>2600+400x$，所以购买 B 型空调综合费用低.

(2) 当 $x > 5$ 时，因为 $3000 + 320x < 2600 + 400x$，所以购买 A 型空调综合费用低.

(3) 当 $x = 5$ 时，$3000 + 320x = 2600 + 400x$，购买 A，B 型号的空调的综合费用一样.

综上所述，如果使用年限少于 5 年，购买 B 型空调综合费用较低；如果使用年限超过 5 年，则购买 A 型空调综合费用较低；如果刚好用 5 年，则购买这两种空调的综合费用一样.

【设计意图】 引导学生实施解题计划，利用方程模型有逻辑地表达购物方案，解决问题.

四、类比研究，学会学习

问题 5 下表是甲、乙两种规格的货运车的收费标准.

规格	套餐基础费／元	套餐包含里程数／km	超里程费／(元／km)
甲	159	5	6
乙	239	10	8

考虑如下问题：

(1) 设里程数为 t km. 根据上表，列表说明，当 t 在不同范围内取值时，分别用甲种车和乙种车运送原材料该如何收费.

(2) 某工厂要把原材料分批发往不同的制造商，每批原材料需要 3 辆甲种规格的车或 2 辆乙种规格的车. 如果某制造商到工厂的距离不超过 10 km，哪种运输方式更省钱？

(3) 如果某制造商到工厂的距离为 12 km，选择哪种规格的车运输更省钱？

分析：(1) 由上表可知，运输费用与里程数有关，计费时首先要看里程数是否超过套餐包含里程数. 因此，考虑 t 的取值时，两个套餐包含的里程数 5 km 和 10 km 是不同距离范围的划分点.

当 t 在不同距离范围内取值时，选择甲种车和乙种车运输的计费如下表：

距离 t/km	甲种车计费／元	乙种车计费／元
$t < 5$	159	239
$t = 5$	159	239
$5 < t < 10$	$159 + 6(t-5)$	239
$t = 10$	$159 + 6 \times (10-5) = 189$	239
$t > 10$	$159 + 6(t-5)$	$239 + 8(t-10)$

(2) 观察 (1) 中的表，可以发现：距离超出套餐包含里程数越多，计费越多，并且随着距离的变化，每辆乙种车的收费始终高于甲种车，但是甲种车需要的数量多于乙种车. 下面比较不同距离范围内选择甲种车和乙种车运输这批原材料的计费情况.

① 当 $t \leqslant 5$ 时，选择甲种车运输的计费为 $159 \times 3 = 477$（元）；选择乙种车运输的计费为 $239 \times 2 = 478$（元），因此选择甲种车运输的计费少.

② 当 t 从 5 增加到 10 时，选择甲种车运输的计费由 477 元增加到 $189 \times 3 = 567$（元），而选择乙种车运输的计费一直是 478 元. 因此，当 $5 < t < 10$ 时，可能在某个距离选择甲种车和乙种车运输的计费相等. 列方程 $3[159 + 6(t-5)] = 478$，解得 $t = \dfrac{91}{18}$.

因此，如果距离是 $\dfrac{91}{18}$ km，则两种方式计费相等，都是 478 元；如果距离大于 5 km 且小于 $\dfrac{91}{18}$ km，选择甲种车运输的计费少于选择乙种车运输的计费（478 元）；如果距离大于 $\dfrac{91}{18}$ km 且小于 10 km，选择甲种车运输的计费多于选择乙种车运输的计费（478 元）.

③ 当 $t = 10$ 时,选择乙种车运输的计费少.

(3) 当 $t = 12$ 时,选择甲种车运输的计费为 $3 \times [159 + 6 \times (12 - 5)] = 603$(元);选择乙种车运输的计费为 $2 \times [239 + 8 \times (12 - 10)] = 510$(元).可以发现,选择乙种车运输更省钱.

五、回顾反思,深化提高

1. 我们是怎样审题,明确研究的目标量的?

2. 我们是如何分析决定目标量的基本量,分析基本量与目标量的关系的?

3. 我们是怎样想到要建立方程模型解决问题的?

4. 我们在解决问题的过程中经历了哪些思考步骤?

目标检测

1. 某市出租车收费标准是:起步价 8 元(即行驶距离不超过 3 km,付 8 元车费);超过 3 km,每增加 1 km 收 1.6 元(不足 1 km 按 1 km 计).小梅从家到图书馆的路程为 x km,出租车车费为 24 元,那么 x 的值可能是(   ).

A. 10   B. 13

C. 16   D. 18

2. 某风景区的门票价格在国庆期间有如下优惠:购票人数为 $1 \sim 50$ 时,每人门票价格为 50 元;购票人数为 $51 \sim 100$ 时,每人门票价格为 45 元;购票人数为 100 以上时,每人门票价格为 40 元.初一有两个班共 103 人去该风景区,如果两个班都以班为单位分别购票,一共需付 4860 元,则两个班人数分别为(   ).

A. 56,47   B. 57,48   C. 58,45   D. 59,44

3. 有如下定义:数轴上有三个点,若其中一个点与其他两个点的距离恰好满足 3 倍的数量关系,则称该点是其他两个点的"关键点".已知点 A 表示数 -4,点 B 表示数 8,M 为数轴上一个动点.若点 M 在点 B 的左侧,且点 M 是点 A,B 的"关键点",则此时点 M 表示的数是_____.

参考答案:1. B　2. C　3. 5 或 -1 或 -10.

【设计意图】 第 $1 \sim 3$ 题检测目标 1、目标 2、目标 3.

5.4 　一元一次方程复习

目标	1. 通过对一元一次方程内容的整理,形成本章的知识体系,发展数学知识结构抽象能力. 2. 能熟练地解一元一次方程,发展推理能力和运算能力,体会化归与转化思想. 3. 能分析实际问题的等量关系,建立方程模型解决问题,发展模型观念
重点	理清本章的知识要点,利用一元一次方程解决实际问题
难点	分析数量关系,建立方程模型

教学过程设计

一、整体把握，理解方程

问题1 填写下表并观察，你有什么发现？

代数式	字母的值	代数的值
$x-2$	-1	
$3x+1$		4

师生活动：学生独立完成填表，并进行反思. 教师引导学生思考字母的值（方程的解）、代数式的值、一元一次方程三者之间内在的逻辑关系，凸显整个单元知识的整体性、关联性、逻辑性和系统性.

追问：当 x 为何值时，代数式 $x-2$ 与 $3x+1$ 的值相等？

【设计意图】 使学生体会字母的值、代数式的值、方程的解三者之间的关系. 将代数式求值与方程求解的问题统一起来，帮助学生理解求代数式的值与解方程的互逆关系，体会填表问题中的方程模型.

二、解决问题，回顾知识

问题2 一天，李明以 5 km/h 的速度走路去学校上学，8 min 后，爸爸发现李明有一本书落在家里了. 于是，爸爸以 12 km/h 的速度跑步去追李明，但是当李明到学校时，爸爸还距离学校 200 m. 请问李明家距离学校多远？

师生活动：通过画示意图，设未知数，找等量关系，列出方程解决实际问题.

解：设李明家距离学校 x km.

由题意，得 $\dfrac{x-0.2}{12}=\dfrac{x}{5}-\dfrac{2}{15}$.

去分母，得 $5(x-0.2)=12x-8$.

去括号，得 $5x-1=12x-8$.

移项，得 $5x-12x=-8+1$.

合并同类项，得 $-7x=-7$.

系数化为 1，得 $x=1$.

答：李明家距离学校 1 km.

追问1：方程的左右两边分别代表什么？你列出来的方程是什么方程？

追问2：你解对了吗？如何验证？

追问3：解方程的一般步骤有哪些？每一步的依据分别是什么？

追问4：列一元一次方程解决实际问题的一般步骤与基本思想是什么？

【设计意图】 通过完整解决一个实际问题，以及不断追问，回顾与复习本章相关知识.

三、整理知识,优化认知结构

问题3　本章研究的核心问题是什么?是按照怎样的思路研究的?能整理知识吗?

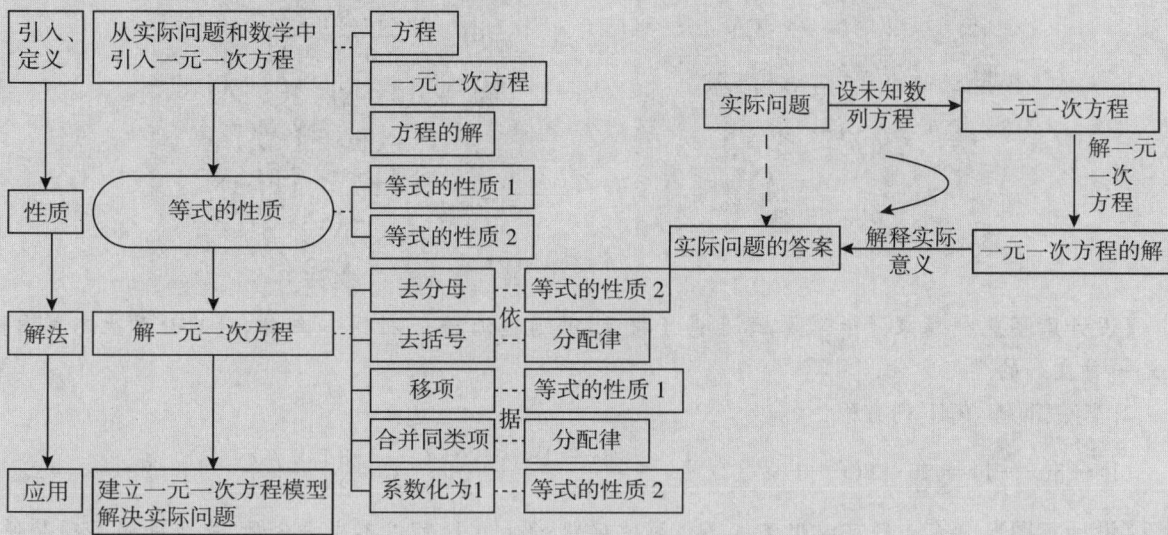

图 5.4-1

【设计意图】　整理知识点,优化学生的认知结构.

四、基础检测

知识点一:一元一次方程

1. 下列方程中,是一元一次方程的是(　　).

A. $y^2 = 4 + y$　　　　　　　　B. $\dfrac{1}{x} = 4x + 1$

C. $2x + y = 7 - x$　　　　　　D. $3x = 4$

知识点二:等式的性质

2. 判断正误:

(1) 若 $ax = b$,则 $ax - b = 0$;　　　　　　　　　　　　　　　(　　)

(2) 若 $x = y$,则 $3x - 4 = 3(y - 4)$;　　　　　　　　　　　　(　　)

(3) 若 $\dfrac{a}{c} = \dfrac{b}{c}$,则 $a = b$;　　　　　　　　　　　　　　(　　)

(4) 若 $(k^2 + 1)x = -2(k^2 + 1)$,则 $x = -2$.　　　　　　　　(　　)

追问:上述各题正确变形的依据是什么?

知识点三:方程的解

3. 请写出一个解为 $x = 3$ 的一元一次方程:_____.

4. 若 $x = 3$ 是关于 x 的方程 $3x - m + 1 = 0$ 的解,则 $m =$ _____.

变式:若方程 $3x - 3 = 2x$ 的解与关于 x 的方程 $3x - m + 1 = 0$ 的解相同,则 $m =$ _____.

知识点四:解方程

5. 解方程 $\dfrac{x - 1}{2} + 1 = \dfrac{x}{3}$.

问题 4 解一元一次方程的一般步骤是什么？

师生活动： 去分母、去括号、移项、合并同类项、系数化为 1.

1. 错题汇集，请你找找下列各解题过程错在哪里？

【设计意图】 错题来源于学生，学生易于接受，并通过汇错—析错—纠错，最后让学生不再出错，这是一种良好的学习方法.

2. 实战演练，解下列方程：

$(1) -3(x-1) = 15 - 8(x-1)$；　$(2) \dfrac{1}{3}x - \dfrac{26x-1}{13} = -\dfrac{2}{3}x$；　$(3) \dfrac{3}{2}\left[\dfrac{2}{3}\left(\dfrac{x}{4}-1\right)-2\right]-x = 2$.

【设计意图】 第(1)题可以用整体思想简便解题；第(2)题可以不先去分母，先合并同类项简便计算；第(3)题可以先去中括号，再去小括号简便计算. 解方程时要仔细观察，使方程向"$x = a$"的形式转化，解题的方法多种多样.

五、综合应用

问题 5 有甲、乙两个商场以同样的标价出售同样的商品，并且又各自推出不同的优惠方式. 甲商场的优惠方式是：累计购买 100 元商品后，再买的商品按原价的 90% 收费. 乙商场的优惠方式是：累计购买 50 元商品后，再买的商品按原价的 95% 收费. 你认为李明选择哪个商场购物能获得更多的优惠？

解： 设李明购物 $x(x > 100)$ 元，则 $100 + (x-100)\cdot 90\% = 50 + (x-50)\cdot 95\%$，

解得 $x = 150$.

所以当 $x > 150$ 时，选甲商场；

当 $0 < x \leqslant 50$ 或 $x = 150$ 时，选甲、乙商场均可；

当 $50 < x < 150$ 时，选乙商场.

【设计意图】 一元一次方程来源于实际问题，又可以用来解决实际问题，体现了数学源于生活，又应用于生活的理念.

六、回顾小结，概括提升

1. 解一元一次方程最重要的是学会什么？
2. 怎样用一元一次方程模型解决实际问题？
3. 说说一元一次方程的学习路径与学习方法.

目标检测

1. 解下列方程：

(1) $\dfrac{4}{3} - 8x = 3 - \dfrac{11}{2}x$；　　　　　(2) $0.5x - 0.7 = 6.5 - 1.3x$；

(3) $\dfrac{1}{6}(3x - 6) = \dfrac{2}{5}x - 3$；　　　　　(4) $\dfrac{1 - 2x}{3} = \dfrac{3x + 1}{7} - 3$.

2. 有一些相同的房间需要粉刷墙面. 一天 3 名一级技工去粉刷 8 个房间，结果有 50 m^2 墙面未来得及粉刷；同样时间内 5 名二级技工粉刷了 10 个房间之外，还多粉刷了另外的 40 m^2 墙面. 每名一级技工比二级技工一天多粉刷 10 m^2 墙面，求每个房间需要粉刷的墙面面积.

3. 阅读与理解：已知关于 x 的方程 $kx = 5 - x$ 有正整数解，求整数 k 的值.

解：移项，得 $kx + x = 5$；合并同类项，得 $(k+1)x = 5$；系数化为 1，得 $x = \dfrac{5}{k+1}$.

因为关于 x 的方程 $kx = 5 - x$ 有正整数解，所以 $\dfrac{5}{k+1}$ 为正整数.

因为 k 为整数，所以 $k+1 = 1$ 或 $k+1 = 5$，所以 $k = 0$ 或 $k = 4$.

探究与应用：应用上面的解题方法解决问题，已知关于 x 的方程 $kx = 6 + x$ 有正整数解，求整数 k 的值.

参考答案：1. (1) $x = -\dfrac{2}{3}$；(2) $x = 4$；(3) $x = -20$；(4) $x = \dfrac{67}{23}$.

2. 设每个房间需要粉刷的面积为 x m^2，则 $\dfrac{8x - 50}{3} = \dfrac{10x + 40}{5} + 10$，解得 $x = 52$. 每个房间需要粉刷的面积为 52 m^2.

3. 整数 k 的值为 7 或 4 或 3 或 2.

【设计意图】 第 1 题检测目标 2，第 2 题检测目标 3，第 3 题检测目标 2.

第六章　几何图形初步

◎ 单元设计 ◎

一、知识结构图

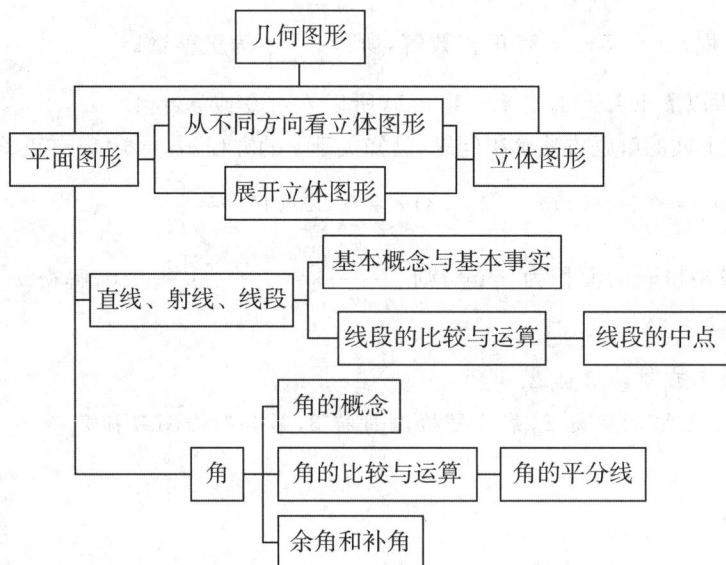

几何图形

平面图形 — 从不同方向看立体图形 — 立体图形
平面图形 — 展开立体图形 — 立体图形

直线、射线、线段 — 基本概念与基本事实
直线、射线、线段 — 线段的比较与运算 — 线段的中点

角 — 角的概念
角 — 角的比较与运算 — 角的平分线
角 — 余角和补角

二、内容与内容解析

1. 内容

几何图形、直线、射线、线段和角.

2. 内容解析

感知丰富多彩的图形世界,从实物中抽象出几何图形,理解立体图形和平面图形的概念,通过展开与折叠、截面、从不同的方向看等活动,建立立体图形与平面图形的联系,便于今后把立体图形问题转化为平面图形问题进行研究.通过观察、分析、画图等对几何图形进行结构上的追本溯源,分离出构成几何图形的基本要素:点、线、面.进一步形成直线、射线、线段的概念,由射线构成角,初步建立起这些基本图形的概念体系,理解其基本性质和关系,形成研究几何图形的基本框架(**研究内容**:图形的空间结构及关系.**研究思路**:定义、分类、表示 — 性质 — 关系与特例,即定义 — 性质 — 判定.**研究方法**:直观与逻辑融合,一般到特殊,定性到定量),为今后进一步研究更复杂的平面图形奠定基础.

直线、射线、线段和角的研究步骤如下:一是尺规作图构建图形;二是通过逻辑推理研究几何命题,包括用图形和语言表达事物的空间关系、借助图形直观和运动变化抽象概念(定义、符号表示、分类),通过演绎推理建立命题,刻画图形性质和关系;三是量化研究(用距离和角度刻画两点之间的位置关系,如测量、计算等).可以用类比的方法进行学习,如类比直线学习射线和线段、类比线段学习角.

基于以上分析,确定本单元的教学重点:抽象几何图形的基本概念,融合直观与逻辑研究线段和角,训练三种语言的转化和对几何图形的准确表达,进一步发展空间观念、几何直观,重点发展图形与图形关系的抽象能力和初步的演绎推理能力.

三、目标与目标解析

1.目标

(1)通过从实物和具体模型中抽象各种图形,了解几何图形、立体图形和平面图形、平面和曲面、直线和曲线、点等概念,提出几何研究的基本问题:研究图形的形状、大小和位置关系;理解立体图形与平面图形之间的关系,能分离出点、线、面等几何要素,理解直线、射线、线段、角等概念;会用线段长度和角刻画两点之间的位置关系.在这些活动中发展学生的空间观念、几何直观和数学抽象能力,学会用数学的眼光观察丰富多彩的图形世界.

(2)基于直观抽象并理解"两点确定一条直线""两点之间,线段最短"等基本事实,理解两点之间距离的意义,会用基本事实进行推理和计算;理解线段大小和角的大小的定义,能进行线段和角的度量、比较和运算.通过这些活动,发展学生的空间观念、几何直观、推理能力和运算能力,学会用逻辑推理和数学运算的方法思考问题.

(3)能用直线、射线、线段和角刻画现实世界中物体的空间结构及位置关系;能用线段刻画同一直线上两点之间的位置关系,能用角度和距离刻画平面上两点间的位置关系,解决简单的实际问题,发展初步的模型观念,进一步发展几何直观,学会用数学的图形、符号和逻辑语言表达现实世界.

(4)能反思和总结学习的方法,建立学好数学的信心,体会几何研究的一般观念.

2.目标解析

达成目标(1)的标志:能从实物中抽象出几何图形的概念,能将几何图形分类得到平面图形和立体图形;会通过从不同的方向看、展开和折叠,理解立体图形和平面图形的关系,能分离出点、线、面等构成图形的要素;理解直线、射线、线段、角等概念及线段大小与角的大小的定义,知道几何研究的基本问题是研究现实世界中物体的形状、大小和位置关系.

达成目标(2)的标志:能通过观察想象、操作确认和归纳得到"两点确定一条直线""两点之间,线段最短"等基本事实,能用这些基本事实进行简单说理;会进行线段和角的度量和计算,能用推理的方法得到"同角(等角)的补角(余角)相等",会根据线段的中点和角平分线的定义进行推理计算.

达成目标(3)的标志:能用点、线、面,直线、射线、线段和角描述现实世界中事物之间的关系,能用距离和角度刻画现实世界中物体之间的位置关系.

达成目标(4)的标志:能理解从一般到特殊的几何演绎推理过程;能类比线段研究角,初步研究点与点的位置关系,能在这些研究中发现、提出、分析和解决问题;初步体会几何图形研究的一般框架.

四、目标谱系

内容	核心素养			
	数学眼光	数学思维	数学语言	学会学习
6.1 几何图形	1.通过观察、想象和抽象，了解从实物和具体模型抽象出来的几何体、平面、直线和点等概念. 2.会通过从不同的方向看、展开和折叠建立立体图形和平面图形的联系. 3.发展空间观念、几何直观和几何概念抽象能力	基于具体几何图形的观察、想象，进行分类，通过归纳把结论推广到一般	表达研究对象时，会对三种语言进行灵活转换；会用动态的观点通过语言表达点、线、面、体之间的关系	形成学习几何的兴趣，建立学好数学的信心，养成观察、想象和归纳的习惯
6.2 直线、射线、线段	1.能用"点动成线"和方向尝试描述直线的本质属性，通过观察、想象和归纳理解"两点确定一条直线"是刻画直线"直"的基本事实，初步认识直线的方向，发展空间观念、几何直观和几何基本事实的抽象能力. 2.能以直线为属概念抽象出射线和线段的概念，理解它们之间的关系，发展几何概念的抽象能力. 3.知道点与直线、平面上直线相交的位置关系的定义，发展几何直观和抽象图形关系、形成几何概念的能力. 4.能通过作图、想象和归纳得到"两点之间，线段最短"这一基本事实，发展几何直观和几何基本事实的抽象能力. 5.理解两点间距离的意义，能测量和表示两点间的距离，发展几何直观和几何概念的抽象能力. 6.理解线段中点的概念，并能用线段的长度关系进行表示，发展几何直观和概念的抽象能力	1.知道用两个大写字母表示直线的依据. 2.会用"两点确定一条直线"进行简单说理. 3.会用"两点之间，线段最短"进行简单推理. 4.能比较线段的大小，并能进行倍、分、和、差运算	1.会用图形语言、文字语言和符号语言表达直线、射线和线段. 2.能用图形语言、文字语言和符号语言表示线段的大小及倍、分、和、差以及表示线段的中点	会类比直线的学习经验学习射线和线段
6.3 角	1.理解角的概念，知道角是刻画方向差的几何量，发展空间观念、几何直观和概念抽象能力. 2.能通过观察、想象和测量理解角的大小的意义，角的倍、分、和、差的意义，发展空间观念、几何直观和图形关系的抽象能力. 3.理解角平分线的意义，会画一个角的平分线，发展空间观念、几何直观和概念抽象能力. 4.理解余角、补角的概念，知道方向角的含义，发展空间观念、几何直观和概念抽象能力，能抽象余角和补角的性质，发展几何命题的抽象能力	1.能依据角的概念理解角的表示方法. 2.会对小于平角的角进行分类. 3.会用角的大小和运算进行简单的计算和推理. 4.会用角平分线的概念进行简单推理. 5.能用推理方法得到"同角（等角）的补角（余角）相等"，并能依据这一定理进行简单推理，发展推理能力	1.能用图形语言、文字语言和符号语言正确合理地表示角、角的大小关系及和差. 2.能用三种语言表示角平分线	能类比线段的大小比较和运算学习角的大小比较和运算，能类比线段的中点理解角平分线

五、教学问题诊断分析

1. 已有基础

小学阶段,学生基于画图、测量等直观操作和初步归纳对几何图形有了初步的感性认识,也初步学习过直线、射线、线段的符号表示方法,会对线段进行测量和计算.但这些都是基于图形的直观感性认识.

2. 学习需要

本单元内容是初中几何的起始课,承担着激发学生兴趣、衔接中小学知识、体会推理几何的育人任务.这既需要对几何图形的直观认识经验,也需要对命题准确的语言和符号表达,给出定义,抽象基本事实,通过定义明确推理的对象,抽象基本事实建立推理的起点,用已经确立的命题(定义、基本事实和定理)作为推理的依据,用逻辑用语(因为 …… ,所以 ……)作为推理的语言.对于这种推理的话语体系,学生是初次接触,需要循序渐进,一以贯之地通过具体活动加以培养.

3. 难点及应对策略

学生虽然接触过直线、射线、线段的表示方法,但是不知道为什么可以这样表示;学生会画线段及直线、射线的示意图,但是不知道这样画的原理,难以通过推理来弥补直观观察和想象的不足;等等.这些本质上是缺乏推理经验造成的困难.

另外,学生还没有从逻辑结构体系的视角认识一类几何对象的本质属性,理解两类几何对象之间关系的经验,这就导致了学生难以理解"直线的直",难以理解"线段是定量区分直线上两点位置关系的工具",难以理解"角是对方向差的定量刻画",难以理解"综合应用线段和角刻画平面上两点间的位置关系的原理".

六、教学建议

1. 设计教学主线

本单元按照如下的教学主线设计教学活动:

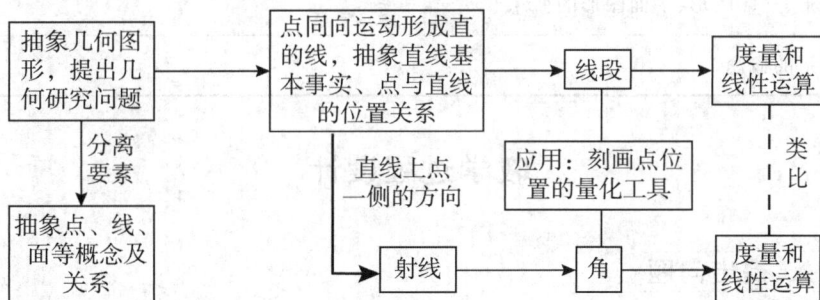

2. 注意与小学内容的衔接

本单元教学应在小学相关内容的基础上进行,应避免简单重复.小学的知识是直观的、零碎的,而初中几何广泛应用逻辑推理,着重培养学生的逻辑推理能力,需要用整体的、联系的眼光,基于核心概念建立局部逻辑结构体系.

本单元是几何起始课,重要的是让学生体会用推理的方法研究几何图形,激发学习兴趣,树立学习信心.本单元中的一些基本结论仅要求学生通过观察、思考、探究等活动归纳得出,再作"说理"和"简单推理",为后面逐步提高推理要求做准备.

3. 认识几何图形基本要素的关系

点、直线、平面是构成其他几何图形的基本图形.点是最基本的几何对象,来自对空间位置的抽象,点沿着一个固定方向无限运动就构成了射线.平面上两点的位置关系用角度和距离刻画(两点之间的距离;两点之间,线段最短);点与直线有各种位置关系(两点确定一条直线、点与直线的位置关系);直线与射线、线段(表示及三种语言的相互转换)是整体与部分的关系;角是对方向差的量化刻画(角是有公共顶点的两条射线组成的图形;角的表示及三种语言的相互转换;余角、补角的概念及性质).

4. 重视作图、画图和图形的运动,建立几何直观

在几何教学中,作图、画图是重要的直观研究方法.在教学过程中画出高质量的几何图形对培养学生的空间观念、几何直观等空间想象能力具有重要的意义,是进一步进行几何推理的基础.用图形运动变化建立几何直观,是发现几何图形的本质属性、抽象几何命题、理解基本事实的基础.

5. 课时安排

6.1 几何图形 3 课时(立体图形与平面图形 2 课时,点、线、面、体 1 课时),6.2 直线、射线、线段 3 课时(直线、射线、线段 1 课时,线段的比较和运算 2 课时),6.3 角 3 课时(角的概念 1 课时,角的比较与运算 1 课时,余角和补角 1 课时),6.4 数学活动 1 课时,6.5 几何图形初步复习 2 课时,共 12 课时.

◎ 课时设计 ◎

6.1 几何图形

6.1.1 立体图形与平面图形(第 1 课时)

目标	1. 经历从具体实物中抽象出常见的几何图形的活动,发展抽象能力. 2. 通过操作和想象,体会立体图形与平面图形的区别,能把图形分成立体图形和平面图形两类,发展空间观念、几何直观和逻辑分类能力
重点	了解几何图形、立体图形、平面图形的概念
难点	抽象几何图形的概念

教学过程设计

一、情境引入,提出问题

丰富多彩的图形美化了人们的生活,无论是宏伟的大型建筑,还是精致的生活用具,都含有各种各样的几何图形.在初中阶段,我们将在小学学习的基础上进一步研究几何图形及其关系.

> **问题 1** 在小学阶段,我们已经初步认识了几何图形,请你说说学了哪些知识,是怎样学习的.

师生活动:教师引导学生回顾小学阶段认识了哪些几何图形,学到了哪些知识,是怎样学习的.学习了线段、射线、直线、三角形、平行四边形、圆、正方体、长方体、圆柱等几何图形;会画线段并能测量线段的长度;知道了三角形的内角和为 $180°$,会求三角形、平行四边形和圆的周长和面积;等等.

追问 1:小学阶段,我们通过测量和归纳得到三角形的内角和为 $180°$,你觉得可信吗?

追问 2:你学过的什么方法能说明这个结论对所有的三角形都成立呢?

师生活动:教师引发学生质疑,提出需要进一步学习能使人信服的说理方法,需要进一步学习用推理的方法研究几何图形,这首先需要明确地、没有歧义地界定所有学习过的几何图形.

【设计意图】 创设情境,激发学生的学习兴趣,做好中小学衔接.

二、探究思考,形成新知

问题 2 观察图 6.1-1,你发现了哪些熟悉的几何图形?你是怎么认定的?

长方体　　　圆柱　　　球　　　圆锥

图 6.1-1

师生活动:教师引导学生只关注物体的形状、大小,得到几何图形,让学生学会用自己的语言描述立体图形,并且让学生明白,得到的几何图形具有一般性,表示的是一类物体所对应的共同空间结构.

追问 1:你能举出形状是长方体的物体的例子吗?

追问 2:你能举出形状是圆柱的物体的例子吗?

追问 3:你能举出形状是球的物体的例子吗?

追问 4:你能举出形状是圆锥的物体的例子吗?

【设计意图】 通过具体实物的观察与想象,引导学生从实物中抽象出几何图形.

问题 3 摸一摸一张纸上画的长方形,再摸一摸在纸张上放的长方体,你摸到的感觉有何不同?

师生活动:引导学生开展闭着眼睛摸实物活动,分辨立体图形与平面图形的差异,在此基础上对几何图形进行分类.

追问:立体图形与平面图形有什么不同点?

【设计意图】 引导学生直观区分立体图形和平面图形,并抽象立体图形和平面图形的概念.

三、辨别应用,巩固新知

例 1 图 6.1-2 中实物的形状对应哪些立体图形?把相应的实物与图形用线连起来.

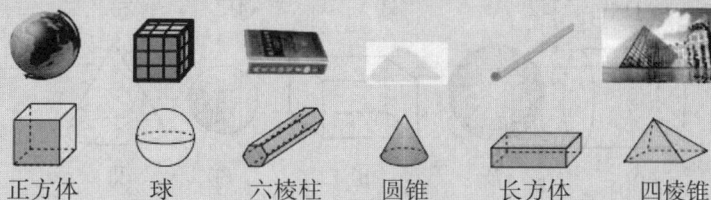

正方体　　球　　六棱柱　　圆锥　　长方体　　四棱锥

图 6.1-2

师生活动:教师引导学生辨别每类立体图形是由哪类实物抽象得到的.

【设计意图】 辨别实物与立体图形的联系,发展图形抽象能力.

171

练习 图 6.1-3 中包含哪些简单的平面图形?请举例说明平面图形与立体图形的区别.

图 6.1-3

师生活动: 学生思考,发言交流.

【设计意图】 辨别立体图形与平面图形.

四、迁移综合,发展能力

例 2 (1)用四个平面能围成怎样的立体图形?

(2)如果在一块正方体豆腐上切一刀,可能得到哪些立体图形?切面可能是哪些平面图形?

师生活动: 学生观察、想象、交流.

【设计意图】 初步体会立体图形与平面图形的关系,发展空间观念.

五、回顾小结,概括提升

1. 几何图形与实物有什么联系和区别?

2. 立体图形与平面图形的主要区别是什么?

目标检测

1. 给出下列说法:① 七年级上册数学书本是长方形;② 七年级上册数学书本是长方体,也是棱柱;③ 七年级上册数学书本的六个面都是长方形. 其中,正确的是(   ).

A.①②   B.①③   C.②③   D.①②③

2. 把下面几何体的标号写在对应的大括号里.

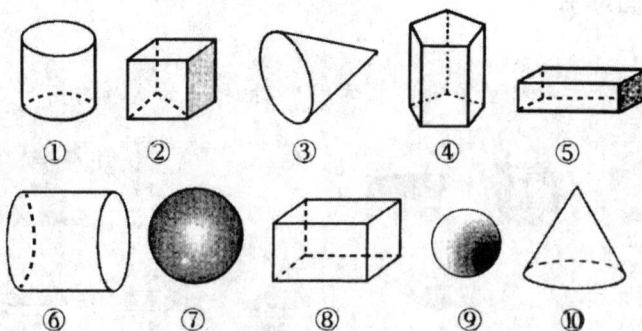

棱柱:{   }.圆柱:{   }.圆锥:{   }.球:{   }

3. 下列几何图形:圆、圆柱球、扇形、等腰三角形、长方体、正方体、直角. 其中,平面图形有

_____个.

参考答案:1. C   2. 棱柱:{②④⑤⑧}.圆柱:{①⑥}.圆锥:{③⑩}.球:{⑦⑨}   3.4

【设计意图】第1～2题检测目标1,第3题检测目标2.

6.1.2　立体图形与平面图形(第2课时)

目标	1.能画出从不同方向看一些基本几何体(直棱柱、圆柱、圆锥、球)以及它们的简单组合得到的平面图形,建立立体图形与平面图形的联系. 2.会通过展开和折叠建立立体图形与平面图形的联系. 3.在立体图形与平面图形相互转换的过程中,初步建立空间观念,发展几何直观
重点	经历从不同方向观察物体的数学活动,形成空间观念
难点	通过观察,画出简单物体的三种视图

教学过程设计

一、情境引入,提出问题

几何图形分为立体图形和平面图形,我们已经知道它们之间的区别,那么它们之间有什么联系呢?

问题1　苏东坡的诗《题西林壁》(如图6.1-4):横看成岭侧成峰,远近高低各不同.不识庐山真面目,只缘身在此山中.诗中隐含着什么数学道理? 对我们有什么启发?

图6.1-4

师生活动:学生回答从不同方向看同一个立体图形,看到的结果可能会不同,从而引入课题.

【设计意图】跨越学科界限,以苏东坡的诗《题西林壁》引出课题,从不同的方向看立体图形,可看到不同的画面.

二、探究思考,形成新知

问题2　你能画出图6.1-5所示几何体从正面、左面、上面所看到的平面图形吗?

从正面看

图6.1-5

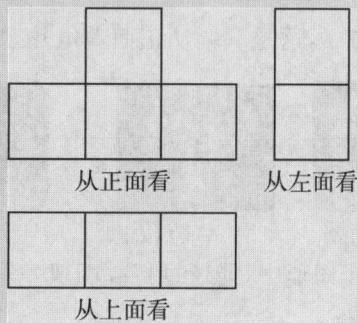

从正面看　　从左面看

从上面看

图6.1-6

师生活动:教师引导学生先直观观察和想象再交流,最后画出从不同方向看到的平面图形(图

6.1-6).

【设计意图】 通过直观观察和想象,从三个不同的方向看几何体得到平面图形.

问题 3 教师用课前准备的小正方体搭建一个模型,引导学生思考:从正面看有几列,每一列有几层?从左面看呢?从上面看呢?

师生活动:用操作和想象,得到三个不同方向的视图.

【设计意图】 通过操作和想象,进一步强化立体图形与平面图形的联系,发展空间观念.

问题 4 一个几何体由几个大小相同的小正方体搭成,从上面看和从左面看所看到的平面图如图 6.1-7 所示,搭出满足条件的几何体,你搭的几何体由几个小正方体组成?与同伴交流.

从上面看　　　　　　　　从左面看

图 6.1-7

师生活动:通过想象从不同的方向看到的平面图形的过程,得到立体图形.

【设计意图】 通过从不同的方向看到的平面图形,想象它对应的立体图形,建立立体图形与平面图形的联系,发展空间观念.

问题 5 用如图 6.1-8 所示的平面图形,可以折成什么几何体呢?

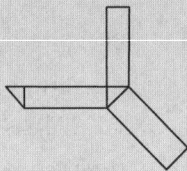

图 6.1-8

师生活动:学生通过教师事先准备的纸片,动手折叠.

【设计意图】 通过动手实践,学生真正理解展开与折叠的关系,从而加深对立体图形与平面图形的关系的理解.

三、辨别应用,巩固新知

1. 如图 6.1-9,这是一幅从正面看电热水壶的图片,则从上面看的图形是(　　　).

图 6.1-9　　　　　A.　　　　　B.　　　　　C.　　　　　D.

2. 下列四个图形中,能通过折叠围成一个棱柱的是(　　　).

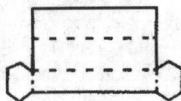　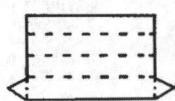　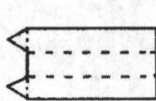　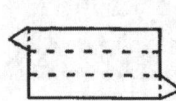

A.　　　　　B.　　　　　C.　　　　　D.

3. 图 6.1-10 是某几何体从不同方向看到的图形,则这个几何体是(　　).

从正面看　从左面看　从上面看

图 6.1-10

A.圆柱　　　　B.正方体　　　　C.球　　　　D.圆锥

四、迁移综合,发展能力

　　例 图 6.1-11 是由几个大小相同的小正方体所搭几何体从上面看到的平面图形,小正方形中的数字表示在该位置小正方体的个数.请分别画出相应的几何体从正面和左面看到的平面图形.

2	3
	1

图 6.1-11

师生活动:学生独立想象、语言描述、画图.

【设计意图】 通过想象和画图建立从不同方向看到的平面图形与立体图形之间的联系.

五、回顾小结,概括提升

1. 本节课我们学习了哪些联系立体图形与平面图形的方法?

2. 从不同方向看立体图形,看到的平面图形反映了立体图形的哪些特征?

3. 怎样想象从某一方向看立体图形得到的平面图形?怎样画出它?

4. 怎样想象一个立体图形的平面展开图?怎样画出它?

目标检测

1. 从正面看如图所示的几何体得到的平面图形是(　　).

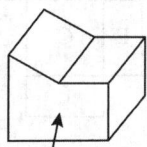

正面方向
（第 1 题）　　A.　　　　B.　　　　C.　　　　D.

2. 下图中,是三棱柱的平面展开图的是(　　).

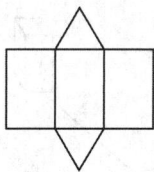 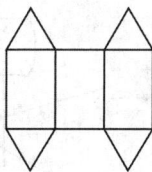 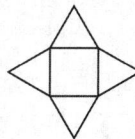

A.　　　　B.　　　　C.　　　　D.

3. 说出下列四个立体图形的名称，并把它们与各自的平面展开图用线连起来.

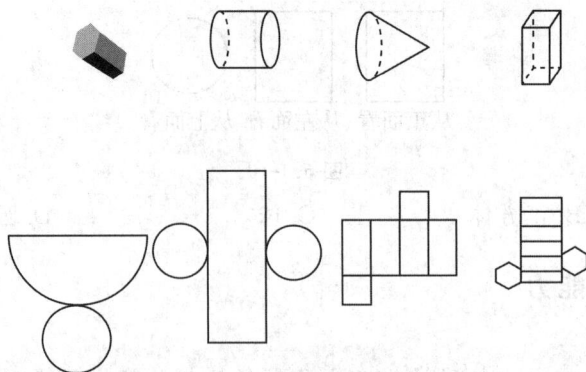

（第 3 题）

4. 如图是由 5 个棱长为 1 的正方体叠放而成的一个几何体，请画出这个几何体的三个视图（用铅笔描黑）.

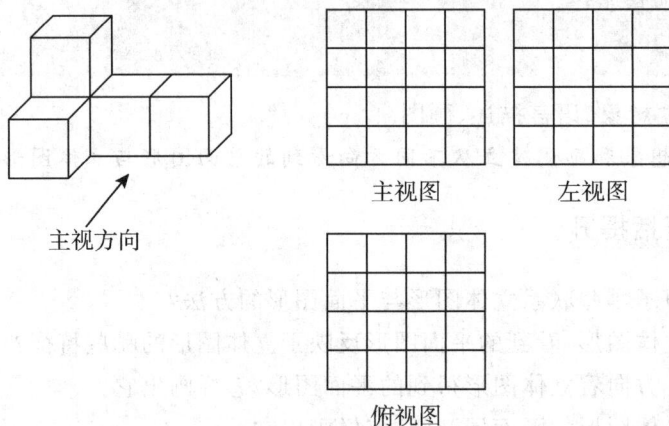

主视方向

主视图　　　左视图

俯视图

（第 4 题）

5. 某长方体的展开图如图所示，每一面内都标注了字母（标字母的面是外表面），根据要求回答问题：

（1）如果 D 面在长方体的左面，那么 F 面在哪里？

（2）B 面和哪个面是相对的面？

（3）如果 C 面在前面，从上面看到的是 D 面，那么从左面看到的是哪一面？

（4）如果 B 面在后面，从左面看是 D 面，那么前面是哪个面？

（5）如果 A 面在右面，从下面看是 F 面，那么 B 面在哪里？

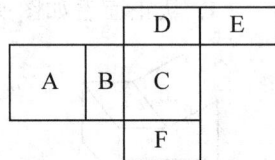

（第 5 题）

参考答案：1. A　**2.** B　**3.** 如下图：

（六棱柱）（圆柱）　（圆锥）　（长方体）

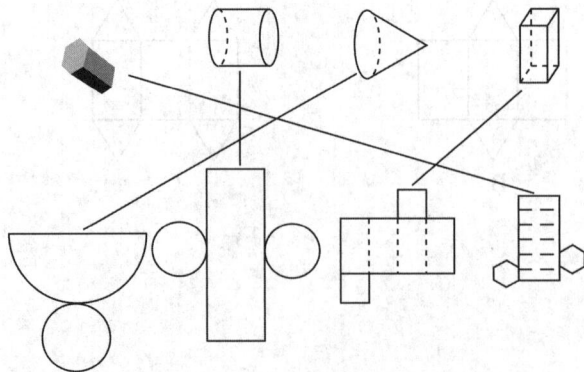

（第 3 题）

4. 画图如下：

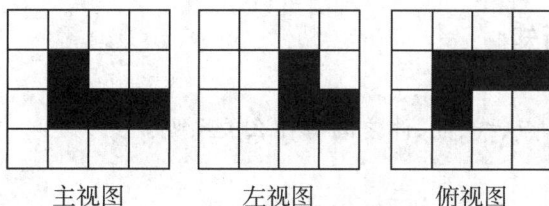

主视图　　　　左视图　　　　俯视图

（第 4 题）

5. (1) 右面；(2)E 面；(3)B 面；(4)E 面；(5) 后面.

【设计意图】 第 1 题、第 4 题检测目标 1，第 2 ~ 3 题检测目标 2，第 5 题检测目标 3.

6.1.3　点、线、面、体

目标	1.经历分离点、线、面等构成几何图形的基本要素的过程，理解点、线、面、体的关系，发展抽象能力. 2.用运动的观点来认识点、线、面、体之间的关系. 3.通过观察、操作等活动，初步建立空间观念，发展几何直观
重点	感受点、线、面、体之间的关系
难点	认识"点动成线、线动成面、面动成体"

教学过程设计

一、情境引入，提出问题

问题 1　前面已经初步认识了立体图形与平面图形，能从图 6.1-12 中找出各类几何图形并给出它们的名称吗？

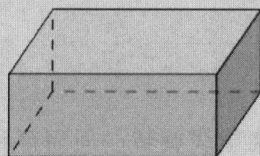

图 6.1-12

师生活动：教师引导学生观察、分析，给出点、线、面、体的直观描述.长方体、正方体、圆柱、圆锥、球、棱柱、棱锥等都是几何体.几何体也简称体(solid).

包围着体的是**面**(surface).面有平的面和曲的面两种.平静的水面给我们以平面的形象，而一些建筑物的屋顶则给我们以曲面的形象.

夜晚流星划过天空时留下一道明亮的光线，节日的烟火画出的曲线组成优美的图案，这些都给我们以**线**(line) 的形象.面和面相交的地方形成线.长方体 6 个面相交成的 12 条棱(线)是直的，圆柱的侧面与底面相交得到的圆是曲的.

天上的星星、世界地图上的城市等都给我们以**点**(point) 的形象.线和线相交的地方是点.

【设计意图】 教师引导学生从现实情境中抽象出点、线、面、体这四类基本图形.

二、探究思考，形成新知

问题2 如图6.1-13，点、线、面、体之间有什么关系呢？

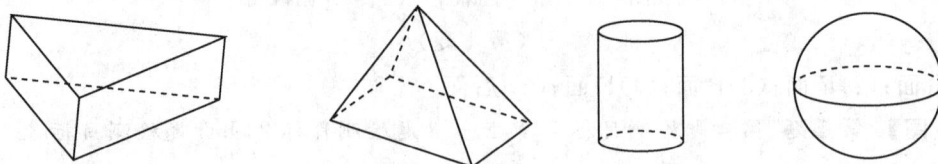

图6.1-13

追问1： 在这些图形中，你能找到点、线、面吗？

追问2： 这些几何体都是由点、线、面构成的吗？

追问3： 你所找到的线可分为哪几种？

追问4： 你所找到的面，又可分为哪几种？

追问5： 通过以上几个问题，你能得到什么结论？

师生活动： 教师展示图片，学生观察图形结构，经过小组讨论、交流、总结后得出结论. 点、线、面是构成几何图形的基本要素：面围成体，线围成面，线可以看作无数个点排列而成，面有平面与曲面之分，线有曲直之分.

【设计意图】 从图形的空间结构分离出其构成要素——点、线、面，初步理解点、线、面、体之间的关系.

问题3 观察、分析图6.1-14中的图片，你能用动态的观点发现点、线、面之间有什么关系吗？

飞机飞行时喷出尾气　　　　汽车雨刮器刮水

图6.1-14

追问1： 如图6.1-15，各个花瓶的表面可以看作由哪个平面图形绕虚线旋转一周而得到的？用线连一连. 由此你能从动态的观点观察出面与体有什么关系吗？

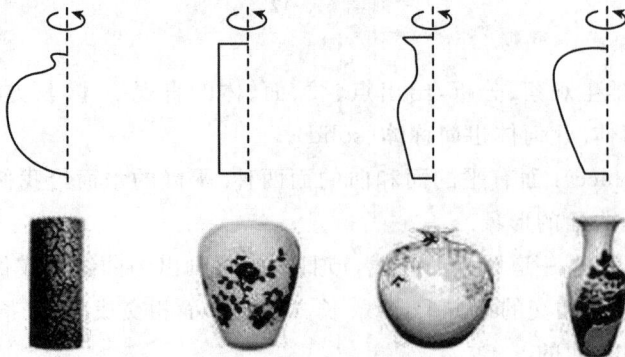

图6.1-15

追问 2：你认为点、线、面、体中,可以构成其他图形的最基本图形是什么?构成图形的基本要素是什么?

师生活动：学生对以上探究的几个问题进行讨论、归纳、总结,最后得出结论:点动成线、线动成面、面动成体.学生认识到点是构成图形的最基本的要素.

【设计意图】 教师引导学生用动态的观点分析点、线、面、体之间的生成关系,知道点是最基本的几何元素.

三、辨别应用,巩固新知

例 1 填空:
(1) 正方体是由 _____ 个面围成的,这些面都是平的.
(2) 正方体有 _____ 个顶点,经过每个顶点有 _____ 条棱,共 _____ 条棱.
(3) 圆柱是由 _____ 个面围成的,其中两个面是 _____ ,一个面是 _____ .
(4) 圆柱的侧面和底面相交成 _____ 条线,它们是 _____ .

例 2 现有一个长为 4 cm,宽为 3 cm 的长方形,绕它的一边所在直线旋转一周,得到的圆柱的体积是多少?

师生活动：让学生讨论旋转后形成的图形,学生代表到黑板上板演,其他学生在练习本上完成.教师巡视,适时点拨,学生完成后及时点评.

【设计意图】 巩固面、体之间的动态关系.

四、迁移综合,发展能力

例 3 请你举出点动成线、线动成面的例子.

追问：你用笔画线时,点怎样运动画出的是直的线?怎样运动画出的是曲的线?

师生活动：学生独立举例,如:画画、晚上流星的形象 —— 点动成线;刷墙、黑板擦擦黑板 —— 线动成面.当笔尖沿着固定方向移动时画出的是直的线,当笔尖移动方向有变化时,画出的线是曲的线.

【设计意图】 通过学生自主举例,巩固点、线、面之间的动态关系.

五、回顾小结,概括提升

1. 通过本节课的学习,你知道构成所有几何图形的基本图形有哪些吗?
2. 从静态的观点看,点、线、面、体有什么关系?
3. 从动态的观点看,点、线、面、体又有什么关系?
4. 如果要研究所有的几何图形,你觉得应该从哪里出发开始研究?

目标检测

1. 填空:
人在雪地上走,他的脚印形成一条 _____ ,这说明了 _____ 的数学原理;
体是由 _____ 围成的,面和面相交于 _____ ,线和线相交于 _____ ;
点动成 _____ ,线动成 _____ ,面动成 _____ .

2. 将三角形绕直线 l 旋转一周,可以得到如图所示立体图形的是(   ).

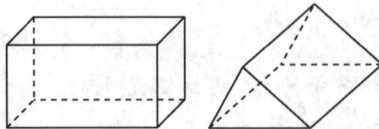

（第 2 题）   A.   B.   C.   D.

3. 如图,观察长方体模型,它有几个面?面与面相交的地方形成了几条线?线与线相交成几个点?三棱柱呢?

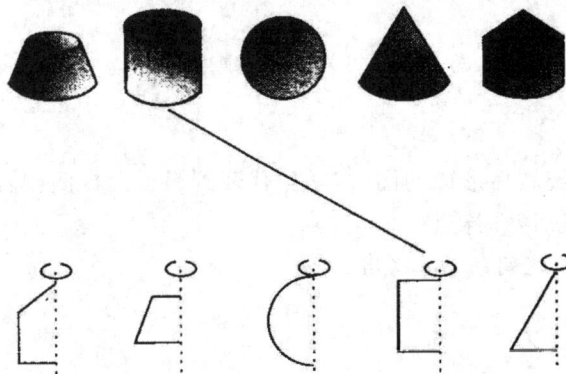

（第 3 题）

4. 如图,第二行的图形绕虚线旋转一周,便能形成第一行的某个几何体,用线连一连.

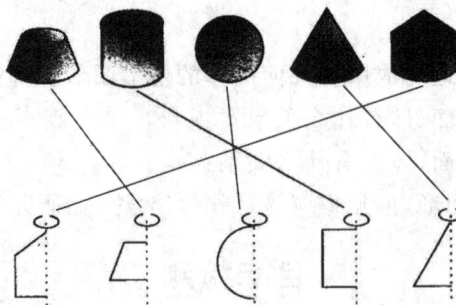

（第 4 题）

参考答案: 1. 线,点动成线;面,线,点;线,面,体

2. B

3. 长方体有 6 个面,面与面相交形成 12 条线,线与线相交成 8 个点;三棱柱有 5 个面,面与面相交的地方形成 9 条线,线与线相交成 6 个点.

4. 连线如下:

（第 4 题）

【设计意图】 第 1 题检测目标 1、目标 2,第 2 题、第 4 题检测目标 2、目标 3,第 3 题检测目标 1、目标 3.

6.2　直线、射线、线段

6.2.1　直线、射线、线段

目标	1.经历用点描述直线的过程,能用"两点确定一条直线"刻画直线的"直"的属性,会用这一事实解释直线的作法,解释一些实际生活中的现象. 2.了解点与直线的位置关系,了解直线上点的顺序与分隔. 3.能基于点与直线的位置关系抽象射线与线段的概念,了解直线、射线、线段的区别与联系,初步建立直线、射线、线段、点与直线的位置关系等概念体系. 4.会用图形语言、文字语言和符号语言表达点、直线、射线和线段
重点	理解直线的"直"的数学表达 —— 两点确定一条直线,理解射线和线段的概念与表示方法
难点	理解"直线的直"的数学表达

教学过程设计

一、情境引入,提出问题

我们已经知道,几何图形都是由点、线、面组成的,点是构成所有几何图形的最基本元素.在初中阶段,我们主要研究平面图形,这需要从研究点与直线入手.

> **问题1**　我们知道点动成线,而且也知道线有曲直之分,那么,点怎样运动后形成的线是"直"的线呢?

师生活动:教师引导学生通过动手画线,基于直观描述"直"的线的动态形成过程:点沿着一个固定的方向运动所形成的线就是"直"的.

【设计意图】　提出如何用点来描述直线的基本问题.

二、探究思考,形成新知

> **问题2**　直线是由点运动形成的,一个点确定后,直线的位置能唯一确定吗?如图6.2-1,经过一点 O 画直线,能画几条?
>
>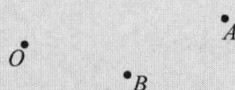
>
> 图6.2-1

师生活动:教师用教具示范,固定木棒的一个点,木棒可旋转、改变方向.基于直观操作和想象,发现一个点不能确定直线的方向.

追问1:经过两点 A,B 呢?动手试一试.

追问2:经过两点画直线有什么规律?怎样用简练的语言概括呢?

师生活动:学生画图后在小组内讨论交流,让学生发现只要在木棒上再固定一个点,木棒就再也不能旋转,也就是说,直线的方向就固定了.在此基础上,师生共同归纳:经过两点有一条直线,并且只有一条直线.简单概括成:两点确定一条直线.让学生认识到,这一基本事实刻画了直线"直"的本质属性.因为如果还有不受固定两点的限制、可以自由移动的线,则直观上这条直线不是"直"的.

【设计意图】 让学生经历"动手实践 — 抽象概括"的认知过程,将感性认识上升到理性认识,从而更加准确地把握直线的"直"的本质属性.

追问 3: 过 A,B 两点画曲线可以画多少条?

追问 4: 想一想,生产生活中还有哪些情况反映了"两点确定一条直线"这一基本事实,与同学交流一下.

师生活动: 学生举实例.

【设计意图】 体会这一事实来源于现实经验.因为几何公理来源于对现实空间直观经验的抽象.

问题 3 小学学习时,我们已经知道可以用两个大写字母来表示直线,为什么?

师生活动: 教师启发学生思考,两点确定一条直线,因此可以用表示这两点的大写字母表示其确定的直线.如果不考虑组成直线的点的结构,只是整体看,则还可以用一个小写字母表示直线.如图 6.2-2 中的直线,可以表示为"直线 DE""直线 ED"或"直线 a".

图 6.2-2

【设计意图】 引导学生思考直线表示方法的合理性.

问题 4 平面上有一条直线 AB,则平面上的点与该直线有哪些位置关系?怎样用符号表示这些位置关系?

师生活动: 教师引导学生给出分类,如图 6.2-3(1) 所示,平面上的点,要么在直线 AB 上(或说直线 AB 经过点 P),要么在直线 AB 外(或说直线 AB 不经过点 Q).此时,说点 P 在点 A 和点 B 之间,点 B 在点 A 和点 P 外部,点 A 在点 P 和点 B 外部.

追问: 怎样定义两条(多条)直线的公共点?

师生活动: 教师引导学生给出直线相交的定义:如图 6.2-3(2) 所示,如果点 P 既在直线 AB 上,又在直线 CD 上,则称点 P 是直线 AB 和直线 CD 的公共点,此时,称直线 AB 与直线 CD 相交,交点为 P.

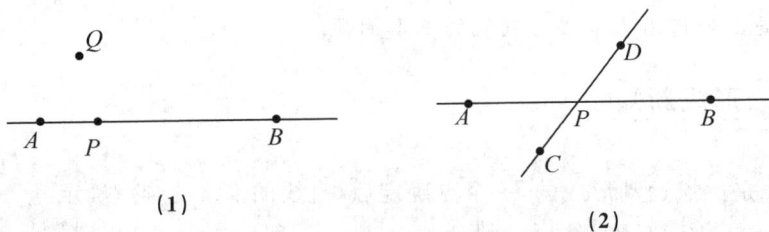

| (1) | (2) |

图 6.2-3

问题 5 (1)如图 6.2-3(1),点 P 把直线 AB 分成了两部分,点 P 及它的右侧部分叫作什么?点 P 的左侧部分呢?怎样用符号表示它们?

(2)能用类似的方法研究如图 6.2-4 的线段吗?

| (1) | (2) |

图 6.2-4

师生活动: 教师引导学生给出射线、线段的定义及其表示法:直线上一点的一侧部分叫作射线,射线是有方向的,因此表示射线的两个字母中,第一个字母必须表示唯一的端点,如图 6.2-4(1) 中的射线只能表示为"射线 FE",不能表示成"射线 EF".用类比的方法得到线段的定义及其表示法:直线上两点之间的部分叫作线段,这两点叫作线段的端点,线段可以用表示两个端点的大写字母表示,如图 6.2-4(2)中的线段表示为"线段 AB"或"线段 BA".在图 6.2-3(1)中,点 P 在点 A,B 之间,也叫点 P 在线段 AB 上;点 B 在点 A,P 的外部,在射线 AP 上,我们就说点 B 在线段 AP 的延长线上,类似地,可以说点 A 在线段 BP 的延长线上,或说点 A 在线段 PB 的反向延长线上.

追问:直线、射线、线段有什么区别与联系?

【设计意图】 基于直线上的点,定义射线和线段,并用图形和符号表示,建立直线、射线、线段的概念体系.

> **问题 6** 我们是怎样得到直线、射线和线段的概念的?它们之间有什么区别和联系?

师生活动:教师引导学生回顾总结:

(1)抽象直线、射线、线段的概念及点与直线位置关系的基本思路:

生活经验、图形直观(点沿着同一方向移动成直的线)— 语言描述确定条件(两点确定一条直线)— 直线的符号表示.

点与直线的位置关系 — 直线上的点 — 射线、线段及其表示方法.

因此,从图形直观出发,从构成图形的基本要素出发分析决定图形的条件是得到几何概念的基本方法,根据图形的决定条件进行简约的符号表示是用符号表示图形的基本方法.

(2)建立直线、射线、线段的概念体系.基于直观,比较直线、射线、线段的区别,把射线和线段都看作直线的一部分,建立直线、射线、线段之间的联系.

【设计意图】 教师引导学生总结直线、射线、线段等概念,初步建立这些概念体系.

三、辨别应用,巩固新知

> **例 1** 如图 6.2-5 所示,已知平面上三点 A,B,C.
> (1)画线段 AB;
> (2)画直线 BC;
> (3)画射线 CA;
> (4)如何由线段 AB 得到直线 AB 和射线 AB 呢?
> (5)直线 AB、直线 BC 有几个公共点?
>
>
> 图 6.2-5

师生活动:学生独立思考,教师组织交流与评价.

四、迁移综合,发展能力

> **例 2** 指出图 6.2-6 中线段、射线、直线分别有多少条?分别用字母符号表示图中的射线.
>
>
> 图 6.2-6

师生活动:学生独立思考,教师组织交流评价.

【设计意图】 巩固直线、射线和线段的概念及其符号表示方法.

五、回顾小结，概括提升

1. 直线的"直"是怎样刻画的?直线有哪些表示方法?

2. 什么叫射线?什么叫线段?

3. 射线是由什么条件确定的?线段呢?

4. 怎样用字母符号表示射线和线段?要注意什么?

目标检测

1. 如图,下列说法中,正确的是( ).

A. 点 P 在线段 AB 的延长线上

B. 点 P 在线段 BA 的延长线上

C. 点 P 在射线 AB 的延长线上

D. 点 P 在直线 AB 的延长线上

（第 1 题）

2. 按下列语句画出图形:

（1）直线 EF 经过点 C;

（2）点 A 在直线 l 外;

（3）经过点 O 的三条直线 a,b,c;

（4）线段 AB,CD 相交于点 B.

3. 请举出生活中应用"两点确定一条直线"这一基本事实的一个例子.

参考答案:1. A

2. （1）如图所示:

（2）如图所示:

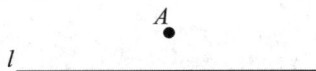

（3）如图所示:

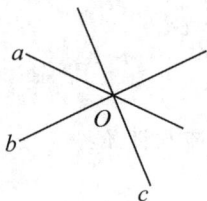

（4）如图所示:

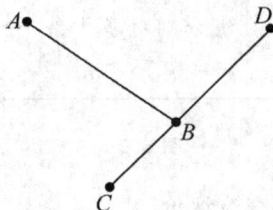

3. 答案不唯一,如植树时,只要栽下两棵树,就可以把若干棵树栽成一行.

【设计意图】 第1题检测目标1、目标4,第2题检测目标2、目标3、目标4,第3题检测目标1.

184

6.2.2　线段的比较和运算(第1课时)

目标	1.理解线段是刻画直线上两点之间位置关系的重要几何量. 2.能用尺规作图的方法作一条线段等于已知线段. 3.采用叠合法建立线段大小的概念,能用叠合法和度量法比较线段的大小. 4.掌握基本事实:"两点之间,线段最短."理解两点间距离的概念
重点	尺规法作一条线段等于已知线段,定义线段的大小,掌握基本事实
难点	理解线段是刻画两点之间位置关系的重要几何量

教学过程设计

一、情境引入,提出问题

问题 1　我们知道,一条直线,如果其中有两点的位置确定了,则这条直线的位置就确定了.但是,直线上的点仍然可以在这条直线上运动,那么怎样描述一条直线上点的相对位置呢?

追问1: 如图6.2-7,过点A,B作直线AB,在直线AB上任意取一点P,怎样刻画点P相对于点A的位置?如何刻画点P相对于点B的位置?点P与点Q的位置怎样区分?

图 6.2-7

追问2: 回顾一下数轴,我们如何刻画数轴上的点相对于原点的位置?

师生活动: 学生先用无刻度直尺作直线AB,引导学生分析:要说清楚点P相对于点A的位置,必须先说清楚点P在点A的左侧还是右侧,再说清楚点P离点A多远,前者可以用"点P在射线AB上"来表达方向,后者用线段AP的长度来表达.在此基础上,师生共同提出进一步研究线段长度大小问题.

【设计意图】 从刻画直线上点的位置出发,提出线段长度大小的研究问题,并为后面用射线刻画方向,用角刻画方向差埋下伏笔.

二、探究思考,形成新知

问题 2　我们知道,测量线段的长度,就是以较短线段作为单位长度去量长的线段,实际上是基于线段大小的比较.我们先讨论线段的相等关系.如图6.2-8,已知线段AB,CD,把线段AB移到线段CD上,点A与点C重合,点B落在点C,D之间的点E处,线段AB与线段CE的长度有什么关系?怎样比较线段AB和线段CD的大小?

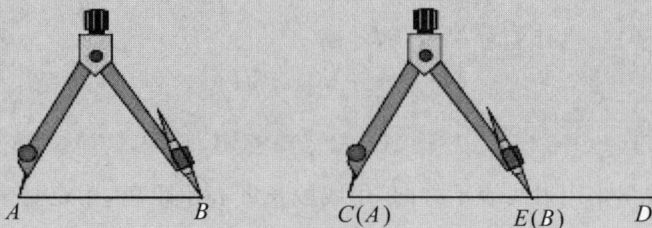

图 6.2-8

师生活动:教师引导学生用尺规作线段 $CE = AB$.

追问 1:如果点 B 落在线段 CD 的端点 C,D 之间,线段 AB 和线段 CD 的长度哪个大?怎样用符号表示?

追问 2:如果点 B 落在线段 CD 的端点 C,D 之外(在线段 CD 的延长线上),线段 AB 和线段 CD 的长度哪个大?怎样用符号表示?

师生活动:在直观经验的基础上,师生共同给出线段大小比较的规定,教学时要重视从比身高的生活经验中抽象出比较线段大小要基于一个端点重合的前提条件,再看另一端点的位置.

【设计意图】 基于尺规作图和线段的叠合,比较线段的大小关系.

问题 3 如图 6.2-9,在小学阶段,我们是怎样比较两根弯曲的绳子的长短的?由此,你得到了什么结论?

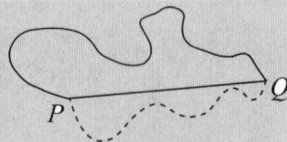

图 6.2-9

追问 1:两条弯曲的绳子的端点都是 P,Q,这两条绳子长度相等吗?

追问 2:你能找到连接 P,Q 两点的最短绳子吗?

师生活动:教师引导学生回顾小学学过的知识,比较两根软绳子的长短,要将两条绳子先拉直,再让一个端点重合,然后看另一个端点的位置确定长短.最后得到"两点的所有连线中,线段最短"这一基本事实,简单说成"两点之间,线段最短",并给出两点间距离的定义:连接两点的线段的长度,叫作这两点间的距离.

【设计意图】 这里最后一句话说明了什么是"两点的距离",它是两点间距离的**定义**(definition).

问题 4 当两条线段不方便移动叠合时,我们怎样比较它们的大小?

师生活动:教师引导学生回顾,基于相同单位长度测量出它们的长度,转化为比较数量的大小.比如,用 1 cm 为单位长度,测量出 a,b 两条线段的长度分别为 12 cm 和 8 cm,则有 $a > b$.

【设计意图】 回顾基于测量的线段的大小比较方法.

问题 5 在图 6.2-7 中,如果 $AP = AQ = 4$ cm,$BP = 10$ cm,你能说出点 P,Q 相对于点 A 的位置吗?你能说出点 P 相对于点 B 的位置吗?

师生活动:教师引导学生进行量化描述:点 P 在射线 AB 上(点 A 的右侧),且到点 A 的距离为 4 cm;点 Q 在线段 BA 的延长线上(点 A 的左侧),且到点 A 的距离为 4 cm;点 P 在射线 BA 上(点 B 的左侧),且到点 B 的距离为 10 cm.

三、辨别应用,巩固新知

例 1 如图 6.2-10,已知点 A,B,C 在同一直线上,$AB = 6$ cm,$BC = 9$ cm,请描述点 A,C 相对于点 B 的位置.

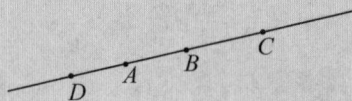

图 6.2-10

师生活动:教师引导学生用射线表示方向,用线段长度表示距离,用定量表达点 A,C 相对于点 B 的位置.

点 A 在射线 BD 上,且到点 B 的距离为 6 cm;点 C 在射线 AB 上,且到点 B 的距离为 9 cm.

【设计意图】巩固用射线和线段长度表示两点之间的相对位置的方法.

四、迁移综合,发展能力

例2 (1)如图6.2-11(1),若把原来弯曲的河道改直,A,B两地间的河道长度有什么变化?

(2)如图6.2-11(2),公园里修建了曲折迂回的桥,这与修一座直的桥相比,对游人观赏湖面风景能起到什么作用?你能用所学数学知识说明其中的道理吗?

(1) (2)

图6.2-11

师生活动:学生独立思考,教师组织交流.

【设计意图】用"两点之间,线段最短"这一基本事实解决实际问题.

五、回顾小结,概括提升

1. 怎样对直线上的任意两点的相对位置关系进行定量描述?

2. 线段的大小关系是怎样规定的?比较线段的大小有哪几种方法?怎样做?

3. 怎样理解两点间的距离?

目标检测

1. 估计下列图中线段 AB 与线段 AC 的大小关系,再用刻度尺或圆规来检验你的估计.

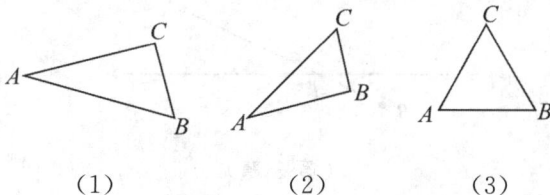

(1) (2) (3)

(第1题)

2. 判断下列说法是否正确.

(1)射线比直线短; （　　）

(2)在所有连接两点的线中,线段最短; （　　）

(3)连接两点的线段叫作两点的距离. （　　）

3. 知识是用来为人类服务的,我们应该把它们用在有意义的地方.下面有两个情境请你作出评判.

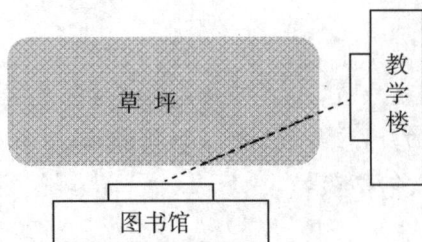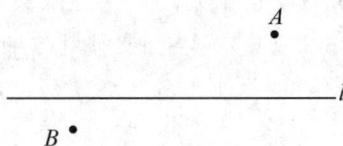

（1）　　　　　　　　　　　　（2）

（第3题）

情境一:从教学楼到图书馆,总有少数同学不走人行道而横穿草坪,这是为什么呢?试用所学数学知识来说明这个问题.

情境二:A,B 是河流 l 两旁的两个村庄,现要在河边修一个抽水站向两村供水,问抽水站修在什么地方才能使所需的管道最短?请在图中表示出抽水站点 P 的位置,并说明你的理由.

参考答案:1. 解:观察图形,估计图(1)中 $AB > AC$,图(2)中 $AB < AC$,图(3)中 $AB = AC$;

用圆规检验的方法为:以图(1)中的点 A 为圆心,AC 长为半径画弧,可知 $AB > AC$;

以图(2)中的点 A 为圆心,AB 长为半径画弧,可知 $AB < AC$;

以图(3)中的点 A 为圆心,AC 长为半径画弧,可知 $AB = AC$.

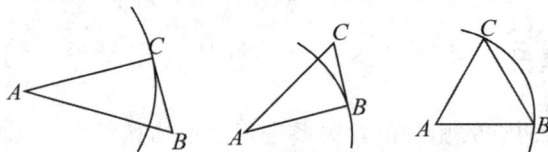

（第1题）

2. (1) 不正确;(2) 正确;(3) 不正确.

3. 情境一:因为教学楼和图书馆处于同一条直线上,两点之间,线段最短.

情境二:如图,

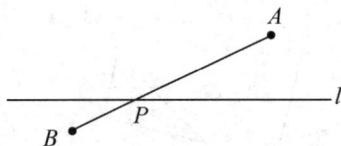

（第3题）

理由:两点之间,线段最短.

【设计意图】 第1题检测目标2、目标3,第2题检测目标4,第3题检测目标1、目标4.

6.2.3　线段的比较和运算(第2课时)

目标	1.理解线段的和、差、倍、分的意义,能用尺规作两条线段的和、差、倍. 2.理解线段中点的意义. 3.能用图形和符号表示线段的和、差、倍、分运算,并能进行初步的运算推理
重点	理解线段的和、差、倍、分及中点的意义,能进行初步的运算与推理
难点	线段的和、差、倍、分及中点意义的图形与符号表示之间的转换

教学过程设计

一、情境引入,提出问题

> **问题 1** 在小学阶段我们学习过,如果长方形的长、宽分别为 a,b,那么该长方形的周长是多少?如果正方形的边长为 x,那么该正方形的周长是多少?

师生活动:长方形的周长为 $2(a+b)$,正方形的周长为 $4x$.
追问 1:什么是两条线段 a,b 的和?什么是两条线段 a,b 的差?什么是线段 x 的 4 倍?
追问 2:怎样规定线段的和、差、倍的运算?
师生活动:通过回顾已有直观经验,发现和提出关于线段的和、差、倍运算的问题.

二、探究思考,形成新知

> **问题 2** 怎样规定两条线段的和与差呢?

追问:如图 6.2-12,线段 $AB=a$,如果在直线 AB 上作线段 $BC=b$,请你画出图形并表示线段 AC 的长.

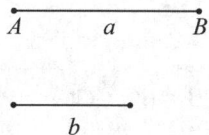
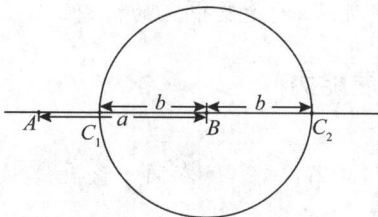

图 6.2-12　　　　　　　　图 6.2-13

师生活动:教师引导学生分析思路,作图探索:要在同一条直线上作出长度为两条线段长度的和的线段,需要在直线 AB 上,在线段 AB 右侧"接上"线段 b,这需要进行"以点 B 为圆心,以 b 为半径作圆,与直线 AB 的点 B 右侧部分交于点 C_2"的作图操作,得到 $AC_2=AB+BC_2$,即 $AC_2=a+b$;要在线段 AB 上作出线段 $a-b$,则需要把线段 AB"截去"一段长为 b 的线段,需要进行"以点 B 为圆心,以 b 为半径作圆,与直线 AB 的点 B 左侧部分交于点 C_1"的作图操作,得到 $AC_1=AB-BC_1$,即 $AC_1=a-b$(如图 6.2-13). 在此基础上,作出直观图形,给出线段和、差的定义.

如图 6.2-14,如果线段 AB 上有一点 C,那么规定 $AC+CB=AB,AB-AC=CB,AB-CB=AC$.

图 6.2-14

【设计意图】 教师引导学生基于作图和几何直观规定线段和、差的意义,发展几何直观和概念抽象能力.

> **问题 3** 如何规定一条线段是另一条线段的几倍呢?

师生活动:教师引导学生思考,只要将线段 m 移到同一直线上,且首尾相接,就可以得到线段 m 的整数倍.如图 6.2-15,若 $AB=BC=CD=m$,则 $AC=2AB=2m,AD=3AB=3m$.若 $AB=BC=$

$\frac{1}{2}AC$，则点 B 叫作线段 AC 的**中点**(midpoint)；若 $AB = BC = CD = \frac{1}{3}AD$，则点 B、点 C 叫作线段 AD 的三等分点.

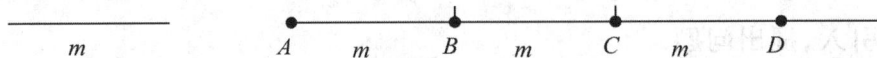

图 6.2-15

三、辨别应用，巩固新知

例1 在直线上依次取 A,B,C 三点，使 $AB = 4$ cm，$BC = 3$ cm. 如果点 O 是线段 AC 的中点，如图 6.2-16，请说出点 B 相对于点 O 的位置.

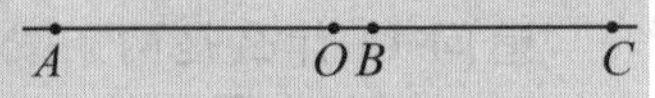

图 6.2-16

师生活动：教师与学生一起分析，利用线段和、差及中点的定义解决问题.

解：因为 $AB = 4$ cm，$BC = 3$ cm，

所以 $AC = AB + BC = 7$ cm.

因为点 O 是线段 AC 的中点，

所以 $OC = \frac{1}{2}AC = 3.5$ cm.

所以 $OB = OC - BC = 3.5 - 3 = 0.5$ (cm).

所以点 B 在射线 OC 上，且到点 O 的距离为 0.5 cm.

【设计意图】 巩固线段的和、差及中点的概念.

四、迁移综合，发展能力

例2 如图 6.2-17，点 A,B,C,D 在同一条直线上，且 $AB:BC:CD = 2:3:5$，线段 $BC = 6$.

(1) 求线段 AB，CD 的长；

(2) 若直线上存在一点 M，使得 $AM = 2$，求线段 DM 的长.

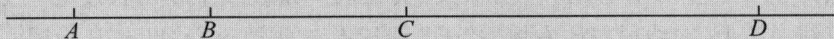

图 6.2-17

师生活动：师生共同分析线段之间的数量关系，解决问题.

解：(1) 因为 $AB:BC:CD = 2:3:5$，且 $BC = 6$，

所以 $AB = 4$，$CD = 10$.

(2) 因为 $AB = 4$，$CD = 10$，$BC = 6$，

所以 $AD = AB + BC + CD = 20$.

若点 M 在点 A 的左侧，则 $DM = AM + AD = 22$，

若点 M 在点 A 的右侧，则 $DM = AD - AM = 18$.

综上所述，线段 DM 的长为 22 或 18.

【设计意图】 本题考查了两点间的距离的求法，利用了线段的和、差、倍、分，正确理解题意是解题的关键. 本题还考查了分类讨论的思想，有利于拓宽学生的思路，发展学生的几何直观和推理能力.

五、回顾小结，概括提升

1. 线段的和、差、倍、分是怎样规定的？

2. 什么叫线段的中点?

3. 怎样用圆规和无刻度的直尺作出两条已知线段的和与差?怎样作出一条线段的几倍?

目标检测

1. 如图,点 A,B,C 在同一直线上,$AB=4$,$AC=3$,请定量说明点 C 相对于点 B 的位置.

（第1题）

2. 如图,C 是线段 AB 上的一点,M 是线段 AC 的中点,若 $AB=8$ cm,$MC=3$ cm,则 BC 的长是( ).

（第2题）

A. 2 cm   B. 3 cm   C. 4 cm   D. 6 cm

3. 点 A,B,C 在同一条数轴上,其中点 A,B 表示的数分别为 $-3,1$,若 $BC=2$,则 AC 的长是( ).

A. 3   B. 2   C. 3 或 5   D. 2 或 6

4. 已知线段 $AB=15$ cm,反向延长线段 AB 到点 C,使 $AC=7$ cm,若 M,N 分别是线段 AB,AC 的中点,则 $MN=$ _____ cm.

5. 如图,M 是线段 AB 的中点,点 C 在线段 AB 上,且 $AC=4$ cm,N 是 AC 的中点,$MN=3$ cm,求线段 AB 的长.

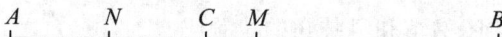

（第5题）

参考答案:1. 点 C 在线段 AB 的两端点 A,B 之间,且到点 B 的距离为 1.

2. A   **3.** D   **4.** 11

5. 因为 N 是 AC 中点,$AC=4$ cm,

所以 $AN=NC=\dfrac{1}{2}AC=\dfrac{1}{2}\times4=2$(cm).

因为 $MN=3$ cm,

所以 $AM=AN+MN=2+3=5$(cm).

因为 M 是 AB 的中点,

所以 $AB=2AM=2\times5=10$(cm).

【设计意图】 第1题、第3题检测目标1,第2题检测目标2,第4~5题检测目标2、目标3.

6.3 角

6.3.1 角的概念

目标	1.经历抽象角的概念的活动,理解角的静态定义和动态定义,知道角是刻画方向差的几何量,发展抽象能力. 2.能依据角的概念理解角的表示方法,会用适当的符号表示角. 3.通过观察量角器、类比时钟的学习方法,认识度、分、秒,会进行简单的计算
重点	角的概念与表示
难点	对角的本质的认识:角是刻画方向差的几何量

教学过程设计

一、情境引入,提出问题

问题 1 如图 6.3-1,以学校的旗杆为基准,你能精确地说出校门口、教学楼的位置吗?能说出图书馆和科技馆的位置吗?

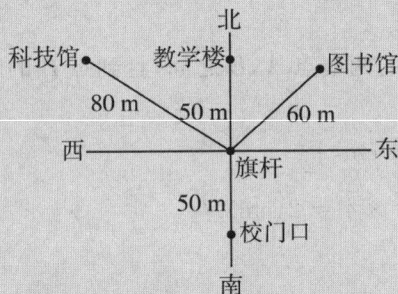

图 6.3-1

师生活动:教师引导学生思考,由于校门口、教学楼和旗杆的位置都在南北方向的同一条直线上,用南北方向和距离(线段的长度)就能准确、定量地说出校门口和教学楼相对于旗杆的位置:校门口在旗杆的正南方向 50 m 处,教学楼在旗杆的正北方向 50 m 处.虽然知道了图书馆、科技馆到旗杆的距离,但是不知道方向,无法确切说出它们相对于旗杆的位置.

追问:要说出图书馆、科技馆相对于旗杆的位置,还需要知道什么?

师生活动:教师引导学生思考,还需要知道它们相对于旗杆的方向,需要用角来刻画它们的方向与基准方向(如正北方向)的差异.

【设计意图】 创设现实情境,让学生体会距离和方向是刻画两点之间位置关系的基本要素,体会学习角的必要性.

二、探究思考,形成新知

问题 2 每一条射线都代表一个方向,就像从一个光源发出的光线,产生的不同方向的差异是用角来刻画的.什么叫角呢?怎么研究角呢?

追问 1：我们是怎么研究线段的？

师生活动：教师引导学生回顾线段的研究经验.

研究思路：线段的定义、表示、作法 — 线段的性质（大小比较）、度量 — 线段的和、差、倍、分运算.

研究内容：线段的大小比较、度量与和、差、倍、分关系.

研究方法：直观观察，给出定义，图形与符号表示.

【设计意图】 回顾线段的学习思路，为角的学习提供类比路径.

追问 2：我们应该怎样研究角？

师生活动：教师引导学生通过类比线段的研究经验，规划角的研究框架.

研究思路：角的定义、表示、作法 — 角的性质（大小比较）、度量 — 角的和、差、倍、分运算.

研究内容：角的大小比较、度量与和、差、倍、分关系.

研究方法：直观观察，给出定义，图形与符号表示.

【设计意图】 规划角的研究框架.

问题 3　怎样定义角？

师生活动：学生经过思考后，交流想法，师生共同归纳：有公共端点的两条射线组成的图形叫作**角**. 如图 6.3-2，教师通过分析角的结构（有公共端点的两条射线），用射线及公共端点的大写字母将角表示为 $\angle AOB$. 在此基础上介绍"角的内部""角的外部""角的边"等概念.

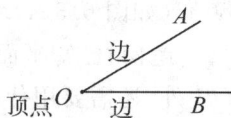

图 6.3-2

追问：观察时钟的秒针和分针，每时每刻秒针和分针之间都夹着一个角，你能用运动的观点来描述角的定义吗？

师生活动：学生经过思考后交流想法，师生共同归纳：角也可以看作是由一条射线绕着它的端点旋转而形成的图形. 教师进一步介绍"始边""终边"的概念.

【设计意图】 角是方向差，是以射线为基本要素构成的图形；角是由射线转出来的，角的大小只与开口大小有关.

问题 4　你能用符号表示图 6.3-3 中的所有的角吗？有哪些不同的表示角的方法？

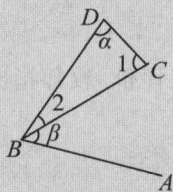

图 6.3-3

师生活动：教师引导学生根据"在不引起歧义的条件下尽可能简单"的原则，介绍角的四种常用表示方法：三个字母（中间字母为角的顶点），如 $\angle ABC$，$\angle ABD$，$\angle BCD$；单个顶点字母（该顶点上只有一个角），如 $\angle D$，$\angle C$；单个希腊字母，如 $\angle \alpha$，$\angle \beta$；数字，如 $\angle 1$，$\angle 2$；等等.

【设计意图】 学习角的图形和符号表示方法.

问题 5　在小学阶段，我们学过用角的度数定量刻画角的大小，类似于时钟中对应的时间单位. 除此之外，还可以用什么更小的单位刻画角的大小？

师生活动：教师引导学生思考，还可以用分、秒为单位刻画角的大小. 观察量角器，介绍度、分、秒的单位换算方法. 同时介绍测量角的工具（传统工具：量角器. 现代仪器：测角仪、激光测角仪）和用量角器测量角度的方法（在小学阶段学习过）.

【设计意图】 认识角的度量单位及其换算方法.

问题6 你能想到怎样精确描述图 6.3-4 中图书馆和科技馆相对于旗杆的位置了吗？

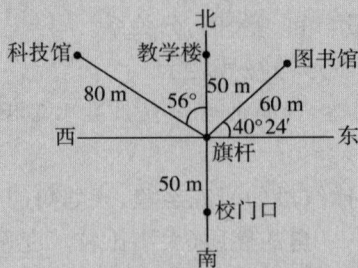

图 6.3-4

师生活动: 学生用量角器测量出刻画图书馆和科技馆方向的相关角度,给出相对于旗杆位置的精确描述:图书馆在旗杆的北偏东 $49°36'$ 方向且距离为 60 m,科技馆在旗杆的北偏西 $56°$ 方向且距离为 80 m(如图 6.3-4).

追问: 已知平面内一点 O,要描述该平面内任意一点 P 相对于点 O 的位置,除了用这两点间的距离 OP 外,还需要用什么几何量来刻画？

师生活动: 教师引导学生思考,还需要用角刻画点 P 相对于点 O 的方向.

【设计意图】 让学生体会到,角度和距离是刻画平面上点的位置关系的基本几何量.

三、辨别应用,巩固新知

例 1 如图 6.3-5,以 O 为顶点的小于平角的角有几个?以 D 为顶点的小于平角的角有几个?试用适当的方法来表示这些角.

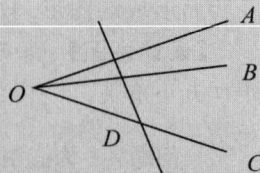

图 6.3-5

师生活动: 学生独立完成,教师组织交流评价.教师指出:初中阶段,如无特别说明,角都是指不大于平角的角.

【设计意图】 巩固角的表示方法.

例 2 $15.32° = $ _____ ° _____ ′ _____ ″, $40°25'30'' = $ _____ °.

师生活动: 学生独立完成,教师组织交流评价.

【设计意图】 巩固角的度量单位及其换算方法.

四、回顾小结,概括提升

1. 角是怎么定义的？
2. 怎样用符号表示角？
3. 角度制如何规定？怎样进行角度的计算？

目标检测

1. 下列关于角的说法,正确的个数是(　　).

① 角是由两条射线组成的图形;

② 角的边越长,角越大;

③ 在角一边的延长线上取一点 D;

④ 角可以看作由一条射线绕着它的端点旋转而形成的图形.

A. 1　　　　　　　　B. 2　　　　　　　　C. 3　　　　　　　　D. 4

2. 下列四个图形中,能用 $\angle 1$,$\angle AOB$,$\angle O$ 三种方法表示同一个角的图形是(　　).

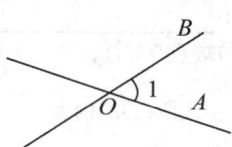 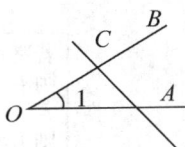 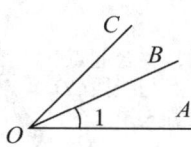 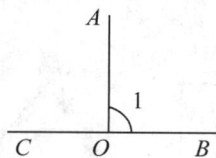

A.　　　　　　　　　B.　　　　　　　　　C.　　　　　　　　　D.

3. 计算:(1)$13°29'+78°37''$;

(2)$61°39'-22°5'$;

(3)$46.8°\div 6$.

参考答案:1. A　　**2.** B　　**3.** (1)$91°29'37''$;(2)$39°34'$;(1)$7.8°$(或 $7°48'$).

【设计意图】 第 1 题检测目标 1,第 2 题检测目标 2,第 3 题检测目标 3.

6.3.2　角的比较与运算

目标	1.经历类比线段的大小关系抽象角的大小关系的活动,比较两个角的大小,发展抽象能力. 2.经历类比线段的运算定义角的运算的活动,发展抽象能力,能用角的运算定义进行角度的运算与推理,发展推理能力和运算能力. 3.经历类比线段的中点定义角平分线的活动,发展抽象能力,能应用角平分线定义进行推理,发展推理能力
重点	定义角的大小关系及角的和、差、倍、分的运算
难点	用符号语言表示图形中角的大小及和、差、倍、分关系

教学过程设计

一、情境引入,提出问题

问题 1　前面我们学习了角的哪些知识?接下来要研究什么?

师生活动:学生回顾所学内容:角的定义、表示与度量. 根据研究思路,提出研究角的大小与运算问题.

【设计意图】 依据上一节课规划的研究路径,提出研究问题.

二、探究思考,形成新知

> **问题2** 组成角的基本图形是什么?角的大小与组成角的两条射线(边)的什么特征相关?

师生活动:学生讨论解决问题的方法,学生代表展示交流,观察发现,角的大小只与其边的方向差异(开口大小)有关.

【设计意图】 引导学生分析角的构成要素——公共端点的射线,理解角的本质——方向差.

> **问题3** 类比线段的大小关系的定义,你认为应该怎样定义角的大小关系?

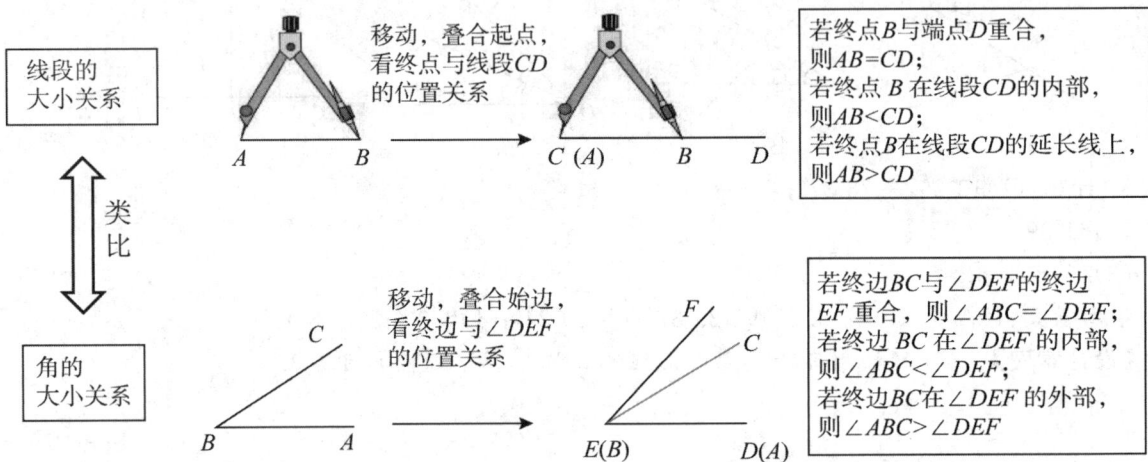

图 6.3-6

师生活动:教师利用动画移动线段和角,引导学生回顾线段的大小关系的定义,给出定义角的大小关系的方法并给出定义(如图 6.3-6).

追问: 小学阶段还学过用什么方法比较角的大小?

师生活动:学生回顾度量法,教师利用课件动画演示,归纳比较角的大小的两种方法的操作要点及一致性.

【设计意图】 类比线段的大小关系抽象角的大小关系,总结比较角的大小的两种基本方法,发展图形关系的抽象能力,学会学习.

> **问题4** 类比线段的和、差、倍、分关系,怎样规定角的和、差、倍、分关系?

师生活动:教师引导学生类比线段定义角的和、差、倍、分关系,关键是把线段的要素与角的要素进行对应转换:线段——角;线段的起点——角的始边;线段的终点——角的终边;线段内部——角的内部;线段外部——角的外部(如图 6.3-7).定义和、差运算的关键操作是线段和角的分割.线段的运算借助分割点,角的运算借助分割线.

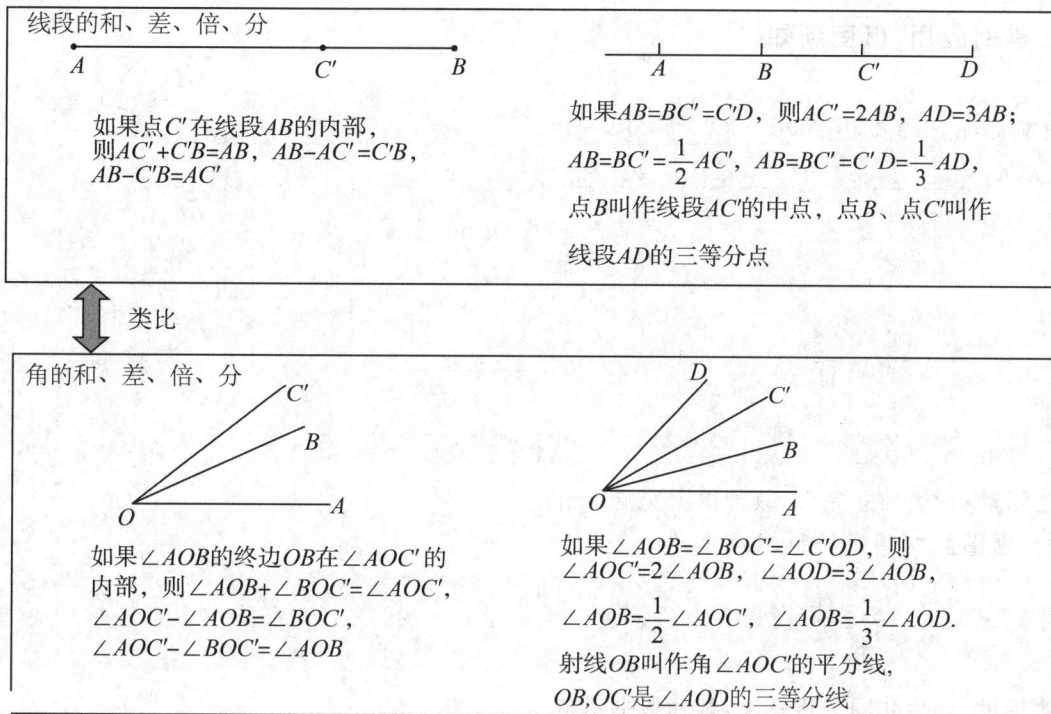

线段的和、差、倍、分

如果点C'在线段AB的内部，
则$AC'+C'B=AB$，$AB-AC'=C'B$，
$AB-C'B=AC'$

如果$AB=BC'=C'D$，则$AC'=2AB$，$AD=3AB$；
$AB=BC'=\frac{1}{2}AC'$，$AB=BC'=C'D=\frac{1}{3}AD$，
点B叫作线段AC'的中点，点B、点C'叫作
线段AD的三等分点

类比

角的和、差、倍、分

如果$\angle AOB$的终边OB在$\angle AOC'$的
内部，则$\angle AOB+\angle BOC'=\angle AOC'$，
$\angle AOC'-\angle AOB=\angle BOC'$，
$\angle AOC'-\angle BOC'=\angle AOB$

如果$\angle AOB=\angle BOC'=\angle C'OD$，则
$\angle AOC'=2\angle AOB$，$\angle AOD=3\angle AOB$，
$\angle AOB=\frac{1}{2}\angle AOC'$，$\angle AOB=\frac{1}{3}\angle AOD$.
射线OB叫作角$\angle AOC'$的平分线，
OB,OC'是$\angle AOD$的三等分线

图 6.3-7

问题5 线段的运算可以通过测量转化为数量的运算,角的运算是否也可以通过测量转化为某些数量的运算?

师生活动:教师引导学生类比思考,角可以通过测量转化为角的度、分、秒的计算.

追问: 如图 6.3-8,已知 $\angle DOC = 78°$，$\angle EOC = 33°26'$，OF 平分 $\angle DOE$,能求出 $\angle EOF$ 的大小吗?

师生活动:教师引导学生思考并解答:

因为 $\angle DOE + \angle EOC = \angle DOC$，

$\angle DOC = 78°$，$\angle EOC = 33°26'$，

所以 $\angle DOE + 33°26' = 78°$.

所以 $\angle DOE = 78° - 33°26' = 44°34'$.

因为 OF 平分 $\angle DOE$,

所以 $\angle EOF = \frac{1}{2}\angle DOE = \frac{1}{2} \times 44°34' = 22°17'$.

图 6.3-8

【设计意图】 把角的运算转化为角的度数的运算.

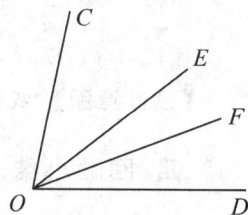

问题6 一副三角尺有两块,借助这两块三角尺的不同角进行和、差运算,可以画出度数为多少的角?画一画.

师生活动:教师引导学生通过和、差计算得到可以画出 $15°,30°,45°,60°,90°,75°,105°,135°$ 的角,并画出这些角.

【设计意图】 借助三角尺,进行角的和、差计算,并通过画图认识一些特殊角,巩固新知,建立几何直观.

三、辨别应用，巩固新知

例 1 如图 6.3-9，∠AOD = _____ + _____ = _____ − _____；

∠BOC = _____ + _____ = _____ − _____.

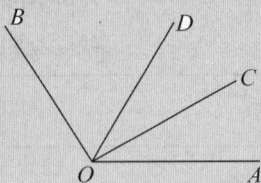

图 6.3-9

师生活动： 学生独立完成，教师组织交流评价.

【设计意图】 巩固角的和、差的概念.

例 2 如图 6.3-9，已知 $\angle AOC = \frac{1}{3}\angle BOC = 30°$，OD 平分 $\angle AOB$，求 $\angle AOB$ 和 $\angle COD$ 的度数.

师生活动： 师生共同分析解决，教师板书示范.

解： 因为 $\angle AOC = \frac{1}{3}\angle BOC = 30°$，

所以 $\angle BOC = 30° \times 3 = 90°$.

所以 $\angle AOB = \angle AOC + \angle BOC = 120°$.

因为 OD 平分 $\angle AOB$，

所以 $\angle AOD = \frac{1}{2}\angle AOB = 60°$.

所以 $\angle COD = \angle AOD - \angle AOC = 60° - 30° = 30°$.

【设计意图】 巩固角的和、差、倍、分关系，体会演绎推理的格式.

四、回顾小结，概括提升

1. 角的和、差、倍、分关系是怎样规定的？怎样进行角度的计算？
2. 规定角的和、差、倍、分关系的方法与规定线段的和、差、倍、分的方法有什么相同之处？
3. 什么叫角平分线？它与线段的中点的定义方式有什么相同之处？

目标检测

1. 如图，射线 OC，OD 分别在 ∠AOB 的内部、外部，下列各式中，错误的是（　　　）.

A. $\angle AOB < \angle AOD$ 　　　　B. $\angle BOC < \angle AOB$

C. $\angle COD < \angle AOD$ 　　　　D. $\angle AOB < \angle COD$

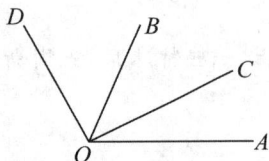

（第 1 题）

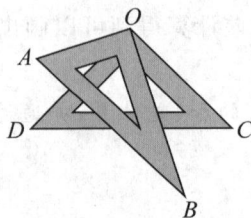

（第 2 题）

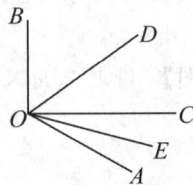

（第 3 题）

2. 将一副三角板按照如图的方式叠放在一起,使直角的顶点重合于点 O,则 $\angle AOC + \angle DOB = ($ 　 $)$.

A. 120°　　　　　　　B. 180°　　　　　　　C. 150°　　　　　　　D. 135°

3. 如图,$\angle AOB = 120°$,OD 平分 $\angle BOC$,OE 平分 $\angle AOC$.

(1) 求 $\angle EOD$ 的度数;

(2) 若 $\angle BOC = 90°$,求 $\angle AOE$ 的度数.

参考答案:1. D　**2.** B

3. (1) 因为 $\angle AOB = 120°$,OD 平分 $\angle BOC$,OE 平分 $\angle AOC$,

所以 $\angle EOD = \angle DOC + \angle EOC = \dfrac{1}{2}(\angle BOC + \angle AOC) = \dfrac{1}{2}\angle AOB = \dfrac{1}{2} \times 120° = 60°$.

(2) 因为 $\angle AOB = 120°$,$\angle BOC = 90°$,

所以 $\angle AOC = \angle AOB - \angle BOC = 120° - 90° = 30°$.

因为 OE 平分 $\angle AOC$,

所以 $\angle AOE = \dfrac{1}{2}\angle AOC = \dfrac{1}{2} \times 30° = 15°$.

【设计意图】 第 1 题检测目标 1,第 2 题检测目标 2,第 3 题检测目标 2 和目标 3.

6.3.3　余角和补角

目标	1.经历基于角的分割线抽象余角和补角概念的活动,理解余角、补角的概念,知道怎样用角表示方位,发展空间观念、几何直观和抽象能力. 2.能用推理的方法得到"同角(等角)的补角(余角)相等",并能依据这一定理进行简单推理,发展几何推理能力. 3.能用角度和距离表达平面上两点之间的相对位置,解决简单的实际问题,发展模型观念
重点	余角与补角的性质
难点	运用余角与补角的性质进行几何推理

教学过程设计

一、情境引入,提出问题

问题 1 小学阶段,我们学过特殊的角 —— 直角和平角,并学过以直角为基准、对小于平角的角进行分类.具体是怎样分类的?

师生活动: 学生观察,容易发现直角及其余两角与直角的关系,进而回顾小学学过把小于平角的角分为锐角、直角、钝角.

【设计意图】 回顾小学学过的特殊角及角的分类,为学习互余角和互补角奠定基础.

问题 2 我们已经学过角的和、差关系,如图 6.3-10(1) 中的三个小于平角的角有什么关系?

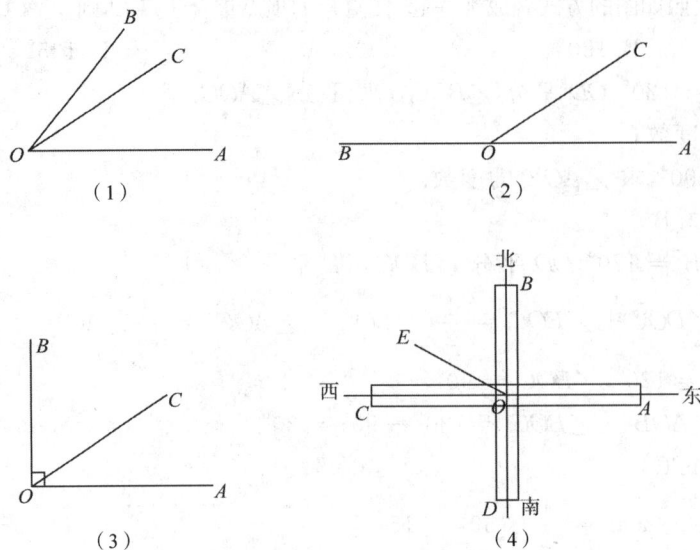

图 6.3-10

追问 1： 如果把 $\angle AOB$ 特殊化，变成如图 6.3-10(2) 的平角，此时，$\angle AOC$ 与 $\angle BOC$ 有什么数量关系？

追问 2： 如果把 $\angle AOB$ 特殊化，变成如图 6.3-10(3) 的直角，此时，$\angle AOC$ 与 $\angle BOC$ 有什么数量关系？

追问 3： 如图 6.3-10(4)，有东西和南北交叉路口，沿着 OE 方向有一条笔直的小路，若 $\angle AOE = 150°$，你能用哪些方法描述这条小路的方向？

师生活动： 教师将角的和的关系特殊化，并结合方位的表达，引入互余角和互补角的直观图形.

【设计意图】 为抽象角的互补和互余关系提供现实的、直观的图形.

二、探究思考，形成新知

问题 3 具有类似 $\angle AOC + \angle BOC = 180°$，$\angle AOC + \angle BOC = 90°$ 的数量关系的两个角，分别与特殊的角（平角与直角）有关，这在现实中很常见，怎样命名并加以定义呢？

师生活动： 教师引导学生观察、归纳，抽象出互余角和互补角的概念：

如果两个角的和等于 180°（平角），就说这两个角互为**补角**（supplementary angle），即其中一个角是另一个角的补角，简称这两个角**互补**；如果两个角的和等于 90°（直角），就说这两个角互为**余角**（complementary angle），即其中一个角是另一个角的余角，简称这两个角**互余**.

【设计意图】 基于图形直观，通过特殊化和归纳，抽象角的互补和互余关系.

问题 4 如图 6.3-11，已知 $\angle 1$ 与 $\angle 2$ 互补，$\angle 3$ 与 $\angle 4$ 互补，如果 $\angle 1 = \angle 3$，那么 $\angle 2$ 与 $\angle 4$ 相等吗？为什么？

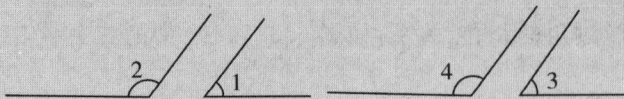

图 6.3-11

追问 1： 你能用文字语言描述补角的性质吗？

追问 2： 你能用符号语言描述补角的性质吗？

追问3：如果∠1与∠2互余,∠3与∠4互余,∠1 = ∠3,那么∠2与∠4相等吗?为什么?你能用文字语言、符号语言来描述余角的性质吗?

师生活动：通过讨论和推理,共同得出：**同角(等角)的补角相等,同角(等角)的余角相等.**教学中,教师示范推理补角的性质,学生模仿书写余角的性质.

【设计意图】 通过推理得到补角和余角的性质.互为补角与互为余角的概念反映的是角的大小的特殊数量关系,于是可得"同角(等角)的补角相等,同角(等角)的余角相等".这些性质在学习对顶角相等、平行线的判定和性质时将会用到,并在后续有着广泛的应用.

三、辨别应用,巩固新知

例1 如图6.3-12,点A,O,B在同一条直线上,射线OD和射线OE分别平分∠AOC和∠BOC,图中哪些角互为余角?

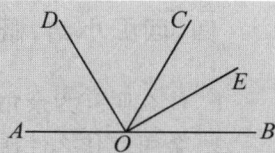

图 6.3-12

师生活动：师生共同分析,教师板书示范推理过程.

解：因为点A,O,B在同一条直线上,所以∠AOC与∠BOC互为补角.

又因为射线OD和射线OE分别平分∠AOC和∠BOC,

所以 $\angle COD + \angle COE = \dfrac{1}{2}\angle AOC + \dfrac{1}{2}\angle BOC$

$= \dfrac{1}{2}(\angle AOC + \angle BOC)$

$= \dfrac{1}{2}\angle AOB$

$= \dfrac{1}{2} \times 180°$

$= 90°.$

所以∠COD与∠COE互为余角.

同理,∠AOD和∠BOE,∠AOD和∠COE,∠COD和∠BOE也互为余角.

追问1：哪些角互为补角?

追问2：图6.3-12中哪些角相等?

【设计意图】 巩固互为余角与互为补角的概念.

例2 如图6.3-13,某交叉路口有四条路在点O处交会,它们分别为东西向的AC,南北向的BD,还有倾斜的EF和GH.如果∠EOG = 90°,∠COE = 35°,小张在路OF上,小李在路OG上,且两人与点O的距离都为200 m.

请说出小张和小李相对于点O的位置.

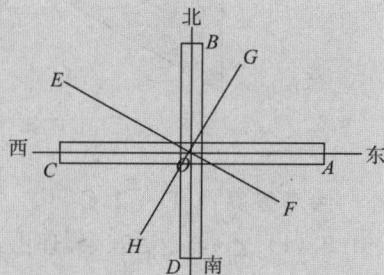

图 6.3-13

师生活动：师生分析,教师板书示范推理过程.

解：因为∠EOG = 90°,

所以∠EOB + ∠BOG = 90°.

又因为 $\angle COE + \angle EOB = 90°$，

所以 $\angle BOG = \angle COE = 35°$．

因为 $\angle COE + \angle AOE = 180°，\angle AOF + \angle AOE = 180°$

所以 $\angle AOF = \angle COE = 35°$．

所以 $\angle DOF = 55°$．

所以小张相对于点 O 的位置是南偏东 $55°$ 方向，且与点 O 的距离为 $200\ m$；小李相对于点 O 的位置是北偏东 $35°$ 方向，且与点 O 的距离为 $200\ m$．

【设计意图】 应用同角的余角和补角的性质进行简单推理，用角度与距离两个基本几何量刻画平面上点的位置．

四、回顾小结，概括提升

1. 什么叫互为余角？什么叫互为补角？

2. 余角有什么性质？补角有什么性质？

3. 已知平面内一个点，要确定另一点相对于已知点的位置，需要明确哪些量？

目标检测

1. 如果 $\angle\alpha$ 与 $\angle\beta$ 互为余角，则（　　）．

A. $\angle\alpha + \angle\beta = 180°$　　　　B. $\angle\alpha - \angle\beta = 180°$

C. $\angle\alpha - \angle\beta = 90°$　　　　D. $\angle\alpha + \angle\beta = 90°$

2. M 地是海上观测站，从 M 地发现两艘船 $A，B$ 的方位如图所示，下列说法中，正确的是（　　）．

A. 船 A 在点 M 的南偏东 $30°$ 方向

B. 船 A 在点 M 的南偏西 $30°$ 方向

C. 船 B 在点 M 的北偏东 $40°$ 方向

D. 船 B 在点 M 的北偏东 $50°$ 方向

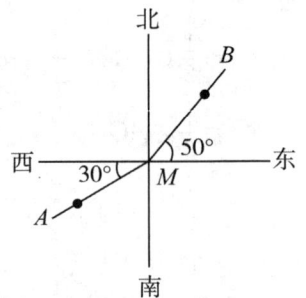

（第 2 题）

3. 如图，将一副三角尺按不同位置摆放，在哪种摆放方式中 $\angle\alpha$ 与 $\angle\beta$ 互余？在哪种摆放方式中 $\angle\alpha$ 与 $\angle\beta$ 互补？在哪种摆放方式中 $\angle\alpha$ 与 $\angle\beta$ 相等？请说明理由．

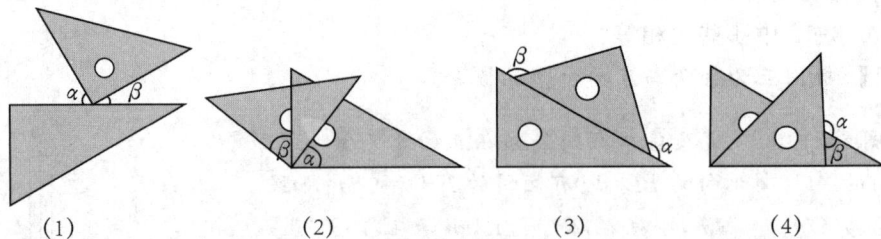

（1）　　　　（2）　　　　（3）　　　　（4）

（第 3 题）

参考答案：1. D　**2.** C

3.（1）$\angle\alpha$ 与 $\angle\beta$ 互余，理由：余角的定义．（2）$\angle\alpha = \angle\beta$，理由：等角的余角相等．（3）$\angle\alpha = \angle\beta$，理由：等角的补角相等．（4）$\angle\alpha$ 与 $\angle\beta$ 互补，理由：补角的定义．

【设计意图】 第 1 题检测目标 1，第 2 题检测目标 3，第 3 题检测目标 2．

6.4　数学活动

目标	1.能尝试用多种方法探究正五角星的特点,会借助圆或折纸法制作一个正五角星. 2.积极参加数学活动,在活动中养成合作交流、反思质疑的习惯,活动中,会用数学的眼光看世界,会用数学的思维思考世界,养成发现问题并解决问题的习惯
重点	探究五角星的特点和制作方法
难点	探究五角星的制作方法

教学过程设计

一、提出问题

图片欣赏:展示第二十四届冬季奥林匹克运动会时中国观众手持国旗欢呼呐喊的图片,最后把图案定格在五星红旗上.

问题1　同学们想不想亲手制作一面五星红旗呢?

师生活动:在欣赏图片之后,教师启发学生:制作五星红旗,最难的是制作五角星,今天我们就一起来制作五角星.

【设计意图】　通过让学生欣赏图片,初步感知五星红旗的雄伟壮丽、五角星的和谐完美,从而培养学生的审美意识,增强学生的爱国热情.

二、分析问题

问题2　你能画一个五角星吗?

师生活动:教师让学生用彩色笔在练习本上以最快的速度画一个大大的五角星,学生画出不同形状的五角星,并举高展示.

追问:刚才同学们画的五角星与国旗上的五角星有什么差别?谁的更和谐、更美观呢?

【设计意图】　先让学生动笔尝试,再引导学生将所画的五角星与标准的五角星进行对比,学生再次感知五星红旗上的五角星的和谐完美,从而产生画正五角星的强烈欲望.

问题3　正五角星有哪些特点呢?

师生活动:组长发放正五角星纸片,各组成员独立思考,经过看一看、折一折、量一量等方式发现正五角星的特点;学生代表举手汇报,其他学生补充,教师选择性地在黑板上板书以下四点猜想:

(1)每个尖角顶点到中心的距离相等;

(2)相邻两个尖角顶点与中心的连线夹角的度数都是 72°;

(3)每个尖角都是 36°;

(4)每条边都相等.

师生活动:对于猜想(1),首先让学生通过折叠找到中心(五条对称轴的交点),用圆规验证各尖角顶点与中心的距离是否相等,然后教师在黑板上画出一个圆,让学生直观感悟正五角星的五个外顶点的分布规律;对于猜想(2),主要用推算法(360° ÷ 5 = 72°);对于猜想(3),主要用度量法;对于猜想

（4），主要用折叠法，将正五角星折成一个三角形纸片或正五棱锥即可验证它的十条边相等.

【设计意图】 通过动手操作，有利于促进学生直观地猜想出正五角星的图形特点，并引导学生从边和角的角度去分析五角星的特点，让学生初步体会研究几何图形性质的一般方法，同时为后面探究五角星的画法（等分圆周法）和突破剪五角星的教学难点做好铺垫.

> **问题 4** 你能验证刚才的这些猜想吗？

师生活动： 教师利用几何画板软件对正五角星的五条性质进行逐一验证，并将正五角星的性质补充完整.

【设计意图】 教师通过用几何画板软件中的测量功能对以上猜想进行精确验证，帮助学生加深对正五角星特殊性质的理解，使学生养成实事求是的探究态度.

三、解决问题

> **问题 5** 你能根据五角星的特点画出一个正五角星吗？

追问 1： 你认为画正五角星的关键点是什么？

师生活动： 以小组为单位画正五角星，教师巡视指导，待大部分学生完成后派代表上台展示. 学生展示不同的画法，教师进一步追问：你能说出这种画法的原理吗？教师播放自制的视频，演示借助圆画正五角星的步骤：

① 任意画一个圆；

② 以圆心为顶点，连续画出 $72°$ 的角，与圆相交于五个点；

③ 连接每隔一点的两个点；

④ 擦去多余的线，得到正五角星.

追问 2： 看了刚才的视频，你知道借助圆画正五角星的原理吗？

师生活动： 学生修改、完善自己所画的正五角星.

【设计意图】 通过分组学习研究，学生的合作意识和合作能力得以提升. 通过视频示范正五角星的画法及追问让学生明白画法原理，体会到数学知识对生活具有指导作用，并为下一个环节五角星的剪法的探究做好知识铺垫.

> **问题 6** 你能在事先未画好五角星的情况下，通过剪纸制作一个正五角星吗？

追问 1： 你认为用折纸法剪出五角星主要有哪几个步骤？

师生活动： 学生结合幻灯片上的剪纸示意图明白制作正五角星分为折纸和剪纸两个过程之后，教师继续追问"怎么折"和"怎么剪"，让学生拿出五角星折叠后的三角形纸片，并将它还原成五角星纸片.

追问 2： 一共有几条折痕？需要将一张纸正中心的周角进行十等分吗？

师生活动： 学生回答后，教师让学生拿出正方形彩纸按如下两个步骤进行折叠：（1）将正方形纸对折；（2）将一个平角进行五等分.

追问 3： 如何将一个平角五等分呢？

师生活动： 以小组为单位，继续用剪纸法制作五角星，并在组内交流. 请学生上台展示用折纸法制作的五角星，并陈述具体的操作办法.

> **问题 7** 怎样使剪出的五角星像国旗上的五角星那样规矩端正、完美和谐？

师生活动：教师再次将五角星纸片还原成三角形图片，并结合黑板上的五角星图案，根据五角星的特点推算出三个角的度数分别为 $36°,18°,126°$.

师生活动：学生展示剪下的五角星，教师点评，并给以激励性评价.

【设计意图】 通过小组合作和交流展示，学生的思维得以快速整合，本节课的难点（如何用估计法五等分平角以及准确确定被减掉的角的大小）得以快速突破；同时学生的口头表达能力和学好数学的信心也得到了较好的提升，还让学生深深地体会到数学知识在实际生活中的广泛应用.

四、反思总结，提炼方法

问题 8 通过今天这节课的学习，同学们知道了什么？学会了什么？有什么体会？

师生活动：学生总结，教师继续提问.

问题 9 请同学们回顾"制作五角星"这个数学活动，我们是按怎样的顺序进行学习和研究的？

师生活动：教师结合幻灯片进行补充：本节课，我们首先猜想和验证了五角星的特点，接着利用五角星的特点画五角星和剪五角星，经历了"猜想 — 验证 — 应用 — 拓展"的探究过程.

【设计意图】 学生自由发言，畅谈学习收获，这有助于培养学生的语言表达能力和总结归纳的能力；在学生总结的基础上，教师引导学生对学习过程进行补充.让学生回顾"猜想 — 验证 — 应用 — 拓展"的学习过程，有利于学生对数学活动学习方法的系统梳理.

6.5　几何图形初步复习

目标	1.了解抽象的几何图形与具体的实物之间的联系，发展图形与图形关系的抽象能力. 2.能用从不同的方向看、展开与折叠等方法，建立立体图形与平面图形之间的联系，发展空间观念和几何直观. 3.理解直线、射线、线段和角的概念，并能用图形及符号表示；掌握"两点确定一条直线"和"两点之间，线段最短"的基本事实；会比较线段和角的大小，理解线段和角的和、差、倍、分运算；掌握余角、补角的性质，会用线段和角表达平面上点的位置，发展空间观念、几何直观、抽象能力和推理能力. 4.能整理知识结构体系，发展数学结构的抽象能力
重点	几何图形的基本要素点、线、面的概念及相互联系，线段和角的概念，大小比较和运算
难点	理解直线和线段的性质；理解角的概念

教学过程设计

一、回顾思考

问题 1 观察图 6.5-1，你看到了哪些几何图形？是怎么看到的？

图 6.5-1

师生活动:教师引导学生关注物体的形状、大小和位置,明确得到的几何图形具有一般性,表示的是一类物体所对应的共同空间结构.

追问1:观察粉笔盒,说说立体图形是怎样围成的?

追问2:构成几何图形的基本要素是哪些?(点、线、面)

【设计意图】 让学生回顾抽象的几何图形与实物之间的联系,体会几何是研究物体的形状、大小和位置关系的一门学科,并分离出构成几何图形的基本要素 —— 点、线、面.

问题2 观察图6.5-1,你能说说这四种不同的几何体,从不同方向看分别是什么形状吗?请画出它们的平面图形.

师生活动:教师引导学生观察,并画出从不同方向看得到的平面图形.

【设计意图】 教师引导学生回顾从不同方向看立体图形的相关内容.

问题3 把粉笔盒拆开后铺平,画出得到的图形.

师生活动:教师引导学生画出展开粉笔盒后铺平得到的平面图形.

【设计意图】 回顾立体图形的平面展开图.

追问:什么叫立体图形?什么叫平面图形?它们之间有什么关系?

问题4 几何图形是从各种实物中抽象出来的,是更一般的空间结构形式.那么,构成几何图形的要素点、线、面之间有什么联系呢?

师生活动:师生共同归纳,得出结论:点动成线,线动成面,面动成体.

【设计意图】 让学生理解基本图形点、线、面、体之间的联系.

问题5 在小学阶段,我们用观察、测量和实验的方法认识了几何图形.初中阶段若要用推理的方法研究平面几何图形,就要先建立几何概念和基本事实,在概念和事实的基础上进行推理.你认为应该按照什么顺序定义基本图形?构成几何图形的要素有哪些?

师生活动:师生共同得到研究顺序:点、直线(包括射线、线段)、曲线(圆).

追问1:点和直线是最原始的,我们不定义,但直线的"直"用什么来刻画?

师生活动:两点确定一条直线 —— 基本事实.

追问2:能从直线出发给出射线和线段的定义吗?

师生活动:学生回顾,直线上一点的一侧叫作射线,直线上两点之间的部分叫作线段.

【设计意图】 总结研究基本图形的一般方法,有助于为推理几何的学习打下扎实的基础.

问题6 每一条射线都代表一个方向,就像从一个光源发出的光线,不同的方向的差异用角来刻画.什么叫角?画出一个角,并用三种不同的方法表示.角的关系主要有哪些?

师生活动:师生回忆角的定义,学生分别画出图6.5-2,并用三种方法表示.分别画出图6.5-2中∠AOB,∠COD的和与差,∠COD的平分线,回顾角:大小关系与和、差、倍、分关系,角可以比较大小,也可以进行和、差、倍、分计算;互余、互补;等角的补角相等;等角的余角相等.

【设计意图】 从角是刻画方向差的几何量入手,类比线段的研究经验来研究角的关系.

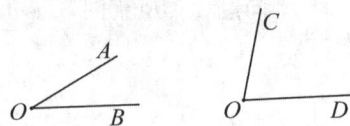

图6.5-2

二、知识整理

> **问题7**　说说我们是怎样得到几何图形及其构成要素的,立体图形与平面图形有什么关系,图形的构成要素是怎样研究的,研究了什么.

师生活动:教师先引导学生回顾.

1. 研究思路:实物 — 几何图形 — 分类 — 分离构成要素 — 认识要素的特征与关系.

2. 研究内容:定义、分类、要素特征与关系.

3. 研究方法:直观观察与想象,实验与测量,推理与计算.在此基础上,教师引导学生整理知识,通过交流,优化知识结构,得到图 6.5-3.

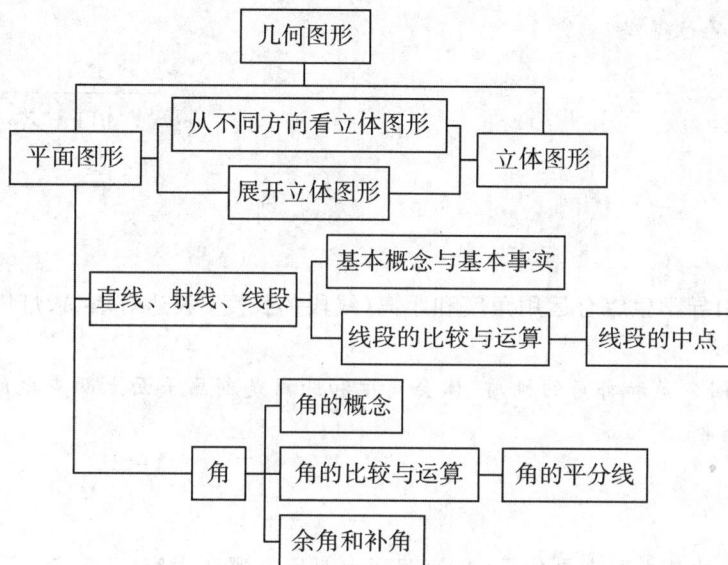

图 6.5-3

三、知识应用

> **例 1**　从不同的方向看图 6.5-4,看到怎样的平面图形?请画出从不同方向看到的平面图形.

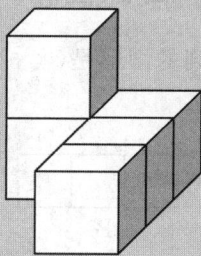

图 6.5-4

师生活动:学生独立画图,教师组织交流评价.

【设计意图】 巩固视图有关的知识.

> **例 2**　画出正方体的三个不同的平面展开图.

师生活动:学生画出图形,教师组织交流评价.

【设计意图】巩固展开图的知识.

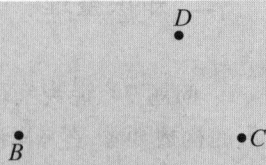

例3 如图6.5-5,已知平面上有三个点B,C,D.

(1)作线段BC,线段BD,线段CD;

(2)画线段BD的中点E,连接CE;

(3)画$\angle BDC$的平分线DF,交BC于点F.

图6.5-5

师生活动:学生按照题意画图,教师组织交流评价.

【设计意图】深化对直线、射线、线段及角的概念的理解,巩固用图形语言与符号语言表达几何对象的方法.

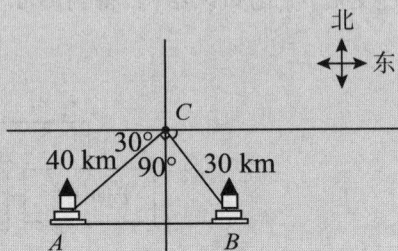

例4 如图6.5-6,你能用角度和距离描述海面上灯塔A、灯塔B相对于小岛C的位置吗?

图6.5-6

师生活动:教师引导学生综合运用角度和距离(线段的长度)表达灯塔A、灯塔B相对于小岛C的位置.

【设计意图】巩固余角和补角的性质,体会角度和距离是刻画平面上两点之间位置关系的基本几何量.

四、小结提升

1. 构成几何图形的基本要素是什么?几何图形中要研究哪些内容?

2. 立体图形与平面图形有什么关系?

3. 说说对直线、射线、线段和角的认识,线段的研究思路、内容和方法与角的研究思路、内容与方法有什么相同点?

目标检测

1. 如图所示的简单几何体,从正面看到的图形是(　　).

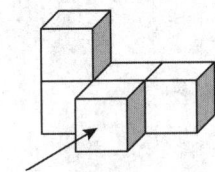

正面

（第1题）

A.　　　　B.　　　　C.　　　　D.

2. 如图是一个小正方体的展开图,把展开图还原成小正方体后,有"建"字一面的相对面上的字是(　　).

A. 和

B. 谐

C. 社

D. 会

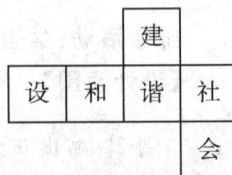

（第2题）

3. 如图,C 为线段 AB 上一点,线段 AC 与 CB 的长度之比为 3：4,D 为线段 AC 的中点.

(1) 若 AB = 28,求 BD 的长;

(2) 画出线段 BD 的中点 E,若 CE = a,求 AB 的长(用含 a 的代数式表示).

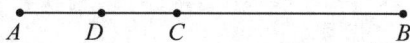

（第 3 题）

4. 已知 $\angle AOB = 160°$,$\angle COE$ 是直角,OF 平分 $\angle AOE$.

(1) 如图(1),若 $\angle COF = 32°$,则 $\angle BOE = $ _____.

(2) 如图(1),若 $\angle COF = m°$,则 $\angle BOE = $ _____,$\angle BOE$ 与 $\angle COF$ 的数量关系为 _____.

(3) 当 $\angle COE$ 绕点 O 逆时针转动到如图(2)的位置时,第(2)问中 $\angle BOE$ 与 $\angle COF$ 的数量关系是否仍然成立?请说明理由.

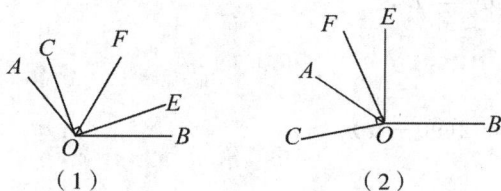

（1）　　　　（2）

（第 4 题）

参考答案:1. C　**2.** D

3. 解:(1) 因为 $AC：CB = 3：4$,

所以 $CB = \frac{4}{7}AB = \frac{4}{7} \times 28 = 16, AC = \frac{3}{7}AB = \frac{3}{7} \times 28 = 12$.

因为 D 为线段 AC 的中点,

所以 $CD = AD = \frac{1}{2}AC = \frac{1}{2} \times 12 = 6$,

所以 $BD = CB + CD = 16 + 6 = 22$.

(2) 如图所示,设 $CD = b$,则 $DE = a + b$,

因为 E 是线段 BD 的中点,D 是线段 AC 的中点,

所以 $BE = DE = a + b, AC = 2CD = 2b$,

所以 $CB = BE + CE = a + b + a = 2a + b$.

因为 $AC：CB = 3：4$,

所以 $2b：(2a + b) = 3：4$,

解得 $b = \frac{6}{5}a$,

所以 $AB = AC + CB = 2b + (2a + b) = 2 \times \frac{6}{5}a + 2a + \frac{6}{5}a = \frac{28}{5}a$.

（第 3 题）

4. 解:(1) 因为 $\angle COE$ 是直角,$\angle COF = 32°$,

所以 $\angle EOF = 90° - 32° = 58°$,

因为 OF 平分 $\angle AOE$,

所以 $\angle AOE = 2\angle EOF = 116°$.

因为 $\angle AOB = 160°$,

所以 $\angle BOE = 160° - 116° = 44°$.

故答案为 $44°$.

(2) 因为 $\angle COE$ 是直角，$\angle COF = m°$，

所以 $\angle EOF = (90 - m)°$.

因为 OF 平分 $\angle AOE$，

所以 $\angle AOE = 2\angle EOF = 2(90 - m)°$.

因为 $\angle AOB = 160°$，

所以 $\angle BOE = 160° - 2(90 - m)° = (2m - 20)°$.

故答案为 $(2m - 20)°$；$\angle BOE = 2\angle COF - 20°$.

(3) 成立，理由如下：

设 $\angle COF = x°$，

因为 $\angle COE$ 是直角，$\angle COF = x°$，

所以 $\angle EOF = (90 - x)°$.

因为 OF 平分 $\angle AOE$，

所以 $\angle AOE = 2\angle EOF = 2(90 - x)°$.

因为 $\angle AOB = 160°$，

所以 $\angle BOE = 160° - 2(90 - x)° = (2x - 20)°$.

所以 $\angle BOE = 2\angle COF - 20°$.

【设计意图】 第 $1 \sim 2$ 题检测目标 1、目标 2，第 $3 \sim 4$ 题检测目标 3.

◎ 综合与实践 ◎

设计学校田径运动会比赛场地

一、项目内容分析

大型运动会前,设计比赛场地是必备的前期工作.综合性的田径运动会中既有径赛又有田赛,田赛中涉及跳跃类的跳高、跳远比赛和投掷类的铅球比赛等,其比赛场地的形状有长方形的组合、扇形等;径赛场地是圆弧和线段组合形成的跑道.在设计田径运动会比赛场地时,涉及点、线段、圆(弧)、垂线、平行线等点、线、面几何图形的知识,还有体育运动的有关知识,需要综合应用点、线段、圆(弧)、垂线、平行线等知识及体育运动有关知识解决设计中的问题,能促进学生的空间观念、几何直观、推理能力、应用意识及跨学科综合实践能力的发展,让学生学习用数学的眼光观察现实世界,用数学的思维思考现实世界,用数学的语言表达现实世界.

二、项目目标分析

1. 目标

(1)会用数学的方式观察、表达世界.通过测量、作图进行估计和判断,并将生活实景抽象为几何图形,在培养学生空间观念的基础上发展几何直观.

(2)会用数学的思维思考问题.了解不同运动场地的设计要求后,尝试从数学的角度解释设计的合理性,培养学生的推理能力与数学应用意识.

(3)在设计体育场的过程中培养学生的理性精神、创新意识与反思的习惯.

2. 目标解析

达成目标(1)的标志:能观察学校运动场,大致描述径赛场地的形状、特点,跳跃场地和投掷场地的基本形状,通过测量获得基本数据.

达成目标(2)的标志:通过查阅资料,了解:径赛(跑步比赛)的基本特征和短距离、中距离、长距离比赛的基本类型,跑道分布的要求;田赛中的跳高、跳远、铅球等场地的比赛公平性规范性要求、可测性要求和比赛中的安全性要求,解释学校跑道和田赛场地位置、形状、大小的合理性.

达成目标(3)的标志:学生能查阅资料,基于比赛规范、安全性和场地位置大小约束对田赛比赛场地设计的合理性进行评价,并能根据约束条件和比赛规范性、安全性要求设计适当的比赛场地,按照适当的比例画出设计示意图,并能对设计的合理性进行解释.

三、教学问题诊断分析

本项目涉及体育运动场馆设计规范的知识.对于几何中点、线段、垂线、平行线、圆的周长、扇形、比和比例的知识以及其他基础知识,学生基本在小学或初中阶段学习过,但综合起来用于场地设计,学生并没有经验,会遇到困难.另外,对于体育场馆的设计规范,学生接触得很少,需要查阅资料.因为本项目是问题解决式活动,采用项目式学习的方式,需要教师通过背景介绍,创设情境,引导学生发现和提出问题,分析和解决问题.为了帮助学生突破综合布局设计的难点,教师引导学生先设计草图,再给出按比例定位、定尺寸的设计图.

四、教学策略

1.采用项目式学习方式,通过创设情境、设计驱动问题引导学生发现和提出问题,形成设计任务

通过设计支架性问题,帮助学生分析问题,规划设计策略;通过小组合作,让学生经历独立的设计活动,形成设计图纸,解释设计过程和设计说明;通过设计作品交流,优化设计方案;通过反思总结,积累解决问题、设计图纸的经验.

2.课时安排

安排课内3课时及课外活动时间3小时,活动在一周内完成.

教学过程设计

环节一:创设情境,形成驱动问题(课内或课外,5分钟左右)

学校一般在春季或秋季举行田径运动会,在比赛前,需要设计比赛场地,重新画线.在设计比赛场地时,既要用到体育比赛场地的设计规范知识,又要用到数学知识.怎样设计田径运动会比赛场地呢?

要设计田径运动会比赛场地,既要考虑比赛项目及其场地设计规范,又要根据学校的实际情况,如运动场的位置、大小等要素,在已有条件下进行合理设计.

田径运动会分为田赛和径赛,田赛有哪些项目?这些项目的比赛场地设计有哪些规范和要求?径赛有哪些项目?径赛场地设计有哪些规范和要求?请查阅资料并小组讨论设计比赛场地时要考虑哪些问题,提出设计的步骤和方法.

环节二:搜索资料,规划方案(课外)

学生根据驱动性问题"怎样合理设计田径运动会比赛场地"查阅资料,或求助专家,了解田赛、径赛项目及比赛场地设计的形状、大小;小组讨论设计活动的步骤和方法,便于课内交流.

环节三:交流讨论,明确任务(课内第1课时)

活动 搜索资料和规划方案交流.

> **问题1** 要设计田径运动会比赛场地,首先要了解比赛有哪些项目,这些项目怎样分类,比赛内容是什么,比赛场地有哪些设计规范,再提出设计工作的流程和步骤,提出需要解决哪些子问题.请各小组展示,其余小组同学参与讨论.

师生活动:各小组展示汇报,教师引导学生讨论并给出点评,汇总记录各组提出的研究子问题及设计工作的流程、步骤.经过讨论,形成统一的设计任务和设计工作流程.比如,可以形成以下的设计流程:

① 了解比赛项目及分类:

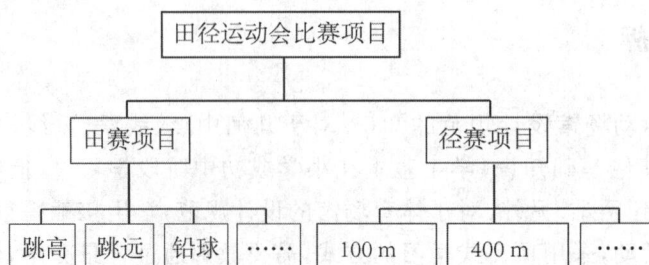

② 讨论优化设计方案:

如:研究场地整体位置布局,形成设计草图 — 根据设计规范,结合学校实际确定径赛场地设计方案 — 根据设计规范,结合学校实际设计田赛场地设计方案 — 形成带数据、按一定比例的设计图.

③ 形成如下的设计任务:

任务1　设计径赛场地.

任务2　设计田赛场地.

任务3　综合考虑比赛场地的规范和要求,在确保安全的情况下,合理设计径赛场地和田赛场地,确保比赛互不干扰.

【设计意图】 了解背景知识,提出问题,形成设计工作流程和步骤,明确设计任务.

环节四:小组合作,实施设计(课外)

师生活动:各小组独立完成上述任务,设计比赛场地.此时,需要测量学校现有场地,根据现有场地,参照设计规范设计比赛场地,形成带数据、按一定比例的设计图.教师每天了解各组进度,各组可以查阅资料,也可以求助体育老师和数学老师.

如下任务单供学生设计时参考:

项目:设计田径运动会比赛场地

_____ 年级 _____ 班 _____ 组　　　　　完成时间:_____

任务1设计径赛场地	项目	100 m	起跑线位置	不同道次起跑线距离
		400 m		
		1500 m		
		4×400 m		
	设计图			

任务2设计田赛场地	项目		位置	形状	尺寸(大小)
		跳远			
		跳高			
		铅球			
	设计图				

环节五:展示交流,反思总结(课内1课时)

师生活动:教师组织各组展示设计方案,介绍设计过程,反思设计缺陷,优化设计,总结活动经验.数学老师邀请体育老师一起参与交流与评价.

第七章　相交线与平行线

◎ 单元设计 ◎

一、知识结构图

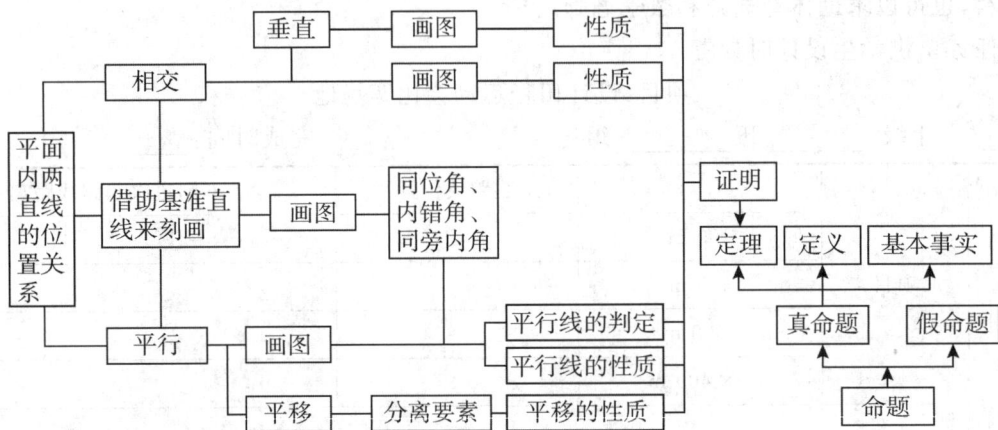

```
                    垂直 ──── 画图 ──── 性质
                     │
            相交 ─────┤
             │       └──── 画图 ──── 性质
             │
  平面 ┌─────┤                                          证明
  内两 │     │  借助基准直              同位角、            │
  直线 │     │  线来刻画 ──── 画图 ──── 内错角、     定理  定义  基本事实
  的位 │     │                        同旁内角            │   │    │
  置关 │     │                                            └───┤    │
  系   │     │                         平行线的判定       真命题  假命题
             │     平行 ──── 画图 ──┬── 平行线的性质         │   │
             │                      └──                      └───┤
             │     平移 ──── 分离要素 ──── 平移的性质            命题
```

二、内容与内容解析

1. 内容

相交线,平行线,定义、命题、定理、证明,平移.

2. 内容解析

本单元内容是在学习直线和角的基础上,继续研究直线的位置关系.直观地看,直线是一个点沿同一方向运动所形成的图形,可以由两点唯一确定.在同一平面内的两条不重合直线,要么平行,要么相交.而方向是与角相关联的,角是刻画方向差的几何量.因此,本单元研究的核心问题是:(1)怎样用角的关系刻画两直线的相交(不同向);(2)怎样用角的关系刻画两直线的平行(同向).这两个核心问题的解决,需要根据定义画出图形,将直线的位置关系(本质上是方向关系)转化成角的关系.在相交线和平行线的研究中,要求能理解并初步学习推理的方法,通过定义明确推理的对象,通过基本事实确立推理的起点,通过证明确立推理的逻辑,建立命题之间的联系,构建知识体系,通过命题表达推理的结果.相交(包括垂直)和平行反映同一平面内两直线的位置关系,是欧几里得几何中研究的核心内容之一.

推理和转化是本单元研究所采用的基本思想.相交线的研究是建立在直线和角的概念及基本事实基础上,用推理方法进行的;对于垂线和平行线的研究,还要抽象垂线段最短的基本事实和平行线基本事实,虽然这些基本事实的抽象过程是依赖于视觉空间直观得到的,但相交线与平行线的研究,特别是平行线的研究,整体上是通过推理进行逻辑建构的.相交线和平行线中的推理,主要是直线的位置关系和角的数量关系的转化,这种转化是借助基准直线,通过邻补角和对顶角的数量关系进行的.这种化线为角的思想,是用角度刻画方向差异的延续,体现了距离和角度是两个基本几何量,也是今后研究多边形的基础.在同一平面内的任意两条直线,平行是特殊情况;在相交的情况下,垂直是特殊情况.特殊的位置关系具有更丰富的性质,因此,平行和垂直关系是研究的重点,而且,相交线与平行线的研究框架有着内在的必然的联系.

对于相交线,其研究思路、研究内容和研究方法如下.

研究思路:定义 — 作图 — 性质 — 特例(垂直:定义 — 性质 — 判定).

研究内容(主题):用角度定量刻画两直线的相对位置关系(方向关系).

研究方法:在直观的基础上用推理的方法进行研究,明确定义、建立基本事实、演绎推理.先通过画图、观察、测量等发现结论,再通过归纳提出猜想、得到命题,最后通过演绎推理证明猜想.

对于平行线的研究,先给出平行线的定义,抽象出基本事实,在此基础上用推理的方法研究平行线的判定和性质,构建知识结构体系.平行线的**研究思路**:定义 — 作图 — 判定 — 性质 — 应用.这是初中几何中研究图形关系的典范.

平移是同向等距运动,是一种基本的全等变换,利用平行线的知识理解平移的定义,研究平移的性质,通过坐标法对平移进行量化表达,这体现了几何图形变换的**研究思路**:定义—性质—作图—量化表达—应用.**研究内容**:分离平移的决定要素 — 平移的方向和距离 — 图形平移的性质和坐标表示.**研究方法**:直观观察、归纳猜想、演绎证明.

命题是表达几何图形本质属性的逻辑语言,理解命题的意义,掌握命题的结构是用推理的方法研究几何图形的结果表达,也是用推理的方法研究几何的表达工具.在本单元中,要引导学生初步体会欧几里得几何的基本框架:通过定义明确推理的对象,通过建立基本事实明确推理的起点,通过证明表达推理的逻辑,运用命题表达推理的结果.

本单元是系统体现欧几里得几何基本框架的典型内容:① 既有抽象几何图形结构(如相交线、垂线、"三线八角"等)的活动和抽象基本事实的活动,也有抽象命题的意义及结构的活动,还有抽象思想方法及逻辑结构体系的活动,通过这些活动,发展空间观念、几何直观和抽象能力,让学生学会用数学的眼光观察现实世界;② 既有基于归纳的基本事实抽象活动,又有用演绎推理的方法推导对顶角相等、平行线的判定和性质的活动,通过这些活动,能促进几何推理能力的发展,学会用数学的思维思考现实世界;③ 蕴含着利用相交线和平行线模型解决角度测量和距离测量问题的活动,蕴含着发展模型观念的育人价值.

综上所述,本单元教学的重点是:以研究平面内两直线的位置关系为主题,结合具体内容进行融合直观和逻辑推理,系统进行概念与基本事实抽象、命题推理,构建知识体系,发展学生的空间观念、几何直观、抽象能力、推理能力.

三、目标与目标解析

1. 目标

(1)经历平面上两直线位置关系的抽象活动,理解相交线、邻补角、对顶角、垂线等概念,理解"三线八角"和平行线的概念,提出相交线和平行线所研究的核心问题,能用角度定量刻画两直线的位置关系,能应用平行线的知识理解平移变换,进一步发展空间观念、几何直观和抽象能力.

(2)通过观察、操作、想象和推理,得到对顶角相等及邻补角互补的性质、垂线的性质、平行线的判定和性质,并能用来简单说理和计算.了解命题的相关知识,区分命题的题设与结论,体会证明的必要性,初步学习用综合法证明一个命题是真命题,进一步发展空间观念、几何直观,发展推理能力.

(3)能用角的数量关系刻画两直线的位置关系,解决简单的问题,进一步发展量感和模型观念.

（4）会反思和总结研究方法，体会几何图形研究的一般观念，学会学习.

2.目标解析

达成目标（1）的标志：能从现实情境和数学逻辑中发现和提出研究相交线和平行线的问题；用角度关系刻画平面上两直线的位置关系.通过画图、观察、动态想象、语言表达，得到对顶角、邻补角、垂线、平行线、"三线八角"等概念，能在具体情境中辨别与判断.

达成目标（2）的标志：能通过观察想象、操作确认、归纳演绎相结合的方法得到相交线、垂线的性质，平行线的判定和性质，平移的性质.能用得到的这些定义、性质和判定方法进行推理和计算.了解命题的相关知识，体会证明的重要性，初步学会用综合法证明一个命题是真命题.

达成目标（3）的标志：能用角度关系描述直线的位置关系，用学过的定义、性质和判定分析和解决简单的实际问题.

达成目标（4）的标志：能通过整理知识结构反思总结，会用推理的方法建立知识体系，形成研究几何图形的一般观念.

四、目标谱系

内容	核心素养			
	数学眼光	数学思维	数学语言	学会学习
7.1 相交线	1.理解对顶角、邻补角、垂线、垂线段、点到直线的距离、"三线八角"的概念，进一步发展空间观念和几何直观，发展抽象能力. 2.提出相交线和平行线所研究的核心问题：用角度刻画直线的位置关系. 3.能抽象垂线的唯一性和垂线段最短的基本事实，发展抽象几何命题的能力. 4.能抽象"三线八角"基本图形和相关概念，发展抽象能力	1.能基于直线方向的定量刻画，理解从相交线到垂线的逻辑关系. 2.掌握对顶角相等的性质和它的推理过程，发展推理能力. 3.能用对顶角、余角和邻补角性质进行推理和计算，发展推理能力	1.能用角的大小刻画直线的方向差异. 2.能用语言、图形、符号表达相交线与垂线的定义、性质. 3.能用垂线的唯一性和垂线段最短的基本事实解决距离（最短路径）的相关问题	1.形成观察、想象和归纳的习惯，体会从一般到特殊的方法. 2.类比相交线的研究思路研究垂线. 3.培养学习几何的兴趣，建立学习信心
7.2 平行线	1.基于直观抽象平行线的概念和基本事实，掌握基本事实：同位角相等，两直线平行.进一步发展空间观念、几何直观，发展基于直观抽象基本事实的能力. 2.抽象并掌握基本事实：过直线外一点有且只有一条直线与这条直线平行，了解平行线的传递性，发展基于直观抽象基本事实的能力. 3.通过观察、操作、想象和推理得到平行线的判定和性质，发展基于直观和归纳抽象几何命题的能力	1.能从基本事实出发，用演绎的方法得到平行线的判定和性质，发展基于概念和推理的几何直觉和推理能力. 2.能区分判定与性质、题设与结论，能运用平行线的判定和性质进行推理和计算，发展基于概念推理的几何直觉和推理能力	1.能用语言、图形和符号表达平行线的定义、判定和性质. 2.能用图示方法完整表达平行线的定义、基本事实、判定和性质之间的逻辑关系. 3.能用平行线的知识解决简单的实际问题	1.感知性质与判定的互逆关系. 2.能类比相交线、垂线的研究框架规划平行线的研究框架，得到研究两类图形特殊关系的一般观念

续　表

内容	核心素养			
	数学眼光	数学思维	数学语言	学会学习
7.3 定义、命题、定理	1.知道怎样通过定义明确研究对象. 2.体会命题是表达几何图形属性的逻辑语言,反映的是结构与性质关系. 3.通过归纳整理理解定义、基本事实、定理、证明间的关系	1.能区分命题的题设与结论,并能用语言、图形和符号表达. 2.体会证明的必要性,会用综合法证明一个命题是真命题. 3.能进行简单的推理和证明,发展逻辑推理能力	1.能对图形语言、文字语言和符号语言进行合理的转化. 2.能理解符号语言表达证明过程,体会什么是证明	能借助命题,对学习过的相交线和平行线的知识体系进行重新构建,学会如何用一般观念、借助命题推理构建命题的逻辑体系
7.4 平移	经历画图、观察、测量的探究过程,归纳平移的基本性质,进一步发展空间观念、几何直观,发展命题抽象能力	理解平移的基本性质,能够运用性质进行简单的计算和推理,发展推理能力	能用平移的性质作图,解决距离问题	通过总结反思得到平移的研究思路:定义—分离要素—性质—优化作图

五、教学问题诊断分析

1.已有基础

通过七年级上册的学习,学生已经建立了点、直线、线段、角等基本概念,获得了刻画平面上点的位置关系的两个基本几何量,知道角是刻画方向差的几何量,而且初步接触了用推理的方法得到几何结论,为进一步用推理的方法研究相交线和平行线奠定了逻辑基础,同时,学习直线的直观经验也为进一步研究平行线奠定了基础.

2.学习需要

本单元用推理的方法研究相交线和平行线,对基于几何直观的推理活动要求更高,要求学生理解证明的必要性,理解命题的意义和论证的基本逻辑,初步建立基于直线方向的直观和用角度刻画直线方向的几何直观,这对学生的推理能力和基于概念和推理的几何直觉水平有一定要求.

理解直线的本质是"点沿着一个固定方向无限运动"得到的对象,角是刻画直线方向的工具.如果学生在七年级上册的学习中没有建立直线方向的空间运动知觉,没有掌握用角度刻画直线方向的功能,在本单元内容的直观感知中会遇到困难:对"三线八角"的空间结构理解不透彻会导致学生学习平行线的性质和判定存在困难;学生演绎推理经验少,则对演绎证明的必要性和表达方式难以理解,特别是对命题的题设和结论区分困难,这也是学习的难点.

3.难点及应对策略

本单元难点:用角度表示直线的方向,区分命题的题设与结论,体会证明的必要性,理解证明的格式与要求,建立用推理的方式研究几何图形的观念.

突破难点的策略:用直线的动态旋转建立方向直观,借助基准直线刻画直线的方向,理解"三线八角"的基本结构,通过类比、说明和举例帮助学生区分命题的题设和结论,抽象几何图形与图形关系及其概念,抽象基本事实,用命题表达判断和陈述,用证明建立演绎推理的逻辑,建构结构化的体系,渗透"通过定义明确推理的对象,通过基本事实明确推理的起点,通过证明构建推理的逻辑,用命题表达推理的结果"的欧几里得几何基本框架.

六、教学建议

1. 用一般观念引领学生提出研究主题

用角度关系刻画平面上两直线的位置关系. 明确研究内容, 规划研究思路.

2. 加强教学的直观性, 通过观察、画图(作图)、想象帮助学生建立空间观念和几何直观

3. 设计抽象活动, 发展抽象能力

抽象几何概念, 得到基本事实, 形成演绎推理的逻辑基础.

4. 设计融合直观与逻辑的数学推理活动

基于直观图形, 通过演绎推理研究邻补角性质、对顶角性质、平行线的判定和性质, 建立命题体系, 发展推理能力.

5. 用研究成果的逻辑整理活动组织"定义、命题、定理"的教学

结合平行线单元, 通过定义明确论证的对象, 通过基本事实确定论证的起点, 通过证明确定论证的逻辑, 通过命题确定论证的结果.

6. 基于图形运动研究的一般观念开展平移变换的教学

借助直观抽象平移的概念, 形成定义, 探究平移的性质, 应用平移的性质作图, 解决问题.

7. 课时安排

7.1 相交线 4 课时(7.1.1 两直线相交 1 课时, 7.1.2 两直线垂直 1 课时, 7.1.3 相交线的习题课 1 课时, 7.1.4 两条直线被第三条直线所截 1 课时), 7.2 平行线 3 课时(7.2.1 平行线及其判定 1 课时, 7.2.2 平行线的性质 1 课时, 7.2.3 平行线的习题课 1 课时), 7.3 定义、命题、定理 3 课时, 7.4 平移 1 课时, 7.5 数学活动 1 课时, 7.6 相交线与平行线复习 2 课时. 共 14 课时.

◎ 课时设计 ◎

7.1 相交线

7.1.1 两直线相交

目标	1. 经历用基准直线刻画直线方向的活动, 抽象相交线的概念, 经历用角刻画直线方向的活动, 理解对顶角和邻补角的概念, 能在图形中辨认对顶角、邻补角, 发展空间观念、几何直观和抽象能力. 2. 通过观察、操作、想象和推理得到对顶角相等、邻补角互补的性质, 并进行简单的推理和计算. 3. 运用直观与逻辑相结合的方法, 体会几何图形研究的一般观念, 通过合作交流分享观点, 建立学习的自信心
重点	借助基准直线用角的大小刻画直线的方向
难点	构造基准直线用角刻画直线的方向

教学过程设计

一、情境引入，提出问题

问题 1 如图 7.1-1，直线的形象在生活中普遍存在，说说图中有哪些直线的形象.

图 7.1-1

师生活动：引导学生观察，发现生活中很多图形都是由直线构成的. 这里以围栏为例，引导学生说出水平的线、竖直的线. 引导学生说出这些直线中，既有方向相同的直线，又有方向不同的直线.

【设计意图】 感受生活中直线形象的普遍性，直观感受直线方向的关系.

追问：观察围栏，你能说说这些直线形木条有哪些不同的位置关系吗？

师生活动：引导学生得出本章的研究主题：用推理的方法研究平面内两直线的位置关系（平行、相交、垂直）.

【设计意图】 感知数学与实际生活的联系. 依据具体生活情境，通过追问引出本章的核心问题：平面内两直线的位置关系. 让学生感受与小学学习的不同，体会数学的发展.

二、探究思考，形成新知

问题 2 如图 7.1-2 所示，通过观察图形知道，不同类的直线的差异本质上是方向的差异. 要想研究线与线之间的位置差异，需要研究哪些问题？怎样研究？

图 7.1-2

师生活动：教师引导学生提出研究问题：怎样刻画两直线的不同的位置关系？

追问 1：你能说说直线的定义吗？直线是点经过怎样的运动形成的？

师生活动：教师通过在黑板上用粉笔朝不同方向画直线，引导学生用笔画直线，得出直线的定义，归纳提炼出决定直线的关键要素：一个点，一个方向. 感受直线间的不同就是方向的差异.

追问 2：你能说说怎样确定一条直线的位置吗？

师生活动：学生可能会回答一个点，一个方向；学生也可能会回答两点确定一条直线. 此时可以借用几何画板演示，过一个定点可以作无数条直线，若另一个定点确定，直线的方向就确定了. 因此，直线的确定本质上来说就是一个点与一个方向.

【设计意图】 基于直线的方向来理解两点确定一条直线的基本事实.

问题 3 直线间的差异就是方向的差异，怎样刻画直线 a 的方向呢？

师生活动：为了刻画直线 a 的方向，我们需要一个参照方向，自然地引导学生刻画直线 a 的方向需要一条参照直线，也就是基准直线．因此引导学生构造基准方向：在直线 a 上任取点 O，作另一条过点 O 的直线 l．这样问题就变成了研究两条有公共点的直线即相交直线的问题，如图 7.1-3 所示．

将一条直线的方向问题转换成两条有公共点的直线问题，即相交问题，两条直线相交形成了四个角．从而引出核心问题 1：怎样用角的大小刻画直线 a 的方向？

追问：已知两直线有公共点，可以直接判定它们相交．如果不知道有没有公共点，怎么办？

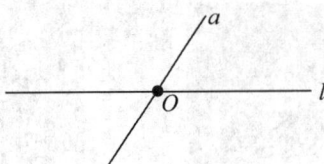 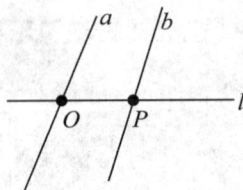

图 7.1-3 图 7.1-4

师生活动：类比相交引导学生归纳得出两直线有没有公共点就是两直线是否同方向．要判断方向还是需要构造基准直线，如图 7.1-4 所示，看两直线与基准直线的位置差异是否相同，从而得出核心问题 2：怎样判断两直线是相交还是不相交？师生共同总结出如图 7.1-5 所示的规律．

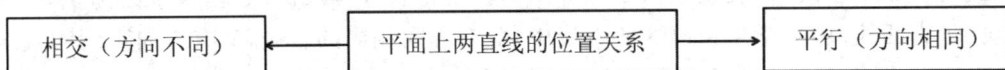

相交（方向不同） ← 平面上两直线的位置关系 → 平行（方向相同）

图 7.1-5

【**设计意图**】 构造基准直线，得出本章需要研究的两个核心问题．

问题 4 我们知道平面内两直线的位置关系有相交和平行两种，先来学习相交线．如图 7.1-6 所示，你能说说相交线的定义吗？

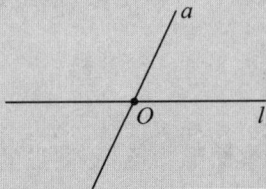

图 7.1-6

师生活动：引导学生归纳出相交线的概念：有一个公共点的两直线相交．定义说明：有一个公共点 $\Rightarrow$ 相交；相交 $\Rightarrow$ 有一个公共点．

追问 1：你能画出相交线的图形吗？

追问 2：相交线研究的核心问题是什么？

追问 3：如图 7.1-7，你能发现需要进一步研究什么吗？

追问 4：两条直线相交形成四个角，角与角之间有哪些关系呢？

师生活动：引导学生根据定义画图，加深对定义的理解．根据图形确定相交线研究的核心问题：用角表示两直线方向的差异．进一步引导学生研究两个角之间的位置与大小关系．

【**设计意图**】 理解相交线的定义．通过问题串的提问形式，自然地将相交线问题转换成研究角之间的关系的问题，从而引出下面对两种角之间关系的研究．

问题 5 如图 7.1-7,图中有哪几对角?它们有什么样的位置关系?

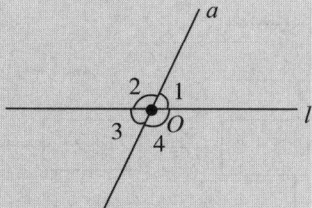

图 7.1-7

师生活动:先选取一对角,如 ∠1 与 ∠2,引导学生分析角的位置关系:有公共边,另一边互为反向延长线.

追问 1:图中是否还有相同位置关系的一对角?这样的一对角有怎样的数量关系?

师生活动:通过分析位置关系,找同类位置关系,得出邻补角的概念,从而得出邻补角的数量关系互补.教师板书规范语言:

因为直线 a 与直线 l 相交于点 O,

所以 $\angle 1 + \angle 2 = 180°,\angle 3 + \angle 2 = 180°,\angle 3 + \angle 4 = 180°,\angle 1 + \angle 4 = 180°$.

【设计意图】 通过观察位置关系得出邻补角的定义和性质,并用规范语言进行表达.

追问 2:图中还有不同位置关系的角吗?它们又有什么数量关系呢?

师生活动:类比邻补角的研究过程,引导学生发现 ∠1 与 ∠3 有公共顶点,且两边分别互为反向延长线.给出对顶角的定义.引导学生通过观察、测量等方法猜想对顶角的数量关系是相等.

追问 3:你能说明上述数量关系成立的理由吗?

师生活动:引导学生推理,得出对顶角相等,如 ∠1 与 ∠3 相等.

教师板书:

因为 $\angle 1 + \angle 2 = 180°$(邻补角的定义),

$\angle 3 + \angle 2 = 180°$(邻补角的定义),

所以 $\angle 1 = \angle 3$(同角的补角相等).

可以让学生多角度地进行证明.

【设计意图】 渗透证明的必要性.通过示例,让学生尝试多角度证明,培养推理能力.

三、迁移综合,发展能力

问题 6 如图 7.1-7,如果 $\angle 1 = n°$,则 ∠2 = _____,∠3 = _____,∠4 = _____.

师生活动:学生讨论、整理,得出结论:若一个角的度数确定,那么其他三个角的度数也确定了.引导学生自主总结:用四个角中的任何一个角都可以刻画两条相交直线的方向差异.

【设计意图】 从交成的四个角的数量关系分析其依赖关系,总结相交线的性质,体会两相交直线的位置关系依赖于交成的任一个角的大小.

四、回顾小结,概括提升

1. 本节课我们研究的主要内容是什么?是怎样引入的?

2. 研究平面上两直线的位置关系的基本思路是什么?

3. 用什么刻画平面上两直线的位置关系?

4. 相交线的图形结构有什么特点?它的研究步骤和方法是怎样的?你得到了哪些研究结论?

师生活动：平面内两直线的位置关系的一般研究思路：

定义、直线方向的差异（相同 —— 平行，不同 —— 相交）．基本研究框架如图7.1-8所示．

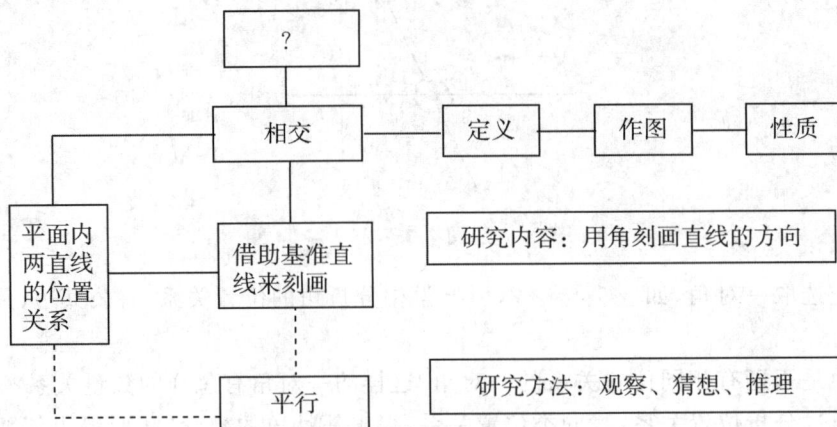

图 7.1-8

目标检测

1. 如图所示，$\angle 1$ 和 $\angle 2$ 是对顶角的图形的个数为（   ）．

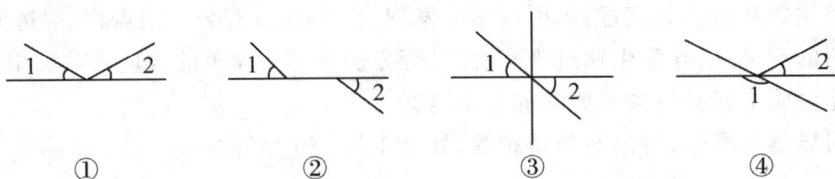

①   ②   ③   ④

A. 1   B. 2   C. 3   D. 4

2. 下列说法中，正确的个数是（   ）．

① 对顶角相等；② 相等的角是对顶角；③ 若两个角不相等，则这两个角一定不是对顶角；④ 若两个角不是对顶角，则这两个角不相等．

A. 1   B. 2   C. 3   D. 4

3. 如图所示，直线 AB 与直线 CD 相交所成的四个角中，$\angle 1$ 的邻补角是_____，$\angle 1$ 的对顶角_____．若 $\angle 1 = 35°$，则 $\angle 2 = $ _____，$\angle 3 = $ _____，$\angle 4 = $ _____．

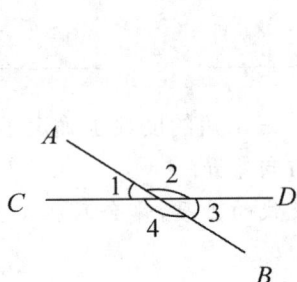
（第3题）

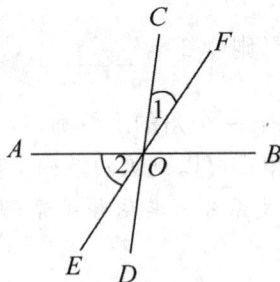
（第4题）

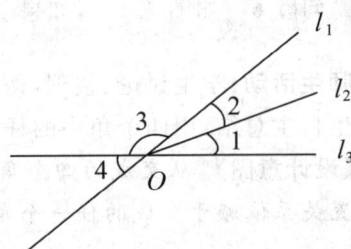
（第5题）

4. 如图所示，直线 AB，CD，EF 相交于点 O，$\angle 1 = 20°$，$\angle BOC = 80°$，求 $\angle 2$ 的度数．

5. 如图所示，直线 l_1，l_2，l_3 相交于点 O，$\angle 1 = \angle 2$，$\angle 3 : \angle 1 = 8 : 1$，求 $\angle 4$ 的度数．

参考答案：1. A   **2.** B   **3.** $\angle 2$，$\angle 4$；$\angle 3$；$145°$；$35°$；$145°$

4. 因为 $\angle 2 = \angle BOF$，$\angle BOF = \angle BOC - \angle 1 = 80° - 20° = 60°$，所以 $\angle 2 = \angle BOF = 60°$．

5. 设 $\angle 1 = x$，则由题意，得 $\angle 1 = \angle 2 = x, \angle 3 = 8x$. 因为 $\angle 1 + \angle 2 + \angle 3 = 180°$，即 $x + x + 8x = 180°$，解得 $x = 18°$.

又因为 $\angle 4 = \angle 2 + \angle 1$，所以 $\angle 4 = 36°$.

【设计意图】 第 $1 \sim 2$ 题检测目标 1，第 3 题检测目标 3，第 $4 \sim 5$ 题检测目标 2.

7.1.2　两直线垂直

目标	1.经历把相交线特殊化,抽象直线的垂直关系的活动,理解垂线、垂线段的概念,发展学生的空间观念、几何直观和抽象能力. 2.会过一点作已知直线的垂线,抽象垂线和垂线段的基本事实,理解点到直线距离的概念,发展抽象能力. 3.能通过推理得到垂线的性质,发展推理能力
重点	垂线的有关性质,会画已知直线的垂线,理解点到直线距离的概念
难点	垂线性质的抽象与应用,并会利用所学知识进行简单的推理

教学过程设计

一、情境引入,提出问题

上节课学习了两直线相交的情形,我们一起回顾一下.

> **问题 1**　对平面内两直线的相交我们是如何判断的呢?

师生活动:回顾相交线的定义,有公共点的两直线相交.

追问:观察图 7.1-9,你觉得存在特殊的相交情形吗?

师生活动:引导学生得出结论:角度不同,两直线的方向差异也不同.存在特殊角的度数是 $90°$,即存在特殊的相交.如图 7.1-9,水平线与竖直线互相垂直.

【设计意图】 通过回顾相交线的定义,引导学生领悟两直线相交有无数种情形,数学往往研究特例,从而引出课题 —— 两直线的垂直关系.

图 7.1-9

二、探究思考，形成新知

问题 2　两直线垂直是生活中最常见的两直线相交关系，如图7.1-10.你还能举出其他例子吗？

图 7.1-10

师生活动：学生独立思考，回答生活中的垂直现象，体会垂直是相交的一种特殊情形.

【设计意图】　让学生体会数学的研究对象来源于生活.在探究新知的过程中体验数学与现实世界的联系，感受从具体到抽象、再到具体的数学过程.

问题 3　垂直是相交的特殊情形.我们研究相交线是沿着怎样的思路研究的呢？你能说说垂直的研究思路吗？

师生活动：引导学生回顾相交线的研究思路.类比得到垂直的研究思路：定义 — 画图 — 性质.

追问 1：如图 7.1-11，垂直是相交的特殊情形，你能说说垂直的定义吗？

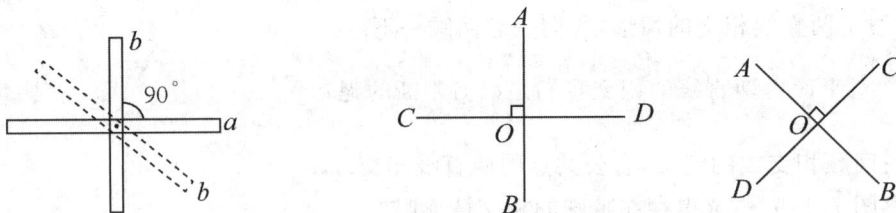

图 7.1-11

师生活动：教师引导学生回顾两直线相交形成的四个角，用其中任何一个角都可以刻画相交这种位置关系.进而引导学生得出：只要其中一个角满足 $90°$，两直线就垂直，从而得到垂直的定义.

教师板书定义：有一个角为 $90°$ 的两条相交直线叫作互相垂直的直线.类似角的符号表示方法，我们用符号 $\perp$ 表示垂直，交点叫作垂足.

追问 2：判定两直线垂直还有其他方法吗？

【设计意图】　类比相交的研究思路自然得出垂直的研究思路：得出定义 — 解读定义 — 理解定义 — 探索判定（如四个交角相等的两直线互相垂直）.

问题 4　要研究性质需要先作出图形，你会画图吗？想想小学是怎么作已知直线垂线的？

师生活动：根据规划的学习思路，接下来要做的是画图.如图 7.1-12，引导学生用量角器或三角尺作已知直线的垂线.发现可以作出无数条垂线，这无数条垂线的位置用不同垂足来刻画.归纳用三角尺作垂线的方法，归纳垂足的作用.

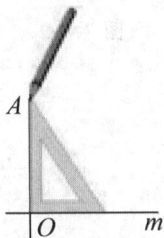

图 7.1-12

【设计意图】 锻炼学生的动手能力,根据图形直观发现图形的特点,发展空间观念与几何直观.

追问 1: 如图 7.1-13,过直线 l 上一点 M 画直线 l 的垂线,你会画吗?能画出几条?

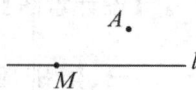

师生活动: 让学生用刚才归纳的作图方法画图. 展示学生作品,再次熟悉借助三角尺画垂线的作图方法.

1 靠:将三角尺的一条直角边靠在直线 l 上;

2 移:移动三角尺;

3 过:使三角尺的另一条直角边经过点 M;

4 画:过点 M 画的直线即 l 的垂线.

教师再追问全班学生作出了几条垂线,引导学生自行归纳得到结论:过直线上一点作已知直线的垂线,只能作出一条.

追问 2: 如果点 A 在直线 l 外,你能过点 A 作直线 l 的垂线吗?如果可以,能画出几条呢?

师生活动: 重复刚才的画图过程,发现能且只能画出唯一的一条垂线.展示学生作品,引导学生归纳得出结论:过平面内一点(可以在直线上,也可以在直线外)有且只有一条直线与已知直线垂直.

从而得到垂线的基本事实:过平面内一点作垂直于已知直线的垂线有且只有一条.

【设计意图】 通过画图,锻炼学生的动手操作能力,抽象基本事实,发展抽象能力.

问题 5 观察刚才作出的图形,结合定义,你能发现两直线垂直形成的角有什么特点吗?

师生活动: 归纳性质:如果两直线互相垂直,则相交所成的四个角都是直角.进行推理证明,符号化表示.

追问 1: 在七年级上册的学习中,我们研究了点与直线的位置关系,点要么在直线上,要么不在直线上.当点 A 不在直线 l 上时,怎样定量刻画点 A 与直线 l 的位置关系?

追问 2: 如图 7.1-14,过直线外一点 A 可作直线 l 的垂线,D 为垂足,点 A 与垂足 D 之间的这条线段我们称为垂线段.点 A 与直线上其他各点所连线段的长度与之比较,你有什么发现?

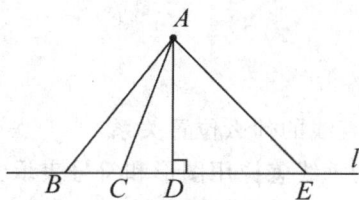

图 7.1-14

师生活动: 教师引导学生得出垂线段的概念.通过直观观察想象和几何画板动态演示,引导学生体会垂线段的存在性和唯一性,并且得出垂线段的性质:垂线段最短.过直线外一点到这条直线的垂线段长度叫作这点到该直线的距离.

【设计意图】 感受垂线段的存在性、唯一性与最短性,抽象点到直线距离的概念,理解其本质.

问题 6 我们是怎样研究相交的特殊情形 —— 垂直的?说说研究思路、研究内容、研究方法.

师生活动: 教师引导学生概括.让学生根据板书独立回顾,再举手作答,最后师生共同归纳.

研究思路:定义 — 画图 — 性质.

研究内容:垂线的条数、垂线的交角、垂线段最短、点到直线的距离.

研究方法:画图、观察、猜想、推理.

【设计意图】 阶段小结,培养学生自主反思和总结学习方法的能力,体会几何图形研究的一般观念.

三、辨别应用,巩固新知

1. 如图 7.1-15,在三角形 ABC 中,$\angle C = 90°$.分别指出点 A 到直线 BC,点 B 到直线 AC 的距离是哪些线段的长?AB,AC,BC 三条边中,哪条边最长?为什么?

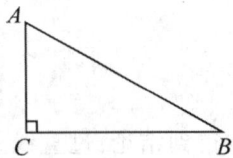

图 7.1-15

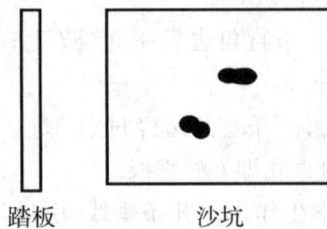

踏板　　沙坑

图 7.1-16

2. 如图 7.1-16,在体育课上,老师是怎样测量学生的跳远成绩的?你能尝试说明理由吗?

四、迁移综合,发展能力

例 如图 7.1-17,已知直线 AB,EF 相交于点 C,$CD \perp AB$,$\angle BCE = 135°$,求 $\angle ACE$ 和 $\angle DCE$ 的度数.

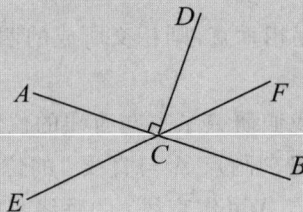

图 7.1-17

五、回顾小结,概括提升

1. 本节课我们研究了平面上两直线的什么位置关系?
2. 怎样的两直线叫作互相垂直?垂线怎样用图形和符号表示?
3. 垂线有什么性质?
4. 垂线是怎样研究的?能整体说说相交线的研究思路、研究内容、研究方法吗?

师生活动：相交线的研究框架如图 7.1-18 所示.

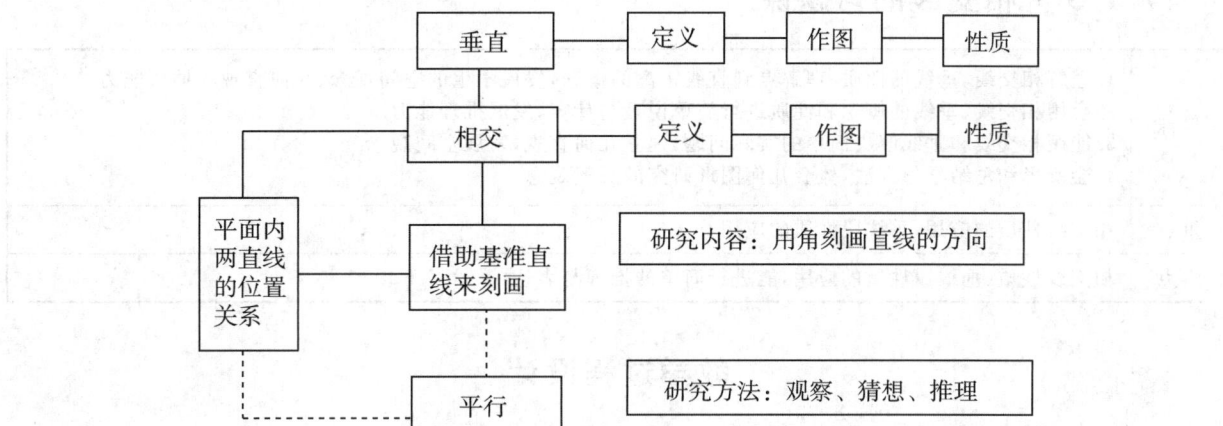

图 7.1-18

目标检测

1. 过点 P 向线段 AB 所在直线作垂线，其中正确的是（　　）.

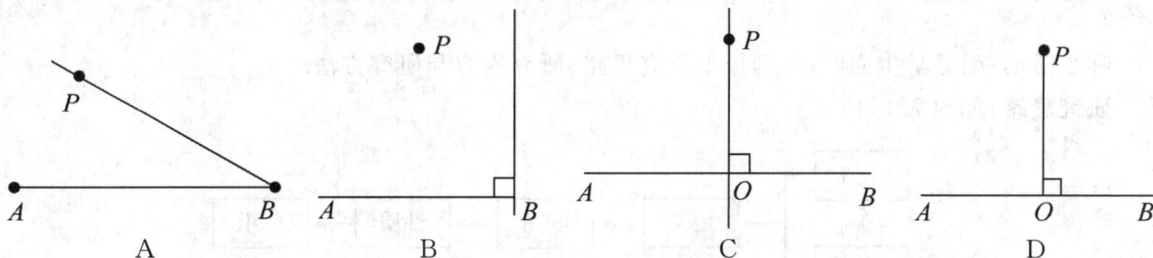

A　　　　　　B　　　　　　C　　　　　　D

2. 如图，$AO \perp FD$，OD 为 $\angle BOC$ 的平分线，OE 为射线 OB 的反向延长线. 若 $\angle AOB = 40°$，求 $\angle EOF$，$\angle COE$ 的度数.

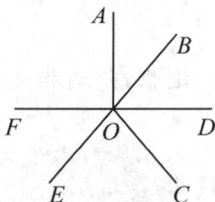

（第 2 题）

3. 在练习纸上画直线 AB，在 AB 上取一点 O，请用折纸的方法折出过点 O 的直线 AB 的垂线. 如果点 O 不在直线 AB 上呢？

参考答案：1. C　2. $\angle EOF = 50°$，$\angle COE = 80°$.　3. 略.

【设计意图】 第 1 题检测目标 1，第 2 题检测目标 3，第 3 题检测目标 2.

7.1.3 相交线的习题课

目标	1.理解相交线、垂线的性质,理解点到直线距离的概念,发展学生的空间观念、几何直观和抽象能力. 2.会用相交线、垂线的概念和性质进行简单说理与计算,发展推理能力. 3.能用相交线和垂线解决简单的实际问题,建立几何直观,发展空间观念. 4.会反思和总结学习方法,体会几何图形研究的一般观念
重点	相交线性质的应用,垂线段性质的应用
难点	相交线性质、垂线段性质的应用,能进行简单的推理与表达

教学过程设计

一、知识回顾

我们解决了本章的核心问题1:构造基准直线,用两直线相交形成的角的大小关系来刻画直线的位置关系.

问题1　你能说说我们是沿着怎样的思路研究相交线的吗?能说说研究内容与研究方法吗?

师生活动:引导学生回顾,教师板书研究思路、研究内容与研究方法.

研究思路:如图7.1-19.

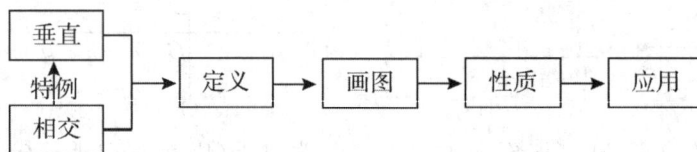

图7.1-19

研究内容:用角刻画直线的方向.

研究方法:观察、猜想、推理.

【设计意图】　让学生从宏观上回顾学习进程,归纳相交线的研究思路,用相交线的知识来研究图形和解决问题.

问题2　我们是如何辨别相交与垂直的?

师生活动:教师引导学生得出相交形成的四个角中,任何一个角的度数都可以刻画两直线的方向差异.当有一个角是直角时,那么这两条直线的位置关系就是垂直.

【设计意图】　再次感受一般与特殊关系,用角度刻画直线的位置关系,为用角度刻画平行线做铺垫.

问题3　能依据相交线的研究思路整理知识结构,梳理研究成果吗?

师生活动:教师引导学生依据研究思路,完善知识结构.

研究思路	相交	垂直
定义	有一个公共点的两条直线叫相交线	当两直线相交所成的四个角中有一个角是直角时,我们说这两条直线互相垂直

续　表

研究思路	相交	垂直
画图 （作图）	 直线 AB,CD 相交于点 O	 在同一平面内,过一点作已知直线的垂线有且只有一条
性质	文字语言: 1.邻补角互补. 2.对顶角相等. 符号语言: 因为直线 AB,CD 相交于点 O, 所以 $\angle 1+\angle 2=180°$,$\angle 2+\angle 3=180°$, $\angle 3+\angle 4=180°$,$\angle 1+\angle 4=180°$(邻补角互补), $\angle 1=\angle 3$,$\angle 2=\angle 4$(对顶角相等)	文字语言: 1.两直线垂直时,相交形成的四个角都是直角. 2.点到直线间垂线段最短. 符号语言: 因为直线 $AB\perp CD$ 于点 O, 所以 $\angle AOD=\angle BOD=\angle BOC=\angle AOC=90°$. 因为 $MO\perp CD$ 于点 O, 所以 $MO<ME$,$MO<MF$

二、典例精析

例1 如图 7.1-20,直线 AB,CD 相交点 O,OA 平分 $\angle EOC$.
(1) 若 $\angle EOC=70°$,求 $\angle BOD$ 的度数;
(2) 若 $\angle EOC:\angle EOD=2:3$,求 $\angle BOD$ 的度数;
(3) 若 $\angle BOD=\dfrac{1}{3}\angle EOB$,$OE$ 与 OC 有怎样的位置关系?

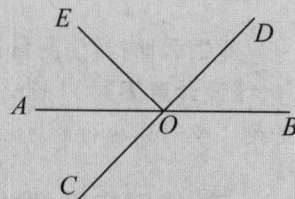

图 7.1-20

分析:(1) 根据对顶角相等,得 $\angle BOD=\angle AOC$,再根据角平分线性质,得 $\angle AOC=\angle EOA=\dfrac{1}{2}\angle EOC=35°$,即 $\angle BOD=\dfrac{1}{2}\angle EOC=35°$.(2) 比例问题是角度常见问题,也是重难点,借用方程思想可以快速解决.(3) 由对顶角相等,得 $\angle BOD=\angle AOC$,再根据角平分线性质,得 $\angle AOC=\angle EOA$.由已知 $\angle BOD=\dfrac{1}{3}\angle EOB$,再利用方程思想设 $\angle BOD=x$,则 $\angle EOA=x$,$\angle EOD=2x$.根据平角的定义,得到 $x=45°$,$\angle EOD=90°$.可得 $OC\perp OE$.

【设计意图】 本题主要考查对顶角相等、邻补角互补及角平分线的性质.角度比例问题是常考问题,方程思想也是常用的数学思想.

三、迁移应用

例2 如图7.1-21,在练习纸上画直线MN,在MN上取一点O,请用折纸的方法折出过点O且与直线MN垂直的直线.

师生活动: 教师引导学生操作并说明理由.

过点O对折,使得射线OM与射线ON重合,得到折痕DE,则$\angle DOM = \angle DON$.因为$\angle DOM + \angle DON = 180°$,所以$\angle DOM = \angle DON = 90°$.所以$DE \perp MN$(如图7.1-22).

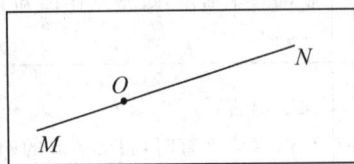

图 7.1-21

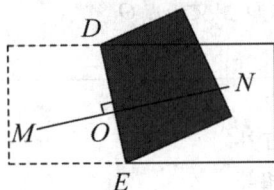

图 7.1-22

变式: 如图7.1-23,在练习纸上画直线MN,在MN外取一点O,请用折纸的方法折出过点O且与直线MN垂直的直线.

师生活动: 学生类比前面对折直角的方法独立折纸,并说明理由.

【设计意图】 让学生模仿操作、模仿说理,发展空间观念和推理能力.

追问: 如图7.1-23,过直线外一点O与直线MN上各点的连线组成的线段中,什么时候其长度最短?能量出点O到直线MN的距离吗?

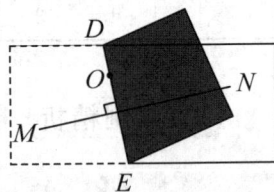

图 7.1-23

师生活动: 学生测量操作.

【设计意图】 以折纸为背景,通过折直角活动发展空间观念,通过说理活动发展推理能力,通过对变式从理解到模仿的过程,使得推理逐步展开、循序渐进.

四、辨别应用,发展能力

1. 如图7.1-24所示,道路a上有一出口M.若想在附近公路b旁建一个加油站,要使通道最短,应沿怎样的线路施工?

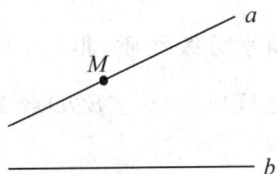

图 7.1-24

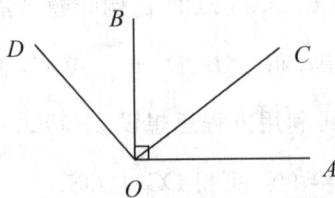

图 7.1-25

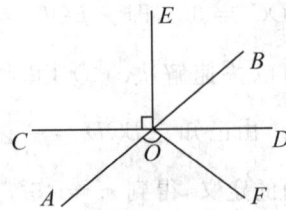

图 7.1-26

2. 如图7.1-25,已知$OA \perp OB$,$OC \perp OD$,若$\angle AOD = 138°$,求$\angle BOC$的度数.

3. 如图7.1-26,直线AB,CD相交于点O,过点O作$OE \perp CD$,OD平分$\angle BOF$,$\angle BOE = 50°$,求$\angle AOC$,$\angle EOF$,$\angle AOF$的度数.

五、回顾小结,概括提升

1. 在相交线中,主要用哪些知识进行推理和计算?

2. 在垂线中,主要用哪些知识进行推理和计算?

3. 在应用相交线和垂线有关知识解决问题时,要注意哪些问题?

目标检测

1. 如图,若 $\angle ACB = 90°$,则 AC _____ BC. 已知 $BC = 8$ cm,$AC = 6$ cm,$AB = 10$ cm,则点 B 到 AC 的距离是 _____,点 A 到 BC 的距离是 _____,点 C 到 AB 的距离是 _____.

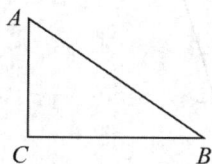

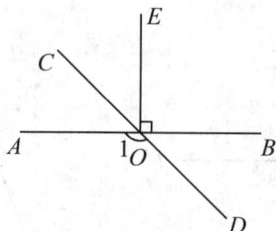

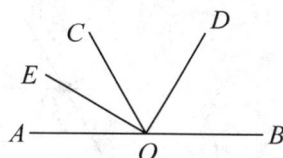

（第 1 题） （第 3 题） （第 4 题）

2. 在直线 AB 上任取一点 O,过点 O 作射线 OC,OD,使 $OC \perp OD$,当 $\angle AOC = 30°$,则 $\angle BOD$ 的度数是（ ）

A. $60°$ B. $120°$ C. $60°$ 或 $90°$ D. $60°$ 或 $120°$

3. 如图,直线 AB,CD 相交于点 O,$OE \perp AB$,$\angle 1 = 125°$,求 $\angle COE$ 的度数.

4. 如图,直线 AB 与射线 OC 相交于点 O,OD 平分 $\angle BOC$,OE 平分 $\angle AOC$. 试判断射线 OD 与 OE 的位置关系.

参考答案:1. $\perp$,8 cm,6 cm,4.8 cm **2.** D

3. ∵ 直线 AB,CD 相交于点 O,$\angle 1 = 125°$,∴ $\angle AOC = 180° - \angle 1 = 55°$.

又 ∵ $OE \perp AB$,∴ $\angle AOE = 90°$. ∴ $\angle COE = \angle AOE - \angle AOC = 35°$.

4. $OD \perp OE$,理由如下:

∵ OD 平分 $\angle BOC$,∴ $\angle COD = \dfrac{1}{2}\angle BOC$.

∵ OE 平分 $\angle AOC$. ∴ $\angle COE = \dfrac{1}{2}\angle AOC$.

∴ $\angle DOE = \angle COD + \angle COE = \dfrac{1}{2}\angle BOC + \dfrac{1}{2}\angle AOC = \dfrac{1}{2}\angle AOB = 90°$. ∴ $OD \perp OE$.

【设计意图】 第 1 题检测目标 1,第 2～4 题检测目标 2.

7.1.4 两条直线被第三条直线所截

目标	1. 能基于研究直线的方向关系,抽象"三线八角"图形,发展几何直观、空间观念和抽象能力. 2. 能基于研究直线的方向关系,抽象同位角、内错角和同旁内角的概念,能在具体情境中用特定的角关系来描述相应两直线的方向关系
重点	同位角、内错角、同旁内角的正确识别
难点	同位角、内错角、同旁内角刻画的对象及正确识别

教学过程设计

问题1 本章开篇我们提出了两个核心问题。核心问题1是怎样刻画一条直线的方向？你能说说我们是如何解决的吗？

师生活动：引导学生回答，如图7.1-27，我们通过构造基准直线，将之转化为相交线问题。再通过研究发现，相交形成的四个角中的任意一个角都可以刻画直线与基准直线的方向差异。

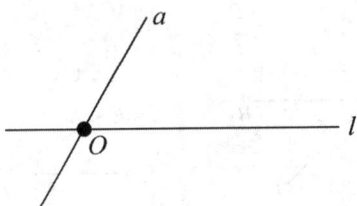 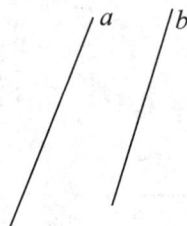

图7.1-27   图7.1-28

【设计意图】 让学生回顾直线的方向是需要构造基准直线并将之转化为角度来刻画的，为后续要讲的截线做好准备。

问题2 你还记得核心问题2吗？如图7.1-28，如何判断这两条直线 a,b 是相交还是不相交？

师生活动：引导学生回顾判断相交的关键是两条直线有无公共点，如图7.1-27。

追问1：图7.1-28 中的直线 a,b 相交吗？当有无公共点不明显时，应该怎么办？

师生活动：引导学生回答，同向则无公共点，不同向就是我们已经研究过的相交。有无公共点就是判断直线的方向是否相同，即要明确 a 的方向是什么，b 的方向是什么，它们的方向是否相同。要说明一条直线的方向需要构造基准直线。

【设计意图】 将问题转化成直线 a,b 是否同向，引出构造基准直线，转化成相交线，利用角度来刻画。

追问2：你能说说如何画基准直线吗？

师生活动：类比前面的学习，需要在直线 a,b 上分别取点 O,P 构造基准直线 OP，简写成直线 l，则直线 a,b 与基准直线 l 相交形成了8个角，它们其中的一边都在基准线 l 上。为了方便研究，我们称 l 为截线，直线 a,b 为被截线（图7.1-29）。直线 a,b 被第三条直线 l 所截，形成了8个角，这个图形简称为"三线八角"（图7.1-30）。

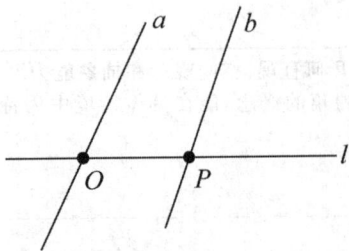 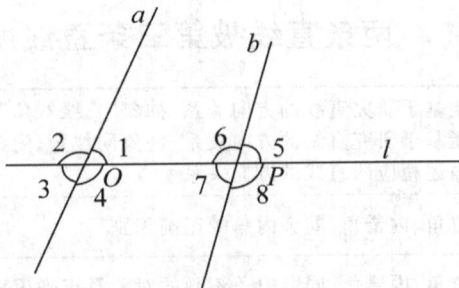

图7.1-29   图7.1-30

【设计意图】　构造基准直线,为了便于研究我们给出三条直线的名称,同时也给出一些有特殊位置结构的角的名称.

二、探究思考,形成新知

> **问题3**　直线 a,b 被截线 l 所截形成了 8 个角,如图 7.1-31 所示.
> (1)用哪些角可以刻画直线 a 的方向?

师生活动:引导学生得出可以用 $\angle 1,\angle 2,\angle 3,\angle 4$ 中的任意一个角.

> (2)用哪些角可以刻画直线 b 的方向?

师生活动:用 $\angle 5,\angle 6,\angle 7,\angle 8$ 中的任意一个角.

> (3)用什么可以刻画直线 a,b 方向的关系?

师生活动:可以用 $\angle 1,\angle 2,\angle 3,\angle 4$ 中的任意一个角与 $\angle 5,\angle 6,\angle 7,\angle 8$ 中的任意一个角的关系来刻画直线 a,b 方向的关系.例如,可以用 $\angle 1$ 与 $\angle 5,\angle 6,\angle 7,\angle 8$ 中的任意一个角的关系来刻画,如图 7.1-32.

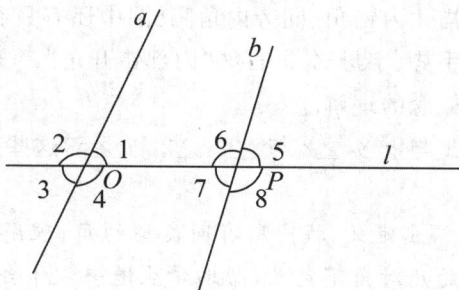

图 7.1-31

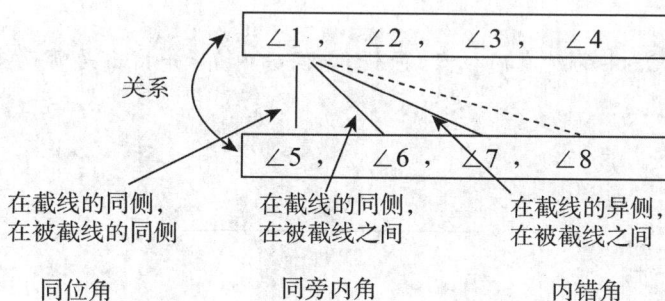

图 7.1-32

【设计意图】　自然引出直线 a,b 方向的关系可以通过两个角的关系来刻画.

追问:那我们需要研究这些角之间的什么关系呢?

师生活动:位置关系、大小关系.

【设计意图】　类比相交线产生邻补角、对顶角的研究思路,通过位置特点给有特殊位置关系的一对角下定义,为后面进一步研究打下基础.用 $\angle 1,\angle 2,\angle 3,\angle 4$ 这四个角中的任意一个角与 $\angle 5,\angle 6,\angle 7,\angle 8$ 这四个角中的任意一个角之间的大小关系刻画直线 a,b 方向之间的关系.如 $\angle 1$ 与 $\angle 5,\angle 1$ 与 $\angle 6,\angle 1$ 与 $\angle 7,\angle 1$ 与 $\angle 8$.

> **问题 4** ∠1与∠5这对角在位置上有什么特点?图中还有具有相同位置特点的角吗?

师生活动:引导学生分析角的两边的位置特点,得到∠1与∠5的一边在截线*l*的同侧,在被截线的同侧(右边).同时引导学生独立找出图中与之具有相同位置特点的角还有∠2与∠6,∠3与∠7,∠4与∠8.引导学生一起归纳:具有这种位置关系的一对角称为**同位角**.

追问:同位角指的是几个角的位置关系,你能分享自己的想法吗?

师生活动:引导学生观察、归纳,得出同位角指的是两个角的位置关系.引导学生通过用手势、字母F、方位(如右上角)等来描述同位角,加深对同位角概念的理解.

【设计意图】 让学生了解应该怎样研究角与角之间的位置关系.设计追问以便加深学生对同位角的理解,为下面对其他角的研究提供思路.

> **问题 5** 你能用同样的办法研究∠1与∠6吗?图中还有具有相同位置特点的角吗?

师生活动:引导学生分析∠1与∠6这两个角,发现它们在截线的同侧,在被截线之间.与之具有相同位置特点的角还有∠4与∠7.将这类角称为**同旁内角**.

追问1:你能用同样的办法研究∠1与∠7吗?图中还有具有相同位置特点的角吗?

师生活动:引导学生分析∠1与∠7这两个角,发现它们在截线的异侧,在被截线之间.与之具有相同位置特点的角还有∠4与∠6.将这类角称为**内错角**.

追问2:你能用自己的理解描述内错角、同旁内角吗?图中还有具有其他位置特点的角吗?

师生活动:引导学生通过用手势、字母Z、语言如"内部错开角"等来描述内错角,用手势、字母U、语言等来描述同旁内角,加深对概念的理解.

其他类型的角也存在,如∠1与∠8,∠2与∠7,∠2与∠5,这些角的位置特点比较不容易刻画,我们暂时不定义.

【设计意图】 根据位置关系给出定义,找出所有同类型的角;理解两直线的位置关系可以通过角的关系来刻画,给比较容易识别的几对角下定义,帮助学生进一步体会几何研究的对象与方法.

三、辨别应用,巩固新知

例1 找出图7.1-33中的所有同位角、内错角、同旁内角,并指出是哪两条直线被哪一条直线所截形成的.

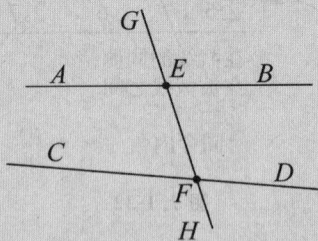

图 7.1-33

师生活动:请同学独立思考,举手作答,全班一起分析判断作答对错情况.做题时要明确截线、被截线.如∠AEG和∠CFG是直线AB和直线CD被直线GH所截得的同位角.一定要找出所有的同位角、内错角和同旁内角.

【设计意图】 辨别同位角、内错角、同旁内角时,要先分清哪两条直线被哪条直线所截.其中截线一般是两个角的公共边所在的直线,帮助学生加深对同位角、内错角、同旁内角定义的理解.

例 2　找出图 7.1-34 中的所有内错角,并指出是哪两条直线被哪一条直线所截形成的.

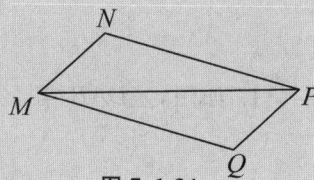

图 7.1-34

师生活动:引导学生回顾内错角的定义,从截线出发去找.也可以用自己理解的方法,如找"Z"形的两个角.

【设计意图】　在一些变式图形中辨别同位角、内错角、同旁内角时要先分清是哪两条直线被哪条直线所截,其中截线一般是两个角的公共边所在的直线.进一步加深学生对同位角、内错角、同旁内角的定义的理解,并能准确识别,为平行线的学习做好准备.

四、迁移综合,发展能力

例 3　如图 7.1-35,直线 DE,BC 被直线 AB 所截.
(1)∠1 与 ∠2,∠1 与 ∠3,∠1 与 ∠4 各是什么关系的角?
(2)如果 ∠1 = ∠4,那么 ∠1 与 ∠2 相等吗?∠1 与 ∠3 互补吗?为什么?

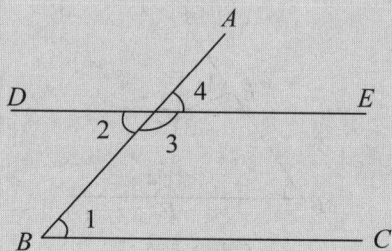

图 7.1-35

【设计意图】　加深对同位角、内错角、同旁内角定义的理解,并能准确识别.利用对顶角、邻补角的性质实现角与角之间的转化,进而解决简单问题.

五、回顾小结,概括提升

1. 怎样刻画两直线方向之间的关系?
2. 同位角、内错角、同旁内角的结构各有什么特点?
教师与学生一起整理如图 7.1-36 所示的知识结构.

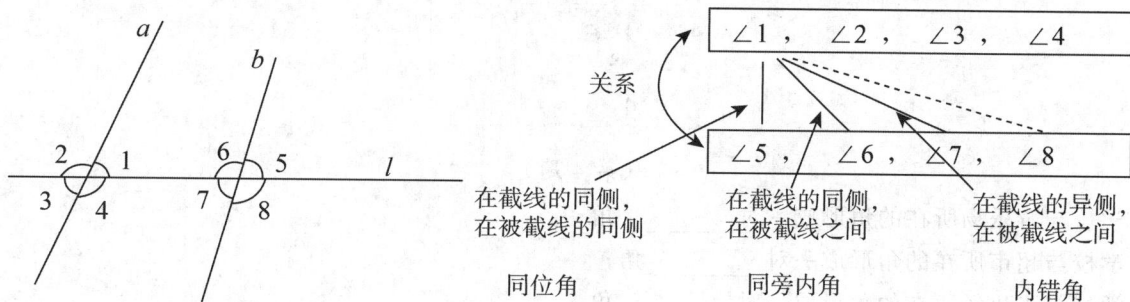

图 7.1-36

目标检测

1. 如图，∠*DAB* 与 ∠*ABC* 的位置关系是（　　　）

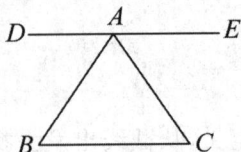

（第 1 题）

A. 同位角　　　　B. 同旁内角　　　　C. 内错角　　　　D. 以上结论都不对

2. 如图，∠1 和 ∠2 不能构成同位角的图形是（　　　）

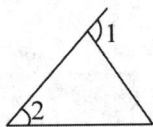
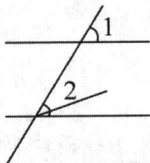
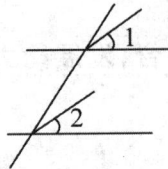

A.　　　　　　　B.　　　　　　　C.　　　　　　　D.

3. 看图填空：

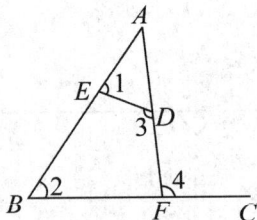

（第 3 题）

(1) 如图，若 *ED*，*BF* 被 *AB* 所截，则 ∠1 与 _____ 是同位角；

(2) 如图，若 *ED*，*BC* 被 *AF* 所截，则 ∠3 与 _____ 是内错角；

(3) 如图，∠1 与 ∠3 是 *AB* 和 *AF* 被 _____ 所截形成的 _____ 角；

(4) 如图，∠2 与 ∠4 是 _____ 和 _____ 被 *BC* 所截形成的 _____ 角.

4. 根据地图填空：

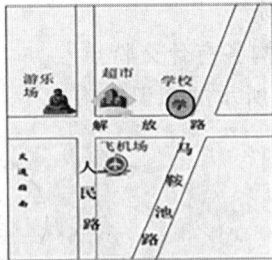

（第 4 题）

学校与游乐场所在的角形成一对 _____ 角；

学校与超市所在的角形成一对 _____ 角；

学校与飞机场所在的角形成一对 _____ 角.

参考答案：**1.** C　　**2.** D　　**3.** (1)∠2；(2)∠4；(3)*ED*，内错；(4)*AB*，*AF*，同位　　**4.** 同位，同旁内，内错

【设计意图】第 1～4 题检测目标 2.

7.2　平行线

7.2.1　平行线及其判定

目标	1.经历抽象平行线概念及基本事实的活动,理解平行公理,掌握平行线判定的基本事实,发展空间观念、几何直观与抽象能力. 2.会画已知直线的平行线,会运用语言、图形和符号描述并证明平行线的判定定理,发展推理能力. 3.通过合作交流、分享观点,建立学习的自信心,体验成功的快乐
重点	平行公理及其推论,平行线的判定方法
难点	会运用数学语言描述并证明平行线的判定方法,会选择恰当的判定方法解决问题

教学过程设计

一、情境引入,提出问题

引言:本章我们围绕两个核心问题展开:1.如何刻画直线a的方向?2.怎样判断两条直线是相交还是不相交?对于核心问题1,我们通过构造基准直线将之转化为相交线,用角的大小来刻画.今天这节课我们继续探究核心问题2.

> **问题1**　你能说说同一平面内两条不相交的直线位置关系是什么吗?

师生活动:学生很容易得出平面内不相交的两条直线的位置关系是平行.给出平行的定义与表示.

定义:平面内不相交的两条不重合直线叫互相平行.类比角"∠"、垂直"⊥"的符号表示,平行用符号"∥"表示,记作"$a \parallel b$"或"$b \parallel a$".

图形语言	文字语言	符号语言
a　　b	定义:在同一平面内,不相交的两条直线叫互相平行	$a \parallel b$或$b \parallel a$

追问:怎样判定平面上两条直线是平行还是不平行(相交)呢?

师生活动:引导学生根据定义回答,平行就是两条直线没有交点,是同一方向的直线.如何刻画直线的方向呢?构造基准直线.

$$\boxed{两条直线方向相同或相反} \Longleftrightarrow \boxed{两条直线无公共点} \Longleftrightarrow \boxed{平行}$$

【设计意图】　围绕本章核心问题展开,核心问题1用角的大小来刻画两条直线的方向差异.自然引出解决核心问题2也需要通过角度关系来刻画.确定接下来的研究内容,规划研究思路.

二、探究思考,形成新知

问题2 如图7.2-1所示,分别在直线a,b上取点O,P,作直线OP,则OP为基准直线,现在你能想象直线a,b的交点情况吗?

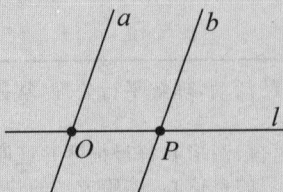

图7.2-1

师生活动:让学生发挥想象力,想一想直线a,b什么时候有交点,什么时候没有交点(即平行).

追问:(1)如果直线a和基准直线l固定,旋转改变直线b的方向,那么直线a,b的公共点个数会怎样变化?公共点的位置如何变化?

(2)过直线a外一点P的直线中,平行于直线a的直线存在吗?如果存在,有几条?

师生活动:教师借助几何画板直观展示,直线b从与直线l重合的位置开始,沿着顺时针方向转动,过程中与直线a的交点位置在直线l上方且交点越来越远,后来交于下方很远处,再转动交点逐渐靠近直线l.通过这样的动态展示,学生容易得出两条直线存在不相交的情况.进而描述两条直线平行的存在性和唯一性,得出基本事实1及其推论.

基本事实1:经过直线外一点,有且只有一条直线与这条直线平行.

推论:平行于第三条直线的两条直线平行.由$a \parallel b,b \parallel c$,可以推出$a \parallel c$.

【设计意图】 在学生想象、描述的基础上,引导学生进行归纳,得出基本事实.

问题3 用定义判断两条直线平行方便吗?

师生活动:用定义判断两条直线是否平行不是很容易操作,引导学生用同向判断两直线是否平行.

追问1:用什么刻画两条直线的方向关系呢?

师生活动:教师引导学生思考,用上节课学过的同位角、内错角、同旁内角各自的数量关系来刻画.

追问2:如图7.2-2,同位角满足什么大小关系时,才能保证直线a,b平行呢?

师生活动:我们选取一对同位角,如用$\angle 1$与$\angle 5$分别刻画直线a,b偏离基准直线l的方向差异.如果$\angle 1 = \angle 5$,就说明直线a,b偏离基准直线相同的角度,即同方向,所以$a \parallel b$.从而得出基本事实2.

图7.2-2

基本事实2:两条直线被第三条直线所截,如果同位角相等,那么这两条直线平行.简单说成:同位角相等,两直线平行.

符号化表示:因为$\angle 1 = \angle 5$,所以$a \parallel b$.

【设计意图】 发现用定义判断两条直线平行这个方法操作起来不够方便,引导学生继续从方向上来刻画,将其转化成用"三线八角"来解决,以学生的认知规律最易想到同位角$\angle 1$和$\angle 5$.如果这两个角偏离基准直线同角度,就可说明直线a,b同向,即平行.让学生尽可能写出四对同位角,判断平行,要求学生用符号语言表达,提高数学符号表达能力.

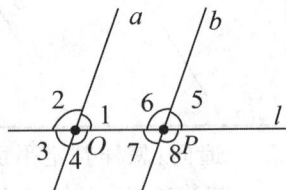

问题 4　类比相交线的学习,引入平行线的定义,接下来要画图.根据基本事实 2,你能想到怎样画平行线吗?

已知直线 AB 和点 C,画直线 $CD \parallel AB$,如图 7.2-3.

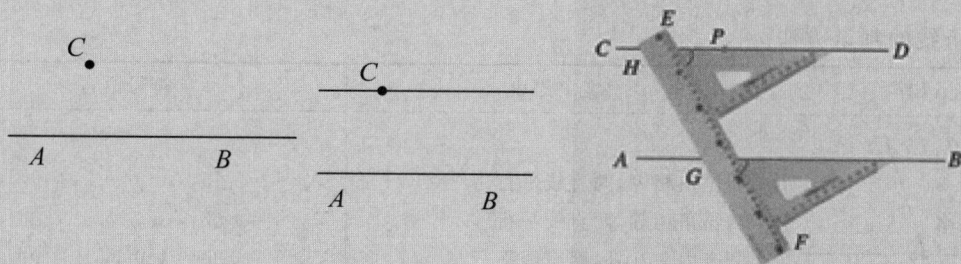

图 7.2-3

师生活动:引导学生利用判定两条直线平行的两种方法 —— 定义和基本事实 2 作为依据作图.根据定义操作不方便,尝试用"同位角相等,两直线平行"作为依据来作图.此时需要基准直线,即一条过点 C 且与直线 AB 相交的直线.学生可能会画垂直,教师需做好引导,根据学生作答板书推理过程.也可以回顾小学推平行线法,画的过程中引导学生说出这样画的依据是"同位角相等,两直线平行".

【设计意图】　基于直观抽象平行线判定的基本事实 2 后,应用基本事实 2 画平行线.

问题 5　猜一猜:还能用其他角的关系来判定两条直线平行吗?

师生活动:根据图 7.2-2,引导学生通过观察、测量等方法得到以下猜想.

猜想 1:内错角相等,两直线平行;

猜想 2:同旁内角互补,两直线平行.

追问 1:你能说明猜想成立的理由吗?

师生活动:明确条件是内错角相等,如 $\angle 1 = \angle 7$,要推出的目标是 $a \parallel b$.

理由如下:

因为 $\angle 1 = \angle 7$(已知),

$\angle 7 = \angle 5$(对顶角相等),

所以 $\angle 1 = \angle 5$(等量代换).

所以 $a \parallel b$(同位角相等,两直线平行).

教师强调推理时要步步有据,并给学生足够的时间进行推理.

追问 2:还有其他方法证明你的这个猜想吗?

因此,我们得到了平行线的另一种判定方法.

平行线判定定理 1:内错角相等,两直线平行.

符号语言:$\because \angle 4 = \angle 6, \therefore a \parallel b.$(教师介绍"$\because$""$\therefore$"符号的意义.)

重复刚才的过程对猜想 2 进行说理分析,我们得到以下定理.

平行线判定定理 2:同旁内角互补,两直线平行.

符号语言:$\because \angle 1 + \angle 6 = 180°, \therefore a \parallel b.$

【设计意图】　以"同位角相等,两直线平行"这一基本事实为逻辑起点,用推理的方法得到平行线的另外两个判定定理.

追问 3:用角的关系来判断两条直线平行的方法有哪些?你会用符号语言表达吗?

师生活动:引导学生归纳出平行线的判定方法:

(1) 同位角相等,两直线平行.符号语言为:∵∠1 = ∠5,∴a // b.

(2) 内错角相等,两直线平行.符号语言为:∵∠4 = ∠6,∴a // b.

(3) 同旁内角互补,两直线平行.符号语言为:∵∠1 + ∠6 = 180°,∴a // b.

【设计意图】 再次归纳平行线的判定方法,在帮助加深理解判定方法的同时,提高学生的表达能力和推理能力.

归纳:平行线的判定方法.

图形语言	文字语言	符号语言
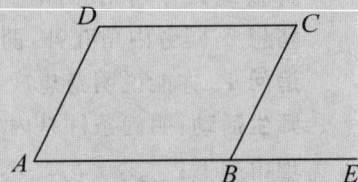	同位角相等,两直线平行. 内错角相等,两直线平行. 同旁内角互补,两直线平行	∵∠1 = ∠5,∴a // b. ∵∠4 = ∠6,∴a // b. ∵∠1 + ∠6 = 180°,∴a // b
	平行于第三条直线的两条直线平行	∵a // c,b // c,∴a // b

三、辨别应用,巩固新知

例1 如图 7.2-4,BE 是 AB 的延长线.

(1) 由 ∠CBE = ∠A 可以判定哪两条直线平行?依据是什么?

(2) 由 ∠CBE = ∠C 可以判定哪两条直线平行?依据是什么?

(3) 由 ∠D + ∠A = 180° 可以判定哪两条直线平行?依据是什么?

图 7.2-4

师生活动:教师引导学生用不同的平行线判定方法判定两条直线平行,启发学生了解解答此类问题的关键是找准同位角、内错角和同旁内角所对应的被截直线.

【设计意图】 学会用适当的判定方法进行推理.

例2 如图 7.2-5,AD // BC,在 AB 上取一点 M,过点 M 作 MN // BC 交 CD 于点 N,猜想直线 MN 与 AD 的位置关系是什么,并说明理由.

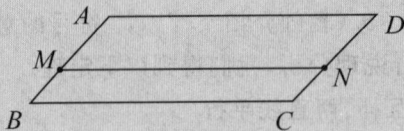

图 7.2-5

师生活动:引导学生动手操作,观察猜测,得出平行的结论,然后对平行的原因进行交流,发现 AD // BC,MN // BC,根据"平行于第三条直线的两条直线平行",可以得到 AD // MN.若学生遇到困难,教师可以适当启发.

【设计意图】 让学生在反复运用中掌握平行公理的推论以及说理规范,关注学生在说理过程中语言的准确性.

四、迁移综合,发展能力

练习 如图7.2-6,在四边形$ABCD$中,AC平分$\angle BAD$,$\angle 1 = \angle 2$,AB与CD平行吗?为什么?

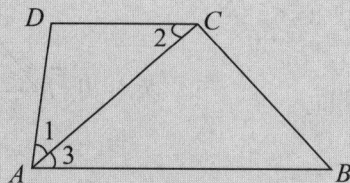

图 7.2-6

师生活动: 经分析归纳得出$AB \parallel CD$.

理由如下:

∵AC平分$\angle BAD$,

∴$\angle 1 = \angle 3$.

∵$\angle 1 = \angle 2$,

∴$\angle 2 = \angle 3$.

∵$\angle 2$和$\angle 3$是内错角,

∴$AB \parallel CD$(内错角相等,两直线平行).

【设计意图】 应用平行线的判定方法进行推理,体会推理的格式与要求.

五、回顾小结,概括提升

1. 本节课研究了平面内两条直线的哪一种位置关系?

2. 本节课是按照什么思路进行研究的?

3. 怎样的两条直线叫作平行线?

4. 怎样判定两条直线平行?怎样画平行线?

师生活动: 教师引导学生概括平行线判定逻辑结构,如图7.2-7所示.

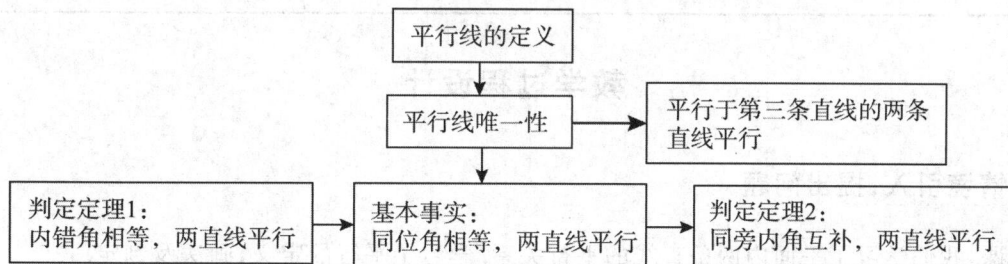

平行线的定义

平行线唯一性 → 平行于第三条直线的两条直线平行

判定定理1: 内错角相等,两直线平行 → 基本事实: 同位角相等,两直线平行 → 判定定理2: 同旁内角互补,两直线平行

图 7.2-7

目标检测

1. 如图，$\angle 1 = 25°$，$\angle B = 65°$，$AB \perp AC$，那么 AD 与 BC 有怎样的位置关系？为什么？

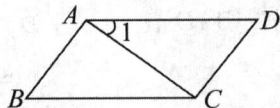

（第 1 题）　　　　　　　　（第 2 题）

2. 如图所示，要想判断直线 AB 是否与直线 CD 平行，可以测量哪些角？请你写出三种方案，并说明理由.

　　参考答案：1. $AD // BC$. 理由如下：$\because \angle 1 = 25°$，$\angle B = 65°$，$AB \perp AC$，$\therefore \angle BAD = 90° + 25° = 115°$. $\because \angle BAD + \angle B = 115° + 65° = 180°$，$\therefore AD // BC$.

　　2. (1) 可以测量 $\angle EAB$ 与 $\angle D$，如果 $\angle EAB = \angle D$，那么根据"同位角相等，两直线平行"，得出直线 AB 与 CD 平行；

　　(2) 可以测量 $\angle BAC$ 与 $\angle C$，如果 $\angle BAC = \angle C$，那么根据"内错角相等，两直线平行"，得出直线 AB 与 CD 平行；

　　(3) 可以测量 $\angle BAD$ 与 $\angle D$，如果 $\angle BAD + \angle D = 180°$，那么根据"同旁内角互补，两直线平行"，得出直线 AB 与 CD 平行.

　　【设计意图】 第 1～2 题检测目标 2.

7.2.2　平行线的性质

目标	1. 经历平行线性质的探究过程，发展空间观念、几何直观和推理能力. 2. 能应用平行线的性质进行推理计算，发展推理能力. 3. 能总结平行线的研究框架，体会几何图形关系研究的一般观念
重点	平行线的三个性质的探索
难点	区分平行线性质中条件和结论、辨别与判定的联系与区别

教学过程设计

一、情境引入，提出问题

上节课，我们学习了平面内两条直线的平行关系. 学习了平行的定义、画法及判定.

图形语言	文字语言	符号语言
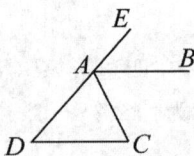	同位角相等，两直线平行. 内错角相等，两直线平行. 同旁内角互补，两直线平行	$\because \angle 1 = \angle 5，\therefore a // b.$ $\because \angle 4 = \angle 6，\therefore a // b.$ $\because \angle 1 + \angle 6 = 180°，\therefore a // b$

二、探究思考，形成新知

　　问题1　如图7.2-8，现在可以用同位角、内错角、同旁内角的大小关系来判定平面内两条直线是否是平行关系；反过来，平面内两条平行直线的位置关系能反映这些角的大小关系吗？

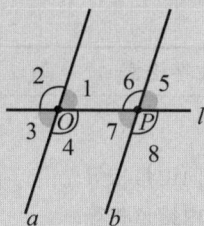

图7.2-8

　　师生活动：如图7.2-8，构造基准直线l，$a /\!/ b$，引导学生分析：直线a，b平行，说明它们偏离基准直线的方向相同. 直线a是基准直线l逆时针转动了$\angle 1$后形成的直线，直线b是基准直线l逆时针转动了$\angle 5$后形成的直线.

　　因为直线a，b同方向，所以 $\angle 1 = \angle 5$.（注：可以向学有余力的学生讲授如何用反证法证明这个命题）

　　得到**平行线的性质1**：两条平行线被第三条直线所截，同位角相等. 简单说成：**两直线平行，同位角相等**. 在此基础上，也可以通过测量进行确认.

　　符号语言：$\because a /\!/ b$，$\therefore \angle 1 = \angle 5$.

　　归纳：平行线的性质反映了由直线的位置关系得到角的数量关系.

　　【设计意图】　基于直线的方向关系直观地得到平行线的性质1：两直线平行，同位角相等.

　　问题2　如图7.2-8，猜一猜：两条平行线被第三条直线所截，内错角、同旁内角之间是否有特定的数量关系？能说明理由吗？

　　师生活动：教师引导学生思考，两条平行线被第三条直线所截，不但有同位角，还有内错角和同旁内角. 我们已经知道"两条平行线被第三条直线所截，同位角相等". 那么请同学们想一想：两条平行线被第三条直线所截，内错角、同旁内角又有什么关系？（分组讨论，每一小组推荐一位学生回答）. 学生口答，教师板书，并要求学生学习推理的书写格式.

　　猜想1：两直线平行，内错角相等.

　　如图7.2-8，明确证明的起点是$a /\!/ b$，目标是$\angle 1 = \angle 7$（或者$\angle 4 = \angle 6$）.

　　理由如下：

　　$\because a /\!/ b$（已知），

　　$\therefore \angle 1 = \angle 5$（两直线平行，同位角相等）.

　　$\because \angle 7 = \angle 5$（对顶角相等），

　　$\therefore \angle 1 = \angle 7$（等量代换）.

　　追问：还有其他方法证明你的这个猜想吗？

　　给学生足够时间尝试自主解决，再一起讲解，教师规范板书.

　　教师板书得到的结论：**平行线的性质2**：两条平行线被第三条直线所截，内错角相等.

　　简称：**两直线平行，内错角相等**.

　　符号语言：$\because a /\!/ b$，$\therefore \angle 1 = \angle 7$（或者$\angle 4 = \angle 6$）.

　　猜想2：两直线平行，同旁内角互补.

师生活动:让学生类比猜想 1 的说理过程自主进行猜想 2 的说理.并在此基础上归纳平行线的性质:

两条平行直线被第三条直线所截,同位角相等.—— 平行线的性质 1

两条平行直线被第三条直线所截,内错角相等.—— 平行线的性质 2

两条平行直线被第三条直线所截,同旁内角互补.—— 平行线的性质 3

平行线的性质:

图形语言	文字语言	符号语言
	两直线平行,同位角相等. 两直线平行,内错角相等. 两直线平行,同旁内角互补	$\because a \parallel b, \therefore \angle 1 = \angle 5, \angle 2 = \angle 6, \angle 3 = \angle 7, \angle 4 = \angle 8.$ $\because a \parallel b, \therefore \angle 4 = \angle 6, \angle 1 = \angle 7.$ $\because a \parallel b, \therefore \angle 1 + \angle 6 = 180°, \angle 4 + \angle 7 = 180°$

【设计意图】加强学生对性质 2、性质 3 的理解与记忆,能区别判定与性质.同时加强几何推理的过程演练,提高学生的逻辑推理能力.

三、辨别应用,巩固新知

例 1 如图 7.2-9,$AB \parallel CD$,$AE \parallel CF$,$\angle A = 39°$,$\angle C$ 是多少度?为什么?

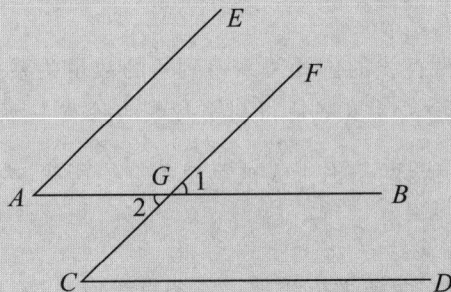

图 7.2-9

解:方法一:$\because AB \parallel CD$,$\therefore \angle C = \angle 1$(两直线平行,同位角相等).

$\because AE \parallel CF$,$\therefore \angle A = \angle 1$(两直线平行,同位角相等).

$\therefore \angle C = \angle A$(等量代换).

$\because \angle A = 39°$,$\therefore \angle C = 39°$.

方法二:

$\because AB \parallel CD$,$\therefore \angle C = \angle 2$(两直线平行,内错角相等).

$\because AE \parallel CF$,$\therefore \angle A = \angle 2$(两直线平行,内错角相等).

$\therefore \angle C = \angle A$(等量代换).

$\because \angle A = 39°$,$\therefore \angle C = 39°$.

【设计意图】巩固平行线的性质,尝试用不同方法解答,熟悉符号语言的精确表述,提高学生的表达能力与逻辑推理能力.

例2 图7.2-10是一块梯形铁片的残余部分,量得∠A=100°,∠B=115°.请你求出另外两个角的度数.

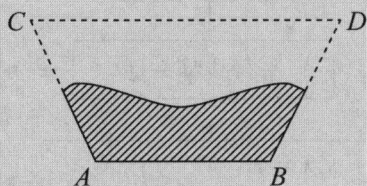

图 7.2-10

解:∵ 四边形 ABCD 是梯形,

∴AB ∥ DC(梯形定义).

∴∠A+∠C = 180°,∠B+∠D = 180°(两直线平行,同旁内角互补).

又 ∵∠A = 100°,∠B = 115°,

∴∠C = 80°,∠D = 65°.

四、迁移综合,发展能力

如图7.2-11,已知∠ABC.请你再画一个∠DEF,使得 DE ∥ AB,EF ∥ BC,且 DE 交 BC 边于点 P,试探究:∠ABC 与∠DEF 有怎样的数量关系?并说明理由.

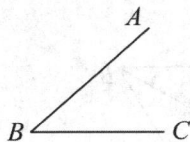 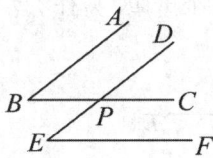 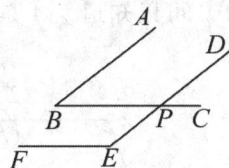

图 7.2-11　　　　图 7.2-12　　　　图 7.2-13

师生活动:先根据题意画出图形,再根据平行线的性质进行解答即可.

解:∠ABC 与∠DEF 的数量关系是相等或互补.理由如下:

如图7.2-12,∵DE ∥ AB,∴∠ABC = ∠DPC.

又 ∵EF ∥ BC,∴∠DEF = ∠DPC.

∴∠ABC = ∠DEF.

如图7.2-13,∵DE ∥ AB,∴∠ABC + ∠DPB = 180°.

又 ∵EF ∥ BC,∴∠DEF = ∠DPB.

∴∠ABC + ∠DEF = 180°.

故 ∠ABC 与∠DEF 的数量关系是相等或互补.

【设计意图】 画出满足条件的图形时,必须要注意分情况讨论,即把所有满足条件的图形都要作出来.

五、回顾小结,概括提升

1. 平行线有哪些性质?

2. 平行线的性质与判定有什么区别?

3. 你能说说平行线的研究思路吗?

师生活动：教师引导学生整理平行线的知识结构体系，如图 7.2-14.

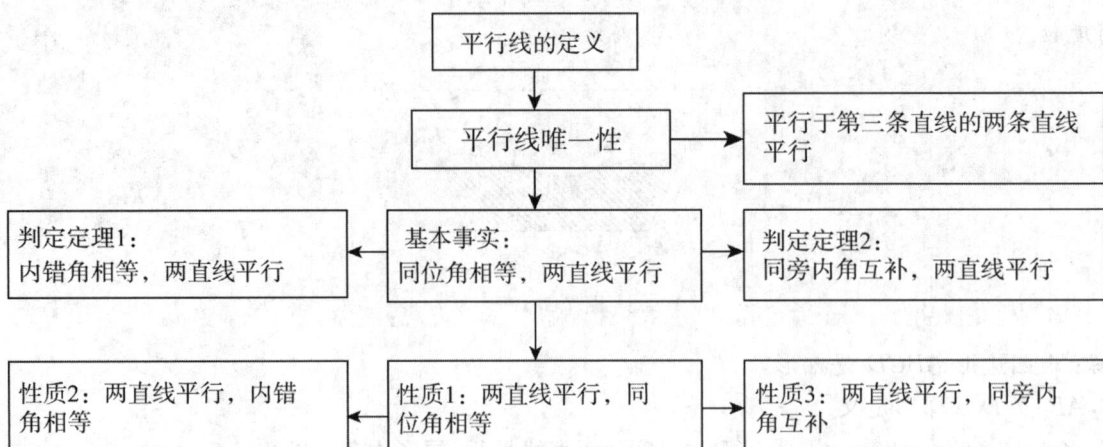

图 7.2-14

目标检测

1. 如图，平行线 AB，CD 被直线 AE 所截.

(1) 由 $\angle 1 = 110°$ 可以知道 $\angle 2$ 是多少度吗？为什么？

(2) 由 $\angle 1 = 110°$ 可以知道 $\angle 3$ 是多少度吗？为什么？

(3) 由 $\angle 1 = 110°$ 可以知道 $\angle 4$ 是多少度吗？为什么？

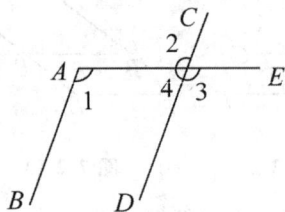

（第 1 题）

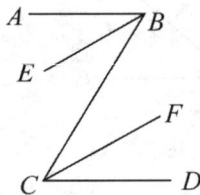

（第 2 题）

2. 如图，$AB /\!/ CD$，BE 平分 $\angle ABC$，CF 平分 $\angle BCD$，你能判断 BE 与 CF 的位置关系吗？说明理由.

参考答案：1. (1) $\angle 2 = 110°$，理由是两直线平行，内错角相等；(2) $\angle 3 = 110°$，理由是两直线平行，同位角相等；(3) $\angle 4 = 70°$，理由是两直线平行，同旁内角互补.

2. $BE /\!/ CF$，理由如下：

∵ $AB /\!/ CD$，∴ $\angle ABC = \angle BCD$.

又 ∵ BE 平分 $\angle ABC$，CF 平分 $\angle BCD$，∴ $\angle EBC = \dfrac{1}{2}\angle ABC$，$\angle BCF = \dfrac{1}{2}\angle BCD$.

∴ $\angle EBC = \angle BCF$. ∴ $BE /\!/ CF$.

【设计意图】 第 1～2 题检测目标 2.

7.2.3 平行线的习题课

目标	1.理解平行线的概念和基本事实. 2.能综合应用平行线的判定和性质进行推理与运算，发展推理能力. 3.能应用平行线的判定与性质解决简单的实际问题，发展模型观念
重点	平行线的判定、性质的区别与应用
难点	会选择恰当的判定和性质进行说理，解决问题

教学过程设计

一、知识回顾与整理

> **问题 1**　你能说说前两节课我们研究了平面内两条直线的哪一种位置关系吗?

师生活动:学生回顾研究主题 —— 平行线.

追问:你能说说我们是按照什么思路研究的吗?

师生活动:引导学生回顾归纳:引入定义 — 画图 — 判定 — 性质.

> **问题 2**　沿着这个思路说说我们具体获得了哪些知识?

师生活动:给学生一定的时间,可以翻书整理,然后分别从文字语言、图形语言、符号语言几个方面进行归纳.研究成果如下表.

研究思路	文字语言	图形语言	符号语言
定义	定义:同一平面内,不相交的两条直线叫互相平行　两直线无公共点 ⟺ 平行		$a \parallel b$ 或 $b \parallel a$
画图	经过直线外一点,有且只有一条直线与这条直线平行		
	平行于第三条直线的两条直线平行		$\because a \parallel c, b \parallel c,$ $\therefore a \parallel b$
判定	同位角相等,两直线平行		$\because \angle 1 = \angle 5, \therefore a \parallel b$
	内错角相等,两直线平行		$\because \angle 4 = \angle 6, \therefore a \parallel b$
	同旁内角互补,两直线平行		$\because \angle 1 + \angle 6 = 180°,$ $\therefore a \parallel b$
性质	两直线平行,同位角相等		$\because a \parallel b, \therefore \angle 1 = \angle 5$
	两直线平行,内错角相等		$\because a \parallel b, \therefore \angle 4 = \angle 6$
	两直线平行,同旁内角互补		$\because a \parallel b, \therefore \angle 1 + \angle 6 = 180°$

【设计意图】 再次梳理平行线的知识,使学生再次深入理解所学知识和所用方法;加强三种语言的自然转换能力,体会几何研究的一般观念.

问题3 你能说说你是怎么区别平行线的判定与性质的吗？

师生活动：引导学生整理，得出从角的数量关系得到两条直线平行叫判定，从两条直线的平行得到"三线八角"的数量关系叫性质．从起点、目标上区别判定和性质．整理成如图7.2-15所示的知识结构图及如图7.2-16所示的逻辑关系图．

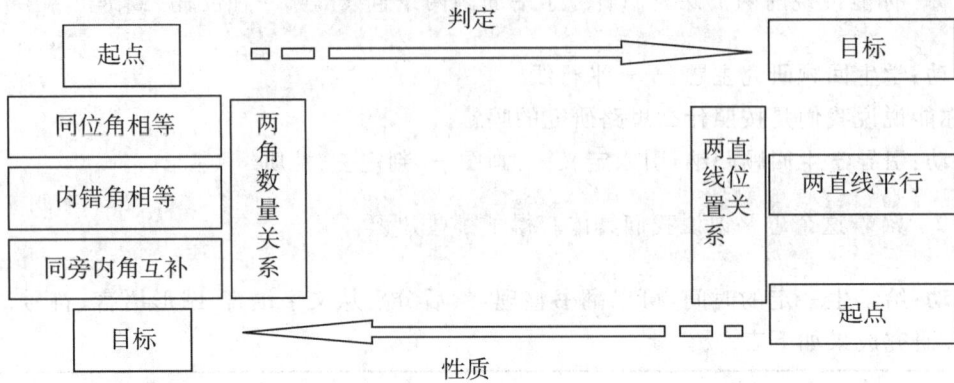

图 7.2-15

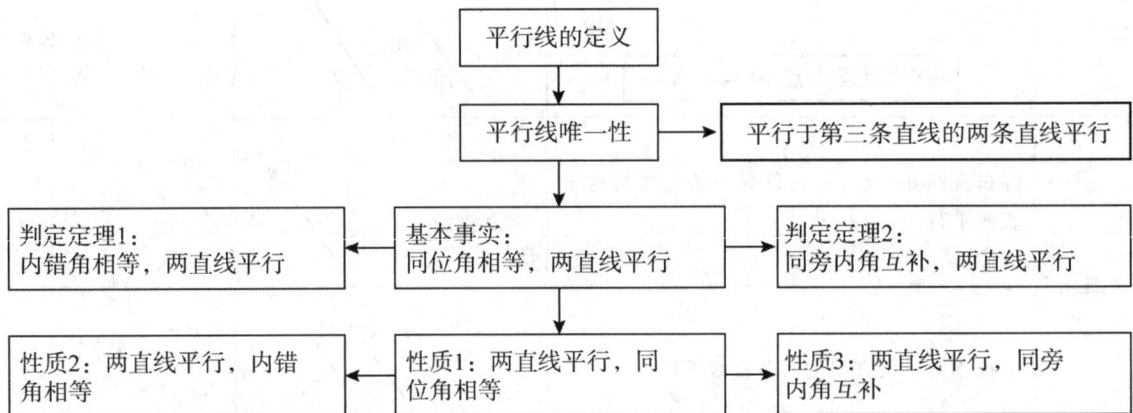

图 7.2-16

【**设计意图**】 厘清判定与性质，整理知识结构，整体建构逻辑知识体系．

二、典例分析

例1 如图7.2-17所示，已知直线a,b,c,d,e，且$\angle 1=\angle 2$，$\angle 3+\angle 4=180°$，则a与c平行吗？为什么？

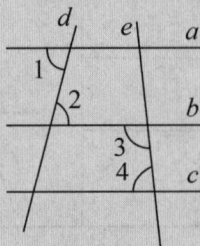

图 7.2-17

分析:根据"内错角相等,两直线平行",即 $\angle 1 = \angle 2$ 可得出 $a \parallel b$,再根据"同旁内角互补,两直线平行",即 $\angle 3 + \angle 4 = 180°$ 可得出 $c \parallel b$,由平行的传递性得出 $a \parallel c$.

【设计意图】 考查平行线的几种判定,由角度的大小关系推出直线的位置关系.

例 2 如图 7.2-18,$\angle 1 + \angle 2 = 180°$,$\angle B = \angle 3$,试判断 $\angle C$ 与 $\angle AED$ 的大小关系,并说明理由.

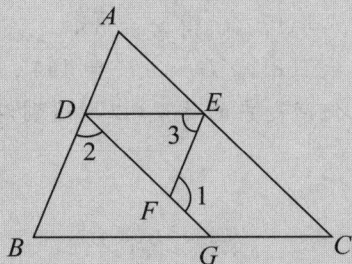

图 7.2-18

分析:本题可以从已知向结论推进,亦可从结论逐步往已知溯源.

由邻补角 $\angle 1 + \angle DFE = 180°$,再结合已知 $\angle 1 + \angle 2 = 180°$,可得出 $\angle DFE = \angle 2$.

再依据"内错角相等,两直线平行"得出 $AB \parallel EF$.根据"两直线平行,内错角相等"的性质得出 $\angle ADE = \angle 3$.结合已知 $\angle B = \angle 3$,得出 $\angle ADE = \angle B$,再根据"同位角相等,两直线平行"得到 $DE \parallel BC$.最后根据"两直线平行,同位角相等"的性质,得出 $\angle C = \angle AED$.

【设计意图】 平行线的性质与判定的准确应用.

例 3 若 $\angle \alpha$ 与 $\angle \beta$ 的两边分别平行,$\angle \alpha$ 比 $\angle \beta$ 的 3 倍少 36°,求 $\angle \alpha$ 的度数.

分析:先根据题意画出图形,画出与 $\angle \alpha$ 两边 OA,OB 分别平行的直线,使得 $MN \parallel OA$,$PQ \parallel OB$,发现 MN,PQ 相交形成的四个角的两边都与 $\angle \alpha$ 两边平行,所以都可以是 $\angle \beta$.从数量关系分析有两种情况,需要分类讨论:$\angle \alpha$ 与 $\angle \beta$ 相等或 $\angle \alpha$ 与 $\angle \beta$ 互补.再结合已知两角的关系即可求得 $\angle \alpha$ 的度数.

【设计意图】 综合应用平行线的判定和性质进行推理计算.

三、迁移综合,发展能力

1. 如图 7.2-19,$AB \parallel CD$,$\angle 1 = \angle 2$,$\angle 3 = \angle 4$.
试说明 $PM \parallel NQ$ 的理由.
解:理由如下:
∵ $AB \parallel CD$,
∴ $\angle 2 = \angle 3$(两直线平行,内错角相等).
∵ $\angle 1 = \angle 2$,$\angle 3 = \angle 4$,
∴ $\angle 1 = \angle 2 = \angle 3 = \angle 4$.
∵ $\angle 1 + \angle 2 + \angle 5 = 180°$,$\angle 3 + \angle 4 + \angle 6 = 180°$,
∴ $\angle 5 = \angle 6$.
∵ $\angle 5$ 和 $\angle 6$ 是内错角,
∴ $PM \parallel NQ$(内错角相等,两直线平行).

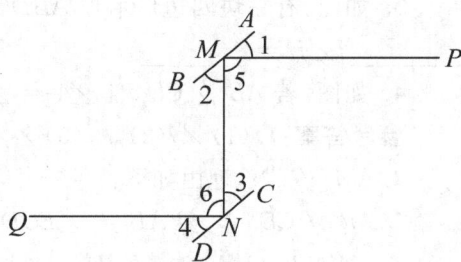

图 7.2-19

【设计意图】 体会平行线的性质与判定的区别和联系.

2. 如图 7.2-20，$FC \parallel AB \parallel DE$，$\angle \alpha : \angle D : \angle B = 2 : 3 : 4$. 求 $\angle \alpha, \angle D, \angle B$ 的度数.

解：设 $\angle \alpha = 2x°$，则 $\angle D = 3x°$，$\angle B = 4x°$.

$\because FC \parallel AB \parallel DE$，$\therefore \angle 2 + \angle B = 180°$，$\angle 1 + \angle D = 180°$.

$\therefore \angle 2 = 180° - \angle B = 180° - 4x°$，

$\angle 1 = 180° - \angle D = 180° - 3x°$.

又 $\because \angle 1 + \angle 2 + \angle \alpha = 180°$，

$\therefore (180 - 3x) + (180 - 4x) + 2x = 180$，解得 $x = 36$.

$\therefore \angle \alpha = 2x° = 72°$，$\angle D = 3x° = 108°$，$\angle B = 4x° = 144°$.

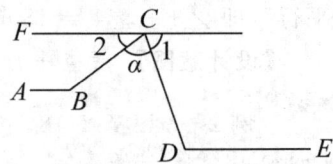

图 7.2-20

【设计意图】 体会方程思想在几何问题中的作用，以期达到以数解形的目的.

四、回顾小结，概括提升

1. 平行线有哪些性质与判定？

2. 在解决具体问题的过程中，如何合理使用平行线的性质与判定？

3. 你能说说用到了哪些数学思想方法吗？

目标检测

1. 判断题.

(1) 两条直线被第三条直线所截，则同旁内角互补. （   ）

(2) 两条直线被第三条直线所截，如果同旁内角互补，那么同位角相等. （   ）

(3) 两条平行线被第三条直线所截，则一对同旁内角的平分线互相平行. （   ）

2. 如图所示，砌墙师傅用重锤线检验砌的墙体是否与地面垂直，墙体竖直线用 a 表示，重锤线用 b 表示，地平线用 c 表示. 当 $a \parallel b$ 时，因为 $b \perp c$，所以 a _____ c，这里运用了平行线的性质是_____.

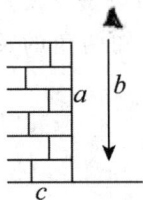
（第 2 题）

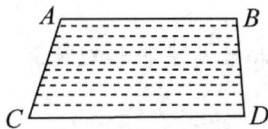
（第 3 题）

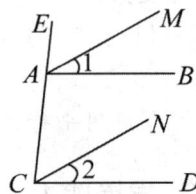
（第 4 题）

3. 如图，有一块四边形木板 $ABDC$，$AB \parallel CD$，木工师傅量得 $\angle D = 80°$，$\angle C = 65°$，则 $\angle A =$ _____，$\angle B =$ _____.

4. 如图，若 $AB \parallel CD$，且 $\angle 1 = \angle 2$，试判断 AM 与 CN 的位置关系，并说明理由.

参考答案：1. (1) ×；(2) √；(3) ×　**2.** $\perp$，略　**3.** $115°$，$100°$

4. $AM \parallel CN$，理由如下：

$\because AB \parallel CD$，$\therefore \angle EAB = \angle ECD$. 又 $\because \angle 1 = \angle 2$，

$\therefore \angle EAB - \angle 1 = \angle ECD - \angle 2$，即 $\angle EAM = \angle ECN$. $\therefore AM \parallel CN$.

【设计意图】 第 1 题、第 4 题检测目标 2，第 2～3 题检测目标 3.

7.3   定义、命题、定理

7.3.1   定义、命题、定理（第 1 课时）

目标	1. 了解命题的意义以及命题的结构，并能用"如果 …… 那么 ……"的形式表达命题. 2. 知道什么是真命题和假命题，能举反例说明一个命题是假命题
重点	理解命题的结构，区分命题的题设与结论
难点	区分命题的题设与结论，举反例说明一个命题是假命题

教学过程设计

一、情境引入，提出问题

> **问题 1**   前面我们解决了本章的两个核心问题，研究了相交线和平行线，有哪些研究成果？

师生活动：教师画图展示（图 7.3-1），引导学生回顾得到的研究成果.

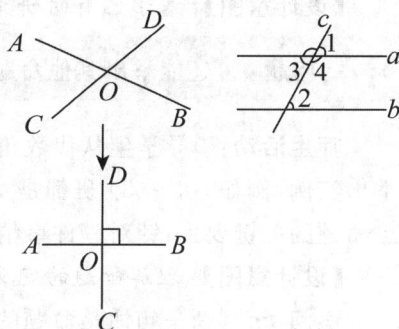

1. 相交线的定义：有公共点的两条直线叫作相交线.

2. 相交线的性质：对顶角相等；邻补角互补.

3. 平行线的定义：平面内没有公共点的两条直线叫作平行线.

4. 平行线的判定：同位角相等，两直线平行.

内错角相等，两直线平行.

同旁内角互补，两直线平行.

5. 平行线的性质：两直线平行，同位角相等.

两直线平行，内错角相等.

两直线平行，同旁内角互补.

教师进一步指出，我们学习新的数学对象时，对其进行了清

晰、明确的描述，这种描述的语句（如 1，3）叫作定义.

图 7.3-1

【设计意图】 根据所学的知识回顾所得的结论，理解定义的含义与作用，加深对所学知识的理解.
梳理研究的脉络，体会几何研究的一般观念，为提出命题的定义做好铺垫.

二、探究思考，形成新知

> **问题 2**   我们是怎样得到并确认"对顶角相等"的？

师生活动：引导学生根据教师作的图形，先观察，再猜想，得到：如果两个角是对顶角，那么它们相
等.为了验证判断的正确性，我们进行推理说明.说理过程板书如下：

∵ 直线 AB，CD 交于点 O（已知），

∴ $\angle AOD + \angle DOB = 180°$（邻补角互补）.

同理，有 $\angle AOD + \angle AOC = 180°$.

∴ $\angle AOC = \angle DOB$（同角的补角相等）.

教师进一步分析：首先通过观察、测量发现结论，通过归纳推广到一般，提出猜想"对顶角相等"，

这是陈述"对顶角"的数量关系属性的语句,并且还可以判定其是正确还是错误.意思是:"如果两个角是对顶角,那么这两个角相等."而且我们可以判断这一陈述语句是正确的.推理需要用已有的正确陈述(如同角的补角相等)为依据,推理结果要用这种陈述语句加以表达(对顶角相等),这种可以判断正确或错误的陈述语句是数学推理的语言基础,而这种陈述语句是对某一类事情作出判断.

【设计意图】 通过具体推理过程让学生体会命题的意义与价值.

问题3 上面的研究结果的表达方式是否相同?

师生活动:回到问题1中的命题,教师引领学生得到下面的结论.

问题1中的研究成果	针对事件	作出判断
邻补角互补	两个角是邻补角	这两个角互补.可以判断为正确
两直线平行,同位角相等	两条平行直线被第三条直线所截,得到的两个同位角	这两个同位角相等.可以判断为正确
同位角相等,两直线平行	两条直线被第三条直线所截,这两条直线的位置关系	"如果同位角相等,那么这两条直线平行."可以判断为正确
……	……	……

引导学生归纳得出:针对一件事情作出判断且可以判断正确与否的陈述语句,我们称之为**命题**.或者说:可以判断是否正确的陈述语句叫作命题.

【设计意图】 基于已有的研究结果的表达语句,抽象命题的定义.

问题4 还能举出其他命题的例子吗?

师生活动:引导学生从代数角度举例,例如,能被2整除的整数是偶数;也可以引导学生从生活中举出实例,例如,初一(3)班都是女同学等.其他学生一起判断所举的例子是否是命题,引导学生归纳出命题的关键要素:针对一件事情;作出判断,且可以判断是否正确;陈述句.

【设计意图】 理解命题的定义.

追问1:判断一句话是命题的关键点是什么?

师生活动:再次引导学生作答:针对一件事情;作出判断,且可以判断是否正确;陈述句.

追问2:下面的语句是命题吗?

(1)锐角都相等;(2)直角都相等;(3)过两点作直线.

师生活动:学生举手作答,师生一起分析学生作答情况.

追问3:能举出不是命题的例子吗?

师生活动:给学生独立思考的时间,在无法判断是否正确,或不是陈述句等方面举出不是命题的例子.

【设计意图】 通过举例(正例与反例)总结出命题的关键点:可以判断是否正确,陈述句.再通过追问2、追问3,体会命题的结构.

问题5 我们前面知道了命题是可以判断正确与否的陈述句.分析下面命题的结构,它是由哪些部分组成的?

1. 两条平行线被第三条直线所截,同位角相等.

2. 两条直线被第三条直线所截,如果同位角相等,那么这两条直线平行.

3. 打开自来水龙头,就有水流出.

师生活动:引导学生分析,教师课件展示.前半句说明事情发生的原因或条件,即已知事项(题设);后半句判断事情的结果,即由已知事项推出的事项(结论).通过这几个例子归纳:一般地,命题由题设和结论两部分组成,即结构为"题设+结论".

【设计意图】 通过具体命题分析,归纳命题的结构形式:题设+结论.

问题 6 基于命题的组成是两个部分,为了方便表达与区分,我们常常把命题写成"如果 …… 那么 ……"的形式."如果(if)"后接的部分是题设,"那么(then)"后接的部分是结论.

你能把下列命题改写成"如果 …… 那么 ……"的形式吗?

1. 两条平行线被第三条直线所截,同位角相等.

2. 平行于第三条直线的两条直线平行.

3. 对顶角相等.

4. 等式两边加上同一个数,等式仍然成立.

师生活动: 命题由题设和结论两部分组成.让一名学生改写,其他学生判断改写是否正确.

【设计意图】 通过实例,让学生理解命题可以写成"如果 …… 那么 ……"的形式,体会这种形式下辨别题设及结论的明确性.

问题 7 命题是可以判断是否正确的陈述语句.下列陈述语句正确吗?

1. 锐角都相等.

2. 过两点的直线有且只有一条.

3. 直角都相等.

4. 同位角相等,两直线平行.

师生活动: 教师引导学生分析,得到判断对错的依据.

(1) 题设成立的所有情况下,结论不一定成立 —— 错误的陈述语句 —— 是假命题.

(2) 题设成立的所有情况下,结论都成立 —— 正确的陈述语句 —— 是真命题.

追问: 你是如何判断命题 1 是假命题的?

师生活动: 引导学生举例,如 30°的角、45°的角都是锐角,但是它们不相等.得出判断假命题只要举出一个反例就可以了.

【设计意图】 通过具体命题分析,理解命题有真假;知道什么是真命题,什么是假命题;知道确定一个命题是假命题,只要举反例即可.

三、辨别应用,巩固新知

1. 指出下列命题的题设和结论:

(1) 如果 $CD \perp AB$,垂足为 O,那么 $\angle AOC = 90°$.

(2) 如果 $\angle 1 = \angle 2$,$\angle 2 = \angle 3$,那么 $\angle 1 = \angle 3$.

(3) 两直线平行,同位角相等.

2. 举出学过的 3 个真命题.

四、迁移综合,发展能力

1. 下列命题中,是真命题的是(　　)

A. 若 $ab > 0$,则 $a > 0$ 且 $b > 0$　　　　B. 若 $ab < 0$,则 $a < 0$ 且 $b < 0$

C. 若 $ab = 0$,则 $a = 0$ 且 $b = 0$　　　　D. 若 $ab = 0$,则 $a = 0$ 或 $b = 0$

【设计意图】 判断一个命题是真命题还是假命题,就是判断其陈述是否正确,即在题设成立的前提下,结论是否都成立.

2. 举反例说明下列命题是假命题.

(1) 若两个角不是对顶角,则这两个角不相等;

(2) 若 $ab = 0$,则 $a + b = 0$.

师生活动: 分清命题的题设与结论,所举的例子满足题设但结论不成立即可.

【设计意图】 举反例时,所举的例子应满足命题的题设,但结论不成立.举反例时常见的几种错误:① 所举的例子既满足题目的题设,也满足题目的结论;② 所举的例子不满足题目的题设,但满足题目的结论;③ 所举的例子既不满足题目的题设,也不满足题目的结论.

五、回顾小结,概括提升

1. 什么是命题?

2. 命题由哪几个部分组成?数学命题的常见形式是怎样的?

3. 数学命题有哪些类型?

师生活动: 教师引导学生回顾相关知识.

命题的定义:可以判断是否正确的陈述语句.特点:针对事情;作出判断,且可以判断是否正确;陈述句.

命题的结构:题设(已知项) + 结论(推出项).

数学命题的常见形式:"如果 ……(题设) 那么 ……(结论)."

数学命题的分类:真命题、假命题(举反例).

【设计意图】 梳理本节课的内容,加深对知识的理解.

目标检测

1. 下列语句中,不是命题的是(   ).

A. 两点之间,线段最短

B. 对顶角相等

C. 不是对顶角不相等

D. 过直线 AB 外一点 P 作直线 AB 的垂线

2. 下列命题中,是真命题的是(   ).

A. 若 $a \perp b, b \perp c$ 则 $a \perp c$ 　　　　B. 若 $ab < 0$,则 $a - b < 0$

C. 若 $a > b, a > c$,则 $b > c$ 　　　　D. 若 $a \parallel b, b \parallel c$,则 $a \parallel c$

3. 把下列命题写成"如果 …… 那么 ……"的形式.

(1) 内错角相等,两直线平行;

(2) 等角的余角相等.

4. 下列句子哪些是命题?是命题的,指出是真命题还是假命题?如果是假命题,请举反例说明.

(1) 猫有四条腿; 　　　　　　　　(2) 画一条直线;

(3) 四边形是正方形; 　　　　　　(4) 你的作业做完了吗?

参考答案: 1. D　2. D　3. 略　4.(1)是命题,是真命题;(2)不是命题;(3)是命题,是假命题,反例:平行四边形是四边形,但不是正方形;(4)不是命题.

【设计意图】 第 1 题、第 3 题检测目标1,第 2 题、第 4 题检测目标2.

7.3.2 定义、命题、定理(第2课时)

目标	1.理解定义与命题之间的关系,知道定义是两个命题的复合,是从正向和逆向两个方面用命题明确规定一类对象的范围,明确推理的对象. 2.理解基本事实是实践总结出来的真命题,是推理中公认的基本事实,是推理的起点. 3.理解从基本事实出发,能通过演绎推理的方法,对一类明确的对象属性进行推理,得到新的真命题就是定理,体会证明的必要性,理解综合法证明的格式与要求. 4.以相交线和平行线为例,体会用推理的方法研究几何的基本框架:用定义明确对象,用基本事实建立推理的起点,用证明表达推理的逻辑,用命题表达推理的结果,建立结构化知识体系
重点	理解命题、定理、证明之间的关系,掌握证明的步骤和格式
难点	理解命题,证明命题

教学过程设计

一、情境引入,提出问题

问题1 上节课我们学习了哪些知识?你能说说什么是命题吗?命题由哪几个部分组成?命题的常见形式是怎样的?命题有哪些类型?

师生活动:师生共同回顾并整理.

命题的定义:可以判断是否正确的陈述语句.特点:针对事情;作出判断,且可以判断是否正确;陈述句.

命题的组成:题设(已知项)+结论(推出项).

数学命题的常见形式:"如果 ……(题设)那么 ……(结论)."

命题的分类:真命题、假命题(举反例).

追问1:上一节课我们还见过定义,如"有公共点的两条直线叫作相交线",定义与命题有什么关系?

追问2:怎样确认一个命题是真命题?

【设计意图】 回顾旧知,提出本节课要研究的主题.

二、探究思考,形成新知

问题2 下列定义与命题有什么关系?
(1)相交线的定义:有公共点的两条直线叫作相交线.
(2)平行线的定义:平面内没有公共点的两条直线叫作平行线.

师生活动:教师引导学生分析,得出定义是对一类数学研究对象的规定,通过定义明确研究对象,定义本质上由两个题设、结论位置互逆的命题组成.

例如,相交线的定义包含以下两个命题:

①如果两条直线有公共点,那么这两条直线相交;

②如果两条直线相交,那么这两条直线有公共点.

命题②的题设正好是命题①的结论,命题②的结论刚好是命题①的题设.

平行线的定义包含以下两个命题:

① 在同一平面内,如果两条直线没有公共点,那么这两条直线平行;

② 在同一平面内,如果两条直线平行,那么这两条直线没有公共点.

命题 ② 的题设正好是命题 ① 的结论,命题 ② 的结论刚好是命题 ① 的题设.

【设计意图】 理解定义与命题的关系,体会定义明确了研究对象,是一类几何图形研究的基础.

问题 3 怎样确定下列命题的真假?

1. 过两点的直线有且只有一条.

2. 同位角相等,两直线平行.

师生活动:引导学生说出,命题 1 和命题 2 是公认的真命题 —— 基本事实.

追问:"同位角相等,两直线平行"这一基本事实在平行线的判定研究中有什么作用?

师生活动:教师引导学生回顾这一基本事实,并理解它是推理得到其他两个判定定理的出发点.

【设计意图】 理解基本事实的意义和论证起点的作用.

问题 4 怎样确认命题"内错角相等,两直线平行"是真命题?

师生活动:教师引导学生说理,师生共同归纳,教师板书,体会文字命题的说理步骤与格式要求.

1. 画出图形,如图 7.3-2.

2. 写出已知和求证.

已知:直线 AB,CD 与直线 EF 分别交于点 M,N,$\angle 1 = \angle 2$.

求证:$AB \parallel CD$.

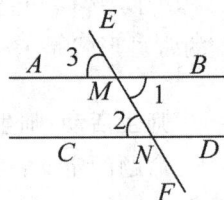

图 7.3-2

3. 写出过程,步步有据.

证明:$\because$ 直线 AB,CD 与直线 EF 分别交于点 M,N(已知),

$\therefore \angle 1 = \angle 3$(对顶角相等).

$\because \angle 1 = \angle 2$(已知),

$\therefore \angle 2 = \angle 3$(等量代换).

$\therefore AB \parallel CD$(同位角相等,两直线平行).

追问:这是一个怎样的过程?

师生活动:教师引导学生归纳方法:以基本事实"同位角相等,两直线平行"为逻辑起点,以"对顶角相等"为桥梁,推出命题"内错角相等,两直线平行",如图 7.3-3.

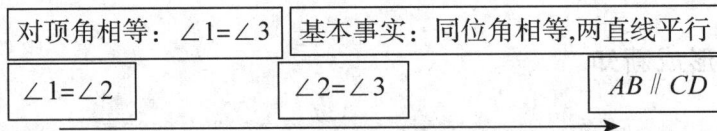

图 7.3-3

引导学生给出证明的意义:从目标命题的已知条件出发,用已有的真命题推导出目标命题的结论正确.

证明的关键:证明过程要求步步有据.依据的是已有的真命题,真命题包括定义、基本事实、定理.

【设计意图】 让学生认识证明并尝试证明,知道证明过程需要步步有据,依据的来源是定义、基本事实及已经证明的定理.

问题 5 请总结确定一个命题是真命题的方法.

师生活动:教师引导学生回顾,真命题有三种基本类型:定义、基本事实和定理.定义是对一类研究对象的规定,基本事实是对一类对象属性的公认的事实的假设,这两类真命题不需要证明.针对一类明确的研究对象,以基本事实为起点,可以用推理的方法证明新的命题,这类用演绎推理方法证明的真命题叫作定理,这种命题关系如图 7.3-4.

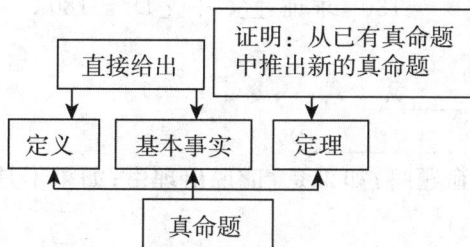

图 7.3-4

三、辨别应用,巩固新知

> **例 1**　命题"在同一平面内,垂直于第三条直线的两直线平行"是真命题还是假命题?

师生活动: 教师继续追问:命题的题设是什么?命题的结论是什么?命题是真命题还是假命题?你为什么这样判断?怎样才算证明?怎样证明?

学生独立回答,其他同学补充,教师指点,最后教师板书过程.

如图 7.3-5(画图形更直观).

已知:在平面内,$CD \perp GH$,$AB \perp GH$.

> 根据图形,将命题的题设和结论转化成符号语言.

求证:$AB \parallel CD$.

证明:在平面内,

$\because CD \perp GH$(已知),

$\therefore \angle GED = 90°$(垂直的定义).

又 $\because AB \perp GH$(已知),

$\therefore \angle GFB = 90°$(垂直的定义).

$\therefore \angle GED = \angle GFB$(等量代换).

$\therefore AB \parallel CD$(同位角相等,两直线平行).

图 7.3-5

这样就证明了这个命题是真命题,结合图形用符号语言表达这个定理,结果为:$\because CD \perp GH$,$AB \perp GH$,$\therefore AB \parallel CD$.

给学生足够多时间让学生体会这个命题的证明过程,使他们会用符号语言从内错角、同旁内角等多角度证明这个命题.既熟悉了刚学的定理,又加深了对真命题证明的要求与格式的理解.

【设计意图】 通过这个具体的例子,让学生理解判断一个命题是真命题必须给出证明.归纳证明的几个要点.

1. 证明真命题的步骤:

(1)画图形;

(2)结合图形写已知、求证;

(3)写推理过程,要求步步有据.

2. 证明的依据必须是已知、定义、基本事实、公理、定理等.

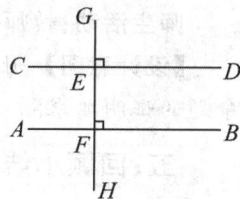

巩固练习：

1. 在下面的括号内，填上推理的根据.

如图 7.3-6，已知：$\angle A + \angle B = 180°$，求证：$\angle C + \angle D = 180°$.

证明：$\because \angle A + \angle B = 180°$，

$\therefore AD \parallel BC$（_____）.

$\therefore \angle C + \angle D = 180°$（_____）.

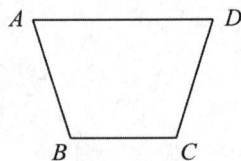

2. 命题"同位角相等"是真命题吗？如果是，请说出理由；如果不是，请举出反例.

图 7.3-6

【设计意图】 让学生巩固真命题和假命题的证明方法.

四、迁移综合，发展能力

例 2 命题"平行线的一对内错角的平分线互相平行"是真命题还是假命题？

追问 1：命题的题设是什么？命题的结论是什么？

追问 2：命题是真命题还是假命题？为什么这样判断？怎样才算证明？怎样证明？

1. 画图形（如图 7.3-7）；
2. 结合图形写已知、求证；
3. 写推理过程，要求步步有据.

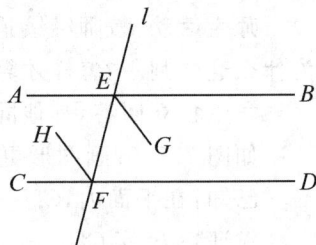

师生活动：教师引导学生画出图形，写出已知、求证及证明过程.

图 7.3-7

【设计意图】 让学生判断命题的真假，体会真命题需要证明，了解真命题的证明要求.

五、回顾小结，概括提升

1. 命题有哪些类型？
2. 怎样判断一个命题是假命题？
3. 怎样证明一个命题是真命题？
4. 什么是证明？证明有哪些步骤？有什么要求？

师生活动：教师引导学生反思总结，得到如图 7.3-8 所示的命题的知识结构图.

【设计意图】 将本节课的重点进行梳理、深化、提升.

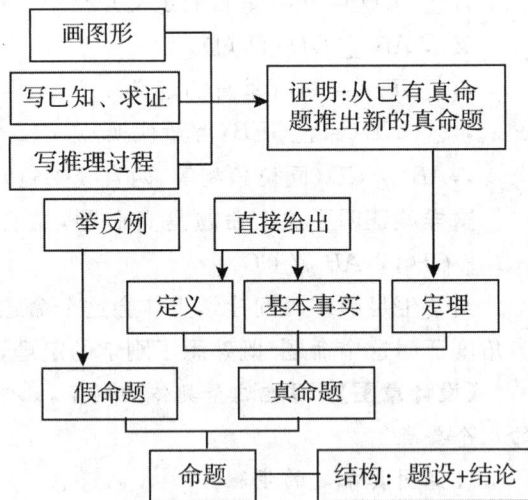

图 7.3-8

目标检测

1. 写出下面定义所对应的两个命题:如果两条直线相交所成的四个角中有一个是直角,那么就称这两条直线互相垂直.

2. 写出我们学习过的几何基本事实,说说是怎样确定它是真命题的.

3. 如何判定一个命题是假命题?如何确定一个命题是真命题?什么叫证明?

4. 求证:如果两条直线平行,那么它们的一组同位角的平分线互相平行.

参考答案:1. 如果两条直线相交所成的角中有一个角是直角,那么这两条直线互相垂直;反之,如果两条直线互相垂直,那么它们相交所成的角中有一个角是直角.

2.(1)两点确定一条直线;(2)连接两点的线中,线段最短;(3)经过直线外一点,有且只有一条直线与已知直线垂直;(4)连接直线外一点与直线上各点的所有线段中,垂线段最短;(5)经过直线外一点,有且只有一条直线与已知直线平行;(6)同位角相等,两直线平行.它们都是公认的真命题,是通过测量、作图等操作确认的.

3.判断一个命题是假命题采用举反例的方法;证明一个命题是真命题需要用推理的方法;证明就是由题设出发,以真命题为依据,推出命题结论正确的过程.

4.略.

【设计意图】第1题检测目标1,第2题检测目标2,第3~4题检测目标3.

7.3.3　定义、命题、定理(第3课时)

目标	1.理解命题、定理、证明的意义. 2.了解证明的必要性,理解推理过程要步步有据,初步训练学生的推理能力. 3.正确进行符号语言、图形语言、文字语言的转化并用完整的符号语言表述证明过程. 4.通过独立思考、合作交流,体会数学的逻辑性,建立学习的自信心
重点	用完整的符号语言表述证明过程,掌握证明的步骤和格式
难点	用完整的符号语言表述证明过程,构建定理的扩充体系

教学过程设计

一、知识回顾

用推理的方法研究几何图形及其关系离不开命题及其证明.

问题1　什么是命题?命题由哪几部分构成?分哪几类?什么是证明?怎样判断一个命题是假命题?怎样证明一个命题是真命题?

师生活动:师生一起回顾前两节学习的内容,整理命题、证明、定理及其关系,如图7.3-9.

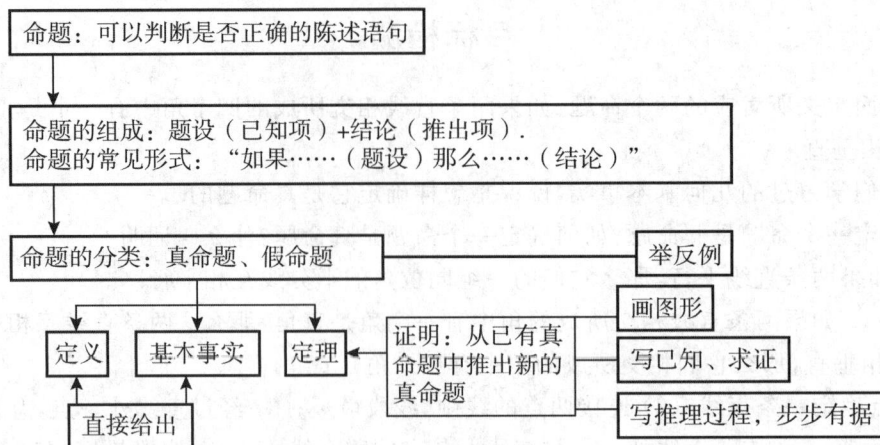

图 7.3-9

【设计意图】理解命题、证明、定理及其关系.

问题 2 平行线是按照怎样的思路研究的?

师生活动: 引导学生回顾平行线的研究思路:定义 — 画图 — 判定 — 性质.

整理出如下表格:

研究思路	文字语言
定义	定义:平面内不相交的两条直线叫互相平行.
	1.如果两条直线平行,那么它们没有公共点.
	2.如果在同一平面内,两条直线没有公共点,那么这两条直线平行
画图	3.经过直线外一点,有且只有一条直线与已知直线平行
	4.在同一平面内,平行于第三条直线的两条直线平行
判定	5.同位角相等,两直线平行
	6.内错角相等,两直线平行
	7.同旁内角互补,两直线平行
	8.同一平面内,垂直于第三条直线的两条直线平行
性质	9.两直线平行,同位角相等
	10.两直线平行,内错角相等
	11.两直线平行,同旁内角互补

问题 3 这些都是真命题,你能说说哪些命题是直接给出的吗?

师生活动: 引导学生回顾得出,直接给出的是定义、基本事实.其中,命题1、命题2是定义,命题3、命题5是基本事实,这些命题是直接给出的真命题,不需要证明.其他的都需要证明.教师利用课件展示.

研究思路	文字语言	来源
定义	定义:平面内不相交的两条直线叫互相平行.	直接给出,是定义
	1.如果两条直线平行,那么它们没有公共点.	
	2.如果在同一平面内,两条直线没有公共点,那么这两条直线平行	

研究思路	文字语言	来源
画图	3.经过直线外一点,有且只有一条直线与已知直线平行	**直接给出,是基本事实**
	4.在同一平面内,平行于第三条直线的两条直线平行	需要证明
判定	5.同位角相等,两直线平行	**直接给出,是基本事实**
	6.内错角相等,两直线平行	需要证明
	7.同旁内角互补,两直线平行	需要证明
	8.同一平面内,垂直于第三条直线的两条直线平行	需要证明
性质	9.两直线平行,同位角相等	需要证明
	10.两直线平行,内错角相等	需要证明
	11.两直线平行,同旁内角互补	需要证明

【设计意图】 以平行线为例,厘清各个命题的特征,感受数学的逻辑性.

二、典例分析

例1 你能说说表中命题4(在同一平面内,平行于第三条直线的两直线平行)是如何证明的吗?依据的原理是什么?

师生活动:引导学生回顾证明的步骤.

(1)画图形;

(2)结合图形写出已知、求证;

(3)写推理过程,要求步步有据.

教师板书证明过程:

已知:如图 7.3-10,CD // EF,AB // EF.求证:AB // CD.

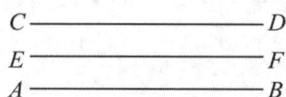

图 7.3-10

证明:假设直线 AB,CD 不平行,设它们交于一点记为点 P,如图 7.3-11.发现过点 P 可以作两条直线与已知直线 EF 平行.这与基本事实3(经过直线外一点,有且只有一条直线与已知直线平行)相矛盾.

∴ 假设不成立.

∴ AB // CD.

归纳:命题1、命题2、命题3真 ⇒ 命题4真.

【设计意图】 体会从已有命题推出新命题的过程.

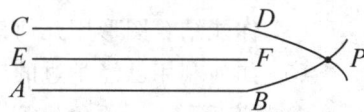

图 7.3-11

三、迁移综合,发展能力

例2 请每个同学选择命题7、8、10、11中的一个,试着写出已知、求证和证明过程.

师生活动:教师引导学生独立画出图形,写出已知、求证和证明过程.

进一步,梳理出这11个命题的关系,如图7.3-12.

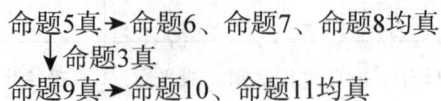

命题5真 → 命题6、命题7、命题8均真
↓命题3真
命题9真 → 命题10、命题11均真

图 7.3-12

【设计意图】 通过平行线的研究思路回顾"平行线"这一节的真命题.通过真命题分类,指出定义与基本事实是不需要证明的,是直接给出的,而其他的一些定理如平行线的判定定理、性质定理是需要依据基本事实和定义来证明的,所以命题4、6、7、8、9、10、11都需要依据命题1、2、3、5来证明.通过定义明确推理对象,通过基本事实确定推理的起点,通过证明表达推理的逻辑,通过命题表达推理的结果,这是欧几里得几何体系的基本框架.

四、回顾小结,概括提升

1. 通过回顾这些证明过程,你能说出这些命题之间的关系吗?

2. 你能说说你对定义、定理、证明的理解吗?

目标检测

1. 填空.

已知:如图,$\angle 1 = \angle 2, \angle 3 = \angle 4$.

求证:$EG \parallel FH$.

证明:$\because \angle 1 = \angle 2$(已知),

$\angle AEF = \angle 1$ (　　　　).

$\therefore \angle AEF = \angle 2$ (　　　　).

$\therefore AB \parallel CD$ (　　　　).

$\therefore \angle BEF = \angle CFE$ (　　　　).

$\because \angle 3 = \angle 4$(已知),

$\therefore \angle BEF - \angle 4 = \angle CFE - \angle 3$,

即 $\angle GEF = \angle HFE$ (　　　　).

$\therefore EG \parallel FH$ (　　　　).

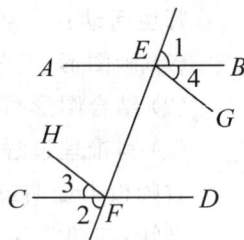

（第1题）

2. 请判断下列命题的真假,并说明理由.

命题:在同一平面内,如果一条直线垂直于两条平行线中的一条,那么它也垂直于另一条.

(1) 这个命题是真命题还是假命题?

(2) 这个命题的题设和结论分别是什么?

(3) 你能将命题所叙述的内容用图形语言来表达吗?

(4) 你能结合图形用几何语言表述该命题的题设和结论吗?

(5) 如何利用已经学过的定义和定理来证明这个命题?

参考答案:1. 对顶角相等;等量代换;同位角相等,两直线平行;两直线平行,内错角相等;等式性质1;内错角相等,两直线平行

2. (1)真命题;(2)略;(3)如图;

(4)已知:$CD \parallel AB, GH \perp CD$ 于点 E.求证:$AB \perp GH$.

(5)证明:$\because CD \perp GH$,

$\therefore \angle DEG = 90°$.

$\because CD \parallel AB$,

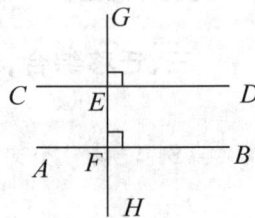

（第2题）

$\therefore \angle DEG = \angle BFG = 90°$.

$\therefore AB \perp GH$.

【设计意图】　第 1 题检测目标 2，第 2 题检测目标 3、目标 4.

7.4　平移

目标	1.通过具体实例感知平移，发展空间观念、几何直观和抽象能力. 2.通过画图、观察、测量等活动，探究平移的基本性质，发展空间观念、几何直观和抽象能力. 3.能应用平移的基本性质进行简单的作图、解决简单的实际问题，发展应用意识和模型观念
重点	理解平移的基本性质，能运用性质作出简单平面图形平移后的图形
难点	平移的基本性质及抽象过程

教学过程设计

一、情境引入，提出问题

问题 1　如图 7.4-1 所示，北京冬奥会国家高山滑雪中心位于海拔两千多米的雪山顶，从山下到山上需要乘坐三趟缆车.请同学们想象一下乘坐缆车从起点到终点的画面，能说说乘坐过程中缆车有什么变化吗？

图 7.4-1

师生活动：根据图片引导学生想象生活情境，用数学的眼光观察归纳：缆车在运行过程中，形状、大小不变，位置发生了变化.

追问：位置的变化由什么决定？

师生活动：缆线决定了运行的方向，距离决定了运动过程中的位置.

【设计意图】　从实际生活情境出发，感知数学与实际的联系，感受生活中的平移变化.

问题 2　你能说说生活中还有其他具有这种运动特点的例子吗？

师生活动：通过举例，引导学生体会决定平移的要素.

追问：欣赏如图 7.4-2 所示的美丽图案，并回答问题：

(1) 图中的图案有什么共同的特点？

(2) 能否根据其中的一部分绘制出整个图案？

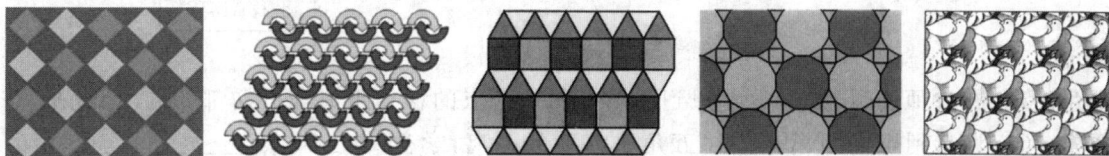

图 7.4-2

师生活动：教师展示图片、提出问题，学生观察思考、回答问题.引导出每一张图片都是由一部分图案连续沿相同方向平移一定距离得到的.给出平移的定义：把一个图形沿着某一个方向移动一定的距离，这样的图形运动叫**平移**.

【设计意图】 通过提问,引导学生从图形位置变化特点的角度去分析图形移动的决定要素:方向与距离.启发学生回忆在小学学习过的平移的相关知识并进行描述,体现中小学知识的衔接.

二、探究思考,形成新知

问题3 你能说说如何画出一排与你手上形状和大小完全一样的五角星吗?

师生活动:学生可能会回答把纸盖在图片上,先描出一个五角星,然后按同一方向平行移动这张纸,再描出第二个、第三个……引导学生发现如果移动的方向不同,得到的效果也不同.教师要对学生可能回答出的方案,做好充分的预设,用准备好的幻灯片进行演示.

【设计意图】 课前剪好五角星,便于学生动手操作、作图,给学生更直观的操作体验,引导学生体会平移的方向不一定是水平的,激发学生学习的积极性,为下面的活动作好准备.

问题4 你能说说你画出的五角星与已知的五角星相比什么改变了,什么没有改变吗?

师生活动:学生代表回答,若出现错误或回答不完整,请其他学生修正或补充.教师点评,进而归纳得出平移的性质,并提出本节课的研究内容:图形平移前后的位置变化规律.

【设计意图】 引导学生观察五角星的位置、形状和大小,进而归纳得出平移的基本性质1:平移前后图形的形状、大小不变.提出本节课的研究主题:图形平移前后的位置变化.

三、分离要素,再探性质

如图7.4-3,第2个五角星和第3个五角星都可以看成是第1个五角星沿某一直线方向移动得到的,它们与第1个五角星的形状和大小完全相同,但是它们的位置不同.

问题5 你认为位置不同的原因是什么?

师生活动:引导学生发现位置不同要从方向、距离两个角度去分析,从而得出位置不同是因为它们移动的距离不同.

追问1:如何刻画它们移动的距离呢?在图7.4-3所画的两个相邻五角星中,你能说明测量方法吗?

图 7.4-3

师生活动:在教师的引导下,学生想到图形上每一个点的移动距离和方向都相同.因此平移通过分离要素,可以用点到点的距离来描述五角星移动的距离,学生可能回答只要测量点 A 到点 A' 的距离就可以.此时,教师指出点 A 与点 A' 叫作对应点,同样,点 B 与点 B'、点 C 与点 C' 都是对应点,如图7.4-4.

追问2:你能在图中找出其他对应点吗?

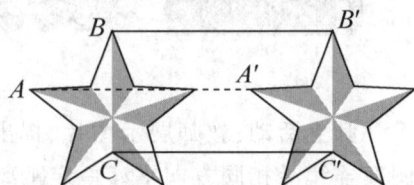

图 7.4-4

师生活动：学生独立思考,得出有无数对对应点.

【设计意图】　点是构成图形的基本元素,图形的平移运动使图形上每个点的位置都发生了相同的变化,所以要深入研究图形在某种变化下的性质,应该从研究点的变化开始.如果没有教师的引导,学生很难认识到这一点,这也是本节课的难点.设置问题5是为了突破教学难点,引导学生进一步探究平移的性质.

问题 6　把你找到的这些对应点分别连接起来,得到的这些线段有怎样的关系?

师生活动：通过测量等简单易行的操作,调动所有学生参加到课堂教学的活动中来.学生进行小组讨论,教师引导学生从方向、距离两个角度进行归纳,得出平移的基本性质 2:连接各组对应点的线段平行(或在同一条直线上)且相等.会用符号语言描述性质.进一步,可以把平移看作平面上每一点都向同一个方向移动相同的距离.

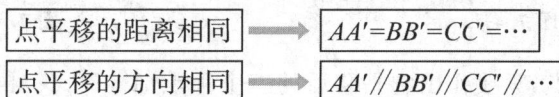

点平移的距离相同 $\Longrightarrow$ $AA'=BB'=CC'=\cdots$

点平移的方向相同 $\Longrightarrow$ $AA'\parallel BB'\parallel CC'\parallel\cdots$

【设计意图】　让学生先独立思考,再通过小组交流互相补充,在平移方向不同的情况下,验证自己的结论是否正确,从而归纳出平移的基本性质,培养学生全面思考的能力.

四、辨别运用,巩固新知

例 1　(1) 如图 7.4-5,哪条线段可以由线段 b 经过平移得到?如何进行平移?

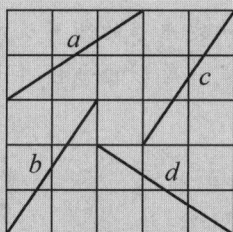

图 7.4-5

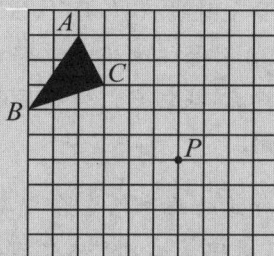

图 7.4-6

(2) 如图 7.4-6,在网格中有三角形 ABC,将点 A 平移到点 P,画出三角形 ABC 平移后的图形.

① 将点 A 向＿＿＿＿＿平移＿＿＿＿格,再向＿＿＿＿平移＿＿＿＿格,得点 P;

② 点 B,C 与点 A 平移的＿＿＿＿一样,得到点 B',C';

③ 连接＿＿＿＿得到三角形 ABC 平移后的三角形＿＿＿＿.

师生活动：学生独立思考,学生代表回答,学生互相补充,教师注意纠正学生可能出现的不规范的表述.

【设计意图】　应用平移的基本性质解决问题,为例 2 作铺垫.

例2 （1）如图7.4-7（1），平移三角形 ABC，使点 A 移动到点 A'，画出平移后的三角形 $A'B'C'$.

（2）如图7.4-8，沿箭头方向将三角形 ABC 平移 2 cm，画出平移后的三角形 $A'B'C'$.

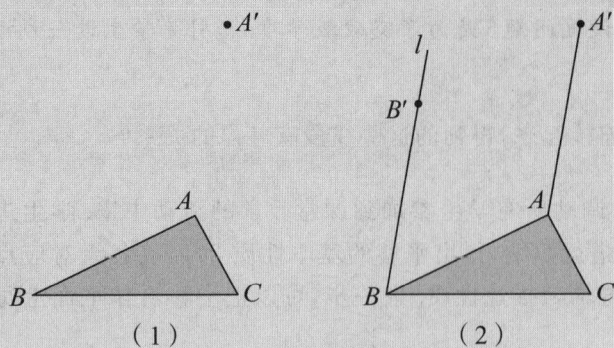
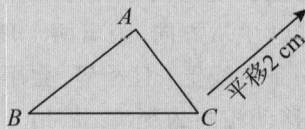

图 7.4-7　　　　　　　　　　　　图 7.4-8

分析：根据三角形的特点，只要作出它平移后的三个顶点 A'，B'，C'，再把它们顺次连接起来就可以得到三角形 $A'B'C'$. 而三角形 ABC 上的每一个点平移后产生的点，与原来点的连线都与 AA' 平行且相等，所以根据平移的性质，可以作出点 B'，C'.

解：（1）如图7.4-7（2），连接 AA'，过点 B 作 AA' 的平行线 l，在直线 l 上截取 $BB'=AA'$，则点 B' 就是点 B 的对应点.

类似地，可以作出点 C 的对应点 C'.

顺次连接 A'，B'，C' 三点，就得到了平移后的三角形 $A'B'C'$.

（2）与（1）类似，只要在射线 AA'，BB'，CC' 上截取 2 cm 长的线段，依次连接平移后的点即可.

【设计意图】 问题（1）引导学生从点 A 移动到点 A' 来确定平移的距离及方向；问题（2）引导学生注意三角形的顶点是关键点，找到它们平移后的点，就能完成三角形的平移. 问题（1）、（2）都是让学生应用平移的性质完成作图.

例3 图片赏析：荷兰版画家埃舍尔以其灵感源自数学的木刻、版画等作品而闻名. 数学是他的艺术之魂，他在数学的对称、精确、规则、循序等特性中发现了难以言喻的美；同时结合他无与伦比的禀赋，创作出广受欢迎的作品. 埃舍尔在世界艺术中占有独一无二的位置. 图7.4-9是埃舍尔创作的三色木刻版画——《骑士》及其他作品.（1）你在这些作品中发现了什么？（2）你能列举出生活中一些利用平移的例子吗？

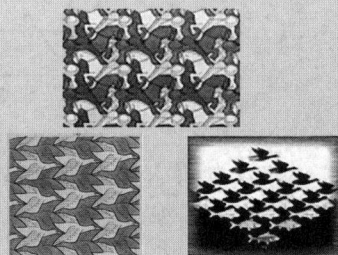

图 7.4-9

师生活动：教师鼓励学生充分想象，互相交流.

【设计意图】 通过介绍埃舍尔及其作品，体现平移的美学价值并激发学生产生动手操作的想法. 问题（2）结合生活实际，加深学生对平移基本性质的理解.

五、回顾小结，概括提升

你能从研究思路、研究内容、研究方法的角度说说如何研究平移变换吗？写出研究成果.

师生活动：

研究思路：定义 — 分离要素 — 性质 — 画图.

研究内容：图形平移前后的位置变化（对应点与决定要素之间的关系）.

研究方法：画图 — 观察 — 猜想 — 验证.

【设计意图】 通过小结让学生梳理本节课所学内容,掌握本节课的核心 —— 平移的基本性质以及探究的方法.

目标检测

1. 如图,把四边形 *ABCD* 沿直线 *AE* 移动,得到四边形 *EFGH*,四边形 *ABCD* 和四边形 *EFGH* 的 _____ 完全相同.点 *B* 的对应点是点 _____,点 *C* 的对应点是点 _____.线段 *AE* 与 *DH* 的关系是 _____.

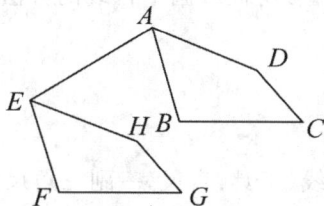
（第 1 题）

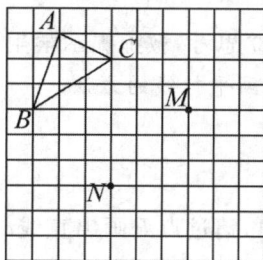
（第 2 题）

2. 如图,在方格纸中平移三角形 *ABC*,使点 *A* 平移到点 *M*,那么点 *B* 和点 *C* 应平移到什么位置?再将点 *A* 由点 *M* 平移到点 *N*,分别画出两次平移后得到的三角形 *A′B′C′*;如果直接平移三角形 *ABC*,使点 *A* 移到点 *N*,它和我们前面得到的三角形位置相同吗?

3. 我们将要学习旋转与轴对称变换,你觉得我们将会如何进行呢?

参考答案:1. 形状和大小,*F*,*G*,平行且相等　　**2.** 略　　**3.** 略

【设计意图】 第 1～2 题检测目标 2,第 3 题检测目标 3.

7.5　数学活动 —— 应用平行线知识研究和解决问题

目标	1.能从现实情境或数学情境中发现和提出与平行线有关的问题. 2.能分析问题中蕴含的数学原理,用角度关系来刻画两条直线的位置关系,用平行线的相关知识分析和解决问题. 3.体会通过画平行线、折平行线的方法,深刻理解直线平行的位置关系是借用角的大小关系来刻画的
重点	过直线外一点画已知直线的平行线方法
难点	1.构造基准直线. 2.将判定定理转化为画图与折纸的方法

教学过程设计

一、提出问题

问题 1　实验小学开展"展礼仪风采,做文明学生"活动,倡导文明从排队开始.王老师积极响应号召,在课间操时,要求班长出教室后在走廊整理队伍.班长首先确定了第一个同学的位置,再举起手臂与栏杆平行,示意队伍的方向.这样就排出一列与栏杆平行的整齐有序的队伍.你能用数学原理解释班长的排队方法吗?

追问1: 班长是怎么做的?

追问2: 班长这样做的原理是什么?

师生活动: 引导学生回答班长确定的第一个同学可以抽象成一个定点,手势示意与栏杆平行,即确定队伍的方向.一个点和方向可以确定一条直线.分析后学生自然得出班长这样做的原理:在同一平面内,过一点作已知直线的平行线有且只有一条.

【**设计意图**】 引导学生将实际问题转化为数学问题,从而自然地提出问题.

> **问题2** 在平面上,你能想出过一点画一条直线的平行线的方法吗?

师生活动: 学生独立思考,教师提示学生可以翻阅教材回顾画平行线的方法.

【**设计意图**】 回顾画平行线的方法.

二、分析问题

活动1: 如图7.5-1,请过点P画出直线a的平行线(工具:直尺,一副三角尺).

师生活动: 学生独立画图,如图7.5-2,教师巡视,请学生代表板演.

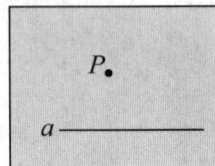

图 7.5-1

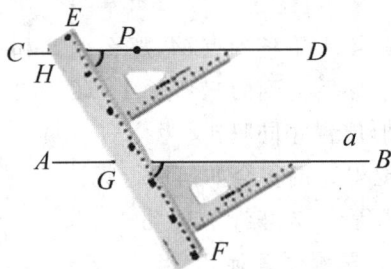

图 7.5-2

追问1: 这样画的依据是什么?

师生活动: 学生自己说出画图依据:同位角相等,两直线平行.

追问2: 说说你画图的步骤,并说出每一步的依据.

师生活动: 展示学生画图步骤图,如图7.5-3所示,结合图形让学生说出步骤:

① 把$45°$三角尺的斜边与已知直线重合;

② 用$30°$三角尺的一条边紧靠$45°$角的另一边画出直线EF;

③ 将$45°$三角尺沿直线EF平推,使该三角板斜边经过点P,画出直线即可.

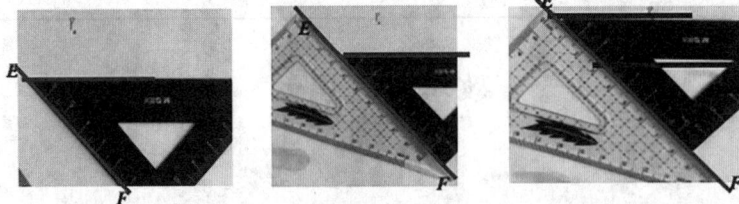

图 7.5-3

追问3: 不放$30°$三角尺,即没有直线EF可以画出所求直线吗?你能说说画图每一步的目的或依据吗?

师生活动: 教师巡视中发现有的学生作图时没有构造基准直线.引导学生说出构造基准直线的目的,是为了画出与基准直线偏离相同方向和角度的直线,保证画出的直线与已知直线平行.平推的过程始终保证$45°$三角尺斜边所在直线偏离基准直线EF的方向和角度相同.

① 把 $45°$ 三角尺的斜边与已知直线重合 —— 目的:示意已知直线.

② 用 $30°$ 三角尺的一条边紧靠 $45°$ 角的另一边画出直线 EF——目的:画基准直线(教师概括工具不限于三角尺,也可以用直尺确定基准直线).

③ 将 $45°$ 三角尺沿直线 EF 平推,使该三角尺斜边经过点 P,画出直线即可 —— 依据:同位角相等,两直线平行.

【设计意图】 回顾推平行线法,明确过一点画已知直线的方法与步骤.

步骤:①靠已知线,画出基准直线;②沿着基准直线平推三角尺过给定点;③画出目标平行线.

> **问题 3** 除了"同位角相等,两直线平行",你还有哪些方法判定两直线平行?

师生活动:引导学生回顾平行线的判定方法还有:内错角相等,两直线平行;同旁内角互补,两直线平行;以及特别地,在同一平面内,如果两条直线都垂直于同一条直线,那么这两条直线平行.

【设计意图】 启发学生通过画相等的角或互补的角来构造平行线.有的学生甚至会通过画出相等的外错角(内错角的对顶角)或互补的"同旁外角"(同旁内角的邻补角)的方法来得到平行线,这都是可以的.要鼓励学生充分利用所学知识发挥想象力,想出更多的画平行线的方法,再互相交流,共同提高.

三、解决问题

活动 2:类比上述步骤,请选用一种方法再画过点 P 平行于直线 a 的直线.

师生活动:学生独立完成,教师巡视,个别辅导,选取学生代表作品进行展示.

追问 1:你能类比刚才的分析过程说出以下同学的作品(如图 7.5-4)的原理吗?

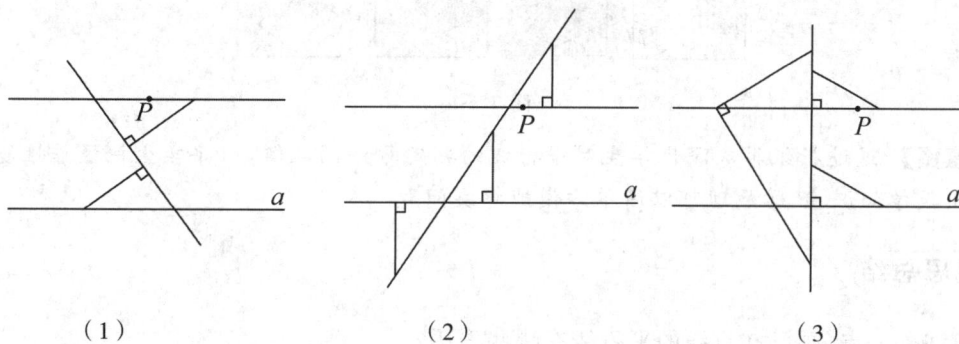

| （1） | （2） | （3） |

图 7.5-4

师生活动:小组讨论解决,请小组代表回答作图原理.图 7.5-4(1)应用的原理为"内错角相等,两直线平行";图 7.5-4(2)应用的原理为"同位角相等,两直线平行";图 7.5-4(3)应用的原理为"同位角相等,两直线平行"或"同一平面内,垂直于同一条直线的两直线平行".

【设计意图】 进一步巩固"过直线外一点画已知直线的平行线"的步骤,理解作图的原理,感悟平行线的判定方法.

追问 2:过直线外一点画已知直线的平行线,方法不唯一,你觉得哪种方法最简便呢?

师生活动:小组讨论,小组代表发言.师生共同归纳得出:依据"同位角相等,两直线平行",推平行线法画图相对简便.特别地,当角度为 $90°$ 时,即图 7.5-4(3)依据的原理是"同一平面内,垂直于同一条直线的两直线平行",此时画图更简便.

【设计意图】 操作后归纳最佳操作方法,便于应用.

四、拓展提升

> **问题 4** 如图7.5-5所示，没有三角尺和直尺，你能用折纸的方法折出过点 P 与直线 a 平行的直线吗？
>
>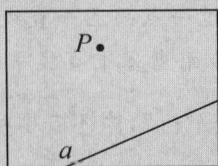
>
> 图7.5-5

追问1： 不用画，直接用折纸的方法，折出过点 P 与直线 a 平行的直线. 前面总结的方法你觉得可行吗？

师生活动： 引导学生用"同一平面内，垂直于同一条直线的两直线平行"的方法尝试操作. 学生独立完成操作.

追问2： 第一步先折出什么？如何折？

师生活动： 引导学生回答过点 P 折出直线 a 的垂线. 在直线 a 上任取一点 M，过点 P 压出一条折痕，使点 M 折起后落到直线 a 上，折痕即过点 P 且垂直于直线 a 的直线. 重复上面的过程就可以折出过点 P 且与直线 a 平行的直线，如图7.5-6.

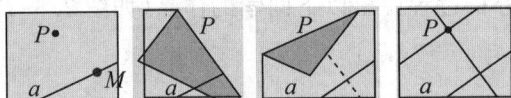

图7.5-6

【设计意图】 通过折纸再次深化学生对平行线的判定方法的理解，引导学生把操作性题抽象成数学问题，利用数学知识、数学原理可以简单方便地解决问题.

五、反思总结

1. 过直线外一点，画已知直线的平行线有哪些方法？
2. 每一种方法有哪些步骤？
3. 每一步的依据是什么？
4. 你是怎么想到这些方法的？

目标检测

图中的线互相平行吗？运用平行线的知识，说说你的检验方法.

参考答案： ①先用直尺或三角尺检测线是直线还是曲线. ②若两条都是直线，构造基准直线，测量角度（同位角、内错角、同旁内角）. ③依据平行线的判定方法确定两条直线的位置关系.

【设计意图】　检测目标 1、2、3.

7.6　相交线与平行线复习

7.6.1　相交线与平行线复习(第 1 课时)

目标	1.回顾和整理本章知识,形成知识体系. 2.能用相交线、平行线的相关知识进行推理运算、解决问题,发展推理能力. 3.抽象相交线和平行线的研究思路,初步形成几何图形关系研究的一般观念
重点	构建本章知识结构
难点	建立几何图形关系研究的一般观念,建立几何模型解决问题

教学过程设计

一、知识回顾

再现这张熟悉的图片(如图 7.6-1),本章我们研究了平面内直线位置关系的两个核心问题.

问题 1　你能具体说说是哪两个核心问题吗?

7.6-1

师生活动:教师引导学生回顾本章研究的两个核心问题.核心问题 1:如何刻画直线的方向?核心问题 2:怎样判断两条直线是平行还是不平行?研究这两个问题的基本思想是借助基准直线,用角的关系研究直线的位置关系,用推理的方法进行研究.

【设计意图】　宏观上回顾本章研究的主题及研究的基本思想.

问题 2　研究相交线的位置关系经历了哪些研究步骤?

师生活动:教师引导学生说出相交及特例垂直的研究思路,如图 7.6-2.

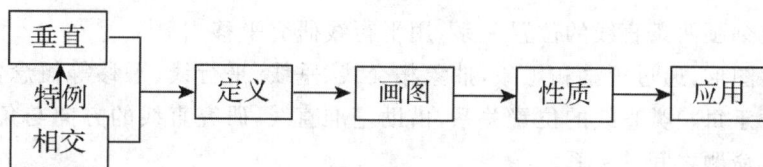

图 7.6-2

追问:依据相交线的研究思路说说你对相交线及垂线的理解,怎样定义?有什么性质?

师生活动:教师引导学生依据研究思路独立回顾相关知识,有困难时可翻阅教材.再请学生代表举手作答,教师给出有条理的板书.

【设计意图】 温故而知新,用相交线的研究思路引领相关知识的回顾活动.

问题3 两条直线平行是怎样定义的?平行线怎样判定?有哪些性质?是按照怎样的思路研究的?

师生活动:教师类比相交线的复习,引导学生回顾平行线的相关知识,有困难时可翻阅教材补充.再请同学举手作答,教师给出有条理的板书,得到如图 7.6-3 所示的研究思路.

图 7.6-3

【设计意图】 概括相交线和平行线研究思路的共性与区别.

问题4 学习了平行线后,我们用平行线的知识研究了平移,平移是怎样研究的?得到了哪些知识?

师生活动:教师引导学生回顾平移的研究思路和相关知识,如图 7.6-4.

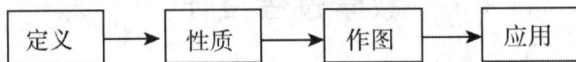

图 7.6-4

【设计意图】 回顾平移的知识及研究思路.

二、知识整理

问题5 相交线、平行线和平移的研究思路中有哪些共性和区别?能梳理整体研究框架吗?

师生活动:教师引导学生概括本章的整体研究框架,如图 7.6-5.
研究思路:

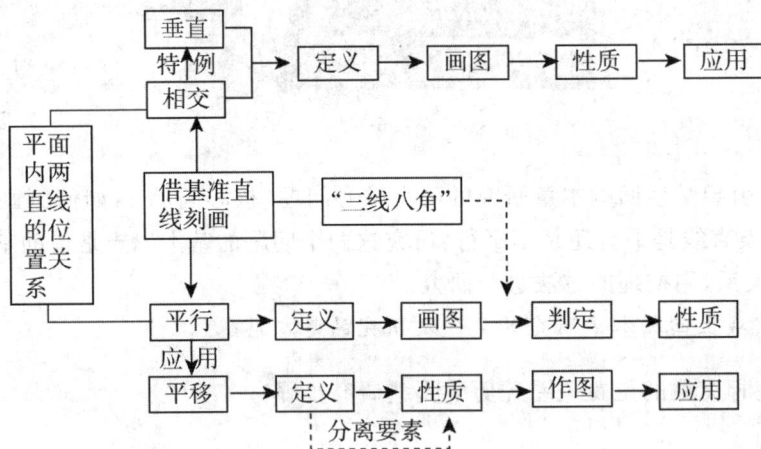

图 7.6-5

研究内容:用角刻画两条直线的位置关系,用平行线研究平移.

研究方法:画出图形,通过观察和想象,抽象相交线、垂线、平行线、平移等概念,抽象垂线、平行线的有关基本事实,对于每一类直线的位置关系,借助基准直线,研究直线的方向与角的关系,基于基本事实进行推理,获得命题之间的关系.

追问:相交线和平行线有哪些主要知识?能对这些知识进行整理吗?

师生活动:根据刚才教师的板书内容,结合本章的结构图,整理主要知识成果.

项目	相交线	垂线(特例)	平行线	平移(平行线的应用)
定义				
图形				
性质				
判定				
备注				

【设计意图】 进一步借助表格整理具体的知识,形成结构化的知识体系.

三、基础检测

1. 下列图形中,$\angle 1$,$\angle 2$ 是对顶角的是(　　).

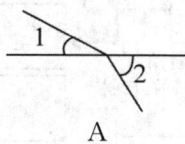

A　　　　　　　B　　　　　　　C　　　　　　　D

2. 如图 7.6-6,直线 AB,CD 相交于点 O,$OE \perp AB$,垂足为 O,$\angle AOC = 45°$,则 $\angle DOE =$ _____.

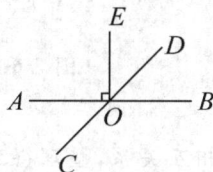

图 7.6-6

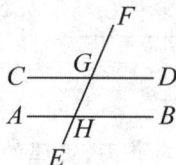

图 7.6-7

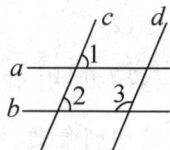

图 7.6-8

3. 如图 7.6-7,直线 AB,CD 分别与 EF 相交于点 H,G. 添加一个角的条件,使得 $AB /\!/ CD$. 添加的条件可以是 _____.

4. 如图 7.6-8,直线 $a /\!/ b$,当 $\angle 1$ 与 $\angle 3$ 满足什么关系时,直线 c 与直线 d 平行吗?证明你的结论.

5. 如图 7.6-9,在一块长为 a m,宽为 b m 的长方形草地上,有一条弯曲的小路,小路的左边线向右平移 1 m 就是它的右边线.求这块草地的绿地面积.

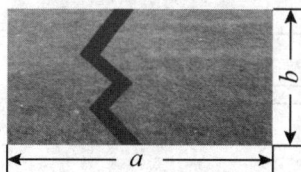

图 7.6-9

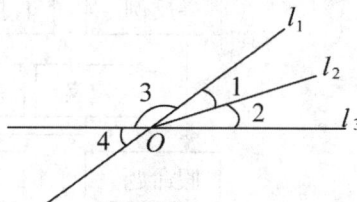

图 7.6-10

6. 如图 7.6-10,直线 l_1,l_2,l_3 相交于点 O,$\angle 1 = \angle 2$,$\angle 1 : \angle 3 = 1 : 7$,求 $\angle 4$ 的度数.

【设计意图】 通过基础检测,评估学生对基础知识的掌握情况,查漏补缺,发展学生的空间观念、几何直观和推理能力.

四、综合应用

例1 前面我们学习了平行线的定义、性质和判定，得到了以下真命题：A. 平面内不相交的直线是平行线；B. 平行线不相交；C. 同位角相等，两直线平行；D. 内错角相等，两直线平行；E. 同旁内角互补，两直线平行；F. 两直线平行，同位角相等；G. 两直线平行，内错角相等；H. 两直线平行，同旁内角互补.

请在图7.6-11中的空格内填写这些真命题的代号，并写出由哪些命题推出哪个命题（补充结果见图7.6-12）.

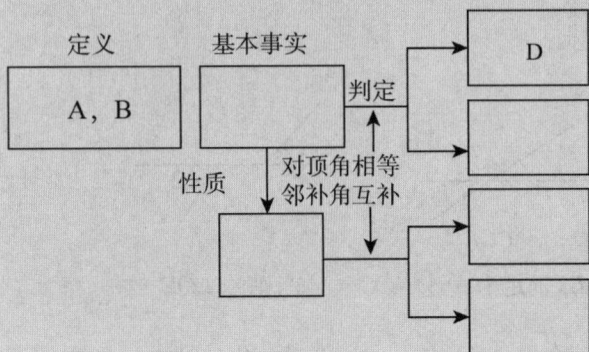 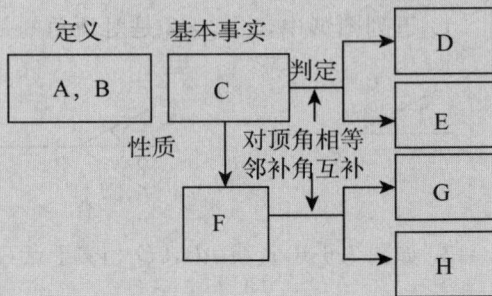

图7.6-11

图7.6-12

【设计意图】 通过回顾命题、定义、基本事实、定理的定义及相互关系，整理得到如图7.6-13所示的命题结构图.

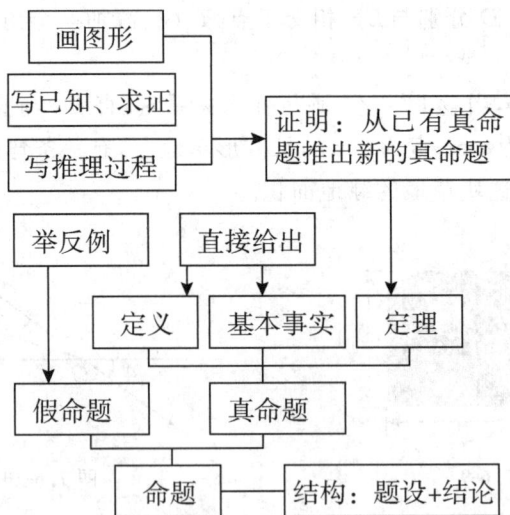

图7.6-13

例2 命题"如果两个角的边分别互相平行，那么这两个角相等或互补"是真命题还是假命题？

分析：解决该问题需要明确以下几个问题：

1. 命题的题设是什么？命题的结论是什么？

2. 命题是真命题还是假命题？你为什么这样判断？

3. 怎样才算证明？怎样证明？

通过问题串的形式降低题目难度，再引导学生回顾证明的步骤：①画图形；②结合图形写已知、求证;③ 写推理过程,要求步步有据.

已知:如图 7.6-14,$AB \parallel DE$,$BC \parallel GF$,E 是 GF 上一点,DE 与 BC 交于点 M.

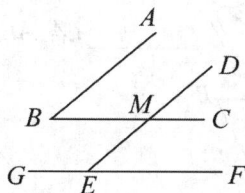

图 7.6-14

求证:$\angle ABC = \angle DEF$,$\angle ABC + \angle GED = 180°$.

证明:$\because AB \parallel DE$(已知),

$\therefore \angle ABC = \angle DMC$(两直线平行,同位角相等).

$\because BC \parallel GF$(已知),

$\therefore \angle DMC = \angle DEF$(两直线平行,同位角相等).

$\therefore \angle ABC = \angle DEF$(等量代换).

$\because \angle DEF + \angle GED = 180°$(邻补角性质),

$\therefore \angle GED + \angle ABC = 180°$(同角的补角相等).

$\therefore$ 命题"如果两个角的边分别互相平行,那么这两个角相等或互补"是真命题.

【设计意图】 让学生领会文字命题的证明格式.

五、回顾小结,概括提升

1. 相交线和平行线研究的核心问题是什么?

2. 请说说你对平面上两条直线位置关系的相关知识的认识,说出其研究思路、研究内容、研究方法、研究结果(知识结构).

3. 请说说本章你获得了哪些定义与基本事实?其他的性质、判定定理是如何得出的?

4. 你能说说研究几何图形关系的一般框架吗?

师生活动:通过反思总结,得到如图 7.6-15 所示的知识结构图.

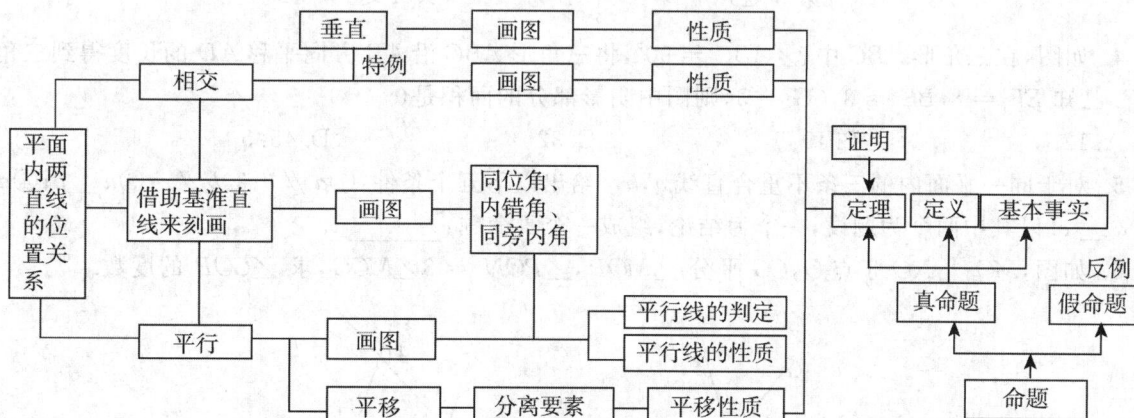

图 7.6-15

目标检测

1. 如图，若 $\angle 3 = \angle 4$，则 _____ // _____；若 AB // CD，则 $\angle$ _____ = $\angle$ _____.

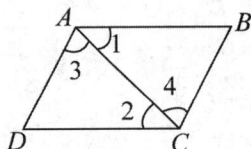

（第 1 题）

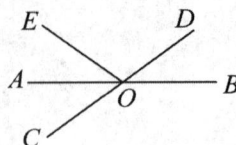

（第 2 题）

2. 如图，已知直线 AB，CD 相交于点 O，OA 平分 $\angle EOC$，若 $\angle EOC : \angle EOD = 2 : 3$，求 $\angle BOD$ 的度数.

解：由 $\angle EOC : \angle EOD = 2 : 3$ 可设 $\angle EOC = 2x°$，则 $\angle EOD = 3x°$.

因为 $\angle EOC +$ _____ $= 180°$（_____），

所以 $2x + 3x = 180$，解得 $x = 36$.

所以 $\angle EOC = 72°$.

因为 OA 平分 $\angle EOC$（已知），

所以 $\angle AOC = \dfrac{1}{2}\angle EOC = 36°$.

因为 $\angle BOD = \angle AOC$（_____），

所以 $\angle BOD =$ _____.

3. 如图，$\angle 1$ 与 $\angle 2$ 互补，$\angle 3 = 135°$，则 $\angle 4$ 的度数是（　　）

A. $45°$ 　　B. $55°$ 　　C. $65°$ 　　D. $75°$

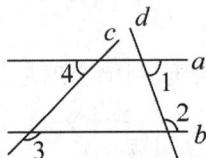

（第 3 题）

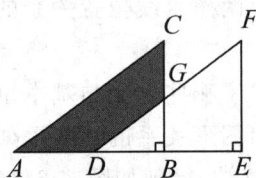

（第 4 题）

4. 如图，在三角形 ABC 中，$\angle ABC = 90°$，将三角形 ABC 沿 AB 方向平移 AD 的长度得到三角形 DEF. 已知 $EF = 8$，$BE = 3$，$CG = 3$，则图中阴影部分的面积是（　　）

A. 12.5　　B. 19.5　　C. 32　　D. 45.5

5. 对于同一平面内的三条不重合直线 a，b，c 给出以下五个条件：①a // b；②b // c；③$a \perp b$；④a // c；⑤$a \perp c$. 以其中两个为题设，一个为结论，组成一个真命题：_____.

6. 如图，$MO \perp NO$ 于点 O，OG 平分 $\angle MOP$，$\angle PON = 3\angle MOG$，求 $\angle GOP$ 的度数.

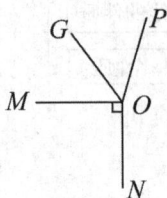

（第 6 题）

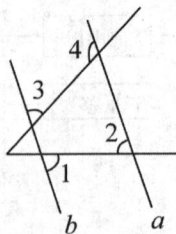

（第 7 题）

7. 如图，$\angle 1 = 72°$，$\angle 2 = 72°$，$\angle 3 = 60°$，求 $\angle 4$ 的度数.

参考答案:1. AD,CB;1,2　**2.** $\angle EOD$;平角的定义;对顶角相等;36°

3. A　**4.** B　**5.** 如果 $a \parallel b$,$b \parallel c$,那么 $a \parallel c$.

6. 设 $\angle GOP = x°$,则 $\angle MOG = x°$,$\angle PON = 3x°$.由题意,得 $x + x + 3x = 360 - 90$,解得 $x = 54$. ∴$\angle GOP = 54°$.

7. ∵ $\angle 1 = 72°$,$\angle 2 = 72°$,∴ $\angle 1 = \angle 2$.∴ $a \parallel b$.∴ $\angle 3 + \angle 4 = 180°$.又 ∵ $\angle 3 = 60°$,∴ $\angle 4 = 120°$.

【设计意图】 第 1～7 题检测目标 2.

7.6.2　相交线与平行线复习(第2课时)

本课目标	1.在现实情境中,能抽象出相交线和平行线图形,并能发现和提出问题,发展抽象能力和模型观念. 2.能用相交线和平行线的相关知识进行推理计算,分析和解决问题,发展推理能力. 3.能通过反思和总结抽象建立几何模型解决问题的思路,学会学习
重点	将实际问题转化成数学问题
难点	将实际问题转化成数学问题

教学过程设计

一、解决问题

(一)提出问题

例1 如图 7.6-16 所示的两面古城墙,已知 CA 所在的墙面与 BD 所在的墙面平行,CE 所在的墙面与 AB 所在的墙面平行,请设计用直尺和量角器测量拐角 $\angle CAB$ 的测量方案,并说明理由.

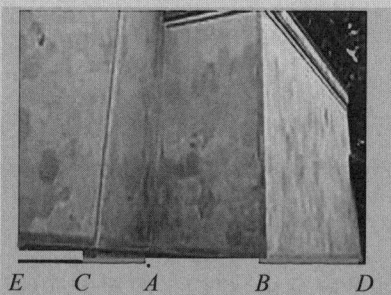

图 7.6-16

师生活动: 学生举手作答.可能会说用量角器进行测量.

追问: 图中哪些角可以直接用量角器测量?

师生活动: 为了方便表述,需要引导学生将例1抽象成如图 7.6-17 所示的平面图形,建立模型.

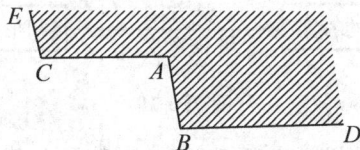

图 7.6-17

发现: 图中没有可以直接用量角器测量的角(量角器放不下).

追问3: 结合图形,你能说说已知与所求吗?

师生活动: 引导学生写出已知与所求.已知:$CE \parallel AB$,$CA \parallel BD$,求 $\angle CAB$ 的度数.

【设计意图】 看似简单的问题,实际上并不简单,不能用量角器直接测量,则根据题意画出图形,把实际问题转化成数学问题.

（二）分析问题

> **问题 1** 平面内,角度通常用来刻画什么?

师生活动:教师引导学生思考,用角刻画两条直线相交、垂直和平行的位置关系.

追问:$\angle CAB$ 可能与哪些直线的位置关系有关?

师生活动:教师引导学生分析,$\angle CAB$ 可以看作直线 AC 与 AB 的交角,这个角与 $\angle ABD$,$\angle ACE$ 相等,但这两个角同样无法用量角器直接测量. 核心的想法是在保持大小关系确定的情况下改变角的顶点的位置,这就需要利用平行移动 $\angle CAB$ 的顶点.

【设计意图】 引导学生更深入地理解角与相交线和平行线的联系,用平移改变角的顶点位置,规划测量方案.

（三）解决问题

依托平行线 AC 与 BD、AB 与 CE,利用"三线八角"进行转换,改变角的顶点.已知 $CE \parallel AB$,$CA \parallel BD$,求 $\angle CAB$ 的度数.

> **问题 2** 怎样设计测量 $\angle CAB$ 的方案?

师生活动:教师引导学生规划方案:如图 7.6-18,延长 DB 到点 G,延长 EC 到点 F,设 EF 与 DG 交于点 O,测量 $\angle GOF$ 的大小,则 $\angle GOF = \angle CAB$.

证明:$\because AC \parallel GD$,

$\therefore \angle CAB = \angle ABD$(两直线平行,内错角相等).

$\because AB \parallel EF$,

$\therefore \angle ABD = \angle EOB$(两直线平行,同位角相等).

$\because \angle EOB = \angle GOF$(对顶角相等),

$\therefore \angle CAB = \angle GOF$(等量代换).

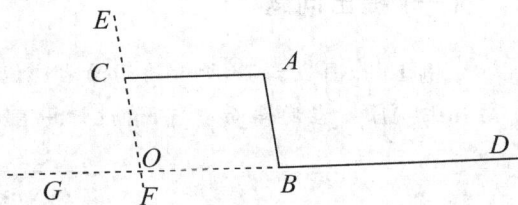

图 7.6-18

【设计意图】 用相交线和平行线知识进行推理,并设计测量方案.

（四）反思总结

> **问题 3** 在解决前面实际问题的过程中,我们是按照怎样的思路思考的?

师生活动:教师引导学生反思总结,形成应用图形和图形关系解决问题的思考流程,如图7.6-19.

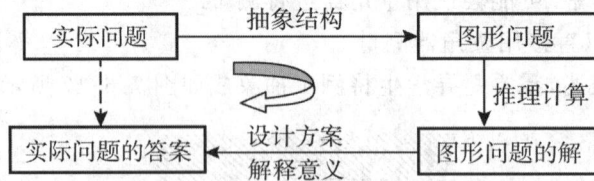

图 7.6-19

【设计意图】 总结建立几何模型解决实际问题的建模思想,发展模型观念.

二、迁移综合

例 2　背景:停车位设计主要有垂直和倾斜两种方式. 如图 7.6-20,某小区准备在内部道路一侧空地(长 30 m、宽 4.5 m)设计家用小车停车位.

图 7.6-20

家用小车的停车位垂直型一般是长 5 m,宽 2.2 ~ 2.5 m 之间;倾斜型一边长 6 m,宽 2.2 ~ 2.5 m 之间.考虑选择其中的一种宽度(如 2.5 m),画出停车位.

(一) 提出问题

问题 4　怎样将实际问题转化为数学问题?

师生活动:引导学生读题,共同归纳如下:

(1)审题,制定方案:垂直型车位是一个长 5 m,宽 2.5 m 的长方形,很显然在内部道路区规划不出来,所以应该选择倾斜型的车位.

(2)转换为数学问题:如何在长为 30 m,宽为 4.5 m 的长方形场地上尽可能多地放下一组边长为 6 m,该组对边间的距离为 2.5 m 的平行四边形?

【设计意图】　把现实问题转化为数学问题.

(二) 分析问题

问题 5　为了便于给出设计方案,首先需要按照一定的比例,画出内部道路的平面图,并分析画图的思路.思考怎样画出道路平面图?怎样分析画车位的思路?

师生活动:(1)选择恰当的比例尺:实物单位比较大,要建立模型,我们要选择适当的比例尺.为了方便计算,我们选定比例尺 1:100,画出道路示意图:长 30 cm,宽 4.5 cm 的长方形,如图 7.6-21.

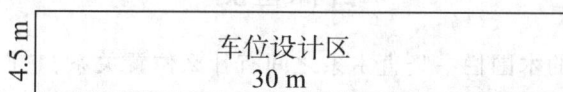

图 7.6-21

(2)分析和建立模型:车位一组的对边长为 6 m,图上长度为 6 cm,这组对边间距离为 2.5 cm.

问题 6　车位一边长 6 cm,如何刻画这组对边间距宽 2.5 cm?

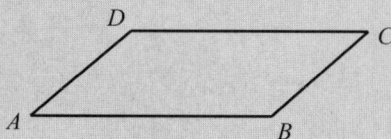

图 7.6-22

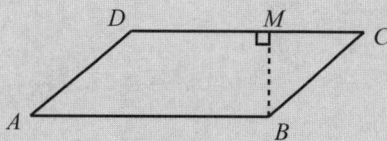

图 7.6-23

师生活动：引导学生画出如图7.6-22的草图，方便直观观察．画平行四边形的一边长 $AB = 6$ cm.

追问：对边 AD，BC 与边 AB 的夹角能确定吗？AB，CD 之间的距离与这条边 AB 有怎样的位置关系？

师生活动：引导学生回答当夹角不能确定时，那么只能通过确定 AB，CD 之间的距离来确定对边的位置，反映停车位的宽．线段 BM 与 AB 显然是垂直关系，即过点 B 作垂线，垂线段 BM 的长为2.5，如图7.6-23.

【**设计意图**】 因为车位的另一边与6 cm相邻的边之间的角度关系未确定，不易画出，但6 cm的对边是与之平行的，位置可以通过宽（作垂线段）来确定．

（三）解决问题

问题7 如何能设计尽可能多的车位？

师生活动：通过旋转、平移等操作，将6 cm长 AB 的顶点 A 与矩形一顶点恰好重合，另一顶点恰好落在矩形长边上．恰好放下，再平移车位即可，如图7.6-24.

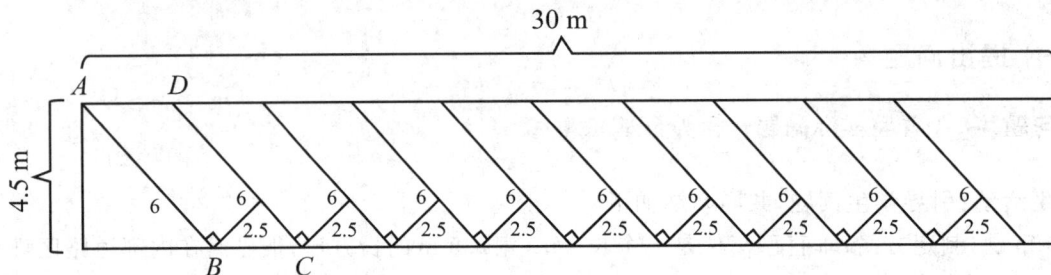

图 7.6-24

【**设计意图**】 通过作垂线段和平行线设计方案，从而使问题得到解决．

三、回顾小结，概括提升

1. 你是怎样将实际问题转化为数学问题的？
2. 怎样想到解决问题的方法的？
3. 用哪些知识来解决这些问题？
4. 能总结用几何模型解决实际问题的思路吗？

目标检测

制作围栏：如图1所示的木围栏中竖直木条之间有什么位置关系？它们与水平横档之间有什么位置关系？你能设计出这种围栏吗？

已知纵向栏杆总高50 cm，水平横档长200 cm．选取适当的比例尺，画出设计平面图，并说明理由．

参考答案：略．

【**设计意图**】 检测目标1和目标2.

（图1）

第八章　实数

◎ 单元设计 ◎

一、知识结构图

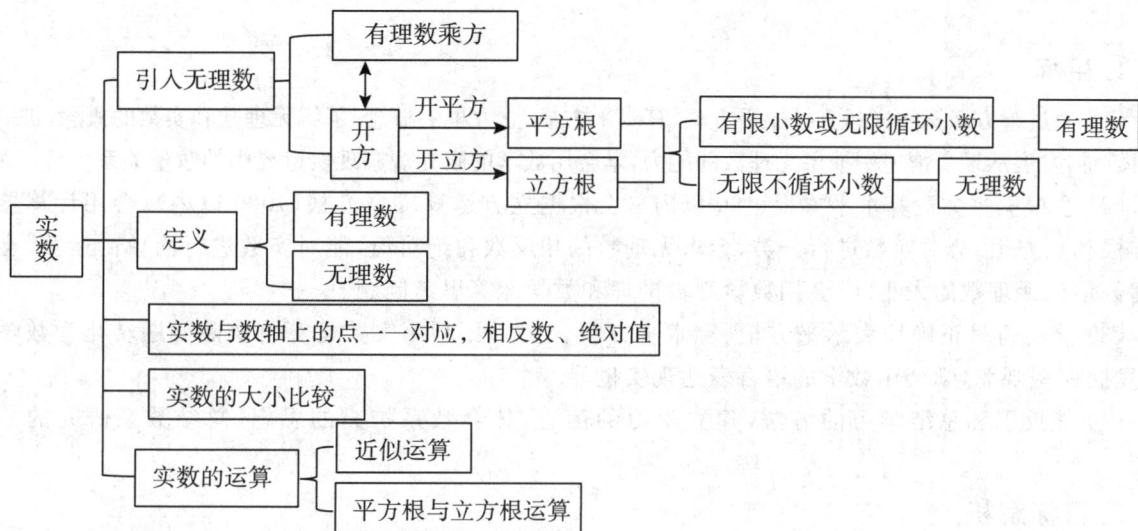

二、内容与内容解析

1. 内容

平方根、算术平方根、立方根的概念和求法，实数的有关概念、大小比较和运算.

2. 内容解析

通过本单元的学习，学生对数的认识从有理数范围扩大到实数范围.

本单元的内容中，蕴含着数系扩充思想，从有理数到实数的扩充，实现了极限运算的封闭性，保持了与有理数运算的逻辑一致性、运算律的继承性，通过有理数估计无理数的大小，实现了大小关系的一致性.

实数的研究框架与有理数类似，先通过基于现实情境的开方运算引入无理数，把数的范围扩充到实数，接着用有理数估计无理数的大小、用数轴表示无理数、建立实数与数轴上点的一一对应关系，渗透实数的完备（连续）性（实数域的本质属性）. 研究的核心问题是无理数的引入、表示和实数的连续性（具体体现为实数与数轴上的点一一对应）、无理数是有理数列的极限点（具体体现为用有理数估计无理数的大小）. 实数理论包含着很多近代数学理论，特别是无理数的运算涉及极限方法，学生无法真正理解实数的运算和运算律. 实数内容与有理数内容的不同点是：实数内容以理解无理数的意义、了解实数的连续性为重点，不以研究运算为重点. 理解无理数需要借助具体例子，用有理数估计无理数的大小,并用无限不循环小数来建立无理数的概念,了解实数的连续性是通过在数轴上表示简单的无理数,通过建立实数与数轴上的点的一一对应关系来实现的.

实数内容的学习,蕴含着发展学生几何直观、空间观念、抽象能力、推理能力和运算能力的核心育人价值.在平方根和立方根内容中蕴含着发展运算关系的抽象能力,根据乘方与开方互逆运算关系求平方根(算术平方根)和立方根的运算能力的育人价值;在引入无理数 $\sqrt{2}$ 的过程中蕴含着发展几何直观、空间观念、数感的育人价值,在用有理数估计无理数大小和实数的大小比较中蕴含着发展估算能力和推理能力的价值,在总结数系扩充学习经验中发展抽象数系扩充思想和数系结构的抽象能力.

基于以上分析,本单元的教学重点是:根据平方运算求平方根、根据立方运算求立方根,引入和认识无理数,用有理数估计无理数的大小,了解实数与数轴上的点一一对应,体会实数的连续性(完备性),形成数系扩充研究的基本框架.

三、目标与目标解析

1.目标

(1)通过乘方运算的逆运算抽象平方根、算术平方根、立方根的概念.了解无理数和实数的概念,进一步发展数感,发展从现实情境中抽象无理数的能力,学会用数学的眼光观察现实世界中的数量关系.

(2)会根据平方运算求平方根(100以内),会根据立方运算求立方根(1000以内),会用计算器求平方根和立方根.会对实数进行分类,会求无理数的相反数和绝对值,能对实数进行简单的运算,会用有理数估计无理数的大小.学会用数学逻辑推理和数学运算思考问题.

(3)能用符号正确地表示平方根、算术平方根、立方根.利用实数运算将实际问题转化为数学问题,发展模型观念,学会用数学的语言表达现实世界.

(4)能反思和总结学习的方法,建立学习的信心,体会数系扩充的思想,总结数系研究的一般框架.

2.目标解析

达成目标(1)的标志:了解平方根、算术平方根、立方根的概念.了解无理数和实数的概念,会判断一个数是否是无理数.

达成目标(2)的标志:会根据平方运算求平方根、算术平方根(100以内),会根据立方运算求立方根(1000以内).会用有理数估计无理数的大小,并进行近似运算,能对算术平方根进行运算.

达成目标(3)的标志:能用平方根、算术平方根、立方根表示数量,用实数运算解决简单的实际问题.

达成目标(4)的标志:能总结数系扩充的一般研究框架以及运算与运算律的一致性.

四、目标谱系

内容	核心素养			
	数学眼光	数学思维	数学语言	学会学习
8.1平方根	1.通过平方运算的逆运算,抽象平方根、算术平方根的概念,并能用根号表示. 2.能基于平方运算的逆运算概括平方根的性质	1.会根据平方运算求平方根(100以内),会用计算器求平方根. 2.理解乘方和开方之间的互逆关系	能用算术平方根表示数量关系,并用估算解决简单的实际问题	能类比已有的互逆运算关系,抽象平方运算的逆运算

续　表

内容	核心素养			
	数学眼光	数学思维	数学语言	学会学习
8.2立方根	1.通过立方运算的逆运算抽象立方根的概念,并能用根号表示. 2.能基于立方运算的逆运算概括立方根的性质	1.会根据立方运算求立方根(1000以内),会用计算器求立方根. 2.理解立方和开立方之间的互逆运算关系	能用立方根表示实际问题中的数量关系,解决简单的实际问题	能类比平方根的学习经验学习立方根
8.3实数及其简单的运算	1.借助正方形面积剪拼和算术平方根的意义引入无理数,知道实数由有理数和无理数组成. 2.能把$\sqrt{2}$在数轴上表示出来,了解实数与数轴上点的一一对应关系. 3.能借助数轴理解实数的相反数和绝对值的意义	1.会求无理数的相反数和绝对值. 2.用有理数估计无理数的大小. 3.了解近似数,能用计算器进行近似计算,会按问题的要求进行简单的近似计算	1.了解无理数的三种形式:开不尽方的数;含π的数;无限不循环小数. 2.能用实数表示现实中的数量和数量关系,通过估算解决简单的实际问题	1.能类比有理数的学习经验理解实数的大小比较、相反数、绝对值的意义. 2.能总结数系研究的基本框架

五、教学问题诊断分析

1. 已有基础

学生已经经历了从非负数扩充到有理数的数系扩充过程,学习了有理数、相反数和绝对值等相关概念,学习了有理数的运算.具备了学习数的开方和学习无理数的知识基础.

2. 学习需要

本单元内容是初中阶段最后一次数系扩充,实数具有完备性,由于无理数的发现是理性思维的成果,并不直观,需要建立无限的观念,因此,理解无理数的存在性和基本特征是极为困难的.

3. 难点及应对策略

学生虽然接触过有理数,但无理数具有无限不循环特征,需要建立无限的观念,学生理解起来极为困难,同时,实数与数轴上的点是一一对应关系,反映了实数的完备性,但学生几乎无法理解,只能通过直观来体会.

本单元的教学难点:了解无理数的存在性、无理数的意义,会在数轴上表示简单的无理数.

突破难点的策略:以$\sqrt{2}$为例,通过画图,理解它是实际存在的数,通过两边夹逼的方法,用有理数估计无理数$\sqrt{2}$的大小,通过运算和直观理解$\sqrt{2}$不是有理数,体会无理数是无限不循环小数.同时,通过在数轴上表示$\sqrt{2}$等简单无理数,帮助学生借助直观观察和想象了解实数与数轴上的点是一一对应关系,体会实数的连续性.

六、教学建议

1. 采用单元整体教学策略,形成并提出实数的研究思路、研究内容和研究方法

研究思路:引入 — 定义 — 表示 — 大小比较 — 运算与运算律.

研究内容:通过开平方和开立方运算引入无理数,把数系扩充到实数.研究无理数的意义,实数的

连续性、大小比较和运算.

研究方法：从特殊到一般思想，抽象思想（概念、性质），类比思想（全单元）.

2. 本单元教学要突出类比的作用

类比加法和乘法的逆运算提出平方和立方运算的逆运算问题，类比平方根学习立方根，类比有理数的相反数和绝对值引入实数的相反数、绝对值等概念，以及实数的运算和运算律.

3. 本单元教学重点

与有理数不同，研究无理数的运算需要借助极限概念，这对于初中学生来说难以理解，所以实数的运算不是重点，初中阶段实数内容学习的重点是理解无理数的概念，知道实数的连续性，理解无理数需要借助有理数，体现为用有理数估计无理数的大小，了解和体会实数的完备性需要通过几何直观，了解实数与数轴上点的一一对应关系.

4. 课时划分

8.1 平方根 3 课时，8.2 立方根 2 课时，8.3 实数及其简单的运算 2 课时，8.4 数学活动 1 课时，8.5 实数复习 1 课时，共 9 课时.

◎ 课时设计 ◎

8.1 平方根

8.1.1 平方根（第 1 课时）

目标	1.经历平方根概念的抽象过程，会用符号表示平方根，发展抽象能力. 2.了解开平方与平方互为逆运算，会用平方运算求 100 以内数的平方根，发展运算能力
重点	平方根的概念和求法
难点	理解平方根的双值性

教学过程设计

引言：为摆脱地球引力束缚，天问一号火星探测器的发射速度大于第二宇宙速度 $v.v$ 满足 $v^2 = 2gR$，其中 g 是地球表面重力加速度，$g \approx 9.8 \text{ m/s}^2$，$R$ 是地球半径，$R \approx 6.4 \times 10^6 \text{ m}$. 怎样求 v 呢？这就要用到一种新的运算 —— 开平方.

随着对于数的认识的不断深入，人们发现，边长为 1 的正方形的对角线的长不是有理数，这就需要引入一种新的数 —— 无理数. 实际上，计算第二宇宙速度也要用到无理数.

本章将首先学习平方根与立方根；在此基础上引入无理数，把数的范围从有理数扩充到实数；然后类比有理数，引入实数在数轴上的表示和实数的运算，并用这些知识解决一些实际问题. 让我们先从有理数的运算出发研究问题吧.

一、回顾思考，提出问题

问题1 我们已经学习过哪些运算？

追问 1：它们中哪些运算互为逆运算？

追问 2：乘方运算有没有逆运算？

师生活动：教师引导学生回顾思考，提出问题，得出学过加法、减法、乘法、除法、乘方这五种运算. 其中，加法与减法互逆，乘法与除法互逆. 乘方有没有逆运算？逆运算是什么？提出本节课的学习主题 —— 研究乘方运算的逆运算.

【设计意图】 类比加法、乘法运算的逆运算，引入乘方运算的逆运算.

二、探究思考，形成新知

> **问题 2** 已知一个数的平方等于 25，求这个数.

师生活动：学生回答，5 的平方等于 25，-5 的平方也等于 25，即 $(\pm 5)^2 = 25$.

【设计意图】 从有理数平方运算引入其逆运算 —— 开平方运算.

追问 1：这种运算中，已知什么？求什么？

师生活动：学生分析，这种运算是已知一个数的平方，求这个数.

追问 2：怎样将这种运算从特殊推广到一般？

师生活动：教师引导学生概括，如果 x 的平方等于 a，那么 x 就叫作 a 的一个**平方根**（square root），也叫作 a 的一个**二次方根**. 求一个数的平方根的运算叫作**开平方**. 像上面这个算式：$(\ ?\ )^2 = 25$，即求 25 的平方根，实际上就是已知一个数的平方，求底数的运算，这个开平方运算与平方运算互为逆运算（如图 8.1-1）.

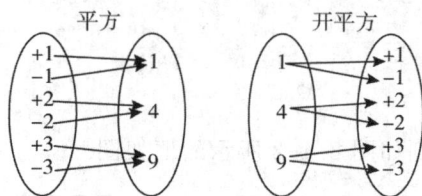

图 8.1-1

【设计意图】 给出平方根的概念，理解开平方运算与平方运算的互逆关系.

三、例题演练，掌握新知

> **例 1** 求下列各数的平方根：
> (1)25； (2)$\dfrac{9}{16}$； (3)0.01.

师生活动：学生口述，教师规范板书解答.

【设计意图】 通过练习巩固平方根的概念，为引出平方根的性质作准备.

追问：根据以上结果思考，正数的平方根有什么特点？0 的平方根是多少？负数有平方根吗？

师生活动：归纳：正数有两个平方根，它们互为相反数；

0 的平方根是 0；

负数没有平方根.

【设计意图】 通过具体实例得出平方根的性质.

> **问题 3** 怎样用符号表达上述问题的运算结果？

师生活动:正数 a 的正平方根用符号"$\sqrt{a}$"表示,读作"根号 a";正数 a 的负平方根用符号"$-\sqrt{a}$"表示,读作负根号 a.合起来,即正数 a 的平方根表示为"$\pm\sqrt{a}$",读作"正、负根号 a",其中 a 叫作被开方数.

如上题中 25 的平方根记作 $\pm\sqrt{25}$,即 $\pm\sqrt{25}=\pm 5$;

3 的平方根记作 $\pm\sqrt{3}$.

【设计意图】 引导学生用符号表示平方根.

> **例2** 下列各数有平方根吗?如果有,求它的平方根;如果没有,说明理由.
>
> (1) $\dfrac{1}{4}$; (2) -64; (3)0.0144; (4)$(-4)^2$.

师生活动:师生共同用符号表示计算过程.

【设计意图】 借助平方运算求一个数的平方根,并用符号表示.

> **例3** 求下列各式中 x 的值:
>
> (1)$x^2=25$; (2)$9x^2=4$; (3)$(x-1)^2=1$.

师生活动:学生独立完成,教师巡视并纠正.

【设计意图】 借助平方根的概念解方程.

四、回顾小结,反思提升

1. 什么是平方根?用怎样的符号表示?

2. 平方根有什么性质?

3. 怎样求平方根?

4. 为什么要研究平方根?

师生活动:师生回顾整理,得到如图 8.1-2 所示的框架图.

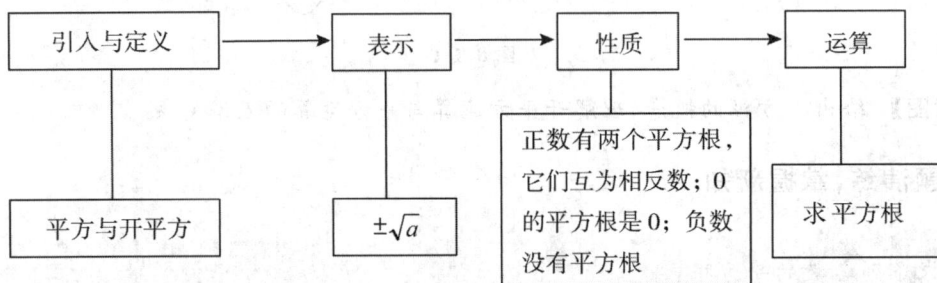

图 8.1-2

目标检测

1. 下列说法中,错误的是( ).

A. 5 的平方根是 $\pm\sqrt{5}$ B. $\dfrac{4}{9}$ 的平方根是 $\dfrac{2}{3}$

C. 0.09 的正的平方根是 0.3 D. -6 是 36 的一个平方根

2. 下列各数有没有平方根?如果有,求出它的平方根;如果没有,请说明理由.

$64,0.0081,(-7)^2,-0.36,0.$

3. 求下列各式中 x 的值:

(1)$25x^2-9=0$;   (2)$25(x-1)^2-64=0$.

参考答案:1. B　2. $\pm\sqrt{64}=\pm8$,$\pm\sqrt{0.0081}=\pm0.09$,$\pm\sqrt{(-7)^2}=\pm7$,-0.36没有平方根,$\pm\sqrt{0}=0$

3. (1)$x=\pm\dfrac{3}{5}$;(2)$x_1=\dfrac{13}{5}$,$x_2=-\dfrac{3}{5}$

【设计意图】 第1题检测目标1,第2～3题检测目标2.

8.1.2　平方根(第2课时)

目标	1.经历从现实情境中抽象算术平方根概念的活动,会用根号表示算术平方根,发展抽象能力. 2.会根据平方运算求一个数的算术平方根,发展运算能力. 3.能通过$\sqrt{2}$的大小估算的过程初步感知它是一个无限不循环小数,发展估算能力和推理能力
重点	算术平方根的概念和求法
难点	理解$\sqrt{2}$不是一个有理数

教学过程设计

一、复习引入,探究新知

> **问题1** (1)什么叫平方根?
>
> (2)平方根有什么性质?怎么表示平方根?
>
> (3)已知正方形的面积为25,那么它的边长是多少?

师生活动:问题(1)(2)学生回忆口述,问题(3)学生回答边长是5,教师指出这里的边长只能取25的正平方根,负的平方根不符合题意.有时为了实际需要,我们只取正的平方根.

一般地,正数a有两个平方根$\pm\sqrt{a}$,其中正平方根$\sqrt{a}$也叫作a的**算术平方根**(arithmetic square root).特别地,0的**算术平方根**是0,即$\sqrt{0}=0$.

如9的算术平方根是3,即$\sqrt{9}=3$.

【设计意图】 为了实际需要,引出算术平方根的概念.

二、例题演练,掌握新知

> **例** 求下列各数的算术平方根:
>
> (1)81;　(2)$\dfrac{49}{64}$;　(3)0.0001;　(4)11.

师生活动:师生共同用符号表示计算过程.

【设计意图】 借助平方运算,求一个数的算术平方根.

追问1:负数有算术平方根吗?一个正数的算术平方根可能是负数吗?

师生活动:教师引导学生通过推理作出判断,负数没有算术平方根,一个正数的算术平方根不可能是负数,0的算术平方根是0,即$\sqrt{a}\geqslant0$,$a\geqslant0$.

【设计意图】 概括算术平方根的双重非负性.

追问2:一个正数的算术平方根与平方根有什么区别和联系?

师生活动:联系:(1)正数的算术平方根是正的平方根,平方根包含算术平方根.

（2）只有非负数才有平方根和算术平方根.

区别：

项目	正数的平方根	正数的算术平方根
个数	2	1
表示	$\pm\sqrt{a}$	$\sqrt{a}$

【设计意图】 辨别平方根与算术平方根的联系和区别，加深对这两个概念的理解.

问题 2 2 的算术平方根是 $\sqrt{2}$，$\sqrt{2}$ 是现实存在的数吗？

追问 1： 如图 8.1-3，能用两个面积为 $1\ dm^2$ 的小正方形纸片剪拼成一个面积为 $2\ dm^2$ 的大正方形吗？

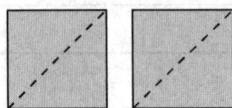

图 8.1-3

师生活动： 学生拼正方形（如图 8.1-4），教师巡视指导.

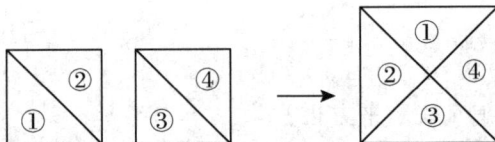

图 8.1-4

追问 2： 大正方形的边长是多少？

师生活动： 设大正方形的边长为 $x\ dm$，则 $x^2=2$.

因为 $x>0$，所以 $x=\sqrt{2}$.

所以大正方形的边长是 $\sqrt{2}\ dm$，这说明 $\sqrt{2}$ 是现实存在的数.

追问 3： $\sqrt{2}$ 有多大呢？

师生活动： 介绍可以用逼近法确定 $\sqrt{2}$ 的值，发现它是无限不循环小数.

（1）因为 $1^2=1,2^2=4,(\sqrt{2})^2=2$，

而 $1<2<4$，

所以 $1<\sqrt{2}<2$；

（2）从 1 开始，每次增加 0.1，依次求 $1.1,1.2,\cdots,1.9$ 的平方，当其中一个数的平方大于 2 时终止：

因为 $1.4^2=1.96,1.5^2=2.25$，

而 $1.96<2<2.25$，

所以 $1.4<\sqrt{2}<1.5$；

（3）从 1.4 开始，每次增加 0.01，类似步骤（2）可得：

因为 $1.41^2=1.9881,1.42^2=2.0164$，

而 $1.9881<2<2.0164$，

所以 $1.41<\sqrt{2}<1.42$；

（4）从 1.41 开始，每次增加 0.001，类似步骤（2）可得：

因为 $1.414^2=1.999396,1.415^2=2.002225$，

而 $1.999396 < 2 < 2.002225$，

所以 $1.414 < \sqrt{2} < 1.415$；

……

如此"夹逼"下去，可以得到越来越接近 $\sqrt{2}$ 的近似值. 事实上， $\sqrt{2} = 1.414213562373\cdots$，它是一个无限不循环小数.

许多正数的算术平方根（如 $\sqrt{3}$，$\sqrt{5}$，$\sqrt{7}$ 等）都是无限不循环小数.

【设计意图】 引导学生感悟 $\sqrt{2}$ 是一个无限不循环小数，感受开不尽方的数的算术平方根是无限不循环小数，为下面学习无理数做好铺垫.

问题 3 $\sqrt{2}$ 是有理数吗？

师生活动： 教师引导学生思考，$1 < \sqrt{2} < 2$，所以它不是一个整数；取 $1，2$ 中间的数 $\frac{3}{2}$，发现 $1 < \sqrt{2} < \frac{3}{2}$；继续进行下去，发现 $\frac{5}{4} < \sqrt{2} < \frac{3}{2}$，…，$\sqrt{2}$ 都是在两个分数之间，不可能等于某一个分数，因此，$\sqrt{2}$ 不是有理数. 引导学生阅读"阅读材料"，了解用反证法证明 $\sqrt{2}$ 不是有理数.

三、巩固练习，运用新知

1. 填空：

(1) 3 的算术平方根可表示为_____；

(2) $\sqrt{0.64}$ 表示_____；

(3) 64 的平方根可表示为_____，它的值为_____；

(4) $-\sqrt{13}$ 表示_____；

(5) $\sqrt{16}$ 的算术平方根是_____.

师生活动： 学生回答所求值，教师加以修正，尤其注意第 (5) 题的两次运算.

【设计意图】 展示学生对算术平方根和平方根的思考过程，培养学生良好的学习习惯.

2. 先说出下列各式的意义，再计算：

(1) $\pm\sqrt{2\frac{1}{4}}$；   (2) $\sqrt{225}$；   (3) $-\sqrt{\frac{49}{100}}$；   (4) $(\sqrt{a})^2$.

师生活动： 学生回答所求值，教师加以修正.

【设计意图】 先说意义再计算，有助于加深学生对平方根、算术平方根概念的理解.

四、回顾小结，反思提升

1. 什么是算术平方根？应该怎么表示？

2. 算术平方根有什么性质？

3. $\sqrt{2}$ 是有理数吗？

目标检测

1. $\frac{1}{4}$ 的算术平方根是(　　).

A. $\frac{1}{2}$　　　　　B. $-\frac{1}{2}$　　　　　C. $\frac{1}{16}$　　　　　D. $\pm\frac{1}{2}$

2. 先说出下列各式的意义,再计算.

(1) $\sqrt{169}$;　　　　(2) $\pm\sqrt{4}$;　　　　(3) $-\sqrt{7.3^2}$.

3. 小华的书房面积为 10.8 m²,她数了一下地面所铺的正方形地砖正好是 120 块,请问每块地砖的边长是多少?

参考答案:1. A　2.(1)169 的算术平方根,$\sqrt{169}=13$;(2)4 的平方根,$\pm\sqrt{4}=\pm2$;(3)7.3^2 的负平方根,$-\sqrt{7.3^2}=-7.3$　3. 每块地砖的边长为 0.3 m.

【设计意图】 第 1~2 题检测目标 1,第 3 题检测目标 2.

8.1.3　平方根(第 3 课时)

目标	1. 会利用计算器求一个正数的算术平方根. 2. 能用估算的方法求一个正数的算术平方根,发展运算能力
重点	利用计算器求一个正数的算术平方根
难点	用估算的方法求一个正数的算术平方根

教学过程设计

一、复习引入,探究新知

问题 1 (1) 什么是算术平方根?应该怎么表示?

(2) 算术平方根与平方根的区别?

追问:前面我们已经学习了根据平方运算求一个数的平方根,也学习了用估算的方法求一个数的平方根.一般情况下,若用笔算难以求出一个数的算术平方根时,可以借助计算器.

师生活动:学生回忆口述,教师加以评价,提出改进方法.

【设计意图】 复习旧知,引入新知.

二、探究例题,形成新知

计算器一般都有 $\boxed{\sqrt{}}$ 键,用它可以求一个正数的算术平方根(或其近似值).

例 1 用计算器求下列各式的值:

(1) $\sqrt{3136}$;　　　　(2) $\sqrt{2}$(精确到 0.001).

师生活动:学生求值并回答.

【设计意图】 学会用计算器求值.

　　例 2　如图 8.1-5,佳佳想用一块面积为 $400\ \text{cm}^2$ 的正方形纸片,沿边的方向裁出一块面积为 $300\ \text{cm}^2$ 的长方形纸片,使它的长与宽之比为 $3:2$.她的想法可行吗?

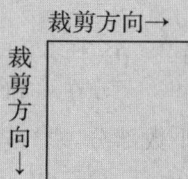

图 8.1-5

　　师生活动:师生共同解决问题.

　　解:设长方形纸片的长为 $3x$ cm,宽为 $2x$ cm.则

$$3x \cdot 2x = 300,$$
$$6x^2 = 300,$$
$$x^2 = 50.$$

因为 $x > 0$,所以 $x = \sqrt{50}$.

所以 $3x = 3 \times \sqrt{50} = 3\sqrt{50}$.

因此长方形纸片的长为 $3\sqrt{50}$ cm.

因为 $50 > 49$,所以 $\sqrt{50} > 7$.

由上可知 $3\sqrt{50} > 21$,即长方形纸片的长应大于 21 cm.

而 $\sqrt{400} = 20$,所以正方形纸片的边长只有 20 cm.

这样,长方形纸片的长将大于正方形纸片的边长.

答:佳佳的想法不可行.

　　【设计意图】 例 1 用计算器求一个正数的算术平方根.例 2 用有理数估计无理数的大小,解决简单的实际问题.

　　问题 2　怎样解决 8.1.1 引言中的问题?第二宇宙速度 v 满足 $v^2 = 2gR$,其中 g 是地球表面重力加速度,$g \approx 9.8\ \text{m/s}^2$,$R$ 是地球半径,$R \approx 6.4 \times 10^6$ m.怎样求 v 呢?

　　师生活动:师生共同解决问题.由 $v^2 = 2gR$,得 $v = \sqrt{2gR}$,其中 $g \approx 9.8\ \text{m/s}^2$,$R \approx 6.4 \times 10^6$ m.用计算器求得

$$v \approx \sqrt{2 \times 9.8 \times 6.4 \times 10^6} \approx 1.12 \times 10^4.$$

因此,第二宇宙速度约为 1.12×10^4 m/s.

　　【设计意图】 依据开方运算的定义得到算式,用计算器求出算术平方根的近似值.

三、回顾小结,反思提升

1. 怎样用开方运算解决实际问题?
2. 怎样用计算器计算算术平方根的近似值?
3. 开不尽平方的数的算术平方根是怎样的小数?

目标检测

1. 估算 $\sqrt{19}-2$ 的值( ).

A. 在 1 和 2 之间   B. 在 2 和 3 之间

C. 在 3 和 4 之间   D. 在 4 和 5 之间

2. 已知 a 是 $\sqrt{8}$ 的整数部分，b 是 $\sqrt{8}$ 的小数部分，求 $(-a)^3+(b+2)^2$ 的值.

3. 通过估算比较下列各组数的大小：

(1) $\sqrt{5}$ 与 1.9；   (2) $\dfrac{\sqrt{6}+1}{2}$ 与 1.5.

参考答案：1. B   **2.** 0   **3.** (1) $\sqrt{5}>1.9$；(2) $\dfrac{\sqrt{6}+1}{2}>1.5$.

【设计意图】 第 1～3 题检测目标 2.

8.2 立方根

8.2.1 立方根(第 1 课时)

目标	1. 经历立方根的概念的抽象过程，会用符号表示立方根，发展抽象能力. 2. 了解开立方与立方互为逆运算，会用立方运算求简单的数的立方根，发展运算能力. 3. 能类比平方根的研究思路学习立方根，体会类比的学习方法，学会学习
重点	根据立方运算求一个数的立方根
难点	理解立方根的性质与平方根的性质的不同点

教学过程设计

一、情境导入，感受新知

问题 1 要制作一种容积为 27 m³ 的正方体形状的包装箱，这种包装箱的棱长应该是多少？

师生活动：师生共同完成，并类比平方根得出：由 $3^3=27$，得这种包装箱的棱长为 3 m.

【设计意图】 基于现实情境，引入立方运算的逆运算.

追问：类似于开平方运算和平方根，能把这种运算及其结果进行推广吗？

师生活动：师生共同抽象立方根的概念：如果一个数的立方等于 a，那么这个数叫作 a 的**立方根**或**三次方根**(cube root). 这就是说，如果 $x^3=a$，那么 x 叫作 a 的立方根. 求一个数的立方根的运算，叫作**开立方**. 类似于开平方与平方运算的关系，开立方与立方互为逆运算.

【设计意图】 类比平方根的学习抽象立方根的概念.

二、探究思考，形成新知

问题 2 类似于平方根的性质，怎样探索立方根的性质？

师生活动：类比平方根性质的学习，研究立方根，填空：

因为 $2^3=8$，所以 8 的立方根是_____；

因为 $0.4^3=0.064$，所以 0.064 的立方根是_____；

因为 $0^3 = 0$,所以 0 的立方根是 _____;

因为 $(-2)^3 = -8$,所以 -8 的立方根是 _____;

因为 $\left(-\dfrac{2}{3}\right)^3 = -\dfrac{8}{27}$,所以 $-\dfrac{8}{27}$ 的立方根是 _____.

追问 1:正数,0,负数的立方根各有什么特点?

追问 2:平方根与立方根有什么异同?

师生活动:师生共同归纳立方根的性质:

正数的立方根是正数,负数的立方根是负数,0 的立方根是 0.

一个数 a 的立方根,用符号"$\sqrt[3]{a}$"表示,读作"三次根号 a",其中 a 是被开方数,3 是根指数.

列表比较平方根与立方根的异同点:

内容	平方根	立方根
定义	如果一个数 x 的平方等于 a,即当 $x^2 = a$ 时,那么这个数 x 叫作 a 的平方根(也叫作二次方根)	如果一个数 x 的立方等于 a,即当 $x^3 = a$ 时,那么这个数 x 叫作 a 的立方根(也叫作三次方根)
表示方法	$\pm\sqrt{a}\,(a \geqslant 0)$	$\sqrt[3]{a}$
性质	1.一个正数 a 有两个平方根,它们互为相反数,如 4 的平方根为 2 和 -2,即 $\pm\sqrt{4} = \pm 2$	1.一个正数 a 只有一个立方根,它仍为正数,如 8 的立方根是 2,即 $\sqrt[3]{8} = 2$
	2.0 的平方根是 0,即 $\sqrt{0} = 0$	2.0 的立方根是 0,即 $\sqrt[3]{0} = 0$
	3.负数没有平方根	3.一个负数只有一个立方根,它仍为负数,如 -8 的立方根是 -2,即 $\sqrt[3]{-8} = -2$

【设计意图】 从具体实例中得出立方根的性质,并比较平方根与立方根的异同点.

三、辨别应用,巩固新知

例 1　求下列各数的立方根:

(1)64;　(2)$\dfrac{125}{27}$;　(3)-0.216;　(4)$(-2)^3$.

例 2　求下列各式的值:

(1)$\sqrt[3]{-8}$;　(2)$\sqrt[3]{0.064}$;　(3)$-\sqrt[3]{\dfrac{8}{125}}$;　(4)$(\sqrt[3]{9})^3$.

师生活动:教师板书例 1,例 2 由学生独立完成.

【设计意图】 通过例 1 强化学生对立方根概念的认识.学生根据立方根的意义求例 2 的值,理解立方根符号的意义.

四、回顾小结,反思提升

1. 什么叫立方根和开立方运算?

2. 立方根有哪些性质?怎样用符号表示立方根?

3. 怎样求一个有理数的立方根?

4. 立方根与平方根有哪些相同点和不同点?

目标检测

1. 下列说法中,正确的是(　　).

A.一个数的立方根有两个,它们互为相反数

B. 负数没有立方根

C. 任何一个数都有平方根和立方根

D. 任何数的立方根都只有一个

2. 求下列各数的立方根：

(1)1000；　(2)$-\dfrac{125}{27}$；　(3)-0.729.

3. 已知 $2a-1$ 的算术平方根是 $3,3a+b+4$ 的立方根是 2，求 $a-b$ 的平方根.

参考答案：1. D　2. (1)10；(2)$-\dfrac{5}{3}$；(3)-0.9　3. ±4

【设计意图】　第 1 题、第 3 题检测目标 1，第 2 题检测目标 2.

8.2.2　立方根（第 2 课时）

目标	1. 理解一个数的立方根与其相反数的立方根之间的关系，发展推理能力. 2. 能利用立方根的概念和性质进行化简计算，发展运算能力
重点	利用立方根的概念和性质进行化简
难点	被开立方数为负数的立方根的计算

教学过程设计

一、复习导入，感受新知

问题 1　(1)什么是立方根？

(2)立方根的性质是什么？

师生活动：学生回忆口述，教师加以修改、评价.

【设计意图】　复习旧知，引入新知.

二、探究思考，形成新知

问题 2　完成下面的填空，归纳它们运算的共同点，并用符号表示：

(1)因为 $\sqrt[3]{-8}=$ _____，$-\sqrt[3]{8}=$ _____，

所以 $\sqrt[3]{-8}$ _____ $-\sqrt[3]{8}$；

(2)因为 $\sqrt[3]{-27}=$ _____，$-\sqrt[3]{27}=$ _____，

所以 $\sqrt[3]{-27}$ _____ $-\sqrt[3]{27}$

一般地，有 $\sqrt[3]{-a}=-\sqrt[3]{a}$.

追问 1：能根据立方根的定义说明理由吗？

追问 2：$\sqrt[3]{a}$ 表示 a 的立方根，那么 $(\sqrt[3]{a})^3$ 等于什么？$\sqrt[3]{a^3}$ 呢？怎样化简 $(\sqrt[3]{a})^3$ 和 $\sqrt[3]{a^3}$？

师生活动：学生回答，并归纳得出结论：$(\sqrt[3]{a})^3=a$，$\sqrt[3]{a^3}=a$.

【设计意图】　探究一个数的立方根与其相反数的立方根之间的关系.

三、辨别应用,巩固新知

例1 求下列各式的值:

(1) $\sqrt[3]{-0.001}$； (2) $-\sqrt[3]{-512}$； (3) $\sqrt[3]{-4^3}$.

师生活动:学生独立完成,教师点评分析.

【设计意图】 根据立方根的意义进行化简.

例2 用计算器求下列各式的值:

(1) $\sqrt[3]{2197}$； (2) $\sqrt[3]{3}$(精确到 0.001).

师生活动:学生用计算器求值并回答.

【设计意图】 巩固用计算器求值的方法.

例3 求下列各式中 x 的值:

(1) $x^3=-0.064$； (2) $x^3-3=\dfrac{3}{8}$.

师生活动:学生独立完成,教师加以修正.

【设计意图】 根据立方运算求一个数的立方根.

四、回顾小结,反思提升

1. 一个数的立方根与其相反数的立方根之间有什么关系?

2. 怎样用计算器计算立方根的近似值?

目标检测

1. 小明同学在作业本上做了四道计算题:① $\sqrt[3]{-6}=-\sqrt[3]{6}$；② $\sqrt[3]{81}=9$；③ $\sqrt{(-6)^2}=6$；④ $\sqrt[3]{-27}=-3$. 其中,他做对了的题目有(   ).

A. 1 道   B. 2 道   C. 3 道   D. 4 道

2. 求下列各式的值:

(1) $\pm\sqrt[3]{\dfrac{8}{343}}$； (2) $-\sqrt[3]{-0.027}$；(3) $-\sqrt[3]{5-\dfrac{10}{27}}$；(4) $\sqrt[3]{-0.001}\times\sqrt[3]{64}\times\sqrt[3]{(-2)^3}$.

3. 求满足下列各式的 x 的值:

(1) $(x-1)^3=27$； (2) $x^3+1=-\dfrac{98}{27}$.

参考答案:1. C

2. (1) $\pm\dfrac{2}{7}$；(2)0.3；(3) $-\dfrac{5}{3}$；(4)0.8

3. (1) $x=4$；(2) $x=-\dfrac{5}{3}$

【设计意图】 第1题检测目标1,第2～3题检测目标2.

8.3　实数及其简单的运算

8.3.1　实数及其简单的运算(第1课时)

目标	1.理解无理数和实数的概念,会对实数进行分类,发展抽象能力. 2.了解实数与数轴上点的一一对应关系,体会实数的连续性,发展几何直观. 3.类比有理数学习实数,进一步体会数系扩充思想
重点	引入无理数,把数系扩充到实数
难点	理解无理数的特征

教学过程设计

一、辨别思考,认识无理数与实数

问题1　下列各数是有理数吗?你能将这些数写成小数的形式吗?你有什么发现?

$$5, \frac{5}{2}, -\frac{3}{5}, \frac{27}{4}, \frac{11}{9}, \frac{9}{11}.$$

追问:反过来,你能把 $0.5, 0.72, 0.\dot{3}$ 转化为分数吗?

师生活动:学生回答,教师引导学生发现有理数都可以写成有限小数或无限循环小数;反过来,任何有限小数和无限循环小数都是有理数.

【设计意图】　让学生体会有理数都可以写成有限小数或无限循环小数的形式.

问题2　前面学习中除了上述类型的小数,还有什么小数?你能举例吗?

师生活动:教师引导学生列举出无限不循环小数的例子,像 $\sqrt{2}, \sqrt[3]{3}$ 等一些开不尽方的平方根与立方根,还有 $\pi = 3.14159265\cdots$,这也是一类不同于有理数的数,这些无限不循环小数又叫作**无理数**.有理数和无理数统称为**实数**.

【设计意图】　让学生回忆学过的不同于有理数的无限不循环小数,从而引出无理数的概念.

二、类比思考,规划实数的研究思路

问题3　我们是怎样研究有理数的?你认为应该怎样研究实数?

师生活动:教师引导学生类比有理数的学习经验,规划实数的研究思路:引入新数 — 定义、表示、分类 — 大小比较 — 运算.

【设计意图】　用数系扩充思想引领学生规划实数的研究思路.

三、分类表示,了解实数的连续性

问题4　实数可以怎样分类?

师生活动:教师引导学生对实数进行分类:

(1) 分类方法 1:

$$
实数
\begin{cases}
有理数
\begin{cases}
正有理数 \\
0 \\
负有理数
\end{cases}
有限小数或无限循环小数 \\
无理数
\begin{cases}
正无理数 \\
负无理数
\end{cases}
—— 无限不循环小数
\end{cases}
$$

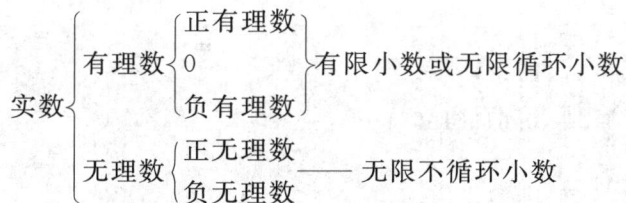

追问:有理数还可以分为正数、负数、0,实数也可以进行类似的分类吗?

(2) 分类方法 2:

$$
实数
\begin{cases}
正实数 \\
0 \\
负实数
\end{cases}
$$

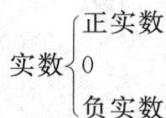

问题 5　在有理数的学习中,我们总结过从自然数到有理数的扩充过程(如图 8.3-1):

引入负整数,把自然数扩充到整数范围,在数轴上体现为把半条数轴上的自然数对称地扩充到整条数轴上的整数;引入分数,在数轴上体现为加密点.那么,数轴上有没有不是有理数的点呢?

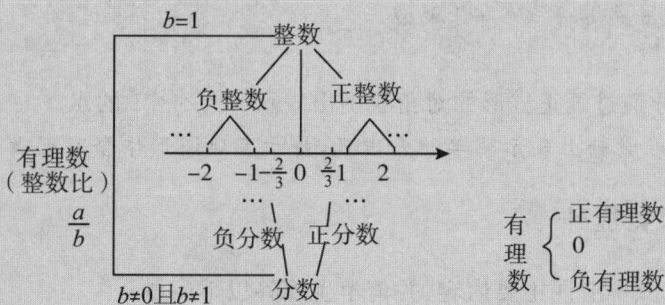

图 8.3-1

追问 1:如图 8.3-2,直径为 1 个单位长度的圆从原点 O 沿数轴向右滚动一周,圆上的一点由原点到达点 O',则点 O' 对应的数是多少?

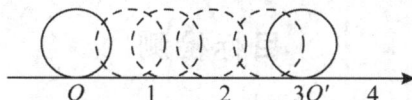

图 8.3-2

追问 2:如图 8.3-3,以 1 个单位长度为边长画一个正方形,以原点为圆心,以正方形的对角线为半径画弧,与数轴正半轴的交点 A 表示什么数?与数轴负半轴的交点 B 表示什么数?

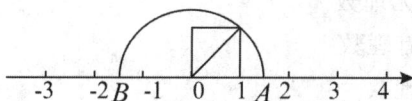

图 8.3-3

师生活动:通过回顾,在数轴的整数点基础上引入分数的"点加密"现象,提出有理数是否填满数轴的问题.通过两个追问,引导学生基于直观,感悟有理数不能布满数轴,留有"洞",这些"洞"表示的是无理数,进一步告诉学生,引入无理数后,数的范围扩充到了实数,实数填满了整条数轴,不再有"洞",实数与数轴上的点成一一对应关系.

四、辨别应用，巩固新知

例1 把下列各数填在相应的大括号内：

$$0, \sqrt{8}, -\sqrt[3]{\frac{8}{27}}, \sqrt{16}, -\sqrt{27}, -2, \sqrt{3}, \frac{33}{8}, \frac{\pi}{4}, 0.616616661\cdots.$$

自然数集合：{ $\qquad$ ，$\cdots$}

有理数集合：{ $\qquad$ ，$\cdots$}

无理数集合：{ $\qquad$ ，$\cdots$}

正数集合：{ $\qquad$ ，$\cdots$}

整数集合：{ $\qquad$ ，$\cdots$}

非负整数集合：{ $\qquad$ ，$\cdots$}

分数集合：{ $\qquad$ ，$\cdots$}

师生活动：学生根据有关概念回答.

【设计意图】 辨析实数的有关概念，深化对实数集中各类数之间关系的认识.

例2 在数轴上画出表示 $-\sqrt{2}+1$ 的点.

师生活动：教师引导通过画正方形的对角线画出表示 $-\sqrt{2}+1$ 的点.

【设计意图】 通过在数轴上表示简单的无理数，基于直观图形体会有理数的不完备性.

五、回顾小结，深化提升

教师与学生一起回顾本节课主要内容，并请学生回答以下问题：

1. 有理数和无理数的特点是什么?举例说明.

2. 把数的范围从有理数扩充到实数后，数轴上表示数的点加密到什么程度?

3. 实数与数轴上的点有什么关系?

4. 类比有理数的学习，你认为接下来要学习什么?

目标检测

1. 下列实数中，是无理数的是（ $\quad$ ）.

A. -1 $\qquad$ B. 0 $\qquad$ C. π $\qquad$ D. $\frac{1}{3}$

2. 下列说法中，正确的是（ $\quad$ ）.

A. 数轴上任一点表示唯一的无理数

B. 数轴上任一点表示唯一的有理数

C. 两个无理数之和一定是无理数

D. 数轴上任意两点之间都有无数个表示无理数的点

3. 把下列各数填在相应的大括号内：

$$-\frac{22}{3}, \sqrt{7}, \sqrt[3]{-27}, 0.3258745, 0.5, \sqrt[3]{9}, \sqrt{(-3)^2}, 0.6060060006\cdots, 0.3\dot{5}.$$

有理数集合：{ $\qquad$ ，$\cdots$}

无理数集合：{ $\qquad$ ，$\cdots$}

分数集合：{　　　　　　　　　,…}

负整数集合：{　　　　　　　　,…}

4. 数轴上的点 A,点 B 分别表示实数 $\sqrt{5}$,$\sqrt{5}-2$,则 A,B 两点间的距离为 _____.

参考答案：1. C　**2.** D

3. 有理数集合：$\left\{-\dfrac{22}{3},\sqrt[3]{-27},0.3258745,0.5,\sqrt{(-3)^2},0.3\overset{\cdot\,\cdot}{5},\cdots\right\}$

无理数集合：$\left\{\sqrt{7},\sqrt[3]{9},0.6060060006\cdots,\cdots\right\}$

分数集合：$\left\{-\dfrac{22}{3},0.3258745,0.5,0.3\overset{\cdot\,\cdot}{5},\cdots\right\}$

负数集合：$\left\{-\dfrac{22}{3},\sqrt[3]{-27},\cdots\right\}$

4. 2

【设计意图】　第 1 题、第 3 题检测目标 1,第 2 题、第 4 题检测目标 2.

8.3.2　实数及其简单的运算(第 2 课时)

目标	1.类比有理数理解实数范围内数的相反数、绝对值的意义,发展抽象能力. 2.能用有理数估计无理数的大小,并能比较两个实数的大小,发展估算能力和推理能力. 3.能对算术平方根进行运算,对无理数进行近似运算,发展运算能力. 4.能总结数系扩充的思想,学会学习
重点	借助有理数估计无理数的大小,类比有理数比较实数的大小(有理数与无理数、无理数与无理数),运用有理数的运算法则和运算律对实数进行简单运算,实数的近似计算
难点	总结数系扩充的研究思路、研究内容和研究方法

教学过程设计

一、类比思考,抽象概念

> **问题 1**　在有理数范围内,我们已经学习过相反数、绝对值,它们在实数范围内怎样定义?

追问 1: $\sqrt{2}$ 的相反数是 _____,$-\pi$ 的相反数是 _____,0 的相反数是 _____.

追问 2: $|\sqrt{2}|=$ _____,$|-\pi|=$ _____,$|0|=$ _____.
能把这些结论推广到一般吗?

师生活动:学生回答,并归纳:a 的相反数是 $-a$,这里 a 表示任意一个实数.

一个正实数的绝对值是它本身;一个负实数的绝对值是它的相反数;0 的绝对值是 0.

即设 a 表示一个实数,则 $|a|=\begin{cases}a & (a>0);\\ 0 & (a=0);\\ -a & (a<0).\end{cases}$　与有理数一样,实数的绝对值的几何意义是表示这

个数的点到原点的距离.

【设计意图】　类比有理数的相反数和绝对值,定义实数的相反数和绝对值.

二、估算推理,比较大小

问题2 有理数可以比较大小,实数怎样比较大小?

追问:怎样比较 $\sqrt{10}$ 与 3.2、$\sqrt{10}$ 与 π 的大小关系?

师生活动:教师引导学生思考,比较两个实数的大小,核心是要比较无理数与有理数、无理数与无理数的大小.让学生掌握用有理数估计无理数大小的方法,在比较两个无理数的大小时,也是基于有理数估计无理数的大小.如因为 $3.2^2 = 10.24 > 10$,所以 $\sqrt{10} < 3.2$;因为 $3.15^2 < 10$,所以 $\pi < 3.15 < \sqrt{10}$.

三、估算转化,实数运算

问题3 两个有理数可以进行运算,实数能进行运算吗?怎样运算?

追问1:计算:(1) $(\sqrt{3} + \sqrt{2}) - \sqrt{2}$; (2) $3\sqrt{3} + 2\sqrt{3}$.

师生活动:学生独立完成,教师既要关注学生会不会做,又要关注运算算理.

【设计意图】 类比有理数的运算法则、运算律和运算顺序进行实数计算.

追问2:计算(精确到 0.01):

(1) $\sqrt{5} - \sqrt{7}$; (2) $\pi \cdot \sqrt[3]{3}$.

师生活动:师生共同解决问题.

解:(1) $\sqrt{5} - \sqrt{7} \approx 2.236 - 2.646 \approx -0.41$;

(2) $\pi \cdot \sqrt[3]{3} \approx 3.142 \times 1.442 \approx 4.53$.

【设计意图】 用有理数估计无理数的大小,并进行近似计算.

四、回顾小结

1. 类比有理数,怎样求实数的相反数与绝对值?

2. 类比有理数,怎样比较实数的大小?

3. 类比有理数,实数怎样进行运算?

通过回顾整理,得到如下的实数的知识结构:

$$实数\begin{cases}概念(包括相反数、倒数与绝对值)\\ 数轴表示(一一对应)\\ 大小比较\\ 运算\end{cases}$$

【设计意图】 用数系扩充思想对实数的有关知识进行梳理,优化知识结构.

目标检测

1. $-\sqrt{16}$ 的倒数是(   ).

A. 4   B. -4 C. $\dfrac{1}{4}$ D. $-\dfrac{1}{4}$

2. 下列各组数中,互为相反数的是(   ).

A. -3 与 $\sqrt{3}$ B. $-\sqrt{3}$ 与 $\dfrac{1}{\sqrt{3}}$

C. $|-\sqrt{2}|$ 与 $-(-\sqrt{2})$　　　　　　D. $(\sqrt{2})^2$ 与 $\sqrt[3]{(-2)^3}$

3. 下列计算中,正确的是(　　).

A. $\sqrt{3}+\sqrt{2}=\sqrt{5}$　　　　　　　B. $\sqrt{5}+\sqrt[3]{5}=\sqrt[4]{5}$

C. $\dfrac{3}{\sqrt{2}}-2\sqrt{2}=1$　　　　　　D. $4\sqrt{3}-5\sqrt{3}=-\sqrt{3}$

4. 比较下列两个数的大小:(1) $\sqrt{13}$ _____ 3.4;(2) $\dfrac{\sqrt{37}}{2}$ _____ π.

5. 计算(结果保留根号):

(1) $\sqrt{5}+2\sqrt{2}-(\sqrt{5}-\sqrt{2})$;　　(2) $|\sqrt{3}-\sqrt{5}|+3(\sqrt{3}-\sqrt{5})$

参考答案:1. D　**2.** D　**3.** D　**4.** (1) $>$;(2) $<$

5. (1) 原式 $=3\sqrt{2}$;(2) 原式 $=2\sqrt{3}-2\sqrt{5}$.

【设计意图】 第 1～2 题检测目标 1,第 4 题检测目标 2,第 3 题、第 5 题检测目标 3.

8.4　数学活动 —— 用实数研究和解决问题

目标	1. 会画长度为 $\sqrt{2}$,π 的线段,发展几何直观和推理能力. 2. 利用开立方与立方互逆运算的关系对立方根进行估算,进一步发展运算能力
重点	1. 确定正方体的棱长和圆柱体的底面周长,并用线段把它们表示出来. 2. 通过估算确定结果中立方根的位数和各数位上的数
难点	1. 画长度为无理数的线段. 2. 通过估算确定立方根的位数和各数位上的数

教学过程设计

一、提出问题

我们已经比较完整地研究了实数及其运算,下面我们利用它们解决一些具体问题.

活动1:制作一个表面积为 $12\ \text{dm}^2$ 的正方体纸盒.

> **问题 1**　在制作纸盒之前,都需要做哪些准备?

师生活动:计算出正方体的棱长,以棱长为边画出相应正方体的展开图,动手裁剪和粘贴.

【设计意图】 在活动任务中发现和提出问题.

二、分析问题

> **问题 2**　制作纸盒的思路是怎样的?

师生活动:①求正方体的棱长;②以棱长为边画正方形;③用画出的正方形拼成正方体的展开图;④把展开图折叠成正方体.

追问 1:如何计算正方体的棱长?

师生活动:先计算出正方体一个面的面积为 $2\ \text{dm}^2$,再计算出正方体的棱长为 $\sqrt{2}$ dm.

追问 2:怎样画出边长为 $\sqrt{2}$ dm 的正方形?

师生活动：如图 8.4-1，先画出一个边长为 1 dm 的正方形，再连接对角线，那么对角线的长度就是 $\sqrt{2}$ dm. 再以 $\sqrt{2}$ dm 为边画出正方形（如图 8.4-2）.

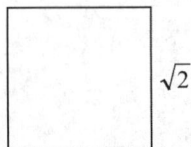

图 8.4-1　　　　　图 8.4-2

追问 3：怎样画棱长为 $\sqrt{2}$ dm 的正方体的展开图？

师生活动：师生回顾正方体各种展开图，选定一种正方体的展开图，如图 8.4-3，再依次画出 6 个边长为 $\sqrt{2}$ dm 的正方形.

图 8.4-3

【设计意图】 通过活动，巩固用线段表示 $\sqrt{2}$ dm 的方法.

三、解决问题

问题 3　怎样制作棱长为 $\sqrt{2}$ dm 的正方体？

师生活动：学生操作（如图 8.4-4、图 8.4-5），教师巡视，个别指导，进行评价.

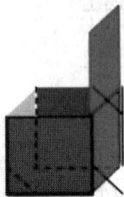　　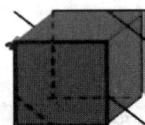

图 8.4-4　　　　　图 8.4-5

问题 4　制作的正方体是否符合要求？

师生活动：学生之间相互交流心得.

【设计意图】 让学生体会制作这一类图形的操作方法与操作步骤.

活动 2：我国著名数学家华罗庚在一次出国访问途中，看到飞机上邻座乘客阅读的杂志上有一道智力题：一个数是 59319，求它的立方根. 华罗庚脱口而出 39. 邻座乘客十分惊奇，忙问他计算如此之快的奥妙.

问题 5　华罗庚是怎样迅速准确地计算出来的呢？

师生活动：教师引导学生先确定结果的位数，再确定各数位上的数字.

【设计意图】 在活动过程中发现和提出问题.

问题 6　举例说明如何估计一个带根号的无理数的大小？比如如何确定 $\sqrt[3]{80}$ 介于哪两个整数之间？

师生活动: 因为 $4^3 < 80 < 5^3$,所以 $4 < \sqrt[3]{80} < 5$.

问题 7 如何确定 $\sqrt[3]{59319}$ 是几位数?

师生活动: 因为 $10^3 < 59319 < 100^3$,

所以 $10 < \sqrt[3]{59319} < 100$.

所以 $\sqrt[3]{59319}$ 是两位数.

问题 8 如何确定 $\sqrt[3]{59319}$ 个位上的数字?

师生活动: 在 $0 \sim 9$ 中,只有 9 的立方的末位数字是 9,所以 $\sqrt[3]{59319}$ 的个位上的数是 9.

问题 9 如何确定 $\sqrt[3]{59319}$ 十位上的数字?

师生活动: 教师引导学生,因为 10^3 是 1000,所以应该划去后三位数字 319,只考虑 59 的立方根的大小. 又因为 $3^3 < 59 < 4^3$,所以 $\sqrt[3]{59319}$ 的十位上的数是 3.

追问: 如何检验这个结果是正确的?

师生活动: 利用立方与开立方互为逆运算来检验.

【设计意图】 通过活动估算立方根的位数和各数位上的数,进一步发展学生的估算意识.

拓展研究: 已知 19683 和 110592 都是整数的立方,按照上述方法,你能确定它们的立方根吗?

四、反思总结

解决本节课中的问题,用到了什么知识和方法?

师生活动: 教师引导学生总结,制作正方体的关键是求出棱长,画出无理数的棱长;华罗庚解决立方根问题的关键是通过估算确定立方根的位数和各数位上的数.

【设计意图】 通过对这个问题的解决,得出解决这类问题的一般方法.

8.5　实数复习

目标	1.能类比有理数整理实数的知识体系,进一步理解数系扩充思想,发展抽象能力. 2.理解实数的分类,了解实数与数轴上点的一一对应关系,了解实数的连续性,发展几何直观. 3.类比有理数的相反数和绝对值理解实数的相反数和绝对值的概念,发展抽象能力. 4.能用有理数估计无理数的大小,并进一步比较实数的大小,发展推理能力. 5.会进行简单的实数运算,发展运算能力
重点	用数系扩充思想整理实数的知识结构,用有理数估计无理数的大小
难点	无理数概念的理解

教学过程设计

一、知识回顾

问题 1 本章我们在有理数的基础上,引入一类新的数 —— 无理数,把数的范围扩充到了实数,能回顾我们是怎样做的吗?

师生活动：引导学生回顾，通过有理数乘方运算的逆运算 —— 开平方运算和开立方运算，引入了诸如 $\sqrt{2}$，$\sqrt[3]{5}$ 的一类新的数 —— 无理数，然后类比有理数的研究思路，研究实数的分类、实数与数轴的关系、实数的相反数与绝对值、实数的大小比较和运算.

实际上，这与有理数的学习过程是一致的，即引入新数 — 定义、表示、分类 — 性质 — 运算.

问题 2 先回顾一下无理数的引入：说一说什么是平方根和立方根？它们有哪些性质？怎样用符号表示？能举出算术平方根和立方根中的无理数的例子吗？

师生活动：教师引导学生回顾平方根和立方根的概念、性质和表示方法及其异同点，举出具体的无理数的例子，明确无理数的一种表现形式，如 $\sqrt{2}$，$\sqrt[3]{7}$ 等开不尽方的数.

追问 1：怎样说明 $\sqrt{2}$ 是客观存在的数？

追问 2：怎样说明 $\sqrt{2}$ 不是有理数？

追问 3：无理数有哪些表示形式？

追问 4：无理数和实数是怎样定义的？

问题 3 怎样在数轴上表示出用根号表示的无理数（如 $\sqrt{2}-1$）？实数与数轴上的点有什么关系？

师生活动：教师引导学生在数轴上表示无理数，回忆实数与数轴上的点——对应关系的含义.

【设计意图】 回顾实数的数轴表示.

问题 4 类比有理数，实数怎样分类？怎样定义实数的相反数和绝对值？互为相反数的两个实数在数轴上有什么特征？实数的绝对值的几何意义是什么？

追问：能举出具体的例子来说明吗？

师生活动：教师引导学生独立回顾实数的分类，实数的相反数与绝对值的意义，并能进行图示.

【设计意图】 学生基于类比独立回顾实数的分类及相反数、绝对值的定义.

问题 5 怎样比较两个无理数的大小？请举例说明.

师生活动：教师引导学生通过举例比较后总结：一般地，先用有理数估计无理数的大小，再比较两个无理数的大小；两个算术平方根形式的无理数，则可以比较它们的被开方数；还可以用作差法；等等.

问题 6 实数中新的运算就是与无理数有关的运算，这种运算主要有哪些类型？怎样运算？

师生活动：教师引导学生举例说明，然后总结，对于算术平方根形式的无理数，可以类比有理数用运算律进行运算；对于一般的无理数，一般采用近似计算（用有理数估计无理数的大小后再计算近似值）.

【设计意图】 类比有理数的运算回顾无理数有关运算的计算方法.

二、知识整理

问题 7 请总结一下数的发展中的研究思路、研究内容和研究方法.

师生活动：研究思路：引入新数 — 定义、表示、分类 — 性质（大小比较）— 运算、运算律.

研究内容：表示、性质、运算、运算律.

研究方法:从特殊到一般,归纳,借助数轴.

【设计意图】 归纳出数系扩充研究的一般思路.

三、知识运用

例1 求下列各式的值:

(1) $-\sqrt{1-\dfrac{16}{25}}$; (2) $\sqrt[3]{10^3}$; (3) $\pm\sqrt{0.09}$; (4) $\sqrt{(3-\pi)^2}$.

例2 用有理数估计 $\sqrt{19}$ 的大小(精确到 0.1).

例3 计算下列各式的值:

(1) $\sqrt{2}(\sqrt{2}+2)$; (2) $\sqrt{3}\left(\sqrt{3}+\dfrac{1}{\sqrt{3}}\right)$; (3) $2\times\sqrt[3]{8}-\sqrt{2}\pi$(精确到 0.1).

四、课堂小结

说一说实数的研究思路、研究内容、研究方法和研究结果:

1. 研究思路是什么?

2. 研究内容是什么?

3. 研究方法是什么?

4. 研究结果是什么?

整理出实数的知识结构图.

目标检测

1. 若一个正数的算术平方根是 a,则比这个数大 3 的正数的平方根是(　　).

A. $\sqrt{a^2+3}$　　　　B. $-\sqrt{a^2+3}$　　　　C. $\pm\sqrt{a^2+3}$　　　　D. $\pm\sqrt{a+3}$

2. 已知 $|a|=5$,$\sqrt{b^2}=7$,且 $|a+b|=a+b$,则 $a-b$ 的值为(　　).

A. 2 或 12　　　　B. 2 或 -12　　　　C. -2 或 12　　　　D. -2 或 -12

3. 如果 $a,b,0$ 的关系如图所示,那么 $|a-b|+\sqrt{(a+b)^2}$ 的结果是(　　).

(第3题)

A. $-2b$　　　　B. $2b$　　　　C. $-2a$　　　　D. $2a$

4. 将下列各数填入相应的大括号内.

$$-7,0.32,\dfrac{1}{3},0,\sqrt{8},\sqrt{\dfrac{1}{2}},\sqrt[3]{125},\pi,0.1010010001\cdots$$

有理数集合:{　　　　　　　,…}

无理数集合:{　　　　　　　,…}

负实数集合:{　　　　　　　,…}

5. 比较 $4-\pi$ 与 $\dfrac{\sqrt{3}}{2}$ 的大小.

6. 计算：(1) $(\sqrt{2})^2 + \sqrt{(-3)^2} - (\sqrt[3]{3})^3$； (2) $|1-\sqrt{2}| + |\sqrt{2}-\sqrt{3}|$.

参考答案：1. C **2.** D **3.** A

4. 有理数集合：$\left\{ -7, 0.32, \dfrac{1}{3}, 0, \sqrt[3]{125}, \cdots \right\}$

无理数集合：$\left\{ \sqrt{8}, \sqrt{\dfrac{1}{2}}, \pi, 0.1010010001\cdots, \cdots \right\}$

负实数集合：$\{-7, \cdots\}$

5. $4-\pi < \dfrac{\sqrt{3}}{2}$ **6.** (1) 2；(2) $\sqrt{3}-1$

【设计意图】 第 1 题检测目标 1，第 2～4 题检测目标 2，第 5 题检测目标 4，第 6 题检测目标 5.

第九章　平面直角坐标系

◎ 单元设计 ◎

一、知识结构图

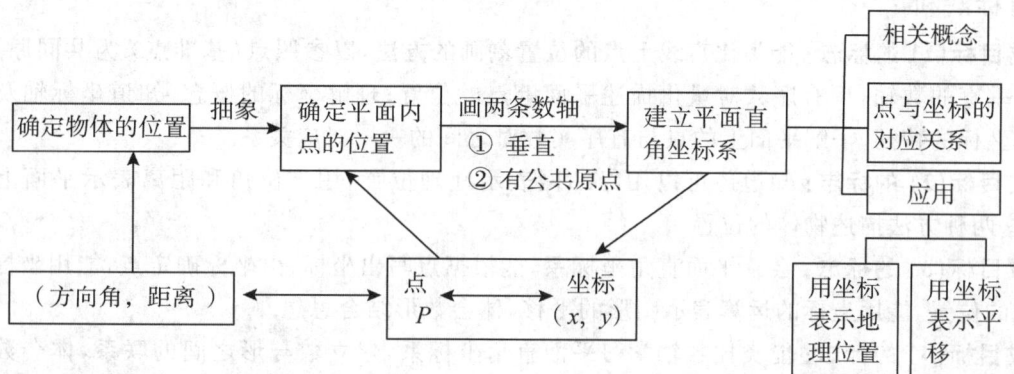

二、内容与内容解析

1. 内容

平面直角坐标系,点与坐标的对应关系,坐标方法的应用.

2. 内容解析

刻画物体的位置是生产生活实际的需要,平面直角坐标系是在学习数轴的基础上进一步通过组合数轴的方法建立刻画平面上点的位置的参照系,它是沟通数与形的桥梁和纽带.

刻画物体的位置是从一维到多维层次发展的.刻画直线上点的位置,需要先确定基准点(参照点),再用相对于基准点的方向和距离来描述直线上点的位置.类似地,要定量刻画平面上点的位置,首先要确定参照点,再用相对于参照点的方向和距离定量刻画平面上任意一点的位置,即用方向角和距离刻画平面上点的位置.但是,这种位置的刻画方法要借助角度,而角度不是数,其进位制与十进制的数不同,不能像数一样进行运算,导致在表示位置变化上的困难.类比建立数轴,用正负数刻画直线上点的位置的方法,以参照点为原点,建立两条互相垂直的数轴,就可以用正负数构成的有序数对来刻画平面上点的位置,建立平面上的点与有序数对之间的一一对应关系;也能用数的运算刻画平面上点的位置变化;还可以直观地表示两个变化的量之间的关系和变化规律,使得平面直角坐标系成为直观地表达函数的数学工具.

基于以上分析,确定本单元的教学重点:平面直角坐标系的相关概念;点与坐标的对应关系.

三、目标与目标解析

1. 目标

（1）经历建立平面直角坐标系刻画平面上点的位置的过程，理解坐标的概念，了解平面直角坐标系内点与坐标的一一对应关系，发展学生的空间观念、几何直观和抽象能力，学会用数学的眼光观察现实世界。

（2）经历用方向角与距离及经纬网描述物体位置的活动，了解用经纬网及方向角与距离表示位置的方法，发展空间观念、几何直观和抽象能力。

（3）能用坐标描述平面内点的位置，能由点的位置确定坐标，能用坐标表示简单几何图形的位置，用坐标表示地理位置和点的平移，从数和形两个角度描述点的位置及其平移，建立几何直观，学会用数学的语言表达现实世界。

（4）能反思和总结通过平面直角坐标系建立数与形之间联系的数形结合思想。

2. 目标解析

达成目标（1）的标志：能类比直线上点的位置刻画的方法，以参照点（基准点）为共同原点，建构两条互相垂直的数轴，用有序数对量化描述平面上点的位置；理解坐标的概念，知道坐标轴及不同象限内点的坐标的特征，了解平面上的点与有序实数对之间的一一对应关系。

达成目标（2）的标志：知道还可以用经纬网表示地理位置，用方位角和距离表示平面上点的位置，会用这两种方法描述物体的位置。

达成目标（3）的标志：会画平面直角坐标系，能根据点写出坐标、由坐标确定点，能用坐标表示简单多边形的位置，能用坐标的运算表示图形的平移，体会数形结合思想。

达成目标（4）的标志：能类比数轴学习平面直角坐标系，建立数与形之间的联系，体会数形结合思想，学会学习。

四、目标谱系

内容	核心素养			
	数学眼光	数学思维	数学语言	学会学习
9.1 用坐标描述平面内点的位置	1. 经历生活中表示物体位置的过程，理解用有序数对描述位置的方法。 2. 类比数轴上用数描述直线上点位置的方法，建立平面直角坐标系，用坐标描述平面上点的位置，理解平面直角坐标系的相关概念，发展几何直观和抽象能力。 3. 能类比实数与数轴上的点之间的一一对应关系，抽象平面上的点与有序实数对之间的一一对应关系，发展几何直观和抽象能力	1. 能从特殊到一般，经过观察、归纳、猜想点的坐标特征。 2. 熟练掌握不同象限、不同坐标轴上的点的坐标特征，掌握与坐标轴平行的直线上点的坐标特征，以及象限角平分线上点的坐标特征，体会数形结合思想，发展推理能力。 3. 经历建立不同平面直角坐标系描述同一个多边形的顶点位置的活动，理解建立的平面直角坐标系不同，点的坐标一般也不同	1. 会用有序数对表示物体的位置。 2. 能建立适当的平面直角坐标系，会用坐标表示点的位置，会根据坐标描点，会用坐标表示简单图形的位置，体会数形结合思想	1. 会类比数轴的学习经验学习平面直角坐标系。 2. 能基于平面上点的位置与坐标之间的对应关系，建立数与形之间的联系

内容	核心素养			
	数学眼光	数学思维	数学语言	学会学习
9.2坐标方法的简单应用	1. 能总结用坐标刻画物体位置的方法(选择参照点、建立平面直角坐标系、确定位置坐标),发展抽象方法与策略的能力. 2. 会用方向角和距离刻画物体位置(选择参照点、基准方向,用角度和距离刻画位置),建立几何直观,发展抽象方法和策略的能力. 3. 能基于直观,用坐标运算表示位置的平移,建立几何直观,发展抽象能力	1. 能从特殊到一般归纳平移的坐标变化规律. 2. 能根据平移的坐标变化规律,写出一个已知点沿坐标轴方向依次平移后点的坐标,画出平移后的图形	1. 会根据实际情况选择合适的原点、正方向、单位长度建立平面直角坐标系,将实际问题转化为坐标问题,发展模型观念和应用意识. 2. 能用方向角和距离表达现实情境中的位置	学会用坐标法建立数与形之间的联系,形成用数形结合思想解决问题的应用意识

五、教学问题诊断分析

1. 已有基础

会用有序数对表示物体位置,会建立数轴用实数表示直线上点的位置,有研究一维空间坐标系的学习经验.

2. 学习需要

从一维空间中位置刻画到二维空间中位置刻画,为什么要引入第二条数轴,这两条数轴的位置有怎样关系,这些问题必须想清楚;从用一个数表示直线上点的位置,到用两个数表示平面上点的位置,这两个数之间怎样配对,也是需要考虑的问题.

3. 难点及应对策略

本单元的教学难点是:理解平面直角坐标系中两条数轴为什么有公共原点,平面直角坐标系中点与坐标的一一对应关系. 教学中,要从用数表示直线上点的位置任务过渡到定量刻画平面上点的位置的任务,在任务驱动下,通过理解位置的参照系设定参照点(共同原点),交叠两条数轴,通过设定数轴互相垂直简化数对确定方法等活动,借助现实生活经验建立平面直角坐标系,用坐标刻画平面上点的位置,理解平面上的点与坐标之间的一一对应关系.

六、教学建议

1. 设计整体研究思路

定量刻画位置任务驱动 — 建立平面直角坐标系 — 定义 — 点与坐标的对应关系 — 应用.

2. 确定整体教学策略

类比数轴,建立参照系,表达平面上点的位置.

3. 结合内容设计活动,体会和总结数学思想方法

在建立平面直角坐标系,用坐标表示平面上点的位置活动中体会抽象思想、数形结合思想;在探索坐标轴及各象限上点的坐标规律和平移的坐标规律活动中学习从特殊到一般的归纳方法.

4. 融合内容发展数学核心素养

在定量刻画点的位置的任务驱动下,通过确定参照点设计共同原点,通过坐标轴的垂直相交建立

平面直角坐标系,在这个过程中发展几何直观和抽象能力;在已知点写坐标、已知坐标描点活动中发展几何直观和推理能力;在此基础上通过类比数轴上的点与实数之间的一一对应关系,抽象平面直角坐标系中的点与有序数对之间的一一对应关系,发展抽象能力;在归纳坐标轴及各象限上点的坐标规律和平移的坐标变化规律中发展归纳推理能力;在用坐标法建立两个变量之间联系的过程中发展几何直观.

5. 课时安排

9.1用坐标描述平面内点的位置3课时,9.2坐标方法的简单应用3课时,9.3数学活动1课时,9.4平面直角坐标系复习1课时,共8课时.

◎ 课时设计 ◎

9.1　用坐标描述平面内点的位置

9.1.1　平面直角坐标系的概念(第1课时)

目标	1.经历建立平面直角坐标系刻画平面上点的位置的活动,理解平面直角坐标系的相关概念,发展空间观念、几何直观和抽象能力. 2.经历由点的位置写出坐标、由坐标确定点的位置的活动,理解平面直角坐标系内点与坐标的一一对应关系,体会数形结合思想,发展几何直观. 3.类比数轴的学习经验学习平面直角坐标系,学会学习
重点	建立平面直角坐标系,用坐标定量刻画点的位置
难点	理解平面直角坐标系中两条数轴为什么有公共原点

教学过程设计

一、情境引入,提出问题

现实生活中常常需要对位置进行定量刻画.

> **问题1**　第3列上有哪些同学?

师生活动:班长介绍第一个是张三,第二个是李四……

追问1:你用了几个数确定李四的位置?

师生活动:教师引导学生一列上需要一个数确定李四的位置.

追问2:你能介绍一下学习委员的位置吗?

师生活动:班长会介绍在第几列第几行?比如第3列第4行.

追问3:你用了几个数确定学习委员的位置?

师生活动:教师引导学生体会教室平面内需要用两个数刻画某位学生的位置.

追问4:怎样用数更简明地表示第3列第4行?

师生活动：利用小学所学的知识，用有序数对 $(3,4)$ 表示第 3 列第 4 行.

追问 5：$(3,4)$，$(4,3)$ 表示同一个位置吗?

师生活动：教师引导学生发现用数对表示位置，要先规定行列顺序，规定的顺序不一样，(a,b) 表示的意义就不一样，体会数对的有序性.

【设计意图】 初步体会用数定量刻画直线上点的位置，用有序数对定量刻画平面内点的位置.

二、探究思考，形成新知

生活中，同学们会用数定量刻画点的位置，现若将第 3 列抽象为直线，第 3 列上的同学的位置抽象为点，那么怎样定量刻画直线上点的位置?将教室抽象为平面，教室里的每位同学的位置抽象为点，怎样定量刻画平面内点的位置?

> **问题 2** 如何定量刻画直线上点 A,O,B 的相对位置关系?

师生活动：为了刻画点的相对位置关系，首先要选一个基准点，再从相对于基准点的方向和距离进行刻画.例如以点 O 为基准点，再刻画点 A,B 相对于点 O 的位置.

追问 1：确定了基准点后，对直线做怎样的规定才能对直线上的点进行定量刻画?

师生活动：教师引导学生以基准点为原点，确定正方向和单位长度，在此基础上，用正、负刻画相对于基准点的方向，用基于单位长度的两点之间的距离刻画其与原点距离的大小.学生建立数轴刻画直线上点的位置. -2 对应的点在原点 O 的左侧，距离原点 2 个单位长度；$+3$ 对应的点在原点 O 的右侧，距离原点 3 个单位长度，如图 9.1-1.

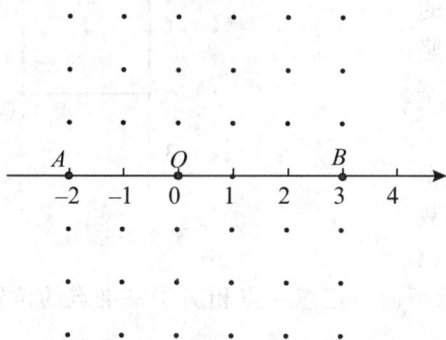

图 9.1-1

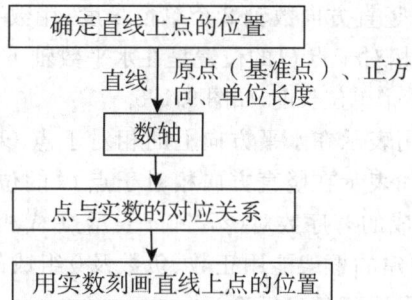

图 9.1-2

追问 2：我们如何借助数轴刻画直线上点的位置?

师生活动：引导学生形成知识导图（如图 9.1-2）.

【设计意图】 定量刻画直线上点的位置需先确定基准点，定量刻画平面内点的位置也需要先确定基准点，两者的思路一致，回顾数轴的研究思路，可以起到先行组织者的作用.

> **问题 3** 类比直线上点的位置的定量刻画方法，平面内点的位置又该如何定量刻画呢?

追问 1：确定直线上点的位置，需先确定基准点，确定平面内点的位置首先要做什么?

师生活动：学生类比直线上点的位置的定量刻画，确定平面内点的位置也要先确定基准点.鼓励学生举例，例如刻画班级里学习委员的位置是以教室门口（第 0 行第 0 列）为基准点；航海时以灯塔为基准点刻画各艘轮船的位置，所以确定平面内点的位置需要先确定一个基准点（参照点）.

追问 2：在如图 9.1-3 的平面内以 O 为基准点，如何刻画点 A 相对于点 O 的位置?

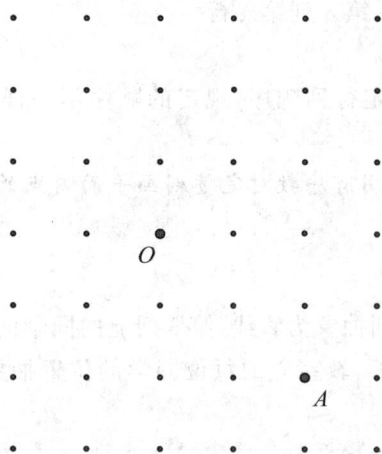

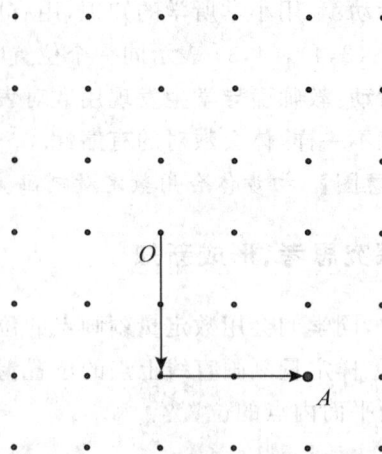

图 9.1-3   图 9.1-4

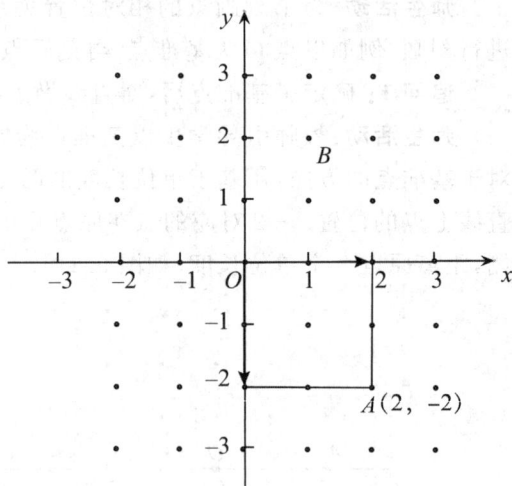

图 9.1-5

师生活动：学生可能会用有序数对刻画，可能会用方位角和距离刻画，也可能会说点 O 向下移动 2 格，再向右移动 2 格到点 A，教师适时引导，将点 A 相对点 O 的位置关系分解成水平方向和竖直方向的相对位置，板书或课件展示，如图 9.1-4.

在此基础上，教师引导需建立一条以基准点 O 为原点的水平方向的数轴和竖直方向的数轴，用数字 2 表示在水平方向上的、相对于基准点 O 的位置是在竖直数轴的右侧，距离竖直方向数轴 2 个单位长度；用数字 -2 表示竖直方向的、相对于点 O 的位置是在水平数轴下方，距离水平方向数轴 2 个单位长度，如图 9.1-5.

分别用表示在水平方向上的相对于点 O 的位置关系的数字 2 和表示在竖直方向相对于点 O 的位置关系的数字 -2，组成的有序数对 $(2,-2)$ 表示点 A 相对点 O 的位置.这样构建的框架能用正数、负数及 0 组成的数对表示平面内任意一点相对于基准点的位置.这个框架就称为**平面直角坐标系**.

追问 3：平面直角坐标系有什么特征？

师生活动：由两条互相垂直的数轴组成，以基准点为公共原点.

【设计意图】 让学生思考：将平面内点 A 相对于点 O 的位置分解成水平方向和竖直方向的相对位置关系，需建立以基准点 O 为公共原点的互相垂直的两条数轴，发展学生的几何直观、空间想象、抽象能力.

问题 4　请画一个平面直角坐标系，并说说什么是平面直角坐标系？

师生活动：通过观察，教师和学生不断补充完善，得到平面直角坐标系的定义.介绍相关概念：原点、横轴、纵轴、象限等.

追问 1：怎么在平面直角坐标系中用有序数对表示点的位置？

师生活动：学生观察点 $A(2,-2)$ 是如何确定的，刻画水平方向的相对于原点的位置的数 2，是过点 A 作 x 轴的垂线，垂足所对应的数字；刻画竖直方向的相对于原点的位置的数 -2，是过点 A 作 y 轴的垂线，垂足所对应的数字；推广到一般，过点 P 作 x 轴的垂线，垂足所对应的数字 a 是点 P 的横坐标，P 是平面直角坐标系内任意一点，过点 P 作 y 轴的垂线，垂足所对应的数字 b 是点 P 的纵坐标，(a,b) 是点 P 的坐标，表示成 $P(a,b)$.用这种方法写出点 B 的坐标.

追问 2：若点 C 的坐标是 $(-1,-3)$，你能描出点 C 的位置吗？

师生活动：根据坐标的概念确定点的位置.

【设计意图】 理解相关概念，理解点与坐标的对应关系.

问题 5　建立了平面直角坐标系后，平面上的点与坐标之间有怎样的关系？

师生活动：教师引导学生总结，平面内的一个点对应一个有序数对，即坐标；反过来，一个坐标对应着平面直角坐标系内的一个点，平面直角坐标系内的点与有序实数对具有一一对应关系；点是形，坐标是数，两者的对应，是数与形的对应，体会数形结合思想. 教师介绍相关数学史.

【设计意图】 体会建立平面直角坐标系的意义是建立数与形的联系.

三、辨别应用，巩固新知

例　在如图 9.1-6 的平面直角坐标系中描出下列各点：
$A(4,5),B(-2,3),C(-3.5,-2),D(4,-2),E(0,-4)$.

解：

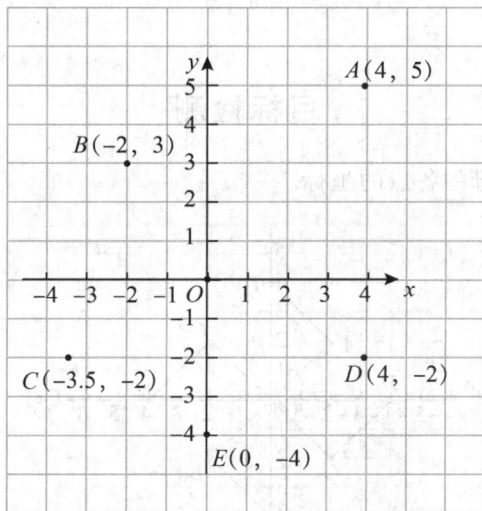

图 9.1-6

练习　写出图 9.1-7 中点 A,B,C,D,E,F 的坐标.

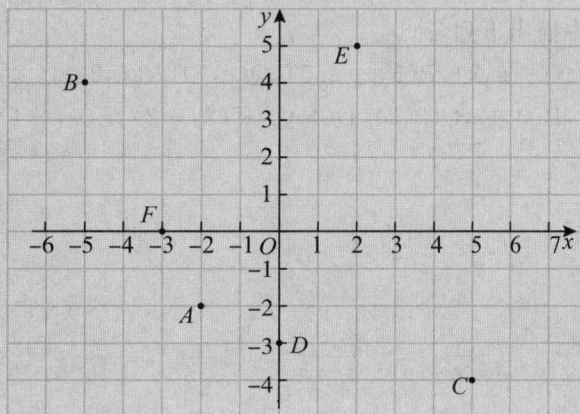

图 9.1-7

解：$A(-2,-2),B(-5,4),C(5,-4),D(0,-3),E(2,5),F(-3,0).$

四、回顾小结,概括提升

1. 什么是平面直角坐标系?平面直角坐标系中的两条数轴为什么有公共原点?

2. 如何由点写坐标、由坐标描点?

3. 本节课你经历了怎样的学习过程?体会了哪些思想方法?

师生活动: 回顾本节课的学习历程,建构得到如图9.1-8所示的知识结构图.

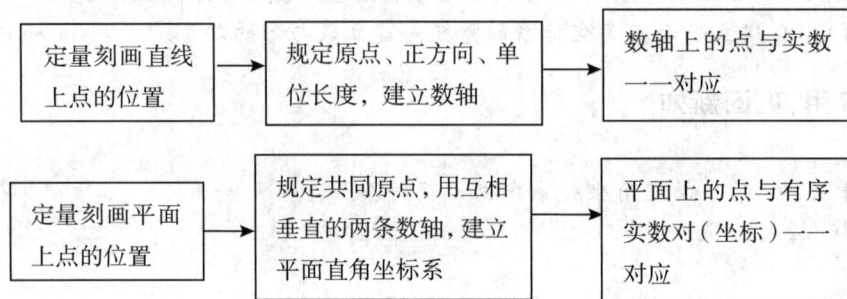

图9.1-8

目标检测

1. 如图,写出图中标有字母的各点的坐标.

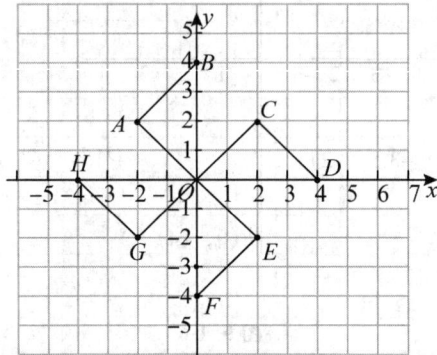

（第1题）

2. 在平面直角坐标系中描出下列各点:

$L(-5,-3),M(4,0),N(-6,2),P(5,-3.5),Q(0,5),R(6,2).$

参考答案: 1. $A(-2,2),B(0,4),C(2,2),D(4,0),E(2,-2),F(0,-4),G(-2,-2),H(-4,0),$
$O(0,0).$

2.

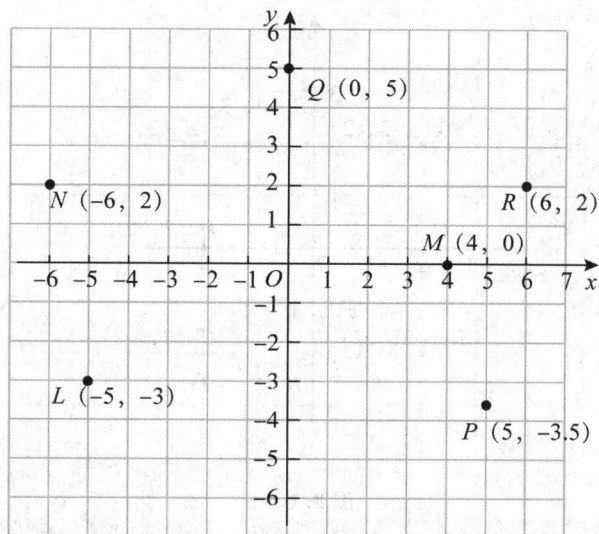

（第 2 题）

【设计意图】 第 1～2 题检测目标 2.

9.1.2　平面直角坐标系的概念（第 2 课时）

目标	1.抽象不同象限、不同坐标轴上的点的坐标特征,与坐标轴平行的直线上点的坐标特征,以及象限角平分线上点的坐标特征,形成几何直观,发展推理能力. 2.经历探究点与坐标的对应关系的活动,体会数形结合思想,感受平面直角坐标系是沟通几何与代数的桥梁
重点	研究坐标轴、各象限上点的坐标的特征,形成几何直观,发展推理能力
难点	理解特殊直线上点的坐标规律

教学过程设计

一、情境引入,提出问题

问题 1　什么是平面直角坐标系?为什么要建立平面直角坐标系?

师生活动:回顾平面直角坐标系的定义,以及坐标轴、象限、点的坐标等相关概念.体会平面直角坐标系的意义,能用坐标表示点的位置.平面直角坐标系是沟通几何与代数的桥梁.

【设计意图】　回顾知识,体会思想.

二、探究思考,形成新知

在平面直角坐标系（如图 9.1-9）中描出下列各点:

$A(2,2),B(0,3),C(-2,2),D(-2,0),E(-2,-2),F(0,-3),G(2,-2),H(2,0).$

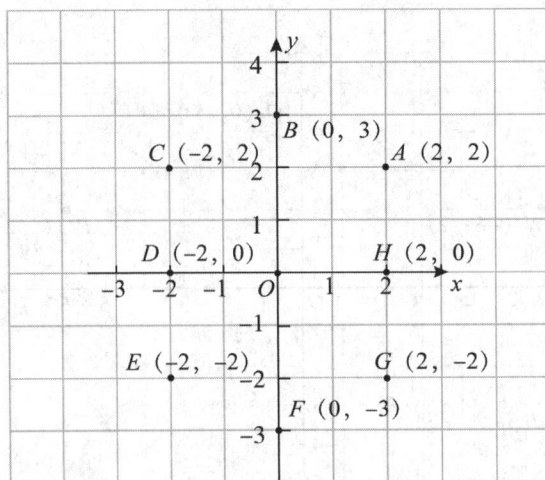

图 9.1-9

　　问题 2　如果点在不同的象限、不同的坐标轴上，那么点的横坐标、纵坐标符号有什么特征？能说明理由吗？

　　归纳：

点 (x, y) 的位置	横坐标 x	纵坐标 y
第一象限		
第二象限		
第三象限		
第四象限		
x 轴的正半轴上		
x 轴的负半轴上		
y 轴的正半轴上		
y 轴的负半轴上		
原点		

　　师生活动：学生作图描点、观察比较、归纳特征，填表并说明理由．

　　【设计意图】　感受从特殊到一般、归纳推理的学习方法．

　　问题 3　平行于 x 轴的直线上的点的坐标有什么特征？

　　追问 1：在图 9.1-9 中，连接 AC，若 Q 为直线 AC 上的任意一点，观察点 Q 的坐标有什么特征．

　　师生活动：教师可在几何画板上拖动点 Q，学生观察发现点 Q 的纵坐标一直都是 2．

　　追问 2：你得出了什么结论？

　　师生活动：归纳：如果一些点在平行于 x 轴的直线上，那么这些点的纵坐标相等．

　　追问 3：能用符号表示直线 AC 的特点吗？

　　师生活动：直线 AC 上任意一点的纵坐标都是 2，因此直线 AC 上的点的坐标都可以表示为 $(x, 2)$（x 为任意实数）．

　　追问 4：$(x, -2)$（x 为任意实数）表示哪条直线？

　　师生活动：横坐标为任意实数，纵坐标为 -2 的所有点构成直线 EG．

　　追问 5：探究平行于 x 轴的直线上的点的坐标的特征，经历了怎样的过程？

　　师生活动：经历了列举特例 — 归纳推理 — 符号抽象的过程．

　　追问 6：你体会到了什么思想方法？

师生活动:体会平面上的点与坐标之间的对应关系,可以用代数的方法表示一条直线,也可以用直线直观地描述一个式子,体会平面直角坐标系在其中起到的桥梁作用,体会数形结合思想.

【设计意图】 体会平面上的点与坐标之间的对应关系和数形结合思想.

问题4 平行于 y 轴的直线上的点的坐标有什么特征?怎么用符号表示图9.1-9中直线 DE 的特点?

师生活动:类比问题3的探究过程,小组合作汇报,补充归纳,得到结论:如果一些点在平行于 y 轴的直线上,那么这些点的横坐标相等.$(-2,y)$(y 为任意实数) 表示直线 DE.

【设计意图】 培养类比迁移能力,学会学习.

问题5 象限的角平分线上的点有什么特征?能否用符号表示它们?

师生活动:类比学习,发现第一、三象限的角平分线上的点可表示为 (x,x),第二、四象限的角平分线上的点可表示为 $(x,-x)$,象限的角平分线上的点可以概括表示为 (x,y),其中 $|x|=|y|$.

【设计意图】 进一步体会平面上的点与坐标之间的对应关系,体会数形结合思想,培养类比迁移能力,学会学习.

三、辨别应用,巩固新知

1. 已知点 $P(x,y)$ 在第四象限,且 $|x|=3$,$|y|=5$,则点 P 的坐标是(　　).

  A.$(-3,5)$ B.$(5,-3)$ C.$(3,-5)$ D.$(-5,3)$

2. 若点 $P(m,2-m)$ 在 x 轴上,则 m 的值为(　　).

  A.0   B.2   C.0 或 2   D.-2

3. 已知线段 $MN=4$,$MN\parallel x$ 轴,若点 M 的坐标为 $(-1,2)$,则点 N 的坐标为　　　　　.

4. 若点 $A(-2,a+3)$ 在第二象限的角平分线上,则 a 的值为　　　　　.

5. 在同一平面直角坐标系中分别描述下列两组点,并回答问题:

①$(-2,-4)$,$(-1,-2)$,$(0,0)$,$(0.5,1)$,$(1.5,3)$;

②$(-2,-2)$,$(-1,0)$,$(0,2)$,$(0.5,3)$,$(1.5,5)$.

(1)①中的点有什么共同特征?②中的点有什么共同特征?

(2)①,②各自构成的图形之间有什么关系?

解:1. C **2.** B **3.** $(3,2)$ 或 $(-5,2)$ **4.** -1

5. 图略.(1)①中各点在一条直线上,其中各点坐标 (x,y) 均满足 $y=2x$,②中各点在一条直线上,其中各点坐标 (x,y) 均满足 $y=2x+2$;(2)这两条直线互相平行.

四、迁移综合,发展能力

例 如图 9.1-10,在平面直角坐标系中,描出点 $A(1.5,2)$,$B(0,1)$,$C(-1,2)$,$D(-2.5,-3)$,$E(4,-2)$.观察这些点与第一、三象限的角平分线的位置关系,你能从几何和代数两个方面描述一下吗?

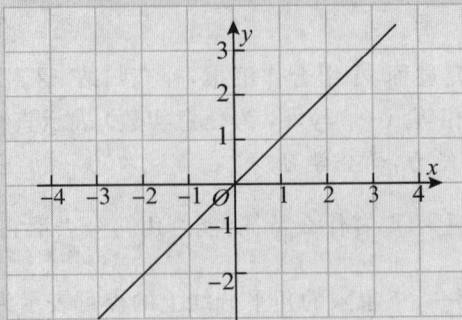

图 9.1-10

【设计意图】 从数、形两个角度进行描述,进一步感受数的简洁准确与形的形象直观,体会平面直角坐标系是沟通几何与代数的桥梁.

五、回顾小结,概括提升

1. 本节课学习了哪些内容?

2. 探究平行于坐标轴的直线上点的坐标的特征、象限的角平分线上点的坐标的特征,经历了怎样的过程?

3. 体会到了哪些数学思想方法?

【设计意图】 梳理知识、积累活动经验、提炼数学思想方法.

目标检测

1. 在平面直角坐标系中,点 $P(-3,8)$ 位于(　　).

A. 第一象限　　　　　B. 第二象限　　　　　C. 第三象限　　　　　D. 第四象限

2. 在平面直角坐标系中,点 $M(-3,4)$ 到 y 轴的距离是(　　).

A. 3　　　　　　　　B. 4　　　　　　　　C. 3.5　　　　　　　D. 1

3. 已知点 $M(3a-2,a+6)$,试分别根据下列条件,求出点 M 的坐标.

(1) 点 M 在 x 轴上;

(2) 点 $N(2,5)$,且直线 $MN \parallel x$ 轴;

(3) 点 M 到 x 轴和 y 轴的距离相等.

4. 在同一平面直角坐标系中分别描述下列两组点,并回答问题:

①$(-2,2)$,$(-1,1)$,$(0,0)$,$(1,-1)$,$(2,-2)$;

②$(-2,-1)$,$(-1,0)$,$(0,1)$,$(1,2)$,$(2,3)$.

(1)①中的点有什么共同特征?②中的点有什么共同特征?

(2)①,②各自构成的图形之间有什么关系?

参考答案: 1. B　　2. A　　3. (1)$(-20,0)$;(2)$(-5,5)$;(3)$(10,10)$ 或 $(-5,5)$.

4. 图略. (1)①中的点在一条直线上,点 (x,y) 满足 $y=-x$,②中的点在一条直线上,点 (x,y) 满足 $y=x+1$;(2) 这两条直线互相垂直.

【设计意图】 第 1~3 题检测目标 1,第 4 题检测目标 2.

9.1.3 用坐标描述简单的几何图形

目标	1.经历根据实际情境建立合适的平面直角坐标系,描述简单多边形的顶点位置,表达多边形结构特征的活动,体会数形结合思想,发展几何直观、空间观念. 2.经历建立不同平面直角坐标系描述同一个多边形的顶点位置的活动,体会平面直角坐标系不同,点的坐标一般也不同,发展几何直观
重点	建立合适的平面直角坐标系,用坐标表示简单多边形的位置
难点	建立合适的平面直角坐标系,用坐标表示简单多边形的位置

教学过程设计

一、创设情境,提出问题

问题 1 怎么表示平行四边形 $ABCD$ 的大小、形状、位置(如图 9.1-11)?

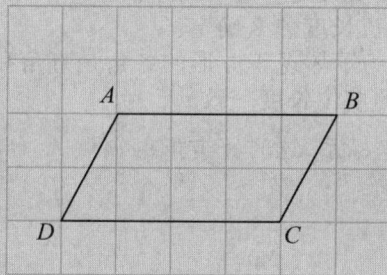

图 9.1-11

师生活动:学生发现直接表示比较困难,通过建立平面直角坐标系(如图 9.1-12),则根据各顶点的坐标 $A(2,3)$,$B(6,3)$,$C(5,1)$,$D(1,1)$ 完全可以确定图形的位置、形状、大小(周长、面积).

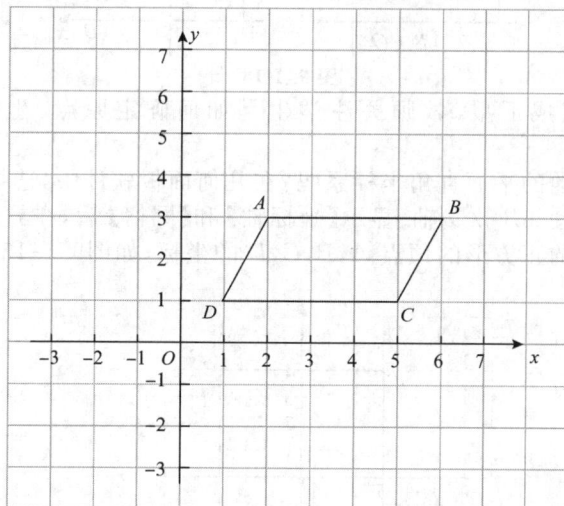

图 9.1-12

追问:你有什么体会?

师生活动:通过建立平面直角坐标系,发现用坐标的方法能准确、简洁地描述一些简单的图形.

【设计意图】 感受引入平面直角坐标系的意义是用数准确、简洁地描述形,用形直观刻画数,体会平面直角坐标系是数形结合的桥梁,体会数形结合思想.

二、探究思考,形成新知

通过坐标的方法可以准确、简洁地描述一些简单的几何图形,怎么建立合适的平面直角坐标系呢?

问题2 如图9.1-13,正方形$ABCD$的边长为6,建立适当的平面直角坐标系,用坐标表示正方形的顶点A,B,C,D的位置.

(1)如果以点A为原点,AB所在的直线为x轴,y轴的位置怎么确定?

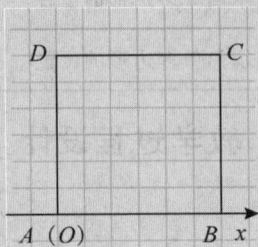

图9.1-13

师生活动:根据原点和x轴的位置确定y轴,即过原点A作AB的垂线.

追问1:y轴的原点、正方向、单位长度怎么确定?

师生活动:教师引导学生思考,为了体现正方形的各角是直角和四边相等的性质,以A为原点,向上为正方向建立y轴,两坐标轴上的单位长度一致.

(2)请另建立一个平面直角坐标系,这时正方形的顶点A,B,C,D的坐标又分别是什么?与同桌交流.

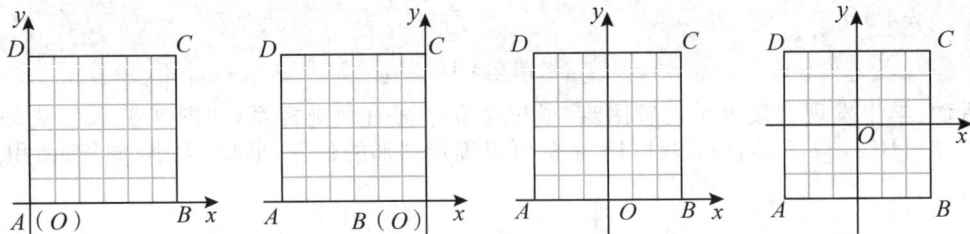

图9.1-14

师生活动:学生独立完成汇报,教师关注学生是如何确定原点、坐标轴和单位长度的,如图9.1-14.

追问2:还可以建立其他的平面直角坐标系吗?在几何面板软件中,选择【正多边形】按钮,绘制边长为6的正方形$ABCD$,并使$AB \parallel x$轴.显示【坐标轴】和【网格】后,在界面内任意移动正方形.选择一个固定位置后,显示此时的正方形的顶点A,B,C,D的坐标,如图9.1-15.

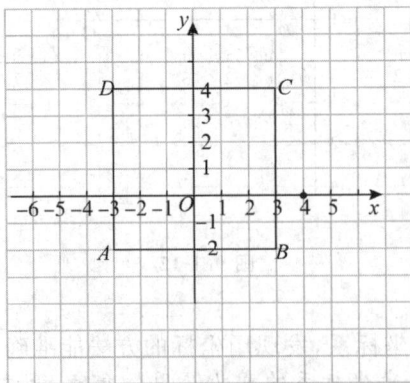

图9.1-15

追问3:你发现了什么?

师生活动:通过利用信息技术作图,直观感受可以建立任意的平面直角坐标系.若平面直角坐标系不同,则所描述图形的点的坐标一般来说也不同.

追问4:你认为哪一种方法更简洁?说明你的理由.

师生活动:启发学生思考,在不同的平面直角坐标系中图形上点的坐标表示会不同,适当的平面直角坐标系(例如利用图形对称性建立的平面直角坐标系)可以从数的角度更好地体现图形的几何特征.

【设计意图】 让学生在交流讨论中体会建立合适的平面直角坐标系的重要性.

问题3 用坐标表示图形的一般步骤是什么?关键是什么?

师生活动:一般步骤:(1)建立平面直角坐标系:选择合适的参照点作为原点,确定正方向和单位长度;(2)用坐标表示一些关键点(如正方形顶点)的位置.

关键:建立合适的平面直角坐标系.

【设计意图】 归纳梳理,总结方法.

三、辨别应用,巩固新知

例 在平面上画一个三角形ABC,建立平面直角坐标系,标出这个三角形的三个顶点,并恰当表示三个顶点的坐标(要求三个顶点的坐标用的字母个数最少).

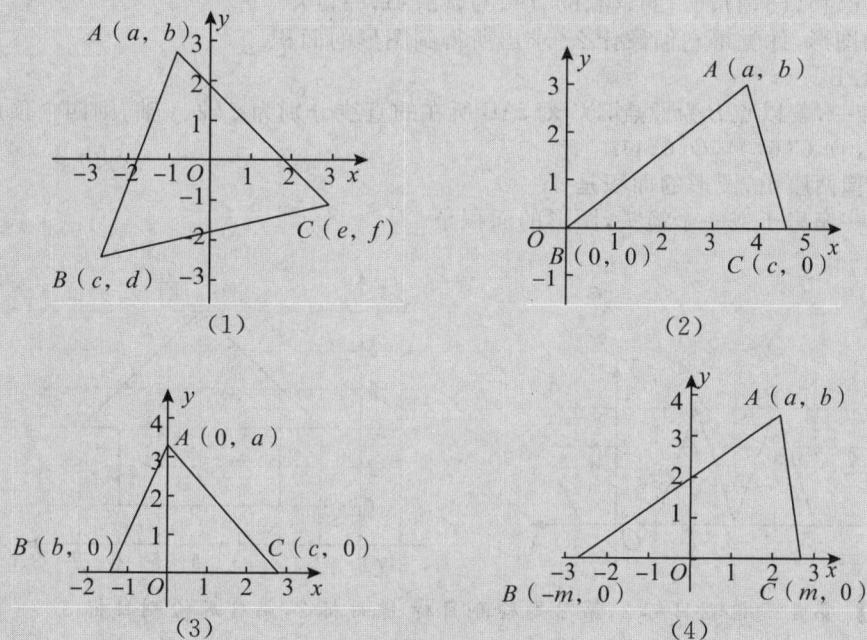

图 9.1-16

分析:对于一个三角形的三个顶点,它们的坐标最多要用到六个字母来表达,如$A(a,b)$,$B(c,d)$,$C(e,f)$(如图 9.1-16(1)).如果将坐标轴的位置取得适宜,则会相应地减少字母个数.

解:(1)如图 9.1-16(2),若取三角形的一个顶点(如点B)作为原点,该点所在的一条边(如边BC)所在的直线为x轴,则点B的坐标为$(0,0)$,设点C的坐标为$(c,0)$,点A的坐标为(a,b).这样建立平面直角坐标系,就可以使三角形的三个顶点分别表示为$A(a,b)$,$B(0,0)$,$C(c,0)$,只用到三个字母.

(2)如图 9.1-16(3),若取三角形的一条边(如边BC)所在的直线为x轴,这条边上的高为y轴,设点B的坐标为$(b,0)$,点C的坐标为$(c,0)$,点A的坐标为$(0,a)$.这样建立平面直角坐标系,可以使三角形的三个顶点分别表示为$A(0,a)$,$B(b,0)$,$C(c,0)$,也只用到三个字母.

(3)如图 9.1-16(4),若取三角形的一条边(如边BC)所在的直线为x轴,这条边的垂直平分线为y轴,设点B的坐标为$(-m,0)$,点C的坐标为$(m,0)$,点A的坐标为(a,b).这样建立平面直角坐标系,可以使三角形的三个顶点分别表示为$A(a,b)$,$B(-m,0)$,$C(m,0)$,也只用到三个字母.

练习 设计一个容易用它的顶点坐标描绘出来的图形,把这些坐标告诉你的同桌,看一看他能否画出你所设计的图形.

四、回顾小结,概括提升

1. 用坐标法描述简单几何图形的一般步骤是什么?关键是什么?
2. 经历用坐标法表示简单多边形的过程,你体会到了什么数学思想方法?

【设计意图】 梳理概括本节课的知识技能、思想方法.

目标检测

1. 在方格纸上有 A,B 两点,若以点 B 为原点建立平面直角坐标系,则点 A 的坐标为 $(-2,1)$,若以点 A 为原点建立平面直角坐标系,则点 B 的坐标为(　　).
   A.$(-2,1)$ 　　　　　　B.$(2,-1)$
   C.$(-2,-1)$ 　　　　　D.$(2,1)$

2. 如图,已知长方形 $ABCD$ 的长为 6,宽为 4,建立适当的平面直角坐标系,表示四个顶点的坐标.

3. 在平面直角坐标系中描出下列各组点,并将各组内的点用线段依次连接起来.
   (1)$(-5,0),(-4,3),(-3,0),(-2,3),(-1,0),(-5,0)$;
   (2)$(2,1),(6,1),(6,3),(7,3),(4,6),(1,3),(2,3),(2,1)$.
   观察得到的图形,你觉得它们像什么?求出所得到图形的面积.

参考答案:1. B

2. 答案不唯一,若以点 B 为原点,以 BC,AB 所在的直线分别为 x 轴、y 轴,则四个顶点的坐标分别为 $A(0,4),B(0,0),C(6,0),D(6,4)$.

3.(1) 图形像两座山,图形的面积是 6;
   (2) 图形像一座房子或一个箭头,图形的面积是 17.

(第 2 题)

【设计意图】 第 1 题检测目标 2,第 2 题检测目标 1、目标 2,第 3 题检测目标 3.

9.2　坐标方法的简单应用

9.2.1　用坐标表示地理位置(第 1 课时)

目标	1.经历在具体情境中建立适当的平面直角坐标系,用坐标表示地理位置的过程,发展空间观念、几何直观和模型观念. 2.归纳用坐标表示地理位置的一般过程,发展应用意识和抽象能力
重点	建立适当的平面直角坐标系,用坐标表示地理位置
难点	把实际问题转化为数学问题

教学过程设计

一、创设情境,提出问题

前面我们学习了平面直角坐标系,知道可以用坐标来表示平面内点的位置,那么平面内物体的位置和运动变化后的位置是否也可以用坐标表示呢?

> **问题 1**　根据以下条件画一幅示意图,标出学校、小刚家、小强家和小敏家的位置.
>
> 小刚家:出校门向东走 1500 m,再向北走 2000 m.
>
> 小强家:出校门向西走 2000 m,再向北走 3500 m.
>
> 小敏家:出校门向南走 1000 m,再向东走 3000 m,最后向南走 750 m.

师生活动:教师巡视,观察学生的方法,方法 1 是根据题意绘制示意图(如图 9.2-1);方法 2 是建立平面直角坐标系,利用坐标表示学校、小刚家、小强家、小敏家的位置(如图 9.2-2).教师同时投影展示两种方法.

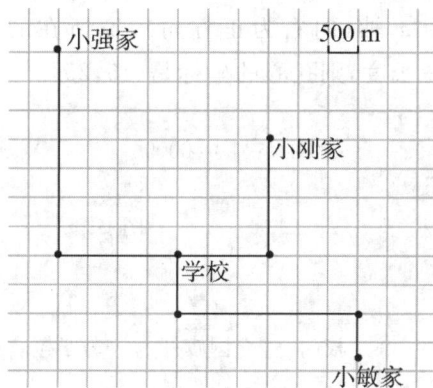

图 9.2-1

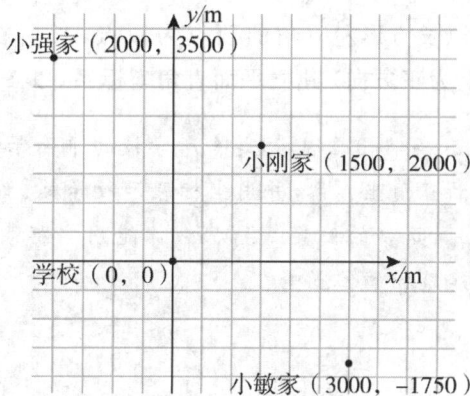

图 9.2-2

【设计意图】 用不同的方法描述地理位置.

二、探究思考,形成新知

> **问题 2**　为什么要将问题转化为用坐标表示地理位置?

师生活动:图 9.2-1 是用示意图表示地理位置,图 9.2-2 是用坐标表示地理位置,两者比较,用坐标表示地理位置更简洁、更准确.教师关注学生是否具有将现实问题转化为数学问题的意识和能力,是否掌握通过建立平面直角坐标系、用坐标表示点的位置的数形结合思想.

追问 1:选取学校所在位置为原点,并以正东、正北方向为 x 轴、y 轴正方向,这有什么优点?

师生活动:引导学生交流讨论,得出结论:其余三点都是以学校为参考位置描述的,以学校为原点建立平面直角坐标系更容易表示相对位置关系,问题中以东西南北描述方向,以正东、正北方向为 x 轴、y 轴正方向,与题意契合,也符合生活习惯.

追问 2:建立平面直角坐标系,用坐标表示位置的基本步骤是什么?关键是什么?

师生活动:教师引导,不断补充,归纳基本步骤:

(1)建立平面直角坐标系,选择一个适当的参照点为原点,确定 x 轴、y 轴的正方向;

(2)根据具体问题确定单位长度;

（3）在坐标平面内画出这些点，写出各点的坐标和各个地点的名称.

关键：明确基准点.

【设计意图】 经历用坐标表示地理位置的过程，学会用数学方法解决现实问题，发展模型观念和应用意识，体会平面直角坐标系是沟通几何与代数的桥梁，体会用数表示形的简洁性和准确性.

三、实践应用，巩固新知

例1 长方形零件如图9.2-3（单位：mm），建立适当的平面直角坐标系，用坐标表示孔心的位置.

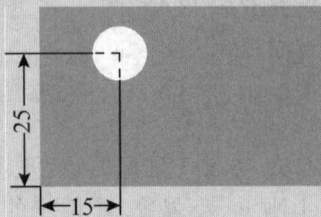

图9.2-3

解：以长方形左下角的顶点为原点，长所在的直线为 x 轴（向右为正方向），宽所在的直线为 y 轴（向上为正方向）建立平面直角坐标系，以 1 mm 为单位长度，则孔心的坐标是（15，25）.

例2 如图9.2-4，这是一所学校的平面示意图，建立适当的平面直角坐标系，并用坐标表示教学楼、图书馆、校门、实验楼、国旗杆的位置.类似地，你能用坐标表示自己学校各主要建筑物的位置吗？

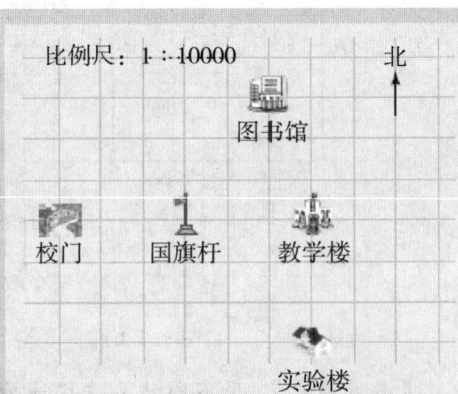

图9.2-4

解：图略.由比例尺得图中小正方形的边长代表 50 m 长.以教学楼为原点，正东方向为 x 轴正方向，正北方向为 y 轴正方向建立平面直角坐标系，则教学楼、图书馆、校门、实验楼、国旗杆的位置分别是（0，0），（-50，150），（-300，0），（0，-150），（-150，0）.

例3 如图9.2-5，这是一个利用平面直角坐标系画出的某动物园的示意图，如果这个坐标系分别以正东、正北方向为 x 轴、y 轴的正方向，并且猴山和狮虎山的坐标分别是（2，1）和（8，2）.你能在此图上标出熊猫馆（6，6）的位置吗？

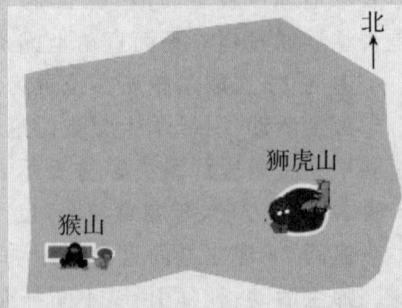

图9.2-5

解:熊猫馆的位置如图9.2-6所示.

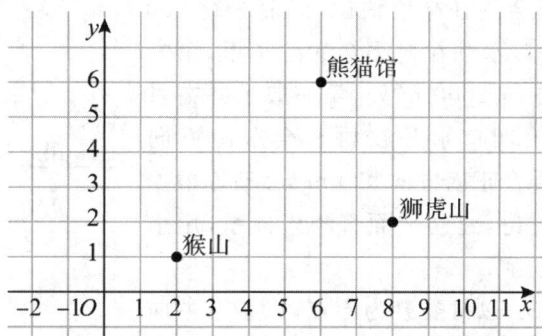

图9.2-6

四、回顾小结,概括提升

1. 用坐标表示地理位置的基本步骤是什么?关键是什么?

2. 你体会到了什么思想方法?

师生活动:反思抽象建立平面直角坐标系表示地理位置的方法:建立适当的平面直角坐标系,选择适当的单位长度,写出坐标.

【设计意图】 归纳梳理本节课的知识内容,提炼思想方法,发展模型观念.

目标检测

1. 如图为酷猫使用手机通信软件跟可爱兔对话的记录.根据图中两人的对话记录,下列走法能从邮局出发走到酷猫家的是(　　)

A. 向北走 300 米,再向西走 500 米　　　B. 向北走 500 米,再向东走 300 米

C. 向北走 800 米,再向西走 200 米　　　D. 向北走 200 米,再向东走 800 米

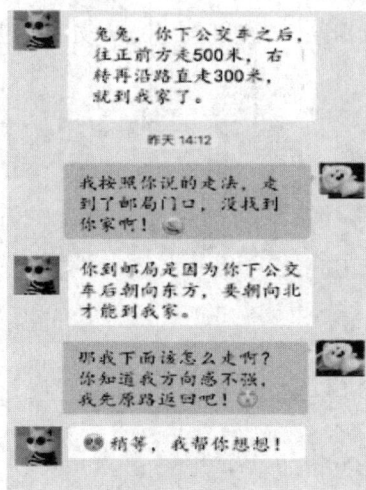

(第1题)

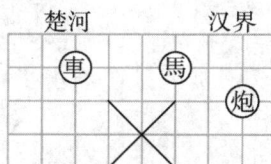

(第2题)

2. 如图,若棋子"炮"的坐标为(3,0),棋子"馬"的坐标为(1,1),则棋子"車"的坐标为(　　).

A. (3,2)　　　　B. (−3,3)　　　　C. (2,2)　　　　D. (−2,1)

3. 某村过去是一个缺水的村庄,由于兴修水利,现在家家户户都用上了自来水.据村委会主任徐伯伯讲,以前全村 400 多户人家只有五口水井:第一口水井在村委会的院子里,第二口水井在村委会北偏东 30° 方向 2000 m 处,第三口水井在村委会正西方向 1500 m 处,第四口水井在村委会东南方向 1000 m 处,第五口水井在村委会正南方向 900 m 处.请你根据徐伯伯的话,和同学们一起讨论,建立平面直角坐标系,用坐标表示这个村庄五口水井的位置.

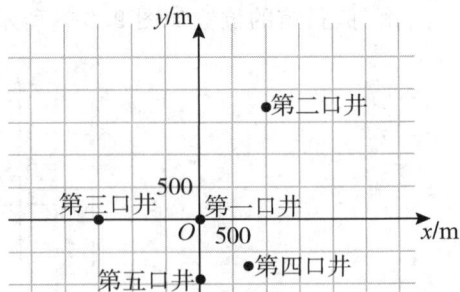
（第 3 题）

参考答案:1. C　2. D　3. 以村委会为原点,以正东方向为 x 轴正方向、正北方向为 y 轴正方向建立平面直角坐标系,则五口水井的位置如图所示.

【设计意图】 第 1~2 题检测目标 1,第 3 题检测目标 1、目标 2.

9.2.2　用坐标表示地理位置(第 2 课时)

目标	会根据实际情况,选择合适的参照点建立方向标,用方向和距离刻画两个物体的相对位置,发展空间观念和几何直观
重点	用方向和距离表示地理位置
难点	选择合适的参照点

教学过程设计

一、创设情境,提出问题

我们知道,通过建立平面直角坐标系,可以用坐标表示平面内点的位置.还有其他方法吗?

二、探究思考,形成新知

问题 1　如图 9.2-7,一艘船在点 A 处遇险后向相距 35 海里位于点 B 处的救生船求救,如何用方向和距离描述救生船和遇险船的相对位置关系?

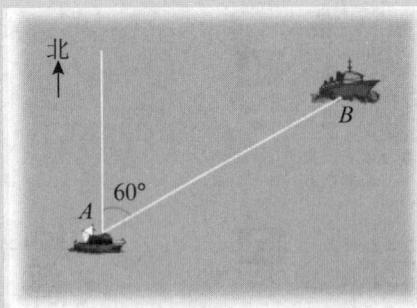
图 9.2-7

追问 1:平面内确定两点的相对位置关系需先确定什么?

师生活动:回顾描述平面内点的相对位置关系需先确定参照点.

追问 2:如何用方向和距离描述救生船 B 相对于遇险船 A 的位置?怎样确定参照点?

师生活动:明确以遇险船 A 为参照点,在点 A 处建立方向标,用北偏东 60°,距离 35 海里就可以确定救生船 B 相对于遇险船 A 的位置.

追问3：救生船接到求救信号后准备前往救援,如何用方向和距离描述遇险船相对于救生船的位置?怎样确定参照点?

师生活动：明确以救生船 B 为参照点,在点 B 处建立方向标,用南偏西 $60°$,距离 35 海里就可以确定遇险船 A 相对于救生船 B 的位置.

【设计意图】 通过具体问题的解决,初步感知如何用方向和距离刻画位置.

问题 2　用方向和距离表示平面内点的位置的基本步骤是什么?关键是什么?

师生活动：归纳基本步骤:

(1)选择一个适当的点作为参照点,建立方向标,明确比例尺;

(2)连接点与参照点;

(3)测量距离和角度.

关键:明确参照点,确定方向标,明确比例尺.

【设计意图】 明确用方向和距离表示平面内点的位置的一般方法.

三、实践应用,巩固新知

例 如图 9.2-8,某海警舰艇编队在巡航时,舰艇观察员观察到一座东西向的海岛,其西端位于舰艇的北偏西 $60°$,1.38 n mile 处,东端位于舰艇的北偏东 $45°$ 方向.请你根据以上信息,估算这座海岛的东西向的长度.(1 n mile $≈1.85$ km)

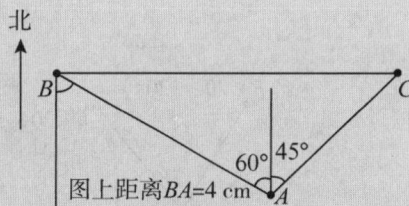

图 9.2-8

师生活动：选择图上距离 $BA = 4$ cm 代表实际距离 1.38 n mile,确定比例尺为 1 cm 代表 0.64 km,再绘制三个点的位置如图 9.2-8 所示,测得图中线段 $BC ≈ 5.5$ cm.所以海岛东西向的长度约为 $0.64 × 5.5 ≈ 3.52$(km).

【设计意图】 巩固用方向和距离表示点的位置的方法.

四、迁移综合,发展能力

问题 3　如图 9.2-9 是四艘舰艇的位置示意图,试通过测量,用方向和距离描述 A,B,D 三艘军舰相对于点 C 处潜艇的位置.

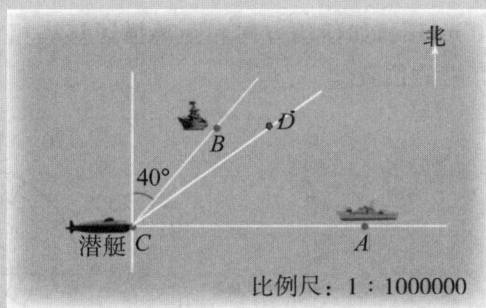

图 9.2-9

追问 1：文字表达比较复杂,你能用符号表示吗?

师生活动：用有序数对表示.

追问2：如图9.2-10，通过测量，用方向和距离描述 F,G,H 三艘军舰相对于点 C 处潜艇的位置，能用符号表示吗？

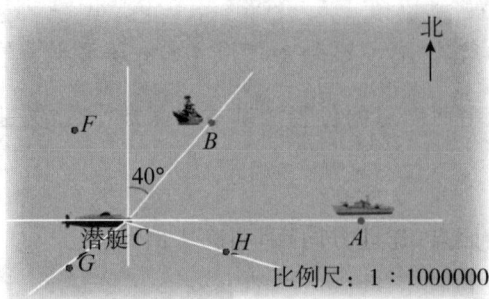

图9.2-10

师生活动：用符号表示方向时，需要规定基准方向.规定射线 CA 的方向为基准方向，则军舰 F 的方向定量刻画为 CA 绕点 C 逆时针旋转的角度（如图9.2-11），教师可简单介绍极坐标系（如图9.2-12）.

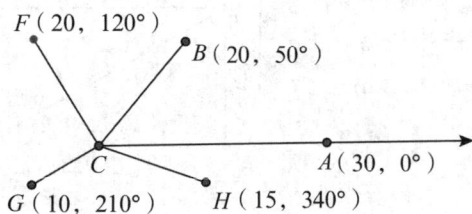

图9.2-11

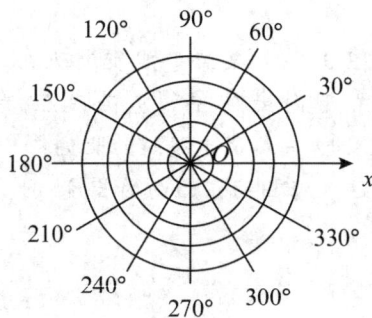

图9.2-12

【设计意图】 经历符号化的过程，初步感知极坐标系以及定量刻画平面内点的位置需要先确定基准点，再用方向和距离进行刻画.

五、回顾小结，概括提升

1. 用方向和距离表示位置的基本步骤是什么？关键是什么？

2. 经历用方向和距离表示地理位置的过程，你体会到了什么思想方法？

目标检测

1. 如图，货轮与灯塔相距 40 n mile，如何用方向和距离描述灯塔相对于货轮的位置？反过来，如何用方向和距离描述货轮相对于灯塔的位置？

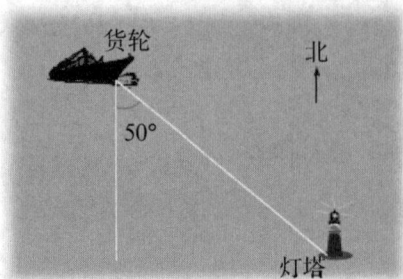

（第1题）

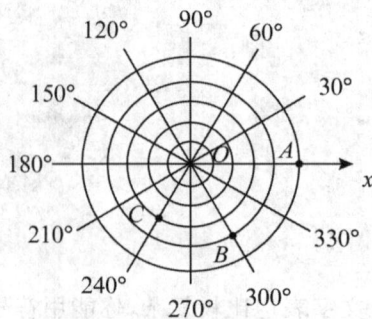

（第2题）

2. 以水平数轴的原点 O 为圆心,过正半轴 Ox 上的每一刻度点画同心圆,将 Ox 逆时针依次旋转 $30°,60°,90°,\cdots,330°$ 得到 11 条射线,构成如图所示的"圆"坐标系,点 A,B 的坐标分别表示为 $(5,0°)$, $(4,300°)$,则点 C 的坐标表示为_____.

参考答案:1. 灯塔在货轮的南偏东 $50°$,距离 40 n mile 处. 货轮在灯塔的北偏西 $50°$,距离 40 n mile 处. **2.** $(3,240°)$

【设计意图】 第 $1\sim2$ 题检测目标 1.

9.2.3　用坐标表示平移

目标	1.经历"作图观察 — 坐标表示 — 归纳猜想"的探究过程,探究平移的坐标变化规律,发展几何直观、归纳推理能力. 2.经过在平面直角坐标系中用坐标表示平移的过程,体会数形结合思想,形成用坐标表示图形运动的一般研究框架
重点	在平面直角坐标系中,探究图形平移变化中坐标的变化规律
难点	归纳平移变化的坐标变化规律

教学过程设计

一、情境引入,提出问题

问题 1 我们已经学习了用坐标定量刻画平面上点的位置.平移是一种图形的运动.在图形平移中,它的大小形状不变,位置发生了变化,这种位置变化的规律能用坐标进行量化描述吗?

师生活动:教师引导学生回顾用坐标表示位置和平移运动的知识,提出本节课研究的问题.

【设计意图】 回顾思考,提出问题.

二、探究思考,形成新知

问题 2 任意画一个三角形 ABC,把这个三角形向右平移 7 个单位长度,画出平移后的三角形,探索平移前后三角形顶点坐标的关系,有什么发现?能把这种规律推广到一般吗?

追问 1:怎样画出三角形 ABC 平移后得到的三角形 $A'B'C'$?

追问 2:用坐标表示这个平移中三角形的位置变化,需要怎样做?

追问 3:怎样建立适当的平面直角坐标系?

追问 4:写出对应顶点 A,A',B,B',C,C' 的坐标,你能发现坐标变化有什么规律吗?

追问 5:如果把三角形 $A'B'C'$ 向左平移回到三角形 ABC 的位置,要怎样平移?对应顶点的坐标有什么变化?

追问 6:能把平移中对应点的坐标变化规律推广到一般,并用符号表示吗?

师生活动:教师引导学生根据平移的定义画图(如图 9.2-13),建立适当的平面直角坐标系,写出对应点的坐标(如图 9.2-14),观察坐标之间的数量关系,发现:把三角形 ABC 向右平移 7 个单位长度,对应顶点的坐标是原三角形顶点的横坐标加 7,纵坐标不变;把三角形 $A'B'C'$ 向左平移 7 个单位长度,则坐标的变化是横坐标减 7,纵坐标不变.推广到一般,得到图形沿着 x 轴方向左右平移的规律是:向右平移 a 个单位长度$(a>0)$,横坐标加 a,纵坐标不变;向左平移 a 个单位长度,横坐标减 a,纵坐标不变.用符号表示为:

$$Q(x-a,\ y) \xleftarrow{\text{向左平移 } a \text{ 个单位长度}} P(x,\ y) \xrightarrow{\text{向右平移 } a \text{ 个单位长度}} R(x+a,\ y)$$

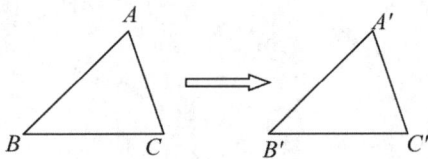

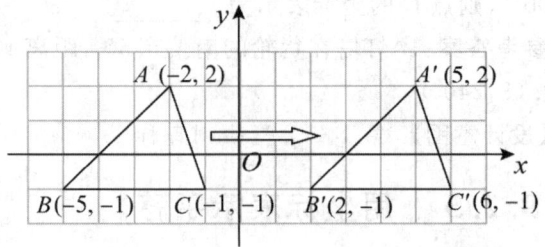

图 9.2-13   图 9.2-14

可用坐标的意义说明理由：把点 $P(x,y)$ 向右或向左平移，得到的点与点 P 在同一条平行于 x 轴的直线上，它们的纵坐标相等（不变），向右平移 a 个单位长度，横坐标增加 a；向左平移 a 个单位长度，横坐标减少 a，并用几何画板进行直观演示.

【设计意图】 画出图形、建立平面直角坐标系、写出坐标、观察坐标的数量关系，发现坐标变化规律，然后归纳推广到一般，通过这样的观察与推理相结合的探究活动，获得图形左右平移时坐标的变化规律.

  问题 3 如图 9.2-15，如果把三角形 $A'B'C'$ 向下平移 5 个单位长度得到三角形 $A''B''C''$，则图形上点的坐标又有什么变化规律呢？能把这一规律推广到一般吗？

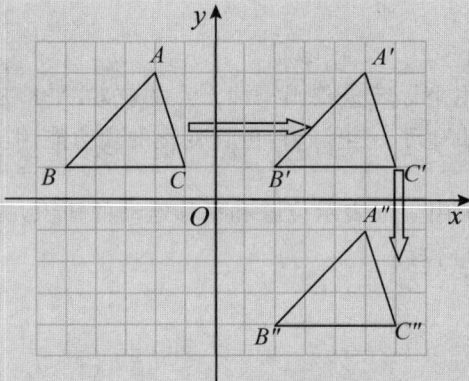

图 9.2-15

  师生活动：教师引导学生类比左右平移的研究方法，从特殊到一般，归纳上下平移的坐标变化规律：把图形向上（或向下）平移 b 个单位长度（$b>0$），图形上点的坐标变化规律是横坐标不变，纵坐标加上（或减去）b. 用图 9.2-16 表示平移的坐标变化规律.

$$M(x,\ y+b)$$
向上平移 b 个单位长度

$$Q(x-a,\ y) \xleftarrow{\text{向左平移 } a \text{ 个单位长度}} P(x,\ y) \xrightarrow{\text{向右平移 } a \text{ 个单位长度}} R(x+a,\ y)$$

向下平移 b 个单位长度
$$N(x,\ y-b)$$

图 9.2-16

问题4 观察三角形 ABC 和三角形 $A''B''C''$ 的顶点坐标有什么关系?一般地,把图形先向右(或向左)平移 a 个单位长度,再向上(或向下)平移 b 个单位长度,坐标有什么变化规律?

师生活动:教师引导学生综合前面的研究,归纳得到坐标的变化规律是横坐标加上(或减去)a,纵坐标加上(或减去)b.

【设计意图】 探索依次沿着坐标轴方向平移的坐标的变化规律.

问题5 前面探索平移的坐标变化规律的过程中,有哪些操作步骤?

师生活动:教师引导学生总结,先画出平移后的图形,再建立适当的平面直角坐标系,然后写出平移前后的坐标,在观察的基础上归纳坐标变化的规律,即画图形 — 写坐标 — 找规律.

【设计意图】 总结思考过程,积累用坐标表示图形平移运动的数学活动经验,抽象方法与策略,发展抽象能力,学会学习.

问题6 反过来,如果把图形中每一点的横坐标都加上(或减去)相同的数,纵坐标都加上(或减去)相同的数,根据得到的坐标画出点,画出的图形是原图形经过怎样运动得到的呢?

(1)如图 9.2-17,三角形 ABC 三个顶点的坐标分别是 $A(4,3)$,$B(3,1)$,$C(1,2)$.将三角形 ABC 三个顶点的横坐标都减去6,纵坐标不变,分别得到点 A_1,B_1,C_1,依次连接 A_1,B_1,C_1 各点,所得三角形 $A_1B_1C_1$ 与三角形 ABC 的大小、形状和位置有什么关系?

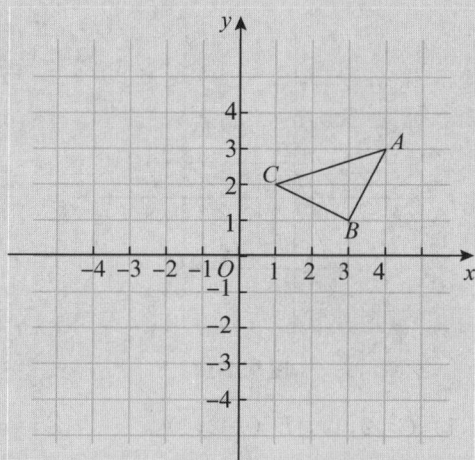

图 9.2-17

(2)将三角形 ABC 三个顶点的纵坐标都减去5,横坐标不变,分别得到点 A_2,B_2,C_2,依次连接 A_2,B_2,C_2 各点,所得三角形 $A_2B_2C_2$ 与三角形 ABC 的大小、形状和位置有什么关系?

师生活动:学生作图观察(如图 9.2-18),发现:(1)三角形 $A_1B_1C_1$ 与三角形 ABC 的大小、形状完全相同,可以看作是将三角形 ABC 向左平移 6 个单位长度得到的;(2)三角形 $A_2B_2C_2$ 与三角形 ABC 的大小、形状完全相同,可以看作是将三角形 ABC 向下平移 5 个单位长度得到的.通过归纳推广到一般,得到如下结论:如果把图形中每一点的横坐标都加上(或减去)$a(a>0)$,纵坐标不变,根据得到的坐标画出图形,则所得的图形是原图形向右(或向左)平移 a 个单位长度得到的;如果把图形中每一点的纵坐标都加上(或减去)$b(b>0)$,横坐标不变,根据得到的坐标画出图形,则所得的图形是原图形向上(或向下)平移 b 个单位长度得到的.如果横坐标都加上(或减去)$a(a>0)$,纵坐标都加上(或减去)$b(b>0)$,依据得到的坐标画出图形,则所得的图形是原图形依次向右(或向左)平移 a 个单位长度、再向上(或向下)平移 b 个单位长度得到的.

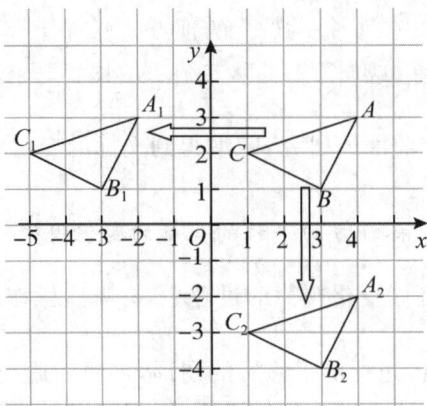

图 9.2-18

【设计意图】 反过来,根据横坐标加减同一个正数,纵坐标加减同一个正数,讨论得到的图形的运动方式.

三、辨别应用,巩固新知

例1 如图 9.2-19,将平行四边形 $ABCD$ 向左平移 2 个单位长度,然后再向上平移 3 个单位长度,可以得到平行四边形 $A'B'C'D'$,画出平移后的图形,并指出其各个顶点的坐标.

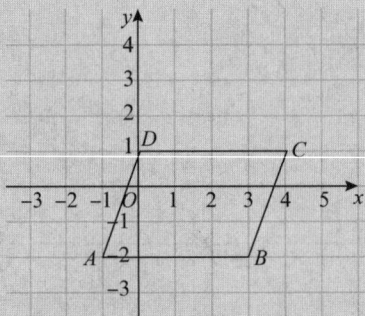

图 9.2-19

解:图略,$A'(-3,1)$,$B'(1,1)$,$C'(2,4)$,$D'(-2,4)$.

例2 如图 9.2-20,将三角形 ABC 平移,其中一边上任意一点 $P(x_0,y_0)$ 平移后的对应点为 $P(x_0+5,y_0+3)$.写出三角形 ABC 平移后得到的三角形 $A_1B_1C_1$ 的三个顶点 A_1,B_1,C_1 的坐标.

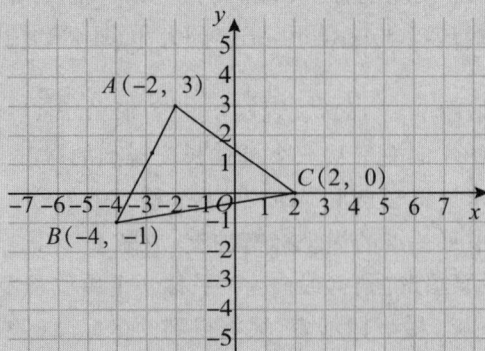

图 9.2-20

解:图略,$A_1(3,6)$,$B_1(1,2)$,$C_1(7,3)$.

四、回顾小结,概括提升

通过用坐标表示平移,我们可以更精确地把握平移中图形位置的变化规律.请思考下列问题,总结本节课学习内容:

1. 图形平移中,每一点坐标的变化有什么规律?

2. 我们是怎样研究平移运动点的坐标的变化规律的?

3. 你还有什么感悟?

目标检测

1. 在平面直角坐标系中,将点$(3,-2)$先向右平移2个单位长度,再向上平移3个单位长度,则所得点的坐标是_____.

2. 如图,点A,B的坐标分别为$(2,0),(0,1)$.若将线段AB平移至A_1B_1,则$a+b$的值为(　　).

A. 2 　　　　B. 3 　　　　C. 4 　　　　D. 5

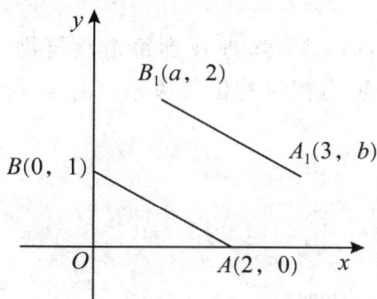

（第2题）

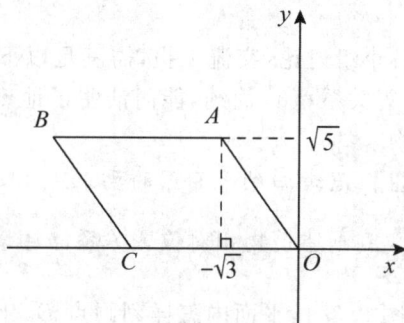

（第3题）

3. 如图,四边形$ABCO$是平行四边形,A,C两点的坐标分别为$(-\sqrt{3},\sqrt{5}),(-2\sqrt{3},0)$.

（1）点B的坐标为_____;

（2）将这个四边形向下平移$2\sqrt{5}$个单位长度后得到四边形$A'B'C'O'$,请你写出平移后四边形四个顶点的坐标.

参考答案:1. $(5,1)$　　**2.** A

3. （1）$(-3\sqrt{3},\sqrt{5})$;（2）$A'(-\sqrt{3},-\sqrt{5})$,$B'(-3\sqrt{3},-\sqrt{5})$,$C'(-2\sqrt{3},-2\sqrt{5})$,$O'(0,-2\sqrt{5})$.

【设计意图】 第1~3题检测目标2.

9.3　数学活动 —— 绘制校园建筑物平面分布图

目标	1.经历将校园平面图问题转化为定量刻画平面内点的位置的过程,发展抽象能力、模型观念和应用意识. 2.经历绘制校园平面图的过程,建立适当的平面直角坐标系,用坐标表示地理位置,选择合适的参照点,用方向和距离表示地理位置,发展几何直观、空间观念. 3.通过用坐标表示地理位置,体会数形结合思想,感受平面直角坐标系是沟通几何与代数的桥梁. 4.通过项目实践,发展动手实践操作能力,培养跨学科素养
重点	建立数学模型,将现实问题转化为数学问题,解决现实问题
难点	用坐标刻画位置

教学过程设计

一、提出问题

播放视频：多位来访者询问学校行政楼、教室、体艺楼等建筑物的位置.

问题 1　同学们，你们发现了什么问题？

师生活动：学生发现学校没有平面图，不便于表达位置.学生提出问题：为了方便介绍学校各建筑物的位置，需要绘制校园平面图.

【设计意图】学生经历发现问题、提出问题的过程，引入课题.

二、分析问题

问题 2　校园平面图需满足哪些要求？

师生活动：小组讨论，交流汇报，需满足以下几个方面：（1）详尽，涉及到每个建筑物；（2）准确，建筑物相对的位置关系；（3）简约，能简洁明了地刻画各个建筑物相对的位置关系；（4）美观，合适的比例尺，绘制建筑物.

【设计意图】思考归纳平面图的要求.

问题 3　刻画建筑物相对位置关系需测量哪些量？

追问：如图 9.3-1，平面内怎样刻画点 B 相对于点 A 的位置？

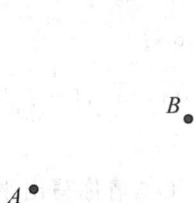
图 9.3-1

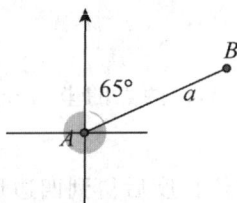
图 9.3-2

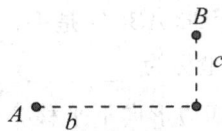
图 9.3-3

师生活动：从方向和距离的角度来刻画，如图 9.3-2；从坐标定量的角度来刻画，如图 9.3-3.

【设计意图】分离解决现实问题的决定要素.

问题 4　怎么准确、简约地表示各建筑物的位置？

师生活动：用数量刻画位置，需建立数学模型.

追问 1：哪些数学模型可以定量刻画点的位置？

师生活动：有序数对、坐标、方向和距离、经纬度等都可以表示位置.讨论有序数对、经纬度哪个方法更合适.有序数对适合教室、电影院、方阵等情况下位置的确定；经纬度适合范围较广的情况下位置的确定，例如定位台风的位置.

追问 2：用坐标表示地理位置，关键是什么？

师生活动：确定合适的参照点、正方向和单位长度.

追问 3：用方向和距离表示地理位置，关键是什么？

师生活动：确定合适的参照点和方向标.

【设计意图】通过问题设置，将现实问题抽象为数学问题，选择数学模型，分析建立模型的关键点，培养分析问题的能力，发展模型观念和应用意识.

三、解决问题

1. 以小组为单位,规划方案

师生活动:学生分组讨论,规划方案:如何测量,如何记录,选择什么数学模型进行刻画.

2. 实施方案,绘制平面图

师生活动:小组按照规划的方案进行测量、记录、绘图,将之转化为数学问题.

3. 作品展示交流

师生活动:小组代表发言,交流规划的方案、具体的实施过程,并展示作品.

4. 优化方案,反思归因

师生活动:各组讨论交流不足的地方,以及怎么优化.

学生提出的内容可能包含以下方面:

(1) 建筑物位置有误差,可能源自测量不准,怎么减小误差?

(2) 比例尺如何优化,平面图大小如何设计得更合适美观?

(3) 绘制建筑物位置时是否要将其抽象为一个点?

(3) 用坐标表示地理位置时,原点、正方向、单位长度怎么确定较合理?

(4) 用方向和距离刻画时,参照点与方向标怎样选择?

(5) 用方向和距离刻画时,反复画方向线,既不简洁也不直观,能否用符号表示?

【设计意图】 通过建立平面直角坐标系,用坐标刻画位置以及用方向和距离刻画位置,进一步理解数学核心概念;经历规划、实施、交流、反思、优化的过程,发展统筹规划能力、团队协作能力、抽象能力,体会数学价值.

四、反思总结,提炼方法

> **问题 5**   在上述活动中,同学们是怎样发现和提出问题、分析和解决问题的?

师生活动:教师引导学生总结建模过程和分析解决问题的经验.

【设计意图】 总结经验,提炼方法和思路.

目标检测

春天到了,七年(2)班组织同学到人民公园春游,张明、李华对着景区示意图(图1)描述牡丹园的位置(图中小正方形的边长代表 100 m).

张明:"牡丹园的坐标是(300,300)."

李华:"牡丹园在中心广场东北方向约 420 m 处."

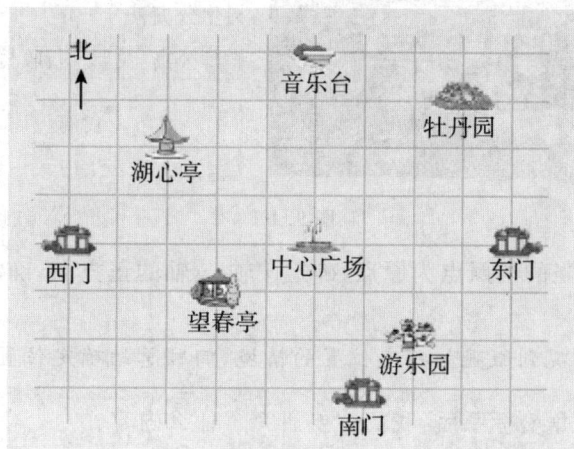

图 1

实际上，他们所说的位置都是正确的．你知道张明同学是如何在景区示意图上建立坐标系的吗？你理解李华同学所说的"东北方向约 420 m 处"的含义吗？

用他们的方法，你能描述公园内其他景点的位置吗？

参考答案：略．

【设计意图】 检测目标 1、目标 2、目标 3．

9.4　平面直角坐标系复习

目标	1.梳理平面直角坐标系的相关知识，建立这些知识之间的联系，发展数学系统结构的抽象能力． 2.通过建立平面直角坐标系解决相关问题，发展应用意识和模型观念． 3.通过应用知识，进一步体会数形结合、化归与转化等数学思想，进一步感受平面直角坐标系是沟通几何与代数的桥梁
重点	用坐标刻画图形的位置
难点	建立合适的平面直角坐标系

一、回顾整理

问题 1　有位北京客人要来白云中学做客，作为接待员，你怎么向客人介绍台州的地理位置呢？

师生活动：教师引导学生看地图，可以用经纬度描述点的位置．台州市位于东经 121.4°，北纬 28.7°；北京市位于东经 116.4°，北纬 39.9°．经纬线将地球表面划分成行列，本质是用有序数对确定平面内点的位置．教师追问有序数对 (x,y) 和 (y,x) 相同吗？为什么？

追问 1：客人乘飞机到了路桥机场，询问白云中学的位置，你又该怎么描述呢？

师生活动：师生归纳用方向和距离刻画平面内点的位置的方法：确定参照点，建立方向标，连接白云中学和路桥机场，测量角度和距离，根据比例尺计算距离．

追问 2：客人到了校门口，如图 9.4-1，你该如何介绍学校的布局设计呢？

图 9.4-1

师生活动：选择一个适当的参照点为原点，确定 x 轴、y 轴的正方向，确定单位长度，建立平面直角坐标系，用坐标表示位置．

【设计意图】 创设从宏观到微观的确定位置的情境，回顾总结确定位置的基本方法．

问题 2　建立平面直角坐标系后，我们主要研究了什么内容？

师生活动：建立平面直角坐标系后，得到了已知点写坐标、已知坐标画点的方法 —— 作坐标轴的垂线．对于坐标平面内任意一点 M，都有唯一的坐标与它对应；反过来，对于任意 (x,y)，在坐标平面内都有唯一的点 M 与它对应．点与坐标是一一对应的关系，这样就可以运用数形结合思想研究问题．

追问 1：本章哪些内容体现了数形结合思想？你能举例说明吗？

师生活动：回顾象限点的坐标特征、用符号表示平行于坐标轴的直线、用符号表示象限的角平分线、用坐标表示平移等．体会用数准确刻画图形位置，用形直观表示数量关系．

追问 2：研究用符号表示坐标轴及各象限上点的坐标特征、与坐标轴平行的直线、用符号表示象限的角平分线、用坐标表示平移，经历了怎样的探究过程？体现了哪些思想方法？

师生活动：学生回顾、归纳探究的步骤：画图形 —— 写坐标 —— 找规律．

思想方法：类比、从特殊到一般、数形结合等思想方法．

【**设计意图**】通过具体情境回顾本章知识内容、思想方法．

问题 3　请整理本章的知识，构建结构框图．

师生活动：学生独立整理，教师巡视指导，学生作品展示，教师板书呈现（如图 9.4-2）．

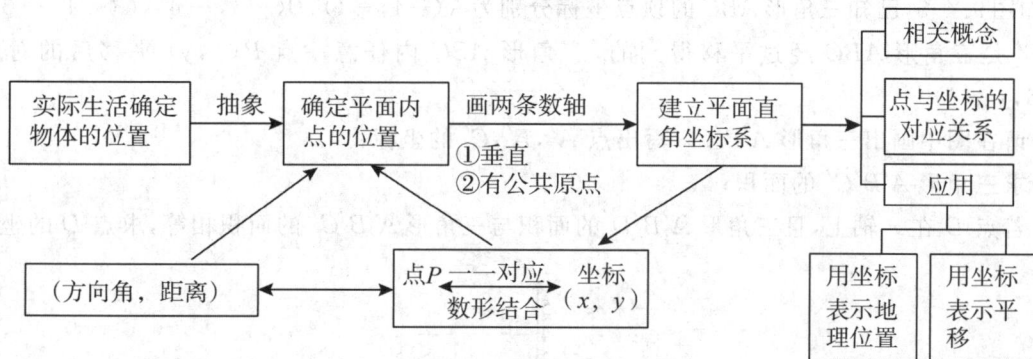

图 9.4-2

【**设计意图**】通过问题引导学生从知识联系、思想方法、经验获得、素养发展等方面进行归纳总结，意在让学生对本章的学习有更清晰、更系统的认识，体会数学的整体性、思维的系统性．

二、基础检测

1. 若第三象限内的点 $P(x,y)$ 满足 $|x|=5$，$y^2=9$，则点 P 的坐标为 _____．

2. 若点 $P(m+2,m-1)$ 在 y 轴上，则点 P 的坐标是 _____．

3. 在第二象限内，到 x 轴的距离为 2 个单位长度，到 y 轴距离为 3 个单位长度的点 M 的坐标为 _____．

4. 已知点 $A(-3,m)$，$B(n,4)$，若 $AB\ /\!/\ x$ 轴，且 $AB=7$，则 $m=$ _____，$n=$ _____．

5. 已知点 $M(a+1,3a-5)$ 在两坐标轴夹角的平分线上，则点 M 的坐标 _____．

6. 如图 9.4-3，已知平行四边形 $ABCO$ 顶点的坐标分别是 $A(\sqrt{3},\sqrt{3})$，$B(3\sqrt{3},\sqrt{3})$，$C(2\sqrt{3},0)$，$O(0,0)$．将这个平行四边形向左平移 $\sqrt{3}$ 个单位长度，得到平行四边形 $A'B'C'O'$．求平行四边形 $A'B'C'O'$ 四个顶点的坐标．

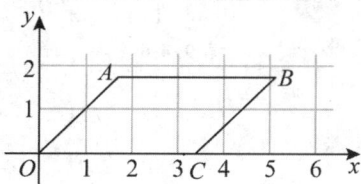

图 9.4-3

7. 如图 9.4-4 是一片枫叶标本，其形状呈"掌状五裂型"，裂片具有少数突出的齿，将其放在平面直角坐标系中，叶片"顶部"A,B 两点的坐标分别为 $(-2,2)$，$(-3,0)$，则叶杆"底部"点 C 的坐标为 _____.

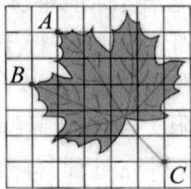

图 9.4-4

参考答案：**1.** $(-5,-3)$ **2.** $(0,-3)$ **3.** $(-3,2)$ **4.** $4,4$ 或 -10 **5.** $(4,4)$ 或 $(2,-2)$

6. $A'(0,\sqrt{3}),B'(2\sqrt{3},\sqrt{3}),C'(\sqrt{3},0),O'(-\sqrt{3},0)$ **7.** $(2,-3)$

三、综合应用

1. 如图 9.4-5，已知三角形 ABC 的顶点坐标分别为 $A(-4,-1),B(-5,-4),C(-1,-3)$，三角形 $A'B'C'$ 是三角形 ABC 经过平移得到的，三角形 ABC 内任意一点 $P(x,y)$ 平移后的对应点为 $P'(x+6,y+4)$.

（1）请在图中画出三角形 $A'B'C'$，写出点 A',B',C' 的坐标；

（2）求三角形 $A'B'C'$ 的面积；

（3）若点 D 在 x 轴上，且三角形 $A'B'D$ 的面积与三角形 $A'B'C'$ 的面积相等，求点 D 的坐标.

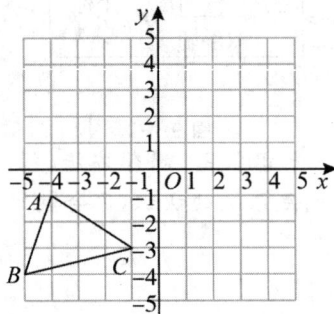

图 9.4-5

2. 如图 9.4-6，小球（大小不计）沿斜坡从点 C 滚落到点 A.

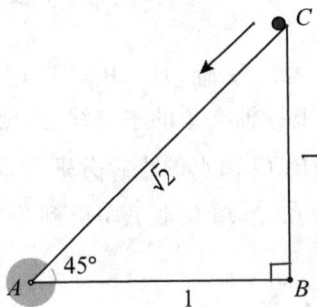

图 9.4-6

（1）如何刻画小球的运动过程？

（2）小球的运动路径怎么表示？

3. 建立平面直角坐标系，并描出下列各点：$A(1,1),B(5,1),C(3,3),D(-3,3),E(1,-2)$，$F(1,4),G(3,2),H(3,-2),I(-1,-1),J(-1,1)$。连接 AB,CD,EF,GH,IJ，分别找出它们中点的坐标，将上述中点的横坐标和纵坐标分别与对应线段的两个端点的横坐标和纵坐标进行比较，你能发现它们之间有什么关系吗？

4. 小明在研究《有趣的坐标系》后，得到启发，针对正六边形 $OABCDE$，他自己设计了一个坐标系：如图 9.4-7，该坐标系以 O 为原点，直线 OA 为 x 轴，直线 OE 为 y 轴，以正六边形 $OABCDE$ 的边长为一个单位长度。坐标系中的任意一点 P 用一个有序实数对 (a,b) 来表示，称这个有序实数对为点 P 的坐标。坐标系中点的坐标的确定方法如下：

x 轴上点 M 的坐标为 $(m,0)$，其中 m 为点 M 在 x 轴上表示的实数；

y 轴上点 N 的坐标为 $(0,n)$，其中 n 为点 N 在 y 轴上表示的实数；

不在 x 轴、y 轴上的点 Q 的坐标为 (a,b)，其中 a 为过点 Q 且与 y 轴平行的直线与 x 轴的交点在轴上表示的实数，b 为过点 Q 且与 x 轴平行的直线与 y 轴的交点在 y 轴上表示的实数。

(1) 分别写出点 A,B,C 的坐标；

(2) 标出点 $M(2,3)$ 的位置；

(3) 若 $Q(a,b)$ 为射线 OD 上任意一点，怎样用符号表示射线 OD？

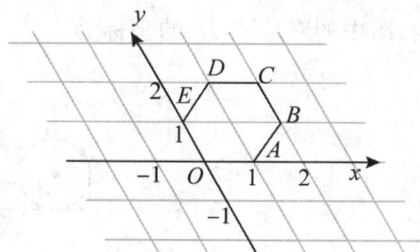

图 9.4-7

参考答案：1. (1) 点 $A'(2,3),B'(1,0),C'(5,1)$；(2) $S_{\triangle A'B'C'}=\dfrac{11}{2}$；(3) $\left(\dfrac{14}{3},0\right)$ 或 $\left(-\dfrac{8}{3},0\right)$。

2. 答案不唯一。例如以点 A 为原点，AB 所在的直线为 x 轴（向右为正方向），过点 A 作 AB 的垂线，垂线所在的直线为 y 轴（向上为正方向）建立平面直线坐标系。

(1) 小球从点 $C(1,1)$ 平移到点 $A(0,0)$；(2) 运动路径点的坐标可表示为 $(x,x)(0\leqslant x\leqslant 1)$。

3. 如图 9.4-8，连接 AB,CD,EF,GH,IJ，它们中点的坐标分别是 $(3,1),(0,3),(1,1),(3,0)$，$(-1,0)$；上述中点的横坐标（纵坐标）分别等于对应线段的两个端点的横坐标（纵坐标）和的一半。

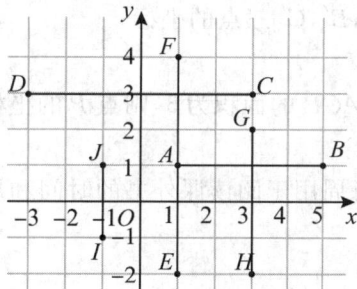

图 9.4-8

4. (1) $A(1,0),B(2,1),C(2,2)$；(2) 略；(3) $y=2x(x\geqslant 0)$。

四、小结提升

1. 本章是按照怎样的思路研究平面直角坐标系的？

2. 平面直角坐标系的核心内容是什么？

3. 研究问题的方法是什么？

目标检测

1. 下列点中,位于平面直角坐标系第二象限的点是(　　).

A.$(2,1)$　　　　　　B.$(-2,-1)$　　　　　C.$(-2,1)$　　　　　D.$(2,-1)$

2. 已知 y 轴上的点 P 到原点的距离为 5,则点 P 的坐标为(　　).

A.$(5,0)$　　　　　　　　　　　　B.$(0,5)$ 或 $(0,-5)$

C.$(0,5)$　　　　　　　　　　　　D.$(5,0)$ 或 $(-5,0)$

3. 如图,把图中的 $\odot A$ 经过平移得到 $\odot O$,如果左图 $\odot A$ 上一点 P 的坐标为 (m,n),那么平移后在右图中的对应点 P' 的坐标为 _____.

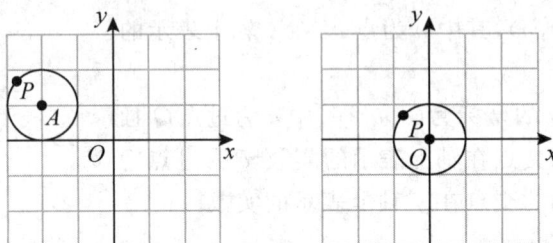

（第 3 题）

4. 已知点 $P(-2x,3x+1)$.试根据下列条件,分别求出点 P 的坐标:

(1) 点 P 在过点 $A(2,-3)$,且与 x 轴平行的直线上;

(2) 点 P 在过点 $A(2,-3)$,且与 y 轴平行的直线上;

(3) 点 P 在第一、三象限的角平分线上;

(4) 点 P 在第二、四象限的角平分线上.

5. 如图,三角形 ABC 在平面直角坐标系中.

(1) 写出三角形 ABC 各顶点的坐标;

(2) 若把三角形 ABC 向上平移 2 个单位长度,再向左平移 1 个单位长度得到三角形 $A'B'C'$,写出 A',B',C' 三点的坐标;

(3) 求三角形 ABC 的面积;

(4) 若点 P 在 y 轴上,且三角形 ACP 的面积为 5,则点 P 的坐标为 _____.

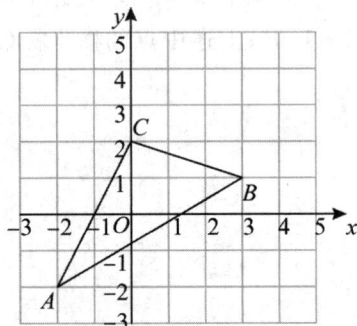

（第 5 题）

6. 图中显示了 10 名同学平均每周用于阅读课外书的时间和用于看电视的时间(单位:h).

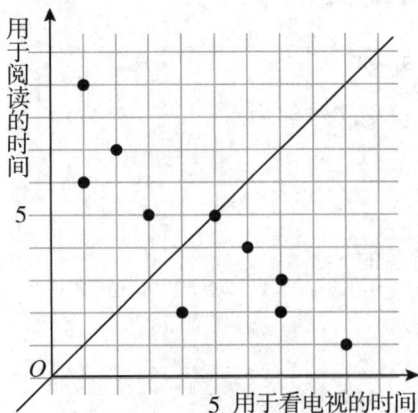

（第 6 题）

(1) 用有序实数对表示图中各点;

(2) 图中有一个点位于方格的对角线上,这表示什么意思?

(3) 图中方格纸的对角线的左上方的点有什么共同的特点?它右下方的点呢?

(4) 估计一下你每周用于阅读课外书的时间和用于看电视的时间,在图上描出对应点,这个点位于什么位置?

参考答案: 1. C　2. B　3. $(m+2,n-1)$

4. (1)$P\left(\dfrac{8}{3},-3\right)$;(2)$P(2,-2)$;(3)$P\left(\dfrac{2}{5},\dfrac{2}{5}\right)$;(4)$P(2,-2)$.

5. (1)$A(-2,-2)$,$B(3,1)$,$C(0,2)$;(2) $A'(-3,0)$,$B'(2,3)$,$C'(-1,4)$;(3)7;(4)$(0,7)$ 或 $(0,-3)$.

6. (1)$(1,9)$,$(1,6)$,$(2,7)$,$(3,5)$,$(4,2)$,$(5,5)$,$(6,4)$,$(7,3)$,$(7,2)$,$(9,1)$;

(2) 表示该同学每周看电视的时间和读书的时间是一样的;

(3) 左上方的点表示每周阅读的时间多于看电视时间,右下方的点表示看电视的时间多于阅读的时间;

(4) 此问题具有开放性,只要符合你的情况即可,答案不唯一.

【设计意图】 第1～5题检测目标1和目标3,第6题检测目标2和目标3.

第十章　二元一次方程组

◎ 单元设计 ◎

一、知识结构图

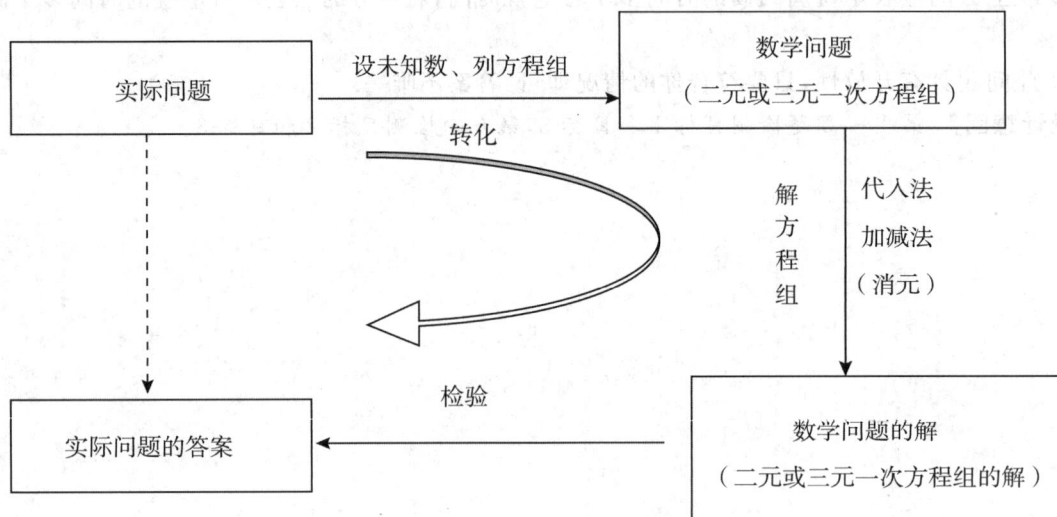

二、内容与内容解析

1. 内容

二元一次方程组及其相关概念,利用二元一次方程组分析、解决实际问题,运用消元思想和代入法、加减法解二元一次方程组,以及三元一次方程组的解法.

2. 内容解析

方程本质上是研究用含有字母的算式表示两个量的等量关系.二元一次方程组具有承前启后的作用,从"一元一次方程"到"二元一次方程(组)"再到"三元一次方程(组)",具备了线性方程组的本质特征,体现了线性方程组的最本质、最朴素的消元思想.

本单元中,实际问题情境贯穿全章,体现了方程组在解决实际问题中的工具作用,渗透了模型思想;通过学习二元一次方程组,从"一元"向"二元""三元"以及"多元"过渡,感悟解线性方程组中的消元思想,体会解方程(组)中从多元向一元、从未知向已知的转化思想以及算法思想.

本单元的核心育人价值是:在建立二元一次方程组模型表达和解决现实问题过程中发展抽象能力和模型观念;在解方程组过程中发展推理能力和运算能力;用研究方程的一般框架研究二元一次方程组,建立结构化知识体系,培养抽象能力.

基于以上分析,确定本单元的教学重点:二元一次方程(组)模型的建立和解法.

342

三、目标与目标解析

1.目标

（1）经历把实际问题抽象为方程问题的过程，了解二元一次方程（组）及其解的概念，学会用数学的眼光观察现实世界.

（2）会用消元法解二元一次方程组，发展运算能力和代数推理能力，学会用数学的思维思考现实世界.

（3）了解三元一次方程组及其解法，进一步体会消元思想，发展代数推理能力和运算能力.

（4）能在现实情境和跨学科情境中建立二元一次方程组解决问题，体会数学的应用价值，发展模型观念，提高分析问题和解决问题的能力，学会用数学的语言表达现实世界.

2.目标解析

达成目标（1）的标志：了解二元或三元一次方程组及其相关概念，经历"把实际问题抽象为数学方程"的过程，体会方程是刻画现实世界的一种有效的数学模型.

达成目标（2）的标志：了解解方程组的基本目标（使方程逐步转化为 $\begin{cases} x=a \\ y=b \end{cases}$ 的形式），理解解二元或三元一次方程组的一般步骤和依据，掌握二元或三元一次方程组的解法，体会解法中蕴含的消元思想与化归思想.

达成目标（3）的标志：能解简单的三元一次方程组.

达成目标（4）的标志：能够找出实际问题中的已知量和未知量，分析它们之间的数量关系，设未知数，列出方程表示问题中的等量关系，解决问题.

四、目标谱系

内容	核心素养			
	数学眼光	数学思维	数学语言	学会学习
10.1 二元一次方程组的概念	设未知数列出二元一次方程，通过观察、归纳得到二元一次方程、二元一次方程组及其解的概念，发展抽象能力	1.在列方程的过程中经历运算和推理活动，发展运算与推理能力. 2.经历抽象二元一次方程（组）概念中对方程特征的归纳活动，发展推理能力	在现实情境中，能抽象出未知数，分析等量关系并用二元一次方程表达	会类比一元一次方程的学习经验规划二元一次方程组的研究框架
10.2 消元——解二元一次方程组	经历解具体二元一次方程组的过程，理解消元的含义；总结代入法和加减法的步骤，体会二元一次方程组求解过程中的转化思想和算理，发展抽象能力	能用代入消元法和加减消元法解二元一次方程组，理解解法的依据，发展代数运算和推理能力	在现实情境和跨学科情境中，能建立二元一次方程组的模型表达数量关系，解决简单的实际问题，发展模型观念	学会类比一元一次方程的解法探索二元一次方程组的解法，形成有依据的推理运算和验算的习惯

内容	核心素养			
	数学眼光	数学思维	数学语言	学会学习
10.3 实际问题与二元一次方程组	从具体情境中抽象出数量关系,设未知数,列方程,概括方程建模的步骤和思想方法,发展数学抽象能力	能够熟练地通过消元解二元一次方程组	根据实际问题中的等量关系设未知数,列方程组并解方程组,从而获得实际问题的解,发展模型观念	会类比一元一次方程反思总结研究二元一次方程组的基本框架
※10.4 三元一次方程组的解法	类比二元一次方程组,抽象出三元一次方程组的概念,进一步提炼消元思想	能逐步利用消元思想解简单的三元一次方程组	在现实情境中,能抽象未知量,用三元一次方程组表达数量关系	会类比二元一次方程的解法经验学习三元一次方程组的解法

五、教学问题诊断分析

1. 已有基础

在七年级上册学生已经学习过一元一次方程的内容,并学会了建立一元一次方程模型解决实际问题的方法,但这些都是基于只含有一个未知数的方程问题.

2. 学习需要

本单元内容是用方程组解决问题的新方法,这种方法对于解含有多个未知数的问题很有效,但在解二元一次方程组中蕴含着"交集"的观念,即求"方程的公共解"时,需要综合应用等式性质进行推理,如"若 $a=b,b=c$,则 $a=c$""若 $a=b,c=d$,则 $a\pm c=b\pm d$"等.

3. 难点及应对策略

有两个难点:第一个难点在于列方程,第二个难点在于消元.

应对策略:对于第一个难点列方程,可以通过给出操作指导,帮助学生学会列方程解题的步骤:(1) 寻找等量关系;(2) 分离决定两个相等的目标量的共同要素,设未知数,用含有未知数的代数式表示目标量;(3) 用等号连接两个相等的目标量.对于第二个难点消元,需要对以前没有学过的两个等式性质进行补充,在用消元法解具体的二元一次方程组时引导学生思考:① 为什么要消元?② 为什么可以这样消元?③ 这样消元体现了怎样的想法?

六、教学建议

1. 以方程为工具分析问题、解决问题

建立方程模型是全章的重点,同时也是难点.分析实际问题中的数量关系并用二元一次方程组表示其中的相等关系,建立模型解决问题是始终贯穿于全章的主线.

2. 采用单元整体教学策略

类比一元一次方程提出二元一次方程(组)的研究框架,并用来指导全章的学习.

研究思路:实际问题 — 方程(组)的定义 — 解方程(组)— 应用方程(组)解决实际问题.

研究内容:二元一次方程组的解法和应用.

研究方法:从具体到抽象、从特殊到一般、推理运算、建立模型.

3. 基于前后测,精确把握学情,精准教学

课时安排:10.1 二元一次方程组的概念 1 课时,10.2 消元 —— 解二元一次方程组 3～4 课时,

10.3 实际问题与二元一次方程组 3 课时, 10.4 三元一次方程组的解法 2 课时, 10.5 数学活动 1 课时,
10.6 二元一次方程组复习 1 课时, 共 11 ～ 12 课时.

◎ 课时设计 ◎

10.1 二元一次方程组的概念

目标	1. 经历从现实情境中抽象出未知数列二元一次方程组的活动, 体会方程是刻画等量关系的有效数学模型, 发展抽象能力. 2. 了解二元一次方程、二元一次方程组及其解等概念, 发展抽象能力. 3. 能类比一元一次方程规划二元一次方程组的研究框架, 感悟方程研究的一般观念
重点	二元一次方程组及其解的概念
难点	从实际问题中寻找等量关系列二元一次方程组

教学过程设计

一、情境引入,提出问题

问题 1 中国古代有一个著名的"鸡兔同笼"问题:"今有鸡兔同笼,上有三十五头,下有九十四足.问鸡、兔各几何?"

师生活动: 教师引导学生思考,设鸡有 x 只,则兔有 $(35-x)$ 只.依题意可列出方程 $2x+4(35-x)=94$, 解得 $x=23$,则 $35-23=12$,所以鸡有 23 只,兔有 12 只.

追问 1: 上面的问题中有两个未知数,我们只设了一个未知数,用列一元一次方程来解.但是在列方程之前首先要用 x 表示出兔的只数.那么可否直接用两个未知数列出方程呢?

师生活动: (学生) 设鸡有 x 只,兔有 y 只,依题意,得

$x+y=35,$ ①

$2x+4y=94$ ②

【设计意图】 利用学生熟悉的"鸡兔同笼"问题导入,能快速吸引学生的注意力,虽然也可以用已学过的一元一次方程来导入,但是直接设两个未知数列方程组更直接,更能体现列二元一次方程组的优越性.

追问 2: 由问题 1 可知,二元一次方程组与一元一次方程有内在的关联,那么我们就可以用学习一元一次方程的研究思路来学习二元一次方程组.你能回顾一元一次方程的学习过程吗?

师生活动: 引导学生按照下列思路分析:① 明确这类对象是什么,给出它的定义;② 研究它的解法及应用;③ 明确本节课要做什么,明确这类方程的含义,了解这类方程分开、合起来各是什么意思.

研究思路: 背景 — 定义 — 性质 — 解法 — 应用.

【设计意图】 类比一元一次方程规划二元一次方程(组)的学习路径和内容.

二、探究思考,形成新知

环节一:二元一次方程、二元一次方程组的概念.

> **问题 2** 你能给上述两个方程起个名字吗?

师生活动:学生类比一元一次方程给出二元一次方程的名称.

追问:为什么叫二元一次方程呢?什么样的方程叫作二元一次方程?

师生活动:教师结合学生的回答,板书定义:含有两个未知数,等号两边都是整式,并且含有未知数的项的次数都是 1 的方程,叫作**二元一次方程**(linear equation in two unknowns).

【设计意图】 类比一元一次方程,抽象二元一次方程的概念.

> **问题 3** 在上面的问题中,鸡、兔的只数必须同时满足①、②两个方程.把①、②两个方程合在一起,写成 $\begin{cases} x+y=35, \\ 2x+4y=94. \end{cases}$
>
> 我们也给它起个名字,叫什么呢?

师生活动:学生思考,教师板书定义:这些方程组中都有两个方程,共含有两个未知数,方程组的每个方程中含有未知数的项的次数都是 1,像这样的方程组叫作**二元一次方程组**(system of linear equations in two unknowns).

【设计意图】 归纳得出二元一次方程组的概念.

环节二:二元一次方程(组)的解.

> **问题 4** 从前面的分析过程中我们可以发现,建立方程组来解决实际问题,经历了哪几个步骤?

师生活动:分析实际问题中的等量关系,利用其中的等量关系列出方程组.

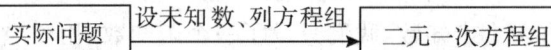

$$\boxed{\text{实际问题}} \xrightarrow{\text{设未知数、列方程组}} \boxed{\text{二元一次方程组}}$$

【设计意图】 分析实际问题中的数量关系,总结列方程组解决问题的思考过程.

> **问题 5** 列方程组是解决问题的重要方法,那么所列方程中未知数的值又是多少呢?
>
> 先看满足 $x+y=35$,且符合问题的实际意义的值有哪些?请填入表中.

x							…
y							…

> 再看满足 $2x+4y=94$,且符合问题的实际意义的值有哪些?请填入表中.

x							…
y							…

师生活动:学生填表,教师启发.

追问 1:若不考虑此方程与上面实际问题的联系,还可以取哪些值?你能模仿一元一次方程的解给二元一次方程的解下定义吗?它与一元一次方程的解有什么区别?

追问 2:如果上述表格中的 x 值为横坐标,y 值为纵坐标,画出这些点,这些点的位置有什么共同特征?

【设计意图】 利用表格求二元一次方程的解,遵循学生的认知规律,让学生体会二元一次方程的解有无数对,且在同一条直线上.

师生活动: 学生填表,教师启发.

追问 3: 同时满足方程 $x+y=35$ 和 $2x+4y=94$ 的解是什么?

师生活动: 学生回答 $\begin{cases} x=23, \\ y=12. \end{cases}$

追问 4: 从形上看,二元一次方程的解有什么意义?

两个未知数的值 $\begin{cases} x=23, \\ y=12 \end{cases}$ 满足方程 $x+y=35$,则 $\begin{cases} x=23, \\ y=12 \end{cases}$ 就叫作方程 $x+y=35$ 的解;满足方程 $2x+4y=94$,就叫作方程 $2x+4y=94$ 的解,以二元一次方程的解为坐标的点的集合是一条直线;同时满足二元一次方程 $x+y=35$ 和 $2x+4y=94$ 的公共解,叫作二元一次方程组 $\begin{cases} x+y=35, \\ 2x+4y=94 \end{cases}$ 的解.二元一次方程组解的实际就是两个方程所表示的两直线的交点坐标.

教师板书定义:一般地,二元一次方程组的两个方程的公共解,叫作**二元一次方程组的解**,记为 $\begin{cases} x=a, \\ y=b. \end{cases}$ 它是两个二元一次方程所表达的直线的交点坐标.

注意:二元一次方程组的解是成对出现的,用大括号连接,表示"且".

【设计意图】 以问题为引导,通过满足实际问题的值的检验,类比一元一次方程的解的概念,得出二元一次方程(组)的解等相关概念,并借助坐标直观理解.

三、辨别应用,巩固新知

练习 1 下列各对数值中,不是二元一次方程 $x+2y=2$ 的解的是(　　)

A. $\begin{cases} x=2, \\ y=0 \end{cases}$ 　　B. $\begin{cases} x=-2, \\ y=2 \end{cases}$ 　　C. $\begin{cases} x=0, \\ y=1 \end{cases}$ 　　D. $\begin{cases} x=-1, \\ y=0 \end{cases}$

参考答案: D.

变式: 上题中的选项是二元一次方程组 $\begin{cases} x+2y=2, \\ 2x+y=-2 \end{cases}$ 的解的是(　　)

参考答案: B.

练习 2 把一根长 7 m 的钢管截成 2 m 长和 1 m 长两种规格的钢管,怎样截不造成浪费?你有几种不同的截法?

参考答案: 共有下列三种截法:①2 m 长 1 根,1 m 长 5 根;②2 m 长 2 根,1 m 长 3 根;③2 m 长 3 根,1 m 长 1 根.

四、回顾小结,概括提升

1. 什么是二元一次方程?什么是二元一次方程组?

2. 什么是二元一次方程(组)的解?

3. 二元一次方程组是怎么列出来的?

4. 对二元一次方程组来说,接下来我们应该重点研究什么问题?

研究思路: 背景 — 定义 — 性质 — 解法 — 应用.

目标检测

1. 下列方程中，是二元一次方程的是（　　）.

A. $3x - 2y = 0$　　　　B. $5x + 1 = 2$　　　　C. $x^2 - 4 = 6$　　　　D. $3x + 5y$

2. 同时满足二元一次方程 $x - y = 9$ 和 $4x + 3y = 1$ 的 x, y 的值为（　　）.

A. $\begin{cases} x = -4, \\ y = 5 \end{cases}$　　　　B. $\begin{cases} x = 4, \\ y = -5 \end{cases}$　　　　C. $\begin{cases} x = -2, \\ y = 3 \end{cases}$　　　　D. $\begin{cases} x = 3, \\ y = -6 \end{cases}$

3. 学校计划用 200 元钱购买 A, B 两种奖品（两种都要买），A 种每个 15 元，B 种每个 25 元，在钱全部用完的情况下，购买方案共有（　　）

A. 2 种　　　　B. 3 种　　　　C. 4 种　　　　D. 5 种

4. 某停车场的收费标准如下：中型汽车的停车费为 15 元／辆，小型汽车的停车费为 8 元／辆. 现在停车场停有 30 辆中、小型汽车，这些车共缴纳停车费 324 元，求中、小型汽车各有多少辆？设中型汽车有 x 辆，小型汽车有 y 辆，则可列二元一次方程组为＿＿＿＿＿＿.

参考答案：1. A　**2.** B　**3.** A　**4.** $\begin{cases} x + y = 30, \\ 15x + 8y = 324 \end{cases}$

【设计意图】 第 $1 \sim 2$ 题检测目标 2，第 $3 \sim 4$ 题检测目标 1.

10.2　消元 —— 解二元一次方程组

10.2.1　代入消元法

目标	1. 经历探索代入法解二元一次方程组的活动，能用代入法解二元一次方程组，发展运算能力和代数推理能力. 2. 通过反思总结，体会解二元一次方程组的消元思想和化归思想，发展抽象能力. 3. 经历用二元一次方程组解决简单的实际问题的过程，发展模型观念
重点	用代入消元法解二元一次方程组
难点	探索如何用代入消元法将"二元"转化为"一元"

教学过程设计

一、情境引入，提出问题

上一节课，针对"鸡兔同笼"问题，我们列出了二元一次方程组 $\begin{cases} x + y = 35, \\ 2x + 4y = 94, \end{cases}$ 并用列表法尝试得到它的解，但这种求方程组的解的方法太麻烦，是否像一元一次方程一样有一般性的解法呢？

二、探究思考，形成方法

　　问题　对于"鸡兔同笼"问题，我们也可以设兔的数量为 x 只，则鸡的数量为 $(35 - x)$ 只，列出一元一次方程 $2x + 4(35 - x) = 94$，从而求得兔的只数 $x = 23$，进一步求得鸡的只数为 $35 - 23 = 12$. 由此，你能想到怎样解方程组 $\begin{cases} x + y = 35, \\ 2x + 4y = 94 \end{cases}$ 吗？

追问 1：怎样求未知数 x 的值？

师生活动：比较一元一次方程和二元一次方程组，发现二元一次方程组中的 y 就是一元一次方程中的 $35-x$，设两个未知数的过程，实际上用了换元法．而从二元到一元的转化，关键是对方程 $x+y=35$ 的变形，对比两个方程，发现解二元一次方程组的过程，其实就是通过代入法将二元一次方程组转化为一元一次方程，从而解出方程组．归纳：将未知数的个数由多化少、逐一解决的思想，叫作消元思想，如图 10.2-1．

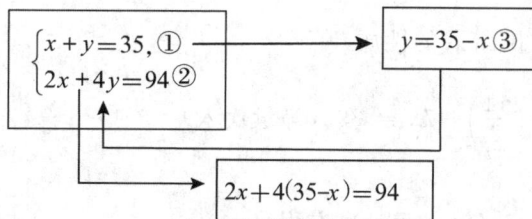

图 10.2-1

追问 2：怎样求未知数 y 的值？

师生活动：教师引导学生思考，把求出的 x 的值 23 代入 ① 或 ② 或 ③ 中，求出 $y=12$，比较后发现代入 ③ 最简便．

追问 3：怎样书写解二元一次方程组的过程？

师生活动：学生口答，教师展示规范的解题过程．

$$\begin{cases} x+y=35, & ① \\ 2x+4y=94. & ② \end{cases}$$

解：由①，得 $y=35-x$．③

把③代入②，得 $2x+4(35-x)=94$．

解得 $x=23$．

把 $x=23$ 代入③，得 $y=12$．

所以原方程组的解是 $\begin{cases} x=23, \\ y=12. \end{cases}$

在此基础上，指出这种解法的关键步骤是"代入"这一步，这一关键步骤的依据是等量代换，通过代入把二元一次方程转化成一元一次方程．上面的解法，是把二元一次方程组中一个方程的一个未知数用含另一个未知数的式子表示出来，再代入另一个方程，实现消元，进而求得这个二元一次方程组的解．这种方法叫作**代入消元法**，简称**代入法**（substitution method）．

【设计意图】 比较列二元一次方程组和一元一次方程解决"鸡兔同笼"问题的两种方法，理解它们之间的联系，体会运用代入法解二元一次方程组的步骤．

三、辨别应用，巩固新知

例 1 解方程组 $\begin{cases} x-y=5, \\ 2x+y=13. \end{cases}$

师生活动：教师引导学生总结，若一个方程中有系数为 1 或 -1 的未知数项，则只要将其简单变形后就可以代入另一个方程．

上面的二元一次方程组中，有一个方程中有未知数项系数为 1 或 -1 的情况，如果是一般情况呢？

例 2 用代入法解方程组 $\begin{cases} 2x - 5y = -11, & ① \\ 9x + 7y = 39. & ② \end{cases}$

师生活动：学生写出用代入法解这个方程组的过程，教师追问每一步的依据。用 10.2-2 说明这个过程。学生结合框图，归纳代入法解二元一次方程组的基本步骤和注意事项。

学生回答，教师板书：

由 ①，得 $x = \dfrac{5}{2}y - \dfrac{11}{2}.$ ③（等式的性质）

把 ③ 代入 ①，得 $9\left(\dfrac{5}{2}y - \dfrac{11}{2}\right) + 7y = 39.$（等量代入）

解这个方程，得 $y = 3.$

将 $y = 3$ 代入 ③，得 $x = 2.$（解一元一次方程）

所以原方程组的解是 $\begin{cases} x = 2, \\ y = 3. \end{cases}$

追问：上述解方程组的过程中，蕴含了什么数学思想？

师生活动：用代入法解二元一次方程组的过程中，蕴含了消元思想和化归思想。

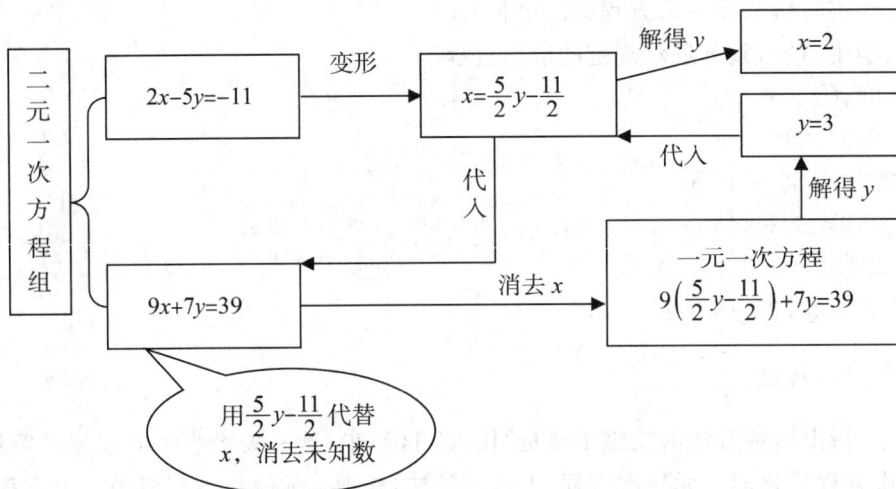

图 10.2-2

【设计意图】 通过用代入法解二元一次方程组的具体过程，总结用代入法解二元一次方程组的依据与一般步骤。

四、迁移综合，发展能力

练习 用代入法解下列二元一次方程组：

(1) $\begin{cases} 3s + t = 5, \\ s + 2t = 15; \end{cases}$ (2) $\begin{cases} 3x + 4y = 16, \\ 5x - 6y = 33. \end{cases}$

师生活动：学生写出用代入法解两个方程组的过程，并说出每一步的依据，体会其中蕴含的数学思想。

【设计意图】 本题需要先分析方程组的结构特征，再选择适当的解法。通过此练习，学生能更熟练地掌握用代入法解二元一次方程组的步骤。

五、回顾小结,概括提升

回顾本节课的学习过程,并回答以下问题:

1. 用代入法解二元一次方程组有哪些步骤?

2. 用代入法解二元一次方程组的基本思路是什么?

3. 在探究解法的过程中用到了什么思想方法?你还有哪些收获?

【设计意图】 让学生回顾代入法解二元一次方程组的具体步骤,做到步步有据,并体会其中蕴含的数学思想方法,这也是本节课要达到的三重境界 —— 知其然,知其所以然,何由以知其所以然.

目标检测

1. 解方程组 $\begin{cases} x + 3y = 4, \\ 2x - 3y = -1. \end{cases}$

2. 解方程组 $\begin{cases} 3x - 5y = 3, \\ 2x + 3y = 21. \end{cases}$

3. 解方程组 $\begin{cases} \dfrac{x}{3} + 1 = y, \\ 2(x+1) - y = 6. \end{cases}$

参考答案: 1. $\begin{cases} x = 1, \\ y = 1. \end{cases}$ 　 2. $\begin{cases} x = 6, \\ y = 3. \end{cases}$

3. 由①,得 $x + 3 = 3y$,即 $x = 3y - 3$.　③

由②,得 $2x - y = 4$.　④

把③代入④,得 $2(3y - 3) - y = 4$.解得 $y = 2$.

把 $y = 2$ 代入③,得 $x = 3$.所以原方程组的解为 $\begin{cases} x = 3, \\ y = 2. \end{cases}$

【设计意图】 第 1～3 题检测目标 1.

10.2.2　加减消元法

目标	1.经历探索加减消元法解二元一次方程组的活动,理解加减消元法的依据,能用加减消元法解二元一次方程组,进一步发展代数推理和运算能力. 2.经历总结用加减消元法解二元一次方程组的步骤的过程,体会转化思想,发展方法与策略的抽象能力
重点	用加减消元法解二元一次方程组
难点	如何用加减法进行消元

教学过程设计

一、情境引入,提出问题

问题1 小王在超市买了 2 kg 苹果和 4 kg 梨,共花了 14 元;小李以同样的价格买了 2 kg 苹果和 3 kg 梨,共花了 12 元.梨每千克的售价是多少?

师生活动:学生回答:小王比小李多买了 1 kg 梨,多花了 2 元,故梨的售价是 2 元 / 千克.

追问:你还有别的解法吗?

师生活动：学生回答：设苹果每千克 x 元，梨每千克 y 元．根据题意，得 $\begin{cases} 2x + 4y = 14, ① \\ 2x + 3y = 12. ② \end{cases}$

通过解这个二元一次方程组可解决问题．

【设计意图】 基于现实情境，建立有一个未知数系数相等的二元一次方程组，为引入加减消元法奠定基础．

二、探究思考，形成方法

问题 2 怎样解这个二元一次方程组？

师生活动：先让学生用代入法解，再提出新的问题．

追问 1：这个方程组的两个方程中，x 的系数有什么关系？利用这种关系你能发现新的解法吗？

师生活动：学生回答，这两个方程中未知数 x 的系数相等，① － ② 可直接消去未知数 x，得 $y = 2$．

把 $y = 2$ 代入 ①，得 $x = 3$．所以这个方程组的解是 $\begin{cases} x = 3, \\ y = 2. \end{cases}$

追问 2：这种计算梨的售价的方法你是怎么想到的？有依据吗？蕴含了什么数学思想？

师生活动：上述两个方程中未知数 x 的系数相等，故可以整体作差；依据的是等式的性质：若 $a = b$，得 $a + c = b + c$；再根据 $c = d$，可得 $b + c = b + d$，所以 $a + c = b + d$；蕴含了消元思想．

教师引出本节课内容（板书）：当二元一次方程组的两个方程中同一个未知数的系数相反或相等时，把这两个方程的两边分别相加或相减，就能消去这个未知数，得到一个一元一次方程．这种方法叫作**加减消元法**，简称**加减法**（addition-subtraction method）．

【设计意图】 基于二元一次方程组中未知数系数关系的特点，利用等式的性质，通过加减消元法将二元一次方程组转化为一元一次方程，进一步体会消元思想．

问题 3 解方程组 $\begin{cases} 4x + 3y = 1, ① \\ 2x - 5y = 7. ② \end{cases}$

师生活动：可以用代入法求解吗？

学生尝试，由 ②，得 $2x = 5y + 7$．代入 ①，得 $2(5y + 7) + 3y = 1$．解得 $y = -1$．将 $y = -1$ 代入 $2x = 5y + 7$，得 $x = 1$．所以原方程组的解为 $\begin{cases} x = 1, \\ y = -1. \end{cases}$

追问 1：可以直接用加减消元法来求解吗？学生尝试，教师启发．

师生活动：不能把方程 ① 和方程 ② 直接相加减，计算求出一个未知数的值．

追问 2：直接相加减就能消元的两个方程有什么特征？

追问 3：那么怎样使方程组中某一未知数的系数的绝对值相等呢？

师生活动：学生观察，发现 x 的系数成整数倍数关系，因此

② × 2，得 $4x - 10y = 14$．　③

① － ③，得 $13y = -13$．解得 $y = -1$．

（追问：③ － ① 可以吗？怎样更好？）

将 $y = -1$ 代入 ①，得 $x = 1$．

所以原方程组的解为 $\begin{cases} x = 1, \\ y = -1. \end{cases}$

追问 4：可以先消去未知数 y 吗？怎么消？

师生活动：学生观察，发现两个方程中 y 的系数的绝对值的最小公倍数为 15，因此

①×5,得 $20x+15y=5$. ③

②×3,得 $6x-15y=21$. ④

③+④,得 $26x=26$.解得 $x=1$.

将 $x=1$ 代入①,解得 $y=-1$.

所以原方程组的解为 $\begin{cases} x=1, \\ y=-1. \end{cases}$

【设计意图】 通过比较方程组的三种解法,体会以下两点:一是体会加减消元法的优点;二是使用加减消元法时,关键是要根据方程组中对应未知数的系数特征选择先消哪个未知数.

问题4 解方程组 $\begin{cases} -2x+3y=-1,① \\ 3x-5y=7.② \end{cases}$

追问1: 本题可以直接用加减消元法来解吗?

师生活动: 学生观察,教师启发:怎样才能使方程组中某一未知数的系数的绝对值相等呢?

解法1: 通过①×3和②×2,使 x 的系数的绝对值相等,从而可通过加减法进行求解.

解法2: 通过①×5和②×3,使 y 的系数的绝对值相等,从而可通过加减法进行求解.

追问2: 哪种解法更好呢?

师生活动: 通过对比,学生自己总结出应选择方程组中同一个未知数系数绝对值的最小公倍数较小的未知数消元更好.师生总结:用加减法解同一个未知数的系数绝对值不相等且不成整数倍的二元一次方程组时,把一个(或两个)方程的两边同时乘以适当的数,使两个方程中某一个未知数的系数绝对值相等,从而转化为可以直接加减消元的方程组求解.

【设计意图】 梳理解题步骤,做到步步有据,并思考其中蕴含的数学思想.

问题5 解这个二元一次方程组的过程中你是怎样想的?

师生活动: 教师引导学生总结步骤(如图10.2-3):(1) 化,利用等式的性质把两个方程中某一未知数的系数变成绝对值相同的数;(2) 加减,通过加减法消去一个未知数,求出未知数的解;(3) 回代,把求出的未知数的值代入某一个方程,求出另一个未知数的值.

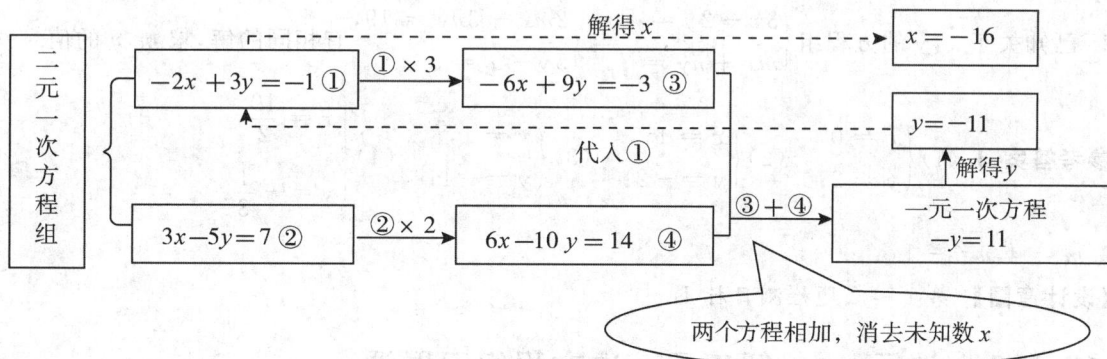

图 10.2-3

【设计意图】 总结加减法解二元一次方程的步骤和方法.

三、辨别应用，巩固方法

例 用加减法解下列方程组时，你认为先消去哪个未知数比较简单?解出方程组.

(1) $\begin{cases} 3x-2y=15,① \\ 5x-4y=23;② \end{cases}$

(2) $\begin{cases} 7m-3n=1,① \\ 2n+3m=-2.② \end{cases}$

参考答案:(1)①×2-②消去 y 比较简单;

(2)①×2+②×3消去 n 比较简单.

解题过程略.

【设计意图】 本题需要先分析方程组的结构特征，再选择适当的解法.通过此练习，学生能够熟练地运用加减法解二元一次方程组.

四、回顾小结，概括提升

回顾本节课的学习过程，回答以下问题:

1.用加减法解二元一次方程组有哪些步骤?

2.用加减法解二元一次方程组各步的依据是什么?怎么想的?

3.在探究解法的过程中用到了什么思想方法?你还有哪些收获?

【设计意图】 让学生总结用加减法解二元一次方程组的步骤，做到步步有依据，并体会其中蕴含的数学思想;与代入法的教学一样要达到三重境界 —— 知其然，知其所以然，何由以知其所以然.

目标检测

1. 用加减法解下列方程组:

(1) $\begin{cases} 4x+y=2, \\ 4x-3y=-6; \end{cases}$

(2) $\begin{cases} 3x+2y=-1, \\ x+4y=-7; \end{cases}$

(3) $\begin{cases} 3x-2y=5, \\ 4x+3y=1; \end{cases}$

(4) $\begin{cases} x+4y=9, \\ x-4y=10. \end{cases}$

2. 已知关于 x,y 的方程组 $\begin{cases} 3x-2y=4, \\ mx+ny=7 \end{cases}$ 与 $\begin{cases} 2mx-3ny=19, \\ 5y-x=3 \end{cases}$ 有相同的解，求 m,n 的值.

参考答案:1. (1) $\begin{cases} x=0, \\ y=2; \end{cases}$ (2) $\begin{cases} x=1, \\ y=-2; \end{cases}$ (3) $\begin{cases} x=1, \\ y=-1; \end{cases}$ (4) $\begin{cases} x=\dfrac{19}{2}, \\ y=-\dfrac{1}{8}. \end{cases}$

2. $m=4,n=-1$.

【设计意图】 第 1~2 题检测目标 1.

10.2.3 消元 —— 解二元一次方程组习题课

目标	1.经历解二元一次方程组的过程，体会解方程组过程中的消元思想和化归思想. 2.能选择合适的方法熟练地解二元一次方程组，发展代数推理和运算能力. 3.经历用二元一次方程组解决实际问题的过程，体会模型思想，发展模型观念
重点	运用代入消元法和加减消元法解二元一次方程组
难点	选择合适的消元法解二元一次方程组

教学过程设计

一、回顾与整理

> **问题**　快递员把货物送到客户手中称为送件,帮客户寄出货物称为揽件.某快递员星期一的送件数和揽件数分别为 120 和 45,报酬为 270 元;他星期二的送件数和揽件数分别为 90 和 25,报酬为 185 元.如果他每送一件和揽一件货物的报酬分别相同.他送一件和揽一件的报酬各是多少元?

师生活动:设该快递员送一件的报酬是 x 元,揽一件的报酬是 y 元.根据题意,得 $\begin{cases} 120x + 45y = 270, \\ 90x + 25y = 185. \end{cases}$

追问 1:什么是二元一次方程?什么是二元一次方程组?"元"是什么?"次"又是什么?

追问 2:解方程组 $\begin{cases} 120x + 45y = 270, ① \\ 90x + 25y = 185, ② \end{cases}$ 并指出每一步的依据.

师生活动:方法 1:由①,得 $x = \dfrac{9}{4} - \dfrac{3}{8}y.$ ③（等式的性质 1）

把③代入②,得 $90\left(\dfrac{9}{4} - \dfrac{3}{8}y\right) + 25y = 185.$（等量代入）

解这个方程,得 $y = 2.$

把 $y = 2$ 代入①,得 $x = 1.5.$

所以这个方程组的解为 $\begin{cases} x = 1.5, \\ y = 2. \end{cases}$

方法 2:原方程化为 $\begin{cases} 8x + 3y = 18, ① \\ 18x + 5y = 37. ② \end{cases}$

①×5,得 $40x + 15y = 90.$③（等式的性质 2）

②×3 得 $54x + 15y = 111.$④（等式的性质 2）

④－③,得 $14x = 21.$（等式的性质 1）,解得 $x = 1.5.$（等式的性质 2）

把 $x = 1.5$ 代入①,得 $12 + 3y = 18,$解得 $y = 2.$

所以这个方程组的解为 $\begin{cases} x = 1.5, \\ y = 2. \end{cases}$

答:该快递员送一件报酬 1.5 元,揽一件报酬 2 元.

追问 3:怎样判断求出的答案 $\begin{cases} x = 1.5, \\ y = 2 \end{cases}$ 是否正确?

师生活动:在学生代入验算后,教师引导学生归纳出判断方法:方法 1,代入方程组检验:检验一组数值是不是某个方程组的解,可以把这组数值分别代入各个方程,看方程左右两边是否相等.例如,把 $\begin{cases} x = 1.5, \\ y = 2 \end{cases}$ 代入方程 $120x + 45y = 270,$得 $180 + 90 = 270,$方程的左右两边相等,所以 $\begin{cases} x = 1.5, \\ y = 2 \end{cases}$ 是方程 $120x + 45y = 270$ 的解;同理把 $\begin{cases} x = 1.5, \\ y = 2 \end{cases}$ 代入方程 $90x + 25y = 185,$得 $135 + 50 = 185,$方程的左右两边相等,所以 $\begin{cases} x = 1.5, \\ y = 2 \end{cases}$ 是方程 $90x + 25y = 185$ 的解,从而确定 $\begin{cases} x = 1.5, \\ y = 2 \end{cases}$ 是两个方程的公共解,即为这个方程组的解.方法 2,把送件报酬 1.5 元/件和揽件报酬 2 元/件代入,计算总报酬,发现符合题目要求,所以答案正确.在解应用题时,检验方法 2 更稳妥.

【设计意图】 通过一个具体实际问题的设、列、解、验过程,回顾用二元一次方程组解决实际问题的一般流程,同时回顾前面学过的相关知识,对学过的相关内容有一个系统梳理,并为建立相关知识体系做好铺垫.

二、基础练习

1. 解方程组 $\begin{cases} 4x + 3y = 7, \\ 4x - 3y = 5, \end{cases}$ 较为简单的方法是( ).

    A. 代入消元法   B. 加减消元法   C. 试值法   D. 无法确定

2. 由方程组 $\begin{cases} x + m = 4, \\ y - 3 = m, \end{cases}$ 可得 x 与 y 之间的关系是( ).

    A. $x + y = 1$ B. $x + y = -1$ C. $x + y = 7$ D. $x + y = -7$

3. 已知 x, y 满足 $\begin{cases} 2x - 3y = 1, ① \\ 3x - 2y = 5, ② \end{cases}$ 如果 $① \times a + ② \times b$ 可得到 $x + 11y$ 的值,那么 a, b 的值为( ).

    A. $a = 2, b = -1$ B. $a = -4, b = 3$ C. $a = 1, b = -7$ D. $a = -7, b = 5$

参考答案: 1. B   2. C   3. D

【设计意图】 通过 3 个问题的解决,巩固解二元一次方程组的代入消元法和加减消元法,会根据方程组的具体情况,选择合适的解法.

三、综合运用

例 1 已知关于 x, y 的方程组 $\begin{cases} 3x - y = 5, \\ 4ax + 5by = -22 \end{cases}$ 和 $\begin{cases} 2x + 3y = -4, \\ ax - by = 8 \end{cases}$ 有相同的解,求 a, b 的值.

解: 因为两个方程组有相同的解,所以原方程组可化为关于 x, y 的方程组.

① $\begin{cases} 3x - y = 5, \\ 2x + 3y = -4 \end{cases}$ 和 ② $\begin{cases} 4ax + 5by = -22, \\ ax - by = 8. \end{cases}$

解方程组①,得 $\begin{cases} x = 1, \\ y = -2; \end{cases}$ 代入方程组②,得 $\begin{cases} 4a - 10b = -22, \\ a + 2b = 8, \end{cases}$ 解得 $\begin{cases} a = 2, \\ b = 3. \end{cases}$

例 2 已知 2 台大型收割机和 5 台小型收割机同时工作 2 h 共收割小麦 4 公顷,4 台大型收割机和 2 台小型收割机同时工作 4 h 共收割小麦 9.6 公顷.求 1 台大型收割机和 1 台小型收割机每小时各收割小麦多少公顷?

分析: 如果 1 台大型收割机和 1 台小型收割机每小时分别收割小麦 x 公顷和 y 公顷,那么 2 台大型收割机和 5 台小型收割机同时工作 1 h 共收割小麦 _____ 公顷,4 台大型收割机和 2 台小型收割机同时工作 1 h 共收割小麦 _____ 公顷.由此考虑两种情况下的工作量.

解: 设 1 台大型收割机和 1 台小型收割机每小时分别收割小麦 x 公顷和 y 公顷.

根据两种工作方式中的相等关系,得方程组

$$\begin{cases} 2(2x + 5y) = 4, \\ 4(4x + 2y) = 9.6. \end{cases}$$

整理,得 $\begin{cases} 2x + 5y = 2, ① \\ 4x + 2y = 2.4. ② \end{cases}$

$① \times 2 - ②$,得 $8y = 1.6.$

解这个方程,得 $y=0.2$.

把 $y=0.2$ 代入①,得 $x=0.5$.

因此,这个方程组的解是 $\begin{cases} x=0.5, \\ y=0.2. \end{cases}$

答:1 台大型收割机和 1 台小型收割机每小时分别收割小麦 0.5 公顷和 0.2 公顷.

追问:这个解对吗?(代入题干进行检验.)

【设计意图】 经历列二元一次方程组解决实际问题的过程,体会模型思想,形成模型观念,经历用消元法解二元一次方程组的过程中综合运用等式的性质、选择适当的方法解方程组的活动,发展推理能力和运算能力.

四、回顾小结,概括提升

1. 解二元一次方程组有哪些方法?

2. 解二元一次方程组的过程中,每步的依据是什么?

3. 怎样根据方程组的特征选择合适的解法?

4. 解二元一次方程组的过程中,蕴含了什么数学思想?

目标检测

1. 已知 x,y 满足方程组 $\begin{cases} x+3y=-1, \\ 2x+y=3, \end{cases}$ 则 $x+y$ 的值为 _____.

2. 用适当的方法解方程组 $\begin{cases} 3(x+y)-4(x-y)=4, \\ \dfrac{x+y}{2}+\dfrac{x-y}{6}=1. \end{cases}$

3. 解方程组 $\begin{cases} \dfrac{1}{x}+\dfrac{2}{y}=12, \\ \dfrac{2}{x}+\dfrac{3}{y}=20. \end{cases}$

参考答案:1. 1　2. $\begin{cases} x=\dfrac{17}{15}, \\ y=\dfrac{11}{15}. \end{cases}$　3. $\begin{cases} x=\dfrac{1}{4}, \\ y=\dfrac{1}{4}. \end{cases}$

【设计意图】 第 1 题检测目标 1,第 2~3 题检测目标 2.

10.3　实际问题与二元一次方程组

10.3.1　实际问题与二元一次方程组(第 1 课时)

目标	1.经历从具体情境中抽象出未知量和数量关系,建立二元一次方程组模型,把实际问题转化为二元一次方程组的过程,发展抽象能力和模型观念. 2.能够用代入法或加减法解二元一次方程组,从而得到方程组的解,进而解决实际问题,进一步发展推理能力和运算能力. 3.经历总结用二元一次方程组表达数量关系、解决实际问题的步骤和方法的过程,积累基本活动经验,发展方法和策略的抽象能力
重点	探究用二元一次方程组解决实际问题的过程
难点	分析现实问题中的数量关系,抽象未知量,建立二元一次方程组模型

教学过程设计

一、解决问题,总结方法

问题 1 养牛场原有 30 头大牛和 15 头小牛,一天消耗饲料约 675 kg;一周后又购进 12 头大牛和 5 头小牛,这时一天消耗饲料约 940 kg,饲养员李大叔估计每头大牛一天需饲料 18～20 kg,每头小牛一天需饲料 7～8 kg.你能通过计算检验他的估计是否准确吗?

追问 1: 如何理解"通过计算检验他的估计是否准确"这句话?

师生活动: 学生自由发言,体会对于估算的结果要通过精确求值来检验,理解要想检验估计是否准确需要求出每头大牛和每头小牛每天各需的饲料量.

追问 2: 题目中哪些是已知量?哪些是未知量?有几个等量关系?

师生活动: 学生充分读题,可以适当讨论.教师引导学生关注有两个未知数、两个等量关系:

(1) 分析等量关系:① 每头大牛和每头小牛每天用饲料量不变;

②30 头大牛每天所需饲料量 ＋ 15 头小牛每天所需饲料量 ＝ 675 kg;

③42 头大牛每天所需饲料量 ＋ 20 头小牛每天所需饲料量 ＝ 940 kg.

(2) 分离决定用两个相等的目标量的基本量,设未知数:决定大牛、小牛所需总饲料量的要素是这两种牛每天所需的饲料量,因此可分别设为 x kg,y kg;

(3) 用代数式表示目标量,用等号连接相等的量:等量关系 ② 中,$30x + 15y = 675$,等量关系 ③ 中,$42x + 20y = 940$.

列出方程组 $\begin{cases} 30x + 15y = 675, \\ 42x + 20y = 940. \end{cases}$

解这个方程组,得 $\begin{cases} x = 20, \\ y = 5. \end{cases}$

这就是说,大牛每天需要 20 kg 饲料,小牛每天需要 5 kg 饲料.因此,李大叔对大牛每天所需饲料数的估计是准确的,对小牛每天所需饲料数的估计不准确.

追问 3: 你是如何解决这个实际问题的?

师生活动: 教师引导学生回顾如何分析等量关系、选择适当的未知数及列出方程组,并用图 10.3-1 说明列方程组解决实际问题的一般步骤.

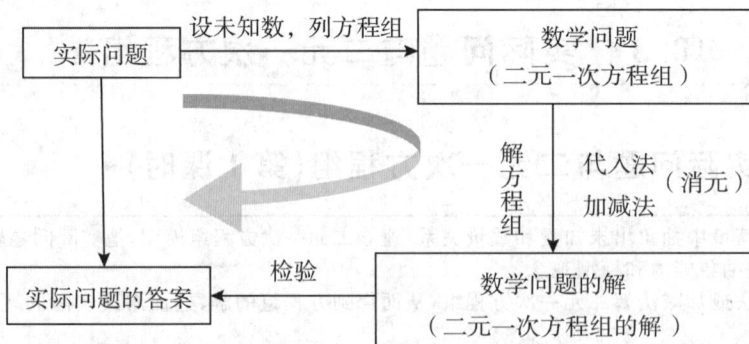

图 10.3-1

【设计意图】 引导学生总结建立方程组数学模型,解决实际问题的过程.

二、迁移应用,巩固方法

> **问题2**　某公司准备组装7600辆共享单车投入市场.由于抽调不出足够多的熟练工人,公司准备招聘一批新工人.生产开始后发现:1名熟练工人和4名新工人每天共组装28辆共享单车;5名熟练工人每天组装的共享单车数与8名新工人每天组装的共享单车数一样多.你能确定每名熟练工人和每名新工人每天分别可以组装多少辆共享单车吗?

追问1:题目中哪些是已知量?哪些是未知量?有几个等量关系?

师生活动:学生充分读题,可以适当讨论.教师引导学生关注有两个未知数、两个等量关系.

【设计意图】 引导学生发现未知数和等量关系,运用二元一次方程组解决问题.

追问2:如何解决这一问题?

师生活动:学生依据发现的等量关系,建立方程组.设每名熟练工人和每名新工人每天组装的共享单车数分别为 x 辆和 y 辆.根据题意,得 $\begin{cases} x+4y=28, \\ 5x=8y. \end{cases}$

【设计意图】 让学生经历分析数量关系得到等量关系,进而列方程组的过程.一般情况下,学生会自觉选择列方程组解决问题.教师引导学生体会有两个未知量时,列方程组更为简单.

追问3:请你解这个方程组,并交流一下你是如何解这个方程组的.

师生活动:学生独立解方程组,并发言交流.

【设计意图】 类比问题1的解答过程,问题2重点引导学生如何建立方程组模型.

三、综合应用,发展模型观念

> **问题3**　考虑到节能减排,某单位准备购买安装某品牌的节能灯.已知3个甲型节能灯和5个乙型节能灯共需50元,2个甲型节能灯和3个乙型节能灯共需31元.求每个甲型节能灯和每个乙型节能灯的售价各是多少元?

师生活动:设每个甲型节能灯的售价是 x 元,每个乙型节能灯的售价是 y 元.

根据题意,得 $\begin{cases} 3x+5y=50, \\ 2x+3y=31. \end{cases}$ 解得 $\begin{cases} x=5, \\ y=7. \end{cases}$

答:每个甲型节能灯的售价为 5 元,每个乙型节能灯的售价为 7 元.

【设计意图】 让学生体会如何建立方程组模型来解决实际问题.

四、回顾小结,概括提升

师生共同回顾上述三个问题的解决过程,教师提问:

1. 列二元一次方程组解决实际问题的一般步骤是什么?

2. 你认为列二元一次方程组解决实际问题和列一元一次方程解决实际问题有哪些相同点和不同点?

师生活动:学生回答,师生共同总结:(1)能列二元一次方程组解决的实际问题,一般都可以通过列一元一次方程加以解决.但是,随着实际问题中未知量的增多和数量关系的复杂化,列方程组将更加简单直接,因为问题有几个等量关系就可以列出几个方程.(2)两者的相同点是都需要先分析题意,把实际问题转化为数学问题(设未知数,列方程或方程组),再检验解的合理性,进而得到实际问题的答案.这一过程就是建模过程.

【设计意图】 学生对两者相同点的总结有利于更好地体会建模思想,理解建模的一般步骤,学生对两者不同点的总结将使他们更好地认识到列方程组解决问题的简便性.

目标检测

1. 有大、小两种型号的货车,2 辆大型货车与 3 辆小型货车一次可以运货 15.5 吨,5 辆大型货车与 6 辆小型货车一次可以运货 35 吨,求 3 辆大型货车与 5 辆小型货车一次可以运货多少吨.

2. 去年某公司按餐厨垃圾处理费 50 元／吨、建筑垃圾处理费 20 元／吨的收费标准,共支付餐厨和建筑垃圾处理费 7000 元.从今年一月起,收费标准上调为餐厨垃圾处理费 120 元／吨,建筑垃圾处理费 40 元／吨.若该公司今年处理的这两种垃圾数量与去年相比没有变化,但要多支付垃圾处理费 8600 元.该公司去年处理的餐厨垃圾和建筑垃圾各多少吨?

参考答案:1. 解:设每辆大型货车和每辆小型货车一次运货量分别为 x 吨和 y 吨.

根据题意,得 $\begin{cases} 2x+3y=15.5, \\ 5x+6y=35. \end{cases}$ 解得 $\begin{cases} x=4, \\ y=2.5, \end{cases}$ 则 $3x+5y=24.5.$

答:3 辆大型货车与 5 辆小型货车一次可以运货 24.5 吨.

2. 解:设该企业去年处理 x 吨餐厨垃圾,y 吨建筑垃圾.

根据题意,得 $\begin{cases} 50x+20y=7000, \\ 120x+40y=7000+8600. \end{cases}$ 解得 $\begin{cases} x=80, \\ y=150. \end{cases}$

答:该公司去年处理 80 吨餐厨垃圾,150 吨建筑垃圾.

【设计意图】 第 1～2 题检测目标 1、目标 2.

10.3.2 实际问题与二元一次方程组(第 2 课时)

目标	1.能够从实际问题情境中抽象未知量,分析它们之间的数量关系,列出方程组,通过解二元一次方程组解决问题,发展抽象能力、模型观念、推理能力和运算能力. 2.学会开放性地寻求解决问题的方法,设计方案,培养分析问题和解决问题的能力
重点	经历和体会用方程组解决实际问题的过程
难点	建立二元一次方程组模型解决实际问题

教学过程设计

一、情境引入,回顾思考

问题 1 上一节课,我们是如何用二元一次方程组解决实际问题的?

师生活动:回顾上一节课建立二元一次方程组模型,解决实际问题的具体操作步骤和知识结构图(图 10.3-1).

【设计意图】 引导学生用这种操作步骤和知识结构图去分析问题,重点是怎么列方程组.第一步,找等量关系;第二步,分离决定要素、设未知数、用代数式表示相关的量;第三步,用等式表示等量关系.

二、迁移应用,解决问题

例1　据统计资料,甲、乙两种作物的单位面积产量的比是1:2.现要把一块长200 m、宽100 m的长方形土地分为两块小长方形土地,分别种植这两种作物.怎样划分这块土地,使甲、乙两种作物的总产量的比是3:4?

1.理解和明确问题

问题2　"怎样划分这块土地"要我们做什么?

师生活动:教师引导学生理解和明确问题,把一块长200 m、宽100 m的长方形土地分成两块小长方形土地,使得甲、乙两种作物的总产量的比为3:4,而确定这种划分就是把长方形的长或宽分成两段线段(如图10.3-2、图10.3-3所示).设种植甲、乙两种农作物的两块小长方形的一边长分别为x m、y m.

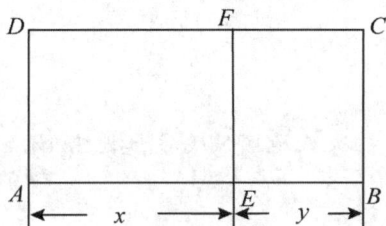

图 10.3-2

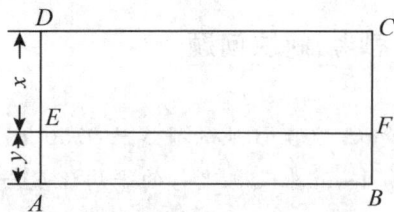

图 10.3-3

【**设计意图**】　理解问题,转化为划分长方形的边长问题.

2.分析问题

问题3　按照要求划分长方形时,有哪些等量关系?

师生活动:教师引导学生分析,发现划分的标准是甲、乙两种作物的总产量的比为3:4,所以等量关系是甲种农作物总产量:乙种农作物总产量 = 3:4.

如果采用图10.3-2的划分方法,另一个等量关系是$x+y=200$;如果采用图10.3-3的划分方法,另一个等量关系是$x+y=100$.

所以要分两种情况进行讨论,分别建立方程组模型解决问题.

【**设计意图**】　分析问题,明确需要建立方程组模型解决问题.

3.解决问题

问题4　针对图10.3-2的方案,可以求出种植甲、乙两种农作物的长方形面积分别为$100x$,$100y$.因为甲、乙两种农作物的单位面积产量比为1:2,根据产量比3:4的要求,有$100x:(2\times 100y)=3:4$.

于是可以得到如下的方程组 $\begin{cases} x+y=200, \\ 100x:(2\times 100y)=3:4. \end{cases}$

追问:这个方程组的解是什么?实际该怎样划分这块土地呢?

师生活动:解得 $\begin{cases} x=120, \\ y=80. \end{cases}$

过长方形土地的长边上离端点 120 m 处,作这条边的垂线,把这块土地分为两块长方形土地,其中较大一块土地种甲种作物,较小一块土地种乙种作物.

【设计意图】 通过第一种方案的解决过程,为第二种方案的解决提供样板.

> **问题 5** 怎样研究图 10.3-3 的方案?如何解决问题?

师生活动: 学生独立建立二元一次方程组模型,解决问题.

【设计意图】 让学生独立研究另一种情况,通过列二元一次方程组得到第二种方案的解.

> **问题 6** 你能汇总研究结论,设计划分方案吗?

师生活动: 学生给出划分方案.方案1:把长边分成 120 m、80 m 两段,分成两个大小不同的长方形土地,较大的土地种甲种作物,较小的土地种乙种植物.方案2:把短边分成 60 m、40 m 两段,把长方形划分成两个大小不同的小长方形土地,较大的土地种甲种作物,较小的土地种乙种作物.

【设计意图】 完整地经历用二元一次方程组分析和解决问题的过程,发展抽象能力、模型观念、分析和解决问题的能力.

三、独立思考,解决问题

> **例 2** 已知 A 地至 B 地的航线长 9750 km,一架飞机从 A 地顺风飞往 B 地需 12.5 h,逆风飞行同样的航线需 13 h.求飞机飞行的平均速度与风速.

师生活动: 学生自主探索、合作交流、整理思路:
① 先画线段图,根据题意,分析得出时间和速度为变量,路程为不变量;
② 设未知数,根据"路程 = 时间×速度",列方程组求解.
设飞机飞行的平均速度为 x km/h,风速为 y km/h.

根据题意,得 $\begin{cases} 12.5(x+y) = 9750, \\ 13(x-y) = 9750. \end{cases}$ 解得 $\begin{cases} x = 765, \\ y = 15. \end{cases}$

答:飞机飞行的平均速度为 765 km/h,风速为 15 km/h.

【设计意图】 培养学生利用方程组模型解决实际问题的能力,促进数学核心素养的提升.

四、回顾小结,概括提升

1. 你是怎样理解和明确问题的?
2. 分析问题时,你为什么会想到用二元一次方程组解决问题?
3. 列二元一次方程组时,你是怎样想的?
4. 怎样才能完整地研究问题,其中用到了什么方法?

目标检测

1. 经审批,某厂获得生产 2022 年北京冬奥会纪念品的资格,纪念品为帽子和 T 恤.若两种纪念品共生产 6000 件,且 T 恤比帽子的 2 倍多 300 件.问生产帽子和 T 恤的数量分别是多少?

2. 某体育彩票经销商计划用 45000 元从省体彩中心购进彩票 20 扎,每扎 1000 张.已知体彩中心有 A,B,C 三种不同价格的彩票,进价分别是 A 种彩票每张 1.5 元,B 种彩票每张 2 元,C 种彩票每张 2.5 元.若经销商同时购进两种不同型号的彩票 20 扎,用去 45000 元,请你设计购票方案.

参考答案:1. 解:设该厂生产帽子 x 件,生产 T 恤 y 件.

根据题意，得 $\begin{cases} x+y=6000, \\ y=2x+300. \end{cases}$ 解得 $\begin{cases} x=1900, \\ y=4100. \end{cases}$

答：该厂生产帽子 1900 件，生产 T 恤 4100 件.

2. 解：① 若是购进 A，B 两种彩票，设购进 A 种彩票 x 扎，B 种彩票 y 扎.

则根据题意，得 $\begin{cases} x+y=20, \\ 1000\times(1.5x+2y)=45000. \end{cases}$ 解得 $\begin{cases} x=-10, \\ y=30, \end{cases}$ 因为 $x<0$，不符合题意，所以

舍去.

② 若是购进 A，C 两种彩票，设购进 A 种彩票 x 扎，C 种彩票 y 扎.

则根据题意，得 $\begin{cases} x+y=20, \\ 1000\times(1.5x+2.5y)=45000. \end{cases}$ 解得 $\begin{cases} x=5, \\ y=15. \end{cases}$

③ 是若购进 B，C 两种彩票，设购进 B 种彩票 x 扎，C 种彩票 y 扎.

则根据题意，得 $\begin{cases} x+y=20, \\ 1000\times(2x+2.5y)=45000. \end{cases}$ 解得 $\begin{cases} x=10, \\ y=10. \end{cases}$

综上所述，若经销商同时购进两种不同型号的彩票，共有两种方案可行，方案一，购进 A 种彩票 5 扎，C 种彩票 15 扎；方案二，购进 B 种彩票 10 扎，C 种彩票 10 扎.

【设计意图】 第 1 题检测目标 1，第 2 题检测目标 2.

10.3.3　实际问题与二元一次方程组(第 3 课时)

目标	1.在现实情境中，能明确问题的约束条件和目标并能理解问题. 2.能用图表分析问题的数量关系，建立二元一次方程组模型表达数量关系，把实际问题转化为方程问题，发展抽象能力、模型观念和分析问题的能力. 3.能熟练地解二元一次方程组，发展推理能力和运算能力；能解释方程组解的实际意义，得到实际问题的答案，发展解决问题的能力
重点	用列表、画图的方法分析题意，建立模型
难点	应用图表法分析问题，建立方程模型

教学过程设计

一、探究和解决问题

> **例 1** 如图 10.3-4，丝路纺织厂与 A，B 两地有公路、铁路相连.这家工厂从 A 地购进一批长绒棉运回工厂，制成纺织面料运到 B 地销售.已知长绒棉进价为 3.08 万元 /t，纺织面料的出厂价为 4.25 万元 /t，公路运价为 0.5 元/(t·km)，铁路运价为 0.2 元/(t·km)，且这两次运输共支出公路运费 5200 元，铁路运费 16640 元.那么这批面料的销售额比原料费与运输费用的和多多少元?
>
> A　铁路120 km　公路10 km
> 丝路纺织厂
> B
> 公路20 km　铁路110 km
>
> **图 10.3-4**

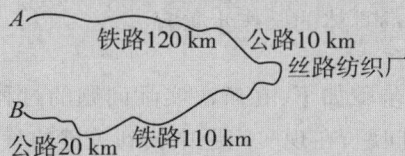

1.理解和明确问题

问题 1 这个问题中已知什么?求什么?

师生活动：教师引导学生分析，已知单位原料的购入成本、单位产品的销售价格和运输费用，可以计算出原料的运输成本.求销售收入比原料成本和运输成本多多少，需要先求出材料和产品的数量，这需要建立二元一次方程组来解决问题.

【设计意图】 理解问题，规划问题的解决方向.

2. 分析问题，建立模型

> **问题 2** 这个实际问题中有哪些等量关系？

师生活动：学生自主探索、合作交流、整理思路，发现等量关系是：

$$\begin{cases} 公路运输总费用 = 5200, \\ 铁路运输总费用 = 16640. \end{cases}$$

> **问题 3** 如何设未知数？怎样列方程组？

师生活动：销售额与产品数量有关，原料费与原料数量有关，这两个是决定要素，因此，可以设原料和产品数量为未知数.可设制成 x 吨纺织面料，购买 y 吨长绒棉.

追问：怎么用未知数表示相关的量？怎样列方程？

教师引导，学生回答，列表分析：

项目	纺织面料 x/t	长绒棉 y/t	合计
公路运费 / 元	$0.5 \times 20x$	$0.5 \times 10y$	$0.5(20x + 10y)$
铁路运费 / 元	$0.2 \times 110x$	$0.2 \times 120y$	$0.2(110x + 120y)$
价值 / 元	$42500x$	$30800y$	

由上表，列方程组 $\begin{cases} 0.5(20x + 10y) = 5200, \\ 0.2(110x + 120y) = 16640. \end{cases}$

3. 运算推理，解决问题

> **问题 4** 怎样解下列方程组？
> $$\begin{cases} 0.5(20x + 10y) = 5200, \\ 0.2(110x + 120y) = 16640. \end{cases}$$

师生活动：学生独立解这个方程组，得 $\begin{cases} x = 320, \\ y = 400. \end{cases}$

因此，这批产品的销售额比原料费和运输费的和多 $42500x - 30800y - 5200 - 16640 = 42500 \times 320 - 30800 \times 400 - 5200 - 16640 = 125.816$（万元）.

4. 反思总结

> **问题 5** 解决这个实际问题的具体的操作步骤有哪些？

师生活动：师生共同归纳操作步骤如下：在解决实际问题的过程中，一开始并不知道是否需要建立方程模型，这需要先理解和明确问题，在现实问题中找到关键的量，分析这些量的关系，确定是否需要建立方程模型来解决问题.在建立方程模型时，需要经历以下步骤：① 找等量关系，可以从题目本身去找，也可以从生活经验出发去找，也可以从其他学科原理去找，还可以从数学的公式法则去找；② 明确等量关系表示哪些量相等，这些量是由哪些组成的，它们的决定要素是什么（它们的决定要素就是未知数）；③ 用等式表示等量关系，列出方程（组）.借用表格来梳理是为了更加明确哪些是决定的量，怎样用未知数来表示相关的量，用哪些等量关系来建立等式，使其运算结构、大小关系更清楚.

【设计意图】　解决问题,归纳步骤,积累数学活动经验,体会数学思想方法.

二、独立思考,迁移应用

例2　甲地到乙地有一段上坡路与一段平路,某山地自行车队员在两地之间进行骑行训练.如果他保持上坡的速度为 30 km/h,平路的速度为 40 km/h,下坡的速度为 50 km/h,那么他从甲地骑到乙地需 54 min,从乙地骑到甲地需 42 min.甲地到乙地全程多少千米?

师生活动:学生自主探索、分析和解决问题.

因为骑行时间与骑行路段是上坡、平路还是下坡有关.设从甲地到乙地时,上坡路为 x km,平路为 y km,那么从乙地到甲地时,下坡路为 x km,平路为 y km.

根据题意,得 $\begin{cases} \dfrac{x}{30} + \dfrac{y}{40} = \dfrac{54}{60}, \\ \dfrac{x}{50} + \dfrac{y}{40} = \dfrac{42}{60}. \end{cases}$ 解得 $\begin{cases} x = 15, \\ y = 16. \end{cases}$ 则 $x + y = 31$ (km).

答:甲地到乙地全程 31 km.

【设计意图】　用二元一次方程组解决实际问题时,难点在于如何设未知数、列方程组.用上面步骤化简的流程来引导学生分析问题、解决问题,从而有效地提升学生的数学核心素养.

三、拓展提升

例3　随着"互联网＋"时代的到来,网约车改变了传统的打车方式.该打车方式的总费用由里程费和耗时费组成,甲、乙两乘客用该打车方式出行,其打车平均车速、里程、车费等信息如下表:

乘客	平均速度/(千米·时$^{-1}$)	里程/千米	车费/元
甲	60	8	12
乙	50	10	16

如果你采用网约车的打车方式,保持平均车速 45 千米／时,行驶了 9 千米,那么你是否能够计算出打车的总费用?如果能,总费用为多少元?如果不能,请说明理由.

思考:你会仿照上面的步骤分析并解答这个实际问题吗?

师生活动:学生独立思考,尝试解答.设里程费为 x 元／千米,耗时费为 y 元／分.

根据题意,得 $\begin{cases} 8x + \dfrac{8}{60} \times 60y = 12, \\ 10x + \dfrac{10}{50} \times 60y = 16. \end{cases}$ 解得 $\begin{cases} x = 1, \\ y = 0.5. \end{cases}$ 则 $9 \times 1 + \dfrac{9}{45} \times 60 \times 0.5 = 15$ (元).

答:能计算出打车的总费用,总费用为 15 元.

【设计意图】　用表格法能直观呈现等量关系,寻找决定要素,突破设未知数、列方程组的难点.

四、回顾小结,概括提升

1.通过本节课的学习,你对用二元一次方程组解决实际问题时,应该怎样设未知数,可借助哪些方式辅助分析问题中的数量关系,是否有了新的认识?

2.你会用框图概括用二元一次方程组解决实际问题的基本过程吗?

【设计意图】　让学生用框图对本节课进行概括,框图更有助于学生明确研究内容,明晰研究思路,领悟研究方法.

目标检测

1. 某农场 300 名职工耕种 51 公顷土地,计划种植水稻、棉花和蔬菜,已知每公顷种植每种植物所需的劳动力人数及投入的资金如下表所示:

农作物品种	每公顷需劳动力	每公顷需投入资金
水稻	4 人	1 万元
棉花	8 人	1 万元
蔬菜	5 人	2 万元

已知该农场计划投入 67 万元,应该怎样安排这三种作物的种植面积,才能使所有职工都有工作,而且投入的资金正好够用?

2. 已知一支部队第一天行军 4 h,第二天行军 5 h,两天共行军 98 km,且第一天比第二天少走 2 km. 第一天和第二天行军的平均速度各是多少?

参考答案: 1. 解:设安排 x 公顷种水稻、y 公顷种棉花,则安排 $(51-x-y)$ 公顷种蔬菜.

根据题意,得 $\begin{cases} 4x+8y+5(51-x-y)=300, \\ x+y+2(51-x-y)=67. \end{cases}$ 解得 $\begin{cases} x=15, \\ y=20. \end{cases}$

所以 $51-x-y=16$.

答:安排 15 公顷种水稻、20 公顷种棉花、16 公顷种蔬菜.

2. 解:设第一天和第二天行军的平均速度分别为 x km/h,y km/h.

根据题意,得 $\begin{cases} 4x+5y=98, \\ 4x+2=5y. \end{cases}$ 解得 $\begin{cases} x=12, \\ y=10. \end{cases}$

答:第一天和第二天行军的平均速度分别为 12 km/h 和 10 km/h.

【设计意图】 第 1~2 题检测目标 1、目标 2 和目标 3.

*10.4 三元一次方程组的解法

10.4.1 三元一次方程组的解法(第 1 课时)

目标	1. 会解简单的三元一次方程组,发展推理运算能力. 2. 经历由三元化归到二元,再由二元化归到一元的消元转化活动,进一步体会消元思想,发展抽象能力
重点	掌握三元一次方程组的解法
难点	三元一次方程组如何化归到二元一次方程组

教学过程设计

一、情境引入，提出问题

问题1 在一次足球联赛中，一支球队共参加了22场比赛，积47分，且胜的场数比负的场数的4倍多2.按照足球联赛的积分规则，胜一场得3分，平一场得1分，负一场得0分.那么这支球队胜、平、负各多少场？

师生活动：设这支球队胜、平、负场数分别为 x 场、y 场、z 场，根据题意，可以得到下面三个方程：

$$x + y + z = 22,$$
$$3x + y = 47,$$
$$x = 4z + 2.$$

这个问题的解必须同时满足上面三个条件，因此，我们把这三个方程合在一起，写成

$$\begin{cases} x + y + z = 22, \\ 3x + y = 47, \\ x = 4z + 2. \end{cases}$$

这个方程组共含有三个未知数，每个方程中含未知数的项的次数都是1，并且一共有三个方程，像这样的方程组叫作**三元一次方程组**.

追问：对于三元一次方程组，我们又应该如何去研究呢？

师生活动：与引入二元一次方程组时，类比一元一次方程相同，我们在引入三元一次方程组时，类比二元一次方程组：类比方程组的形式和解法.按照"实际问题 — 建立模型（三元一次方程组）— 解三元一次方程组 — 解释、拓展与应用"的模式展开本节课的内容.

【设计意图】 类比学习二元一次方程组的过程，构建三元一次方程组的研究思路、研究内容和研究方法.

二、探究思考，形成新知

问题2 怎样解三元一次方程组？

例1 解三元一次方程组 $\begin{cases} x + y + z = 22, ① \\ 3x + y = 47, ② \\ x = 4z + 2. ③ \end{cases}$

师生活动：仿照前面学过的代入法解方程组.

解：把③分别代入①和②，得到二元一次方程组 $\begin{cases} y + 5z = 20, \\ y + 12z = 41. \end{cases}$

解这个方程组，得 $\begin{cases} y = 5, \\ z = 3. \end{cases}$

把 $y = 5$ 代入②，得 $x = 14$.

所以这个三元一次方程组的解为 $\begin{cases} x = 14, \\ y = 5, \\ z = 3. \end{cases}$

追问：你还有其他解法吗?试一试,并与这种解法进行比较.

师生活动：学生思考解答,然后进行比较.

引导学生总结,类比二元一次方程组的解法,解三元一次方程组的基本思路是:通过代入法或加减法进行消元,把三元化为二元,将解三元一次方程组转化为解二元一次方程组,进而再转化为解一元一次方程.这与解二元一次方程组的思路是一样的.

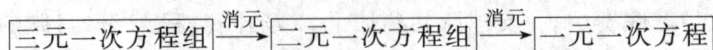

$$\boxed{三元一次方程组} \xrightarrow{\text{消元}} \boxed{二元一次方程组} \xrightarrow{\text{消元}} \boxed{一元一次方程}$$

【设计意图】 类比二元一次方程组的解法,在解三元一次方程组的过程中,消元思想体现得非常充分.怎么消元?先消哪个元?这取决于三个三元一次方程系数的特点.

例 2 解三元一次方程组 $\begin{cases} 3x + 4z = 7, ① \\ 2x + 3y + z = 9, ② \\ 5x - 9y + 7z = 8. ③ \end{cases}$

思考：如何消元?先消哪个元?

师生活动：方程 ① 只含未知数 x, z,因此,可以由 ②③ 消去 y,得到一个只含 x, z 的方程,与方程 ① 组成一个二元一次方程组.

解：②×3＋③,得 $11x + 10z = 35$. ④

① 与 ④ 组成方程组 $\begin{cases} 3x + 4z = 7, \\ 11x + 10z = 35. \end{cases}$

解这个方程组,得 $\begin{cases} x = 5, \\ z = -2. \end{cases}$

把 $x = 5, z = -2$ 代入 ②,得 $2 \times 5 + 3y - 2 = 9$.

解得 $y = \dfrac{1}{3}$.

所以这个三元一次方程组的解为 $\begin{cases} x = 5, \\ y = \dfrac{1}{3}, \\ z = -2. \end{cases}$

追问：你还有其他解法吗?试一试,并与这种解法进行比较.

师生活动：学生动手操作,然后进行比较.

【设计意图】 通过比较不同解法,体会怎么消元,先消哪个元,根源在于三元一次方程的系数特点.

三、辨别应用,巩固新知

1. 解三元一次方程组 $\begin{cases} x + y + z = 26, ① \\ 2x + y - z = 18, ② \\ x - z = 1. ③ \end{cases}$

解：解法1:代入法.

由 ③,得 $x = z + 1$. ④

将 ④ 分别代入 ①,② 并整理,得 $\begin{cases} y + 2z = 25, \\ y + z = 16. \end{cases}$ 解二元一次方程组,得 $\begin{cases} y = 7, \\ z = 9. \end{cases}$

将 $\begin{cases} y = 7, \\ z = 9 \end{cases}$ 代入 ④,得 $x = 10$.

所以这个三元一次方程组的解为 $\begin{cases} x=10, \\ y=7, \\ z=9. \end{cases}$

解法 2：加减法.

①＋③，得 $2x+y=27.$ ④

②－③，得 $x+y=17.$ ⑤

解二元一次方程组 $\begin{cases} 2x+y=27, \\ x+y=17, \end{cases}$ 得 $\begin{cases} x=10, \\ y=7. \end{cases}$ 将 $x=10,y=7$ 代入③，得 $z=9.$

所以这个三元一次方程组的解为 $\begin{cases} x=10, \\ y=7, \\ z=9. \end{cases}$

追问：①＋② 可以吗?试试看?

【设计意图】 让学生尝试不同的消元方法并进行比较,为选择合理的消元方法积累经验.

2. 解三元一次方程组 $\begin{cases} x+y=3,① \\ y+z=5,② \\ z+x=4.③ \end{cases}$

解：①＋②＋③，得 $2(x+y+z)=12,$ 即 $x+y+z=6.$ ④

④－①，得 $z=3.$

④－②，得 $x=1.$

④－③，得 $y=2.$

所以这个三元一次方程组的解为 $\begin{cases} x=1, \\ y=2, \\ z=3. \end{cases}$

【设计意图】 解三元一次方程组时,应具体问题具体分析,找出其结构特点及系数之间的关系,灵活巧妙地消元.本题中因未知数的系数都相同,故采取了整体代入消元的方法,简化了运算.

四、迁移综合,发展能力

练习 解下列三元一次方程组：

(1) $\begin{cases} x-2y=-9, \\ y-z=3, \\ x+2z=47; \end{cases}$ (2) $\begin{cases} 3x-y+z=4, \\ 2x+3y-z=12, \\ x+y+z=6. \end{cases}$

师生活动：学生写出解方程组的过程.

参考答案： (1) $\begin{cases} x=22, \\ y=\dfrac{31}{2}, \\ z=\dfrac{25}{2}; \end{cases}$ (2) $\begin{cases} x=2, \\ y=3, \\ z=1. \end{cases}$

【设计意图】 本题需要先分析方程组的结构特征,再选择适当的解法.通过此练习,学生能更熟练地掌握解三元一次方程组的方法.

五、回顾小结,概括提升

回顾本节课的学习过程,思考下列问题：

1. 解三元一次方程组的具体步骤是什么?

2. 依据是什么?怎么想的?

【设计意图】 让学生类比二元一次方程组总结解三元一次方程组的具体步骤,体会消元思想.这种解题套路具有"可迁移性",这也体现了"用相似的方法做不同事情"的一般观念.

目标检测

1. 解方程组 $\begin{cases} y = 2x - 7, \\ 5x + 3y + 2z = 2, \\ 3x - 4z = 4. \end{cases}$

2. 已知甲地到乙地全程是 3.3 km,由一段上坡、一段平路和一段下坡组成.如果保持上坡每小时走 3 km、平路每小时走 4 km、下坡每小时走 5 km 的速度,那么从甲地到乙地需 51 min,从乙地到甲地需 53.4 min.从甲地到乙地时,上坡、平路、下坡的路程各是多少千米?

参考答案:1. $\begin{cases} x = 2, \\ y = -3, \\ z = \dfrac{1}{2}. \end{cases}$

2. 从甲地到乙地上坡、平路、下坡的路程分别为 1.2 km,0.6 km,1.5 km.

【设计意图】 第 $1 \sim 2$ 题检测目标 1.

10.4.2 三元一次方程组的解法(第 2 课时)

目标	1. 会解三元一次方程组,发展推理能力和运算能力. 2. 会建立三元一次方程组解决简单的实际问题,发展模型观念
重点	正确求解三元一次方程组
难点	求解三元一次方程组时,消元方法的选择

教学过程设计

一、回顾思考,总结方法

问题 用什么方法解三元一次方程组?

师生活动: 教师引导学生回顾解三元一次方程组的逐步消元方法:

$$\boxed{三元一次方程组} \xrightarrow{消元} \boxed{二元一次方程组} \xrightarrow{消元} \boxed{一元一次方程}$$

追问: 在用消元法把三元一次方程组转化为二元一次方程组的过程中,关键是什么?

师生活动: 从 ①②③ 三个方程中分别取两个消去一个共同的未知数.

【设计意图】 通过回顾反思,明确解三元一次方程组的基本思想.

二、综合应用,解决问题

例1 在等式 $y = ax^2 + bx + c$ 中,当 $x = -1$ 时,$y = 0$;当 $x = 2$ 时,$y = 3$;当 $x = 5$ 时,$y = 60$.求 a, b, c 的值.

师生活动:学生交流得到问题的解决方法.

解:根据题意,得三元一次方程组 $\begin{cases} a-b+c=0, & ① \\ 4a+2b+c=3, & ② \\ 25a+5b+c=60. & ③ \end{cases}$

②－① 后整理,得 $a+b=1.$　④

③－① 后整理,得 $4a+b=10.$　⑤

④ 与 ⑤ 组成二元一次方程组 $\begin{cases} a+b=1, \\ 4a+b=10. \end{cases}$

解这个方程组,得 $\begin{cases} a=3, \\ b=-2. \end{cases}$

把 $\begin{cases} a=3, \\ b=-2 \end{cases}$ 代入①,得 $c=-5.$

因此, $\begin{cases} a=3, \\ b=-2, \\ c=-5. \end{cases}$

【设计意图】 借助本题考查学生根据未知数的系数确定正确的消元方法的能力,渗透求解二次函数系数的待定系数法.

例2 我国古代很早就开始对一次方程组进行研究,其中不少成果被收入古代数学著作《九章算术》中.《九章算术》的"方程"一章,有许多关于一次方程组的内容.这一章的第一个问题译成现代汉语是这样的:

上等谷3束,中等谷2束,下等谷1束,可得粮食39斗;

上等谷2束,中等谷3束,下等谷1束,可得粮食34斗;

上等谷1束,中等谷2束,下等谷3束,可得粮食26斗.

求上、中、下三等谷每束各可得粮食几斗?

师生活动:学生独立思考,寻找解题方法.

设每束上等谷、中等谷、下等谷各得粮食 x 斗、y 斗、z 斗.

根据题意,得三元一次方程组 $\begin{cases} 3x+2y+z=39, & ① \\ 2x+3y+z=34, & ② \\ x+2y+3z=26. & ③ \end{cases}$

追问:如何解这个三元一次方程组?先消哪个未知数?

师生活动:学生积极思考,在教师的引导下,合作交流并展示成果.

解:①－②,得 $x-y=5.$　④

①×3－③,得 $8x+4y=91.$　⑤

④ 与 ⑤ 组成二元一次方程组 $\begin{cases} x-y=5, \\ 8x+4y=91. \end{cases}$

解这个方程组,得 $\begin{cases} x=\dfrac{37}{4}, \\ y=\dfrac{17}{4}. \end{cases}$

把 $\begin{cases} x=\dfrac{37}{4}, \\ y=\dfrac{17}{4} \end{cases}$ 代入①,得 $z=\dfrac{11}{4}.$

所以这个三元一次方程组的解为 $\begin{cases} x = \dfrac{37}{4}, \\ y = \dfrac{17}{4}, \\ z = \dfrac{11}{4}. \end{cases}$

答：上、中、下三等谷每束分别可得粮食 $\dfrac{37}{4}$ 斗、$\dfrac{17}{4}$ 斗、$\dfrac{11}{4}$ 斗.

＊（选讲选学）在解决问题后，介绍用矩阵方法消元解方程组的思想 —— 矩阵的三角化与对角化.

矩阵的三角化：

$$\begin{pmatrix} 3 & 2 & 1 & 39 \\ 2 & 3 & 1 & 34 \\ 1 & 2 & 3 & 26 \end{pmatrix} \rightarrow \begin{pmatrix} 1 & -1 & 0 & 5 \\ 2 & 3 & 1 & 34 \\ 1 & 2 & 3 & 26 \end{pmatrix} \rightarrow \begin{pmatrix} 1 & -1 & 0 & 5 \\ 2 & 3 & 1 & 34 \\ 8 & 4 & 0 & 91 \end{pmatrix} \rightarrow \begin{pmatrix} 1 & -1 & 0 & 5 \\ 8 & 4 & 0 & 91 \\ 2 & 3 & 1 & 34 \end{pmatrix}$$

$$\rightarrow \begin{pmatrix} 12 & 0 & 0 & 111 \\ 8 & 4 & 0 & 91 \\ 2 & 3 & 1 & 34 \end{pmatrix} \rightarrow \begin{pmatrix} 1 & 0 & 0 & \frac{37}{4} \\ 8 & 4 & 0 & 91 \\ 2 & 3 & 1 & 34 \end{pmatrix}$$

$$\rightarrow \begin{pmatrix} 1 & 0 & 0 & \frac{37}{4} \\ 2 & 1 & 0 & \frac{91}{4} \\ 2 & 3 & 1 & 34 \end{pmatrix} \rightarrow \begin{pmatrix} 1 & 0 & 0 & \frac{37}{4} \\ 0 & 1 & 0 & \frac{17}{4} \\ 0 & 0 & 1 & \frac{11}{4} \end{pmatrix}$$

【设计意图】 以实际问题为载体，先列三元一次方程组，让学生自主解三元一次方程组，进一步发展模型观念和运算推理能力.

三、回顾小结，概括提升

回顾本节课的学习过程，并回答以下问题：

1. 类比二元一次方程组，应用三元一次方程组解决实际问题的具体步骤有哪些？

2. 在探究解法的过程中的研究方法是什么？你还有哪些收获？

【设计意图】 让学生总结本节课的研究内容、研究思路和研究方法，同时也为求解更复杂的方程组打下思想基础.

目标检测

1. 已知 $\begin{cases} x = 1, \\ y = 2, \\ z = 3 \end{cases}$ 是关于 x, y, z 的方程组 $\begin{cases} ax + by = 2, \\ by + cz = 3, \\ cx + az = 7 \end{cases}$ 的解，则 $a + b + c$ 的值是 _____.

2. 在整式 $ax^2 + bx + c$ 中，当 $x = 1, 2, 3$ 时，整式的值分别为 $0, 3, 28$. 求 a, b, c 的值.

3. 甲、乙、丙三个数的和是 35，甲数的 2 倍比乙数大 5，乙数的 $\dfrac{1}{3}$ 等于丙数的 $\dfrac{1}{2}$. 求这三个数.

参考答案：1. 3　2. $a = 11, b = -30, c = 19$.

3. 设甲、乙、丙三个数分别为 x, y, z. 根据题意，得 $\begin{cases} x + y + z = 35, \\ 2x - y = 5, \\ \frac{1}{3}y = \frac{1}{2}z. \end{cases}$　解得 $\begin{cases} x = 10, \\ y = 15, \\ z = 10. \end{cases}$

【设计意图】 第 $1 \sim 2$ 题检测目标 1，第 3 题检测目标 2.

10.5　数学活动

目标	1.会用列表的方法分析问题中所蕴含的数量关系,进一步经历用方程组解决实际问题的过程,体会方程组是刻画现实世界的有效数学模型. 2.在活动中养成收集资料、抽象未知数量、分析数量关系并解决问题的习惯,会用数学的眼光观察世界,会用数学的思维思考现实世界,会用数学的语言表达现实世界
重点	用列表的方法分析题意,建立模型
难点	如何应用列表法分析问题,建立模型解决问题

教学过程设计

一、综合运用

活动1:用20张卡纸做长方体的包装盒,现把这些卡纸分成两部分,一部分做侧面,其余的做底面.已知每张卡纸可以做2个侧面,或者3个底面,或者套裁出1个侧面和1个底面.如果1个侧面和2个底面可以拼成一个包装盒,那么能否设计一种分法,既能使做出的侧面和底面配套,又能充分利用卡纸?请与同学交流.

（一）理解问题

> **问题1**　在这个设计包装盒的问题中,已知什么?求什么?

师生活动:教师引导学生分析,这个问题的本质是已知每张卡纸能做多少个侧面和底面,有三种分配类型,需要多少张卡纸才能刚好配套,是一个构建三元一次方程组模型的问题.

【设计意图】 阅读和理解问题,明确约束条件和目标,并确定这是一个方程组问题.

（二）分析问题

> **问题2**　这个实际问题中有哪些等量关系?

师生活动:学生自主探索、合作交流、整理思路:

$$\begin{cases} 卡纸总张数 = 20, \\ 1张卡纸 = 2个侧面或3个底面,或1个侧面和1个底面, \\ 1个包装盒 = 1个侧面和2个底面. \end{cases}$$

追问1:怎么理解侧面和底面刚好配套?

师生活动:学生自主探索、合作交流:侧面数:底面数 $= 1:2$.

追问2:如何设未知数?

师生活动:设 x 张卡纸做侧面,y 张卡纸做底面,z 张卡纸做套裁.

追问3:怎么用未知数表示相关的量?怎样列方程组?

师生活动:教师引导,学生回答,列表分析并解答:

项目	x 张卡纸做侧面	y 张卡纸做底面	z 张卡纸做套裁	合计
侧面数量／张	$2x$	0	z	$2x + z$
底面数量／张	0	$3y$	z	$3y + z$

由上表,列方程组 $\begin{cases} x+y+z=20, \\ (2x+z):(3y+z)=1:2, \end{cases}$ 即 $\begin{cases} x+y+z=20, \quad ① \\ 2(2x+z)=3y+z. \quad ② \end{cases}$

【设计意图】 抽象未知数,分析数量关系,建立方程组,把实际问题转化为求方程组的整数解问题.

（三）解决问题

> **问题 3** 怎样求出满足这个方程组的整数解 x,y,z?

师生活动: 学生思考解答,教师板书:①－②,得 $4y-3x=20$. 整理,得 $y=\dfrac{3}{4}x+5$.

因为 x,y,z 都是非负整数,所以 $\begin{cases} x=0, \\ y=5, \\ z=15; \end{cases}$ 或 $\begin{cases} x=4, \\ y=8, \\ z=8; \end{cases}$ 或 $\begin{cases} x=8, \\ y=11, \\ z=1. \end{cases}$

因此,共有 3 种方案,分别是:方案一,5 张卡纸做底面,15 张卡纸做套裁;方案二,4 张卡纸做侧面,8 张卡纸做底面,8 张卡纸做套裁;方案三,8 张卡纸做侧面,11 张卡纸做底面,1 张卡纸做套裁.这三种方案既能使做出的侧面和底面配套,又能充分利用卡纸.

【设计意图】 求出方程组的整数解,解释其现实意义,得到实际问题的解决方案,并进一步给出设计方案.

（四）反思总结

> **问题 4** 解决这个问题的过程中你是怎样思考的?主要难点是什么?是怎样突破的?

师生活动: 教师引导学生总结、反思和分享. 比如,首先,要理解问题,明确约束条件和目标,发现这是一个可以用方程组解决的问题;其次,需要分析数量关系,列出方程组;最后,方程的个数少于未知数个数,一般来说有无数组解,考虑到解为正整数的条件,通过解不定方程确定正整数解;等等.

二、迁移运用

活动 2: 调查显示,全世界每天平均约有 13000 人死于与吸烟有关的疾病. 我国吸烟者约 3.56 亿人,占世界吸烟人数的四分之一. 比较一年中死于与吸烟有关的疾病的人数占吸烟者总数的百分比,我国比世界其他国家约高 0.1%.

根据上述资料,试用二元一次方程组解决以下问题:

我国及世界其他国家一年中死于与吸烟有关的疾病的人数分别是多少?

（一）分析问题

由于明确要用二元一次方程组解决问题,所以只要分析数量关系,建立方程模型表达数量关系,就可以把实际问题转化为二元一次方程组来解.

> **问题 5** 这个实际问题中有哪些等量关系?

师生活动: 学生自主探索、合作交流,分析数量关系:
$\begin{cases} \text{全世界每天平均死于与吸烟有关的疾病人数}=13000, \\ \text{一年中死于与吸烟有关疾病的人数占吸烟者总数的百分比,我国比其他国家约高 }0.1\%. \end{cases}$

【设计意图】 分析等量关系.

> **问题 6** 如何设未知数?怎样列方程组?

师生活动: 设我国及世界其他国家一年中死于与吸烟有关的疾病的人数分别为 x,y.

根据题意,得 $\begin{cases} x + y = 13000 \times 365, \\ \dfrac{x}{3.56 \times 10^8} - \dfrac{y}{3.56 \times 3 \times 10^8} = 0.1\%. \end{cases}$

【设计意图】 抽象未知量,列出方程组.

(二)解决问题

问题 7 怎样解这个方程组?

师生活动: 教师引导学生首先把这个方程组中的每个方程都化到最简,再用消元法解方程组.

解得 $\begin{cases} x = 1453250, \\ y = 3291750. \end{cases}$

进一步,根据问题的实际意义以及精确度,可以确定我国及世界其他国家一年中死于与吸烟有关的疾病的人数分别约为 1453000,3292000.

【设计意图】 本题通过计算可以进一步发现已知统计数据中隐含的更多信息,同时有助于对学生进行健康教育,收集资料、分析数量关系、编制数学问题,加强与实际的联系.

(三)反思总结

问题 8 解决这个问题的过程中你是怎么想的?难点在哪里?有什么体会?

师生活动: 学生总结分享,教师点评概括.

比如,可以建立二元一次方程模型使得分析估算更精确;在解二元一次方程组的过程中,往往需要先把各个方程分别化简,再消元;估算问题要考虑精确度;等等.

【设计意图】 总结分享,积累经验,深化对应用二元一次方程组解决实际问题的理解,体会方程是刻画现实世界数量关系的有效数学模型和解决问题的有力工具.

10.6 二元一次方程组复习

目标	1. 用一般观念统领,整理本章的知识体系,发展知识结构抽象能力. 2. 能熟练地解二元一次方程组,发展推理运算能力,体会化归思想. 3. 能分析实际问题中的等量关系,建立方程模型解决问题,发展模型观念
重点	整理知识结构,利用二元一次方程组解决实际问题
难点	分析数量关系,建立方程模型

教学过程设计

一、提出问题

我国古代数学著作《九章算术》中有这样一道题,原文是:"今有善行者行一百步,不善行者行六十步. 今不善行者先行一百步,善行者追之,问几何步及之?"意思是:同样时间段内,走路快的人能走 100 步,走路慢的人只能走 60 步. 若走路慢的人先走 100 步,走路快的人走多少步才能追上走路慢的人?

【设计意图】 创设情境,激发学生的探究兴趣,自然过渡到本章复习环节.

二、复习回顾

> **问题 1** 题目中哪些是已知量?哪些是未知量?如何解决这个问题?

师生活动:学生先独立思考,然后互相交流,再由学生代表发言.

解:设走路快的人走 x 步才能追上走路慢的人,此时走路慢的人走了 y 步.

根据题意得 $\begin{cases} x - y = 100, \\ \dfrac{x}{100} = \dfrac{y}{60}. \end{cases}$

追问 1:如何解这个方程呢?

师生活动:可以用代入法,先将 $\dfrac{x}{100} = \dfrac{y}{60}$ 化简为 $x = \dfrac{5}{3}y$,再代入 $x - y = 100$,求得 $y = 150$,从而求得 $x = 250$.所以原方程组的解为 $\begin{cases} x = 250, \\ y = 150. \end{cases}$

追问 2:方程组解对了吗?解题步骤完整了吗?

将 $\begin{cases} x = 250, \\ y = 150 \end{cases}$ 代入原方程组进行检验,发现正确.

答:走路快的人走 250 步才能追上走路慢的人.

追问 3:解决这个问题有哪些步骤?体现了什么思想?你是怎么想的?

【设计意图】 创设情境激发学生的探究兴趣,通过具体问题的解决,帮助学生回顾二元一次方程组的相关知识.

> **问题 2** 请你结合上面的思考,整理出本章的知识结构图.

师生活动:引导学生在回顾知识的基础上,整理知识结构图,如图 10.6-1.

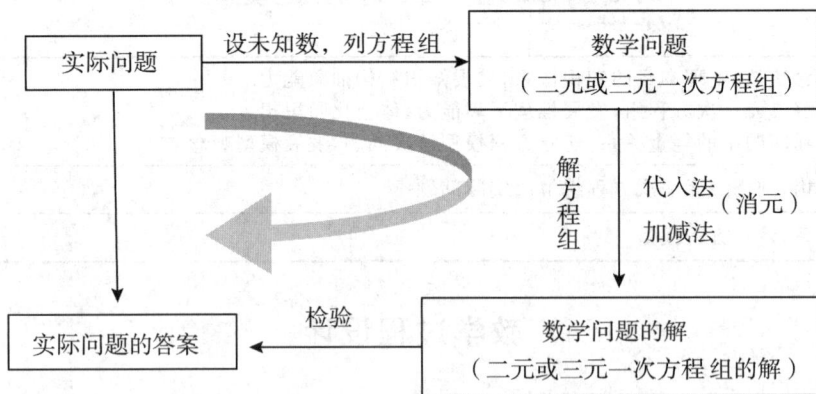

图 10.6-1

追问:(1)解方程组的过程中体现了什么思想?(2)二元一次方程组的研究思路和一元一次方程有什么相同点和不同点?

师生活动:师生交流研究思路是一样的(先给出定义,利用等式的性质去研究解法,再建立二元一次方程组来解决实际问题,即定义 — 解法 — 应用),只不过方程的模型不同,研究的路径相同.

【设计意图】 引导学生回顾所学知识,并整理知识结构图.

三、基础检测

1. 如果方程 $x-y=3$ 与下面方程中的一个组成的方程组的解为 $\begin{cases} x=4, \\ y=1, \end{cases}$ 那么这个方程可以是（　　）

A. $3x-4y=16$　　　　B. $\dfrac{1}{4}x+2y=5$　　　　C. $\dfrac{1}{2}x+3y=8$　　　　D. $2(x-y)=6y$

参考答案：D.

【设计意图】 考查学生对二元一次方程的解的概念的理解.

2. 已知 $\begin{cases} x=4, \\ y=-2 \end{cases}$ 与 $\begin{cases} x=-2, \\ y=-5, \end{cases}$ 都是关于 x,y 的二元一次方程 $y=kx+b$ 的解，则 k 与 b 的值分别为（　　）

A. $k=\dfrac{1}{2}, b=-4$　　　　　　　　　　B. $k=-\dfrac{1}{2}, b=4$

C. $k=\dfrac{1}{2}, b=4$　　　　　　　　　　　D. $k=-\dfrac{1}{2}, b=-4$

参考答案：A.

【设计意图】 考查学生对二元一次方程组的解的理解，以及解二元一次方程组的能力.

3. 某班为奖励在校运动会上取得好成绩的同学，花了 200 元钱购买甲、乙两种奖品共 30 件，其中甲种奖品每件 8 元，乙种奖品每件 6 元. 若设购买甲种奖品 x 件，乙种奖品 y 件，则下列所列方程组中，正确的是（　　）

A. $\begin{cases} x+y=30, \\ 6x+8y=200 \end{cases}$　　B. $\begin{cases} x+y=30, \\ 8x+6y=200 \end{cases}$　　C. $\begin{cases} 6x+8y=30, \\ x+y=200 \end{cases}$　　D. $\begin{cases} 8x+6y=30, \\ x+y=200 \end{cases}$

参考答案：B.

【设计意图】 考查学生建立实际问题的数学模型——二元一次方程组的能力.

4. 解下列方程组：

(1) $\begin{cases} 3x+4y=2, \\ 2x-y=5; \end{cases}$　　　　(2) $\begin{cases} 2(x+y)-3(x-y)=7, \\ \dfrac{x+y}{3}+x-y=\dfrac{8}{3}; \end{cases}$　　　　(3) $\begin{cases} x+2y+3z=14, \\ 2x+y+z=7, \\ 3x+y+2z=11. \end{cases}$

参考答案：(1) $\begin{cases} x=2, \\ y=-1; \end{cases}$　　(2) $\begin{cases} x=3, \\ y=2; \end{cases}$　　(3) $\begin{cases} x=1, \\ y=2, \\ z=3. \end{cases}$

【设计意图】 通过解二元或三元一次方程组的活动，发展学生的推理运算能力，体会消元思想和转化思想.

四、综合应用

例1 某电脑公司有 A 型、B 型、C 型三种型号的电脑，其中每台 A 型电脑 6000 元、每台 B 型电脑 4000 元、每台 C 型电脑 2500 元. 某中学现有资金 100500 元，计划全部用于从这家电脑公司购进 36 台两种型号的电脑. 请你设计几种不同的购买方案供这个学校选择，并说明理由.

解：设从这家电脑公司购进 A 型电脑 x 台、B 型电脑 y 台、C 型电脑 z 台.

分以下三种情况考虑.

（1）只购进 A 型电脑和 B 型电脑.根据题意,得 $\begin{cases} 6000x + 4000y = 100500, \\ x + y = 36. \end{cases}$ 解得 $\begin{cases} x = -21.75, \\ y = 57.75. \end{cases}$

不合题意,应舍去.

（2）只购进 A 型电脑和 C 型电脑.根据题意,得 $\begin{cases} 6000x + 2500z = 100500, \\ x + z = 36. \end{cases}$ 解得 $\begin{cases} x = 3, \\ z = 33. \end{cases}$

（3）只购进 B 型电脑和 C 型电脑.根据题意,得 $\begin{cases} 4000y + 2500z = 100500, \\ y + z = 36. \end{cases}$ 解得 $\begin{cases} y = 7, \\ z = 29. \end{cases}$

综上可知,有两种方案供这个学校选择:第一种方案是购进 A 型电脑 3 台、C 型电脑 33 台;第二种方案是购进 B 型电脑 7 台、C 型电脑 29 台.

例2 小王沿大街匀速行走,发现每隔 6 min 从背后驶过一辆 2 路公交车,每隔 3 min 迎面驶来一辆 2 路公交车.假设每辆 2 路公交车行驶速度相同,而且 2 路公交车总站每隔固定时间发一辆车.

（1）2 路公交车行驶速度是小王行走速度的多少倍?

（2）2 路公交车总站间隔多长时间发一辆车?

解:设 2 路公交车行驶速度是 x m/min,小王行走的速度是 y m/min,相邻两车的距离为 s m.

因为每隔 6 min 从背后驶过一辆 2 路公交车,所以当背后驶过的公交车行驶的路程是 $6x$ m 时,小王行走的路程是 $6y$ m,此时刚刚驶过的公交车比小王行走的路程多 s m,也就是相邻两车的距离,即 $6x - 6y = s.$①

因为每隔 3 min 迎面驶来一辆 2 路公交车,所以当迎面刚刚驶来的公交车驶过的路程是 $3x$ m 时,小王行走的路程是 $3y$ m,此时迎面驶来的公交车与小王行走的路程的和是 s m,也就是两车的距离,即 $3x + 3y = s.$②

由①②,可得 $x = \dfrac{s}{4}$,$y = \dfrac{s}{12}$,所以 $x = 3y$,$\dfrac{s}{x} = 4.$

因此,（1）2 路公交车的行驶速度是小王行走速度的 3 倍;（2）2 路公交车总站间隔 4 min 发一辆车.

【设计意图】 本题主要考查建立实际问题的数学模型 —— 三元一次方程组的能力.实际生活中我们常会遇到两个（或三个）未知数的问题,学完本章可以利用二元或三元一次方程组来解决实际问题,体现数学源于生活,又应用于生活的理念.

五、回顾小结,概括提升

1. 说说怎么解二元一次方程组?

2. 怎样建立方程组模型解决实际问题?

3. 说说二元一次方程组的学习路径与学习方法.

目标检测

1. 解下列方程组:（1）$\begin{cases} \dfrac{x}{4} - y = -1, \\ x = 3y; \end{cases}$

（2）$\begin{cases} \dfrac{x+y}{2} - \dfrac{x-y}{3} = -1, \\ 0.3(x+y) + 0.2(x-y) = 4.2; \end{cases}$

（3）$\begin{cases} x + y - z = 2, \\ 2x - 2y + z = 1, \\ x - 3y = -3. \end{cases}$

2. 若用 16 元钱买了 80 分、120 分的两种邮票共 17 枚,则买了 80 分的邮票 ＿＿＿＿＿ 枚,120 分的邮票 ＿＿＿＿＿ 枚.

3. 用 1 块 A 型钢板可制成 2 块 C 型钢板、1 块 D 型钢板;用 1 块 B 型钢板可制成 1 块 C 型钢板、2 块 D 型钢板. 现需 15 块 C 型钢板、18 块 D 型钢板,则恰好需要 A 型钢板、B 型钢板各多少块?

参考答案:1. (1) $\begin{cases} x = 12, \\ y = 4; \end{cases}$ (2) $\begin{cases} x = 9, \\ y = -3; \end{cases}$ (3) $\begin{cases} x = \dfrac{3}{2}, \\ y = \dfrac{3}{2}, \\ z = 1. \end{cases}$

2. 11 枚,6 枚

3. 设恰好用 x 块 A 型钢板,y 块 B 型钢板. 根据题意,得 $\begin{cases} 2x + y = 15, \\ x + 2y = 18. \end{cases}$ 解得 $\begin{cases} x = 4, \\ y = 7. \end{cases}$

答:恰好需要 4 块 A 型钢板,7 块 B 型钢板.

【设计意图】 第 1 题检测目标 2,第 2～3 题检测目标 3.

第十一章 不等式与不等式组

◎ 单元设计 ◎

一、知识结构图

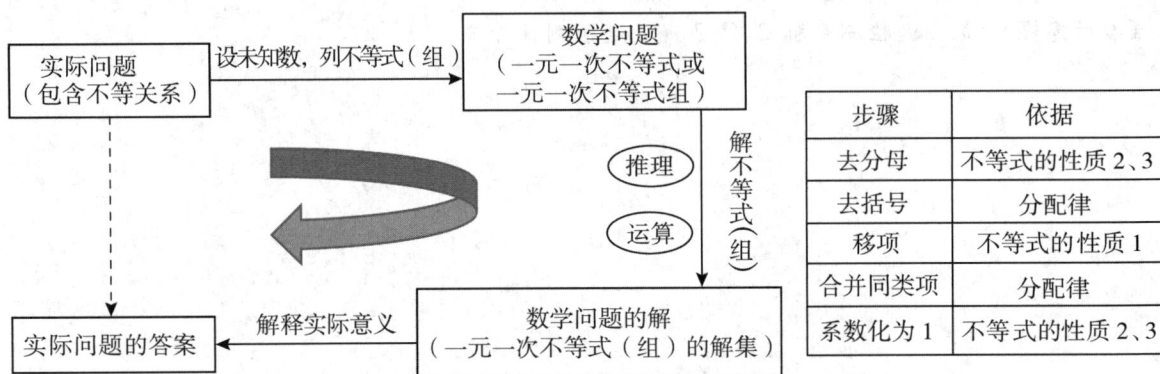

步骤	依据
去分母	不等式的性质 2、3
去括号	分配律
移项	不等式的性质 1
合并同类项	分配律
系数化为 1	不等式的性质 2、3

二、内容与内容解析

1. 内容

不等式及其解集,不等式的性质,一元一次不等式(组)及其相关概念,一元一次不等式(组)的解法及其解集的几何表示,利用一元一次不等式分析和解决实际问题.

2. 内容解析

与方程一样,不等式也是刻画现实世界中数量关系的重要数学模型,不等式是研究数学的基础工具(如解决不可公度问题、极限与微积分等).教材基于现实问题中的不等关系引入不等式,类比一元一次方程和二元一次方程组展开一元一次不等式和一元一次不等式组的研究,即引入 — 定义 — 性质 — 解法 — 应用.

在本单元内容的学习中,根据具体情境列不等式体现了抽象数量关系的抽象思想,建立不等式模型是研究不等关系的模型思想,蕴含着发展学生抽象能力和模型观念的育人价值;在解不等式和不等式组的活动中,体现了化归思想,蕴含着发展学生代数推理能力和数学运算能力的育人价值;在用数轴表示不等式(组)解集的活动中体现了数形结合思想,蕴含着发展学生几何直观能力的育人价值.类似于方程,不等式研究的核心问题是解法和实际应用.

因此,本单元的教学重点是用不等式的性质进行推理,解一元一次不等式(组),建立不等式模型解决简单的实际问题.

三、目标与目标解析

1. 目标

（1）经历把实际问题抽象为不等式的过程，能够列出不等式或不等式组解决简单的实际问题，体会不等式是刻画现实世界中不等关系的一种有效的数学模型，发展抽象能力和模型观念.

（2）了解一元一次不等式及其相关概念，通过观察、类比和归纳等活动探索不等式的性质，能利用它们探究一元一次不等式的解法，发展推理能力.

（3）了解解一元一次不等式的基本目标（将不等式逐步转化为 $x > a$ 或 $x < a$ 的形式），熟悉解一元一次不等式的一般步骤，能解数字系数的一元一次不等式，并能在数轴上表示出解集，体会解法中蕴含的化归思想和数形结合思想，发展代数推理和运算能力，建立几何直观.

（4）了解不等式组及其相关概念，会解由两个一元一次不等式组成的不等式组，并会用数轴确定解集，发展几何直观和推理能力.

2. 目标解析

达成目标(1)的标志：能从现实情境中抽象未知量，分析其数量关系，列出一元一次不等式表达不等关系.

达成目标(2)的标志：通过归纳不等式的性质，知道它与等式性质的区别和联系，能应用不等式的性质进行代数推理、比较大小、解不等式等.

达成目标(3)的标志：能解一元一次不等式并说出每一步的依据，会在数轴上表示出解集.

达成目标(4)的标志：能解一元一次不等式组并说出每一步的依据，会用数轴确定两个一元一次不等式组成的不等式组的解集（两个不等式的解集的交集）.

四、目标谱系

内容	核心素养			
	数学眼光	数学思维	数学语言	学会学习
11.1 不等式	1. 能从现实情境中抽象出不等关系，并用不等式表示，发展抽象能力. 2. 能类比方程抽象出不等式、不等式的解与解集的概念，发展数学概念抽象能力. 3. 能类比等式的性质抽象出不等式的性质	1. 经历类比方程的解推理不等式的解的过程，发展类比推理能力. 2. 能类比等式的性质提出不等式的性质的猜想，并在验证中完善猜想，发展类比和归纳推理能力. 3. 能用不等式的性质进行代数推理，解一元一次不等式	1. 能用不等式模型来刻画实际问题中的不等关系，发展模型观念和应用意识. 2. 会用文字语言和符号语言来表示不等式的性质. 3. 会用数轴表示不等式的解集	能类比方程提出不等式研究的核心问题，规划不等式的研究思路
11.2 一元一次不等式	1. 能类比一元一次方程抽象出一元一次不等式的概念，发展抽象能力. 2. 能抽象出实际问题中的数量关系，根据不等关系列不等式，发展抽象能力	能根据不等式的性质解一元一次不等式，并进行代数推理，发展代数推理能力和数学运算能力	1. 能用一元一次不等式刻画现实情境中的不等关系，解决简单的实际问题，发展模型观念. 2. 能用数轴直观地表示一元一次不等式的解集	1. 能通过反思总结，类比一元一次方程归纳解一元一次不等式的步骤和注意要点. 2. 能总结列不等式解决实际问题的思考步骤，形成框图

续 表

内容	核心素养			
	数学眼光	数学思维	数学语言	学会学习
11.3 一元一次不等式组	1. 能类比二元一次方程组抽象一元一次不等式组及其解集的概念，发展抽象能力. 2. 能在用数轴直观地表示一元一次不等式解集的基础上确定不等式组的解集，发展几何直观	能解数字系数的一元一次不等式组，发展代数推理能力和数学运算能力	会用一元一次不等式组模型来刻画不等关系，解决简单的实际问题，发展模型观念和应用意识	能通过反思总结归纳解一元一次不等式组的操作步骤

五、教学问题诊断分析

1. 已有基础

学生学习了用方程刻画现实世界中的等量关系，能比较熟练地解一元一次方程，也知道解一元一次方程的本质是利用等式的性质和运算律进行推理和运算.

2. 学习需要

对现实世界中的不等关系的刻画要用到不等式，需要寻找解一元一次不等式的依据，利用不等式的性质和运算律进行推理和运算. 在研究不等式时还需要理解不等式的三歧性、反对称性和传递性，这是新的内容，学生理解有一定的困难.

3. 难点及应对策略

学生难以在实际问题情境中抽象未知数和不等关系，难以用不等式表达不等关系，在用不等式性质3解一元一次不等式时，学生容易与等式性质混淆，忘记改变不等号的方向. 学生理解不等式的三个基本事实时会遇到困难，用不等式的性质进行推理要难于用等式性质进行推理.

本单元的教学难点是：理解并应用不等式的性质进行代数推理，解相关的一元一次不等式，将实际问题转化成不等式问题时要利用不等式的基本事实和基本性质进行推理.

为了帮助学生突破这些难点，要注重类比，做好等式的性质2到不等式的性质2、不等式的性质3的迁移，用具体数值验证，安排必要的、适量的练习；用现实情境和天平帮助学生从直观上理解不等式的三歧性、反对称性和传递性，并通过适当的推理训练发展利用不等式的性质进行推理的能力.

六、教学建议

1. 采用单元整体教学，规划教学主线

引导学生从现实生活中抽象不等式模型，并用代数式的大小比较观点引入不等式，随后进一步类比等式的性质研究不等式的性质，类比一元一次方程的解法研究一元一次不等式的解法，类比一元一次方程的应用学习用一元一次不等式解决实际问题，类比二元一次方程组的解法探索一元一次不等式组的解法.

2. 注重类比，实现从方程到不等式的学习迁移

方程与不等式是"数与代数"领域内同一主题下的两部分内容，它们之间有密切的联系，存在许多可以进行类比的内容.

3. 重视数学思想方法的总结

类似于一元一次方程，本单元的主要数学思想：建立不等式模型表达不等关系中的模型思想；解

不等式(组)的过程中蕴含的化归思想,利用不等式的性质通过推理运算解决问题中蕴含的推理思想.

4. 重视建立不等式模型中思维过程的概括

总结列不等式的步骤:找不等关系,明确比较哪两个量 —— 分离决定这两个量的未知量,设未知数,用代数式表示这两个量 —— 用不等号连接这两个不等的量;解一元一次不等式(组)的教学中要重视对算理和运算思想的理解;加强用不等式的基本性质进行推理的训练.

5. 课时安排

11.1不等式2课时(11.1.1不等式及其解集1课时,11.1.2不等式的性质1课时),11.2一元一次不等式2课时,11.3一元一次不等式组1课时,11.4数学活动1课时,11.5不等式与不等式组复习课1课时,共7课时.

◎ 课时设计 ◎

11.1 不等式

11.1.1 不等式及其解集

目标	1. 通过实例理解不等关系并用符号表示,发展抽象能力. 2. 理解不等式的解与解集的意义,能直接确定简单不等式的解集,发展抽象能力和运算能力. 3. 类比方程规划不等式的研究框架,学会学习
重点	不等式的定义和解集的概念
难点	从现实生活中抽象出不等关系模型,规划本章的学习路径

教学过程设计

一、情境引入,提出问题

问题 1 你能用数学式子来表示下列问题中的数量关系吗?

(1) 如图11.1-1,某行星探测器的飞行速度 v 大于第二宇宙速度11.2 km/s且小于第三宇宙速度16.7 km/s;

(2) 如图11.1-2,$\angle AOB$ 和 $\angle AOC$ 有怎样的大小关系?

(3) 若点 $(5, y)$ 在第一象限,求 y 的取值范围;

(4) 请估计 $\sqrt{2}$ 的范围(精确到个位);

（5）如图 11.1-3,请表示各个小动物之间的重量关系.

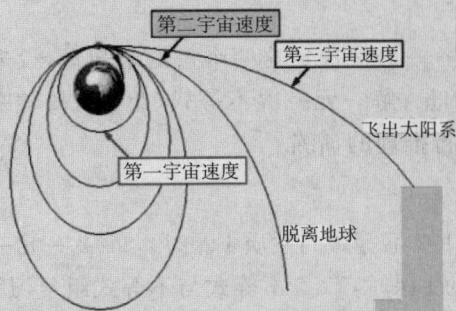

图 11.1-1   图 11.1-2   图 11.1-3

师生活动:学生用数学式子表示上述 5 个问题,教师归纳像以上这些用符号">"或"<"表示大小关系的式子,叫作**不等式**(inequality).同时补充像 $a+2 \neq a-2$ 这样用"≠"表示不等关系的式子也是不等式.

【设计意图】 让学生体会量与量之间的关系有相等和不等两种情况,不等关系是大量存在的,而相等关系只是瞬间的平衡状态,即从不等关系的普遍性、相等关系的特殊性引入研究对象,发展学生的抽象能力.

问题2 某品牌牛奶的出产地为 A 地,为了让 B 地消费者喝到新鲜的牛奶,牛奶出厂就运往 B 地,一辆匀速行驶的运奶车在 6:00 时距离 B 地 50 km.设运奶车行驶的平均速度为 x km/h.

（1）若运奶车要在 6:40 准时到达 B 地,行驶的平均速度 x 是多少?

（2）若运奶车要在 6:40 之前到达 B 地,行驶的平均速度 x 应满足什么条件?

追问:第（2）题表示不等关系的词是什么?怎样用含有未知数的式子来表示题中的数量关系?

师生活动:对于问题（1）得到如下解答:运奶车以 x km/h 的速度行驶 $\frac{2}{3}$ h 经过的路程正好等于 50 km,即 $\frac{2}{3}x = 50$;对于问题（2）,则将实际问题转化成式子 $\frac{2}{3}x > 50$ 或 $\frac{50}{x} < \frac{2}{3}$.

【设计意图】 通过实际情境引导学生类比方程,用含有未知数的不等式表示不等关系,学会建立简单不等式模型表示不等关系.

二、探究思考,形成新知

问题3 类似于方程,对于含有未知数的不等式需要研究什么?应该怎样研究?

追问1:我们是按照怎样的思路来研究方程的?

追问2:类比方程,你认为应该按照怎样的思路研究不等式?

师生活动:学生回顾,教师启发,类比方程,得出不等式的研究思路:定义 — 性质 — 解法 — 应用.同时教师进行板书.

【设计意图】 类比方程的研究思路,规划不等式的研究思路.

问题4 满足不等式 $\frac{2}{3}x > 50$ 的未知数 x 的值有哪些?这些满足不等式的未知数的值叫什么?

追问1:你能说出不等式 $\frac{2}{3}x > 50$ 的一个解吗?它有多少个解?

追问 2：你能用不同的方式表示出上述不等式的所有的解吗？

师生活动：学生基于 $\frac{2}{3}x > 50$，列举满足不等式的未知数的值，教师引导学生给出不等式的解与解集的定义，并用符号和数轴表示简单不等式的解集，同时解决问题 2，并归纳用数轴表示的注意点.

【设计意图】 类比方程的解理解不等式的解的意义，通过列举不等式的解理解不等式解集的意义，会用符号和数轴表示简单不等式的解集，发展学生的数学抽象能力和符号图形表达能力.

三、辨别应用，巩固新知

背景：我国学生动物及大豆蛋白质摄入有以下标准：

学生营养午餐摄入标准值（每人每餐）

年龄／岁	动物及大豆蛋白质／g
$6 \sim 8$	$8 \sim 12$
$9 \sim 11$	$10 \sim 14$
$12 \sim 15$	$11 \sim 16$

（1）设一个 14 岁同学每餐的动物及大豆蛋白质摄入量为 x g，用不等式表示标准情况下的摄入范围，并把它表示在数轴上；

（2）请你根据下表判断甲、乙、丙、丁四位同学的每餐动物及大豆蛋白的摄入量是否达标.

14 岁学生动物及大豆蛋白质摄入量（每人每餐）

姓名	摄入量／g
甲	5.3
乙	10.1
丙	18.9
丁	13.6

（3）作为一个关注营养、注重健康的学生，你能给甲、乙、丙、丁四位同学提出一些建议吗？

【设计意图】 会用符号和数轴表示简单的不等关系.

四、回顾小结，概括提升

本节课我们引入了一类新的数学对象——不等式，并进行了初步的研究. 不等式的研究思路是怎样的？我们是如何得到的呢？

1. 什么叫作不等式？什么叫作不等式的解和解集？

2. 不等式的解和解集有何异同点？在数轴上表示不等式的解集时有何注意点？

3. 通过本节课，你积累了哪些重要的学习方法或经验？

4. 类比方程的研究经验，接下来要研究不等式的什么内容？如何去研究呢？

师生活动：学生回答，教师呈现结构框图，如果板书上有缺少的内容教师进行补充.

【设计意图】 鼓励学生从研究内容、研究方法和研究思路这几个角度回顾所学知识，整理出知识结构框图，并提出需要进一步研究的问题，让学生学会学习.

目标检测

1. 用不等式表示：

(1) a 与 5 的和是正数；

(2) a 与 2 的差是负数；

(3) c 的 4 倍大于或等于 8；

(4) c 的 2 倍与 1 的差小于或等于 3.

2. 下列各数中，哪些是不等式 $x+3>7$ 的解？哪些不是？

$-4,-2.5,0,1,2.5,3,3.2,4.8,8,12.$

3. 直接说出下列不等式的解集，并把解集在数轴上表示出来.

(1) $x+3<6$；(2) $2x<8$；(3) $3x>9$；(4) $x-1\geqslant 6$.

4. 根据机器零件的设计图纸（如图），用不等式表示零件长度的合格尺寸（L 的取值范围）是_____.

参考答案：1. (1) $a+5>0$；(2) $a-2<0$；(3) $4c\geqslant 8$；(4) $2c-1\leqslant 3$.

2. $4.8,8,12$ 是不等式的解，其他不是. **3.** (1) $x<3$；(2) $x<4$；

(3) $x>3$；(4) $x\geqslant 7$. 各解集用数轴表示略. **4.** $39.8\leqslant L\leqslant 40.2$.

【设计意图】 第 1 题、第 4 题检测目标 1，第 2～3 题检测目标 2.

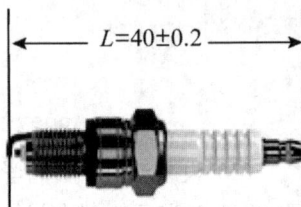

（第 4 题）

11.1.2 不等式的性质

目标	1. 经历类比等式的性质探索不等式的性质的活动，理解不等式的性质，发展抽象能力. 2. 能用文字语言和符号语言表达不等式的性质. 3. 会应用不等式的性质进行推理并解简单的不等式，发展推理能力和运算能力
重点	探索不等式的性质
难点	对不等式的性质 3 的探索和理解

教学过程设计

一、情境引入，提出问题

对于某些简单的不等式，我们可以直接得出它们的解集，例如不等式 $x+3>6$ 的解集是 $x>3$，不等式 $2x<8$ 的解集是 $x<4$. 但是对于比较复杂的不等式，例如 $\dfrac{5x+1}{6}-2>\dfrac{x-5}{4}$，直接得出解集比较困难.

问题 1 要求出复杂不等式的解集，我们先要研究什么呢？

追问 1：如何找到复杂的一元一次方程的解？解一元一次方程的依据是什么？

追问 2：等式有哪些性质？你能分别用文字语言和符号语言表示它们吗？

师生活动：学生回忆旧知：

等式的基本事实 1：（等式的对称性）如果 $a=b$，那么 $b=a$.

等式的基本事实 2：（等式的传递性）如果 $a=b,b=c$，那么 $a=c$.

性质 1 文字语言：等式两边加（或减）同一个数（或式子），结果仍相等.

符号语言：如果 $a=b$，那么 $a+c=b+c,a-c=b-c$.

性质 2 文字语言：等式两边乘同一个数，或除以同一个不为 0 的数，结果仍相等.

符号语言:如果 $a=b$,那么 $ac=bc$;如果 $a=b(c\neq 0)$,那么 $\dfrac{a}{c}=\dfrac{b}{c}$.

追问 3:研究等式的性质的基本思路是什么?

师生活动:学生各抒己见.必要时,教师给予提示:等式的性质就是从加法、减法、乘法、除法运算的角度研究运算的不变性.

【设计意图】 总结等式的性质的研究方向就是运算中的不变性,明确不等式的性质的研究方向.

二、探究思考,形成新知

> **问题 2** 类比等式的基本事实"如果 $a=b$,那么 $b=a$;如果 $a=b,b=c$,那么 $a=c$"能得到不等式的哪些结论?

师生活动:如果 $a>b$,那么 $b<a$;如果 $a>b,b>c$,那么 $a>c$.

【设计意图】 类比等式的基本事实猜想不等式的基本事实.

> **问题 3** 等式运算中加法具有不变性,在不等式加法中是否依然具有不变性?你能举例说明吗?

师生活动:由学生自己举例,教师引导学生类比等式的性质1,观察不等式加法运算中的不变性,即不等号的方向是否改变.由学生叙述发现的规律,并对比等式的性质1进行修正.教师指出:减去一个数等于加这个数的相反数,所以不等式两边减同一个数(或式子)的情况可以转化为不等式两边加同一个数(或式子)的情况,从而获得猜想1:当不等式两边加(或减)同一个数(或式子)时,不等号的方向不变.

追问 1:猜想1是否正确?如何验证?

师生活动:让学生各自举不等式的例子,选取一些数和式子,如因为 $5>3$,所以 $5+2$ _____ $3+2,5+0$ _____ $3+0,5+(-2)$ _____ $3+(-2)$;因为 $-1<3$,所以 $-1+4$ _____ $3+4,-1+(-0.5)$ _____ $3+(-0.5),-1+(-7)$ _____ $3+(-7)$,加以演算.也可以利用一些实际情境加以解释,对猜想1进行验证.教师从中选取一些典型例子进行展示,师生共同讨论、确认猜想1的正确性,从而获得一般性的结论,即**不等式的性质1:不等式两边加(或减)同一个数(或式子),不等号的方向不变.**

【设计意图】 类比等式的加法性质得到不等式的加法性质,并通过举例加以验证.

追问 2:类比等式的性质的符号语言表示方式,你能用符号语言表示不等式的性质1吗?

师生活动:学生将文字语言转化为符号语言,教师在不等式的性质旁边写结论.

【设计意图】 用符号语言表示不等式的性质,让学生体会用字母表示数的优越性,发展学生文字语言与符号语言相互转化的能力,学会用数学的语言进行表达.

> **问题 4** 类比等式的性质2,猜猜不等式还有哪些性质?

师生活动:学生可能照搬等式的性质2,教师引导学生注意当不等式两边同时乘以负数时,出现错误.明确研究方向:不等式两边乘(或除以)同一个数的情况需要根据所乘数的正、负分别研究.

追问 1:如果不等式两边乘(或除以)同一个正数,猜想有什么规律?如果不等式两边乘(或除以)同一个负数呢?

师生活动:学生小组讨论,提出两个猜想.猜想2:不等式两边乘(或除以)同一个正数,不等号的方向不变.猜想3:不等式两边乘(或除以)同一个负数,不等号的方向改变.

追问 2:猜想2、猜想3是否正确?如何验证?

师生活动:让学生各自举例加以演算,如 $6>2$,得到 6×5 _____ $2\times 5,6\times\dfrac{1}{3}$ _____ $2\times\dfrac{1}{3}$,

$6 \times(-5)$ _____$2 \times(-5);-2<3,$得到$(-2) \times 4$ _____$3 \times 4,(-2) \times(-6)$ _____$3 \times(-6),$ $(-2) \times(-0.1)$ _____$3 \times(-0.1).$对猜想2、猜想3进行验证.教师从中选取一些典型例子进行展示,师生共同讨论,确认猜想2、猜想3的正确性,从而获得一般性的结论,即不等式的性质2、性质3,并用符号表示.

性质2 不等式两边乘(或除以)同一个正数,不等号的方向不变.

如果$a>b,c>0,$那么$ac>bc,\dfrac{a}{c}>\dfrac{b}{c}.$

性质3 不等式两边乘(或除以)同一个负数,不等号的方向改变.

如果$a>b,c<0,$那么$ac<bc,\dfrac{a}{c}<\dfrac{b}{c}.$

【设计意图】 不等式的性质2、性质3可完全放手让学生自主探索,让学生类比等式的性质2和不等式的性质1的研究过程,经历猜测、验证、纠错、归纳、完善的思考过程,突破难点.

三、辨别应用,巩固新知

> **问题5** 等式的性质与不等式的性质的主要区别是什么?

师生活动:师生共同总结,并加以归纳.

【设计意图】 引导学生再次将等式的性质与不等式的性质进行对比.

> **例1** 已知$a>b,$比较下列两个式子的大小,并说明依据.
> $(1)a+3$与$b+3;$　$(2)-2a$与$-2b.$

【设计意图】 利用不等式的性质进行推理,巩固对不等式的性质的理解,发展推理能力.

四、迁移综合,发展能力

> **例2** 利用不等式的性质解下列不等式:
> $(1)x-7>26;$　$(2)3x<2x+1;$　$(3)\dfrac{2}{3}x>50;$　$(4)-4x\leqslant 3.$

师生活动:教师示范第(2)题的解题方法,并将不等式解集在数轴上直观地表示出来,学生独立完成其余3题.

【设计意图】 通过推理运算,用不等式的性质解简单的不等式,说明每一步的依据,发展推理能力.

> **例3** 如图11.1-4,某长方体形状的鱼缸长10 dm,宽3.5 dm,高7 dm.若鱼缸内已有水的高度为1 dm,现准备向它继续注水.用V(单位:dm³)表示新注入水的体积,写出V的取值范围(缸内鱼及水草体积忽略不计).

图11.1-4

分析:问题中的不等关系是已有水的体积与新注入水的体积的和不能超过鱼缸的容积,"不超过"用不等号"$\leqslant$"表示.

解:因为已有水的体积＋新注入水的体积$V\leqslant$鱼缸的容积,所以

$$10 \times 3.5 \times 1+V \leqslant 10 \times 3.5 \times 7,$$

解得$V\leqslant 210.$

又由于新注入水的体积 V 不能是负数,因此,V 的取值范围是

$$0 \leqslant V \leqslant 210.$$

在数轴上表示 V 的取值范围如图 11.1-5 所示.

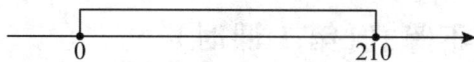

图 11.1-5

教师进一步介绍,除了含有 $<$,$>$,$\neq$ 的不等式,像 $a \geqslant b$ 或 $a \leqslant b$ 这样的式子,也是不等式.例如 $x \geqslant 3$ 表示不小于 3 的数,即取大于 3 或等于 3 的数.

【设计意图】 介绍形如"$\geqslant$""$\leqslant$"的不等关系.用不等式的性质和数轴表达简单的不等关系,发展模型观念和几何直观.

五、回顾小结,概括提升

师生共同总结本节课内容,并请学生回答下列问题:

1. 不等式的性质有哪些?

2. 不等式的性质与等式的性质有什么异同点?

3. 我们是如何得到不等式的性质的?探索过程中应用了哪些数学思想和方法?

目标检测

1. 如果 $a > b$,$b > c$,那么 $3a$ ____ $3c$,$-3a$ ____ $-3c$.

2. 用不等号填空:

(1) 如果 $a > b$,那么 $a \pm c$ _____ $b \pm c$;

(2) 如果 $a > b$,且 $c < 0$,那么 ac _____ bc;

(3) 如果 $a > b$,且 $c > 0$,那么 ac _____ bc,$\dfrac{a}{c}$ _____ $\dfrac{b}{c}$.

3. 按下列要求写出能成立的不等式及其依据:

(1) $\dfrac{7}{3}m > \dfrac{4}{5}n$,两边都乘 15,得 _____,依据是 _____;

(2) $-\dfrac{7}{9}x < -3$,两边都乘 $-\dfrac{9}{7}$,得 _____,依据是 _____;

(3) $x - 5 > -7$,两边都加上 5,得 _____,依据是 _____.

4. 利用不等式的性质求不等式的解集,并把解集在数轴上表示出来.

(1) $3x + 1 > 4$;　(2) $3x < 5x - 4$;　(3) $\dfrac{2}{3}x + 2 \leqslant 1$.

5. 已知 $a < 0$,$b < a$,判断 $a + b$ 与 0 的大小关系.你还能得到其他的结论吗?

参考答案:1. $>$,$<$　　**2.** (1) $>$;(2) $<$;(3) $>$,$>$　　**3.** (1) $35m > 12n$,不等式的性质 2;(2) $x > \dfrac{27}{7}$,不等式的性质 3;(3) $x > -2$,不等式的性质 1　　**4.** (1) $x > 1$;(2) $x > 2$;(3) $x \leqslant -\dfrac{3}{2}$,数轴表示略.

5. $a + b < 0$,其他结论略.

【设计意图】 第 1～2 题检测目标 1,第 3～5 题检测目标 3.

11.2 一元一次不等式

11.2.1 一元一次不等式(第1课时)

目标	1.经历类比一元一次方程抽象一元一次不等式的概念的过程,规划一元一次不等式的研究思路,发展抽象能力. 2.能类比一元一次方程的解法,总结解一元一次不等式的步骤和方法,发展抽象能力. 3.能解数字系数的一元一次不等式,理解算理,发展推理能力和运算能力
重点	一元一次不等式的解法
难点	总结解一元一次不等式的步骤

教学过程设计

一、情境引入,提出问题

上节课我们学习了不等式以及不等式的性质.利用不等式的性质,通过运算和推理可以解不等式.类似于一元一次方程,对于简单的不等式,有通用的步骤和方法吗?

> **问题 1** 观察下面的不等式:
>
> $(1) \dfrac{2}{3}x > 50$; $(2) 3(x-1) < x-2$; $(3) \dfrac{x}{2} \geqslant \dfrac{2x-4}{3}$; $(4) \dfrac{5x+1}{6} - 2 > \dfrac{x-5}{4}$.
>
> 它们有哪些共同特征?

追问1:类比一元一次方程,你能给这类不等式下个定义吗?

追问2:对于一元一次不等式,如何研究它呢?

师生活动:教师引导学生类比一元一次方程抽象一元一次不等式的概念,规划研究路径:定义 — 解法 — 应用.

【设计意图】 通过类比一元一次方程得到一元一次不等式的概念,规划它的研究思路,发展抽象能力.

二、探究思考,形成新知

> **问题 2** 如何解一元一次不等式 $3(x-1) < x-2$?能把解集在数轴上表示出来吗?

追问1:把这个不等式改成方程,你会解吗?解方程的步骤有哪些?每一步的依据是什么?

追问2:类比解方程的过程,你能独立探究如何解这个不等式吗?请写出详细的步骤以及每一步的依据.

师生活动:学生完成追问1这个问题,教师投影展示学生的解题过程.学生通过类比解方程解不等式,发现解不等式和解方程一样,都将经历去括号、移项、合并同类项和系数化为1这几个步骤.教师完善解不等式的步骤,并引导学生在数轴上画出这个不等式的解集.

> **问题 3** 你能类比一元一次方程的解法探究一元一次不等式 $\dfrac{x}{2} \geqslant \dfrac{2x-4}{3}$ 的解法吗?

追问 1：一元一次不等式 $\frac{x}{2} \geqslant \frac{2x-4}{3}$ 与不等式 $3(x-1) < x-2$ 有什么区别？

追问 2：如何去分母？依据是什么？

师生活动：学生思考追问 1，这个不等式有分母，类似于一元一次方程，先去分母，两边同时乘以 6，依据不等式的性质 2，不等号的方向不变，转化为没有分母的一元一次不等式，再解得到的不等式.

解：去分母，得 $3x \geqslant 2(2x-4)$.（依据：不等式的性质 2）

去括号，得 $3x \geqslant 4x-8$.（依据：分配律）

移项，得 $3x-4x \geqslant -8$.（依据：不等式的性质 1）

合并同类项，得 $-x \geqslant -8$.（依据：分配律）

系数化为 1，得 $x \leqslant 8$.（依据：不等式的性质 3）

追问 3：一般地，解一元一次不等式有哪些步骤？

【设计意图】 类比解一元一次方程的解法探索一元一次不等式的解法，并归纳得出解一元一次不等式的步骤，突破本节课的教学难点.

> **问题 4**　刚才我们是如何想到这样来解一元一次不等式的？

师生活动：教师引导学生总结解一元一次不等式的步骤及每一步的依据，发现它和解一元一次方程是类似的.

【设计意图】 通过反思总结一元一次不等式的方法，将解一元一次不等式的过程程序化，理解解一元一次不等式各步骤的依据，体会化归思想.

三、辨别应用，巩固新知

> **问题 5**　你能解一元一次不等式 $\frac{5x+1}{6} - 2 > \frac{x-5}{4}$ 吗？

师生活动：学生独立解这个不等式，教师引导学生总结解不等式和方程的区别以及易错点.

追问 1：类比解一元一次方程最终要化成 $x = a$ 的形式，解一元一次不等式最终要化成什么形式呢？

追问 2：你能再次归纳解一元一次不等式的基本步骤和每一步的依据吗？

追问 3：你能检验得到的解集是否正确吗？

【设计意图】 通过解具体的一元一次不等式，再次归纳解一元一次不等式的步骤，在这个过程中提高学生的总结归纳能力. 检验不等式的解集是否正确，需要同时检验分界点和方向：先把不等式变成方程，把未知数的值代入，看两边是否相等；再在解集范围内任意取一个数值，代入不等式看是否成立，检验不等号的方向是否正确.

> **问题 6**　解一元一次不等式和解一元一次方程有哪些相同点和不同点？

师生活动：学生在教师的引导下将解一元一次不等式的过程与解一元一次方程的过程进行对比，思考二者的相同点与不同点，归纳得出以下结论：

解一元一次不等式和解一元一次方程的相同之处是：

(1) 基本步骤相同：去分母 — 去括号 — 移项 — 合并同类项 — 系数化为 1 — 检验.

(2) 基本思想相同：都运用化归思想，将一元一次方程或一元一次不等式变形为最简形式.

不同之处是：

(1) 解法依据不同：解一元一次不等式的依据是不等式的性质，解一元一次方程的依据是等式的性质.

（2）最简形式不同：一元一次不等式的最简形式是 $x > a$ 或 $x < a$，一元一次方程的最简形式是 $x = a$.

【设计意图】 总结解一元一次方程和解一元一次不等式方法的异同，巩固解一元一次不等式的步骤，理解其依据，体会化归思想.

四、迁移综合，发展能力

例 当 a 满足什么条件时，式子 $\dfrac{4a+1}{6}+1$ 表示下列数：(1) 正数；(2) 小于 2 的数；(3) 0.

师生活动： 学生独立完成.

【设计意图】 学生独立按照解一元一次不等式的步骤解一元一次不等式和一元一次方程，体会不等式的普遍性和方程的特殊性.

五、回顾小结，概括提升

教师与学生一起回顾本节课所学内容，并请学生回答以下问题：

1. 我们是怎样引入一元一次不等式的？什么是一元一次不等式？

2. 解一元一次不等式的一般步骤是什么？每一步的依据是什么？体现了怎样的数学思想？

3. 解一元一次不等式和解一元一次方程有何相同点和不同点？

【设计意图】 通过问题引导学生再次回顾本节课所学内容，经历知其然、知其所以然、何由以知其所以然的三个境界，提升学生对本节课所研究内容的认识.

目标检测

1. 小王同学直接找到了下列不等式的解集，请检验他得到的解集是否正确，并说出检验的步骤.

$$12-4(3x-1) \leq 2(2x-16) \qquad 3(2x+7) > 23$$
$$\text{解：} \quad x \leq 3 \qquad\qquad \text{解：} \quad x > 3$$

2. 解下列不等式，并在数轴上表示解集：

(1) $5x + 15 > 4x - 1$；

(2) $2(x+5) \leqslant 3(x-5)$；

(3) $\dfrac{x-1}{7} < \dfrac{2x+5}{3}$；

(4) $\dfrac{x+1}{6} \geqslant \dfrac{2x-5}{4}+1$.

3. 当 x 或 y 满足什么条件时，下列关系成立？

(1) $2(x+1)$ 大于或等于 1；

(2) $4x$ 与 7 的和不小于 6；

(3) y 与 1 的差不大于 $2y$ 与 3 的差；

(4) $3y$ 与 7 的和的四分之一小于 -2.

参考答案： 1. 略. 2. (1) $x > -16$；(2) $x \geqslant 25$；(3) $x > -\dfrac{38}{11}$；(4) $x \leqslant \dfrac{5}{4}$. 数轴上表示解集略.

3. (1) $x \geqslant -\dfrac{1}{2}$；(2) $x \geqslant -\dfrac{1}{4}$；(3) $y \geqslant 2$；(4) $y < -5$

【设计意图】 第 1～3 题检测目标 3.

11.2.2　一元一次不等式(第 2 课时)

目标	能从实际问题中抽象出未知量,分析不等关系,建立一元一次不等式解决简单的实际问题,发展模型观念
重点	根据实际问题中的不等关系列出一元一次不等式
难点	从实际问题抽象出核心变量,分析不等关系,建立不等式模型进行求解

教学过程设计

一、温故知新,提出问题

问题 1　通过前面的学习,请同学们回忆:类比方程,不等式应该按照怎样的路径进行研究?

追问 1:我们已经学习了一元一次不等式及其解法,接下来我们学习什么呢?

师生活动:教师引导学生回顾不等式的研究路径:定义 — 解法 — 应用.

【设计意图】 回顾相关知识,引出本节课的课题.

追问 2:用方程解决实际问题的一般步骤是什么?怎样找等量关系列方程?

师生活动:教师引导学生回顾:用方程解决实际问题的一般步骤和找等量关系列方程的一般方法.

【设计意图】 回顾建立方程模型解决实际问题的一般步骤和方法,为探究建立一元一次不等式模型解决实际问题的步骤与方法做好铺垫.

二、探究思考,形成新知

问题 2　七年级举办古诗词比赛.共有 20 题,每答对一题得 10 分,答错或不答扣 5 分.如果规定初赛成绩超过 90 分晋级,那么至少要答对多少题才能晋级?

师生活动:学生独立解题,教师个别指导.

解:设初赛答对了 x 题,

根据题意,列不等式:$10x - 5(20 - x) > 90$.

解这个不等式,得 $x > 12\dfrac{2}{3}$.

由于 x 为正整数,可得 x 至少为 13.

答:初赛至少要答对 13 题才能晋级.

追问 1:你是用什么知识来解决这个问题的?

追问 2:题目中哪个条件指出了这个问题中蕴含的不等关系?

追问 3:请说一说你的解题步骤.

追问 4:请类比方程画出建立不等式模型解决实际问题的思考方法的示意图.

【设计意图】 建立用不等式模型解决实际问题的一般步骤和基本思路(如图 11.2-1),体会数学建模的过程和思想.

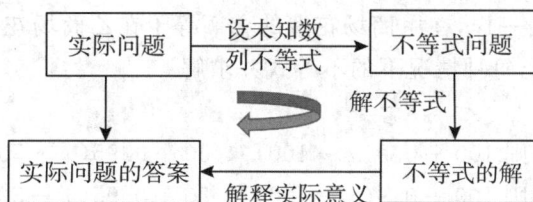

图 11.2-1

问题3 甲、乙两商场以同样的标价出售同样的商品,并且又各自推出不同的优惠方案:在甲商场累计购物超过100元后,超出100元的部分按九折收费;在乙商场累计购物超过50元后,超过50元的部分按九五折收费.顾客到哪家商场购物花费更少?

追问1:顾客到商场购物的费用是由什么决定的?

师生活动:学生先独立思考、理解题意,然后自由发表自己的观点.师生共同归纳得出:购物费用是由累计购物的金额决定的,在甲商场购物超过100元后享受优惠,在乙商场购物超过50元后享受优惠.因此,需要分三种情况讨论:

(1) 累计购物不超过50元;

(2) 累计购物超过50元但不超过100元;

(3) 累计购物超过100元.

追问2:如果购物金额累计达到 x 元,你能用含 x 的式子分别表示顾客在两家商场花费的金额吗?

师生活动:学生回答,教师引导,利用表格表示出来,并在黑板上绘制表格:

设购物金额累计达到 x 元.

购物金额 / 元	在甲商场花费 / 元	在乙商场花费 / 元
$0 < x \leqslant 50$	x	x
$50 < x \leqslant 100$	x	$50 + 0.95(x-50)$
$x > 100$	$100 + 0.9(x-100)$	$50 + 0.95(x-50)$

【设计意图】 用表格的形式让题意更清晰,购物金额用含 x 的代数式表示,让学生再次体会用字母表示数的优越性.

追问3:你能从表格中看出在哪家商场花费少吗?

师生活动:学生探究、交流,补全表格.

购物金额 / 元	在甲商场花费 / 元	在乙商场花费 / 元	比较结果
$0 < x \leqslant 50$	x	x	一样多
$50 < x \leqslant 100$	x	$50 + 0.95(x-50)$	乙商场更少
$x > 100$	$100 + 0.9(x-100)$	$50 + 0.95(x-50)$	?

师生共同分析讨论,发现:

(1) 如果累计购物金额不超过50元时,在两家商场购物花费是一样的;

(2) 如果累计购物金额超过50元但不超过100元时,则在乙商场购物花费少.

追问4:如果累计购物金额超过100元,怎样比较在两家商场的花费情况?

师生活动:在学生充分发表意见的基础上,师生共同归纳得出,当购物金额超过100元时,需要分三种情况进行讨论:

(1) 若到甲商场购物花费少,在甲商场花费的金额小于在乙商场花费的金额;

(2) 若到乙商场购物花费少,在甲商场花费的金额大于在乙商场花费的金额;

(3) 若到两商场购物花费一样,在甲商场花费的金额等于在乙商场花费的金额.

根据找到的不等关系列出每种情况下的不等式并求解.

当 $x > 100$ 时,

若在甲商场购物花费少,则 $100 + 0.9(x-100) < 50 + 0.95(x-50)$,解得 $x > 150$;

若在乙商场购物花费少,则 $100 + 0.9(x-100) > 50 + 0.95(x-50)$,解得 $x < 150$;

若在两家商场购物花费一样,则 $100 + 0.9(x-100) = 50 + 0.95(x-50)$,解得 $x = 150$.

这就是说当累计购物金额超过 150 元时,在甲商场购物花费少;当累计购物金额超过 100 元但不超过 150 元时,在乙商场购物花费少;当累计购物金额刚好是 150 元时,在两家商场购物花费一样多.

教师完善表格.

购物金额 / 元		在甲商场花费 / 元	在乙商场花费 / 元	比较结果
$0 < x \leqslant 50$		x	x	一样多
$50 < x \leqslant 100$		x	$50 + 0.95(x - 50)$	乙商场更少
$x > 100$	$100 < x < 150$	$100 + 0.9(x - 100)$	$50 + 0.95(x - 50)$	乙商场更少
	$x = 150$			一样多
	$x > 150$			甲商场更少

【设计意图】 从实际问题中抽象出数学问题,找出数量关系中的不等关系,用不等式来解决实际问题,让学生体会建立不等式模型的过程,教师及时予以引导、归纳和总结,展现完整的解答过程,培养学生有条理地思考和表达的习惯.

追问 5:你能综合上面分析,给出一个合理化的消费方案吗?

师生活动:学生总结,归纳出:当购物金额不超过 50 元和刚好是 150 元时,在两家商场购物花费没有区别;当超过 50 元而不到 150 元时,在乙商场购物花费少;当超过 150 元时,在甲商场购物花费少.

【设计意图】 学生能够将实际问题转化成数学问题并根据所学的数学知识做出决策.

三、辨别应用,巩固新知

1. 本周末老师组织全班同学参观蜡像馆,蜡像馆的门票是每人 20 元,60 人以上(含 60 人)按团体票购买,享八折优惠.若全班共 50 名师生去参观,如何购买花费最少呢?若人数少于 60,多少人买 60 人的团体票比普通票花费少?

2. 某校需要刻录一批电脑光盘.若到电脑公司刻录,每张需要 8 元(包括空白光盘费);若学校自己刻录,除租用刻录机需要 120 元外,每张还需要成本 4 元(包括空白光盘费),那么刻录这批光盘是到电脑公司刻录费用花费少,还是学校自己刻录花费少?

【设计意图】 让学生再次练习,由实际问题中的不等关系列出一元一次不等式,建立数学模型,解不等式得到实际问题的答案,再一次经历建模的过程,发展学生的建模思想.

四、回顾小结,概括提升

教师与学生一起回顾本节课所学的主要内容,并请学生回答以下问题:

1. 什么情况下可以用不等式模型来解决实际问题?

2. 在用不等式解决实际问题时,怎样找不等关系?怎样把不等关系转换成不等式?

3. 用不等式解决实际问题与用方程解决实际问题,有什么相同和不同之处?

【设计意图】 通过问题进行归纳,总结本节课所学内容.

目标检测

1. 长跑比赛中,张华跑在前面,在距离终点 100 m 时他以 4 m/s 的速度向终点冲刺,在他身后 10 m 的李明需以多快的速度同时开始冲刺,才能够在张华之前到达终点?

2. 学校计划在某商店购买篮球和排球作为运动会集体项目的奖品,其中,篮球的单价为 110 元,排球的单价为 80 元.若需要购买篮球和排球共 15 个,并且预算花费不超过 1600 元,那么最多可以购买篮球多少个?

3. 电脑公司销售一批笔记本电脑，第一个月以 5500 元 / 台的价格售出 60 台，第二个月开始降价，以 5000 元 / 台的价格将这批笔记本电脑全部售出，销售款总额超过 55 万元. 那么这批笔记本电脑至少有多少台？

4. 工厂某车间原有工作人员 280 人，该工厂加强机械化操作后，此车间减少工作人员 40 人，车间年利润增加 100 万元，人均创利增加不少于 6000 元，原来此车间年利润至少是多少？

5. 已知苹果的进价是每千克 8.55 元，销售中估计有 5% 的苹果正常损耗. 商家把售价至少定为多少，才能避免亏本？

参考答案：1. 设李明的冲刺速度为 x m/s，则 $\dfrac{100}{4} > \dfrac{100+10}{x}$，解得 $x > 4.4$. 所以李明的冲刺速度至少要大于 4.4m/s 才能行.

2. 设购买篮球 x 个，则 $110x + 80(15-x) \leqslant 1600$，解得 $x \leqslant 13\dfrac{1}{3}$. 所以最多可以购买篮球 13 个.

3. 设这批笔记本电脑有 x 台，则 $5500 \times 60 + 5000(x-60) > 550000$.

解得 $x > 104$. 所以这批笔记本电脑最少有 105 台.

4. 设原来此车间年利润是 x 万元，则 $\dfrac{x+100}{280-40} - \dfrac{x}{280} \geqslant 0.6$，解得 $x \geqslant 308$. 所以该车间年利润至少为 308 万元.

5. 设苹果的售价是 x 元 / 千克，则 $(1-5\%)x \geqslant 8.55$，解得 $x \geqslant 9$. 所以商家至少把售价定为 9 元 / 千克才能避免亏本.

【设计意图】 第 1 ~ 5 题检测建立一元一次不等式解决实际问题的能力.

11.3 一元一次不等式组

目标	1. 通过实际情境抽象出一元一次不等式组模型，类比二元一次方程组得到一元一次不等式组以及其解集的概念，发展抽象能力. 2. 会解一元一次不等式组并能用数轴确定其解集，发展几何直观，体会数形结合思想. 3. 会用一元一次不等式组解决一些简单的实际问题，发展模型观念
重点	一元一次不等式组的解法和步骤
难点	会用数轴确定一元一次不等式组的解集

教学过程设计

一、情境引入，提出问题

问题 1 用每分钟可抽 30 吨水的抽水机来抽污水管道里的积存污水，估计积存的污水超过 1200 吨而不足 1500 吨，求将污水抽完所用时间的范围.

追问 1： 问题 1 中有几个数量关系？

追问 2： 你准备用什么知识来解决这个问题？

追问 3： 上述所列的不等式 "$30x > 1200$" 和 "$30x < 1500$" 有何特点？未知数 x 要满足哪些条件？

师生活动： 教师引导学生根据实际问题列出不等式组，理解未知数的值必须同时满足这两个不等式.

【设计意图】基于现实情境,发现未知量的约束条件(不等关系)有多个,需要用多个不等式表达.提出用不等式组模型进行研究的方法.

二、类比思考,形成方法

问题 2　你能类比二元一次方程组得到不等式组的表示、名称和定义吗?

师生活动:类比方程组的概念,得到一元一次不等式组的表示和定义.

类似于方程组,把这两个同时成立的不等式合起来,组成一个**一元一次不等式组**(system of linear inequalities in one unknown),记作 $\begin{cases} 30x > 1\,200, \\ 30x < 1\,500. \end{cases}$

问题 3　怎样确定这个不等式组中 x 的取值范围呢?

追问 1:你还记得什么叫作二元一次方程组的解吗?如何得到二元一次方程组的解?

追问 2:类比方程组的解,你认为什么是一元一次不等式组的解?

师生活动:学生阐述,教师补充,类比方程组的解,不等式组中各个不等式解集的公共部分,叫作不等式组的解集.

追问 3:如何得到这两个不等式解集的公共部分呢?

师生活动:学生分组讨论,得到确定两个不等式解集的公共部分就是不等式组解集的方法:在数轴上直观表示各个不等式的解集,再取公共部分.

解这两个不等式,分别得 $x > 40, x < 50$.

把它们分别在数轴上表示出来,如图 11.3-1.

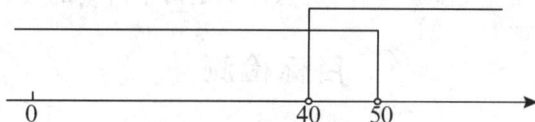

图 11.3-1

由图 11.3-1 很容易得到这个不等式组的解集为 $40 < x < 50$.

也就是说,将污水抽完所用时间多于 40 min 而少于 50 min.

追问 4:回顾刚才解决问题的过程,你能总结解一元一次不等式组的一般步骤吗?

师生活动:学生归纳出步骤:(1)求每个不等式的解集;(2)取所有一元一次不等式的解集的公共部分(可借助数轴);(3)写出不等式组的解集;(4)检验.

【设计意图】渗透类比思想,类比二元一次方程组及其解,得出一元一次不等式组及其解集的概念,归纳解一元一次不等式组的步骤,借助数轴求不等式组的解集.

三、迁移应用,巩固方法

例 1　解下列不等式组:

(1) $\begin{cases} 2x - 1 > x + 1, \\ x + 8 < 4x - 1; \end{cases}$　　(2) $\begin{cases} 2x + 3 \geqslant x + 11, \\ \dfrac{2x + 5}{3} - 1 < 2 - x. \end{cases}$

师生活动：学生尝试根据解一元一次不等式组的步骤独立解不等式组，教师巡视指导．展示学生的解答过程并进行对应的解析，并指出，得出的解集没有公共部分的时候表示这个不等式组无解．

【设计意图】 巩固解一元一次不等式组的方法和步骤，发展推理能力、运算能力，建立几何直观，并体会公共解集的多种情况．

例 2 当 x 取哪些整数值时，不等式 $5x+2>3(x-1)$ 和 $\dfrac{1}{2}x-1\leqslant 7-\dfrac{3}{2}x$ 同时成立？

追问 1：不等式同时成立表示什么意思？

追问 2：要求 x 取哪些整数值，要先解决什么问题？

追问 3：如何在这个范围内找到整数值呢？

师生活动：教师用三个追问启发学生思考，先求不等式组的解集，再确定整数解．

解：解不等式组 $\begin{cases} 5x+2>3(x-1), \\ \dfrac{1}{2}x-1\leqslant 7-\dfrac{3}{2}x. \end{cases}$

> 确定整数解时注意解集的边界值是否能取到（也可以借助数轴）．

解得 $-\dfrac{5}{2}<x\leqslant 4$．

所以 x 可取的整数值是 $-2,-1,0,1,2,3,4$．

【设计意图】 巩固解不等式组的方法，会求不等式组的整数解．

四、回顾小结，概括提升

1. 什么叫作一元一次不等式组？

2. 怎么解一元一次不等式组？什么叫作一元一次不等式组的解集？

3. 解一元一次不等式组的一般步骤是什么？怎样确定两个解集的公共部分？

目标检测

1. 解下列不等式组，并在数轴上表示其解集：

(1) $\begin{cases} 2x>1-x, \\ x+2<4x-1; \end{cases}$ (2) $\begin{cases} x-5>1+2x, \\ 3x+2\leqslant 4x; \end{cases}$ (3) $\begin{cases} \dfrac{2}{3}x+5>1-x, \\ x-1\leqslant \dfrac{3}{4}x-\dfrac{1}{8}. \end{cases}$

2. 当 x 取哪些正整数值时，不等式 $x+3>6$ 与 $2x-1<10$ 都成立？

3. 当 x 取哪些整数值时，不等式 $4(x-0.3)<0.5x+5.8$ 与 $3+x>\dfrac{1}{2}x+1$ 都成立？

4. 当 x 取哪些整数值时，$2\leqslant 3x-7<8$ 成立？

5. 试求三个不等式 $5x-1>3(x+1)$，$\dfrac{1}{2}x-1>3-\dfrac{3}{2}x$，$x-1<3x+1$ 的解集的公共部分．

6. 把一些书分给几名同学，如果每人分 3 本，那么剩余 8 本；如果每人分 5 本，那么最后一人分到了书但不到 3 本．求这些书有多少本？共有多少人？

参考答案：1. (1) $x>1$；(2) 无解；(3) $-\dfrac{12}{5}<x<\dfrac{7}{2}$ **2.** 4，5

3. 由 $\begin{cases} 4(x-0.3)<0.5x+5.8, \\ 3+x>\dfrac{1}{2}x+1, \end{cases}$ 得 $-4<x<2$．于是 x 可取整数值为 $-3,-2,-1,0,1$．

4. 3 或 4　　**5.** $x > 2$

6. 设有 x 名学生,则可列不等式组 $\begin{cases} 3x+8 > 5(x-1), \\ 3x+8 < 5(x-1)+3, \end{cases}$ 解得 $5 < x < \dfrac{13}{2}$.

则 $x = 6, 3x+8 = 26$.这些书共有 26 本,共有 6 人.

【设计意图】 第 $1 \sim 5$ 题检测目标 2,第 6 题检测目标 3.

11.4　数学活动

目标	1.经历将实际问题抽象为方程和不等式问题的过程,发展抽象能力、模型观念、应用意识. 2.经历运用方程和不等式解决数学问题的过程,发展推理能力
重点	建立数学模型解决实际问题
难点	确定未知量,分析数量关系,用推理的方法解决数学问题

教学过程设计

一、提出问题

如图 11.4-1,高速公路某收费站出城方向有编号为 A, B, C, D, E 的 5 个小客车收费出口,假定各收费出口每 20 分钟通过小客车的数量都是不变的.同时开放其中的某两个收费出口,这两个出口 20 分钟一共通过的小客车数量记录如下:

收费出口编号	A,B	B,C	C,D	D,E	E,A
通过小客车数量/辆	270	330	295	355	240

在 A, B, C, D, E 这 5 个收费出口中,每 20 分钟通过小客车数量最多的是哪一个?

图 11.4-1

二、理解问题

问题 1 这个问题中已知什么?要求什么?

师生活动: 已知开放 5 个出口中任意 2 个出口通过的车辆数的和,确定哪个出口通过车数最多,可以考虑用方程组求解,未知数有 5 个,根据数量关系能列出 5 个方程,解方程组确定每个出口具体通过多少辆车.

【设计意图】 明确约束条件和目标,初步进行解题定向——建立方程模型解决问题.

三、分析问题,解决问题

问题 2　怎样建立方程模型?

师生活动: 教师引导学生设出未知数,列出方程.设 A,B,C,D,E 出口每20分钟通过的车辆数分别为 a,b,c,d,e.依题意可列出方程组:

$$\begin{cases} a+b=270, & ① \\ b+c=330, & ② \\ c+d=295, & ③ \\ d+e=355, & ④ \\ e+a=240. & ⑤ \end{cases}$$

问题 3　能求出方程组中 a,b,c,d,e 的值吗?

师生活动: 教师引导,把这5个方程累加,可得

$2(a+b+c+d+e)=1490$,整理,得 $a+b+c+d+e=745.⑥$

⑥－①－③,得 $e=180$;⑥－②－④,得 $a=60$;⑥－③－⑤,得 $b=210$;

⑥－①－④,得 $c=120$;⑥－②－⑤,得 $d=175$.

因为 $210>180>175>120>60$,所以得到结论:出口 B 通过的车辆最多.

【设计意图】 建立方程组模型解决问题.

四、拓宽思路,打开思维

问题 4　还能用别的方法解决这个问题吗?

追问 1: 由 $\begin{cases} a+b=270, \\ b+c=330 \end{cases}$ 能得到什么结论?

师生活动: 由 $a+b<b+c$,根据不等式的性质,可得 $a<c$.(1)

追问 2: 由 $\begin{cases} b+c=330, \\ c+d=295 \end{cases}$ 能得到什么结论?

师生活动: 由 $b+c>c+d$,根据不等式的性质,可得 $b>d$.(2)

追问 3: 由 $\begin{cases} c+d=295, \\ d+e=355 \end{cases}$ 能得到什么结论?

师生活动: 由 $c+d<d+e$,根据不等式的性质,可得 $c<e$.(3)

追问 4: 由 $\begin{cases} d+e=355, \\ e+a=240 \end{cases}$ 能得到什么结论?

师生活动: 由 $e+a<d+e$,根据不等式的性质,可得 $a<d$.(4)

追问 5: 由 $\begin{cases} e+a=240, \\ a+b=270 \end{cases}$ 能得到什么结论?

师生活动: 由 $e+a<a+b$,根据不等式的性质,可得 $e<b$.(5)

追问6：综合上述分析，你能对 a,b,c,d,e 的大小进行排序吗？

由(1)(3)可知 $a＜c＜e$，再由(5)可知 $a＜c＜e＜b$，最后由(2)可知 $b＞d$. 所以出口 B 通过的车辆最多.

【设计意图】　用不等式性质进行推理，解决问题.

五、反思总结，提炼方法

> **问题5**　解决问题1时，我们经历了哪些过程？

师生活动：师生共同归纳，得到图 11.4-2.

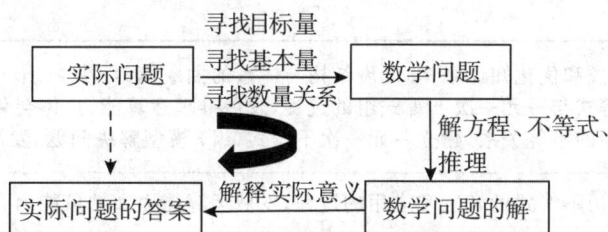

图 11.4-2

【设计意图】　总结经验，提炼思路和方法.

六、回顾小结，概括提升

教师与学生一起回顾本节课所学的主要内容，并请学生回答以下问题：

1. 你是怎样将实际问题转化成数学问题的？
2. 你是怎样想到解决问题的方法的？
3. 可以用哪些知识来解决类似问题？

【设计意图】　通过问题归纳，总结本节课主要内容.

目标检测

1. 为了传承中华文化，激发学生的爱国情怀，提高学生的文学素养，某校七年级(9)班举办了"古诗词"大赛，现有小恩、小地、小奕三位同学进行最后冠军的角逐，决赛共分为六轮，规定：每轮分别决出第一、二、三名(没有并列)，对应名次的得分都分别为 a,b,c($a＞b＞c$ 且 a,b,c 均为正整数)，选手最后得分为各轮得分之和，得分最高者为冠军. 下表是三位选手在每轮比赛中的部分得分情况，根据题中所给信息，你能推出每位选手每轮的得分吗？

选手	第一轮	第二轮	第三轮	第四轮	第五轮	第六轮	最后得分
小恩	a			a			27
小地		a			b	c	11
小奕		c		b			10

2. 何老师网购了一本《魔法数学》，同学们想知道书的价格，何老师让他们猜. 甲说："至少 15 元." 乙说："至多 25 元." 丙说："至多 20 元." 何老师说："你们三个人中只有一人说对了." 你能推出这本书的价格所在的范围吗？

参考答案：1.

选手	第一轮	第二轮	第三轮	第四轮	第五轮	第六轮	最后得分
小恩	5	2	5	5	5	5	27
小地	1	5	1	1	2	1	11
小奕	2	1	2	2	1	2	10

2. 价格大于 25 元.

【设计意图】 第 1～2 题检测目标 1 和目标 2.

11.5　不等式与不等式组复习

目标	1. 整理本章的知识, 形成和优化知识结构, 发展结构与体系的抽象能力. 2. 经历解一元一次不等式与一元一次不等式组的过程, 发展推理运算能力, 体会化归思想. 3. 经历分析实际问题中的不等关系, 建立一元一次不等式(组)模型解决问题, 发展模型观念和应用意识
重点	整理本章知识结构, 经历不等式的解法和应用的过程, 发展运算能力和抽象能力
难点	分析数量关系, 建立一元一次不等式(组)模型

教学过程设计

一、温故知新

问题 1　某校购买甲、乙两种树苗进行绿化, 已知甲种树苗每棵 30 元, 乙种树苗每棵 20 元, 且购买乙种树苗的棵数比甲种树苗棵数的 2 倍多 30 棵, 若购买两种树苗的总费用不超过 3400 元, 最多可以购买甲种树苗多少棵?

师生活动: 通过分析问题找出基本量、列出不等关系. 设未知数, 列出一元一次不等式解决实际问题.

解: 设购买甲种树苗 x 棵, 则购买乙种树苗 $(2x+30)$ 棵.

由题意, 得 $30x + 20(2x+30) \leqslant 3400$.

去括号, 得 $30x + 40x + 600 \leqslant 3400$.

移项, 得 $30x + 40x \leqslant 3400 - 600$.

合并同类项, 得 $70x \leqslant 2800$.

系数化为 1, 得 $x \leqslant 40$.

答: 最多可以购买甲种树苗 40 棵.

追问 1: 你是用什么知识来解决这个问题的?

追问 2: 在解决这个实际问题的过程中我们经历了哪些步骤?

追问 3: 能否类比方程画出建立不等式模型解决实际问题的示意图?

【设计意图】 回顾用不等式模型解决实际问题的一般步骤和基本思路, 总结不等式建模的思想.

问题 2　如果实际问题中存在不等关系, 我们可以通过设未知数、列不等式, 将之转化成不等式问题. 你还记得什么叫作不等式, 什么叫作不等式的解和解集吗?

追问 1：解上面一元一次不等式经历了哪些步骤?每一步的依据分别是什么?

追问 2：怎样检验结果是否正确?

追问 3：你是怎么想到这样来解一元一次不等式的?

师生活动：说出不等式以及不等式的解和解集的定义,回忆解不等式的一般步骤及每一步的依据.

【设计意图】　通过解一元一次不等式的过程,回顾不等式以及不等式解和解集的定义,解不等式的一般步骤及每一步的依据,同时在这个过程中体会化归与转化思想.

> **问题 3**　在上面的实际问题中,为保证绿化效果,学校决定购买甲、乙两种树苗不少于 147 棵(两种树苗都要买),问学校有哪几种可行的购买方案?

追问 1：你准备用什么知识解决这个问题?

追问 2：你认为用不等式解决实际问题的关键是什么?

追问 3：一般地,应该怎样找不等关系?

师生活动：教师引导学生结合本章所经历过的解决实际问题的过程,分析不等关系的表现形式:

(1) 从题目中直接找不等关系的关键词;

(2) 从生活经验和其他学科中找;

(3) 根据数学的法则、公式和定理找.

本题,由题意可知 $x + 2x + 30 \geqslant 147$,

解得 $x \geqslant 39$.

> **问题 4**　要同时满足问题 1 和问题 3 中的不等关系,我们可以将这样的实际问题转化成怎样的数学问题?

师生活动：由题意,得 $\begin{cases} 30x + 20(2x + 30) \leqslant 3400, \\ x + 2x + 30 \geqslant 147. \end{cases}$

追问 1：解一元一次不等式组的一般步骤是怎样的?

追问 2：如何得到两个不等式解集的公共部分?

师生活动：学生通过具体实例回顾解一元一次不等式组的步骤和每一步的依据.

追问 3：你能确定学校有几种购买方案吗?

师生活动：学生回答,因为 $39 \leqslant x \leqslant 40$,且 x 为整数,所以 x 的值为 39,40.

因此学校有两种购买方案,方案一:甲种树苗 39 棵,乙种树苗 108 棵.方案二:甲种树苗 40 棵,乙种树苗 110 棵.

【设计意图】　引导学生根据情境建立多个不等关系,再次体会数学建模思想,体会当实际问题中存在两个不等关系时,用两个一元一次不等式来解决,并回顾解一元一次不等式组的一般步骤,同时体会在寻找两个不等式公共解集的过程中数轴的作用.

二、知识整理

> **问题 5**　你能试着整理不等式与不等式组的知识结构体系吗?

师生活动：教师引导学生整理不等式与不等式组的知识体系,如图 11.5-1.

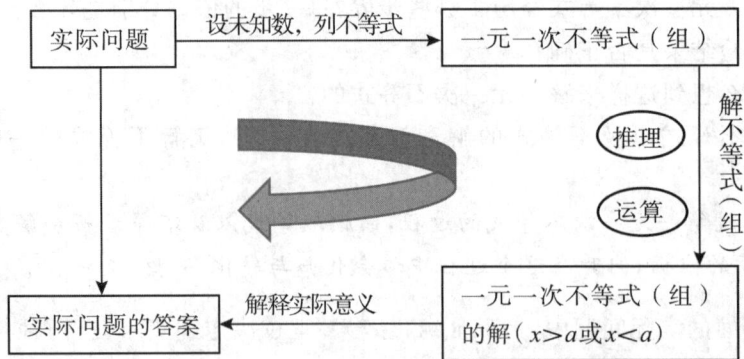

图 11.5-1

研究思路：引入 — 定义 — 性质 — 解法 — 应用.

研究内容：性质、解法、应用.

研究方法：推理、计算、建模.

追问：你能说说一元一次方程和一元一次不等式学习过程中的相同点和不同点吗？

【设计意图】 类比一元一次方程整理不等式的知识结构，抽象不等式的研究框架.

三、巩固应用

> **例1** 解下列不等式（组），并把解集在数轴上表示出来：
>
> (1) $\dfrac{x-1}{3} - \dfrac{x+4}{2} > -2$；　(2) $\begin{cases} \dfrac{2x-1}{3} - \dfrac{5x+1}{3} \leqslant 1, \\ 5x-1 < 3(x+1). \end{cases}$

师生活动：学生独立解不等式（组），检验答案，并说出解不等式（组）中每一步的依据.

【设计意图】 检测学生解不等式（组）的技能，培养他们注重算理的习惯.

> **例2** 政府紧急组织一批物资送往某灾区.现已知这批物资中，食品和矿泉水共410箱，且食品比矿泉水多110箱.
>
> (1) 求食品和矿泉水各有多少箱？
>
> (2) 现计划租用A，B两种货车共10辆，一次性将所有物资送到群众手中，已知A种货车最多可装食品40箱和矿泉水10箱，B种货车最多可装食品20箱和矿泉水20箱，试通过计算帮助政府设计几种运输方案.
>
> (3) 在(2)的条件下，A种货车每辆需付运费600元，B种货车每辆需付运费450元，政府应该选择哪种方案，才能使运费最少？最少运费是多少？

解：(1) 设食品有 x 箱，矿泉水有 y 箱.

依题意，得 $\begin{cases} x+y=410, \\ x-y=110. \end{cases}$

解得 $\begin{cases} x=260, \\ y=150. \end{cases}$

答：食品有260箱，矿泉水有150箱.

(2) 设租用A种货车 m 辆，则租用B种货车 $(10-m)$ 辆.

依题意，得 $\begin{cases} 40m+20(10-m) \geqslant 260, \\ 10m+20(10-m) \geqslant 150, \end{cases}$

解得 $3 \leqslant m \leqslant 5$. 又因为 m 为正整数,

所以 m 可以为 $3,4,5$.

所以共有 3 种运输方案,分别是:方案 1,租用 A 种货车 3 辆,B 种货车 7 辆;方案 2,租用 A 种货车 4 辆,B 种货车 6 辆;方案 3,租用 A 种货车 5 辆,B 种货车 5 辆.

(3)选择方案 1 所需运费为 $600 \times 3 + 450 \times 7 = 4950$(元),

选择方案 2 所需运费为 $600 \times 4 + 450 \times 6 = 5100$(元),

选择方案 3 所需运费为 $600 \times 5 + 450 \times 5 = 5250$(元).

因为 $4950 < 5100 < 5250$,

所以政府应该选择方案 1 才能使运费最少,最少运费是 4950 元.

【设计意图】 通过解决具体问题,发展模型观念及分析问题、解决问题的能力.

四、回顾小结

1. 什么情况下用不等式模型来解决实际问题?

2. 怎样找不等关系?怎样把不等关系转换成不等式?

3. 解这些不等式(组)的步骤和依据是什么?

4. 说一说不等式的研究内容、研究思路和研究方法,比较它们与方程研究的异同点.

目标检测

1. 解下列不等式组,并把它们的解集在数轴上表示出来:

(1) $\begin{cases} 2x+1 > -1, \\ 2x+1 < 3; \end{cases}$

(2) $\begin{cases} -(x-1) > 3, \\ 2x+9 > 3; \end{cases}$

(3) $\begin{cases} 3(x-1)+1 > 5x-2(1-x), \\ 5-(2x-1) < -6x; \end{cases}$

(4) $\begin{cases} -3(x-2) \geqslant 4-x, \\ \dfrac{1+2x}{3} > x-1. \end{cases}$

2. $\dfrac{x+3}{5}$ 的值能否同时大于 $2x+3$ 和 $1-x$ 的值?并说明理由.

3. 为响应节能减排的号召,推动绿色生活方式,某汽车销售公司准备购进 A 型和 B 型两种不同型号的新能源汽车共 20 辆进行销售.这两款汽车的成本和售价如下:

类型	成本 /(万元·辆$^{-1}$)	售价 /(万元·辆$^{-1}$)
A 型	27	27.8
B 型	34.4	35.8

(1)如果这 20 辆车的成本恰好为 651 万元,那么购进 A 型、B 型汽车各多少辆?

(2)如果为了保证将这 20 辆车全部售出后所得利润超过 20.5 万元,那么最多能购进 A 型汽车多少辆?

4. 有如下程序运行图,规定从"输入一个值 x"到"结果是否大于 85"为一次程序操作.

(1)如果程序操作进行一次就停止了,则输入的 x 的取值范围是多少?

(2)如果程序操作进行了两次才停止,则输入的 x 的取值范围是多少?

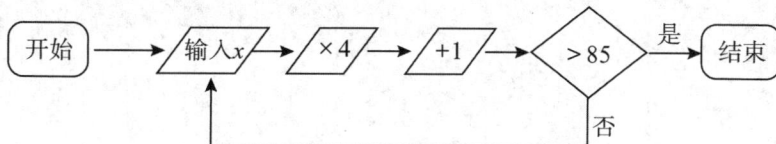

(第 4 题)

参考答案: 1. (1) $-1 < x < 1$；(2) $-3 < x < -2$；(3) $x < -\dfrac{3}{2}$；(4) $x \leqslant 1$. 数轴表示略.

2. 解：不能. 因为不等式组 $\begin{cases} \dfrac{x+3}{5} > 2x+3, \\ \dfrac{x+3}{5} > 1-x \end{cases}$ 无解.

3. 解：(1) 设购进 A 型汽车 x 辆，则 $27x + 34.4(20-x) = 651$，解得 $x = 5$.

所以购进 A 型汽车 5 辆，B 型汽车 15 辆.

(2) 设购进 A 型汽车 x 辆，则 $(27.8-27)x + (35.8-34.4)(20-x) > 20.5$，

解得 $x < 12.5$. 所以最多能购进 A 型汽车 12 辆.

4. (1) 由 $4x+1 > 85$，解得 $x > 21$；

(2) 由 $\begin{cases} 4x+1 \leqslant 85, \\ 4(4x+1)+1 > 85, \end{cases}$ 解得 $5 < x \leqslant 21$.

【设计意图】 第 1 题检测目标 2，第 2～4 题检测目标 3.

◎ 综合与实践 ◎

低碳生活

一、项目内容分析

全球气候正在变暖,科学家认为这与大气中二氧化碳等温室气体的浓度变化有关.控制二氧化碳排放是控制全球气温上升的主要手段.本项目在了解、分析我国"碳达峰""碳中和"目标的基础上,从碳排放强度、二氧化碳排放量、国内生产总值(GDP)角度提出要研究的问题,并提出低碳生活行动方案.通过数据的收集、整理和描述,认识现实生活中的"碳足迹",估算家庭一年的碳排放量;结合生态学知识,了解通过植树造林等活动可以吸收二氧化碳,起到"碳补偿"的作用.本项目的相关数学知识是二元一次方程,不等式,数据的收集、整理与描述.

在这样的跨学科综合与实践活动中,发展学生的抽象能力、模型观念、推理能力、运算能力、数据观念、应用意识、创新意识和跨学科综合实践能力,培养学生的环保理念和人类命运共同体理念.

本项目的关键问题是:根据我国 2005 年到 2020 年降碳成果,GDP 发展基础和 2030 年碳达峰要求,确定今后单位国内生产总值碳排放降低的百分率,改变生活方式,人人为减低碳排放贡献力量.

二、项目目标分析

1. 结合全球变暖的现实,认识二氧化碳排放是造成地球气温升高的主要原因.通过查阅资料,了解控制全球气候变暖的《巴黎协定》,我国的碳达峰、碳中和计划,了解碳达峰、碳中和、碳强度、碳足迹等概念,能用每万亿元 GDP 的碳排放量描述碳强度,了解我国在控制全球变暖的节能减排行动中减碳的成效及未来减碳的行动,知道可以用方程和文字加以研究和描述.

2. 通过建立方程模型和不等式模型,分析我国减碳行动的成效,预测我国要达成 2030 年碳达峰的目标,平均每年需要降低多少碳强度,适宜采用什么方法降低碳强度;经历日常生活中的碳排放的数据收集、整理和分析,从个人日常生活出发提出个人降碳行动问题,估算日常生活中的碳足迹,学会用数学的思维、语言去观察和表达现实世界.

3. 通过基于模型的研究和数据的收集、整理、描述,提出从个人到国家的未来减排减碳行动方案,形成研究报告,发展应用意识、创新意识和跨学科实践能力.

三、项目实施难点分析

学生在本阶段学习过二元一次方程组,对于数据的收集、整理与描述,具备了一定的基础.但是,根据全球变暖的现实进行溯源分析,有方向地查阅、分析背景资料,学习《中国应对气候变化的政策与行动》,进一步提出基于数据阐释我国减碳成果、为碳达峰目标明确平均每年减低碳强度的量化研究问题,将现实情境数学化,抽象出方程和不等式问题,这对学生的抽象能力和模型观念要求较高.学生还需从数学的角度描述和估算日常生活中的碳足迹,进行数据的收集、整理、描述及初步分析.

这种从现实情境中抽象数学问题的活动,对学生的抽象能力和数据观念要求较高.建立方程和不

407

等式模型研究我国降碳行动成果和未来平均每年要降低碳强度的百分率,这两个是教学难点.

在教学过程中,需要设计驱动性核心问题和任务引导学生思考,需要基于核心问题设计启发性问题帮助学生突破难点,但问题的真正解决方法应由学生小组讨论提出,要让学生独立地经历发现问题、提出问题、分析问题、解决问题、反思总结、撰写报告等活动.

四、项目活动准备

1. 组建探究小组,建立 4 ~ 6 人的异质研究小组.
2. 准备联网的电脑,供学生查阅资料;配备科学教师等专家,为学生答疑解惑.

五、项目实施过程

1. 活动整体流程

活动一:创设情境,提出问题.

通过全球气候变暖,全球减排共识《巴黎协定》,我国减排行动目标、具体行动及其成效的视频或图文介绍,引导学生提出分析我国的降碳减排环保行动方案,估算日常生活中的碳排放量等核心研究问题.

活动二:分析问题,研究我国减排行动.

通过抽象我国减排活动中的核心变量,分析变量之间的数量关系,建立二元一次方程和不等式模型,表达和研究我国减排行动的成效、达成最终目标所需要的碳排放强度(单位:国内生产总值的碳排放)及平均每年下降率.通过收集、整理、描述数据,估算日常生活中的碳排放量.

活动三:解决问题,交流评价.

基于模型研究和数据分析,从减少工业排放和日常生活排放、加强植树造林、加强二氧化碳再利用的技术创新(如利用二氧化碳制造淀粉)等方面提出 2030 年碳达峰的具体行动计划.

2. 课时安排

活动一 1 课时,活动二 1 课时,活动三 1 课时,共计 3 课时.

教学过程设计

活动一:创设情境,提出问题.

展示背景图片或视频:全球气候变暖,导致海平面上升,高温、低温、干旱、洪涝等极端气候现象频发,使得人类的生存环境正变得越来越差.大气中温室气体升高是造成全球变暖的主要原因,人类需要联合起来,共同承担责任,实行减排行动.2015 年,全球多个国家签订了《巴黎协定》,在全世界范围内推行控制全球气温过快升高的减排行动.我国的节能减排工作已经取得了显著成绩,并且未来我国将承担更大的责任.2020 年,我国向世界郑重承诺,力争 2030 年前实现碳达峰,2060 年前实现碳中和.对于这一目标,我国正在发力行动,如鼓励新能源与新能源汽车产业发展,鼓励二氧化碳的再利用技术创新,鼓励传统行业的减排行动,鼓励低碳出行,鼓励人人行动,减低日常生活中的碳排放,等等.

二氧化碳是温室气体中导致全球气温升高的主要成分.温室气体指的是哪些气体?二氧化碳为什么对气候变暖影响大?碳排放强度、碳达峰、碳中和分别是什么意思?

任务 1:查阅《巴黎协定》《中国应对气候变化的政策与行动》等相关资料,理解上述概念,相互交流.

任务 2:地球大气系统中,二氧化碳虽然只占大气体积的 0.03% ~ 0.04%,但其对气温有较大的影响.根据《中国应对气候变化的政策与行动》,如果想有说服力地说明我们降碳行动的成效,你能从 GDP、碳排放强度等方面提出哪些数学问题?

支架性问题:在数学活动中,我们常常通过数据分析和建立模型表达现实世界中的各种对象和问题.各小组关注哪些数据?从这些数据出发,可以建立哪些数学模型进行研究和说明?

学生活动:学生查阅资料,理解概念,阅读《中国应对气候变化的政策与行动》,明确降碳行动已经取得的成效及自主减排目标.

已有成效:2020 年我国碳排放强度比 2015 年下降 18.8%,超额完成"十三五"约束性目标,比 2005 年下降 48.4%,超额完成了我国向国际社会承诺的到 2020 年下降 40%～45% 的目标,累计少排放二氧化碳约 58 亿吨,基本扭转了二氧化碳排放快速增长的局面。

我国 2005 年、2020 年 GDP 总值分别为 18.73 万亿元、101.36 万亿元,按 2010 年的价格计算分别约为 23.95 万亿元、79.83 万亿元.

根据上述数据,可以列出二元一次方程组计算出 2015 年和 2020 年我国的碳排放强度.

在求出 2020 年我国碳排放强度后,根据我国 2030 年碳达峰的目标,碳排放强度比 2005 年下降 65% 以上,可根据 2030 年碳强度上限,列出方程或不等式进行研究,应用计算器或信息技术求证平均每年在上一年基础上应降低的碳排放强度的百分比.

因此,可以提出如下研究问题:

(1) 我国 2020 年和 2015 年的碳排放强度分别是多少?

(2) 2030 年要在 2005 年基础上实现碳排放强度下降 65% 以上的目标,从 2021 年到 2030 年平均每年需要降低碳排放强度的百分率至少是多少?

(3) 我们日常生活中的碳排放量怎样计算?

(4) 需要采取哪些措施和行动助力 2030 年碳达峰的目标?

通过各组交流,全班讨论,形成如下的三个任务.

任务 1:确定 2020 年和 2015 年我国的碳排放强度,基于数据阐释我国从 2005 年到 2020 年降低碳排放强度的成效;并分析从 2021 年到 2030 年我们平均每年需要降低碳排放强度的百分率至少是多少.

任务 2:查阅资料,分析我们国家采取了什么措施保障 2030 年碳达峰目标的达成.

任务 3:查阅资料,收集、整理和描述数据,估算日常生活中的碳排放量,说明每个人应该如何承担降碳责任,给出低碳生活建议.

活动二:分析问题,研究我国减排行动.

各小组在上述三个任务中任选其一开展研究,各小组针对选择的任务进行研究,制定研究计划,开展研究.

比如,承担任务 1 的小组针对下列背景数据,列方程求出 2015 年和 2020 年我国的碳排放强度,并进一步通过剔除价格波动因素,优化模型,确定最合理的答案;在此基础上,通过建立不等式或方程(组),利用信息技术,得到从 2021 年到 2030 年这 10 年平均每年降低碳排放强度的百分比.

参考答案:

(1) 基于绝对 GDP 的分析:

中国 GDP 及碳排放数据

年份	GDP/ 万亿元	碳排放量 / 亿吨	碳排放强度
2005	18.73	56.35	4.19
2015	68.89		
2020	101.60		

设 2015 年的碳排放强度为 x,2020 年的碳排放强度为 y,得 $\begin{cases} y = 4.19(1 - 0.484), \\ y = (1 - 0.188)x, \end{cases}$

解得 $\begin{cases} x \approx 1.756, \\ y \approx 2.162. \end{cases}$ 根据 2030 年在 2005 年碳排放强度基础上降低 65% 的目标，设平均每年减低碳排放强度 z，则可以列出不等式 $2.162(1-z)^{10} < 4.19 \times (1-0.65)$，解得 $z > 4\%$.

进一步，剔除价格因素，可以得到答案：2020 年我国碳排放强度为 1.21，2015 年我国碳排放强度为 1.47，2021 年到 2030 年平均每年至少需要减低碳排放强度 3.8%.

选择任务 2 的学生，则可以查阅我国是如何应对气候变化的，从政策法规、源头减排、造林补偿和二氧化碳的回收利用等角度分析和解决问题. 我国科学家首次实现了二氧化碳到淀粉的从头合成，相关成果 2021 年 9 月 24 日由国际知名学术期刊《科学》在线发表. 研究团队采用类似"搭积木"的方式，利用化学催化剂将高浓度二氧化碳在高密度氢能作用下还原成碳一化合物，然后通过设计构建碳一聚合新酶，依据化学聚糖反应原理将碳一化合物聚合成碳三化合物，最后通过生物途径优化，将碳三化合物又聚合成碳六化合物，再进一步合成直链和支链淀粉. 这一人工途径的淀粉合成速率是自然界中玉米淀粉合成速率的 8.5 倍.

选择任务 3 的学生，则要查阅资料，进行日常生活的碳足迹估算，结合国家目标，给出个人低碳生活建议.

碳足迹计算

序号	种类	每月消耗量	单位	月耗碳量 / 千克
1	家庭用电	120	度	94.20
2	水	10	吨	1.94
3	天然气	15	立方	32.43
4	煤气		吨	
5	汽油、柴油	100	升	292.50
6	煤		千克	
7	猪肉	20	斤	14.00
8	牛肉	10	斤	182.00
9	A4 纸	30	张	2.70
10	塑料袋短	10	个	0.0010
11	短途飞机	≤ 200	千米	
12	中途飞机	200 ~ 1000	千米	86.50
13	长途飞机	> 1000	千米	
14	…		…	
15	共计			706.27

（参考数据：根据国网公布标准计算）

根据上述信息，我能发现并提出的问题：

碳排放在日常生活中无处不在，其中家庭用电及使用汽车占家庭碳排放中较大的量，我们可以通过植树来进行碳补偿，但植树的碳补偿量有多大还需要进一步了解.

如果进行碳补偿，我的方法是：如果按照 30 年冷杉吸收 111 kg 二氧化碳来计算，通过查阅资料和计算，我的家庭一年排放的二氧化碳至少需要种 77 棵冷杉来补偿. 方法如下：

设家庭一年排放的二氧化碳至少需要 x 棵冷杉来补偿，则

依题意，得 $111 \times x > 706.27 \times 12$，

解得 $x > 76.35$.

答：至少需要种 77 棵冷杉.

活动三：解决问题，交流评价.

在通过计算获得研究数据和结论后，各小组撰写研究报告，并在班级交流.

研究报告的各式如下：

低碳生活研究报告：_____（本小组的研究任务），班级_____

小组成员：_____

研究背景	
核心问题	
研究思路方法	
研究过程	
研究结果	
研究结果讨论	
研究结论	

在交流的基础上，基于下列问题进行反思和总结：

1. 在具体的情境中，你是如何提出问题的？怎样把实际问题转化为数学问题？

2. 如何根据提出的问题，结合学过的数学知识、方法，分析解决问题的思路？

3. 在解决数学问题后，怎样基于数学问题的解阐释实际问题、形成研究报告？

第十二章 数据的收集、整理与描述

◎ 单元设计 ◎

一、知识结构图

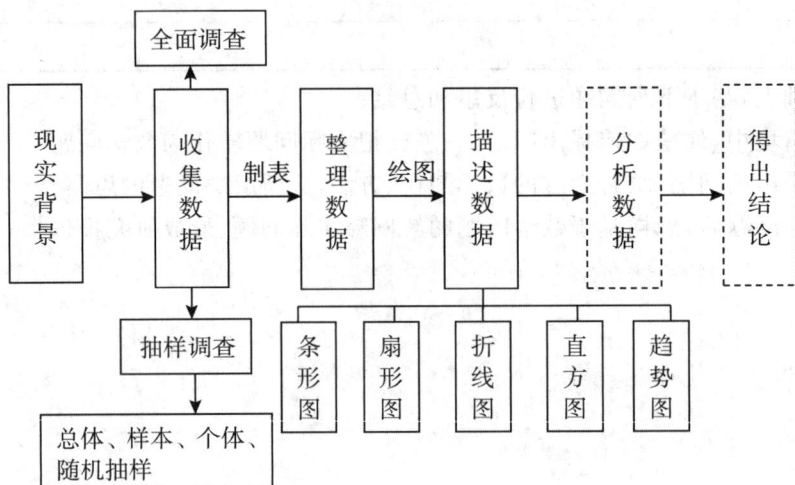

二、内容与内容解析

1. 内容

用全面调查与抽样调查收集数据,利用统计表整理数据,利用统计图描述数据.

2. 内容解析

本单元具体学习内容有:用全面调查和简单随机抽样调查的方法收集数据,用表格整理数据;选择适当的统计图表,特别是扇形图和直方图,描述数据和解释数据;频数与频率的含义.

本单元重点是让学生经历利用抽样调查收集数据、整理数据、描述数据、解决简单问题的统计过程,让学生对用样本估计总体的思想有所了解,建立数据观念,理解数据处理的一般过程,为后续数据的分析奠定基础.

统计分析的一般过程为:现实背景 — 收集数据 — 整理数据 — 描述数据 — 分析数据 — 判断决策.统计分析的基本方法为归纳法;统计分析的基本思想是用样本估计总体的思想和随机思想.本单元的核心育人价值是通过数据的收集、整理、描述并作出简单推断的活动,帮助学生理解统计的意义,学习用数据说话,发展数据观念.

基于以上分析,确定本单元的教学重点:让学生完整地经历数据的收集、整理、描述并作出简单推断,体会数据的意义与价值,发展数据观念.

三、目标与目标解析

1.目标

(1)经历收集数据、整理数据、描述数据、分析数据和简单推断的活动,了解数据处理的过程,理解数据的意义,发展数据观念.

(2)了解全面调查和抽样调查两种收集数据的方式,体会抽样的必要性,体验样本估计总体的思想,发展模型观念.

(3)会制作扇形图、频数分布直方图(等距分组),能根据问题需要选择合适的统计图来直观、有效地描述数据,了解趋势图,能根据统计图表解释数据中蕴含的信息.

(4)通过表格、折线图、趋势图等感受随机现象的变化趋势.

2.目标解析

达成目标(1)的标志: 了解在现实生活中有许多的问题应当先做调查研究、收集数据,再通过分析数据作出判断,体会数据中蕴含的信息,感受统计与实际生活的联系.了解数据处理的四个基本过程 —— 收集数据、整理数据、描述数据和分析数据,形成"运用数据进行推断"的思考方法.

达成目标(2)的标志: 了解数据收集的基本方法,知道全面调查和抽样调查,会用随机抽样的方法收集数据.通过实例了解简单随机抽样,体会样本的代表性和随机性,总结两种调查方法以及在实施抽样调查时需要注意的事项.

达成目标(3)的标志: 能读懂统计图表,解释图表中数据的信息;理解频数与频率的意义;会画出扇形统计图、频数分布直方图(等距分组),能根据数据的背景选择适当的统计图表描述数据;会画出趋势图解释一组数据随着另一组数据变化的规律.

达成目标(4)的标志: 能通过阅读表格、折线图、趋势图等,感受随机现象的变化规律.

四、目标谱系

内容	核心素养			
	数学眼光	数学思维	数学语言	学会学习
12.1 统计调查	1.了解在现实生活中有许多问题应当先做调查研究、收集数据,再通过分析作出判断,体会数据中蕴含的信息,感受统计与实际生活的联系. 2.通过实例,经历收集数据、整理数据、描述数据和分析数据的活动,了解数据处理的过程,抽象数据收集、整理和描述的方法,发展数据观念. 3.通过实例了解简单随机抽样,体会进行抽样调查的必要性,体验样本估计总体的思想,发展模型观念	1.体会数据是一种重要的信息载体,能基于数据通过归纳推断随机现象中的规律. 2.能用样本估计总体的思想进行简单的数据推断	1.会合理选择恰当的调查方式收集数据. 2.根据调查目的设计调查方案及调查问卷并实施调查. 3.会设计表格,整理调查得到的数据. 4.理解"总体""样本""抽样""估计"之间的关系,会简单表达	1.体会用样本估计总体的思想. 2.感受统计在生活和生产中的作用,增强学习统计的兴趣,发展数据观念和模型观念

续　表

内容	核心素养			
	数学眼光	数学思维	数学语言	学会学习
12.2 用统计图描述数据	1.通过实例概括各类统计图的特征. 2.通过实例了解频数及频率的意义,理解直方图中数据分布的一些特征和规律. 3.会根据趋势图理解两组数据的关联、数据的变化规律和变化趋势	1.能根据条形图、扇形图、折线图和直方图对数据的特征和规律进行初步分析. 2.能根据趋势图分析数据的变化规律和变化趋势. 3.能用计算机处理较为复杂的数据	1.会制作扇形统计图、频数直方图描述数据. 2.根据数据的背景和特点,选择适当的统计图表描述数据,推断数据的特征和规律. 3.能解释统计结果,根据结果作出简单的判断和预测,并能进行交流	经历描述数据的过程,建立几何直观,总结根据数据背景适当描述数据的方法,总结根据统计图表初步分析数据分布特征和规律、解释随机现象的方法

五、教学问题诊断分析

1. 已有基础

小学阶段,学生初步经历过简单的数据收集、整理、描述、分析的过程,会定性描述简单的随机现象发生的可能性,初步建立了数据意识.

2. 学习需要

本单元学习内容为数据的收集、整理、描述与简单分析,需要学生经历数据处理的基本过程,需要学会设计问卷、抽样调查、收集数据、整理数据,并用适当方法描述数据,从统计图表中获取数据的信息.这些需要从大量的数据中分析所蕴含的信息,结合统计图表的学习经验和现实生活经验,依据图表分析数据的一些特征,通过不完全归纳获得相对可靠的数据信息.本单元将学习通过抽样的方法获得数据,通过样本数据的特征分析推断总体的特征.

3. 难点及应对策略

学生在小学阶段研究的数据基本都是总体数据,通过对总体数据的分析推断总体的特征和变化,实际上是一种完全归纳,对于随机现象也只是进行定性描述.初中阶段,通过样本推断总体是一种不完全归纳,对于随机现象要进行定量描述.从完全归纳到不完全归纳,从定性描述到定量描述,对学生的思维具有一定的挑战性.这些方面学生也存在知识和经验的缺陷.

本单元的教学难点是:对于随机现象进行定量描述,形成运用数据进行推断的思考方法.

六、教学建议

1. 注意统计思想的渗透与体现

教学中,除了通过具体案例使学生认识有关统计知识(如样本、总体、个体、频数等)和统计方法(如抽样调查等)外,还应通过数据处理任务,让学生感受基于数据、借助图表建立数据模型进行分析推断的一般观念,体会随机思想、样本估计总体思想.教学中,建议以数据处理任务为主线,以统计的一般观念为引领,进行任务驱动下的数据收集、整理、描述和分析活动,设计前后连贯、逻辑一致的单元整体教学系统.

2. 在实践中学习统计,改进学习方式

统计是一门实践性很强的学科,通过参与统计活动学习相关知识是一种有效的学习方法.教学中要注意让所有学生都能参与到统计的活动中来,在活动的过程中建立数据观念.鼓励学生积极合作、

充分交流,促进学生学习方式的改变.本单元教学重点应放在收集数据、整理数据和描述数据三个方面,比如可以引导学生根据调查目的,在充分讨论的基础上,亲自设计调查方案以及调查问卷,并实施调查,然后动手设计表格整理调查得到的数据,再根据具体的问题选择合适的统计图形描述数据,避免把统计教学变成脱离实践的简单概念陈述和数据计算.

3. 准确把握教学要求

分析数据是统计中不可缺少的重要环节,它在本单元中已经出现,但属于较为简单的情形.人教版教科书在八年级下册"数据的分析"中将对它有更深入的介绍,因此,在本单元教学时,要特别注意准确把握教学要求,不要过早地出现较复杂的分析数据的问题.

4. 关注信息技术的使用

信息技术的发展给统计工作带来很大方便,例如借助计算机统计数据和绘制统计图表有很好的效果.教学中要让学生意识到现代信息技术对统计的辅助作用,可以介绍利用计算机画简单的扇形图、直方图和折线图的步骤.

5. 课时安排

12.1 统计调查 3 课时(12.1.1 全面调查 1 课时,12.1.2 抽样调查 1 课时,12.1.3 统计调查习题课 1 课时),12.2 用统计图描述数据 5 课时(其中扇形图、条形图和折线图 2 课时,直方图 2 课时,趋势图 1 课时),12.3 数据的收集、整理与描述复习 1 课时,共 9 课时.

◎ 课时设计 ◎

12.1　统计调查

12.1.1　全面调查

目标	1.经历收集数据、整理数据、描述数据和简单分析数据的过程,了解数据处理的活动,发展数据观念. 2.了解全面调查,会用全面调查的方式收集数据,会设计简单的调查问卷. 3.经历统计活动,感受统计在生产生活中的作用
重点	经历数据处理的一般过程,感受统计调查的必要性
难点	规划本单元的学习路径,初步建立数据观念

教学过程设计

一、情境引入,提出问题

从报纸、杂志、电视、互联网等媒体上,我们经常可以看到很多统计图表和统计数据.

例如下面的图片和报道(图 12.1-1、图 12.1-2):

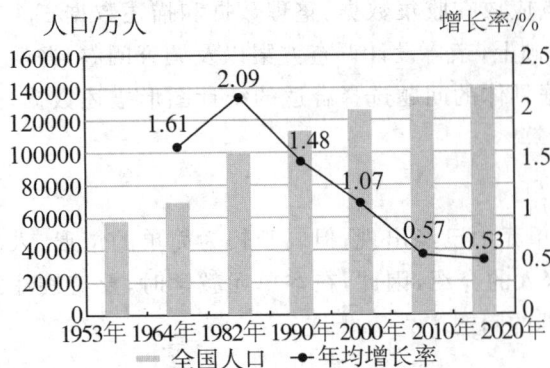

图 12.1-1　中国人口增长率变化

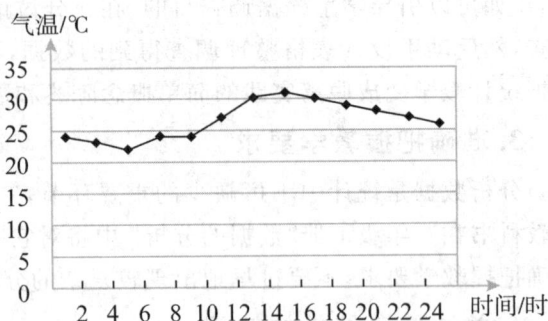

图 12.1-2　某地一天气温变化

据报道,某地义务教育的普及率达 98%;某电视节目的收视率为 9%;某地年人均生活用水量为 36 m³;2020 年,我国国内生产总值达到 1013567 亿元,按不变价格计算,比上年增长 2.2%;等等.

问题 1　以上数据是怎样得到的呢?

师生活动:教师提问,学生思考后回答:可以通过统计调查或查阅资料等方式获得.

问题 2　这些数据有什么用?

师生活动:教师引导学生思考,共同总结得出结论:数据中蕴含着信息,可以帮助人们了解周围世界的现状和变化规律,从而为判断决策提供依据.

【设计意图】　用图片和数据报道引入,让学生感受统计在生产生活中的应用,激发学生学习统计知识的热情.

这一章我们将在小学所学统计知识的基础上,进一步学习收集数据的一些基本方法,进一步学习如何整理数据,并用统计图表直观形象地描述数据,从中发现数据蕴含的规律,获取我们需要的信息.

问题 3　如果要了解全班同学对阅读、下棋、看电视、运动、戏剧表演这五类课外活动的喜爱情况,你会怎么做?

师生活动:引导学生讨论交流,重在说出"怎么做",学生的说法可能不全面,教师对学生的想法进行补充整理,得出数据处理的一般过程:现实背景 — 统计调查 — 收集数据 — 整理数据 — 描述数据 — 分析数据 — 统计决策.

【设计意图】　通过问题引导学生初步规划出统计研究的一般过程,明确研究的方向.

二、探究思考,形成新知

环节 1:收集数据

问题 4　用什么方法收集数据?

师生活动:教师提问,学生讨论交流列举出如下调查方式:如举手投票、电话采访、访问、问卷调查等.教师充分肯定学生的答案,并与学生一起比较归纳这些方法的基本特点,最后确定用问卷调查的方法.

追问 1:用问卷调查的方法进行调查,首先要做什么?如何做?

师生活动:教师引导学生设计如下的问卷(要讨论问卷设计的合理性):

> 调查问卷　　　年　　月
>
> 在下面五类课外活动中,你最喜爱的是(　　)(单选).
>
> A. 阅读　　　B. 下棋　　　C. 看电视　　　D. 运动　　　E. 戏剧表演

追问 2：如果想了解男生、女生喜爱课外活动的差异,问卷中还应该包含什么内容?

师生活动：学生分析,应在问卷中增加性别一栏,同时引导学生归纳设计一份调查问卷需要注意哪些问题,最后形成调查问卷,现场下发问卷并要求学生当场完成,完成后交给小组长.

利用调查问卷,可以收集到全班每位同学最喜爱的课外活动的编号(字母),我们把它们称为数据. 例如,某同学经调查,得到如下 50 个数据：

C B D A D E C A C D
A D D A D B A D A D
E A B D A C D C A D
C A D A E D B C D A
D A D B C A B D C D

> 用字母代替活动的类型,可以方便统计.

【设计意图】　为学生经历统计活动创造了条件,帮助学生建立数据观念,体会统计的作用和意义,也培养学生的实践能力和合作交流能力.

环节 2：整理数据

问题 5　从上面的数据中,你能看出全班同学喜爱各类活动的情况吗?

师生活动：学生稍作讨论,最后共同归纳发现：杂乱无章的数据不利于我们发现其中的规律,为了更清楚地了解数据所蕴含的规律,需要对数据进行整理. 在统计中经常用表格整理数据.

【设计意图】　感受数据整理的必要性,引出统计表.

师生活动：展示表 12.1-1.

表 12.1-1　全班同学最喜爱的课外活动人数统计

活动类型	划记	人数	百分比 /%
A. 阅读			
B. 下棋			
C. 看电视			
D. 运动			
E. 戏剧表演			
合计			

此例中,用划记法记录数据,"正"字的每一划(笔画)代表一名同学. 例如,编号为 A 的活动对应的人数是 14,记为"正正正". 整理得表 12.1-2.

表 12.1-2　全班同学最喜爱的课外活动的人数统计

活动类型	划记	人数	百分比 /%
A. 阅读	正正正	14	28
B. 下棋	正一	6	12
C. 看电视	正正	9	18
D. 运动	正正正下	18	36
E. 戏剧表演	下	3	6
合计		50	100

追问:利用统计表整理数据有什么优点?

师生活动:统计表由学生合作完成.教师接着引导学生归纳:用统计表反映的数据非常清楚且容易查找,表 12.1-2 可以清楚地反映全班同学喜爱各类课外活动的情况.例如,最喜爱阅读的同学有 14 名,占全班总人数的 28%;最喜爱下棋的同学有 6 名,占全班总人数的 12%;等等.

【设计意图】 让学生亲自参与数据整理过程,培养学生的数据分类和抽象能力.

环节 3:描述数据

> **问题 6** 我们还有什么方式能将数据体现得更加直观吗?

师生活动:学生回顾小学所学知识,想到可以绘制条形图和扇形图,教师用课件展示,如图 12.1-3.由于学生小学时已经了解了条形图的绘制过程,因此在此不做具体绘制说明,采取简单的图象呈现方式.

【设计意图】回顾小学学习的用条形图和扇形图描述数据.

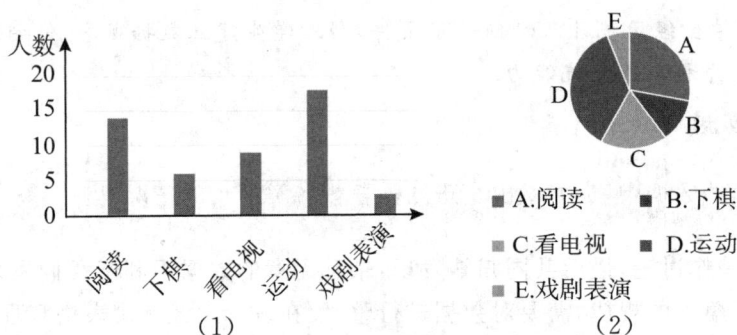

图 12.1-3

追问:你能根据图 12.1-3(1)和图 12.1-3(2)说出全班同学最喜爱课外活动的情况吗?

师生活动:指定个别学生回答,可以得到全班同学最喜爱课外活动的情况或各个活动喜爱的人数与百分比等.

【设计意图】 让学生体会统计图可以更直观地描述数据,不同的统计图对数据展示的侧重点会不同.

环节 4:归纳调查方式

> **问题 7** 能总结前面的收集数据的方法吗?

师生活动:教师引导学生总结,抽象出全面调查的方法和步骤.

在上面的调查中,我们利用调查问卷得到全班同学最喜爱课外活动的数据,利用表格整理数据,并用统计图进行直观形象的描述.通过分析表格和统计图,了解到全班同学最喜爱课外活动的情况.在这个调查中,全班同学都是要考察的对象,我们对全体对象都进行了调查.像这样考察全体对象的调查叫作**全面调查**.调查的每一个对象称为**个体**.例如,2020 年我国进行的第七次全国人口普查,就是一次全面调查.

【设计意图】 抽象全面调查的数据收集方法,理解全面调查的意义.

三、辨别应用,巩固新知

练习 小强是班级体育委员,他想了解本班男生、女生最喜欢什么球类运动,以便组织一场受同学们欢迎的比赛,你觉得小强该如何获取信息?请帮他设计本次调查活动,写出具体的操作方案.

师生活动:学生以小组为单位,设计调查问卷,收集数据、整理数据和描述数据(见表12.1-3).

调查问卷
年　　月　　性别
在下列六类球类运动中,你最喜欢的是(　　)(单选).
A.篮球　　　B.足球　　　C.排球　　　D.乒乓球　　　E.羽毛球　　　F.其他
填完后,请将问卷交给小组长.

表 12.1-3　全班同学最喜欢球类运动人数统计

运动类别	划记		人数	
	男	女	男	女
A. 篮球				
B. 足球				
C. 排球				
D. 乒乓球				
E. 羽毛球				
F. 其他				
合计				

【设计意图】 再次利用统计活动体会数据处理的一般过程及统计调查的作用,这个巩固练习也为下节课全校范围内的调查活动做好了铺垫.

四、回顾小结,概括提升

1. 本节课的学习经历了哪些过程?数据处理的一般过程是怎样的?

2. 怎样收集、整理和描述数据?

3. 通过今天的学习,你想进一步探究什么问题?

师生活动:围绕问题,师生以谈话交流的形式,共同总结本节课的学习收获.

【设计意图】 引导学生回顾自己的学习过程,整理出本节课的研究内容,同时完善后续研究内容,得出整个章节框架,明确统计研究的一般路径(图 12.1-4).

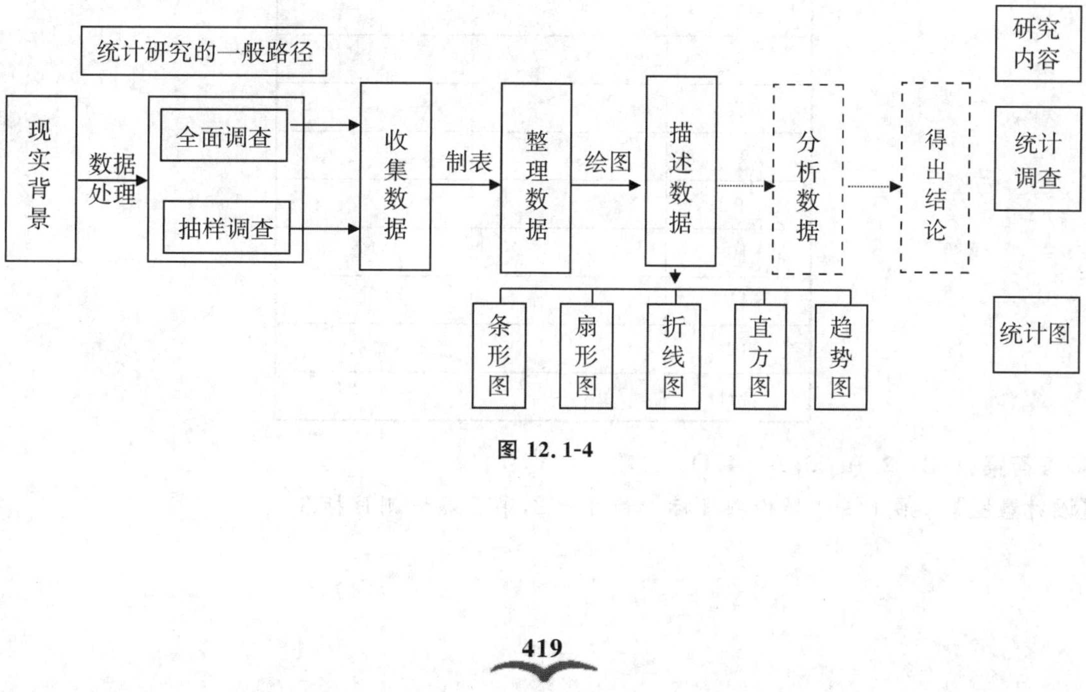

图 12.1-4

目标检测

1. 下列问卷中的问题设计,你认为不合适的是(　　).

A. 你最喜爱的课程是什么?

B. 难道你不认为科幻节目比新闻节目更精彩吗?

C. 你喜欢科幻节目还是体育节目?

D. 你认为学生的课外活动应如何开展?

2. 现有下列各项调查:① 调查中央电视台《焦点访谈》节目的收视率;② 某班要为学生订做一套衣服,现要对学生的胸围、腰围进行测量;③ 检查一批罐头产品的质量;④ 对河水的污染情况进行调查.其中,适合做全面调查的是(　　).

A. ②　　　　　　B. ②③④　　　　　　C. ①②③　　　　　　D. ①②③④

3. 要想统计本班学生最喜欢的动画片,下面收集数据的方法较合适的是(　　).

A. 调查问卷　　　　B. 访问　　　　C. 观察　　　　D. 查阅资料

4. 舒青是一名观鸟爱好者,他想要用折线图来反映中华秋沙鸭每年秋季到当地避寒越冬的数量变化情况,以下是排乱的统计步骤:① 从折线图中分析出中华秋沙鸭每年来当地避寒越冬的变化趋势;② 从当地自然保护区管理部门收集中华秋沙鸭每年来当地避寒越冬的数量记录;③ 按统计表的数据绘制折线图;④ 整理中华秋沙鸭每年来当地避寒越冬的数量并制作统计表.正确统计步骤的顺序是(　　)

A. ② → ③ → ① → ④　　　　　　　　B. ③ → ④ → ① → ②

C. ① → ② → ④ → ③　　　　　　　　D. ② → ④ → ③ → ①

5. 请对全班同学的出生月份进行调查,并填写下表.

全班同学的出生月份分布表

月份	划记	人数
1		
2		
3		
4		
5		
6		
7		
8		
9		
10		
11		
12		
合计		

参考答案: 1. B　2. A　3. A　4. D　5. 略.

【设计意图】 第 1～4 题检测目标 1 和目标 2,第 5 题检测目标 3.

12.1.2　抽样调查

目标	1. 了解抽样调查的方式及相关概念. 2. 体会抽样调查的必要性,通过实例了解简单随机抽样,体会用样本估计总体的思想,发展数据观念
重点	用抽样调查的方法收集数据
难点	体会用样本估计总体的思想

教学过程设计

一、情境引入,提出问题

问题 1　阅读下列材料,你体会到了什么数学道理?

　　材料:一天,爸爸叫儿子去买一盒火柴. 临出门前,爸爸嘱咐儿子要买能划燃的火柴. 儿子拿着钱出门了,过了好一会儿,儿子才回到家.“火柴能划燃吗?”爸爸问.“都能划燃.”“你这么肯定?”儿子递过一盒划过的火柴,兴奋地说:“我每根都试过了.”

问题 2　某校有 2000 名学生,要想了解全校学生对阅读、下棋、看电视、运动、戏剧表演这五类课外活动的喜爱情况,应该怎样进行调查?

　　师生活动:教师出示问题引导学生思考,之后总结如下:调查方式若选取不合理,不仅达不到预期的效果,甚至会闹出笑话. 要想了解全校学生对阅读、下棋、看电视、运动、戏剧表演五类课外活动的喜爱情况,可以用全面调查的方法对全校学生逐个进行调查,但是由于学生比较多,全面调查耗时耗力,因此,需要寻找一种更优方法:只抽取一部分对象进行调查,然后根据调查数据推断全体对象的情况,这种收集数据的方法叫作**抽样调查**.

　　【设计意图】　体会抽样调查的必要性,从而引出本节课的课题 —— 抽样调查.

二、探究思考,形成新知

　　问题 3　问题 2 如果要采取抽样调查,那么抽取多少名学生进行调查比较合适?

　　师生活动:学生思考讨论得出:要根据实际的需要来确定. 例如,这个问题中可以抽取 100 名学生进行调查. 在此基础上,介绍相关概念:调查全校学生对阅读、下棋、看电视、运动、戏剧表演这五类课外活动的喜爱情况,要考察的全体对象,称为**总体**;组成总体的每一个学生称为**个体**;被抽取调查的那部分学生构成总体的一个**样本**;一个样本中包含的个体的数目称为**样本容量**,上述抽取的样本容量为 100.

　　【设计意图】　得出方案,并在此基础上引出相关概念.

　　问题 4　被调查的 100 名学生又该如何抽取呢?

　　师生活动:教师引导学生思考后得出:为了使样本尽可能具有代表性,应使学校中的每一个学生都有相等的机会被抽到. 如在全校学生的注册学号中,随意(通过抽签的方法)抽取 100 个学号,调查这些学号对应的学生. 但如果只选女生进行问卷调查,这种抽样就不合理,所以也要考虑男女生比例. 上面抽取样本的过程中,总体中的每一个个体都有相等的机会被抽到,像这样的抽样方法是一种简单随机抽样.

　　【设计意图】　通过问题 3 和问题 4 的思考,明确样本选取时的注意点,加深对抽样调查方式的理解.

问题5 对抽取的样本进行调查,收集数据后,接着要做什么?

师生活动:学生类比上节课的做法得到结论:用统计表整理数据,用条形图或扇形图描述数据.

追问:表12.1-4是抽取容量为100的样本得到的调查数据统计表,你能得到哪些信息?怎样直观地描述这些数据?

表 12.1-4　抽样调查 100 名学生最喜爱的课外活动情况统计

活动类型	划记	人数	百分比 /%
A.阅读	正正正正正一	26	26
B.下棋	正正丁	12	12
C.看电视	正正正正	20	20
D.运动	正正正正正正正	34	34
E.戏剧表演	正下	8	8
合计		100	100

从表中可以看出,样本中喜爱运动的学生最多,为34%.据此可以估计出,这个学校的学生中,喜爱运动的学生最多,约占34%.类似地,由上表可以估计这个学校喜爱其他课外活动的学生的百分比,如图12.1-5所示.

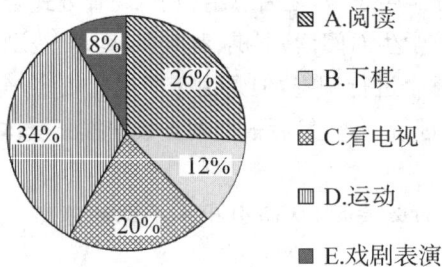

图 12.1-5

问题6 全面调查和抽样调查各有什么优缺点?

师生活动:教师引导学生总结,全面调查和抽样调查是收集数据的两种方式.全面调查收集到的数据全面、准确,但一般花费多、耗时长,而且某些调查不宜用全面调查.抽样调查具有花费少、省时省力的特点,但抽取的样本是否具有代表性,直接关系到对总体估计的准确程度.

【设计意图】 通过将全面调查与抽样调查进行对比,学生能够体会抽样调查存在的合理性,同时会结合具体的情境选择合适的抽样方法.

三、辨别应用,巩固新知

例 下面的调查采用什么样的调查方法比较合适?
(1)了解我市中学生的近视率;
(2)想知道一大锅汤的味道;
(3)某部队要考察一批炮弹的杀伤范围;
(4)了解某市空气质量情况.

【设计意图】 借助4个问题,让学生进一步理解抽样调查的必要性.

追问1:在上节课中,小强了解了自己班级同学最喜爱的球类运动项目,这个结果能推广到全校范围吗?如果要在全校范围内组织一场最受同学欢迎的球类比赛,他又该如何收集信息?

师生活动:一个班级的情况不能代表整个学校的情况,应在全校范围内抽取一部分学生进行调查,然后根据调查数据推断出整个学校学生对这六种球类运动的喜爱情况.

【设计意图】 再一次体会抽样调查的必要性,体会用样本估计总体的思想、随机思想等.

追问2:要在全校范围内抽取一部分学生调查他们对这六种球类的喜爱情况.如何用抽样调查的方法选取部分学生?说明理由.

师生活动:学生回答抽样的方法并说明理由.

【设计意图】 学生通过分析和讨论,感受选取样本时每一个个体要有相等的机会被抽到,进一步体会选取样本时要注意随机选取,以及选取方式与样本要有代表性.

追问3:在这个调查中,请你分别说出个体、总体、样本、样本容量.

师生活动:个别学生回答.

【设计意图】 再次巩固相关概念.

练习 1.抽查某校1月份5天的用电量,结果如下(单位:kW·h):120,160,150,140,150.根据以上数据估计该校1月份的用电总量为_____kW·h.

参考答案:由于1月份有31天,由5天的用电量计算出每天的平均用电量,再乘以31就可以估计出1月份的用电总量.则$(120+160+150+140+150)\div 5\times 31=4464$(kW·h).

2.要调查某校初三学生星期天的睡眠时间,选取的调查对象最合适的是(　　)

A.选取一个班级的学生　　　　　　　　B.选取50名男生

C.选取50名女生　　　　　　　　　　　D.随机选取50名初三学生

参考答案:D.

3.李大伯养了一群鸡,大约有300只,在鸡成熟时,李大伯随机抓了20只,称重如下表:

质量/kg	1.6	1.8	2.0	2.2	2.4	2.6
数量/只	2	4	6	4	3	1

(1)在这个问题中,总体、个体、样本、样本容量分别是什么?

(2)你能估计这批鸡中质量为1.6 kg的大约有多少只吗?

分析:正确理解总体、个体、样本、样本容量的概念是解答本题的关键.

学生分小组讨论交流并展示,教师评价.

参考答案:(1)总体是一群鸡的质量,个体是每只鸡的质量,样本是20只鸡的质量,样本容量是20.

(2)样本中质量为1.6 kg的鸡有2只,所以总体中质量为1.6 kg的鸡数约为$\dfrac{2}{20}\times 300=30$(只).

四、回顾小结,概括提升

师生共同回顾本节课的内容,并请学生回答下列问题:

1.通过本节课的学习,你对调查方式有什么新的认识?

2.如何正确选择调查方式?

3.抽取样本时应注意什么?

4.全面调查和抽样调查各有什么特点?

师生活动:学生回答问题,梳理本节课所学内容的同时,理解样本估计总体的思想,总结全面调查和抽样调查的特点.

【设计意图】 学生通过小结总结抽样调查的方法、两种调查方式的特点、样本估计总体的思想,发展模型观念.

目标检测

1. 下面的调查中,不适合抽样调查的是(   ).

A. 中央电视台《新闻联播》的收视率　　　　B. 全国人口普查

C. 一批炮弹的杀伤力　　　　　　　　　　　D. 一批灯泡的使用寿命

2. 在火车的站台上,有 200 袋黄豆将被装上火车,袋子的大小都一样,随机选取 10 袋的质量(单位:kg)分别为:98,100,99,100,99,99,98,98,100,99.估计这 200 袋黄豆的质量为_____.

3. 为了调查北京市初中生人数,某同学对自己所在的东城区人口和东城区初中生人数作了调查:东城区人口约 62.5 万,初中生人数约 16500 人.北京常住人口 1633 万人,为此他推断全市初中生人数为 43.1 万.但市教育局提供的全市初中生人数约 30.6 万,与估计数据有很大偏差.根据所学的统计知识,你觉得产生错误的原因是_____.

4. 请设计一个活动,经历抽样调查的全过程.

参考答案:1. B　2. 19800 kg　3. 样本不具有代表性　4. 略.

【设计意图】 第 1~3 题检测目标 1,第 4 题检测目标 2.

12.1.3　统计调查习题课

目标	1. 会进行适当的抽样,进一步体会抽样调查的必要性和合理性. 2. 能根据样本数据分布特征分析整体数据分布特征,体会样本估计总体的思想,发展数据观念和模型观念
重点	体会抽样调查的必要性,体会用样本估计总体的思想
难点	对样本合理性的理解

教学过程设计

一、情境引入,提出问题

> **问题 1**　前面两节课我们学习了哪两种收集数据的方式?它们各有什么特点?

师生活动:教师引导学生回顾:全面调查和抽样调查是收集数据的两种方式.全面调查收集到的数据全面、准确,但一般花费多、耗时长,而且某些调查不宜用全面调查.抽样调查具有花费少、省时省力的特点,但抽取的样本是否具有代表性,直接关系到对总体估计的准确程度.

追问:怎样进行抽样调查,才能保证样本具有代表性,使得对总体的估计更可靠?

【设计意图】 复习回顾之前所学的知识,提出本节课要研究的问题.

二、探究思考,形成方法

> **问题 2**　学校广播站新学期开始播音,为了了解同学们是否喜欢已播出的节目,站长对全校 1600 名同学进行了抽样调查.他采取的方法是利用上学和放学时间在校门口随机调查,下面是他两个时段的调查情况:
> ① 他连续一天在校门口随机对本校同学进行询问,共收集了 40 份样本.
> ② 他连续一周在校门口随机对本校同学进行询问,共收集了 300 份样本.

追问1: 以上是简单随机抽样吗?两个所得结果适用于全校同学吗?适用于全校师生吗?如果不适用,你有什么改进意见?

师生活动:这是简单随机抽样调查,所得结果适用于全体学生,但不适用于全体师生.由学生提出改进意见.

【设计意图】 考查学生对简单随机抽样的理解.

追问2: 样本容量的大小会影响调查结果吗?

追问3: 如果选取的样本不一样,那么结果会怎样?

师生活动:引导学生分析:样本容量大小会影响调查结果,选取的样本不同,结果可能会有差异,但只要有足够的数据就可能从中发现规律.

【设计意图】 进一步体会样本的代表性和随机性,反思实施抽样调查时需要注意的事项等.

> **问题3** 你能归纳出上述抽样调查解决问题的流程吗?

师生活动:师生共同归纳整理,如图 12.1-6:

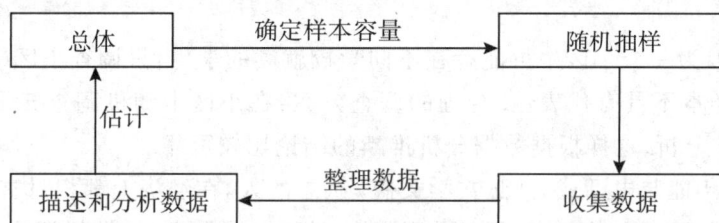

图 12.1-6

【设计意图】 通过回顾反思,归纳出利用抽样调查方法收集、整理、描述和分析数据,进而解决实际问题的流程,体会用样本估计总体的思想和随机思想,提高归纳能力.

三、辨别应用,合理抽样

> **例1** 电视台为了解节目的收视率,经常采用抽样调查.
>
> (1)四名同学对一家电视台某体育节目的收视率进行调查,他们采用的抽样方式及调查结果如下:
>
> 小红:我调查了全班 40 名同学,有 10 人收看了这个节目.
>
> 小亮:我在火车站调查了 50 人,只有 2 人收看了这个节目.
>
> 小强:我在爸爸工作的大学调查了 100 名大学生,其中有 40 人收看了这个节目.
>
> 小刚:我利用互联网调查,共有 200 人做了回答,其中有 30 人收看了这个节目.
>
> (2)电视台根据不同年龄、不同的文化背景,按一定的比例确定了 1000 人,就是否收看了该节目进行了电话访问,其中有 95 人收看了这个节目.

师生活动:将小红等人和电视台的调查结果以及估计的收视率进行整理,得到表 12.1-5:

表 12.1-5　收视率调查结果

调查者	小红	小亮	小强	小刚	电视台
调查的总人数	40	50	100	200	1000
收看节目的人数	10	2	40	30	95
估计的收视率/%	25	4	40	15	9.5

追问1: 比较他们所选取的样本,你认为谁的样本代表性较好?

追问2: 为什么用不同的样本得到的收视率差别很大?

追问 3：抽样调查应该注意什么？

追问 4：如果该市人口约有 600 万，试估计该市收看这个节目的约有多少人.

师生活动：学生讨论交流，评析不同的抽样调查方式的合理性.

【设计意图】 进一步体会抽样的合理性，学会合理抽样.

四、迁移应用，解决问题

例 2 （1）小明想了解光明小区的家庭教育费用支出情况，他调查了自己学校家住光明小区的 30 名同学的家庭，并把这 30 个家庭的教育费用的平均数作为光明小区家庭教育费用的平均数进行估计，你觉得合理吗？若不合理，请说明理由，并设计一个合理的抽样调查方案.

（2）容量大的样本一定能保证调查结论准确吗？

阅读材料：1936 年，美国《文学文摘》杂志根据从 1000 万户电话用户和该杂志订户所收回的意见，断言兰登将以 370∶161 的优势在总统选举中击败罗斯福.但结果是，罗斯福当选了，《文学文摘》大丢面子，原因何在呢？

解：（1）不合理，因为一个小区中可能有在不同学校就读的学生，只调查小区中在同一学校就读学生家庭的教育费用，样本不具有代表性.合理的调查方案：在小区中随机调查若干户家庭的教育费用支出数据，进行描述和分析，这样根据数据分析推断的结论比较可靠.

（2）原因是 1936 年能装电话或订阅《文学文摘》杂志的人，在经济上都相对富裕，而收入不太高的大多数选民选择了罗斯福.《文学文摘》预测失败的教训所带来的启示：抽样调查时，既要关注样本容量的大小，又要关注样本的代表性.

五、回顾小结，概括提升

1. 本节课学习了什么？

2. 对于调查方式，你有什么进一步的认识？

目标检测

1. 为了解全校同学的平均身高，小明调查了座位在自己旁边的 3 名同学，把他们身高的平均值作为全校同学平均身高的估计.

（1）小明的调查是抽样调查吗？

（2）这个调查结果能较好地反映总体的情况吗？如果不能，请说明理由.

2. 下列的调查方案，你觉得是否合理？说出理由.

对"您觉得该不该在公共场所禁烟"作民意调查，下面是 3 名同学设计的调查方案：

同学 A：我把要调查的问题放到访问量很大的网站上，这样大部分上网的人都可以看到调查的问题，并很快就可以反馈给我.

同学 B：我给我们小区的每一个住户发一份问卷，一两天也就可以得到结果了.

同学 C：我只要在班级上调查一下同学就可以了，马上就可以得到结果.

上面 3 名同学能获得比较准确的民意吗？为什么？

3. 某班要选 3 名同学代表本班参加班级间的交流活动.现在按下面的办法抽取：把全班同学的姓名分别写在没有明显差别的小纸片上，把纸片混放在一个盒子里，充分搅拌后，随意抽取 3 张，按照纸片上所写的名字选取 3 名同学.你觉得上面的抽取过程是简单随机抽样吗？为什么？

4. 设计并实施一个调查方案，了解你校七年级学生最喜欢的学科.

参考答案：**1.**（1）是抽样调查；（2）这个调查结果不能较好地反映总体的情况，因为样本不具有代表性.

2. 只有 B 同学能获得比较准确的民意,因为相比其他两位同学,小区里各个阶层的人比较全面,其他方式样本都不具有代表性.

3. 是,因为每个个体都有相同的机会被抽到.

4. 具体调查方案略.参考步骤:(1)确定调查目的;(2)分清总体、个体;(3)抽取样本(注意样本的代表性);(4)设计调查表收集数据;(5)由样本特征估计总体特征.

【设计意图】　第 1～3 题检测目标 1,第 4 题检测目标 2.

12.2　用统计图描述数据

12.2.1　扇形图、条形图和折线图(第 1 课时)

目标	1.经历用表格整理数据,并绘制扇形图的活动,能用统计图直观、有效地描述数据,发展几何直观. 2.能从统计图中获取数据的特征信息,分析数据并能作出合理的解释和推断,发展数据观念
重点	用扇形图描述与分析数据
难点	绘制扇形图

教学过程设计

一、复习回顾,提出问题

> **问题 1**　在前面的学习中我们经历了数据处理的哪些环节?

> **问题 2**　收集、整理数据后,接下来该研究什么?

师生活动:引导学生回答:我们已经经历了收集、整理数据的过程,接下来该研究如何去描述数据.

【设计意图】　复习回顾,引入新课.

二、探究思考,形成新知

在 12.1.2 节的问题 2 中,我们通过抽样调查获得了 100 名学生对五类课外活动的喜爱情况的数据.

> **问题 3**　除了通过列表对数据进行分类整理,统计出最喜爱各类课外活动的人数,你还有什么方法可以直观地表示这些结果?

追问:如果想更直观地看出各个部分喜欢的人数所占的百分比,可以用什么统计图描述?

师生活动:学生回答可以用条形图、扇形图来表示.想更直观地看出各个部分喜欢的人数所占总体的百分比用扇形图.教师引导学生回顾扇形图表达数据类别的方法:扇形图,又称扇形统计图,它是用整个圆表示总数,用圆内各个扇形的大小表示各部分数量占总体的百分比.通过扇形图可以很清楚地表示出各部分数量与总数之间的关系.

【设计意图】回顾已有知识,引出新问题——怎样用扇形图描述数据的类别特征.

问题 4　根据已有的数据,如何画扇形图呢?

追问 1:要制作一个扇形统计图,需要哪些数据?

追问 2:各个部分的百分比大小在图中以什么形式直观呈现?

师生活动:学生思考后得出需要各个部分所占总体的百分比,百分比的大小在图中应体现为扇形面积与圆面积的比,进而体现为各扇形圆心角与 360° 的比,所以要按照各类别数据占总体的百分比计算各个扇形圆心角的度数.学生利用计算器计算,结果填在表 12.2-1 中.

表 12.2-1　抽样调查 100 名学生最喜爱的课外活动情况统计

活动类型	划记	人数	百分比/%	圆心角度数
A.阅读	正正正正正一	26	26	
B.下棋	正正丁	12	12	
C.看电视	正正正正	20	20	
D.运动	正正正正正正正	34	34	
E.戏剧表演	正下	8	8	
合计		100	100	

师生共同绘制扇形图,在圆中画出各个扇形,并标上百分比,如图 12.2-1.(强调画图的注意点,各部分名称和百分比要标上去)

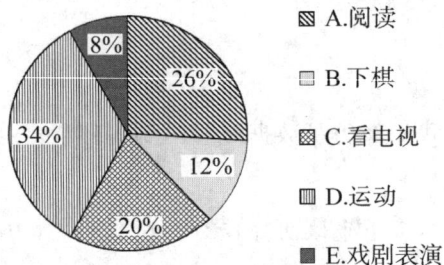

图 12.2-1

追问 3:扇形图是用什么表示各组数据占总体的百分比的?能总结画扇形图描述数据类别、比例的步骤和方法吗?

师生活动:教师引导学生总结,扇形图用各扇形面积占圆的面积的比来表达各组数据占数据总体的比,画扇形图的步骤是:数据分组—计算各组数据占数据总体的百分比—求圆心角的度数—画扇形图.

【设计意图】通过实例,探索画扇形图描述数据类别、比例的步骤和方法.

三、迁移应用,巩固新知

例 表12.2-2列出了2021年7月1日我国31个城市的空气质量指数(AQI)(数据来源:生态环境部数据中心),表12.2-3为空气质量指数类别.

表 12.2-2 2021 年 7 月 1 日我国 31 个城市空气质量指数(AQI)

城市	AQI	城市	AQI	城市	AQI
北京	34	合肥	97	成都	59
天津	46	福州	35	贵阳	45
石家庄	47	南昌	27	昆明	25
太原	97	济南	103	拉萨	56
呼和浩特	68	郑州	90	西安	75
沈阳	78	武汉	34	兰州	90
长春	75	长沙	29	西宁	75
哈尔滨	36	广州	46	银川	81
上海	27	南宁	29	乌鲁木齐	64
南京	109	海口	30		
杭州	46	重庆	33		

表 12.2-3 空气质量指数类别

AQI	类别
$0 < m \leqslant 50$	优
$50 < m \leqslant 100$	良
$100 < m \leqslant 150$	轻度污染
$150 < m \leqslant 200$	中度污染
$200 < m \leqslant 300$	重度污染
$m > 300$	严重污染

请选择合适的统计图直观地表示上述信息,并根据统计图进行分析.

师生活动:先进行数据分组,再用条形图或扇形图直观描述数据,在此基础上初步分析数据.

解:先依据空气质量指数类别,列表统计出各类别环境空气质量的城市个数,并分别计算出它们所占的百分比,如表12.2-4.

表 12.2-4 我国 31 个城市空气质量指数(AQI)统计

类别	划记	频数(城市个数)	频率 $\left(\dfrac{频数}{31}\right)$	百分比/%
优	正正正一	16	0.516	51.6
良	正正下	13	0.419	41.9
轻度污染	丁	2	0.065	6.5
中度污染		0	0	0
重度污染		0	0	0
严重污染		0	0	0
合计		31	1	100

一般地，我们称落在每个类别中的数据个数为该类别的**频数**，频数与数据总个数的比值为**频率**．频率反映了各类别的频数在总数中所占的份量．其中，频率×100％就是百分比．

根据表中的统计信息，可以用条形图描述各类别空气质量的城市个数（频数），如图 12.2-2．用扇形图描述各类别空气质量的城市个数占城市总数的百分比，如图 12.2-3．

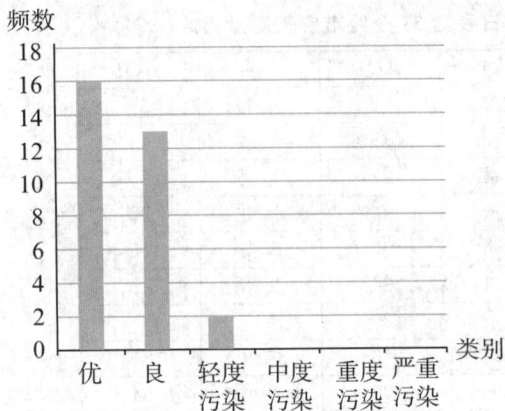

图 12.2-2

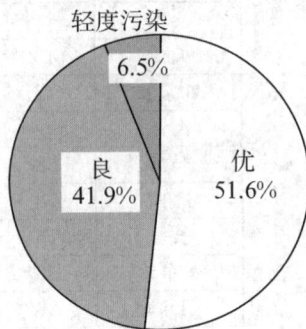

图 12.2-3

从图 12.2-2 和图 12.2-3 可以看出，条形最长的是"优"，对应的频数为 16，它占城市总数的 51.6％；其次是"良"，对应的频数为 13，它占城市总数的 41.9％；再次是"轻度污染"，对应的频数为 2，它占城市总数的 6.5％．空气质量为"中度污染""重度污染"和"严重污染"的城市的个数（频数）为 0，相应的条形以及扇形均不存在．数据表明，有 93％ 以上的城市空气质量在"良"以上，说明这一天我国主要城市的空气质量良好．

信息技术应用：教师介绍用信息技术绘制统计图的方法．在计算机上画统计图不但方便快捷，而且画出的统计图标准、美观．我们可以用电子表格画统计图．下面以画扇形图为例，简单介绍操作过程．

（1）打开电子表格（如 Excel）软件，按列（或行）输入数据并选中它们，如图 12.2-4(1)．

（2）利用软件图表功能，打开"图表向导"窗口，如图 12.2-4(2)．

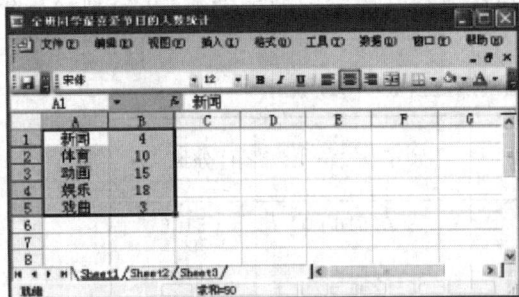

图 12.2-4(1)

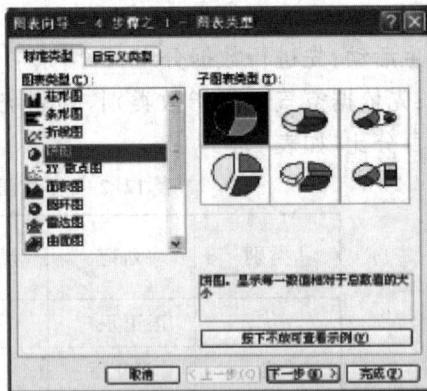

图 12.2-4(2)

（3）在"标准类型"的"图表类型"中选择"饼图"（扇形图），点击"下一步"，出现窗口，如图 12.2-4(3)．

图 12.2-4(3)

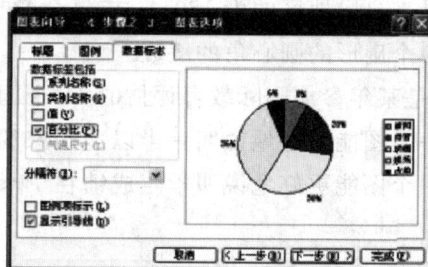

图 12.2-4(4)

(4) 选择"列",点击"下一步",出现窗口,如图 12.2-4(4).

(5) 在"数据标志"的"数据标签包括"中选择"百分比(P)",并点击完成,就可以作出扇形图.

利用电子表格不仅能够画扇形图,还可以画出其他类型的统计图.

【设计意图】 教师用现代信息技术画出扇形图,让学生体会信息技术给我们带来的便捷.

四、回顾小结,概括提升

1. 目前为止,学习了哪些统计图?各种统计图有何特点?

2. 如何绘制扇形图?

目标检测

1. 某社区针对 5 月 30 日前该社区居民接种某种疫苗的情况开展了问卷调查,共收回 6000 份有效问卷.经统计,制成如下数据表格:

接种疫苗针数	0	1	2	3
人数	2100	2280	1320	300

小杰同学选择扇形图分析接种不同针数的居民人数占总人数的百分比.下面是制作扇形图的步骤(顺序打乱):

① 计算各部分扇形的圆心角度数分别为 126°,136.8°,79.2°,18°.

② 计算出接种不同针数的居民人数占总人数的百分比分别为 35%,38%,22%,5%.

③ 在同一个圆中,根据所得的圆心角度数画出各个扇形,并注明各部分的名称及相应的百分比.

下列关于制作扇形图的步骤排序,正确的是( ).

A. ②①③　　　　B. ①③②　　　　C. ①②③　　　　D. ③①②

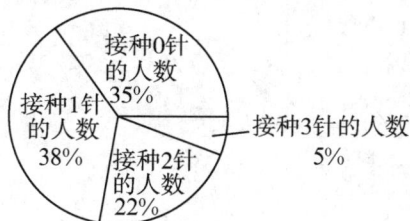

(第1题)

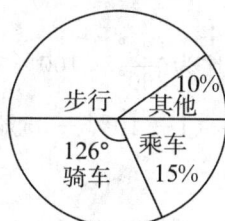

(第2题)

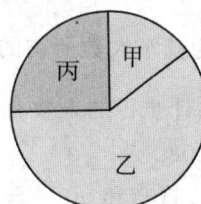

(第3题)

2. 如图是某校根据学生上学方式的一次抽样调查结果绘制的一个未完成的扇形统计图,若该校共有学生 700 人,则据此估计步行的有几人?

3. 某校学生来自甲、乙、丙三个地区,其人数比为 2∶7∶3,用如图所示的扇形图表示上述分布情况.

(1) 如果来自甲地区的为 180 人,求这个学校学生的总数;

(2) 求各个扇形的圆心角的度数.

4. 下面是某年参加国际教育评估的 15 个国家学生的数学平均成绩(x)的统计图.

(1) 哪一个图能更好地说明一半以上国家的学生成绩在 $60 \leqslant x < 70$ 之间?

(2) 哪一个图能更好地说明学生成绩在 $70 \leqslant x < 80$ 的国家多于在 $50 \leqslant x < 60$ 的国家?

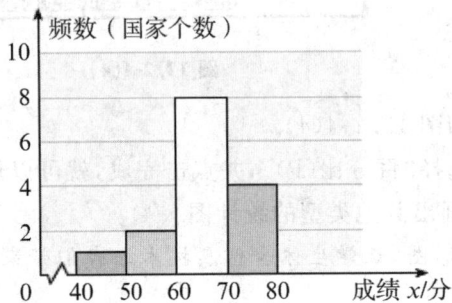

(1)

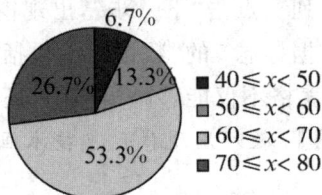

(2)

(第 4 题)

5. 某校学生会就同学们对我国改革开放 40 多年来所取得的辉煌成就的了解程度进行了随机抽样调查,图(1)、图(2)是根据调查结果绘制成的统计图的一部分.

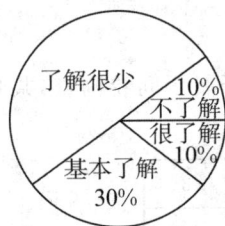

(1)

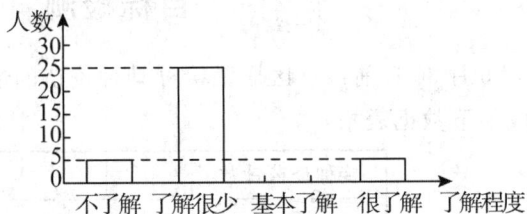

(2)

(第 5 题)

根据统计图中的信息,解答下列问题:

(1) 本次抽样调查的样本容量是 _____,调查中"了解很少"的学生占 _____;

(2) 补全条形图;

(3) 若全校共有学生 1300 人,那么该校约有多少名学生"很了解"我国改革开放 40 多年来取得的辉煌成就?

(4) 通过以上数据分析,请你从爱国主义教育的角度提出自己的观点和建议.

参考答案:1. A

2. 因为骑车人数所占的百分比为 $\dfrac{126°}{360°} \times 100\% = 35\%$,

所以估计步行的人数有 $700 \times (1 - 10\% - 35\% - 15\%) = 280$(人).

3. (1)1080 人;

(2)60°,210° 和 90°.

4. (1) 扇形图;(2) 条形图.

5. (1)50,50%;

(2)补全条形图如右图所示;

(3)1300×10% = 130(人).

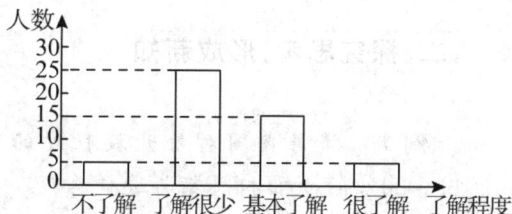

（第5题）

答:该校约有130名学生"很了解"我国改革开放40多年来所取得的辉煌成就.

（4）由统计图可知,"不了解"和"了解很少"的学生共占60%,由此可以看出同学们对国情的关注不够.建议加强国情教育、爱国主义教育等.(本题答案不唯一,只要观点正确,建议合理即可)

【设计意图】 第1题检测目标1,第2～4题检测目标2,第5题检测目标1和目标2.

12.2.2 扇形图、条形图和折线图(第2课时)

目标	1.经历归纳扇形图、条形图、折线图的特点的活动,会从统计图中读取数据的信息,发展抽象能力. 2.能根据不同的问题选择适当的统计图描述数据,会简单分析数据,并作出合理的推断和猜想,建立几何直观,发展数据观念
重点	根据不同的问题选择适当的统计图描述数据
难点	分析复式折线统计图

教学过程设计

一、情境引入,提出问题

前面,我们学习了全面调查、抽样调查等收集数据的方法,并学习了通过列表整理数据.上节课我们又进一步认识了扇形图,这节课我们将在此基础上,进一步学习用条形图、折线图描述数据的方法.

在上节课中,我们通过抽样调查获得了100名学生对五类课外活动的喜爱情况的数据.

问题 1 除了用扇形图来描述结果,你还有什么方法可以直观地表示上述结果?

追问: 折线图可以吗?

问题 2 统计图的作用是什么?如何选择适当的统计图?

师生活动: 还可以用条形图来统计,但不能用折线图.引导学生归纳出各个统计图的特征:条形图可以清楚地表示数量的多少;折线图易于显示数据的变化趋势;扇形图可以表示各部分占总体的百分比.

【设计意图】 在前一节课内容的基础上导入,体现教学内容的连贯性,让学生思考可以用哪些统计图描述本题信息,让学生面对同样的数据采取不同的方法进行描述,既唤醒学生的知识储备,又顺利地导入了新课.

二、探究思考，形成新知

例1 随着我国对外开放程度的不断扩大，我国对外贸易迅速发展．表 12.2-5 是我国 2011—2019 年的出口总额与进口总额．

表 12.2-5　我国 2011—2019 年出口总额与进口总额

年份	2011	2012	2013	2014	2015	2016	2017	2018	2019
出口总额／亿元	123241	129359	137131	143884	141167	138419	153309	164128	172374
进口总额／亿元	113161	114801	121038	120358	104336	104967	124790	140880	143254

问题3　如果要描述进口总额、出口总额的变化情况，可以选择什么统计图？请画图表示并对它们进行比较．

师生活动：折线图用折线的上升或下降表示统计数据的增减变化，可以用来描述某个量随时间、年龄等的变化而呈现出的变化趋势．

解：可以画一个折线图来描述进口总额、出口总额的发展趋势，如图 12.2-5.

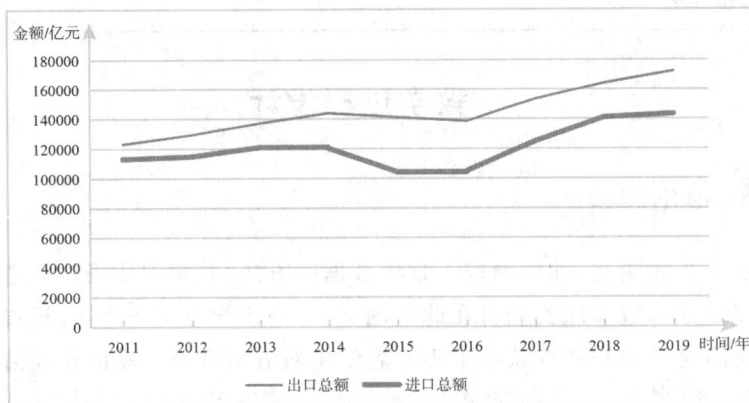

图 12.2-5

也可以画条形图来比较这两组数据，如图 12.2-6.

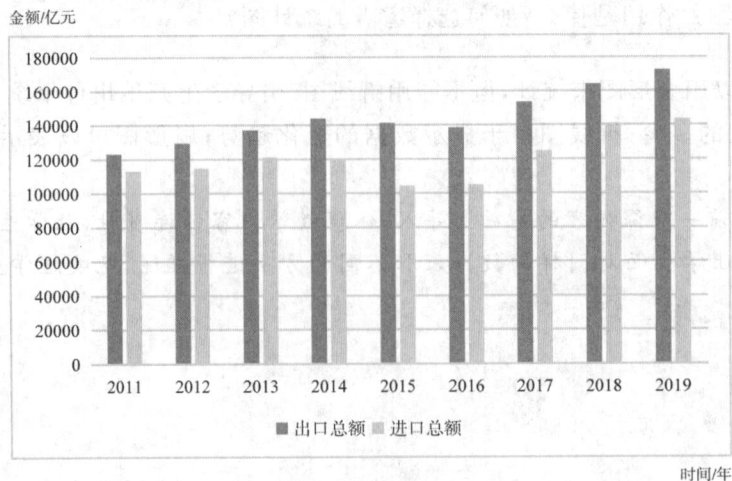

图 12.2-6

从图 12.2-5 或图 12.2-6 可以看出,2011—2019 年的出口总额与进口总额整体呈上升趋势,而且每年的出口总额都大于进口总额,但在 2015 年出口总额与进口总额都有不同程度的回落,与 2015 年相比,2016 年的出口总额有小幅回落,进口总额小幅上升.

【设计意图】 根据不同的目的选择适当的统计图描述数据,根据统计图分析数据,发展数据观念.

问题 4 比较条形图、扇形图和折线图,看看它们在描述数据方面各有什么特点?

师生活动: 教师引导学生分析三类统计图的特点:条形图能够直观地显示每个类别的数据,且易于比较各类别数据之间的差距;扇形图能够显示每个类别数据占总数的百分比,且易于显示各类别数据相对总数的大小,以及各类别数据之间的相对大小;折线图能够显示不同时间的数据,且易于显示数据的变化趋势.

三、迁移应用,巩固新知

例 2 某学校对二年级至九年级的学生做了关于视觉记忆和听觉记忆再现率的调查,结果如表 12.2-6 所示.

表 12.2-6　某校二至九年级学生视觉记忆和听觉记忆再现率

年级	二	三	四	五	六	七	八	九
听觉记忆再现率/%	5	12	16	20	25	20	15	20
视觉记忆再现率/%	22	40	45	60	75	50	35	45

问题 5 能否用扇形图表示所收集的数据?为什么?

追问: 能否用折线图表示所收集的数据?

师生活动: 教师引导分析:能否用扇形图表示,关键是看各部分数量是否是总体的一部分,若是,就可以用;若不是,就不可以用. 呈现解题过程如下:

解: 不能用扇形图表示. 因为收集的不是各年级占全校的百分率,是各年级本身两种记忆再现的百分比. 可以用折线图表示,如图 12.2-7 所示.

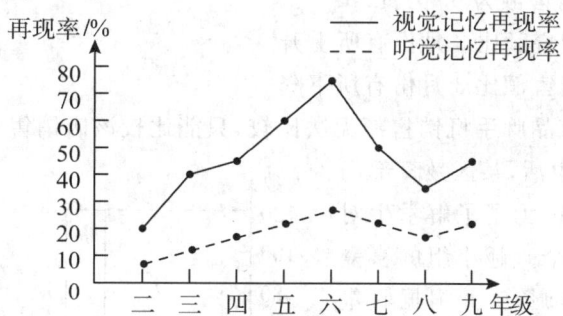

图 12.2-7

注意: 若对扇形图的概念理解不深,认为有百分数就可以利用扇形图来描述数据,本题就会草率地画出视觉记忆和听觉记忆再现率扇形图来.

练习 2013—2019 年我国城镇和农村居民人均可支配收入情况如表 12.2-7 所示.

表 12.2-7　2013—2019 年我国城镇和农村居民人均可支配收入情况

年份	2013	2014	2015	2016	2017	2018	2019
城镇收入／元	26467	28844	31195	33616	36396	39251	42359
农村收入／元	9430	10489	11422	12363	13432	14617	16021

（1）请你选择合适的统计图描述这两组数据；

（2）用自己的语言描述从统计图中读到的信息.

四、回顾小结，概括提升

1. 说说条形图、折线图和扇形图在描述数据时各有什么特点？

2. 怎样根据数据的背景和统计的目的选择适当的统计图描述数据？

3. 绘制统计图描述数据的步骤有哪些？

目标检测

1. 能够直观、形象地显示各个量在总量中所占份额的是（　　）.

A. 扇形图　　　　　　　　　　　　B. 条形图

C. 折线图　　　　　　　　　　　　D. 以上三种统计图都可以

2. 以下是某手机店 2023 年 1～4 月份的销售数据统计图，分析统计图，对 3 月份、4 月份某品牌手机的销售情况，四个同学得出以下四个结论. 其中正确的为（　　）.

（1）2023年1~4月手机销售总额统计

（2）该品牌手机销售额占该手机店当月手机销售总额的百分比统计

（第 2 题）

A. 4 月份该品牌手机销售额为 65 万元

B. 4 月份该品牌手机销售额比 3 月份有所上升

C. 4 月份该品牌手机销售额比 3 月份有所下降

D. 3 月份与 4 月份的该品牌手机销售额无法比较，只能比较该店销售总额

3. 为了丰富学生课余生活，某区教育部门准备在七年级开设兴趣课堂. 为了了解学生对音乐、书法、球类、绘画这四个兴趣小组的喜爱情况，在全区进行随机抽样调查，并根据收集的数据绘制了两幅统计图（信息不完整），请根据图中提供的信息，解答下面的问题：

（1）此次共调查了多少名同学？

（2）将条形图补充完整，并计算扇形统计图中音乐部分的圆心角的度数；

（3）如果该区七年级共有 2000 名学生参

（第 3 题）

加这 4 个课外兴趣小组,而每名教师最多只能辅导本组的 20 名学生,则绘画兴趣小组至少需要准备多少名教师?

4. 两支篮球队进行 4 场对抗赛的得分情况如下(单位:分):

球队	第一场	第二场	第三场	第四场
1	66	72	88	90
2	95	90	89	80

(1) 你认为用哪种统计图反映这两支篮球队 4 场对抗赛的比赛结果比较合适?画出你选用的统计图;

(2) 你怎样评价这两支球队?如果再进行一场比赛,你预测结果会如何?

5. 课题小组从某市 20000 名九年级男生中,随机抽取了 1000 名进行 50 米跑测试,并根据测试结果制成了如下的统计表.

等级	人数	百分比/%
优秀	200	20
良好	600	60
及格	150	15
不及格	50	a

(1) a 的值为 _____;

(2) 请你从表格中任意选取一列数据,绘制合理的统计图来表示(绘制一种即可);

(3) 说一说你选择此统计图的理由.

参考答案:1. A　**2.** B

3. 解:(1) 此次调查的学生总人数为 $120 \div 40\% = 300$;(2) 喜爱音乐的人数为 $300 - (60 + 120 + 40) = 80$,补全条形图如下图:

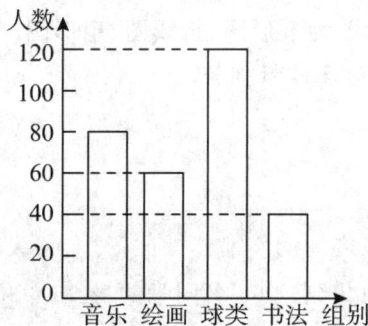

(第 3 题)

扇形图中音乐部分的圆心角的度数为 $360° \times \dfrac{80}{300} = 96°$;

(3) $60 \div 300 \times 2000 \div 20 = 20$.所以绘画兴趣小组至少需准备 20 名教师辅导.

4. (1) 折线图比较合适,统计图如右图所示;

(2) 球队 1 虽然开始成绩不佳,但是渐入佳境,得分稳步提升;球队 2 虽然开始成绩不错,但是有逐步下降的趋势.预计下场比赛球队 1 会明显优于球队 2.

5. (1) 5;

(2) 可以绘制扇形图、条形图,如下图所示;

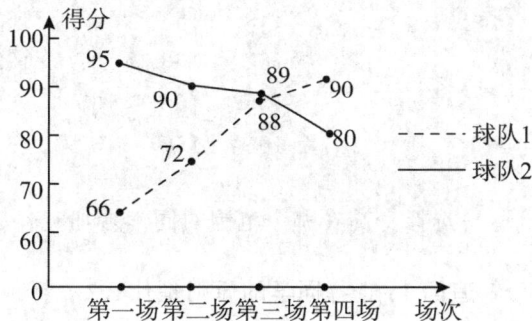

(第 4 题)

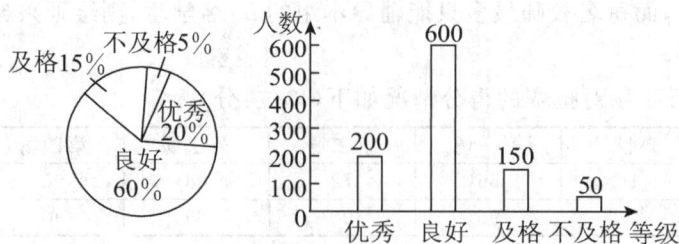

（第 5 题）

（3）理由不唯一，参考如下：因为优秀、良好、及格、不及格的人数已知，所以可绘制条形图. 因为已知百分比，所以可以绘制扇形图.

【设计意图】 第 1～3 题检测目标 1，第 4～5 题检测目标 2.

12.2.3　直方图（第 1 课时）

目标	1.通过实例了解频数、频数分布的意义，学会制作频数分布表，会画频数分布直方图，建立几何直观. 2.能利用频数分布直方图解释数据中蕴含的信息，体会直方图在描述数据方面的意义，发展数据观念
重点	绘制频数分布直方图
难点	组距和组数的确定

教学过程设计

一、复习引入，提出问题

问题 1　我们已经学习了用哪些方法来描述数据？统计图还有其他不同的形式吗？

师生活动：学生回顾已学的统计图为条形图、折线图、扇形图.

【设计意图】 引发思考，为引出新课做好铺垫.

二、探究思考，形成新知

问题 2　为了参加全校各年级之间的广播体操比赛，七年级准备从 63 名同学中挑出身高相差不多的 40 名同学参加比赛. 为此收集到这 63 名同学的身高（单位：cm）如下：

158	158	160	168	159	159	151	158	159
168	158	154	158	154	169	158	158	158
159	167	170	153	160	160	159	159	160
149	163	163	162	172	161	153	156	162
162	163	157	162	162	161	157	157	164
155	156	165	166	156	154	166	164	165
156	157	153	165	159	157	155	164	156

选择身高在哪个范围的同学参加呢？

追问 1：选择同学的原则是什么？

师生活动：交流后发现应选择身高相近的同学，比较整齐.

追问 2：怎样找到身高相近的 40 名同学？

师生活动:学生回答:把身高数据进行分组.

追问3:如何分组?分组要考虑哪些要素?

师生活动:教师引导学生思考,得出既能分出身高不同的组又能使一些组的人数的和在40人以上.要使选取的参赛选手身高比较整齐,需要知道数据的分布情况,所以要适当分组.本问题中,从一组内允许的身高差异入手(比如身高允许差异3 cm).讨论取定数据分组整理的步骤:

① 计算最大值与最小值的差.

最大值－最小值＝$172-149=23$(cm),这说明身高差的范围是23 cm.

② 决定组距和组数.

如果取组距为3,因为$\dfrac{最大值－最小值}{组距}=\dfrac{23}{3}=7\dfrac{2}{3}$,所以可将这些数据分为8组.

③ 列频数分布表.

对落在各个小组内的数据进行统计,整理得表12.2-8.

表 12.2-8　63名同学身高分布情况统计

身高分组	划记	频数
$149\leqslant x<152$	丁	2
$152\leqslant x<155$	正一	6
$155\leqslant x<158$	正正丁	12
$158\leqslant x<161$	正正正正	19
$161\leqslant x<164$	正正	10
$164\leqslant x<167$	正下	8
$167\leqslant x<170$	正	4
$170\leqslant x<173$	丁	2
合计		63

追问4:从表格中你能看出应从哪个身高范围内选队员吗?

师生活动:由表格可以看出,身高在$155\leqslant x<158,158\leqslant x<161,161\leqslant x<164$三个组的人数最多,一共有$12+19+10=41$(人),因此,可以从身高在$155\sim164$ cm(不含164 cm)的学生中选队员.

【设计意图】　通过讨论,合理进行数据的分组整理,进而解决问题.当然,不同的分组方法,最后得到的结果可能不同.

问题3　为了更直观地表示问题2中各频数的分布情况,如何用统计图表示呢?

师生活动:教师引导,师生共同交流给出画频数分布直方图的步骤,参考过程如下:

(1)用横轴表示身高,纵轴表示频数与组数的比值;

(2)画频数分布直方图(如图12.2-8).

进一步,教师给出频数分布直方图的概念.

教师引导学生解释频数分布直方图的数据意义:在图12.2-8中,横轴表示身高,纵轴表示频数与组距的比值.容易看出:

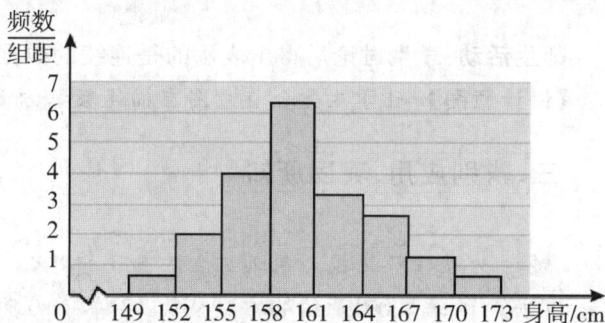

图 12.2-8

$$小长方形面积 = 组距\times\dfrac{频数}{组距}=频数.$$

可见,频数分布直方图是以小长方形的面积来反映数据落在各个小组内的频数的大小的,小长方形的高是频数与组距的比值.

等距分组时,各小长方形的面积(频数)与高的比是常数(组距).因此,画等距分组的频数分布直方图时,为画图与看图方便,通常直接用小长方形的高表示频数.例如,图12.2-8表示的等距分组问题通常用图12.2-9的形式表示.

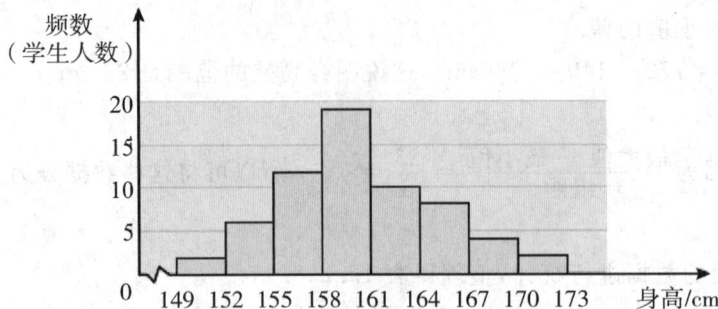

图 12.2-9

【设计意图】 探索绘制直方图描述数据的方法,理解直方图描述数据的特点,理解等距分组条件下简易直方图的画法以及其与标准频数分布直方图的关系.

问题4 观察频数分布直方图,你能得出数据分布有什么规律吗?

师生活动:引导学生分析直方图中的数据特征和意义,发现:学生身高大部分在 155～167 cm 范围内,超过167 cm 或低于155 cm 的学生比较少;身高在158～161 cm 范围的学生最多,超过这个范围的和低于这个范围的学生数差不多成对称分布.

【设计意图】 通过频数分布直方图更直观地描述数据的分布情况,体会统计图的作用.

问题5 绘制频数分布直方图的步骤有哪些?

师生活动:学生在教师引导下总结出下面的步骤:(1)计算最大值与最小值的差;(2)决定组距和组数;(3)列频数分布表;(4)以横轴表示数据,纵轴表示频数,画频数分布直方图.

【设计意图】 让学生通过总结过程,归纳出绘制频数分布直方图的一般步骤.

问题6 这个问题中用直方图描述的数据有什么特点?

师生活动:学生讨论后得出表示的是连续的数据,用小长方形的高表示数据的频数(个数).

【设计意图】 让学生体会直方图在描述数据方面的意义.

三、辨别应用,巩固新知

例 为了了解某校九年级男生的身高情况,该校从九年级随机选出 50 名男生进行了身高测量,根据测量结果(测量结果均为整数,单位:cm)列出表 12.2-9.

表 12.2-9　50 名男生身高分布情况统计

身高分组	频数
156.5～160.5	3
160.5～164.5	4

续表

分组	频数
164.5 ～ 168.5	12
168.5 ～ 172.5	13
172.5 ～ 176.5	
176.5 ～ 180.5	4
180.5 ～ 184.5	2
合计	50

(1) 填写频数分布表中未完成的部分;

(2) 组距是多少?组数是多少?

(3) 估计该校九年级男生身高在 172 cm 以上(不包含 172 cm)的学生约占总数的百分之几?

(4) 画出频数分布直方图.

师生活动: 教师引导分析:画频数分布直方图时,组距、频数的单位长度要适中,每两个小长方形之间不留空隙.呈现结果如下.

参考答案: (1)$50 - 3 - 4 - 12 - 13 - 4 - 2 = 12$."频数"一栏未完成的部分应填 12.

(2)$160.5 - 156.5 = 4$.组距为 4,组数为 7.

(3) 该校九年级男生身高在 172 cm 以上的约占 $\dfrac{12 + 4 + 2}{50} \times 100\% = 36\%$.

(4) 频数分布直方图略.

【设计意图】 巩固频数分布表和频数分布直方图的相关知识.

追问: 这个问题中用直方图描述的数据又有什么特点?

师生活动: 学生讨论后得出表示的也是连续的数据.

【设计意图】 再次体会直方图在描述数据方面的意义.

四、回顾小结,概括提升

1. 你能说出绘制直方图的步骤吗?

2. 直方图能描述什么样的数据?

3. 我们都学习了哪些统计图?它们各有什么特点?

目标检测

1. 已知在一个样本中,50 个数据分别落在五个组内,第一、二、三、四、五组数据个数分别是 2,8,12,x,5,则 $x =$ _____ .

2. 一个容量为 80 的样本最大值是 141,最小值是 50,取组距为 10,则可分成(　　).

A.10 组　　　　　　　B.9 组　　　　　　　C.8 组　　　　　　　D.7 组

3. 某次考试中,某班级的数学成绩统计图如图所示,下列说法中,错误的是(　　).

A. 得分在 70 ～ 80 分之间的人数最多

B. 该班的总人数为 40

C. 得分在 90 ～ 100 分之间的人数最少

D. 及格($\geqslant 60$ 分)的人数是 26

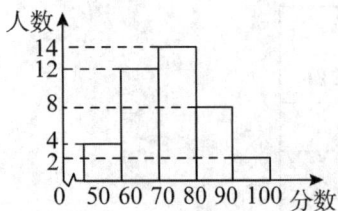

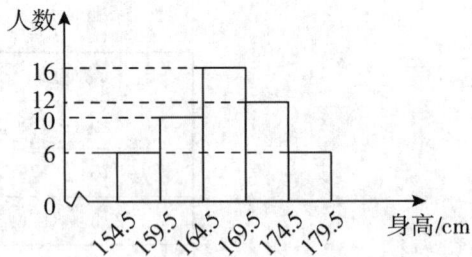

（第 3 题）　　　　　　　　　　　（第 4 题）

4. 如图,为了了解某中学 300 名男生的身高情况,随机抽取若干名男生进行身高测量,将所得数据整理后画出频数分布直方图.估计该校男生的身高在 169.5～174.5 cm 之间的人数为 _____.

5. 为了进一步了解八年级学生的身体素质情况,体育老师对八年级(1)班 50 位学生进行一分钟跳绳次数测试,以测试数据为样本,绘制出部分频数分布表和部分频数分布直方图如下所示:

组别	次数 x	频数（人数）
第 1 组	$80 \leqslant x < 100$	6
第 2 组	$100 \leqslant x < 120$	8
第 3 组	$120 \leqslant x < 140$	a
第 4 组	$140 \leqslant x < 160$	18
第 5 组	$160 \leqslant x < 180$	6

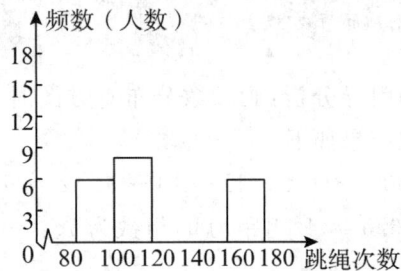

（第 5 题）

请结合图表完成下列问题:
(1) $a =$ _____;
(2) 请把频数分布直方图补充完整;
(3) 若八年级学生一分钟跳绳次数(x)达标要求是:$x < 120$ 为不合格;$120 \leqslant x < 140$ 为合格;$140 \leqslant x < 160$ 为良;$x \geqslant 160$ 为优.若该年级共有 400 名学生,请根据以上信息,估算该年级跳绳达到优的人数,并给学校或八年级同学提一条合理化建议.

参考答案:1. 23　2. A　3. D　4. 72

5. (1) 由题意,得 $a = 50 - 6 - 8 - 18 - 6 = 12$,故答案填 12;

(2) 补充完整的图形如下:

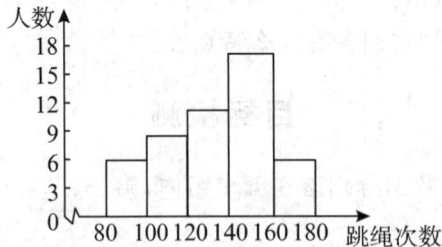

(3) 由题意,得 $6 \div 50 \times 400 = 48$.故由样本估计总体得该年级跳绳达到优的人数约为 48.建议:加强锻炼,增强体质.(答案不唯一,合情合理即可)

【设计意图】 第 1～4 题检测目标 1,第 5 题检测目标 2.

12.2.4　直方图(第 2 课时)

目标	1.巩固频数分布直方图的画法. 2.会根据问题需要选择合适的统计图描述数据,进一步体会统计图表在描述数据中的作用. 3.会用频数分布直方图分析样本信息,体会样本估计总体的思想
重点	解释数据中蕴含的信息,体会用样本估计总体的思想
难点	体会数据分析观念

教学过程设计

一、复习引入,提出问题

问题 1　上节课我们学习了什么内容?

追问:画频数分布直方图有哪些步骤?

师生活动:归纳步骤:①计算最大值与最小值的差;②决定组距和组数;③列频数分布表;④以横轴表示数据,纵轴表示频数,画频数分布直方图.

当数据在 100 个以内时,按照数据的多少,常分成 5 ~ 12 组,一般数据越多分的组数也越多.

二、独立思考,绘制直方图描述数据

问题 2　为了考察某种大麦穗长的分布情况,在一块试验田里抽取了 100 根麦穗,量得它们的长度如下所示(单位:cm):

6.5	6.4	6.7	5.8	5.9	5.9	5.2	4.0	5.4	4.6
5.8	5.5	6.0	6.5	5.1	6.5	5.3	5.9	5.5	5.8
6.2	5.4	5.0	5.0	6.8	6.0	5.0	5.7	6.0	5.5
6.8	6.0	6.3	5.5	5.0	6.3	5.2	6.0	7.0	6.4
6.4	5.8	5.9	5.7	6.8	6.6	6.0	6.4	5.7	7.4
6.0	5.4	6.5	6.0	6.8	5.8	6.3	6.0	6.3	5.6
5.3	6.4	5.7	6.7	6.2	5.6	6.0	6.7	6.7	6.0
5.5	6.2	6.1	5.3	6.2	6.8	6.6	4.7	5.7	5.7
5.8	5.3	7.0	6.0	6.0	5.9	5.4	6.0	5.2	6.0
6.3	5.7	6.8	6.1	4.5	5.6	6.3	6.0	5.8	6.3

列出样本的频数分布表,画出频数分布直方图,并估计该试验田麦穗生长的情况.

师生活动:教师引导学生分析,呈现结果如下:

解:(1)计算最大值与最小值的差.

最大值与最小值的差:$7.4 - 4.0 = 3.4$(cm).

(2)决定组距和组数.

取组距 0.3 cm,那么 $\dfrac{3.4}{0.3} = 11\dfrac{1}{3}$,可分成 12 组,组数合适.

(3)列频数分布表 12.2-10.

表 12.2-10

分　　组	划　　记	频　数
$4.0 \leqslant x < 4.3$	一	1
$4.3 \leqslant x < 4.6$	一	1
$4.6 \leqslant x < 4.9$	丅	2
$4.9 \leqslant x < 5.2$	正	5
$5.2 \leqslant x < 5.5$	正正一	11
$5.5 \leqslant x < 5.8$	正正正	15
$5.8 \leqslant x < 6.1$	正正正正丅	28
$6.1 \leqslant x < 6.4$	正正丅	13
$6.4 \leqslant x < 6.7$	正正一	11
$6.7 \leqslant x < 7.0$	正正	10
$7.0 \leqslant x < 7.3$	丅	2
$7.3 \leqslant x < 7.6$	一	1
合　　计		100

（4）画频数分布直方图（如图 12.2-10）.

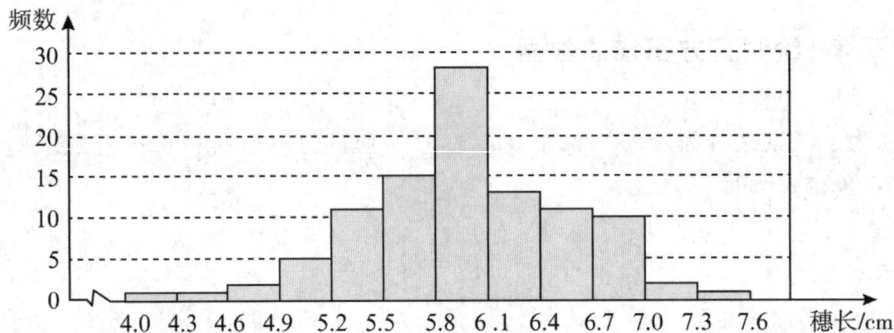

图 12.2-10

三、观察分析,解释数据意义

问题 3　仔细观察上面的表格和统计图,这组数据的分布有怎样的规律?

师生活动:教师引导学生观察得出:麦穗长度大部分落在 $5.2 \sim 7.0$ cm 之间,其他区域较少.长度在 $5.8 \leqslant x < 6.1$ 范围内的麦穗根数最多,有 28 根;长度在 $4.0 \leqslant x < 4.3, 4.3 \leqslant x < 4.6, 4.6 \leqslant x < 4.9, 7.0 \leqslant x < 7.3, 7.3 \leqslant x < 7.6$ 范围内的麦穗根数很少,总共只有 7 根.根据样本估计总体的思想,可以推断该试验田麦穗长度大部分落在 $5.2 \sim 7.0$ cm 之间.

【设计意图】　在用直方图描述数据的基础上,分析数据的特征,用样本估计总体的思想作出合理推断,发展数据观念.

四、反思总结,积累经验

问题 4 上面对数据进行分组时,若组距取 0.2 或 0.5,那么能否直观地得到数据信息?

师生活动: 教师利用现代信息技术现场展示,得出如果组距选取偏小或偏大,则会出现分布不理想的状态,影响结果的判断.

【设计意图】 通过反思总结,体会对数据进行合理分组的重要性.

问题 5 频数分布直方图有什么特点?你能总结一下绘制直方图的步骤吗?

师生活动: 学生总结:频数分布直方图的特点是描述连续数据,用小长方形的高来刻画频数.绘图步骤:(1)计算最大值与最小值的差;(2)决定组距和组数;(3)列频数分布表;(4)以横轴表示数据,纵轴表示频数,画频数分布直方图.

【设计意图】 总结经验,抽象方法,发展抽象能力.

问题 6 直方图与条形图有什么联系和区别?

师生活动: 教师引导学生总结:条形图和直方图都能用来描述数据的频数分布.一般来说,对于离散数据,用条形图描述频数分布;对连续数据,用直方图描述数据分布.条形图是用长方形的高表示各类别(或组别)频数的多少,其宽度是固定的;直方图是用长方形的面积表示各组频数的多少(等距分组时,可以用长方形的高表示频数),长方形的高表示各组单位组距的数据 $\left(\text{即}\dfrac{\text{频数}}{\text{组距}}\right)$,长方形的宽表示各组的组距,各长方形的高和宽都有意义.此外,由于分组数据具有连续性,直方图的各长方形通常是连续排列,中间没有空隙,而条形图则是分开排列,长方形之间有空隙.

【设计意图】 辨别条形图与直方图的联系和区别.

五、回顾小结,概括提升

1. 直方图描述数据的方法与条形图有什么联系和区别?
2. 什么情况下用直方图描述数据?
3. 画直方图按照哪些步骤进行?

目标检测

1. 一个样本含有 10 个数据:52,51,49,50,47,48,50,51,48,53,则最大的值是_____,最小的值是_____,如果组距为 1.2,则应分成_____组.

2. 整理一组有 40 个数据的资料,通过等距分组,画出频数分布直方图.已知各个小长方形的高的比是 2∶3∶4∶1,那么第三组的频数是_____.

3. 江涛同学统计了他家 10 月份的长途电话明细清单,按通话时间画出直方图(如右图).

(1)他家这个月一共打了多少次长途电话?

(2)通话时间不足 10 min 的多少次?

(3)哪个时间范围的通话最多?哪个时间范围的通话最少?

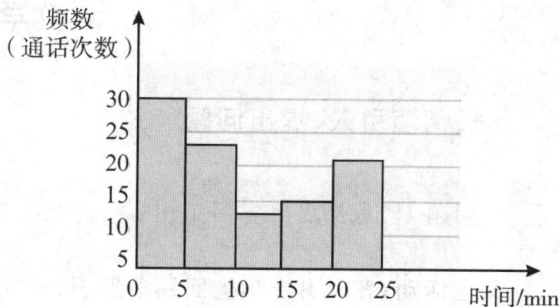

(第 3 题)

4. 体育委员统计了全班同学 60 秒跳绳的次数,并列出下面的频数分布表:

次数	$80 \leqslant x < 100$	$100 \leqslant x < 120$	$120 \leqslant x < 140$	$140 \leqslant x < 160$	$160 \leqslant x < 180$	$180 \leqslant x < 200$
频数	4	21	13	8	4	3

(1) 全班有多少名学生?

(2) 组距是多少?组数是多少?

(3) 跳绳次数 x 在 $100 \leqslant x < 140$ 范围的学生有多少?占全班学生的百分之几?

(4) 画出适当的统计图表示上面的信息.

(5) 你怎样评价这个班的跳绳成绩?

参考答案:1. 53,47,5　　**2.** 16　　**3.** (1)102 次;(2)53 次;(3)0~5min 的通话最多,10~15min 的通话最少.

4. (1)53 名;(2)20,6;(3)34,64.2%;(4)用直方图和扇形图表示数据如下:

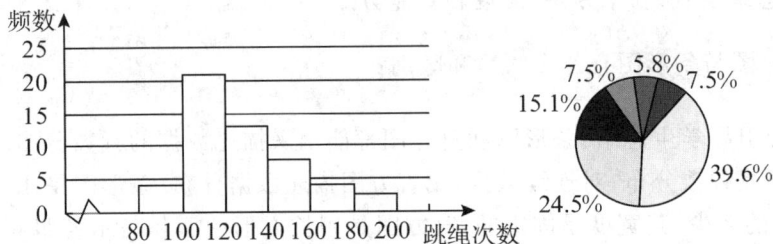

(第 4 题)

(5) 略.

【设计意图】 第 1~2 题检测目标 2,第 3 题检测目标 3,第 4 题检测目标 1 和目标 3.

12.2.5　趋势图

目标	1.通过实例了解趋势图的特征,会画简单的趋势图. 2.通过趋势图感受随机现象的变化趋势,进一步体会统计图在描述数据中的作用,建立数据的几何直观. 3.能对趋势结构进行分析,根据结果作出简单判断与预测,发展数据观念
重点	趋势图的理解与绘制
难点	确定趋势线

教学过程设计

一、情境引入,提出问题

问题 1　我们已经学习了用哪些方法来描述数据?这些统计图描述的是几个变量的数据?

师生活动:教师引导学生回顾条形图、折线图、扇形图、频数分布直方图.总结这些统计图描述的数据的特点:这些统计图描述的是单个变量的数据(如条形图、扇形图、频数分布直方图),或是一个变量随时间变化的折线(折线图).

【设计意图】 回顾数据描述方法,分析条形图、折线图、扇形图、频数分布直方图所描述的数据所对应的变量个数,为进一步提出直观描述两个变量之间的数据关系奠定基础.

问题 2 表 12.2-11 记录了一段时间内某种商品的单价与日销量之间的关系.

怎样把单价和日销量的关系用图形直观地表示出来?能预测当单价为 6 元／件时日销量大约是多少件吗?

表 12.2-11 某种商品的单价与日销量统计

单价/(元·件$^{-1}$)	2.8	3.1	3.2	3.5	3.6	3.9	4.1	4.2	4.3	4.4	4.7	5	5.4	5.5	5.8
日销量／件	135	127	118	106	109	90	91	92	86	80	72	60	63	52	48

追问 1:我们前面学习过用折线图表示一个变量随时间的变化规律(如进口额、出口额随年度的变化规律),如果用折线图描述这两组数据,能预测单价为 6 元时日销量大约是多少件吗?

追问 2:用之前学过的其他统计图表示合适吗?

师生活动:学生可能会用折线图,通过追问 1,引导学生发现折线图描绘出的数据点是波动的,没有一致性,难以根据统计图预测单价为 6 元／件时日销量大约是多少.这里要用可预测的一致图形描述数据,可以借鉴折线图的做法,先分别以单价为横轴,以日销量为纵轴,建立平面直角坐标系,以单价为横坐标,日销量为纵坐标,画出对应的点,需要探索可预测的一致图形.

【设计意图】 设置认知冲突,引发学生思考,提出问题:如何借助平面直角坐标系,用坐标的方法表示两个变量之间的联系?如何用可预测、一致性的图形直观地描述数据?

二、探究思考,形成新知

问题 3 在平面直角坐标系中绘出这组数据对应的点,你有什么发现?

师生活动:师生利用现代信息技术,制作散点图,如图 12.2-11 所示.解释点的横坐标、纵坐标的意义:横坐标 —— 单价,纵坐标 —— 日销量.引导学生观察图形,发现:点从左到右几乎呈直线型下降,即日销量随着单价的上涨而直线下降,散点的位置近似于直线分布,而直线的特点是横坐标增加相同的值时,纵坐标增加值相同,可以用来预测横坐标为其他值时,对应的纵坐标的值.

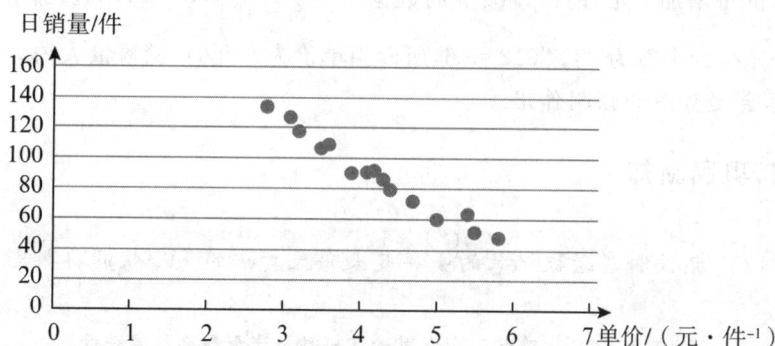

图 12.2-11

【设计意图】 从散点图中直观发现日销量随单价上涨而下降.

问题 4 你能确定描述这两组数据关系的直线,使得所有点都在直线上吗?若不能,你能确定直线,使得直线尽可能地描述这两组数据的关系吗?

师生活动:教师引导学生小组讨论,开放思考.直线的画法不唯一,如:让所画直线经过更多的点;删除极端点;让所画的直线上每一点到对应的点的竖直距离最小(总偏差最小);可以经过两点画直线,也可以经过中间的一点旋转直线的位置;等等(如图 12.2-12).让学生对所画的直线进行合理解释,解释什么样位置的直线是最优的.教师指出,我们将在高中进一步学习图 12.2-12(3)的方法.可以用现代信息技术画出图 12.2-12(4) 的趋势图.

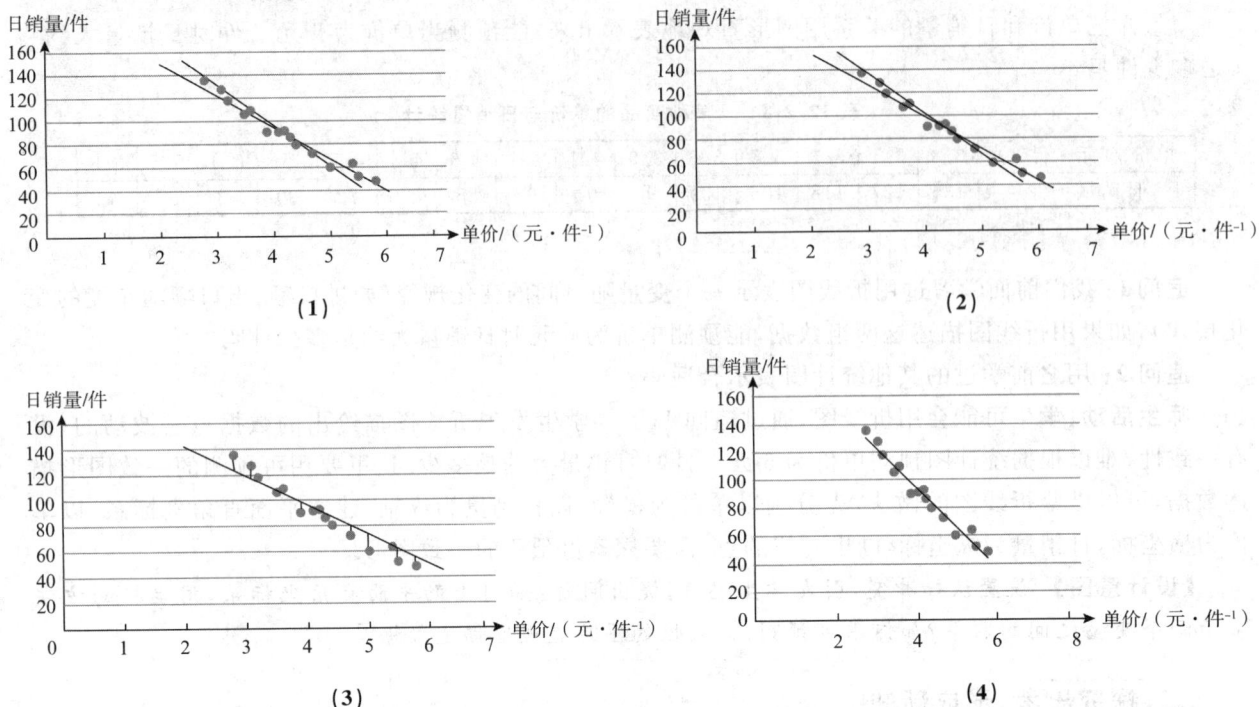

(1)

(2)

(3)

(4)

图 12.2-12

【设计意图】 如何找到这条直线是本节课的教学难点,合作交流可以产生更多的思维碰撞,同时也能激发学生主动参与的热情.

问题 5 你能根据作出的直线,预测当该商品的单价为 6 元时,日销量为多少吗?

师生活动: 学生独立回答:根据趋势图 12.2-12(4),第 6 个点 (4.1,91),第 14 个点 (5.5,52) 在趋势线上,可以算出单价每增加 1 元,销售量减少的数据是 $\dfrac{52-91}{5.5-4.1}\approx-28$,所以当单价从 5.8 元提高到 6 元,销售量从 52 个减少的个数为 $28\times0.2\approx6$,所以当单价为 6 元时,销售量大约为 $52-6=46$(个).

【设计意图】 体会趋势图的预测作用.

三、辨别应用,巩固新知

例 表 12.2-12 是某饮料店老板记录的去年夏天每天卖出的某冷饮的杯数与当天最高气温的数据:

表 12.2-12　某饮料店卖出某冷饮杯数及当天最高气温统计

最高气温/℃	23	25	26	27	28	30	31	33	36
卖出杯数	134	120	142	140	166	168	157	170	218

你能用趋势图描述每天卖出的该冷饮杯数与当天最高气温的关系吗?根据画出的统计图预测,当某天的最高气温为 38℃ 时,求这种冷饮能卖出多少杯.

解: 利用现代信息技术画出散点图和趋势线如图 12.2-13.

发现第 3 个点 (26,142) 和第 6 个点 (30,168) 在趋势线上,计算出气温每升高 1℃,卖出的杯数增加 $\dfrac{168-142}{30-26}\approx6.5$.可以估计出气温为 38℃ 时可以卖出的杯数约为 $218+2\times6.5=231$.

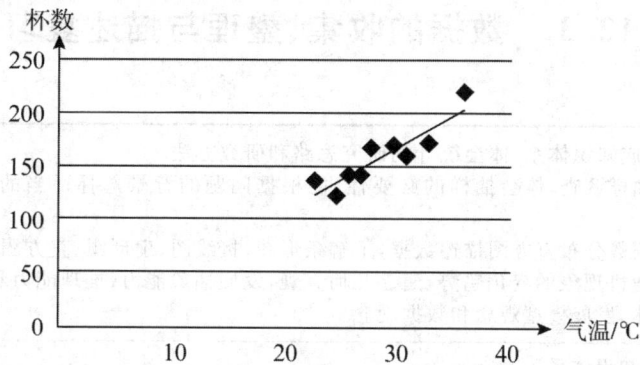

图 12.2-13

四、回顾小结,概括提升

1. 本节课我们学习了哪种统计图?

2. 这种统计图有何特征?

3. 怎样画趋势图?

目标检测

下表给出了我国 2014—2021 年国内生产总值(GDP)(单位:亿元):

年份	2014	2015	2016	2017	2018	2019	2020	2021
GDP/亿元	643563	688858	746395	832036	919281	990865	1015986	1143670

(1) 请用统计图描述这段时间内 GDP 的变化趋势;

(2) 预测 2022 年的 GDP,查阅资料,看看你的预测是否准确.

参考答案:(1) 趋势图和趋势线如下图所示:

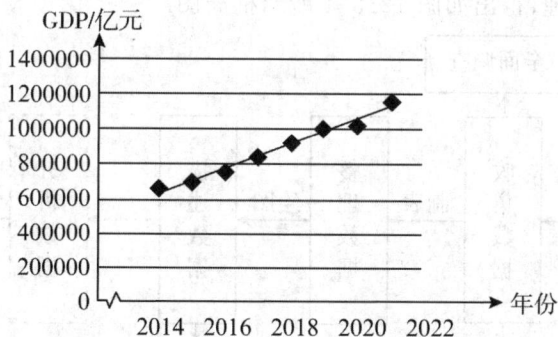

(2) 从图中可以看出,这几年的 GDP 几乎呈直线型增长,画出趋势线,发现 2017 年和 2018 年刚好在直线上,我们用 2014—2015 年的 GDP 增长率 7% 代表平均每年增长率,这样可以估计 2022 年的 GDP 数据为 1223727 亿元.查阅知 2022 年 GDP 真实的数据大约为 1204724 亿元,两者数据差异较大,主要原因是由于新冠疫情和出口疲软,导致 2022 年的 GDP 增长率下降到 3% 左右.

【设计意图】 检测目标 2、目标 3.

12.3　数据的收集、整理与描述复习

目标	1.整理本章知识,形成知识体系,体会统计的研究思路和研究方法. 2.了解全面调查和抽样调查,体会抽样的必要性,能根据问题的背景选择适当的数据收集方法,发展数据观念. 3.能绘制扇形图和频数分布直方图描述数据,了解条形图、折线图、扇形图、直方图各自的特点,根据表格、统计图和趋势图感受随机现象的变化趋势,建立几何直观,发展抽象能力、推理能力和数据观念. 4.能用样本估计总体,发展模型观念和数据观念
重点	整理本章知识,形成知识体系
难点	用直方图和趋势图描述数据,作出推断

教学过程设计

一、知识回顾

问题1　本章研究了哪些内容?

追问:数据处理的一般过程有哪些?

师生活动:教师提问,学生回答.

【设计意图】 从大方向上回顾本章知识,为知识整理做好铺垫.

二、知识整理

问题2　你能具体整理下本章的知识结构吗?

师生活动:师生共同整理,得出如图 12.3-1 所示框架图.

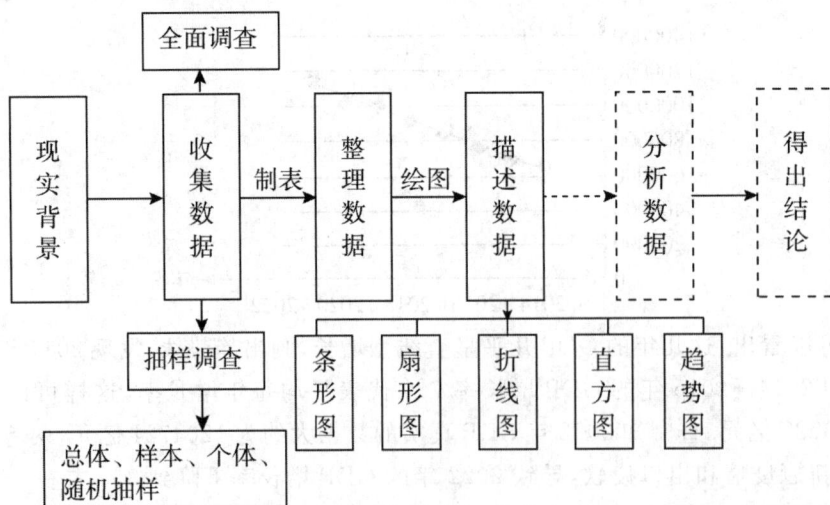

图 12.3-1

追问:研究统计的基本过程、基本方法和基本思想是什么?

师生活动:师生共同归纳如下:

数据处理的一般过程:收集数据 — 分类和整理数据 — 描述数据 — 分析数据.

研究统计的基本方法:归纳法.

研究统计的基本思想:样本估计总体、数据分类、随机思想.

【设计意图】 帮助学生形成知识体系,感受统计学习的意义,建立数据观念.

三、知识应用

例1 为了了解某大学数学系学生每学期参加社会实践活动的时间,应采用什么调查方式收集数据?

追问1: 我们该如何进行抽样呢?

追问2: 通过抽样调查的方法,我们在全系学生的信息库中利用电脑随机抽取了50个学生,在这个统计活动中,请说出总体、个体、样本和样本容量分别是什么?

师生活动: 学生思考后得出应采用抽样调查的方式,抽样选取样本时要考虑样本容量和样本抽取时的公平性,使样本对总体有较好的代表性.

【设计意图】 让学生体会数据分析的必要性,启发学生从统计的角度思考与数据有关的问题,学会选择合适的方法收集数据,并巩固相关基本概念.

例2 我们得到了50个学生参加社会实践活动的时间,如表12.3-1所示.如果需用统计图来直观地描述数据,可以选用什么统计图?

表 12.3-1　学生参加社会实践活动时间统计

时间/天	4	5	6	7	8	9	10	11	12	13
人数	2	1	4	5	10	8	8	6	3	3

追问: 如果要更直观地显示数据的集中趋势,还可以用哪些统计图来表示?

师生活动: 学生可能会选不同的统计图,可能会回答用条形图,教师要肯定条形图是可以的,通过追问启发学生还可以通过分组制作频数分布直方图来表示.

【设计意图】 考查学生对统计表和统计图意义的理解.

例3 我们根据统计表绘制了不完整的频数分布表(如表12.3-2)和频数分布直方图(如图12.3-2),根据提供的信息解答下列问题:

(1) 补全频数分布表;

(2) 补全频数分布直方图;

(3) 若该系有学生1000名,请你估算这所大学数学系的学生中每学期参加社会实践活动的时间不少于10天的大约有多少人.

表12.3-2　学生参加社会实践活动时间频数分布

分组	频数
3.5~5.5	3
5.5~7.5	
7.5~9.5	18
9.5~11.5	
11.5~13.5	6
合计	50

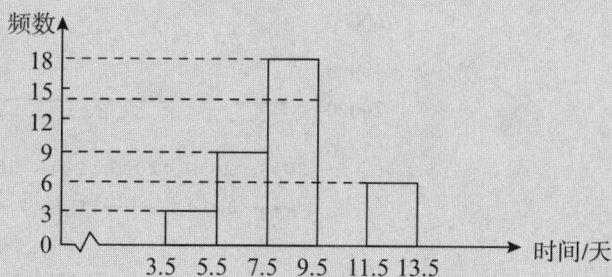

图 12.3-2

解：(1)9,14；(2)补全频数分布直方图，如图12.3-3：

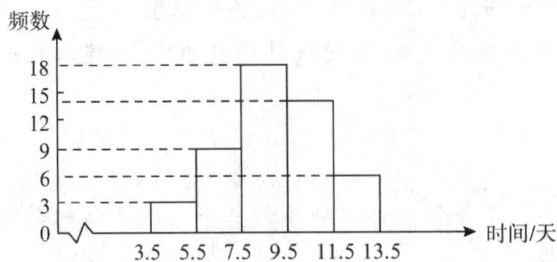

图 12.3-3

(3) 每学期参加社会实践活动的时间不少于 10 天的人数为 $(14 + 6) \div 50 \times 1000 = 400$.

追问 1：你对该系学生的社会活动时间情况有怎样的看法？

追问 2：如果抽取的样本不一样，结果会变化吗？

师生活动：教师提出问题，学生思考并解决问题，重点关注学生是否能准确地进行统计表和统计图之间信息的转换，是否能采用合适的统计量分析问题，并对结果进行简单判断.

【**设计意图**】考查学生对用样本估计总体思想的理解，通过追问使学生体会统计的意义，体会数据的随机性.

例 4 表 12.3-3 记录了 2013—2019 年我国不同年龄段的人口分布.

表 12.3-3　2013—2019 年我国不同年龄段人口分布统计　　单位：万人

年龄段	2013 年	2014 年	2015 年	2016 年	2017 年	2018 年	2019 年
0～14 岁	22329	22558	22715	23008	23348	23523	23492
15～64 岁	100582	100469	100361	100260	99829	99357	98910
65 岁及以上	13161	13755	14386	15003	15831	16658	17603

(1) 请你选择合适的统计图描述我国不同年龄段人口的变化情况，并用自己的语言描述统计图中读到的信息；

(2) 请你选择合适的统计图分析 65 岁及以上人口数随总人口数变化而变化的整体趋势，并设计一个变量，预测 2030 年老龄化程度.

解：(1) 用折线统计图表示各年份三类人群的变化（如图 12.3-4）.

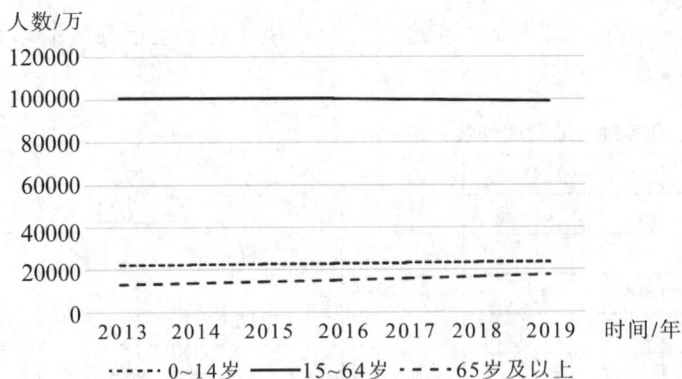

图 12.3-4

从图中可以看出，三类人群的人口数基本稳定，15～64 岁人口最多，0～14 岁人口数次之，65 岁及以上人口数最少.

（2）进一步可以计算出各年份的总人口数，计算 65 岁及以上人口数占总人口数的百分率，如下表所示：

年份	2013	2014	2015	2016	2017	2018	2019
65 岁及以上人口/万人	13161	13755	14386	15003	15831	16658	17603
总人口/万人	136072	136782	137462	138271	139008	139538	140005
65 岁及以上人口的百分率/%	9.67	10.06	10.47	10.85	11.39	11.94	12.57

用现代信息技术绘制的 65 岁及以上人口比例的趋势线如图 12.3-5：

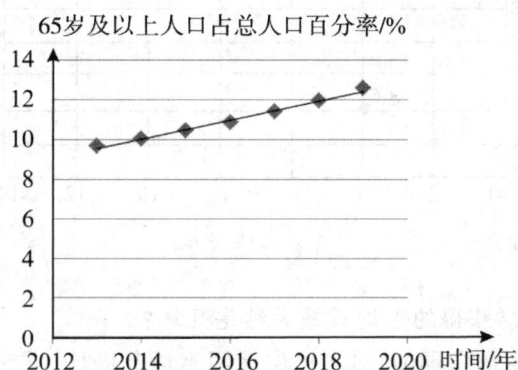

图 12.3-5

可以计算出 65 岁及以上人口比例平均每年增加值约为 0.64%，预测到 2030 年，我国 65 岁及以上人口占总人口的百分比约为 12.57% + 11 × 0.64% = 19.61%.

四、回顾小结

1. 数据的收集有哪些方法？如何根据数据的背景选择合理的收集方法？
2. 收集数据后，先要做什么然后才能用表格对数据进行整理？
3. 用来描述数据的统计图有哪些？这些统计图在描述数据时各有什么特点？
4. 说说你对用样本估计总体的理解.

目标检测

1. 要调查下列问题，你觉得应采用全面调查还是抽样调查？说说理由.
（1）检测某城市的空气质量；
（2）了解某批次日光灯管的使用寿命；
（3）企业招聘，对应聘人员进行面试；
（4）调查某省中学生的身体素质情况.

2. 对"您觉得是否应该强制更换不符合最新国家标准的电动车"开展民意调查，下面是三名同学设计的调查方案：

同学 A：我把要调查的问题放到访问量很大的网站上，这样大部分上网的人都可以看到调查的问题，并很快就可以反馈给我.

同学 B：我给我们小区的居民每一住户发一份问卷，一两天就可以得到结果了.

同学C:我只要在班级上调查一下同学就可以了,马上就可以得到结果.

上面三名同学能获得比较准确的民意吗?为什么?

3. 某射击运动员射击次数和射击的平均成绩如下表所示:

射击次数	2	4	6	8	10	12
平均成绩／环	8.4	8.6	8.9	9.1	9.4	9.6

小明用现代信息技术制作了如下的趋势图描述数据:

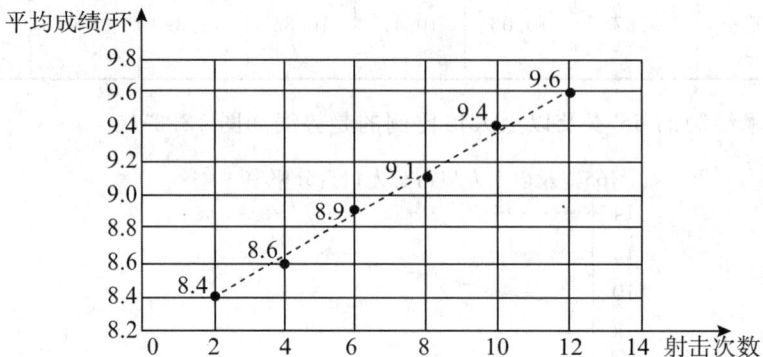

（第3题）

请预测:如果他射击15次,获得的平均成绩大约是几环?

4. 某市在实施居民用水定额管理前,对居民生活用水情况进行了调查,下表是通过简单随机抽样调查获得的50个家庭去年的月均用水量(单位:t):

4.7 2.0 3.1 2.3 5.2 2.8 7.3 4.3 4.8 6.7
4.5 5.1 6.5 8.9 2.0 4.5 3.2 3.2 4.5 3.5
3.5 3.5 3.6 4.9 3.7 3.8 5.6 5.5 5.9 6.2
5.7 3.9 4.0 4.0 7.0 3.7 8.3 4.2 6.4 3.5
4.5 4.5 4.6 5.4 5.6 6.6 5.8 4.5 6.2 7.5

(1) 请选择合适的组距和组数,列出样本频数分布表,画出频数分布直方图.从直方图中你能得到什么信息?

(2) 为了鼓励节约用水,要确定一个月用水量的定额,月用水量超出这个定额的部分按1.5倍价格收费.若要使60%的家庭水费支出不受影响,你觉得家庭月均用水量定额应该定为多少?为什么?

参考答案:1. (1)抽样调查,空气无法全面调查;(2)抽样调查,破坏性检查不适宜全面调查;(3)招聘面试,需要对每个人进行面试,所以需要进行全面调查;(4)一个省的中学生人数太多,全面调查成本太高,不需要对每个学生都进行调查,适宜抽样调查.

2. 这三位同学的调查方案都无法得到比较准确的民意,理由如下:

A同学放到网上,因为能上网的人一般文化程度较高,无法兼顾文化程度低的人;

B同学样本量太小,一个小区无法代表全国居民;

C同学调查方案也不行,因为未成年人禁止骑电动车.

3. 从趋势图上可知,第1点(2,8.4)和第6点(12,9.6)均在直线上,可以求出它平均增加一次射击训练提高的成绩为$\frac{9.6-8.4}{12-2}=0.12$(环),进一步可以估算他训练15次时射击的平均成绩是$9.6+3\times0.12\approx10$(环).

4.(1)最小值为2.0,最大值为8.9,它们的差是 $8.9-2=6.9(t)$.选组距为1,则组数为 $\dfrac{6.9}{1}\approx7$,列出的频数分布表如下:

月均用水量 x/t	划记	频数	百分比/%
$2\leqslant x<3$	正	4	8
$3\leqslant x<4$	正正丁	12	24
$4\leqslant x<5$	正正正	14	28
$5\leqslant x<6$	正正	9	18
$6\leqslant x<7$	正一	6	12
$7\leqslant x<8$	下	3	6
$8\leqslant x<9$	丁	2	4
合计		50	100

绘制的频数分布直方图如下:

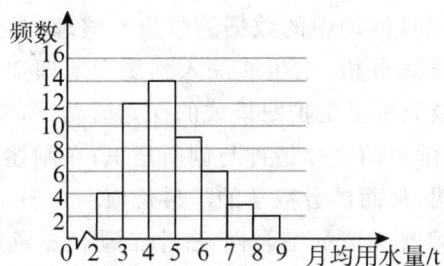

(第 4 题)

(2)要使 60% 的家庭收费不受影响,家庭用水量定额定为 5 t.因为 50 个家庭的数据是通过简单随机抽样得到的,样本中家庭月均用量不超过 5 t 的有 30 户,占总体的百分比为 $30\div50\times100\%=60\%$,由样本估计总体,可以推断约 60% 的家庭水费支出不受影响.

【设计意图】 第 1～2 题检测目标 2,第 3 题检测目标 3,第 4 题检测目标 2 和目标 3.

◎ 综合与实践 ◎

白昼时长规律的探究

一、项目内容分析

项目背景及对标素养："白昼时长规律的探究"取材于生活实际,背景真实,问题开放,探究方式多元,不仅能增进学生对白昼时长规律的量化理解,提升学生用数学的眼光观察现实世界的能力,而且密切联系本章学习内容.在项目探究的过程中,学生要经历资料(数据)收集、统计图表的选择与制作、整理并描述数据、简单分析数据的过程,这有利于提升学生从统计的视角分析现实问题的能力,发展数据观念、推理能力与应用意识.

项目跨学科价值:通过对本项目活动中的数据的收集与整理,学生将深入了解节气、经纬度等地理知识,通过对白昼时长规律的推理分析,学生能深入感受到地理知识与数学知识的密切关联.在收集数据、分析白昼时长变化规律及分析手机护眼模式的探究活动中,学生需要通过小组合作的方式集思广益,解决问题,这有利于培养学生的合作精神与创新意识;在阐述变化规律及分析结论时,学生要学会用数据、图形进行准确的说明,从而体会数学的学科价值.

项目内容分析:本项目式学习有一定的综合性,三个活动任务逐层递进.活动一要求学生在查阅资料的基础上,学会灵活地选择样本数据,用恰当的统计图表整理数据,并根据所收集的数据进行简单的推理分析.活动一不仅要求学生直接应用本章所学知识,更要求学生有较强的信息获取能力.活动二要求学生将活动一中的探究经验进行推广应用,学生虽然也要经历收集数据、整理数据、描述数据的过程,但对数据分析的要求更高,不仅有比较研究,还有规律探究与推理,也更能提升学生的数据观念.活动三虽为选做项目,但它密切联系学生的生活实际,能激发学生的探究兴趣,引导学生在研究手机等电子设备护眼功能的同时,感受到爱眼、护眼的重要性,不仅拓宽了学生的知识面,而且培养了学生的探究精神与自律意识.

二、项目目标分析

1. 目标

(1)经历数据收集、整理、描述及信息获取的过程,感受不同统计图表的作用,提升学生的几何直观及抽象能力,落实用数学的眼光观察现实问题的核心素养.

(2)通过对数据的简单分析,能从数学的视角提出问题、分析问题,并在比较研究中解决问题,提升学生的推理能力与运算能力,落实用数学的思维分析问题的核心素养.

(3)通过合作探究,培养学生的合作意识与理性思维;经历研究报告的撰写与汇报过程,提升学生的理性表达能力与数据观念,落实用数学的语言表达现实问题的核心素养.

2. 目标解析

达成目标(1)的标志:学生能通过不同途径准确获取信息,并能据实际问题选择适当的统计图表来描述数据,会探索使用信息技术工具绘制简单的统计图.

达成目标(2)的标志:学生能从统计图表中发现问题,提出有价值的研究问题,并能通过独立思考或小组合作解决所提出的问题.

达成目标(3)的标志:学生能深入到活动任务的探究过程中,有较为强烈的团队合作意识与角色意识,能从数据分析的视角形成逻辑清晰的研究报告,小组讨论后能积极反思并完善研究报告.同时,能辩证地分析并客观评价他人的报告,感受到从数据分析的视角研究现实问题的重要意义.

三、项目实施难点分析

项目式学习综合性较强,对学生的问题解决能力要求较高.在活动一中,学生比较容易获取数据并整理数据,但较难想到选取二十四节气当天的日出、日落时间作为样本,以此来推算白昼时长,这要求学生具备一定的地理知识;当面对较多数据时,也较难想到用散点图来描述数据;由于数据量较大,需要用到信息技术工具绘制简单的统计图,许多学生并不具备相关经验,需要在教师的指导下提前熟悉软件.在活动二的探究中,学生可能会依据教科书提供的问题切入探究分析,但由于对相关地理知识的掌握程度不一,且用数据进行推理的经验不足,所以较难从数学的视角观察并提出新问题,这需要教师在小组分工、思维导引等方面提前铺垫.活动三作为选做内容,对学生的挑战更高,要求学生融合前两个活动的探究经验与结论,分析手机护眼模式的机制,解释生活中的现象.

经过项目式学习获得结论后,学生需要逻辑清晰地撰写探究报告,基于数据事实以理服人,这要求学生具备一定的思辨能力、合作意识与主动反思的习惯,教师在项目式探究的全过程要进行引领与指导.

四、项目活动准备

根据任务要求,立足学生主体,引导学生进行头脑风暴,分析三个活动任务的要求,做好任务探究所需要的前期准备,规划项目实施的步骤,指导全班同学进行学习分组.

若有必要,邀请科学(或地理)学科老师参与活动的指导.如指导学生自主了解二十四节气的划分规律与意义.教师也可提前引导学生熟悉利用信息技术工具快速作出统计图表的具体操作步骤.

五、项目实施过程

1. 活动整体流程

活动一:创设情境,提出项目任务.

通过天安门广场上每天升旗时刻的变化,引发探究一年四季中白昼时长变化规律的项目任务.通过调查、统计、整理并描述数据,取每年二十四节气当天日出、日落时间为样本数据,推断得到北京白昼时长的变化规律.

活动二:任务拓展,研究不同地区白昼时长的变化规律.

迁移活动一的探究经验,探究不同经纬度地区白昼时长的变化规律.为对比研究,学生应该考虑选定参照地,采用控制变量法,先选择与参照地纬度相同、经度不同的地方来研究,再选择与参照地经度相同、纬度不同的地方来研究,在获取相关数据后,提出问题,再根据数据进行分析,最终得出结论,并绘制适当的统计图进行直观表征.

活动三:联系生活,研究手机护眼模式背后的道理.

查阅资料,结合活动一、二中的探究经验,分析手机护眼模式背后的科学原理,撰写研究报告,进行汇报,在小组互评、教师点评后对报告进行反思与修订.

课时安排:每个活动均安排1课时,若需要查阅资料,则可作为选择性作业,安排在课外完成.

2.活动过程设计

活动一:创设情境,提出项目任务.

北京天安门广场上,五星红旗每天都会在早晨升起,傍晚降落.同学们知道天安门广场上什么时刻升国旗吗?每天升降国旗的时刻一样吗?根据生活经验,一年四季中白昼时长并不是固定不变的,那么,一座城市每天的日出、日落时刻有什么规律?不同经纬度地区的白昼时长有什么区别?手机是我们常用的通信工具,智能手机具备护眼模式,在使用的过程中某一时刻会启动访问功能,它的工作原理是什么?请同学们运用所学的统计知识来探究并解决这些问题吧.

> **支架性问题 1** 要完成以上探究任务,需要预先做哪些准备?

追问 1:要探究北京白昼时长的变化规律,需要了解哪些方面的知识?需要获取哪些数据?

追问 2:为完成任务,你考虑过组队合作探究吗?团队如何分工合作?

学生活动:学生在明晰探究问题后,提出项目探究的基本思路.

教师组织:引导学生初步理解项目任务,逐一分析完成任务的前期准备工作.辅助学生将全班同学分为 5 ~ 8 人一组,选定组长后,指导小组完成探究任务的分工.教师要关注并尊重学生分组的意愿,充分调动每个组员对项目任务展开分析.

【设计意图】 引导学生快速进入项目式学习状态,让每一位学生在探究过程中都具有具体的任务.

> **支架性问题 2** 北京全年每天的日出、日落时刻数据较多,围绕项目任务,你能从这些数据中提出问题、自主分析并解决问题吗?

追问 1:为研究北京全年白昼时长的变化,可否选择一些具有代表性的数据来分析?

追问 2:你能整理、描述并分析这些数据吗?

追问 3:从你获得的数据中,你还能提出哪些有关白昼时长的新问题?

学生活动:学生分组活动,查阅资料、收集数据后分析数据,提出与数据有关的问题,并尝试解决;选取二十四节气当天的白昼时长作为代表,经历整理、描述与分析数据的过程,推断得出活动一问题的解,并用适当的统计图进行表征.

教师组织:引导学生从数学的视角分析所收集到的数据,提出问题并解决问题;启发学生选取具有代表性的数据作为样本进行推理分析.教师要关注学生选择其他代表数据的思路.

【设计意图】 基于学生主体,围绕项目任务,在学生思维的困难处引导学生优化问题解决的策略,发展学生的数据观念.

活动二:任务拓展,研究不同地区白昼时长的变化规律.

> **支架性问题 3** 你能借助活动一的研究经验探究不同经纬度地区白昼时长的变化规律吗?

追问 1:若选择北京地区为参照城市,还需要至少选择几个城市进行对比研究?

追问 2:你选择不同地区的标准是什么?

追问 3:你准备如何展开这几个城市白昼时长的对比性研究?

学生活动:学生在教师的引导下,基于控制变量法,明确对比研究的对象,再迁移活动一的探究经验,经历收集数据、整理数据、描述数据、分析数据、推断结论的全过程.

教师组织:引导学生将所研究的问题特殊化,启发学生利用原有经验探索解决问题的新思路.任务二具备一定的开放性与探究性,教师要关注研究小组中每个学生对所研究问题的思考程度与投入状态.

【设计意图】 由于任务二具有一般性,学生较难厘清研究的思路,教师需要启发学生找准研究的样本,再通过自主分析、小组合作解决问题.

支架性问题 4　你能进一步分析日出、日落与正午时刻的关系吗？

　　追问 1：你能用代数的方式刻画白昼时长、正午时刻、日出时刻与日落时刻之间的关系吗？

　　追问 2：你所研究的几个地区正午时刻都是北京时间 12 时整吗？为什么？

　　追问 3：你还能提出哪些与这个"关系"相关的问题？

　　学生活动：围绕问题分析所收集到的数据，进行运算、推理，抽象得到日出、日落时间与正午时刻的关系，发现并不是所有地区的正午时刻都是北京时间 12 时整，提出问题，再小组合作尝试解决问题。

　　教师组织：提出引导性问题，启发学生的探究思路。

　　【设计意图】　借用已有的数据资源，提升学生发现问题、提出问题、分析问题与解决问题的能力，在发展学生数据观念的同时，增强学生的运算能力与代数推理能力。教师要关注学生在数量关系推理、表征中的多样性。

　　活动三：联系生活，研究手机护眼模式背后的道理。

支架性问题 5　为尽量减少使用手机等电子产品对眼睛带来的伤害，许多智能手机配置有护眼功能，这种功能能智能识别手机所在地的日出、日落时刻。你能利用所学的知识，解释这项功能背后的道理吗？

　　追问 1：手机的使用者遍布全球各地区，各地区的日出、日落时刻并不相同，手机是如何识别的呢？

　　追问 2：吴老师要从甲地出差到经度不同的乙地，他手机的护眼模式在甲地、乙地开启的时刻相同吗？

　　学生活动：学生先研究手机护眼模式的功能，查阅资料，了解护眼模式背后的道理。通过小组合作，条理清晰地陈述原理，撰写研究报告（手机护眼模式原理的说明），进行汇报，同时接受小组互评、教师点评，反思后再修正完善研究报告。

　　教师组织：引导学生的思路，指导学生有目的地查阅相关资料，结合已有的探究经验解决现实问题。

　　【设计意图】　通过支架性的问题引发学生探究现实问题，在解决问题的过程中体会数学的学科价值。教师要关注学生从数学的视角切入问题进行研究的思路是否清晰，合作分工是否合理等。

六、项目评价

支架性问题 6　回顾三个活动任务的探究过程，你有哪些收获？

　　追问 1：你对小组的研究成果满意吗？

　　追问 2：你在各项探究活动中的任务是什么？你对自己所承担的研究任务的完成情况满意吗？

　　追问 3：整理探究所得，你还准备研究哪些问题？你有初步的研究设想吗？对比本项目的探究过程，在这些新的研究任务中，你准备如何优化你的研究思路？

　　学生活动：学生分组展示自己的研究成果，反思研究过程中的得与失，通过学生自评、小组互评、教师点评，反思研究成果，总结优化研究思路、研究方法的经验。

　　教师组织：教师参与学生的评价过程，适时地进行指导，引导学生提炼研究经验，完善研究成果，反思自己在项目探究过程中的不足。

　　【设计意图】　引导学生对项目式学习的全过程、成果进行多维评价。在总结研究经验的同时，提升学生的应用意识、数据观念、创新意识，体会数学与生活的密切联系，再一次深刻感悟数学的学科价值，树立学好数学的信心。教师要关注学生在汇报、评价过程中的条理性。